国本伊代 編

ラテンアメリカ
21世紀の社会と女性

新評論

はしがき

　本書は，1985年と2000年に出版された『ラテンアメリカ　社会と女性』および『ラテンアメリカ　新しい社会と女性』の続編であり，15年間隔でラテンアメリカ社会の変容と女性の置かれた環境の変化を検証するシリーズの第3冊目として編纂された。

　最初の1985年版では7カ国，次の2000年版では13カ国と2地域，そして今回の2015年版では，ラテンアメリカの33の独立国のうち20カ国を取り上げることができた（33カ国のうち今回紹介できなかったのは，1804年に最初に独立を達成したハイチと，20世紀後半になってイギリスとオランダから独立したカリブ海域の国々である）。このように取り上げた国の数が増えたことは，わが国におけるラテンアメリカ研究の広がりと研究者の増加を表している。しかしその中でジェンダーは，いまだ主要な研究テーマとはなっていない。本書の参加者の多くも専攻は地域研究や人類学であるが，「ジェンダーの視点に立ったラテンアメリカ研究」を時代の要請ととらえ，取り組んでいる。

　ところで，「失われた10年」として歴史に刻まれた1980年代の経済破綻と混乱を経験したのちのラテンアメリカ諸国は，90年代以降の四半世紀の間に大きく変貌した。その変貌に至る道は多様であった。しかし共通して選択されたのは，多様性を認め，人権を尊重しようとする理念である。その結果，長年にわたって差別され，不利益を被ってきた先住民，少数民族集団，女性，社会的弱者が平等に遇される社会に向けて法整備が行われ，どの国においても具体的な政策が実施されはじめている。もちろん進展の度合いは一律ではなく，また各国とも新たな問題にも直面している。しかし地域全体でみると，ラテンアメリカはこの四半世紀間に，「人間開発」という概念でみる社会の発展度では著しい進歩を遂げている。2013年の国連の人間開発指数データ（調査対象187カ国）では，域内の大半の国々が高位開発グループと中位開発グループの上位に位置し，最高位開発グループ（49カ国）にはチリ，キューバ，アルゼンチンの3カ国が入った。さらに「先進国クラブ」とも呼ばれる経済協力開発機構（OECD）に，すでに加わっているメキシコ（1994年加盟）とチリ（2010年加盟）に続いて，コロンビア，コスタリカ，ペルーが参加申請に名乗りを上げている。このように四半世紀間に変容したラテンアメリカ20カ国の姿を，本書では「女性の能力開発および社会進出」に焦点を当てて紹介する。

　21世紀のラテンアメリカでは，グローバル化の進展と並行して，教育・保健衛生・マイノリティの権利保障にかかわる諸問題の改善が一段と進んでいる。とりわけ女性の諸権利の保障と地位向上に向けた取り組みによる成果は著しい。女性解放と男女平等に向けた法整備と女性の能力開発は，世界でも最も早いスピードで取り組まれている。その結果，専門職や管理職に就く女性の割合が高まり，政界で要職を占める女性の数は日本では想像できないほど多くなっている。2015年時点で，アルゼンチン，ブラジル，チリ，

ジャマイカでは国政のトップを女性が担っている。そして政治の意思決定過程への女性の参加を支援する方策としては、日本がいまだ躊躇しているジェンダー・クオータ制の導入によって、女性議員の割合が多くの国で30％を超えている。さらにパリティ（男女同数制）を法律で規定した国がすでに6カ国ある。こうして21世紀の現在、ラテンアメリカは男女差別・格差の縮小と是正に関して世界のトップを行く地域となっている。これに対して、豊かな先進国であるはずの日本は、男女格差の国際比較（2014年）で世界142カ国中104位であり、本書で取り上げたラテンアメリカのどの国よりも低い。

しかし他方で、21世紀のラテンアメリカ諸国は深刻な問題を抱えてもいる。伝統的な貧富の格差は改善されるどころか拡大の一途をたどり、支配階層の汚職と政治の不透明性では世界最悪のグループに属し、改善の兆しすら見えない。加えて、グローバリゼーションの過程で拡大し続ける組織犯罪と国内治安の悪化は著しく、少数の例外的な国を除けば、内戦状態にない地域としては世界最悪とされている。さらにどの国でも女性を対象とした無差別の暴行・殺人事件が多発しており、「女性殺し」（フェミサイド）という用語が一般化している。

ラテンアメリカは地理的に日本から遠く離れており、政治・経済・文化・観光などの面からみても、多くの読者にとってはあまり馴染みのない地域であろう。しかしわが国とラテンアメリカとの関係は400年前にまで遡ることができ、約150万人の日系社会を擁するブラジルを筆頭として多くの国に日本人移住者が築いた日系社会が存在する。そして20世紀後半以降、経済・技術・医療・教育・文化などの諸分野への日本からの開発援助も長年にわたって行われてきた。ラテンアメリカ諸国と日本との関係は極めて友好的であり、地理的な遠さを感じさせない地域でもある。本書の執筆者全員が、このように日本と友好関係にあるラテンアメリカ諸国の21世紀の姿と、そこで暮らす女性たちの状況を多くの日本の読者に知ってもらいたいと願っている。

本書の構成は、まず序章で地域全体を概観し、第1章以下で20カ国を国別に紹介する（順序は国名のアルファベット順）。各章の知見は現地調査や専門的な報告書などに負うところが多く、煩雑さを避けるため本文中での出典表示は省略した。巻末に挙げた参考文献は、それらのデータの出所や重要文献の一部を示したものにすぎない。より詳しく知りたい方は、これらの文献を軸にリサーチの幅を広げていただければと思う。また、各章で言及されている法律や統計のほとんどはインターネット上で入手可能である（p.361「2. インターネットによる統計・文献資料」他参照）。

最後に、本書の出版を快諾下さった新評論編集長の山田洋氏と、19名の著者による原稿を丁寧に読み、整理して下さった担当編集者の吉住亜矢さんに、執筆者一同を代表して心から感謝の意を表したい。集まったさまざまな原稿を整理して出版にこぎつけるまでの作業は、決して容易ではなかったはずである。なお本書の出版は、編者のラテンアメリカ研究を長年にわたり応援してくれた故国本和孝の遺志によって実現したことを記す。

2015年10月1日

国本伊代

ラテンアメリカ 21世紀の社会と女性◆目次

はしがき　1
地図　ラテンアメリカの独立国　12

▶序章　**ラテンアメリカ**──女性が活躍する21世紀　　　国本伊代………13

　ラテンアメリカ女性史関係年表　14
　1. 21世紀のラテンアメリカ社会　16
　　　グローバリゼーションの影響／「人間開発指数」でみるLA諸国／格差社会と貧困の連鎖
　2. 女性をとりまく社会・経済状況　20
　　　グローバル化とLA社会の女性／LAの女性をとりまく社会経済環境／LA諸国におけるジェンダー格差／マチスモ文化の普遍性と変容
　3. 政治から社会を変えるLA諸国　29
　　　女性の政界進出／LA諸国におけるジェンダー・クオータ制／クオータ制の成果と課題／21世紀のジェンダー問題

　［付表］
　　1　ラテンアメリカ20カ国と日本の基礎データ　35
　　2　ラテンアメリカ20カ国と日本の女性をめぐる社会経済指標　36
　　3　ラテンアメリカ20カ国と日本のジェンダー・ギャップ指数（GGI）と女性教員の占める割合　37
　　4　ラテンアメリカ20カ国と日本におけるジェンダー・クオータ制と女性の政界進出　38

▶第1章　**アルゼンチン**──20世紀の遺産を相続して　　　睦月規子………39

　アルゼンチン女性史関係年表　40
　1. 新世紀：危機の幕開け　42
　　　メネム時代の終焉／幕間の混乱／キルチネル時代の開幕／もう一つのキルチネル政権：夫から妻への大統領交代
　2. クオータ法から四半世紀：女性の社会進出　47
　　　ペロン党女性政治家の系譜／専門職の女性化と財界エグゼクティブ／労働組合ジェンダー・クオータ法
　3. 格差社会の現実　52
　　　経済活動の男女格差と「女性間格差」／働く女性の家庭生活：マチスモと「3歳神話」／性と生殖：若年出産と妊産婦死亡の割合

▶第2章 ボリビア──激変する体制と女性たち　重冨惠子……………………59

　ボリビア女性史関係年表　60
　1. 政治・社会変動　62
　　　民主化と近代化／混乱期／多民族国の誕生
　2. 女性政策の進展と指標改善　65
　　　女性政策をめぐる全国的行政組織網の誕生／混乱期における女性の社会参加／法整備の進展と指標改善
　3. 残る課題と新しい課題　68
　　　都市と農村の格差／地方自治体における女性の参加／グローバリゼーションと新しい傾向／脱植民地化に向けて

▶第3章 ブラジル──ジェンダー格差克服の挑戦　三田千代子……………………75

　ブラジル女性史関係年表　76
　1. 婚姻解消の実現と家族形態の多様化　78
　　　女性のためのマグナ・カルタ制定まで／教会の影響下での離婚法の成立／家族形態の多様化／小規模化する家族構造／家族形態と貧困
　2. 女性の教育と就労　82
　　　教育の普及と高等教育の変化／女性の就労とジェンダー格差／家事と就労の両立
　3. DV防止法の成立とその限界　88
　　　ブラジルのDVの実情／マリア・ダ・ペニャ法の成立／続く女性殺害事件
　4. 女性の政界進出　90
　　　政治参加の始まり／女性割当て制からジェンダー割当て制へ／2014年10月総選挙と女性

▶第4章 チリ──女性大統領の誕生と政治環境　杉山知子……………………95

　チリ女性史関係年表　96
　1. 民主主義の定着と社会の変化　98
　　　1990年の民政移管の背景／コンセルタシオン政権とピノチェトの影／経済成長・貧困削減・格差是正
　2. 女性を取り巻く政治的変化　101
　　　ピノチェト軍事政権下の女性／女性と民政移管／国家女性庁（SERNAM）の創設／保守性の残る社会におけるDV観・離婚観／2000年代以降のジェンダー政策の変化
　3. 女性大統領誕生と社会の変化　105

初の女性大統領の誕生／女性大統領の試練／ジェンダー政策の進展／バチェレ政権の社会的影響

▶第5章 **コスタリカ**——女性の地位向上の加速　　丸岡　泰……………111

コスタリカ女性史関係年表　112

1. 初の女性大統領選出の背景　114

   アリアスに選ばれた女性大統領／チンチージャ候補の大統領選挙／チンチージャの家族政策／チンチージャ政権の実績と評価

2. 女性の政治参加の制度化　118

   ジェンダー・クオータ制の導入／同数制と交互制の制度化／近年の女性議員数の低迷

3. 責任ある父親の法律　122

   「責任ある父親の法律」制定の背景／「責任ある父親の法律」と食費年金制度／新制度の影響と課題

▶第6章 **コロンビア**——階層を超えて平和を求める女性たち　　幡谷則子……127

コロンビア女性史関係年表　128

1. 「紛争後社会」への歩み　130

   治安強化政策と経済危機からの回復／投降兵士の社会復帰と強制移住者の問題／ネオリベラル経済開発路線の定着／サントス政権の和平政策

2. 女性運動史と今日までの成果　134

   コロンビア女性運動史の特徴／第1期：フェミニスト運動と労働運動／第2期：「国連女性の10年」との雁行／民衆女性の組織化／第3期：女性をめぐる政策と制度の変遷／21世紀コロンビア社会における女性の姿

3. 紛争社会に生きる民衆女性　141

   紛争と暴力／強制移住と移住後の暴力被害／農村女性に対する支援政策と土地返還／紛争後社会を見据えた連帯経済組織／農村女性による「食糧の安全保障」活動／沈黙を破る：女性組織による真実究明活動／女性たちの連帯を支えるネットワーク

▶第7章 **キューバ**
　　　　——平等主義と自由化の狭間を生きる女性たち　　畑　惠子…………147

キューバ女性史関係年表　148

1. 20世紀末以降の社会の変化　149

   転機に立つキューバ／1990年代の経済危機／貧困・格差の拡大／女性への影響／2008年の経済危機と構造改革

2. 女性が生きる状況　154
　　有給産休制度改革／女性の経済活動／所得における男女格差／社会保障制度の再編／政策決定への女性の参加
3. キューバ社会の課題　159
　　革命的マチスモ／私的領域への関心の弱さ／多様な生き方の主張と受容

▶第8章　ドミニカ共和国
　　——女性を軸に据えた国づくりと自立する女性たち　　　山田望未……163

　ドミニカ共和国女性史関係年表　164
　1. 21世紀初頭のドミニカ社会の姿　166
　　外交の拡大／与党による内政の安定／経済の拡大と成長／社会のひずみ
　2. ドミニカ女性の現状　169
　　ジェンダー平等が目指される背景／女性への暴力／女性の政治参画／教育水準と社会進出
　3. 女性が自立できる社会へ　175
　　貧困からの脱却／マイクロクレジットの可能性

▶第9章　エクアドル
　　——多文化・多民族国家と歩む女性たち　　　河内久実子……179

　エクアドル女性史関係年表　180
　1. 21世紀のエクアドル社会　181
　　新自由主義への抵抗／先住民と女性の権利の拡張／出稼ぎと家族の変容
　2. 21世紀のエクアドル女性たち　186
　　統計からみる21世紀のエクアドル女性／民族格差と女性
　3. 先住民社会と女性の権利　187
　　先住民女性をめぐる環境／先住民女性の自己決定権／先住民女性への支援の現況と課題

▶第10章　エルサルバドル——女性の権利と命をめぐる論争　　　笛田千容……193

　エルサルバドル女性史関係年表　194
　1. 21世紀エルサルバドル社会の姿　195
　　民主政治の持続と左派政権の誕生／長引く景気低迷と投資・雇用情勢の悪化／マラスの脅威
　2. 女性をとりまく政治・経済・社会状況　198
　　女性の政治参加の拡大／岐路に立つ縫製マキラ／フェミサイド（女性殺し）の社会現象化
　3. 女性の権利と命をめぐる論争　202

女性運動の先駆者プルデンシア・アヤラ／内戦下の女性運動／中絶規制法が最も厳しい国へ

▶第11章 グアテマラ──民族の階層のくびきを超えて　　桜井三枝子………207

グアテマラ女性史関係年表　208

1. 女性運動の変遷　210
   女性運動先駆者の時代（19世紀前半〜1985年）／女性運動組織の誕生（1985〜94年）／女性運動の隆盛期（1994〜99年）／21世紀における女性運動と政治参加

2. 貧困の拡大と固定化　213
   農村部の先住民女性の生活／都市部貧困地区の女性の生活／貧困からの脱却：家族計画と妊産婦保健／マキラドーラの女性労働者／教育・賃金の男女格差／犯罪組織による「女性殺し」の増加

3. 女性の政治参加の現況　218
   女性の政治参加の問題点／低迷する投票率

▶第12章 ホンジュラス──ジェンダー格差をどう乗り越えるのか　　桜井三枝子………221

ホンジュラス女性史関係年表　222

1. 女性参政権獲得へのプロセス　223
   独立国家と女性の地位／フェミニズムと反帝国主義運動の萌芽／女性ストライキ指導者の出現／女性参政権の獲得とその後の運動の拡大

2. 農村部と都市部の女性運動組織　226
   20世紀後半以降の政治的・経済的背景／メスティサ農婦の闘い／家族計画の普及／都市部のフェミニスト運動／国際的潮流を受けて／法整備と政策の進展

3. 20世紀末〜21世紀初頭の女性たち　230
   所得格差とマキラドーラ問題／女性に対する暴力／女性の政治参加とジェンダー・クオータ制

▶第13章 ジャマイカ──知と行動と連携によるサバイバルと挑戦　　柴田佳子………233

ジャマイカ女性史関係年表　234

1. 21世紀初頭の政治経済の難航　236
   政党政治の現状と政治文化／経済の低迷，観光業の新たな試み／海外移住の功罪

2. 活躍する女性，支える女性　240

初の女性首相誕生と女性の政治参加／労働環境の現状，格差とその是正策／家族：伝統的特徴と現代的変容

 3．ジェンダー主流化への挑戦と課題　245

  女性局（BWA）を軸とした制度整備と課題／教育分野での女性の躍進／窮状を生き抜くための知，行動，連携

▶第14章　**メキシコ**——男女平等社会の構築を目指す21世紀　　国本伊代……251

 メキシコ女性史関係年表　252

 1．2014年のメキシコ社会の姿　254

  グローバル化による社会の変容／経済的格差の拡大と固定化／「貧しいが幸せなメキシコ人」の実態

 2．女性をとりまく経済・社会状況　260

  インフォーマル経済と女性の労働力／高等教育を受けた女性の社会進出／女性の貧困化

 3．男女平等社会構築に向けた努力　265

  女性の人権を軽視するマチスモの伝統／見えざるマチスモ／ジェンダー・クオータ制による政治参加の拡大／女性たちが担う新たな役割

▶第15章　**ニカラグア**
  ——新自由主義のはざまで生きる女性たち　　松久玲子……269

 ニカラグア女性史関係年表　270

 1．左派政権の再登場と保守化　272

  新自由主義は何をもたらしたか／左派政権の復活と保守化

 2．女性を取り巻く状況　275

  政治参加／経済活動／教育・健康／女性政策とフェミニズム運動

 3．女性たちの生き残り戦略　280

  移民の女性化／マキラドーラの女性労働／国際分業と女性支援NGO

▶第16章　**パナマ**
  ——運河の国の新たな挑戦と女性をとりまく社会の姿　　笛田千容……285

 パナマ女性史関係年表　286

 1．21世紀初頭のパナマ社会の姿　288

  拡張されるパナマ運河と好調な経済／パナマ危機以降の内政／グローバル組織犯罪の影

 2．女性をとりまく政治・経済・社会状況　291

女性の政治参加：期待と停滞／「初の女性大統領」が残したもの／女性の教育と労働をめぐる課題

3. 人身売買問題とその対策　295

人身売買問題へのジェンダー・アプローチ／パナマにおける人身売買の特徴／人身売買問題への取り組み

▶第17章 **パラグアイ**──政治の民主化と女性の社会参画　今井圭子………299

パラグアイ女性史関係年表　300

1. 政治変動の軌跡と経済社会動向　302

ストロエスネル政権下の長期独裁体制／独裁政権の崩壊と民主化への歩み／民主化と経済・社会現況

2. 1989年政変後のジェンダー政策　306

1992年憲法／ジェンダー・クオータ制／離婚法／反家庭内暴力法

3. 女性の社会参画：現状と課題　310

政治的側面／経済的側面／社会的側面

▶第18章 **ペルー**──変貌した21世紀社会と女性　杉浦 篤＋国本伊代………315

ペルー女性史関係年表　316

1. 21世紀初頭のペルー社会　318

フジモリ政権時代の社会変動／グローバリゼーションによる社会変化／貧困層の大幅な縮小

2. ペルー社会の変容と女性　321

女性を取り巻く環境の変化／教育水準の向上と女性の社会進出／自立に向けた女性のエンパワーメント

3. ペルー社会とジェンダー　326

女性の政界進出／ペルー女性が直面する21世紀の社会問題／男女共生社会に向けた21世紀の課題

▶第19章 **ウルグアイ**
　　──女性の政治参加と討議民主主義の試み　廣田 拓………329

ウルグアイ女性史関係年表　330

1. 21世紀のウルグアイ社会　331

政界の再編成と第三の勢力／経済状況／社会状況

2. 女性をとりまく状況　333

女性の高学歴化と「ガラスの天井」／19世紀社会における女性の役割／20世紀のウルグアイ女性／バッジェによる改革／リベラル・フェミニズムの躍進／軍政下の女性たち

3. 21世紀の政治と女性　339

女性議員による両院超党派連合の結成／女性たちが勝ち取った法律／ジェンダー・クオータ制の成立／BBFの意義：異なる政治の仕方／討議民主主義の実践としてのBBF

▶第20章　ベネズエラ──女性の権利拡大の歴史とボリバル革命

坂口安紀＋マガリ・フギンス……………………345

ベネズエラ女性史関係年表　346

1. 20世紀ベネズエラ 政治社会の動き　347

軍政から民主主義の確立へ／1980年代以降の経済危機と政治不信／チャベス政権のボリバル革命

2. 女性の権利拡大に向けて　351

20世紀：ベネズエラの女性運動の萌芽期／1970年代後半以降：政治領域での運動の広がり／国際的な動きとの連動

3. チャベス政権下の女性　355

新憲法制定／女性政策の拡大／政治領域での女性の躍進／市民社会領域における女性組織の活動／ジェンダー格差の国際比較／チャベス政権の女性性策の評価

参考文献　361
　ラテンアメリカ全般・各章共通　361
　アルゼンチン，ボリビア，ブラジル　362／チリ，コロンビア，コスタリカ　363
　キューバ，ドミニカ共和国　364／エクアドル，エルサルバドル，グアテマラ　365
　ホンジュラス，ジャマイカ　366／メキシコ，ニカラグア，パナマ　367
　パラグアイ，ペルー，ウルグアイ　368／ベネズエラ　369
国別 女性関係省庁，主要女性団体，女性・ジェンダー研究教育機関　370
　アルゼンチン，ボリビア，ブラジル　370／チリ，コロンビア　371
　コスタリカ，キューバ，ドミニカ共和国，エクアドル　372
　エルサルバドル，グアテマラ，ホンジュラス　373
　ジャマイカ，メキシコ，ニカラグア　374
　パナマ，パラグアイ，ペルー，ウルグアイ　375／ベネズエラ　376
人名索引　377／事項索引　382
執筆者紹介　388

ラテンアメリカ
21世紀の社会と女性

ラテンアメリカの独立国
(太字は本書で取り上げる20カ国)

序章

ラテンアメリカ
――女性が活躍する 21 世紀――

国本伊代

女性の社会進出が著しい 21 世紀のニカラグアを象徴する若い女性警官たち。
同国では，警官の 30％が女性である（松久玲子氏撮影）

ラテンアメリカ女性史関係年表

西暦	事　項
1975	国連主催の第 1 回世界女性会議がメキシコ市で開催される。
1976	「国連女性の 10 年——平等・開発・平和」が宣言される。
1977	LA 経済社会開発女性参画地域協定（CRIMDES）第 1 回会議がハバナで開催される。
1978	国連女性のための開発基金が創設される。
1979	国連女性差別撤廃条約（CEDAW）が成立し，国連女性差別撤廃委員会が設置される。
	CRIMDES 第 2 回会議がベネズエラで開催される。
1980	第 2 回世界女性会議がコペンハーゲンで開催される。
1981	第 1 回ラテンアメリカ・カリブ・フェミニスタ会議がコロンビアで開催される。
1983	第 2 回ラテンアメリカ・カリブ・フェミニスタ会議がペルーで開催される。
	CRIMDES 第 3 回会議がメキシコ市で開催される。
1985	第 3 回ラテンアメリカ・カリブ・フェミニスタ会議がブラジルで開催される。
	第 3 回世界女性会議がナイロビで開催される。
1987	第 4 回ラテンアメリカ・カリブ・フェミニスタ会議がメキシコで開催される。
1988	CRIMDES 第 4 回会議がグアテマラで開催される。
1990	第 5 回ラテンアメリカ・カリブ・フェミニスタ会議がアルゼンチンで開催される。
	コスタリカ，ラテンアメリカで初めて地方議会選挙にジェンダー・クオータ制を導入する。
1991	CRIMDES 第 5 回会議がオランダ領キュラソー島で開催される。
1993	第 6 回ラテンアメリカ・カリブ・フェミニスタ会議がエルサルバドルで開催される。
	国連総会，「女性に対する暴力の撤廃に関する宣言」を採択する。
1994	CRIMDES 第 6 回会議がアルゼンチンで開催される。
	米州機構，「女性に対する暴力の防止・罰則・廃絶に関する米州条約」を採択する。
1995	第 4 回世界女性会議，北京で開催される（北京行動綱領）。
1996	第 7 回ラテンアメリカ・カリブ・フェミニスタ会議がチリで開催される。
1997	CRIMDES 第 7 回会議がチリで開催される。
1999	第 8 回ラテンアメリカ・カリブ・フェミニスタ会議がドミニカ共和国で開催される。
2000	CRIMDES 第 8 回会議がエクアドルで開催される（キト合意書）。
	国連女性 2000 年会議が開催される。
2002	第 9 回ラテンアメリカ・カリブ・フェミニスタ会議がコスタリカで開催される。
	アメリカ大陸先住民女性サミットが，メキシコで開催される。
2004	CRIMDES 第 9 回会議がメキシコで開催される（メキシコ合意書）。
2005	第 10 回ラテンアメリカ・カリブ・フェミニスタ会議がブラジルで開催される。
2007	CRIMDES 第 10 回会議がエクアドルで開催される（キト合意書）。
2009	第 11 回ラテンアメリカ・カリブ・フェミニスタ会議がメキシコ市で開催される。
	先住民女性サミットがペルーのプーノで開催される。
2010	CRIMDES 第 11 回会議がサントドミンゴで開催される（サントドミンゴ合意書）。
2011	国連総会，国連女性局（UN ウィメン）を創設。初代事務局長にチリのバチェレが就任する。
	第 12 回ラテンアメリカ・カリブ・フェミニスタ会議が 30 周年を記念してボゴタで開催される。
2013	ラテンアメリカ，地域として国政議会に占める女性の割合が世界最高水準となる。
2014	第 13 回ラテンアメリカ・カリブ・フェミニスタ会議がペルーで開催される。

ラテンアメリカ・カリブ海地域（以下LAと省略）にある33の独立国家のうち，本書で取り上げる20カ国は，わが国でも比較的知られた国である。これらの国を含めたLA地域は，1990年代から2014年の約四半世紀の間に大きく変貌した。しかしこの間に進行した変化は当然ながら多様で，一律に論じることはできない。新自由主義経済政策を進めて大きく経済社会構造を変えた国，「左派政権」とも呼ばれる民族主義を強調する政権が独自の改革の道を模索している国，深刻な経済危機を経験しながらも経済成長を遂げた国，経済が低迷し続けている国，比較的順調な経済成長と国内改革を遂げた国など，四半世紀をかけて到達した2014年の時点でみるLA諸国の姿は多様である。

この間にみられたLA諸国に共通する特徴の一つは，女性の社会進出である。1975年の第1回世界女性会議を出発点として，平等・開発・平和を掲げた「国連女性の10年」，4回にわたる世界女性会議および女性の地位改善を目指す一連の国際社会の流れがLA諸国に与えた影響は，「歴史的」とも呼べるほど大きかった。国際的な支援を受けたLA諸国の女性たちの男女平等社会を目指す活動と，それを受け入れた各国政府が取り組んだ成果は，世界的レベルでみても高い。この間にニカラグア，パナマ，コスタリカ，アルゼンチン，ブラジルおよびチリにおいて，選挙で女性大統領が選出された。2015年1月の時点で，アルゼンチン，ブラジルおよびチリの女性大統領はいずれも2期目を務めている。

一方，国連開発計画（UNDP）が区分する世界の7地域（ヨーロッパ・中央アジア，アラブ，北アメリカ，東アジア・太平洋，南アジア，サハラ以南アフリカおよびラテンアメリカ・カリブ）の中で，人間開発指数（HDI）でみるLA地域は健康・寿命・教育の分野で目覚ましい改善をとげている。その背景には，生活環境と栄養事情の改善および医療の普及による乳幼児・妊産婦の死亡率の低下などがある。その結果，LA地域の女性の平均寿命78歳は地域別にみると世界第1位であり，男性の71.8歳は東アジア・太平洋地域に僅差で迫る第2位となった。教育分野でも地域全体の平均識字率は男女とも90％台に達し，とりわけ若い世代では女性の教育水準が男性を上回っている。

その結果，2013年のLA33カ国の国別HDIランキングは次のようであった。先進国が位置する最高位開発グループ49カ国の中にチリ（41位），キューバ（44位）およびアルゼンチン（49位）の3カ国が入り，それに次ぐ高位開発グループ53カ国の中に22カ国が入った。そして7カ国が中位開発グループに位置づけられ，南アジアとサハラ以南アフリカ地域に多い極貧国からなる低位開発グループ（43カ国）に位置する国は，LA33カ国のうちハイチのみであった。国際比較でみるこのようなHDIの改善は，本書各章で紹介するようにLA諸国の女性をとりまく社会経済環境にも大きな影響を及ぼした。

国連をはじめとする国際機関や諸組織が主導するマイノリティの権利保障と，男女差別を解消しようとする世界的趨勢の中で，LA地域は優等生である。LA諸国はさまざまな障害を克服し，あらゆる分野における差別のない平等な社会の構築に向けた道を歩み続けている。いまだ道半ばとはいえ，その成果は女性の教育と政治の意思決定過程への参加でとくに顕著である。多くの国で女性の教育水準が男性のそれを上回り，ジェンダー・ク

オータ（選挙における候補者に女性枠を設ける制度）の導入によって議会に占める女性議員の割合が大幅に増加した。そのことが，従来の男性主導の政治が無視してきた分野にも変化をもたらしている。

本章では，このような LA20 カ国に日本を加えた 21 カ国の統計資料によって，2010 年代前半の LA 諸国の社会の姿と女性の置かれた状況を紹介する。

1. 21 世紀のラテンアメリカ社会

■グローバリゼーションの影響

「失われた 10 年」として歴史に記録された経済混乱の 1980 年代，そして新自由主義経済政策を取り入れて大きく経済構造を変革させた 1990～2000 年代の LA 地域では，軍部・独裁者による強権政治と中米諸国における内戦が終結し，全般的に政治の民主化が進んで，市民勢力が著しく台頭した。選挙による政権交代が常態化しただけでなく，市民社会組織が国際機関や NGO と連携しつつ，従来の政治では争点になりにくかった課題に取り組むようになった。その結果，「カネ・モノ・ヒト」のグローバル化だけでなく，社会的弱者救済・人権・環境の問題に対する視点もグローバル化している。

21 世紀に入ってなお世界を席巻している新自由主義経済は，国家の経済活動への介入を非効率とし，国営・公営企業の民営化を促し，公共支出を削減し，小さな政府と市場に経済の運営を任せる，市場原理主義的経済である。LA 諸国の多くは，80 年代に累積債務危機にみまわれ，世界銀行をはじめとする国際機関や債権国から，融資と引き換えに混合経済体制から自由主義経済体制へと大きく舵を切ることを強要された。これを受けて LA 諸国政府は，先進諸国からの資本流入の受け入れ，外国製品に対する国内市場の開放，マキラドーラと呼ばれる輸出向け製造工場群用の保税加工地区の設置による雇用増大などを通じて，経済構造を大きく変えた。安い労働力を求めて進出してきた外国企業の工場は，とりわけ若い女性の労働市場への参加を促進し，外国資本と製品の進出は LA の企業文化と人々の暮らしを大きく変えている。

しかし他方で，このような新自由主義経済に対抗し，「第三の道」を模索する民族主義的政権が，ベネズエラ，ボリビア，アルゼンチン，ブラジル，チリ，エクアドル，パラグアイ，ウルグアイ，ペルーなどの南米諸国で誕生した。1999 年 12 月に国名をボリバル・ベネズエラ共和国に改変したベネズエラのチャベス政権（1999～2013）は，潤沢な石油資源を武器に急進的な反米政策と社会主義国キューバへの接近政策をとり，「21 世紀型社会主義」を標榜して新たな開発モデルを模索した。しかしチャベスの死によってベネズエラ経済社会は混迷期に入り，現在に至っている。一方，2006 年に国名を「ボリビア多民族国」と変えたボリビアでは，エボ・モラレス政権（2006～）が先住民の権利と地位を最優先する民族主義的立法措置によって，国民の約半数を占める先住民の 36 の言語を公用語としたほか，先住民族への資源の配分を強化した。ボリビアは世界的に需要の多い地下資源の開発で得られる財源に支えられて，LA 諸国の中では比較的順調な経済成長を続け，社会改革を進めている。これら民族主義的政権には課題も多く，すべてが改革に成功しているわけではないが，国際的なレベルでみるとその経済社会開発の実績は目覚ましい。

21世紀に入って2度も経済危機を経験したアルゼンチンをはじめとして、LA諸国の経済は、2008年のリーマンショックによる深刻な打撃にもかかわらず、この四半世紀間に概ね確実な発展を遂げ、その影響は社会の諸相にみられる。「新自由主義経済の優等生」とされるチリやメキシコなどでは、都市化と都市機能の近代化が著しい。公共交通手段が発達し、欧米風のしゃれたショッピングモール、スーパー・チェーン店、大型量販店、世界の高級ブランド店、国際的規格を保つ新しいスタイルの外資系小売・飲食・サービス業の進出は、中間層以上の人々の生活スタイルを大きく変えた。

しかし同時に、後に詳述するように、LA諸国は伝統的な社会格差を縮小することができなかった。所得・資産分配の不平等度（貧富の格差）を示す指標であるジニ係数をみると、LA諸国は世界でも最悪の格差社会である。そしてその帰結の一つが深刻な治安の悪化である。イギリスの『エコノミスト』紙が毎年発表する「世界平和度指数」（治安や軍事費に関する24項目を指数化し、各国の平和度を比較したもの）によると、LA地域はアフリカや中近東などとは異なり、戦争・紛争やゲリラ活動がないにもかかわらず、殺人事件の発生率が世界で最も高い地域となっている。「世界平和度指数2014」（162カ国）において、LA諸国で最悪の状態にあるコロンビアが150位、次いでメキシコ（138位）、ベネズエラ（129位）、ホンジュラス（117位）、エルサルバドル（116位）、グアテマラ（115位）となっている。LA諸国の中で比較的治安が良いといえるのは、ウルグアイ（29位）、チリ（30位）、コスタリカ（42位）の3カ国だけである。ちなみに日本は、上位を占める北欧諸国などに続いて8位につけている。

ただしLA地域の治安の悪さは、1980年代から続いているものである。国連の『人間開発報告書』で示された世界各地域別の「10万人当たりの殺人件数」をみても、1990年代以降は殺人件数の減少が世界的傾向となっている中で、サハラ以南アフリカとLA地域だけが増加している。しかもLAの数値はずば抜けて高い。

グローバリゼーションはLA諸国の教育現場にも大きな影響を与えている。後述するように識字率は高いが、LA諸国の教育制度はもともと旧態依然のもので、多くの問題を抱えていた。高等教育への進学率が低く、富裕層の子弟の多くが欧米の大学で学ぶため、国内の一流校とされる歴史ある国立大学の教育・研究水準は世界的にみて低い。ちなみにイギリスの『タイムズ』紙の「大学世界ランキング2012-13」によると、400番以内に入ったLAの大学は、域内トップとして評価の高いブラジルのサンパウロ大学（158位）のほか、同じくブラジルのカンピーナス大学（200番台前半）、メキシコ国立自治大学（300番台後半）だけであった（東京大学は27位）。

一方で1990年代から存在感を増した私立大学の一部は、国際化の中で通用する人材の育成を目指し、高額な授業料に値する教育を提供することによって名門校へと成長している。しかしこの種の名門校に進学するには、親の経済力だけでなく本人の高い学力も要求されるため、初等教育の段階から有名私立校に通わせることになる。そうした私立校では早くから英語教育を行うため、待遇の良いグローバル企業への就職にも有利となる。いまや旧態依然の名門国立大学よりも有力私立の方が、子どもの将来に有利だとい

うのが社会通念となっている。

　LA諸国でもこうしたグローバル化に伴う経済・社会の変化が，貧困の連鎖を固定化させてしまっている。

■「人間開発指数」でみるLA諸国

　先に触れた人間開発指数（HDI）とは，国連が1990年以降毎年まとめている『人間開発報告書』で公表される指標で，「人間の生活を豊かにする3つの基本的な側面」に関して，世界各国の達成度を測定して数値化したものである。具体的には，1人当たりの実質国内総生産，出生時の平均余命，成人識字率と初・中・高等教育レベルから割り出した教育指数を総合的に比較した，いわゆる世界ランキングである。またその数値をもとに，開発の進展度ごとに各国を最高位，高位，中位，低位の4つのグループに分けている。HDIは継続的に測定されているため，世界各国が一定期間にどのような開発レベルに到達し，それが国際社会でどのレベルに位置するかが概ねわかる。主にこのHDIとその他の資料をもとに，LA20カ国および日本の基礎的指標をまとめたものが表1（p.35）である。

　まずLA20カ国の2013年（対象国187カ国）の「人間開発」の達成度を，15年前の1997年（対象国174カ国）と比較してみよう。相対的に順位を上げたのは20カ国中キューバのみであった。比較のために追加した日本を含めて，大多数の国が10位以上ランクを下げている。順位は相対的であるとはいえ，15年間に20位以上下がったのが，ドミニカ共和国（58位→102位），コロンビア（57位→98位），パラグアイ（84位→111位），エクアドル（72位→98位），コスタリカ（45位→68位）およびメキシコ（50位→71位）である。これらの国では，生活の質の改善の速度が国際水準を大ききく下回ったと考えられる。しかし地域ごとの達成度では，LAは7地域中トップであった。

　一方，中米4カ国（ニカラグア，ホンジュラス，グアテマラ，エルサルバドル）と南米2カ国（ボリビア，パラグアイ），およびカリブ海域のドミニカ共和国が，世界187カ国中100位以下にとどまっている。また，低位開発グループに分類された国はないものの，中位開発グループに属するパラグアイ（1人当たり国内総生産4858米ドル），ボリビア（同4503ドル），グアテマラ（同4351ドル），ホンジュラス（同3574ドル），ニカラグア（同3366ドル）の5カ国は，所得面ではアジアとアフリカ地域に多い貧困国の範疇にある。

　LA諸国はこのように，本書で取り上げていないハイチを除いて，HDIの国際比較においては概ね中位開発グループに属する。しかし政治的・経済的安定が持続せず，経済的社会的格差も是正されているとはいいがたい。それに対する国民の不満が高じてデモが暴動に変わることもある。治安の悪さや汚職体質を含め，多くの国がさまざまな社会問題を依然として解決できないでいるのが現状である。

　次に各国の所得分配状況を，表1のジニ係数によってみてみよう。なお，ジニ係数は0（完全に平等な社会）から1（完全に不平等な社会）の数値で示すことが多いが，0～100が用いられることもある。本章では，世界銀行およびアメリカ中央情報局（CIA）の統計資料に基づき，後者の表記を用いる。

　LA諸国は歴史的に貧富の格差の大きい地域であるが，ことに近年の数値からは，世界でもまれにみる格差社会となっていることがわかる。一般にジニ係数40が「社

会騒乱を発生させる水準」とされており，数値のないキューバを除く19カ国のほぼすべてが，騒乱が発生する危険をはらんだ状態にあるともいえよう。実際，先にみたように多くの国で治安が悪化しており，その背景にはジニ係数で示されている経済格差の固定化，失業と貧困の連鎖，それに伴って拡大する麻薬組織犯罪など複数の要因がある。ちなみに2013年時点でジニ係数が最も高かったのは南アフリカ（63.9）である。

　一方，これらの諸問題を解決しようとする努力は，LA地域の伝統ともいえる「汚職文化」によってほぼ相殺されてしまっている。LA諸国民の立法・行政・司法・警察などの公権に対する信頼度は非常に低い。国際NGOトランスペアレンシー・インターナショナルが毎年公表する腐敗認識指数（略称CPI，以下「汚職度」）は，完全にクリーンな状態を100，汚職度100%を0として指数化したものである（2013年の調査対象国は177カ国）。表1の汚職度の欄をみると，例外的なウルグアイとチリおよび透明度がやや低めながらそれに続くコスタリカの3カ国を除くと，LA地域の汚職度は総じて高い。ちなみに2013年時点で最も汚職度が低いのは1位のデンマーク（透明度91）で，日本は18位（透明度74）であった。

■格差社会と貧困の連鎖
　こうしたLA諸国の経済格差は植民地時代から続く社会構造であり，LA諸国は「格差肯定社会」として広く知られてきた。21世紀に至るまで経済格差を改善できなかった歴史は，富の再配分の仕組みを持続的制度として取り入れることに抵抗する支配層の強い保身的姿勢に起因する。遺産相続税，固定資産税，累進的な所得税などが制度化されていないことに加えて，徴税制度そのものに国民の信頼がなく，それを改革しようとする政治的意思がみられないのもLA諸国に共通した問題である。ほとんどの国では遺産相続税と固定資産税が極端に低いか，制度そのものがないため，世代交代によって社会が平等化していく契機がない。その結果，多くの国では公教育が初等から高等まで無料である（もしくはほぼ無料に近い）にもかかわらず，貧困層の子どもが高等教育課程にまでたどり着く道のりは遠く険しい。貧しい家庭に生まれた子どもは親の教育・経済水準を超えることが難しく，いつまでも貧困層にとどまることになる。

　国や機関によって測定方法や指標が異なるため，貧困度の国際比較は容易ではない。世界銀行は「2005年の購買力平価で1日1.25米ドル以下で暮らしている状態」を「極貧線」と設定している。「国連ミレニアム開発目標（MDGs）」では，この線上にいる人々が，2015年までに根絶すべき「極度の貧困層」とされている。各国政府レベルではこれに加えて，生活必需品を購入できる最低限の収入を「貧困線」と定めている。それらをまとめたのが表1の「貧困層の割合」である。これをみると，2000〜12年前後の間に，LA諸国の貧困層が概ね縮小したことがわかる。

　2010年前後に国民の4割以上が貧困状態で暮らしていた国は，ホンジュラス（67.4%），ニカラグア（58.3%），グアテマラ（54.8%），パラグアイ（49.6%），エルサルバドル（45.3%）およびドミニカ共和国（41.2%）である。これらの人々の中には，先に挙げた「1日1.25米ドル以下」で暮らす極貧層が含まれている。その割

合は貧困層全体の 40％～50％に上る。

　しかし，貧困問題を大きく改善した国もある。2000 年に国民の 63.7％が貧困状態で暮らしていたボリビアは，以後の約 10 年間でその数値を 36.3％まで下げた。エクアドルも貧困層の割合を 61.2％から 32.9％にまで縮小させた。ペルーは 54.7％から 23.7％へと，LA20 カ国中で最大の縮小幅を達成した。本書の第 18 章で紹介されているように，1960～90 年代まで激動の 40 年間を経験したペルーは，21 世紀に入って目覚ましい経済成長を遂げると同時に，貧困問題への取り組みでも大きな実績を上げた数少ない国である。他方で，10 年間に 5 ポイント以下しか貧困層を縮小できなかった国は，メキシコ（4 ポイント），エルサルバドル（2.6 ポイント），コスタリカ（2.5 ポイント）である。これらの国々では，格差の状況がここ十数年間ほとんど変化していない。

　貧困の問題は経済構造に深く関わっている。LA 諸国では経済活動人口の過半数が，公的機関によってその活動が把握できないインフォーマル・セクター（非正規部門）で働いている。インフォーマルであるがゆえに正確な統計はないが，路上の物売り・家事労働者・中小企業の労働者・農業労働者など，実際に経済活動を行っているが健康保険や年金など社会保障の網からこぼれている人々である。こうした労働形態から生じる問題は，将来にわたって深刻である。表 1 でみるように，数値のない 4 カ国を除いて，LA10 カ国で非農部門における労働人口（男女とも）の 50～70％がインフォーマル・セクターで働いていると推定されている。残りの 6 カ国も 40％台であり，LA 地域ではおよそ半数から 7 割近くもの人々が不安定な生活を送っているからである。

2. 女性をとりまく社会・経済状況

■グローバル化と LA 社会の女性

　LA 諸国の四半世紀の政治・経済・社会の変化を概観すると，突出した共通点がみえてくる。それは本書のテーマでもある，ジェンダー平等の推進と女性の地位の向上である。ジェンダーとは社会的・文化的につくられた性差であり，その平等化への取り組みは，政治における意思決定過程への女性の進出でとりわけ大きな成果を上げている（第 3 節参照）。

　全般的に LA 諸国における女性の社会的活動は，1960～70 年代の軍事政権や権威主義的一党独裁体制の時代に，反政府運動への参加や経済危機における困窮者への支援活動などを通じて始まった。またこの時期は女性解放運動（フェミニズム）の第二波にあたり，LA 諸国でも女性の人権確立と男女平等を求める運動が展開されていた。ちなみに第一波は 19 世紀から 20 世紀前半に行われた女性の参政権運動を指し，LA 諸国ではすでに 1961 年までに女性の参政権が確立している。

　1970 年代以降の LA 諸国の「人権と平等」を求める新しい女性解放運動を支援し，かつ加速させたのは，国連をはじめとする国際機関の取り組みである。この時期には女性の地位向上，女性をめぐる政治・経済・社会状況の改善をめぐって，さまざまな国際会議が開かれ，多数の国際協定が結ばれた。まず 1975 年に「平等・開発・平和」をテーマとした国連主催の第 1 回世界女性会議がメキシコ市で開催され，貧困と抑圧からの女性の解放が世界的な課題となった。その後，この会議での議論をもとに女性政策と社会変革への行動指標が「世界行動計画」として採

択され，1975〜85年が「国連女性の10年」と定められた。この期間に女性たちが直面する社会的・経済的問題を解決することが世界共通の課題となった。また78年には，女性の開発を支援する「国連女性開発基金」（UNIFEM）が創設された。さらに翌79年には国連総会で女性差別撤廃条約（正式名：女性に対するあらゆる形態の差別の撤廃に関する条約，略称CEDAW）が採択され，81年に発効した。

しかし，女性問題といっても，先進諸国と開発途上国の間の経済格差，宗教や伝統文化の違いなどによってその具体的内容はさまざまに異なる。世界女性会議は1975年から95年にかけて計4回開催されたが，初めから参加各国の女性たちが共同歩調をとれたわけではない。80年にデンマークのコペンハーゲンで開催された第2回世界女性会議では，先進国と開発途上国の代表の間で激しい対立をみた。ジェンダー開発と男女平等社会の構築が真に国際的な共通認識となるのは，90年に北京で開催された第4回世界女性会議においてである。

この時期にはまた，LA地域独自の市民による連帯活動も目覚ましく進展した。1977年にラテンアメリカ経済社会開発女性参画地域協定（CRIMDES）が締結され，その第1回会議がキューバのハバナで開催された。同会議ではそれ以後，女性問題への取り組みを常に「合意書」の形で宣言している。最近では2010年の第11回会議（開催地：ドミニカ共和国）で，女性の社会進出を支援する「サントドミンゴ合意書」が採択されたが，この間30年以上にわたって，CRIMDES会議はLA地域における問題意識の共有と情報交換の場として機能し続けている。

またCRIMDESよりも広範に多様なNGOが参加する場として，ラテンアメリカ・カリブ・フェミニスタ会議がある。1981年にボゴタ（コロンビア）で第1回会議を開催して以来，継続的に開催されており（直近は2014年，ペルーのリマにおける第13回会議），LA地域の女性問題に関する情報交換の場を広げ続けている。

同時に，LA各国で女性問題を担当する専門省庁や機関が組織され，アカデミズムの世界においてもジェンダー研究を目的とする研究機関が設立された（巻末資料参照）。これらの研究機関では，長い歴史の中で社会的につくり出された男女差別の制度的・意識的・文化的構造を解明するとともに，解決に向けた政策研究に取り組んできた。そしてこれらのジェンダー研究が，多様な分野の女性運動や市民運動およびそれらと連携して各国政府が取り組むジェンダー政策に影響を与え，「女性の人権と男女平等」に関わる法整備を促した。それにより1990年代には，LA地域の政治・経済・社会の各分野で，女性の権利確立と社会進出が革命的と言えるほど劇的に進展した。

2015年1月1日時点で，LA33カ国の総人口6億人の約43％に当たる2億6000万人が，4名の女性リーダーが指揮する政府のもとで暮らしていた。その4名とは，アルゼンチンのフェルナンデス大統領，ブラジルのルセフ大統領，チリのバチェレ大統領，ジャマイカのシンプソン＝ミラー首相である。このような時代が来ることを四半世紀前に予測した者は誰もいなかったに違いない。

一方，21世紀初頭の現在，多くの課題も残されている。その中で最も重視されているのは，政治・経済・社会のあらゆるレベルの意思決定過程における男女平等参画と女性に対する暴力の排除である。

以下では，女性たちをとりまく社会経済環境の変化を統計資料に基づいて紹介しながら，これらの問題を考察していこう（ただし，統計資料はあくまでも一つの目安であり，数値だけで社会状況を比較することには一定の限界があることに留意されたい）。

■LAの女性をとりまく社会経済環境

表2（p.36）は，2011～13年にかけての女性に関する主な社会経済指標をまとめたものである。過去四半世紀に起こった著しい変化は，①家族形態の多様化，②女性の教育水準の向上，③女性の社会進出であった。①は，合計特殊出生率（女性が生涯に産む子どもの数で示される）と，全世帯に占める女性世帯主の割合によって検証する。②は識字率と就学率，③は労働市場への女性の参加率で検証する（就労の内容については次項の表3を参照）。さらに①に関連して，21世紀のLA諸国で問題となっている10代の女性の出産と妊娠中絶，および家庭内暴力（DV）の問題もあわせて考察する。

①家族形態の多様化　家族形態の変化は都市化とともに進展した。21世紀のLA社会では，伝統的な拡大家族から核家族への移行が起きただけでなく，ひとり親家族から合法的な同性婚家族まで，その形態はじつに多様化している。そして家族を構成する子どもの数が先進国並みに減少したことが域内の共通点である。合計特殊出生率は，グアテマラ（3.84人），ボリビア（3.26人）およびホンジュラス（3.05人）の3カ国を除くと，いずれも先進諸国に迫る低さである。これはLA諸国が，家族計画に否定的なローマ法王庁の影響を強く受けるカトリック世界でありながら，長年取り組んできた家族計画の成果でもある。LA諸国は1970年代以降，人口の爆発的増加に対する国際機関の抑止政策を受け入れて，地道な取り組みを続けてきた。それが女性たちの意識の変化につながったともいえる。

しかしながら，世界中の女性運動が主張し続け，国際社会も後押しするようになった女性のリプロダクティブ・ヘルス／ライツ（妊娠・出産と母体の安全性および生殖に関する健康と権利）は，21世紀のいまなおLA地域において十分に受け入れられているとはいいがたい。女性が暴力で妊娠させられ，望まない出産を避けるために闇の妊娠中絶手術を受け，それがもとで命を落とすといった事例があまりにも多いからである。

表2の「中絶法の有無」の欄にあるように，LA 20カ国の多くが女性の妊娠中絶を合法としているが，一方で中絶を法律で禁じている国が5カ国もある。また中絶法がある国にしても，いずれも母体が危険にさらされていることを条件としたもので，強姦などで本人が望まずして妊娠した場合はほとんどが非合法とされる。また合法と認められた場合でも，カトリックの影響の強い社会においては世論の批判を恐れて手術を拒否する医師も少なくない。あえて手術を引き受ける闇の医師は高額な費用を要求するため，妊娠中絶を受けられないケースが多い。妊娠中絶に関して女性の自己決定権を完全に尊重している国はウルグアイだけである。ただしメキシコ市など，地方自治体レベルで認めている例はある。

この実態は，女性たちにとって深刻である。先に示したようにLA諸国の合計特殊出生率が先進国並みの低さとなっているのは，母体を脅かす危険な闇の妊娠中絶手術が多く行われていることの帰結で

もあるからだ。技術的にも衛生的にも危険性の高い闇の手術によって，多くの女性たちが命を落としている。LA 社会は伝統的に，後述する男性優位の「マチスモ」文化が根強く，女に子どもを多く産ませることが男としての存在価値だとみなす傾向も根強い。そのような社会では，女性が自ら子どもの数を決定することは難しい。医療技術が発達し，乳幼児死亡率が著しく低下した現代社会において，中絶の合法化は女性のリプロダクティブ・ヘルス／ライツの中心的な課題であり，21 世紀の LA 諸国における女性運動の重要な主張となっている。

　とくに農村では都市部よりも女性が一生に産む子どもの数が多い。さらに先住民共同体では，21 世紀に入っても女性のリプロダクティブ・ヘルス／ライツへの理解が不足している。2007 年の「先住民族の権利に関する国連宣言」採択を機に，一部の国では先住民共同体の復権が著しく進み，「伝統的共同体社会」への回帰が強くみられる。こうした社会では何よりも共同体の利益が重視され，多産が称揚される。そこでは個を主体とする近代社会の思想，およびそこから生まれたリプロダクティブ・ヘルス／ライツの考え方は受け入れられにくい。

　一方，女性を世帯主とする家庭が多いことも，現代 LA 社会の顕著な特徴の一つである。数値に多少の幅はあるにせよ，総じて全体のほぼ 3 分の 1 を女性世帯主家庭が占めている。1970〜80 年代の中米諸国およびアンデス地域では，激しい内戦やゲリラ活動のため男性（夫・父親）の死亡率が上昇し，その帰結として女性世帯主が増えた。それらが終息した 21 世紀に女性世帯主の割合が高いのは，未婚の出産，夫・父親の長期出稼ぎあるいは家庭放棄，離婚などの要因によるものであり，それが女性の貧困を増幅させている。また，どの国においても都市部と農村では少なからぬ格差があり，農村部の女性世帯主家庭の貧困がより深刻である。

　女性世帯主家庭の貧困の解消（およびそれによる格差是正）を難しくしているのが，とくに 10 代（15〜19 歳）の若い女性の出産率が高い点である。表 2 をみれば，LA 諸国の数値は日本とは桁が異なっており，問題の深刻さが理解できよう。そしてその割合の高さは，国民所得や教育の水準とはほぼ無関係である。過去 20 年間の傾向をさぐると，20 カ国中 7 カ国で，出産率が変わらないかやや減少している。その背景には，女性の教育水準の向上や国家による家族計画の推進があった。しかし，それにもかかわらず，13 カ国では 10 代の出産率が上昇している。しかも，表 2 では示せなかったが，9〜14 歳の出産率も，15〜24 歳の出産全体の 10％前後にのぼっている。10 代の妊娠・出産は，肉体的・精神的発育の観点から好ましくないだけでなく，未婚の母親となった少女たちが学校を中退し，貧困家庭をつくるという貧困の連鎖の発端ともなる。各国はこの問題への対応に腐心しているものの，比較的順調に進んでいる家族計画に比して目立つ効果が上がっていない。

　②**女性の教育水準の向上**　他方，LA 諸国の女性の教育水準は著しく向上している。多くの国が 20 世紀後半に義務教育の普及に力を入れた結果，表 2 でみるように 15〜24 歳の女性の識字率は，20 カ国中 17 カ国で 95％を超えている。初等教育における就学率は，87％にとどまるジャマイカを除くとどの国もほぼ 100％に近い（表 2 に掲げた数値は該当学年の在籍数を示

し，100％を超えているものは留年か複数の教育機関に在籍する場合を含む）。中等教育から高等教育に進むにつれて就学率は概ね低下し，国別格差が広がる。とくに専門学校・大学を含む高等教育の就学率は，最低のグアテマラ（18％）から最高のキューバ（101％）へと，際立った格差がみられる。

③**女性の社会進出**　このような女性の教育水準の向上に伴って，労働市場，とりわけ専門職と管理職への女性の著しい進出がみられる（次項参照）。しかし国際比較をすると，LA諸国の女性の労働市場参加率は必ずしも高くない。これは統計に農業従事者とインフォーマル・セクターの労働者が含まれないためである。すでに表1で示したように，女性の非正規労働者の推定割合はLA各国とも40〜70％台と高い。農業従事者，家事労働者，路上の物売りなど，一部の富裕層を除けば多くの女性が，生活のために，家事や育児のほかに外でも男性とほぼ同様に働いている。しかしそれらは公式には労働人口として扱われないため，統計上では女性の労働市場参加率が低くなる。

■**LA諸国におけるジェンダー格差**

ここまでみてきたように，1990年代以降の四半世紀に，LA諸国の女性をとりまく社会的・経済的状況は大きく変化した。とりわけジェンダー格差是正への取り組みは目覚ましい成果を上げ，女性の社会進出が著しい。その一端を数字で示したものが**表3**（p.37）である。

同表の数値は，世界経済フォーラムが毎年公表する「グローバル・ジェンダー・ギャップ指数」をもとにしている。ジェンダー・ギャップ指数（GGI）とは，社会的・文化的につくられた性差による差別の実態を統計的に指数化し，総合的にギャップ（格差）の少ない順に国をランクづけしたものである。具体的には，経済・教育・政治・保健の4分野の諸データにより男女差が測られ，完全平等が1，完全不平等が0で表される。世界経済フォーラムは，初回の2006年（111カ国対象）以来，継続的にGGIを調査・公表している（直近は2014年，142カ国対象）。

表3の冒頭に，最新の2014年と最初の2006年の順位を並べた。これをみると，LA域内のいくつかの国が，この9年間に大きな成果をあげたことがわかる。GGIが最も小さい世界トップ10カ国にニカラグアがランクインしているだけでなく，表1でHDI（人間開発指数）の順位が低かったエクアドル（98位）とボリビア（113位）が上位60カ国に入っている。また，20カ国中8カ国が順位を上げている。さらに興味深いのは，先進国であるはずの日本が，LA20カ国中で最下位のグアテマラにさえ大きく差をつけられていることであろう。この順位は，LA諸国のジェンダー差別撤廃への取り組みの進捗状況とともに，LA諸国間の格差をも示している。さらに，紙面の関係で本章では詳しく述べることができないが，各国内で都市部と農村部の間にもGGIの大きな格差がある。

9年間でランキングを大幅に上げたニカラグア，エクアドルおよびボリビア，また10位以上順位を上げたアルゼンチン，ペルーおよびチリでは，どのような格差是正政策がとられたのか。他方で停滞ないしランクを下げた国々の事情はどのようなものなのか。さらに，順位を20位以上も下げたエルサルバドル，コロンビア，ジャマイカ，ドミニカ共和国，ウルグアイ，パナマでは，GGIを縮める努力が為

されなかったのか。これらについては，各国を個別に取り上げた以下の各章を読んでいただきたい。ただし GGI の順位は相対的なものにすぎず，これによってその国の女性の置かれている状況を実態的に比較することはできない。しかし，順位の変動から，いまや世界的課題となっているジェンダー格差の解消に向けた各国の姿勢と達成度がおおよそ判断できる。この意味でわれわれは，男性優位の根強い LA 諸国でこれだけの努力が払われたのと対照的に，日本の現状がきわめて深刻であることを率直に認識すべきであろう。

　全般的に LA 諸国の GGI を縮小させた要因は，女性の寿命の延び・教育水準の向上・政治参加の増大にある。女性が男性よりも長寿であるのは生物学的にも社会学的にも証明されており，LA 地域に限られた現象ではない。しかし教育水準の向上および政治参加の増大は，LA 諸国の努力の成果である。

　まず識字率は，LA20 カ国中 11 カ国で男女同等か，女性の方が高い。初等教育ではほとんど男女格差がない。中等教育では，数値のないブラジルとホンジュラス，および女子生徒が男子生徒を下回ったグアテマラを除く 17 カ国で，女子生徒の方が就学率が高い。

　高等教育に進むと，LA 諸国の男女格差の少なさがさらに浮き彫りになる。メキシコとボリビアを除いて女性の方が進学率が高く，日本を上回っている。中等教育の就学率でわずかに格差のあるグアテマラですら男女格差はなく，20 カ国中 16 カ国で女性の就学率が男性のそれを凌駕している。とくにジャマイカを筆頭として，ウルグアイ，ベネズエラ，キューバ，ドミニカ共和国，パナマおよびアルゼンチンでは，高等教育就学率において女性が男性の 1.5 倍以上となっている。このことは，後述する専門職に占める女性の割合の高さと強い相関関係にある。

　日本を含めた 21 カ国を比較して注目に値するのは，第 1 節で取り上げた人間開発指数（HDI）との関連である。HDI の高い日本（17 位）とウルグアイ（40 位）が，GGI では中位以下にあり，しかもこの 9 年間で順位を大きく下げている。表3 でみるように，ウルグアイは女性の高等教育水準において日本をはるかに上回り，女性の労働市場参加率も高い。とりわけ専門職では女性の割合が男性を超えている。そればかりか，管理職に女性の占める割合も日本の 5 倍以上である。ウルグアイと日本の GGI の順位を下げている共通要因は，政治の意思決定過程における女性の参加度の極端な低さにある。

　ウルグアイに代表されるように，LA 諸国では女性の教育水準が大幅に向上した結果，高学歴の女性たちが専門職や管理職に占める割合も高くなった。数値のないジャマイカを除く 19 カ国中 10 カ国で，専門職に占める割合で女性が男性を凌駕している。残る 9 カ国はほぼ日本並みであった。ただ，専門職への女性の進出は分野が限定的である。これは大学の学部選択傾向と関わりがある。女性の進学率が高いのは法学部・医学部・文学部・教育学部・看護学部で，低いのが物理学・土木工学など理工系学部である。これと相関するかたちで，技術系専門職への女性の進出率はそれ以外の業種に比べて低い。

　世界的にみて，女性の専門職の代表格といえるのが義務教育過程の教員である。LA 諸国も例外ではなく，初等・中等課程ではほとんどの国で，女性教員が半数以

上もしくは圧倒的多数を占める。高等教育になると女性教員の割合は下がるが，それでもデータのある16カ国すべてが日本の18％をはるかに超えている。すなわちLA地域では，高等教育機関で教鞭をとる教員のほぼ3分の1以上を女性が占めていることになる。

民間企業の上級管理職（部長職以上），および議員・高級官僚（課長・室長以上）に占める女性の割合でも，LA 20カ国すべてが日本の2～11倍を示しており，さまざまな分野で多くの女性が意思決定権を有する管理職のポストについていることがわかる。

しかしLA諸国にも，日本を含めた先進諸国と同様，職場におけるジェンダー格差が厳然と存在する。この格差は，GGIが最も小さいフィンランド（0.73）と第2位のアイスランド（0.72）にさえ残っており，21世紀のジェンダー・ギャップの世界的課題の一つでもある。その代表が，同一労働における男女の賃金格差である。数値のあるLA 18カ国中1カ国だけが日本より格差が小さい。全体的にみると，LAにおける男女の同一労働に対する賃金格差は日本より大きい。

LA諸国の女性の社会進出を促しているのは，教育水準の向上だけではない。家族形態の多様化，グローバル化した経済活動における男性の所得の縮小・停滞もその大きな要因となっている。厳しい競争社会となったLA諸国の経済環境の中で，男性の給与水準は下降の一途をたどっており，伝統的社会のもとでは専業主婦であった女性たちが家計のために働きに出始めた。また母子家庭の増加も，女性の労働市場参加率を上昇させる一因である。表2でみたように，LA地域では女性を世帯主とする家庭の占める割合がほぼ3割に及んでいる。

離婚も母子家庭増加の要因の一つである。ほとんどのLA諸国で離婚は合法であり，離婚率も高い（最も遅くまで離婚法がなかったのはチリだが，2001年に制定した）。また，すでに述べたように10代で妊娠し，未婚の母親となる場合も少なくない。いずれも社会的に容認されており，後者に関してはコスタリカやエルサルバドルのように，生物学的父親も子どもの扶養義務を負うことを定めた「責任ある父親の法律」を制定した国もある（第5章，第10章参照）。

女性を世帯主とする家庭の増加は，特別な技能のない女性が容易につくことのできる家事労働の従事者の増加傾向と結びついている。家事労働者の90％以上はインフォーマル・セクターに属し，「21世紀の奴隷」と呼ばれるほど雇用主の要求に左右される仕事である。しかし，貧しい家庭で育ち，教育を受ける機会を逸したため特別な技能をもたず，子どもを抱えて時間的に余裕のない女性にもできる数少ない仕事でもある。この家事労働者の問題に関しては，国際労働機関（ILO）が2011年にその労働条件の改善を規定したILO第189号（家事労働者の適切な仕事に関する条約）を制定し，世界各国に改善を求めているが，いまだ大きな進展はみられない。

■マチスモ文化の普遍性と変容

広く知られているように，LA社会は伝統的に「マチスモ」と呼ばれる男性優位主義に強く支配されてきた。マチスモとは生物のオスを意味する「マッチョ」（macho スペイン語）から派生した言葉で，男性優位主義の思想に基づく行動および思考を指している。「弱き女性」を守

る「男らしさ」や「たくましさ」を意味する言葉として肯定的に使用されることもあるが，現在では暴力的な男性の横暴と身勝手を表す側面の方が強い。このためLA諸国では，家庭で夫から暴力を受ける妻と子どもたちを救済する仕組みづくりが1970年代に始まった。しかしこれを女性の人権問題として取り上げ，立法化を含めた真剣な取り組みが開始されたのは90年代以降のことである。

マチスモはラテンアメリカ文化に限られたものではなく，男性優位の思想に基づく社会規範や習慣は世界中に存在する。男性優位主義の起源については，身体的・体力的性差に求める生物学的議論から，人類の進化の過程で規定されたとする文化論まで幅広く論じられている。アメリカ大陸に関していえば，コロンブスの新大陸到着（1492年）に始まる植民地時代より前に，メソアメリカ地域と中央アンデス地域に栄えた高度な文明社会においても，男性優位そのものは存在していた。だがマチスモ思想の起源は，それらの文明を征服して形成されたスペインおよびポルトガルの植民地社会を支配したカトリック教会の管理思想にこそ見出される。厳しい人種別身分制社会であった植民地時代から，独立達成後の19世紀を通じて，女性には「生殖」のみが重要な役割とされ，それ以外の権利と自由は認められていなかった。16世紀から20世紀前半まで中世的カトリック教会の支配下にあったLA社会では，女性は幼少時には父親の，結婚後は夫の，そして寡婦になると息子の絶対的な管理下で生きることを強いられた。独立国家建設後も女性は市民権を認められず，さまざまな制約の中で20世紀半ばまで生きてきた。

さらに16世紀に始まるスペインとポルトガルの植民地支配下では，イベリア半島由来の家父長制社会が出現し，カトリック思想と結びついて女性をとりわけ厳しく管理した。その背景にはLA社会特有の環境もある。広大な領土に点在して孤立した暮らしを営む家長たちは，公権からの保護を期待できない環境下で，一人で一族の生命と財産を守る責任を担わねばならなかった。そこで家族を完全な支配下に置こうとしたのである。このようにしてLAでは，支配する夫と支配される妻の役割分担のもとで社会と文化が形成され，それがマチスモと呼ばれる，世界でも顕著な男性優位主義の規範と慣習として定着した。

マチスモ文化は性別役割分担の伝統的な仕組みであると同時に，男女差別の文化でもある。ラテン文化圏では20世紀後半まで，「女性には理性や管理能力がない」という通念が主流を占め，妻は夫の絶対的支配下にある「付属物」のような存在とみなされてきた。そこでは妻の役割は生殖と家庭内の一切の雑事であった。この夫婦関係が端的に表れているのが家計の管理権であり，稼ぎ手の夫が家計を一手に握っていた（これは21世紀のLA社会でも主流である）。しかし貧困層の場合，女性は家事育児はもちろん，夫の収入の不足分を家庭の外で稼いで家族を養う必要に迫られる。一方，上層階級の場合，家事育児は第三者の手で行われるため，妻の主要な役割は「壁の絵」，すなわち夫が自慢できる「美しい妻」であり続けることである。身づくろいを怠らず，社交的・魅力的であることが求められた。やがてこのような両極端の間に位置する中間層が拡大し，自らの権利に目覚めた女性たちが市民権を要求し，マチスモに規定された社会通念と慣習に抗議して女性

解放運動の担い手となっていく。

　21世紀に入っても，マチスモ文化は日常生活における男女の役割分担に根強く残っている。共働きであっても，家事や育児，介護は女性が一手に担い，夫が積極的に参加することは少ない。「家事と育児は女の役割であり，男がやるべきものではない」という通念は根強い。しかし社会的地位と経済力を有する中間層中位以上，とりわけ専門職に就いている女性の場合は，安価な家事労働者を雇うことで容易にこれらの負担を軽減させることができる。こうしたエリート女性たちの平均給与の10分の1ほどで雇える家事労働者の存在が，彼女たちの社会進出を支えていると言っても過言ではない。

　その結果，先にもみたように，LA諸国における家事労働者数は増加の一途をたどっており，そのほとんどがインフォーマル・セクターに属し，最低賃金に等しい給料で働いている。家事労働者が増加し続けている理由は単純である。経済的格差社会で最下層にある者たちが十分な教育を受ける機会のないままに労働市場に出る場合，家事労働はとくに女性が容易に就ける仕事だからだ。しかし2011年に採択されたILO189号条約によって，LA諸国でも少しずつながら改善への取り組みが始まっている。この条約を最初に批准したウルグアイを筆頭に，コスタリカ，ニカラグア，ボリビアなどが批准し，国内法を整備している。もちろん，それによって貧困層の女性の労働環境が改善されることは望ましい。しかしながら翻せばそれは，中間層の専門職女性たちが安価な家事労働者を雇えなくなる可能性につながる。圧倒的多数の男性が積極的に家事育児に参加しない日本と同様に，LA諸国でも，すでに社会に進出している中間層の女性たちが近い将来，「家事育児か仕事か」の選択を迫られることになるのだろうか。あるいはこれを男女が共有すべき問題として直視し，男性に働き方を含めた意識改革を促すことができるのだろうか。

　女性の高学歴化と，それに伴う社会進出と地位向上にもかかわらず，LA社会ではマチスモ文化の一端をなす家庭内暴力（DV）がいまだ深刻な問題であり続けている。DVとそれを正当化するマチスモ文化がLA諸国で批判の対象となったのは，1990年代以降のことである。それ以前にも問題視されたことはあったが，DVは社会階層や教養とは無関係に存在するLA社会の普遍的慣習であるという見方が大勢を占め，それを大多数の女性たちも受け入れてきた。ある社会学者は，「ラテン文化圏において，男性が親しい関係にある女性に暴力を振るうのは一種の愛情表現であり，これは女性自身も肯定するところである」と述べている。

　しかし1990年代に入ると様相が変わる。93年の世界人権会議で採択された「ウィーン宣言及び行動計画」には，「女性に対する暴力の撤廃」に関する決議が盛り込まれた。また同年の国連総会では「女性に対する暴力の撤廃に関する宣言」，そして翌94年にブラジルのベレン・ド・パラーで開催された米州機構女性委員会第6回総会では「女性に対する暴力の防止・罰則・廃絶に関する米州条約」（ベレン・ド・パラー条約）が採択された。こうした国際的な動きを受けて，それまであまり問題視されてこなかったDVが「女性の人格を否定する行為」として認識されるようになり，各国政府はその対応策にとりかかった。

　LA地域でも，表2でみたように本章で

取り上げる 20 カ国すべてが，2002 年までに DV を取り締まる法律を制定している。法律の形式としては，民法の一部改正から始まり，独立した DV 法へ，さらにその後の内容の拡大改正などを経て現在に至っている。いずれの国でも，現在では DV が深刻な社会問題として認識されており，本書各章で紹介されているように，相談窓口や一時避難所の設置など実践的な取り組みも行われている。

しかし現実には，LA 社会を規定する装置であり伝統文化でもあるマチスモは，新たな状況下で別様の暴力へと転化し，いっそう深刻さを増している。治安悪化やグローバル化の中で，一般の女性たちが原因不明のまま，誘拐・拉致監禁・虐待・人身売買・虐殺などに遭う事件が多くの国で頻発しているからである。メディアで「女性殺し」という言葉が一般化するほど，その発生率は高い。この現状に対して，事件解決に取り組む警察当局は男社会でもあり，DV に対する問題意識の低さや捜査能力への不信から市民による抗議行動が盛んに行われているが，いまだ有効な対策はなされていない。

3. 政治から社会を変える LA 諸国

■**女性の政界進出**

ここまでみてきたように，多くの LA 諸国では女性の教育水準が男性のそれを上回り，女性たちが専門職や上級管理職で活躍する時代を迎えた。とはいえ，男女平等社会の実現にはいくつもの大きな障害が残っている。その根底的な要因は，マチスモに根ざす社会的規範と慣行，そしてそれらによって正当化される女性への差別意識である。この差別意識は私的領域（家庭）と公的領域（仕事や市民活動など）の双方に存在する。しかし，そうしたさまざまな障害を取り除き，平等な社会を構築するためには，女性自身が自らの能力を開発し，自己決定権を確立することが必須である。そのために取り組まれてきた政策の一つが，公職選挙におけるジェンダー・クオータ制の採用であった。この制度は，次項で詳述するように，21 世紀の LA 諸国の政治における女性の参画を拡大した。

その最も象徴的な例は，女性大統領の出現であろう。2015 年 1 月 1 日の時点で，アルゼンチン，ブラジル，チリは女性大統領の統治下にある。LA 諸国の女性大統領誕生の歴史は 1970 年代にまで遡り，当時すでにアルゼンチン，ハイチ，ボリビアが女性の代理・臨時大統領を擁したことがある。またニカラグア，パナマおよびコスタリカでは，選挙で女性大統領が選出された。しかしいずれも本人の実力で大統領に就任したとは言い難い。一方，現在のアルゼンチン，ブラジル，チリの 3 人の女性大統領は，その経歴と政治手腕で男性に匹敵し，いずれも 2 期目を務めている。

アルゼンチンのクリスティーナ・フェルナンデス大統領（2007 年 12 月～）は，故キルチネル大統領の妻であり，ファースト・レディであったことが強調されがちだが，大統領に選出される前に州議会議員および連邦議会議員を 18 年務めたベテラン政治家であると同時に，ラプラタ大学法学部を出た弁護士でもある。

ブラジルのジルマ・ルセフ大統領（2011 年 1 月～）もまた，リオグランデ・ド・スル州政府で行政職を務めたのち，連邦政府の鉱山エネルギー大臣および大統領首席補佐官（官房長）を経て，選挙で大統領に選出された。リオグランデ・ド・

スル大学経済学部を卒業後，ブラジルの名門カンピーナス大学大学院で学び，学生時代には当時の軍政に反対して非合法左翼ゲリラ活動に参加した闘士でもあった。1979年，再編なったブラジル労働党に加入するが，民主労働党へ鞍替えしたのち，99年に労働者党に加わった。前政権の閣僚を引き継いだことを含め，ルーラ前大統領の後継者としての印象が強いが，2期目に再選されたことで政治家としての力量をアピールした。

チリのバチェレ大統領（第1期：2006年3月～10年3月，第2期：14年3月～）も，先の2人に劣らぬ経歴の持ち主である。チリ大学医学部の学生時代には軍政に対する反政府活動に関わり，一時亡命した経験を持つ。医師として活躍していた1990年，エイルウィン政権期に厚生省の伝染病予防担当官となり，政界入りした。その後厚生事務次官顧問を経て，2000年に発足したラゴス政権で厚生大臣に就任。同政権期の後半に国防大臣を経験した後，大統領となった。1期目満了後，ジェンダー平等と女性のエンパワーメントを目的とする国連組織「UNウィメン」の初代事務局長を2013年まで務め，14年の選挙で大統領に再選された。

略歴からわかるように，この3人の女性大統領は，高学歴であること，大統領職の前に政治の中枢部に参画した経験をもつことで共通している。またルセフとバチェレがともに学生時代に反軍政活動に参加していたことは，彼女らの行動力を物語っていよう。「女性にリーダーシップは取れない」とされてきた政界に，こうした実力派女性大統領が登場したことは，男女平等社会の構築にとっては大きな前進である。後述するように，女性大統領の誕生が即，その国の女性の政治参画度の高さを意味するわけではない。また，女性大統領だからといって，必ずしも女性に関連する政策を積極的に進めるとは限らない。しかし，女性の社会進出を妨げる見えざる障壁（「ガラスの天井」）を打ち破ってみせた意義は大きい。

ところで，男性優位主義の根強いLA諸国で，女性が大統領となることに社会的抵抗はなかったのだろうか。実はそれ以前にすでに，次項でみるように議会に占める女性議員数の著しい増加があったため，女性大統領への抵抗は少なかったものと思われる。

■LA諸国におけるジェンダー・クオータ制

ジェンダー・クオータ制とは，公職選挙や企業の人事において，ポストに一定数の女性枠あるいは男性枠を設けることによって，ジェンダー格差を積極的に解消しようとする仕組みである。21世紀初頭の世界で，男女平等を目指す動きを象徴する用語の一つとなっている。現実には，議会や企業において過小代表となっている女性に特別枠を割り当て（あるいは後述するパリティ＝男女同数を義務づけ），強制的にジェンダー格差を改善・解消することが行われている。

政治の分野におけるジェンダー・クオータ制は1970年代にノルウェーで始まり，北欧および西欧諸国で順次採用され，四半世紀をかけて世界に広がった。その後，79年には前述のように国連女性差別撤廃条約（CEDAW）が採択され，政治を含めあらゆる分野で女性への差別をなくすことが世界的課題とされた。95年の第4回世界女性会議ではそれが，女性代表枠30％という具体的な数字で示され，男女差別撤廃に向けた行動計画が始動した。30％という枠は，影響力を確保するため

の最低水準とされる「クリティカル・マス」(決定的な数)である。30％を下回っても女性関連政策が無視されるとは限らないが，30％を超えると女性議員の発言力が著しく強まり，組織変革につながりうるという理論から導き出された数値である。

政治の分野におけるジェンダー・クオータ制は，①一定の女性枠を設けることを憲法ないし選挙法に明記する法律型，②政党の自発的な取り組みに任せる政党型，の2つに大別することができる。ヨーロッパ諸国が概ね政党型であるのに対して，**表4**(p.38)でみるように LA 諸国のほとんどは法律型を採用している。ただし法律型であっても，候補者名簿の順位に関する規則や罰則規定の有無，国政レベルの選挙に限定したものから地方選挙や議員以外の公職にも適用するものまで，国によって内容は異なる。

一方政党型は，党綱領に明記されてはいるものの，すべて各政党の自主性に任せられているために，一般的に実効性は低い。長い歴史のある有力政党や確実な票田をもつ政党よりも，新党や浮動票への依存度が高い政党が，女性票を獲得する目的で導入する傾向もみられる。しかし理由はともあれ，独自に女性枠規定を党綱領に盛り込むことで選挙戦を有利にしたい政党が，こぞってクオータ制を採用することで政党型が普及し，より強制力のある法律型に移行するというのが一般的傾向となっている。

表4にあるように，LA 諸国の議会における女性議員の割合は世界的にみて高い。2014年12月の時点で，世界トップ10の中にボリビア(2位)，キューバ(4位)，ニカラグア(9位)およびエクアドル(4位)の4カ国が入っている。LA 域内で最初にジェンダー・クオータ制を導入したのはアルゼンチン(1991年)である。続いて96〜98年の間に11カ国が法律でクオータ制を定めた。その後，ホンジュラスとニカラグアが2000年，エルサルバドルとグアテマラが13年，そしてウルグアイが14年にクオータ制の導入を決定した。ここまでほぼ四半世紀を要しているが，2014年時点でクオータ制を取り入れていない国は，本書で取り上げた20カ国中，後述する社会主義国キューバと，チリおよびジャマイカだけである。同時に，表4でみるようにすでに多くの国が女性枠を30％以上に拡大させている。2007年にパリティ(男女同数)を導入したエクアドルを筆頭に，コスタリカ，ボリビア，パナマ，ニカラグア，メキシコの6カ国が男女同等の50％枠を法律で制定している。

エクアドルで2013年，LA 初のパリティに基づく選挙が実施され，議席の41.6％を女性議員が占めた。しかし翌14年に同じくパリティに基づく選挙を実施したボリビア，コスタリカおよびパナマの3カ国では明暗が分かれた。ボリビアでは下院議席の過半数を超える53.1％を女性議員が占めるという成果を上げたが，コスタリカは33.3％にとどまり，パナマに至ってはわずか19.3％にすぎなかった。とりわけパナマの場合，2012年という比較的早い時期にパリティを導入したにもかかわらず，その実効性は非常に低かったことがわかる。一方，それと対照的なのがニカラグアである。同国では30％の女性枠導入後の2011年に行われた選挙で，すでに女性議員が42.4％を占めていた。翌12年にパリティが導入されたことで，今後の選挙での成果が期待される。やはりパリティ導入前に37.4％(下院)を実現させたメキシコも同様である。ニカラ

グアとメキシコでパリティ導入後の最初の選挙が行われるのは 2016 年である。

女性議員割合（48.9％）で世界4位につけているキューバは，ジェンダー・ギャップをほぼ解消していると言えるが，これはクオータ制の成果ではない。そもそも同国の選挙は，共産党の一党独裁体制下で選ばれた候補者に対して，国民が信任投票をする仕組みとなっているため，他の LA 諸国が採用している議会制民主主義の選挙制度とは性質が異なる。

表 4 で明らかなように，どの国でもクオータ制が順調に機能しているわけではない。2014 年 12 月時点で，クオータ制を導入した 17 カ国のうち，議会（二院制の場合は下院）に占める女性議員の割合が 30％以上に達した国は 6 カ国のみで，多くの国が 10～20％台にとどまっている。1997 年と比較的早い段階に 30％枠を導入したブラジルの場合，10％にも達しておらず，20 カ国中最下位である。

しかしそれでも，クオータ制の効果は明らかである。導入していないチリとジャマイカおよび導入はしたがクオータ制に基づく選挙がまだ行われていないグアテマラとウルグアイ，そしてクオータ制のない日本は，他国に比べて女性議員の占める割合が顕著に低い。これはクオータ制が女性を政治の意思決定過程に送り込むには有効な手段であったことを示している。同時に，先に指摘したようにクオータを導入しても 30％枠を達成できない国が半数以上を占めていることは注目に値しよう。そこには罰則規定の有無・選挙制度・国民の意識など，多様な要因が絡んでいる。

■クオータ制の成果と課題
以上でみてきたように，LA 諸国で導入されたジェンダー・クオータ制が多くの国で女性議員の数を大幅に増加させたことは確かである。しかし一方で，クオータ制を導入しても 30％の壁を超えられない国，それどころかブラジル，パラグアイ，ベネズエラのように，クオータ制を導入していない国並みの数字しか実現できていない国があることもわかった（ベネズエラの場合，2014 年 12 月現在クオータ制は停止状態にある）。

もちろん，LA 諸国でジェンダー・クオータ制が導入されてまだ四半世紀しか経っていないという事情も考慮されるべきであろう。北欧諸国は多くの障害を乗り越え，40 年近くかけて現在の水準を達成した。高・中位開発国である LA 諸国がこれに追いつくには，さらなる時間と国民の強い意志が必要であろう。

まず何よりも，女性たち自身の自覚と努力が求められる。本書のいくつかの章で紹介されているように，女性議員誕生が形式的なものにすぎず，男性優位の政界の操り人形のような存在となっているケースがあることも事実である。典型的な男社会である政治の世界を変えるには，女性枠を強制的に設けるだけでは足りない。女性自らが経験と実績を積み，政治力を身につけなければならない。ヨーロッパの経験に鑑みても，これは 30 年以上の年月を要する課題であろう。

LA 諸国のクオータ制導入後の四半世紀に及ぶ成果は，国連をはじめとする国際機関の後押しと，各国内の女性たちの積極的な運動によって実現したものでもある。それを集約的に紹介しているのが本書第 19 章のウルグアイ編である。その他の章も含め，本書で取り上げた各国の経験にみるように，女性が主体となって展開してきたさまざまな市民運動が男性主

体の政治の世界に与えた影響はきわめて大きかった。グローバル化によって多大な発展をみた市民運動，男女差別を構造的に分析し政策提言を続けるジェンダー研究，そして女性たちの自主的活動が力を結集した結果，クオータ制が導入され，各国で政策決定過程に女性が参加するようになったのであり，この成果に20年あまりで到達したことは特筆に値する。

その背景には LA 地域特有の社会環境がある。本章第2節で紹介したように，高等教育の水準で男性を凌駕しているLA 諸国の女性たちは，国の内外で女性の人権確立と差別解消のための活動に取り組み，女性リーダーの養成にも力を入れてきた。それが実を結び，現在の女性の政界進出につながっているといえる。いまでは，女性議員たちがあらゆる差別・格差の解消や社会的弱者の救済など，生活に密着した政策を広く進めてきたことが評価され，LA 諸国で女性政治家の存在意義を否定する見解はほとんど聞かれない。男性が数世紀にわたって家父長的支配権を行使してきた政治の分野に女性が進出することが，平等・公平・平和な国づくりにつながると期待されていることの証左でもある。

しかし残された課題も多々ある。その一つは，市民生活に直結する地方政治の分野で，女性の進出が遅れていることである。表4でみるように，地方自治体の首長のポストに就く女性の割合は，ニカラグア（40.1％），キューバ（28.6％），ジャマイカ（28.6）およびウルグアイ（24.7％）を除くと総じて低い。ニカラグアが突出して高いのは，すべてのレベルの選挙および公職にパリティを義務づけているからである。しかし第15章（ニカラグア編）にもあるように，地方政界は中央政界よりもさらに男性優位の社会規範が根強い。したがってそこに進出しようとする女性は大きな壁に直面することになる。

一方で明るい兆しもみられる。市町村議会における女性議員の割合が3割を超えるボリビア（42.9％），コスタリカ（38.5％），メキシコ（38.5％），キューバ（34.6％）およびドミニカ共和国（33.2％）では，女性の政治力への評価が全般的に高い。女性議員たちは地元に密着した政策に積極的に取り組み，都市部のみならず農村部の生活改善，家父長的社会の変革に関わる政策に影響を与え続けている。

以上で紹介したように，LA 地域の女性の国政および地方議会への参加は国によって大きな差があり，一律に論じることは難しい。だがその成果は明らかに現れており，LA 諸国はいまやジェンダー・クオータ制導入の成功事例として国際的に認知されている。また，女性大統領の率いる国が「非暴力・公正・正義」に基づく社会を目指すとは限らないとしても，現時点で女性のリーダーシップのもとでジェンダー格差が少しずつ是正されてきていることも確かである。そしてこうした政治的背景と並行して，21世紀の LA 地域のフェミニズムは「女性差別」に限らず，あらゆる差別に異議を唱え，公正で平等な社会を築くことを目指している。その意義はきわめて重要であろう。

女性の政界進出度の国際比較では，閣僚に占める女性の割合も考慮されることが多い。これは議会に占める女性議員の割合が持つ意味とかなり異なり，比較には慎重を要する。閣僚の人選は大統領の専権事項であり，内閣改造人事によって大臣がしばしば交代するなど，変動性が高いからである。なお，表4で示した「閣僚に占める女性の割合」とその世界順位

は，2014年1月1日時点における列国議会同盟（IPU）のデータによる。

表4でみるように，閣僚に占める女性の割合（57.1%）で世界第1位となったニカラグアの場合，議会における女性の割合も4割（世界第9位）と高く，二つの数字に相関性があるようにみえる。しかし，これは例外的なケースである。また，アルゼンチン，ブラジルおよびチリの例が示すように，女性大統領の存在と，議会・閣僚に占める女性の割合との間に相関性はない。アルゼンチンの場合，下院議席に占める女性議員の割合は36%に達しているが，女性閣僚の割合は17%に過ぎない。ブラジルの場合，クオータ制が機能しておらず，議員割合は10%に満たないが，閣僚割合は25.6%を占めている。チリの場合，クオータ制そのものがなく，議員割合は15%と低いが，バチェレ大統領率いる政府閣僚の約4割が女性である。第1次バチェレ政権（2006～10）では閣僚20席中，国防・外務・鉱業・経済などの主要ポストに女性を登用し，男女半数で内閣が構成された。それが第2次政権（2014～）では女性閣僚の割合が4割弱（23人中9人）に下がり，しかも主要ポストは鉱業大臣のみであったため非難の声が上がった。しかし，社会開発大臣をはじめ，国民生活に重要な意味をもつポストに経験豊富な女性政治家が任命されていることも事実である。いずれにせよ閣僚の任用には，人脈・政治的配慮・選挙対策などの要素が複雑に絡む場合が多く，国際比較は容易ではない。

■21世紀のジェンダー問題

以上でみてきたように，LA諸国における政治の意思決定過程への女性の参加は，日本とは比較にならない速度で実現している。しかし他方で，LA諸国の女性たちは，日本のわれわれには想像できないレベルの生存に関わる問題（凄惨な暴力，非合法で危険な中絶，最低賃金以下の生活など）に直面している。

本書のいくつかの章で紹介されているように，女性に対する暴力はいまや，家庭内のDVから国境を越える人身売買，果ては頻発する「女性殺し」にまで発展している。これらが女性の人権そのものを否定する行為であるということは，すでに国際世論で共通の認識となっており，その廃絶に向けた取り組みも広く行われている。LA諸国もそれに歩調を合わせてはいるものの，事態は悪化の傾向をみせている。

近年では「男性学」の領域で，暴力や中絶法の問題は女性だけでなく男性の問題でもあるという認識が生まれつつある。いまなおLA社会に根深く存在し，女性差別の温床となっているマチスモ，そしてそれに基づく男性優位の慣習・思考・行動を，男女がともに問題としてとらえ，その是正に真剣に取り組み始めている。

完全に公正な男女平等社会への道程はいまだ遠いものの，これらのLAにおける「内なる変革運動」は，国連をはじめとする国際機関や各種NGOの支援も得ながら進行中である。しかもLA諸国の女性運動は，女性に関わる問題だけでなく，社会的弱者の救済，治安，政治汚職，環境破壊など広い分野にわたっており，まさに21世紀の新しい社会を構築する力となるに違いない。すでにポストを得ている女性政治家たちには，これら市民が取り組んでいる変革を政治面で積極的に遂行する力が期待されている。

序章 ラテンアメリカ

表1 ラテンアメリカ20カ国と日本の基礎データ

国名／事項	国連人間開発指数順位[1] 2013	国連人間開発指数順位[1] 1997	人口 2013年[2] (単位：万人)	1人当たりGDP 2013年[2] (単位：米ドル)	近年のジニ係数[3]	汚職度 2014年[4] 透明度	汚職度 2014年[4] 順位	貧困層の割合[5](%) 2012	貧困層の割合[5](%) 2000	非農業部門労働人口のインフォーマル・セクターに占める割合(%)[6] 女性	非農業部門労働人口のインフォーマル・セクターに占める割合(%)[6] 男性
チリ	41	34	1,727	15,251	50.8 (2011)	71	22	11.0ⅰ	20.2	—	—
キューバ	44	58	1,125	—	—	46	63	—	—	—	—
アルゼンチン	49	39	4,145	11,647	43.6 (2011)	—	—	4.3	25.8	50	50
ウルグアイ	50	40	337	13,315	41.3 (2012)	73	19	5.9	—	40	39
パナマ	65	49	357	13,766	51.9 (2012)	35	102	25.3ⅰ	36.9ⅱ	47	42
ベネズエラ	67	48	2,928	11,258	39.0*(2011)	20	160	23.9	44.0	47	48
コスタリカ	68	45	473	10,735	50.7 (2012)	53	49	17.8	20.3	46	42
メキシコ	71	50	11,479	12,814	48.1 (2012)	34	106	37.1	41.1	58	51
ブラジル	79	79	19,666	10,279	52.7 (2012)	—	—	18.6	37.5ⅱ	46	39
ペルー	82	80	2,940	9,037	45.3 (2012)	38	83	23.7	54.7ⅱ	76	65
ジャマイカ	96	82	271	7,083	45.5*(2004)	38	83	—	—	—	—
コロンビア	98	57	4,693	8,860	53.5 (2012)	36	94	32.9	49.7ⅲ	63	57
エクアドル	98	72	1,467	7,655	46.6 (2012)	35	102	32.2	61.6	64	59
ドミニカ（共）	102	58	1,006	8,651	45.7 (2012)	29	123	41.2	47.1ⅲ	51	47
パラグアイ	111	84	657	4,858	48.0 (2012)	24	150	49.6ⅰ	59.7ⅱ	74	68
ボリビア	113	112	1,009	4,503	46.6 (2012)	34	106	36.3ⅰ	63.7	79	72
エルサルバドル	115	107	623	6,032	41.8 (2012)	38	83	45.3	61.3	73	60
グアテマラ	125	117	1,476	4,351	52.4 (2011)	29	123	54.8ⅳ	47.9	—	—
ホンジュラス	129	114	775	3,574	57.4 (2011)	26	140	67.4	75.5ⅱ	75	73
ニカラグア	132	121	587	3,366	45.7 (2009)	28	127	58.3ⅳ	69.4ⅱ	67	65
日本	17	4	12,782	30,660	37.6*(2008)	74	18	—	—	—	—

注 ①項目右上の数字1〜6は出所を示す。②「─」は数値のないことを示す。③ジニ係数の各国数値の後ろの（　）は測定年を指す。また*印3カ国は出所3のCIA、他はWorld Bankのデータによる。
[出所] 1：United Nations Development Programme, "Human Development Reports 2014" (http://hdr.undp.or/en/data).
2：World Economic Forum, "The Global Gender Gap Report 2013" (http://www.weforum.org).
3：The World Bank, "GINI Index" (http://worldbank.org/indicator/SI.POV.GINI).
CIA, "The World Factbook" (https://www.cia.gov/library/publications/the-world-fact).
4：Transparency International, Curcuation Perceptions Index 2014 (http://www.transparency-org/cpi2013/results).
5：ECLAC, "Statistical Year Book for Latin America and the Caribbean" (http://www.cepal.org).
データ年次は次の通り。i：2011年、ii：2001年、iii：2002年、iv：2006年。
アルゼンチンは全国平均値がなく、2012年は31都市、2000年は29都市に限定されたデータである。
6：ILO, "Statistical Update on Employment in the Informal Economy 2012" (http://laborsta.ilo.org/informal_economy_E.html).

表2 ラテンアメリカ20カ国と日本の女性をめぐる社会経済指標

国名/事項	合計特殊出生率 2013年[1]	女世帯主の割合(%) 2012年[2]	10代の出産率 (人/1000人) 2011年[3]	15-24歳の識字率(%) 2011年[3]	女性の教育水準 2011年[3]			労働市場参加率(%) 2011年[3]	中絶法の有無	DV法制定年
					初等教育就学率(%)	中等教育就学率(%)	高等教育就学率(%)			
アルゼンチン	2.19	36.4	55	99	117	95	90	47	○	1994
ボリビア	3.26	22.7[i]	75	96	99	80	35	64	○	1995
ブラジル	1.81	37.1	76	99	—	—	—	60	○	1995
チリ	1.83	38.8[i]	56	99	101	91	68	52	×	1994
コロンビア	2.32	32.9	69	93	110	102	45	56	○	1996
コスタリカ	1.81	34.6	63	96	107	104	49	46	○	1996
キューバ	1.45	—	46	100	100	90	101	43	○	1996
ドミニカ(共)	2.52	34.7	105	98	102	41	—	55	×	1997
エクアドル	2.59	27.3	81	99	120	88	43	54	○	1996
エルサルバドル	2.21	35.1	77	96	112	68	26	47	×	1996
グアテマラ	3.84	22.6[ii]	103	85	114	62	18	49	○	1996
ホンジュラス	3.05	31.7[iii]	87	96	114	82	22	42	○	1997
ジャマイカ	2.28	—	71	98	87	94	35	56	○	1996
メキシコ	2.22	25.3	67	98	98	112	94	28	△	1996
ニカラグア	2.54	34.4[iv]	106	—	116	73	—	47	×	1996
パナマ	2.49	31.8	77	97	106	77	56	50	○	1995
パラグアイ	2.90	30.1[i]	68	99	96	70	40	58	○	2000
ペルー	2.45	25.8	50	97	105	91	45	68	○	1997
ウルグアイ	2.06	40.5	59	99	110	96	80	56	○	2002
ベネズエラ	2.42	36.9	88	99	101	87	99	52	○	1998
日本	1.41	—	6	—	103	102	56	49	○	2003

[出所]『人間開発報告書』。識字率は国連『人間開発報告書』2014年版。
1：国連『人間開発報告書』。2：ECLAC, CEPALSTAT/Database and Statistical Publications (http://interwp.cepal). 数値の右肩の数字は、iが2006年、iiが2010年、iiiが2011年、ivが2007年年を指す。
3：World Bank, The Little Data Book on Gender 2013 (World Ban, 2013). 注①10代の出産率は1～19歳の少女の出産。②いずれの段階の就学率も留年生・再入学生を含み、該当学年の在籍率を示す。③15歳以上の労働者人口を意味する。

序章 ラテンアメリカ

表3 ラテンアメリカ20カ国と日本のジェンダー・ギャップ指数 (GGI) と女性教員の占める割合

国名／事項	GGI 世界順位 2014	GGI 世界順位 2006	健康寿命	識字率	初等教育	中等教育	高等教育	専門職	管理職*	同一労働賃金	女性の割合 教員に占める (%) 2013年 初等教育	中等教育	高等教育
ニカラグア	6	62	1.08	1.00	1.01	1.14	1.09	1.05	0.69	0.61	77	55	46
エクアドル	21	82	1.06	0.98	1.01	1.03	1.15	0.99	0.56	—	71	54	31
キューバ	30	22	1.06	1.00	1.00	1.01	2.00	0.62	0.62	—	78	55	60
アルゼンチン	31	41	1.08	1.00	0.99	1.09	1.56	1.11	0.45	0.55	87	68	49
ペルー	45	60	1.08	0.94	1.00	1.01	1.09	0.76	0.42	0.54	66	44	—
パナマ	46	31	1.06	0.99	0.99	1.08	1.56	1.13	0.90	0.65	76	59	46
コスタリカ	48	30	1.04	1.00	1.01	1.07	1.27	0.78	0.57	0.62	80	59	—
ジャマイカ	52	25	1.06	1.12	1.00	1.05	2.05	—	1.46	0.62	91	73	60
コロンビア	53	22	1.06	1.00	0.99	1.08	1.13	1.17	1.13	0.60	78	50	66
ボリビア	58	87	1.05	0.95	1.00	1.02	0.84	0.83	0.54	0.52	61	53	29
チリ	66	78	1.06	1.00	1.00	1.04	1.12	0.87	0.31	0.50	78	62	41
ブラジル	71	67	1.08	1.01	1.02	—	1.29	1.20	0.59	0.51	91	67	45
ホンジュラス	73	74	1.05	0.99	1.02	—	1.37	1.08	0.68	0.72	73	55	39
ドミニカ (共)	78	59	1.03	1.01	0.97	1.15	1.59	1.20	0.59	0.63	76	66	41
メキシコ	80	75	1.06	0.96	1.02	1.04	0.96	0.81	0.47	0.54	67	49	—
パラグアイ	81	64	1.06	0.98	0.99	1.08	1.40	1.15	0.63	0.56	72	62	50
ウルグアイ	82	66	1.08	1.01	0.99	1.12	1.73	1.25	0.78	0.53	92	72	35
エルサルバドル	84	39	1.09	0.94	1.00	1.03	1.13	0.87	0.77	0.56	73	52	34
ベネズエラ	86	57	1.10	1.00	0.98	1.09	1.69	1.91	0.50	0.63	—	—	—
グアテマラ	89	95	1.08	0.85	0.99	0.92	1.00	0.85	0.81	0.64	66	45	—
日本	104	80	1.07	1.00	—	1.01	0.90	0.87	0.12	0.68	65	—	18

[注] *の「管理職」とは、正確には「議員・公務員の課長・公務員の課長および管理職以上・民間企業の部長職以上」を指す。
[出所] World Economic Forum, "Insight Report : The Global Gender Gap Report 2014" (https://www.weforum.org).

表4 ラテンアメリカ20カ国と日本におけるジェンダー・クオータ制と女性の政界進出

国名／事項	議会に占める女性議員の割合と世界順位[1]		最新選挙年月	ジェンダー・クオータ制[2]			女性の政界進出度[1]		地方政治における女性の割合[1]	
	下院 (%)	世界順位		制定と改定年	タイプ	女性枠 (%)	閣僚に占める女性の割合 2012年 (%)	世界順位	市町村長 2012年 (%)	市町村議会 2012年 (%)
ボリビア	53.1	2	2014.12	1997/2006/2010	法律型	30/40/50	33.3	7	7.0	42.9
キューバ	48.9	4	2013.2	—	—	—	22.6	37	28.6	34.6
ニカラグア	42.4	9	2011.11	2000/2012	法律型	30/50	57.1	1	40.1	24.0
エクアドル	41.6	10	2013.2	1997/2000/2007	同上	20/45/50	22.2	39	6.3	28.6
メキシコ	37.4	18	2012.7	1996/2008/2014	同上	30/40/50	17.6	48	6.8	38.5
アルゼンチン	36.6	20	2013.1	1991	同上	30	17.6	48	—	—
コスタリカ	33.3	26	2014.2	1996/2009	同上	40/50	25.0	34	12.3	38.6
エルサルバドル	27.4	41	2012.3	2013	同上	30	7.1	80	10.2	25.2
ホンジュラス	25.8	50	2013.11	2000/2012	同上	30/40	17.6	48	3.4	22.4
ペルー	22.3	62	2011.4	1997/2000	同上	25/30	44.4	8	3.9	27.4
ドミニカ (共)	20.9	67	2010.5	1997/2000	同上	25/33	16.0	52	7.7	33.2
コロンビア	19.9	76	2014.3	1997/2011	同上	20/30	31.3	25	9.7	17.0
パナマ	19.3	79	2014.5	1997/2012	同上	30/50	31.6	24	9.3	11.1
ベネズエラ	17.0	87	2010.9	1997/2008	同上	30	16.1	51	16.4	18.2
ウルグアイ	13.1	109	2014.10	2013	同上	30	14.3	60	24.7	17.6
チリ	15.8	95	2013.11	—	政党型	—	39.1	14	12.0	12.2
パラグアイ	15.0	96	2013.4	1996	法律型	20	25.0	34	7.6	21.9
グアテマラ	13.3	107	2011.9	2013	同上	30	26.7	31	2.1	8.6
ジャマイカ	8.0	127	2011.1	—	—	—	20.0	43	28.6	19.5
ブラジル	9.9	124	2014.1	1997	法律型	30	25.6	10	9.2	12.5
日本	8.1	134	2012.12	—	—	—	11.1	69	—	—

注①議会に占める女性議員の割合は下院または一院制における2014年12月1日時点の数字を示す。
②閣僚に占める女性の割合は2014年1月1日時点の数字を示す。「市町村」という訳語をここでは使用しているが、国により地方行政区分は異なる。
③ーはクオータなしを意味する。
[出所] 1：Inter-Parliamentary Union, Women in National Parliaments, Global Database of Quotas for Women (http://www.inpu.org/wmn-e/classif.htm).
2：CEPAL, Observatorio de Igualdad de Genero de America Latina y el

第1章

アルゼンチン
──20世紀の遺産を相続して──

睦月規子

第52代アルゼンチン大統領クリスティーナ・フェルナンデス（1953-）
（©アルゼンチン大統領府ウェブサイト：www.casarosada.gob.ar/index.php）

アルゼンチン女性史関係年表

西暦	事　項
1947	女性参政権法制定。
1951	女性参政権法制定後初の選挙でペロン党女性議員躍進。
1955	ペロン政権失脚。以降、クーデターによる軍事政権（1955-58, 1962-63, 1966-73）と選挙による民政（1958-62, 1963-66）がめまぐるしく交替。
1974	イサベル・ペロン副大統領、世界初の女性大統領に就任。
1976	クーデターにより軍事政権発足。 人権侵害、行方不明者問題の深刻化、「五月広場の母たち」の組織化と活動の広がり。
1983	民政移管によりアルフォンシン政権（急進党）発足。
1985	女性に対するあらゆる形態の差別の撤廃に関する国連条約（CEDAW）を批准。 親権における男女の平等、嫡出子と庶子の対等な処遇を法律で規定。 配偶者年金受給資格の内縁の妻への付与を認可。
1986	軍事政権下の人権侵害に対する免罪法を制定。 避妊のための器具と薬剤の使用を禁止する大統領令の廃止。 雇用機会および家庭内責任における男女平等を定めた国際労働機関（ILO）条約の批准。
1987	家族法の改正により夫婦に同等の権利を認め、妻に対する夫の姓の使用義務を廃止。離婚法制定。
1989	メネム政権（ペロン党）発足。7人以上の子どもを持つ母親への終身年金の支給を法律で制定。 軍事政権での人権侵害の罪に問われていた軍人・民間人を釈放。
1991	午後8時から午前6時までの女性の就労を禁止する法律の廃止。 国政選挙におけるジェンダー・クオータ法制定。以降、各州でも州議会選挙におけるクオータ法の制定が相次ぐ。
1992	大統領府直属の国家女性庁を設置。
1993	性差別撤廃を盛り込んだ連邦教育法制定。セクシャル・ハラスメントの法的規制導入。
1994	憲法を改正して、人権尊重、あらゆる形態の性差別撤廃、母性と年少者の保護などを規定。家庭内暴力禁止法制定。
1999	デラルーア政権（急進党連立）発足。
2001	経済危機深刻化、デラルーア大統領辞任。以降、暫定政権が続く。
2002	労働組合ジェンダー・クオータ法制定。性・生殖健康法制定。
2003	キルチネル政権（ペロン党）発足。国会が軍政下の人権侵害に対する免罪法の無効を議決。
2004	ハイグトン、初の最高裁女性判事に任命される。 ストチェロ、初の労働総同盟（CGT）女性書記長に選出される。
2005	最高裁が軍政下の人権侵害免罪に違憲の判決を下す。 国会議員中間選挙において、ブエノスアイレス州上院選挙区で前・現大統領夫人同士の対決。
2006	総合性教育法制定。
2007	フェルナンデス（ペロン党キルチネル派）が初の選出女性大統領となる。 リオス、初の選出女性州知事（ティエラデルフエゴ州）となる。
2010	同性婚法制定。
2011	フェルナンデス大統領再選。
2012	戸籍上の性・名変更を認めたジェンダー・アイデンティティ法制定。ジェンダー殺人重罰規定導入。
2014	民法改正。離婚・養子縁組の手続き簡略化などを盛り込んだ新民法は2016年から発効。

南米大陸南東部に位置するアルゼンチン共和国では、日本の7.5倍の国土（278万km²）に、日本の3分の1の人口（約4180万人）が暮らしている。この地の先住民はその大多数が19世紀に掃討・吸収された結果、現在では国民の86％がヨーロッパ系で、その大半はイタリア系とスペイン系の子孫である。

そのアルゼンチンは今日、女性の政治における意思決定過程への参加（政治的エンパワーメント）において、世界的な高水準を誇示している。これは20世紀の後半世紀、この国の女性たちが国際社会からの「外圧」を利用しつつ、粘り強く、ときにエネルギッシュに運動を展開してきた成果である。

女性参政権も、直接の契機は1945年3月の「戦争と平和に関する米州条約」に基づく米州機構の勧告であったが、それだけでは実現は覚束なかった。医師にして社会党党首夫人のアリシア・モロウ＝デ＝フストらの女性解放運動を背景に、1912年の改正選挙法（実質的男子普通選挙法）以来、10以上の法案が国会に上程されていたからこそ、男性のみの議会であっても、女性参政権法案の審議が急がれたのである。

1947年制定の同法は、当時のファーストレディの名に因んで「エバ・ペロン法」とも呼ばれる。彼女は、女性労働者を国会周辺に動員して法案の早期可決を迫り、女性ペロン党を結成して、同法施行後初の国政選挙（1951年）で多数の女性議員を誕生させた。その数は、40年後にジェンダー・クオータ法（本章では、法的に定められたクオータ制であることを示すためこのように表記する。以下、クオータ法と略）が施行されるまではついに超えられなかった。

国会議員選挙における候補者の男女の割合を定めたクオータ法もまた、超党派の女性政治家ネットワークが、積極的格差是正措置（アファーマティブ・アクション）に由来する欧米諸政党の党則や1985年の第3回世界女性会議を「外圧」として、法案提出に漕ぎ着けた。マルガリータ・トーレス上院議員（急進党）が代表して提出したその法案は、可決が危ぶまれたが、議場傍聴席に陣取った女性たちの喚声飛び交うなか、1991年に可決された。

さらに今日、女性差別が人権侵害とみなされるに至ったのには、「国連女性差別撤廃条約（CEDAW）」批准（1985年）に先立つ「五月広場の母たち」の運動を忘れるわけにはいかない。軍事政権（1976～83年）に逮捕・拉致された息子や娘の奪還を求める母たちが、「人権」や「人道に対する罪」を命懸けで訴え続けていなければ、この国連条約が「憲法並みの履行義務」を付して批准されることはなかったであろう。1994年の改正憲法では、「あらゆる形態の性差別撤廃」が明記された。

このように、アルゼンチンでは前世紀のうちに男女平等の法的根拠が確立され、親権における男女平等や夫婦別姓に留まらず、セクシャル・ハラスメントやドメスティック・バイオレンス（DV）に対する法的規制も導入された。新世紀になってからは、同性婚法やジェンダー・アイデンティティ法、ジェンダー殺人重罰化などを域内でもいち早く実現し、大統領に女性が選ばれ、国会ではクオータ法の最低比率30％を超す女性議員が活躍している。

しかし、世界経済フォーラムのグローバル・ジェンダー・ギャップ指数（GGI）に比して、国連開発計画（UNDP）のジェンダー不平等指数（GII）では、この国はさほど上位にランクされず、しかもここ数年順位を下げている。人間開発指数（HDI）の一環であるGIIは、先進国ほど順位が高くなる傾向があり、この点から見ると、アル

ゼンチンの度重なる経済危機が災いしているものとも考えられるが，果たしてそれだけが原因なのだろうか。

以下ではまず，世紀転換期からのアルゼンチンの目まぐるしい変遷を振り返った上で，この国の女性たちが 20 世紀の成果を享受しつつも，依然として「女性に生まれたばかりに」と嘆かざるを得ない状況とその原因について見ていきたい。

1. 新世紀：危機の幕開け

■メネム時代の終焉

1999 年暮れ，アルゼンチンでは久しぶりの，しかも来る新世紀の政党政治を予兆するかのような政権交代劇が見られた。

「久しぶりの」というのは，10 年続いたペロン党のカルロス・メネム政権が終わったからである。メネムは再々選に野心を見せていたが，自ら改正の音頭をとった憲法の「三選不可」規定に抵触することから党内で合意を得られず，同党からはエドゥアルド・ドゥアルデが大統領候補として出馬した。

また，「新世紀の政党政治を予兆する」というのは，新政権が単独政権ではなかったことを指す。ペロン党と共に二大政党の一翼をなしていた急進党は，1983 年の民政移管で発足したラウル・アルフォンシン政権が経済困難を乗り切れず，89 年に 4 カ月前倒しでメネムに政権を移譲してからは党勢を盛り返せずにいた。このたびは，他の小政党との連立選挙となり，大統領候補にフェルナンド・デラルーア（急進党），副大統領候補に元ペロン党のカルロス・アルバレス（国家連帯戦線）を擁立し当選を果たしたが，政党の離合集散はこの後，世紀を跨いで繰り返されることになる。

選挙翌日，首都ブエノスアイレス市街に「4 年後は再びメネムに」の看板広告が溢れ，この稀代の政治家の未練を窺わせたが，デラルーア政権の発足は「メネム時代の終焉」として歓迎された。大統領就任式が終始平穏に執り行われたのも，前政権の虚栄に対するアンチテーゼであった。しかし見方をかえれば，前政権期の「雇用なき成長」と財政悪化でお祭り騒ぎをする気力・資力に欠けていたとも言える。

メネム政権は，アルフォンシン政権が匙を投げた経済の再建に成功したかに見えた。ドミンゴ・カバロ経済相の発案による兌換法（1 米ドル＝1 ペソ固定為替）でハイパーインフレーションを抑え込み，対外債務削減交渉に臨んで国際通貨基金（IMF）の提示する「構造調整」プログラムを受け入れ，新自由主義政策を断行したのである。「経済の効率化」の掛け声の下で諸々の規制は撤廃され，国営企業は次々と民営化されていった。経済の急激な自由化は外国からの投資を活性化させ，新興成金たちは夜毎「ピザにシャンパン」で祝杯を挙げた。

しかし，その好況は決して健全なものではなかった。福祉予算を削減する一方で，大統領専用航空機を購入するなどの放漫財政は続き，メネムのラリオハ州知事時代からの側近や身内も絡んだ汚職が蔓延した。他方で，民営化や合理化に伴う人員削減によって失業率は上昇し，貧富の格差は拡大の一途を辿った。幹線道路を封鎖するという，失業者らによる独自の抗議スタイル（ピケテロ）が編み出されたのもこの頃である。そして 1997 年のアジア，1999 年 1 月のブラジルの通貨危機によって，為替を高水準で固定していたアルゼンチンの輸出が壊滅的な打撃を受けると，バブル経済は一挙に弾けてしまった。

そのため，デラルーア政権は発足直後から，前メネム政権の負債の後始末に追われ

ることになった。緊縮財政を旨として，公務員給与や公共事業費が大幅に削減され，毎年の独立記念日（7月9日）恒例行事も相当自粛された。前政権の不正摘発も始まり，2001年6月には当のメネムが任期中の武器不正輸出の嫌疑で逮捕された。

しかしその後始末の途上で，デラルーア政権は自壊することになる。2000年4月，議会で労働法改正案が可決された際，急進党議員による票の買収が露見する。これに連立諸党は不信を募らせ，10月にアルバレス副大統領と3名の閣僚が辞任した。01年3月には経済相も辞任し，デラルーアがその後任にカバロを登用したことで，国内外から批判を浴びることになった。カバロはハイパーインフレ鎮圧の功労者ではあったが，メネム政権の負の遺産を清算するのにその看板役者に頼るという矛盾が批判の的となったのである。失業率が18％を超えた10月の中間選挙では連立与党が過半数を割り，資本の海外逃避が止まらなくなった。

そして，2001年12月。初日にカバロ経済相が預金引き出し制限を発表すると，5日にIMF，世界銀行，米州開発銀行は対アルゼンチン融資を凍結した。ブエノスアイレス市内で略奪と暴動が頻発するなか，19日にデラルーアは戒厳令を発令し，カバロは経済相を辞任する。労組はゼネストに入り，急進党の伝統的な支持基盤である中産階級も大統領辞任を叫ぶカセロラッソ（鍋を叩きながらのシュプレヒコール）に加わった。翌20日，デラルーアは議会に辞表を提出し，大統領官邸裏からヘリコプターで脱出した。後には，一連の暴動による死者27名，負傷者2000名以上が残された。

■幕間の混乱

メネム政権と正反対に「控え目」に発足したデラルーア政権の騒々しい退場劇によって，アルゼンチンは21世紀の幕を上げるや否下ろしてしまったかのようであった。しかも，暫定政権を引き継ぐべきポストの空席が相次ぎ，2001年末の10日間，政権の舞台裏は混乱を極めた。

大統領不在時には暫定政権の長となるべき副大統領（上院議長を兼任）のポストは，前年10月のアルバレスの辞任以来，空席のままとなっていた。そこで最高権力は上院議長代行に委ねられ，12月23日に議会が開会された。しかし，このとき暫定大統領に選ばれたペロン党のアドルフォ・ロドリゲス＝サー（サンルイス州知事）も，対外債務支払停止（デフォルト）の発表では喝采を受けたが，為替政策案が不評を買い，わずか1週間で辞任してしまう。このたびは上院議長代行もその数時間前に辞任していたため，下院議長が議会を開会した。

ようやく新しい暫定大統領がドゥアルデ上院議員に決まったのは，年明けの2002年1月2日である。各地で続くスーパーマーケットの略奪に加えて，政治の停滞に憤る群衆の放火・破壊行動が報道され，「内戦」への発展が危惧されるほど，社会全体が混沌とした状況での新政権発足となった。

ドゥアルデは第1期メネム政権発足時の副大統領だったが，任期途中で辞任し，1999年末の大統領選に立候補する直前までブエノスアイレス州知事であった。彼は就任演説で，兌換法に基づく発展モデルを改める以外に「破産した」アルゼンチンを再建する道はないと明言し，1月6日に同法を廃止する。

デフォルトと兌換法廃止は遅かれ早かれ採らざるを得ない措置ではあったが，恐れられていた通り，ペソは大幅に値下がりし，インフレと不況が2002年のアルゼンチンを襲った。国民総所得は前年の6割弱，1人当たり国民総所得は5000ドル弱に落ち

込み，増え続ける失業者はカルトネロ（段ボール収集で糊口を凌ぐ人々）に転じ，あるいはピケテロに参入した。総人口の半数以上が貧困ライン以下，そのまた4分の1は絶対的貧困層（1日1.25ドル以下で生活する人々）に転落するなかで，多くのアルゼンチン人が職を求めてヨーロッパに向かい，かつての移民受け入れ国がその送出国へと様変わりしてしまったかのようだった。

まさに「破産」状態であったが，それでも2002年の上半期を過ぎた頃から，アルゼンチン経済は落ち着きを取り戻していく。この危機の最中にあっても1990年代以来の隣接国からの移民の流入は続き，職を求めてヨーロッパに渡った人々もその大半は数年後に帰国することになる。しかしドゥアルデは，2002年6月のブエノスアイレス郊外でのピケテロと警察の衝突で失業者2名が死亡した事件を重く受け止め，当初予定されていた暫定政権期間を短縮し，前倒しの政権移譲に向けての選挙準備に取り掛かった。

そこでまた登場したのが，武器不正輸出の罪で一時逮捕されたが無罪となった元大統領メネムである。ドゥアルデはその当選阻止の一念で，ネストル・キルチネル（サンタクルス州知事）を支持したが，前暫定大統領ロドリゲス＝サーも名乗りを上げた。結局，いずれもペロン党の党名を使わない約束で，同一政党から同時に3名の大統領候補を出す分裂選挙となったのである。

他方，急進党は衰退に歯止めがかからず，この間に離党したリカルド・ロペス＝マーフィー（デラルーア政権経済相）とエリサ・カリオー下院議員がそれぞれ他党から大統領に立候補し，急進党候補よりも多くの票を集めることになった。この点で，20世紀の二大政党制は21世紀初頭の大統領選において，完全な終焉を見たのである。

4月27日の投票の結果，メネムが首位，2位にキルチネル，以下，ロペス＝マーフィー，ロドリゲス＝サーと続いた。上位2候補の決選投票が予定されたが，メネムはかつての自身の政権に対する大衆の怨嗟がキルチネルに結集すると予想し，自ら辞退した。

■キルチネル時代の開幕

2003年5月25日。193回目のアルゼンチン五月革命（独立運動）記念日に，キルチネルは大統領に就任した。直前まで南部の一州知事だった彼を支えたのは，その実姉アリシア・キルチネルの他，地元州政から登用した数名の閣僚のみで，下院257議席中，同時議会選挙に合わせて急拵えに結成されたキルチネル派議員はわずか16人という極小勢力だった。ドゥアルデの後援なしには，組閣も議会運営も困難なスタートだったのである。

キルチネルは，ロベルト・ラバーニャ経済相を続投させ，前政権の方針を踏襲した。変動相場制の下で中央銀行が介入し，ペソ安を維持して輸出を推進するという政策も，「国を窮乏化させてまで支払うことはしない」という対外債務に対する姿勢も，ラバーニャがドゥアルデ政権で示した既定路線である。

ただし，短命が予定されていた暫定政権とは異なり，本格的に債務清算交渉を始めたキルチネル政権では，IMFとの対立が鮮明になった。2005年には，800億ドルを超える民間債務について，元本約70％引きでの新債権との交換もしくは2033年を期限とする全額償還という，どちらにしても債権者には著しく不利な二者択一を迫り，国際金融界から非難を浴びた。

しかし，この強引な二者択一提案の結果，80％近くの債務が新債権と交換され，アル

ゼンチン経済が重荷を軽くしたのも事実である。また，IMFの介入を拒絶するその姿勢は，反新自由主義，反IMFを掲げ「21世紀の社会主義」を謳うベネズエラのウゴ・チャベスと共鳴し，南米左派政権に列することになった。

そして，こうした政策姿勢と資源需要に応じた好調な輸出が幸いし，キルチネル政権の4年間にアルゼンチン経済は順調に回復していった。GDP成長率は2002年のマイナス11%から03年にプラス9%とV字回復した後，平均で9%を維持し，失業率も02年をピークに下がり続け，07年にはついにひと桁（9%）となった。

キルチネルはまた，歴代政権が棚上げにしてきた，軍事政権による人権侵害の責任追及にも意欲的であった。

軍政期の行方不明者に関する調査委員会はアルフォンシン政権期に設置され，一旦は軍人大統領および陸海空三軍の総司令官の有罪が宣告された。しかし軍の反動を危惧した同政権が議会を促して，下級将校・兵士の「人道に対する罪」を上官命令への服従として免罪するという，いわゆる「免罪二法」の制定を導き，続くメネム政権は，すでに有罪が宣告されていた将軍らも含む200名以上の軍人・民間人を大統領令で免罪・釈放した。これに対して，息子や娘の奪還を求める女性たちの運動体「五月広場の母（と祖母）たち」や人権団体からの責任追及を求める声は止むことなく続き，マキシマ・ソレギエタのオランダ皇太子との結婚祝賀に水を差すことになった。2001年に婚約を発表し，02年2月の結婚でプリンセスとなった彼女の父は，軍事政権で農牧漁業省長官を務めた人物であり，同政権の人権侵害がオランダで問題にされたのである。

その1年後，大統領に就任したキルチネ

第51代アルゼンチン大統領ネストル・キルチネル（1950-2010）（©アルゼンチン大統領府ウェブサイト：www.casarosada.gob.ar/index.php）

ルは，国会における「免罪二法」無効議決を歓迎し，メネムが任命した古参判事を最高裁から一掃して，2005年の免罪違憲判決を導く。

こうしてわずか2年で，国家経済の破綻からの再建と，積年の懸案であった軍事政権断罪への道筋をつけたことで，05年の中間選挙でキルチネル派は大躍進し，上下両院で単独多数派を占めるまでになったのである。

「単独」多数派というのは，この選挙を機に，ドゥアルデがキルチネルと袂を分かったことも示している。決裂の契機は，ドゥアルデの地元ブエノスアイレス州選挙区の上院議員選にキルチネルの妻クリスティーナが出馬したことであった。ドゥアルデの妻チーチェも立候補しており，現大統領と前大統領の夫人同士の対決となった。両者とも当選するものの，ラバーニャ経済相らドゥアルデ派の閣僚が辞任し，ここに本格的な「キルチネル時代」が開幕した。

■**もう一つのキルチネル政権：夫から妻への大統領交代**

2005年の中間選挙以降，キルチネル派にはペロン党内の他の派閥からの流入のみならず，他の政党からの接近も相次ぎ，勢力を拡大していった。しかしキルチネルは07

年の大統領選に出馬せず,替わって彼の妻,つまりはファーストレディにして上院議員のクリスティーナ・フェルナンデスが大統領候補となり,副大統領候補フリオ・コボ(急進党メンドサ州知事)と組む。対抗馬は03年の大統領選にも立候補したカリオーで,女性候補2人の対決となったが,初回投票でフェルナンデスの当選が確定した。同時議会選挙・州知事改選でも,キルチネル派は圧倒的な強さを見せ,前回選挙の当選者と合わせると上下両院共に3分の2の議席と,23州知事の半数を占めた。ただし,特別行政区の首都ブエノスアイレス市では,03年に創設された中道右派の共和主義提案党(PRO)の党首マウリシオ・マクリが市長に当選し,市議会でも同党が多数派を占めて以降,PRO体制が続いている。

このように国政においては,盤石の政権基盤を置き土産にファーストジェントルマンとなったキルチネルが裏方としてペロン党党務に専念し,妻のクリスティーナ・フェルナンデス・デ＝キルチネルが表舞台の主役となったのである。現時点(2015年9月)で継続中の政権を総合的に評価するには時期尚早であり,ここではその政権支持率が経済成長率と同調しながら,ジェットコースターのような浮沈を繰り返してきたことのみ指摘しておく。

まず政権発足翌年の2008年3月,輸出課徴金制度改正が農業セクターから猛反発を受け,農産品の出荷停止やピケテロを模した道路封鎖によって,市場の品薄や幹線道路の大渋滞が断続的に数カ月続いた。法案として上院審議に持ち込まれたが,議長を兼ねるコボ副大統領が離反,反対票を投じて否決され,廃案となった。この騒動と並行してインフレが昂進し,同年10月のリーマン・ショックによる国際金融危機も響いて,アルゼンチンの経済成長率は大幅に下がった。09年,4カ月前倒しで実施された中間選挙で,キルチネル派は上下両院で過半数を割り,キルチネルはペロン党党首を辞任する(翌年3月に復帰)。

その後,経済は回復するが,キルチネルが2010年10月に急死し,翌11年10月の大統領選は弔い選挙となった。未亡人となったフェルナンデスは,09年7月より経済財務相を務めていた自派のアマド・ボウドウを副大統領候補として圧勝,再選された。同時議会選挙でも,キルチネル派は上院で3分の2,下院でも過半数を取り戻す。

しかし,仕切り直しての2期目もまた,波乱の幕開けとなった。2012年2月,ブエノスアイレス市オンセ駅で列車衝突事故が起き,死者51名,負傷者700名以上を出したのである。この時期,メネム政権期に民営化された鉄道の大事故が相次いでいた。政府は事故を起こしたブエノスアイレス鉄道社(TBA)への認可を取り消し,半官半民の新会社を設立して運営を委託したが,それまでTBAの安全管理態勢の不備を放置してきた責任が問われた。

民営化の見直しはエネルギー産業にも及び,大統領は2012年4月に石油公社(YPF)の再国営化を発表する。YPFはスペインのレプソル社が筆頭大株主となって以降,石油・天然ガスの産出を減少させていたが,アルゼンチン政府が株式の過半を取得するという一方的な通告は,国際的に批判を浴びた。この年の経済成長率は再び1%にまで下落し,翌年の中間選挙で,キルチネル派は上院で議席を減らし,辛うじて過半数を維持した。

そして2014年6月,隣国ブラジルで開催されたサッカーFIFA ワールドカップでリオネル・メッシを始めとするアルゼンチン代表チームが活躍している最中,政権は再び危機に直面する。ボウドウ副大統領が経

済財務相時代の汚職の疑いで訴追されたのである。その2週間前には米国で，2005年と10年のアルゼンチン債交換に応じなかったヘッジファンドへの全額支払いを命じる連邦地裁命令が最高裁で確定し，対応を迫られていた時期でもあった。エコノミストの副大統領抜きで進められた対外債務交渉は結局決裂し，7月末，「ヘッジファンドへの全額支払いの前に他の債権者への利払いを行ってはならない」という先の米連邦地裁判決により，アルゼンチンは支払い能力があっても債務不履行とせざるを得ない「テクニカル・デフォルト」を宣言した。前回のデフォルトほどの影響はないにせよ，ペソ安とインフレが進み，経済の先行きは不透明である。

また2015年初頭には，現職大統領に対して逮捕状が請求され，政治の雲行きも怪しい。1994年7月のユダヤ人センター（AMIA）爆破事件を担当したアルベルト・ニスマン検事が，同事件のイラン人容疑者（国際指名手配済み）を処罰しない見返りにイラン政府から石油を安く輸入するという密約にフェルナンデス大統領，エクトル・ティメルマン外相，メネム元大統領が関与したと告発し，これについて議会で証言する予定前日に遺体で発見された。同検事の自宅から見つかった前年6月作成の大統領逮捕請求状を後任検事が2月に裁判所に提出，裁判所は却下したが，謀殺の疑いが濃厚なこの事件に世情は騒然とし，全国主要都市で同時に大規模抗議デモが起こった。

10月の大統領選を控えた今，他の南米左派政権のような憲法改正・大統領三選の可能性はさすがに尻すぼみとなったが，大統領選の結果も勇退後のフェルナンデス大統領の動きも予測しがたい。

2. クオータ法から四半世紀：女性の社会進出

■ペロン党女性政治家の系譜

アルゼンチンでは1991年にジェンダー・クオータ法が制定されて以来，女性議員の比率が増し，大統領選が女性候補同士で争われ，女性大統領が選出された経緯は，前節で見たとおりである。以下では，この国の政・官・財・労各界における女性の進出を，クオータ法制定から10年後の21世紀初頭と，四半世紀後の現在とで比較してみよう。

クリスティーナ・フェルナンデスは，アルゼンチン初の女性大統領ではない。1973年にペロン大統領の死去を受けて，その3番目の夫人にして副大統領のイサベル・ペロンが昇格し，アルゼンチンのみならず世界初の女性大統領となったからであり，これはファーストレディから大統領になった先例でもある。

フェルナンデス以前のペロン党の大統領夫人は，途中離婚したメネム夫人を除いていずれも政治家で，通称の方が広く知られている。その半生がミュージカルや映画になったエバ・ペロンは「エビータ」として親しまれ，イサベル・ペロンは本名のマリア＝イネスよりも，結婚前にダンサーをしていた時の芸名「イサベリータ」として知られ，ドゥアルデ夫人イルダも愛称の「チーチェ」で呼ばれることの方が多い。

しかし，21世紀のファーストレディ，クリスティーナとチーチェは，独自の政治キャリアを持つ点で，2人のペロン夫人とは異なっている。エビータは女優，イサベリータはダンサーで，いずれもファーストレディとなるまで政治歴はなかった。一方，教員であったチーチェは上下両院議員（19

表1 アルゼンチン国会の女性議員の数と割合

選挙年	上院 人 (%)	下院 人 (%)
1993	2 (4)	37 (14)
1995	4 (6)	65 (25)
2001	25 (35)	76 (30)
2003	31 (43)	85 (33)
2005	31 (43)	89 (35)
2007	28 (39)	101 (39)
2009	26 (36)	100 (39)
2011	28 (39)	97 (38)
2013	29 (40)	93 (36)

［出所］http://americo.usal.es/oir/legislatina/argentina.html より作成

97～2011)，弁護士のクリスティーナは州議会議員（89～95）と上下両院議員（95～2007）を経験している。ペロン党の大統領夫人ももはや「格差婚」で身を成したシンデレラ・ガールではなく，専門職に就いた後に国会議員となり，夫の大統領就任以降はファーストレディと兼務することになったのである。

次に，大統領夫人と同じく選挙によって選ばれるわけではない大臣について見てみよう。女性大臣の数は，第1期フェルナンデス政権では前政権と同じく2人，第2期には17人中4人に増え，現時点で閣僚ポスト総数の2割強を女性が占める。4人の女性大臣は，アリシア・キルチネル社会開発相（弟ネストル・キルチネルの政権に入閣して以来続々投），デボラ・ヒオルヒ工業相，マリア=セシリア・ロドリゲス安全保障相，新設の文化相テレサ・パロディである。20世紀を通じて女性閣僚の総数が5人であったことからすれば大きな進展である。

ただし，21世紀になって組閣のたびに女性大臣を入れることが定着したとはいえ，15年間・5政権で延べ13人の女性閣僚というのは，決して多くはない。大臣任命権を持つ大統領職に女性が就いて，若干増えはしたが，1政権平均で3人足らずである。

他方で，国会においては女性の存在感が格段に増している。1993年以降の国政選挙に適用されたクオータ法の下で，女性国会議員は95年（改選時，以下同）に上院4人（6%），下院65人（25%）だったが，2001年には上下両院ともクオータ法の規定の30%を超えた。上院は03年および05年改選時，下院は07年改選時がそれぞれ女性議員の最多記録で，その後若干減ったものの，13年改選では上院29人（40%），下院93人（36%）を数える（表1）。

この実績は，アルゼンチンのクオータ法の優れた実効性を示すものである。同法では，比例代表選挙に臨む各政党の候補者名簿において「最低30%を女性候補としなければならない」ことに加えて「3順位連続して同性の候補が続いてはならない」と規定されており，これらの要件を満たさない名簿は選挙委員会が受理しない。女性の候補者が規定比率含まれていても，彼女たちが名簿の下位にまとめて置かれてしまえば，結局は男性候補者ばかりが当選することになりかねないが，そうした抜け道が予め封じられているのである。

ただし，クオータ法はどの政党にも等しく適用されるにもかかわらず，女性議員の比率には政党間で差が見られる。現在，ペロン党キルチネル派の女性上院議員15人（同派議員中47%，以下同）・下院51人（43%）に対して，ペロン党の他派総計が上院3人（38%）・下院7人（32%），共和主義提案党（PRO）は上院1人（33%）・下院7人（35%），急進党は上院3人（27%）・下院5人（13%）である。当選者2名以下の小政党で，当選者が女性であることで比率が50%を超える例もあるが，逆に，選出議員3名以下の選挙区には規定の割当率が適用されないことから，女性議員が30%に満たない政党もある。

こうして見ると，女性議員比率においてペロン党の高さ，急進党の低さが際立つ。ペロン党に女性議員が多いことはしばしば，「エビータの遺産」として説明される。冒頭でも紹介した通り，女性ペロン党創設者のエバ・ペロンは，ペロン党全体の3分の1を「女性枠」として，女性参政権法施行後初の国政選挙で上院6人，下院23人（プラス准州代表3人）の女性議員を誕生させたが，翌1952年に病死した。その後，軍事政権が断続的に続く間，女性ペロン党を吸収したペロン党は国政選挙への参加を禁じられたこともあって，この「女性枠」は守られないままとなった。しかしその間も女性の入党は続き，最後の民政移管直後にクオータ法案が党内で議論の俎上に上がると，彼女たちがまず目指したのは「女性枠」の復活だったのである。

また，ペロン党女性議員に政治家の家族，とりわけ妻が目立つのも，もう一つの「エビータの遺産」と言えよう。前ファーストレディと現ファーストレディが対決した2005年のブエノスアイレス州上院改選では，共にエビータの後継者を自認し，一方のチーチェが救貧活動でエビータに倣えば，他方のクリスティーナはエビータを摸して黒髪を金色に染めて演説に立った。現在でもキルチネル派の上院3人（うち急進党系1人），下院7人，ペロン党他派でも下院3人の女性議員は夫（ないし兄弟）が市長，州知事，州議員あるいは国会議員である。キルチネル派には最近，これに2世の女性下院議員3人が加わった。

他方の急進党は20世紀の後半，女性を候補に立てることは稀であった。下院では1958年選挙以降，散発的に女性候補の当選者を出したが，上院での女性の初当選は82年の民政移管選挙であった。その当選者が，超党派の女性政治家ネットワークを代表し

てクオータ法案を提出したあのマルガリータ・トーレスである（同法は彼女の名に因んで「マルガリータ・トーレス法」とも呼ばれる）。彼女がクオータ法案可決の翌年に病死して以後，カリオーが1995年から下院で連続当選して急進党女性議員として頭角を現したが，その後離党して2001年に「平等な共和国を求める市民連合（CC-ARI）」を結成し，03年以降の3度の大統領選にはここから出馬している。

アルゼンチンでは国政選挙におけるクオータ法制定後，各州も同様の法律を定めて州議会選挙でも割当率が適用された結果，地方においても相当数の女性議員を輩出しているが，これは州によって差がある。1都23州のうち，1都5州の地方議会（二院制の場合はどちらか）で女性議員が40％以上を占めている一方で，10州では30％に達していない。なかでもエントレリオス州は，州議会クオータ法の制定が2011年と遅く，また割当率も25％と低く抑えられているためか，現在上下両院それぞれで12％と21％である。

州議会が一院制の州で女性議員数の比率が最低なのは，キルチネル派の本拠サンタクルス州で，割当率30％の規定に対してわずか17％である。同派の女性議員は，国会上下両院では4割を超すが，地方各州の州議会ではいくつかの例外を除いて少数派に留まっている。女性議員が40％以上を占める1都5州の議会では，キルチネル派以外のペロン党やPROの女性議員が目立つ。

また2001年には1人もいなかった女性の選出州知事も，07年にティエラデルフエゴ州で社会党出身のファビアナ・リオスが当選して以来，現在3知事を数える。リオスが11年に再選され，同年選挙でカタマルカ州でルシア・コルパッシ＝サーディ，13年にサンティアゴデルエステロ州でクラウデ

最高裁女性判事カルメン・アルヒバイ (1939-2014)
(©アルゼンチン最高裁 Supreme Court 10-08-09.jpg)

ィア・レデスマ=デ=サモーラが当選したからである。

リオスはともかく, コルパッシとレデスマに関しては, 地方ペロン党の「半封建的」家父長制の影響が指摘されている。カタマルカ州はメネム派のビセンテとラモンのサーディ父子で知事職を「相続した」のち, 1990年にラモンがスキャンダルで辞任し, 連邦政府の介入を経て急進党政権となったが, ここにきてラモンの従妹コルパッシ=サーディがキルチネル派として登場した。また, サンティアゴデルエステロ州知事レデスマは, 前州知事夫人である。夫のサモーラは急進党員であったが, 独自の地方政党を立ち上げてキルチネル派に接近した。夫が上院議員として国政に打って出る替わりに, 政治未経験の妻が州知事を引き継ぐというのは, 急進党にはない伝統である。

なお1都3州では, 知事と共に選挙戦に出馬する副知事が女性である。しかし, 州政府閣僚の任命権を持つ知事ないし副知事のいずれかが女性である1都6州でも, 女性の大臣や長官は稀少である。唯一の例外はリオス知事のティエラデルフエゴ州で, 9大臣中4, 6長官中2のポストに女性が任命されている。

以上, アルゼンチンの三権のうち立法と行政を見る限り, クオータ法が適用される立法府に比して, 適用されない行政府においては女性の進出が遅れていると言えよう。その傾向は, 閣僚任命権を持つ大統領や州知事のポストに女性が就いても, 一部の例外を除いて大勢としては変化していない。

■専門職の女性化と財界エグゼクティブ

司法も行政と同じくクオータ法が適用されていないものの, 2001年には連邦最高裁判所に女性判事はゼロだったのが, 04年にエレーナ・ハイグトン (翌年に同副長官にもなる), 05年にカルメン・アルヒバイの2人の女性が任命された。キルチネルがメネム政権の恣意的な判事任用を問題とし, その「透明性」を追求した司法改革の一環であった。

それから10年経った現在, 連邦裁全体で女性判事は32%を占めている。また, 連邦国家アルゼンチンは, 司法においても1都23州で分権化されているが, 全地方裁判所の判事の37%が女性である。

クオータ法の規定なしに女性判事が30%を超したという点だけを見れば, 女性の進出が順調のように思えるが, 実はそうではない。法曹資格者における男女比が約4対6と女性の方が大きいという事実を加味すれば, 代表性における格差は逆に拡大しているのである。

しかも, 連邦, 各州のいずれも, 最高裁では女性判事が少ない。連邦で言えば, キルチネルが任命した2判事のうち, アルヒバイが2014年に亡くなり, 女性判事は1名のみとなってしまった。また, 州知事が任命権者である地方最高裁の構成を07年と14年とで比較すると, 女性判事の比率は, 全体では20%から21%にわずかに上がったが, 州ごとの差違・変動が著しいことがわかる。現在, 1都9州で最高裁判事に占

める女性の比率が3割以上（首都とサンタクルス州は6割以上）である一方で、女性判事ゼロの州も9州あり、その数は07年時より増えている。アルヒバイが亡くなり連邦最高裁の後任人事が俎上に上がった14年5月から、国会で司法界にもクオータ制を導入する法案の審議が始まった所でである。

実はアルゼンチンでは、この「専門職の女性化」は法曹界に限らない。ここまで名前の出た女性政治家の多くも、専門職の経験を持っている。フェルナンデス現大統領、カリオー下院議員、レデスマ州知事は弁護士、コルパッシ州知事は医師、リオス州知事は薬剤師、アリシア・キルチネル社会開発大臣はソーシャルワーカー、ヒオルヒ工業大臣はエコノミスト、ロドリゲス安全保障大臣とチーチェ・ドゥアルデ前上院議員は教員であった。現在40歳代から60歳代の彼女たちは、時代的に見て学生時代から職場まで「紅一点」に近い存在だったかもしれないが、いまやこれら専門職の大半において女性が過半を占めつつある。

これは、前世紀末以来のアルゼンチン女性の教育水準の高さを反映したものである。国連開発計画のジェンダー不平等指数（GII）によれば、この国の女性の初等・中等・高等教育への就学率は、1992年時点ですでに82％（男性75％）で、2004年に94％（男性85％）に達して以来、現在まで変わっていない。大学学部修了者の男女比でも、01年の女性63％、男性37％という比率が2010年代も概ね維持されている。

したがって専門職に占める女性比率53％（2014年のGGIによる）という数値も、先に紹介した裁判官の場合と同様に、有資格者集団における男女比を加味すればむしろ低く、その職業のヒエラルキーの上位ポストに占める割合が問題となる。

特に教職は古くから「女性化」した専門職であるが、小学校教員の9割、中学校教員の7割を女性が占めるものの、常勤の大学教員では4割に達していない。

また今日のアルゼンチンでは、看護師、保健師、栄養士など世界的かつ伝統的な「リケジョ」職以外に、20代の医師の約60％が女性である。そもそも医学生の6割は女子なので、今後この比率は定着していくものと予想される。医学部のみならず、農学と工学を除く他の理系学部でも女子学生の方が多く、今後ますます「リケジョ」が多様な分野で増加するであろうが、いまのところは、理系の研究所幹部の男女比は9対1であり、「ガラスの天井」が厳然と存在する。

理系の職場に限らず、幹部・管理職はいまだ「女性化」したとは言い難い状況である。確かに、この国の管理職に占める女性の割合は、1992年に7％足らずだったものが、2006年には23％、14年には31％と着実に上がってきてはいる。しかしこれは専門職の場合とは異なり、必ずしも女性の教育水準の向上による結果とは考えられないのである。

2000年代初頭には、数少ない女性エグゼクティブが財界セレブとして注目を浴びていた。メディア最大手クラリン・グループの実質的なオーナー社長エルネスティーナ・エレーラ・デ＝ノーブレと、セメント企業ローマ・ネグラ社長のアマリア・ラクローセ・デ＝フォルタバットは、共に夫の起こした事業を継承・拡大させた未亡人である。デ＝フォルタバットは2012年に亡くなり、デ＝ノーブレは独占を禁じた09年のメディア法でグループ分割を余儀なくされ、肩書きは日刊紙『クラリン』の役員のみとなったが。

アルゼンチンでは、この2人の財界セレブも名を連ねる経営者団体が業種ごとにあ

り，俗に「6グループ」と総称されている。民間銀行連合（ADEBA），証券取引所（Bolsa），商工会議所（CAC），建設会議所（CAMARCO），農牧協会（SRA），工業連盟（UIA）である。現工業相ヒオルヒは，就任前にはUIAの国際貿易研究センター長だったがこれは例外で，これら6グループいずれにおいても，役員名簿に女性の占める割合は2割以下である（2014年度）。

6グループ中，女性役員の割合が10人中2人と最も高いのはSRAである。SRAは19世紀以来，保守層である大牧場主の牙城としてアルゼンチンの農牧業を支配してきた。同じ業種でも中小規模の農協の連合体である農牧組合連盟（CoInAgro）では，役員9人中4人が女性である。また，ADEBAは女性役員はゼロだが，加盟27行中2行の頭取は女性であり，3行は役員の2割以上を女性が占める。しかし，いずれの業界でも，役員のポストにある女性は創業者一族が多く，能力・実力を認められて管理職になるケースはいまだ少ない。

■労働組合ジェンダー・クオータ法

労働界でも2000年代初頭，女性の代表（書記長もしくは事務局長）は皆無であった。しかし，02年に労働組合ジェンダー・クオータ法（以下，労組クオータ法と略）が制定され，04年に労働総同盟（CGT）の3名の書記長の1人にスサーナ・ストチェロが選出された。

この労組クオータ法では，ある労組の組合員の3割以上が女性である場合，その代表に最低3割の女性が含まれること，内部選挙の候補者名簿でもこの基準を守るべきことが規定されている。幹部ポストが男性に占有されているために，経営側との産休・育休交渉も男性ばかりの組合代表に委ねなければならないという女性組合員の積年の不満は，この法によってようやく，しかも一挙に解消された。

ただし，CGTは2012年に二派に内部分裂し，現在いずれの派も書記長は男性である。政府公認派の書記長は金属労組，異端派はトラック運転手組合の出身で，どちらの組合も組合員の大多数は男性であることから，労組クオータ法の割当率は適用されない。ストチェロが所属する保健衛生労働組合（CGT異端派）は看護師と保健師の労組で女性が多いはずだが，それでも現在4名の書記長のうち女性は1人だけである。

一方，CGTと共に二大労組連合とされる労働者センター（CTA）は，加入者総数300万人のCGTに比べると約半分の規模ではあるが，教員や国家公務員など女性の多い職種・職場の組合が多数加盟している。そのためCTA本体でも各組合でも，幹部ポストの30％は女性が占める。

以上見てきたように，アルゼンチンの女性たちは，20世紀に獲得した高い教育水準とクオータ法によって，新世紀に入ってから政・官・財・労の各界への躍進を果たした。管理職・幹部ポストに関してはいまだ「ガラスの天井」が存在し，課題は多いものの，クオータ法の実効性の点では域内でも高水準に達していると言えよう。

3. 格差社会の現実

■経済活動の男女格差と「女性間格差」

アルゼンチンはグローバル・ジェンダー・ギャップ指数（GGI）において，2014年時点で世界31位と高位にある。しかし，GGIを詳細に見ると，分野によって大きな差があることがわかる（表2）。14〜24位を推移する「政治的エンパワーメント」に対して，「経済活動の参加と機会」は最高でも75位（2007年），2012年からは100位前後

に留まっているのである。

　前節で見たように，アルゼンチンでは女性の専門職に占める割合は高く，管理職についても比率を上げつつあるが，それ以外の労働市場参加率や，同一もしくは類似の労働における賃金男女比，推定所得の男女比といった項目における数値が低い。

　GGIの発表が始まった2006年より前の状況を見ると，女性の労働市場参加率は1990年代から世紀末にかけて上がり続け，2001年の国勢調査で45％に達した。08年のGGIでは62％まで上昇するが，それ以降は下がり，14年では55％である。

　ただし，こうした公式統計にはいわゆるインフォーマル・セクターにおける経済活動は含まれないため，実際の働く女性の割合はこの数値より高いと考えられる。1990年代以来，男性世帯主の減少や失業，離婚を機に働き始めた女性の大半は，家事労働や行商・露天商のようなインフォーマル・セクターの非専門職に就いている。女性を世帯主とする家庭の比率が28％（2001年国勢調査）から34％（10年同）へと上がったことからも，この間，専業主婦の数が減り続けているのは間違いない。

　このように女性の労働市場参加率は長期的には上昇傾向であるにせよ，単純な右肩上がりではなく，GDP成長率の推移と一致した上下動を繰り返している。それは，不景気になると真っ先に雇用を打ち切られるのも，逆に景気が回復しても雇われるのが最も遅いのも女性であることを示している。アルゼンチンにおいて，女性の失業率は2001年の34％（国勢調査）が10％前後に落ち着くのに10年かかり，男性より概ね3〜4割高い状態が続いている。

　推定所得および同一もしくは類似労働における賃金の男女差も，1〜2年のタイム・ラグはあるが，GDP成長率と労働市場参加

表2　アルゼンチンのGGI順位

年	GGI順位（スコア）	経済活動の参加と機会	教育	健康と生存	政治的エンパワーメント
2006	41 (0.6829)	82	29	1	23
2007	33 (0.6982)	75	33	1	25
2008	24 (0.7209)	80	57	1	15
2009	24 (0.7211)	89	57	1	14
2010	29 (0.7187)	87	47	1	20
2011	28 (0.7236)	84	51	1	20
2012	32 (0.7212)	92	41	1	24
2013	34 (0.7195)	101	42	1	24
2014	31 (0.7320)	96	50	1	21

［出所］Global Gender Gap Reports より作成

率に連動している。2006年に男性の37％だった女性の所得は，07年に5割を超え，09年に56％とピークを迎えてから下がり，13年は49％である。また，同一もしくは類似労働における女性の賃金も，男性の57％（07年）から62％（12年）まで比率を上げるが，13年は58％，14年には55％に下がった。

　これは専門職に就く女性のすべてが高収入を得ているわけではないからである。この国が憲法並みの遵守を約束した国連女性差別撤廃条約（CEDAW）には「同一労働同一賃金」の原則も含まれているが，同じ職種の正規雇用であっても，男性は常勤，女性は非常勤の雇用が多いことから，所得・賃金における男女格差は縮まらない。2014年のGGIによれば，非常勤雇用の割合は，男性では被雇用者の16％であるのに対し，女性では38％に上っている。

　ここから，アルゼンチンにおける女性の労働条件は，新世紀になって改善したとはいえ，なお男性との格差が厳然と存在し，不況に対してより脆弱であると結論せざ

を得ない。これを解決するには,「同一労働同一賃金」の原則の上に,正規雇用における男女格差のみならず常勤・非常勤の格差を解消し,さらにはインフォーマル・セクターをフォーマル化する必要がある。しかし,新自由主義的グローバリゼーションの下での経済自由化とそれに伴う雇用の「柔軟化」が逆風となっている。

他方で,働く女性の間での格差も際立ってきた。常勤の専門職・管理職で高収入を得るエリート女性と,低賃金で不安定な非正規労働に就く女性との二極分解である。「同じ女性に生まれた(のに)」両者を分けるのは,教育の差である。アルゼンチンでは公立学校は大学まで無料で,教育の機会は平等に保証されているはずだが,現実には大人社会の格差を反映して,地方の低所得層の子どもほど学業を途中放棄する確率が高い。前節で挙げた,2004年以来変わらない女性の就学率94%(男性85%)も,25歳以上の中等教育修了者で見ると57%(男性55%,2014年GII)に落ちる。

進級基準が厳しく,小学校から「落第」があり得るこの国では,男子生徒の方が留年・退学の率が高いにせよ,それでも25歳以上の女性の4割強は中等教育未修了ということになる。今後,高学歴女性の数は徐々に増えると予想されるにせよ,低学歴ゆえのインフォーマル・セクターへの新たな参入も止みそうにないのである。

■**働く女性の家庭生活:マチスモと「3歳神話」**

以下では,アルゼンチンの働く女性たちの家庭生活について見ていこう。

生活環境の特徴としてまず挙げられるのは,婚姻関係の変化である。2001年と10年の国勢調査で比較すると,この10年の間,14歳以上の男女において,寡婦および寡夫と既婚者の割合が減り(それぞれ7.1%→6.5%,46%→36%),その分,独身者が増え(45%→52%),離婚・別居はさほど増えていない(5%→6%)。ただし,ここでの「既婚者」は法律婚のみであって,2010年調査では25~64歳の女性の69%が,法律婚か慣習婚かを問わずパートナーと同居・同棲していた。GGIによれば,この国の女性の初婚平均年齢は25歳を維持しており,日本のような非婚化・晩婚化ではなく,同棲化・内縁化が進行していると言える。

これは,1985年の国連女性差別撤廃条約(CEDAW)批准以降,親権における男女平等が保証され,内縁の妻にも配偶者の年金受給資格が付与されるなど,それまで法律の外に置かれていた内縁者のデメリットが少なくなり,従来低所得層に限られていた同棲婚を中産階級も選択するようになったものと考えられる。以降の国勢調査において,法律婚と同棲婚の比率はそれぞれ約10%ずつ下降・上昇し,2010年では全年齢層で法律婚61%,同棲婚39%となっている。年齢層で言えば,若い世代ほど同棲婚が多く,年配になるほど法律婚が多い。地域別では,人口の集中する首都および大ブエノスアイレス都市圏が平均に近い比率であるのに対して,北部の2州(フォルモッサとチャコ)では法律婚が4~5割と平均を下回り,西部の2州(メンドサ,サンフアン)では7割前後と平均を超える。

なお,アルゼンチンでは2010年7月に同性婚法が制定され,同年の国勢調査では初めて同性カップルも調査の対象となった。その結果,地域によってカップル数や同性カップルの性別の比率が異なるなど,今後の調査で経年変化を辿るための基礎データが揃ったが,ここでは,10年の調査において,同性同士のカップルの割合は全カップル(法律婚・同棲婚の総計)中の0.3%であったことを触れるに留める。

妊娠・出産にも変化が見られる。アルゼンチン人の平均寿命は、2001年の74歳から10年には76歳に上がったのに対して、合計特殊出生率は2.4から2.2へと下がり、人口ピラミッドは富士山型から壺型へと変形しつつある。年齢構成では、65歳以上人口の増え幅（9.9％→10.2％）よりも、15歳未満の人口の減り幅（28.3％→25.5％）の方が大きい。日本同様、少子高齢化の傾向にはあるが、その進行はまだ緩やかである。

以上の国勢調査の結果から、アルゼンチンの20歳代後半以上の働く女性の大半は有夫有子と考えられるが、ではその家事・育児は誰が担っているのだろうか。昔からアルゼンチンの中産階級以上の家庭では、妻が専業主婦か外で仕事に就いているかにかかわらず、家事労働者の雇用は珍しくなかったが、昨今では一つの世帯が専属・常勤の家政婦を雇うことは稀である。大半は、週に数回、時間単位の契約であり、サービス供給側も複数世帯を掛け持ちしていることが多い。

専業主婦のいない家庭で、通いの家政婦ではカバーしきれない家事を誰が負担しているかについては、国勢調査の範囲外でもあり、正確なところはわからない。しかし、アルゼンチンの男性＝夫が、妻が外に働きに出るようになったのを機に家事の分担を買って出るとは考え難い。伝統的なマチスモ（男性優位主義）に基づく性別役割分業観が極めて根強く、小学校から家庭科の授業で家事の男女平等分担が教えられているわけでもないからである。特に家計補助を目的に働き始めた妻の大半は、「女性に生まれたばかりに」、家事と外での仕事の「二重労働」によって男性よりも過酷な状況にあると言えよう。若い世代では、家事に協力的な夫もいないわけではないが、いまだ絶対的少数派である。

育児に関しても事態は同様で、国勢調査のような統計はないが、公的サービスが需要に追いついていないことは確かである。ブエノスアイレス市に限っても、保育所「待機児童」の数は、2006年で0～5歳児6000人だったのが、14年には0～3歳児9000人と増える傾向にある。地方では特に、3歳ごろまでは母親の手で育てるべきだという「3歳神話」が根強く、国全体の乳幼児数200万人に対して、ほとんどの州では公立保育所の数がゼロあるいは一桁しかない。保育所の必要性が取り沙汰されるようになっただけ、改善に向かっているとも考えられるが、結局のところ親族頼みというのが今も昔も変わらないアルゼンチンの育児の現状である。学生結婚したフェルナンデス大統領も、弁護士のキャリアをスタートさせる前から夫の故郷でその親族と同居して、2人の子どもの育児に関してサポートを受けた。今から30年以上も前の地方では特に伝統的な拡大家族が多かった。現在40歳代から60歳代の女性国会議員が総じて子沢山（最多は7人）なのも、昔ながらの親族のサポートがあったからこそであろう。しかし現在では拡大家族は減り（2001年：20％→10年：18％）、核家族も微減（63％→62％）している。増えているのは単身世帯（15％→18％）で、その大半を占める寡婦が、子の家に通って孫の世話をしているものと考えられる。

■性と生殖：若年出産と妊産婦死亡の割合

アルゼンチン女性の「経済活動の参加と機会」が十分に拡大していないのは、国連開発計画が2010年から発表しているジェンダー不平等指数（GII）の「労働市場分野」の評価を見ても明らかである。この分野と「エンパワーメント分野」に加えて、「性と生殖に関する健康分野」に比重を置くGII

表3 HDI・GII 順位と「性と生殖に関する健康分野」の指数

西暦	HDI	GII	若年女性出産率(‰)*	妊産婦死亡率(/100,000)
2006	36			〈82〉
2007	38			〈70〉
2008	38		〈57.66〉	〈77〉
2009	49		〈62〉	〈77〉
2010	46	60	56.9 〈62〉	77 〈77〉
2011	45	67	56.9 〈65〉	70 〈70〉
2012			〈65〉	〈77〉
2013	45	71	54.2 〈55〉	77 〈77〉
2014	49	74	54.4 〈54.4〉	77 〈69〉

[注] *の〈 〉内は GGI の追加データ。
[出所] HDI Reports, GGI.

で，この国は近年，順位を下げ，それは人間開発指数（HDI）の順位とも乖離している。つまり，HDI では，先進国に伍して上位 50 位内に入っているにもかかわらず，ジェンダーというよりセクシャリティの問題を扱う GII のこの分野だけは，中位ないし下位グループ相当の数値しか示せていないのである。以下では，アルゼンチン女性の「性と生殖」に関して，「女性に生まれたばかりに」抱える問題に焦点を当てながら見ていこう。

GII で「性と生殖」の問題を示す二本柱となっているのが，15〜19 歳の女性 1000 人当たりの出産件数を表す「若年女性出産率」と，出産 10 万件当たりの死亡数を表す「妊産婦死亡率」である（表3）。まず前者については，アルゼンチンは 2010 年の 57 から 14 年の 54 へと減少したが，これが一桁の GII 高位国とは大きな差がある。初婚平均年齢 25 歳のこの国の場合，若年出産の大多数は，未婚の強姦被害者を含む予定外の妊娠の結果であり，地域差が大きい。

国内 NPO「性と生殖に関する健康監視団（OSSyR）」の報告によれば，2012 年の若年出産は出産全体の 15% を占めるが，そのうち首都ブエノスアイレス市の 7% を例外として，地方は概ね 13%〜18% である。しかし北部 6 州（カタマルカ，コリエンテス，サンティアゴデルエステロ，ミシオネス，フォルモッサ，チャコの順）はいずれも 20% を超え，なかでもフォルモッサ，チャコはほぼ 25% である。前に地方の低所得層ほど，女子生徒の中途退学率が上がることに触れたが，その相当数が若年妊娠・出産によるものと考えればこの統計と符合する。

妊産婦死亡率は，2010 年以来 77 で変わらなかったのが，14 年の GGI の追加データでは若干下がって 69 となっている（表3 の〈 〉内の数字）。しかしこれも概ね一桁に収まっている GII 高位国とは開きがある。またこれについても OSSyR の別の報告で，首都とそれ以外の地方諸州との差が明らかにされている。2011 年のデータに基づく同報告によれば，北部のフォルモッサ，フフイ，ミシオネス，チャコの 4 州は全国平均の 2 倍以上と高く，最も低いのは平均の半分以下のブエノスアイレス市である。

妊産婦死亡率を高止まり状態にしている一因は，その 4 分の 1 を占める非合法中絶による死亡である。下院刑法委員会の報告によれば，衛生的・技術的に問題のある非合法な「闇」の堕胎手術は年間 46〜60 万件にも上り，1983 年の民主化以来，約 3000 人の女性が命を失ったという。

アルゼンチンはカトリック国ではあるが，早くも 1921 年，強姦（知的障碍者に対する性交渉の強制を含む）による妊娠に限り人工中絶を認める法律が制定され，のちの改正で母体の生命・健康に危険を及ぼす場合が付加された。望まない妊娠・危険な妊娠が母体の生命のみならず「心身の」健康をも害することを考慮するなら，中絶の完全非罰化（完全合法化）まではあと一歩であ

る。前出の故アルヒバイ最高裁判事も、女性のリプロダクティブ・ヘルス／ライツ（性と生殖における健康と自己決定権）を基本的人権として、中絶の完全合法化を持論としており、1921年の法律を「男性ばかりの立法府が作ったにしてはよく考えられている」と評していた所以である。

このように実質的には中絶がほぼ合法とされているにもかかわらず、望まない妊娠をした女性が闇の堕胎手術に走るのは、一つには合法で安全な手術が（一説によれば）500〜1300ドルと、低所得層にしてみればかなり高価なことによる。医療保険適用外であることに加えて、医師会が中絶を認めないカトリック教会の意向に従って「良心的拒否」の立場をとることから、相場が上がっているとも言われている。また、そうでない医師もあらかじめ裁判所による非罰認定を求めることが多く、手続きに手間どる間に中絶可能期間を過ぎてしまう恐れから闇手術を選ぶという例もあとを絶たない。

ただし、後者の問題に限っては、2012年の最高裁判決によって一応解決された。同年3月、最高裁大法廷は、その2年前にチュブット州で義父による強姦で妊娠した15歳の少女の中絶を非罰追認した上で、法律で定められた非罰条件のうち母体の生命・健康への危険の当否は医師が診断し、強姦による妊娠は本人ないしその法的代理人の申告にのみ基づくべきで、いかなる場合も裁判所に認定を求めるべきではない、とした。この判決ではさらに、世界保健機構や国連人権委員会、同子どもの権利委員会からの「安全で合法な人工中絶を受ける権利の保障」勧告に言及し、国内関係諸機関に善処を求めている。

アルゼンチンの妊産婦死亡率が2014年に若干下がったのは、この最高裁判決で、少なくとも強姦による妊娠への対応が改められ始めた結果とも考えられる。「電話中絶」と呼ばれる、医師・薬剤師と電話で相談しながらの市販経口薬による比較的安価で安全な中絶が普及し始めたことにも与かっているのかもしれない。

しかし、状況が劇的に改善したわけではない。現行法では「闇の堕胎」を防ぎきれないという声は以前からある。これまで提出された40以上の中絶合法化法案は、いずれも下院の委員会で審議されるに留まっている。フェルナンデス大統領は2010年、アルゼンチン出身の現ローマ教皇フランシスコ（当時はブエノスアイレス大司教）との激しい対立の果てに同性婚法を制定へと導いた。しかしその大統領も中絶合法化には反対の立場をとっており、14年10月に新たに提出された法案も下院委員会のレベルを超えなかった。

教会がいかに反対しようとも、2006年には総合性教育法が制定され、望まない妊娠を回避するための性（避妊）教育が本格的に着手されるなど、女性のリプロダクティブ・ヘルス／ライツを確立する動きは少しずつ始まっている。それでも、マチスモに根差した強姦による妊娠は阻止できない。12年に導入されたジェンダー殺人重罰規定を含め、女性への暴力に対してこれまでに採られたさまざまな措置も、被害者の救済や暴力事件の顕在化においては一定の成果を見せているものの、犯罪の抑止には至っていない。

こうして見てくると、ジェンダー・クオータ法と高教育水準という20世紀の遺産は、アルゼンチンのエンパワーメントにおけるジェンダー格差を縮小するのに大いに役立ち、今後もクオータ法の多方面での採用が望まれる。しかし、労働市場と「性と生殖に関する健康」（セクシャリティの問題）においては、これらの遺産が直接の大きな

影響を及ぼすまでには至っていないと言わざるを得ない。なかでも女性の労働市場参加率については，先に述べたようにグローバリゼーションに伴う雇用流動化が，むしろ女性に不利に作用している。

GGI のみならず HDI ともギャップのある GII の若年女性出産数と妊産婦死亡率は，その「途上国並み」の数値が国内でも問題視され始めたが，女性全体を結集した改善運動の展開には至っていない。その改善に向けて有効な方法と考えられるのが避妊教育と中絶合法化だが，前者はともかく後者に関しては，ジェンダー・クオータ法制定後増えた女性国会議員の間でも賛否が分かれる。当面は，前記 2012 年の最高裁判決のように，国際機関の勧告を「外圧」として改善策を講じていく他ない。

この「性と生殖に関する健康」の問題では特に，階層や地域による格差が顕著に表れる。地方の低所得層の女性たちからは，「女性に生まれたばかりに」と，「同じ女性に生まれたのに」という二つの嘆きが同時に聞かれる。所得に限らず，教育水準やマチスモの残存度における都市（首都）と地方の格差は依然として大きい。それゆえに，今後の課題として，女性の各界への進出をさらに促し，その「ガラスの天井」を打破すると同時に，社会全体における格差是正に取り組むことが求められている。

第 2 章

ボリビア
――激変する体制と女性たち――

重冨惠子

歩道と車道の間にまたがって出されたナッツ屋の露店。
煎ったトウモロコシやソラマメ，ピーナッツ，バナナチップスなど 10 種類以上の品ぞろえ。
手前は婦人靴の露店（ラパス市内 2015 年 3 月 3 日 筆者撮影）

ボリビア女性史関係年表

西暦	事　項
1825	スペインより独立，ボリビア共和国誕生。
1921	女性による女性のための雑誌『フェミンフロール』発行される。
1923	女性団体アテネオ・フェメニーノ設立。
1932	離婚法制定。 パラグアイとチャコ戦争（～35）。戦時下の労働力不足を補うため女性の職場進出が進む。
1936	女性労働者連盟設立。
1948	女性の市民権および政治権付与に関する米州条約採択（承認は1999年）。
1952	ボリビア革命。 普通選挙法制定，女性の選挙権が認められる。
1964	副大統領バリエントスによるクーデター勃発，以後1978年まで軍事政権が続く。
1979	女性大統領リディア・ゲレイロによる暫定政権樹立。 国連女性差別撤廃条約（CEDAW）採択（承認は1989年）。
1982	民政移管。
1985	ハイパーインフレを機に新自由主義経済政策，構造調整政策の開始。
1990	全ての移住労働者及びその家族の権利の保護に関する国際条約採択（承認は1999年）。
1993	人間開発省内に民族・ジェンダー・世代局設置。ジェンダー政策を明確に掲げた初めての機関。
1994	住民参加法制定。
1995	地方分権化法制定。 反家庭内暴力法制定。
1997	男女機会均等に関する政令発布。 ジェンダー・クオータ法制定。
1999	コチャバンバ市営水道公社の民営化をめぐって大規模な抗議行動が起きる（水紛争）。
2001	人身売買（特に女性および児童）防止・処罰法制定。
2003	天然ガス輸出事業の民営化をめぐってエルアルト市を中心に武力衝突が起きる（ガス紛争）。
2004	市民および先住民組織法制定。
2007	先住民族の権利に関する国連宣言採択。
2008	「機会均等国家計画：善き生のために女性がつくる新しいボリビア」策定。
2009	新憲法制定。国家名を「ボリビア多民族国」に変更。
2010	人種差別およびすべての差別反対法制定。 地方自治体選挙で，女性市議数が全市議会議員中43％を占めるに至る。 選挙法その他関連法の改正により，国会・地方議会の議席に占める女性の割当率が50％に引き上げられる。
2012	女性に対する政治的暴力および嫌がらせ禁止法制定。 イシボロ・セクレ先住民領域国立公園（TIPNIS）を縦断する道路の建設に対して，先住民組織および市民団体による抗議のデモ行進が実施される。先住民間の亀裂が深まる。
2013	女性への暴力のない生活を保障する統合法制定。
2014	総選挙実施，エボ・モラレス政権第3期継続確定。 国会議員に占める女性議員数が半数に達する。

ボリビア多民族国は南米大陸の中央部に位置し、国土面積は約 110 万 km² と日本の約 3 倍にあたるが、人口約 1000 万人の小国である。近年、観光地としてウユニ塩原が脚光を浴びるようになるまでは、隣国のペルーやブラジルなど他の南米諸国と比べて知名度は低かった。天然ガスなどの資源に恵まれているにもかかわらず、経済指標や社会指標はラテンアメリカ域内では下位にある。社会の不安定度は高く、20 世紀末から今世紀にかけても暴力を伴う衝突や紛争が頻発した。

しかし一方でボリビアは、時に世界的にも先鋭的な動きを見せてきた。女性解放運動については、1975 年にメキシコで開催された第 1 回世界女性会議に参加した先住民女性ドミティラ・バリオスの事例が挙げられる。ドミティラは当時の軍事政権下、アンデスの鉱山町で労働組合活動に従事し、厳しい弾圧を受けていた。彼女の会議での発言は、それまでの欧米市民社会を中心に展開されてきた女性の権利獲得・地位向上運動に大きな衝撃と刺激を与えた。

スペイン帝国による植民地支配の負の遺産が大きいボリビアにおいては、先住民であり労働者階級である女性の解放は、出自の民族もろともの解放、人種差別からの解放、経済的搾取や政治的抑圧からの解放がすべてなされなくてはあり得ないものだった。ドミティラはジェンダー問題が、民族差別や階級問題などとも複雑に絡み合う構造的な社会問題と不可分であることを、身をもって突きつけたのである。

ボリビアでは地理的、民族的、社会的、文化的な差異と、それに基づく非対称的な権力関係が重層的に影響しあって構造的格差が生み出されている。その核心にあるのが民族問題であった。国立統計局 (INE) の 2007 年家庭調査によれば、12 歳以上の人口に占める先住民の割合は 49.9％ と半数であるにもかかわらず、先住民は長らく社会的に排除されてきた。

国土の西北から東南にかけて走るアンデス山脈に沿う山岳地帯と、その東部渓谷地帯の農村部では、アイマラ語やケチュア語を母語とする高地先住民が紀元前からの独自の社会体制と伝統的生活様式を発展させてきた。これに対し主都ラパス市（憲法上の首都はスクレ市）やコチャバンバ市などの主要都市は、植民地時代より白人富裕層や混血層が住み、商業拠点として栄えてきた。これらコロニアル都市を頂点とする都市部とアンデス地方との権力関係に、白人と先住民の間の差別的関係が重なり、植民地化由来の差別と搾取の構造が温存されてきた。

一方、北から東にかけて広がるアマゾン熱帯低地および密林地帯では、先住少数民族が独自の暮らしを営んできた。しかし、20 世紀半ば以降の開発の進展にともない、地域人口の大半を国内外からの移住民が占めるようになった。特にサンタクルス市の発展は目覚ましく、大規模農業や資源開発を中心に、市場志向ベースの社会が形成されている。そこでは「近代的開発」と「伝統（未開発）」が二項対立的にせめぎあい、従来から存在した地理的・民族的・文化的差異とも絡みあいながら、新たな格差が生み出されている。さらに、こうした複雑な構造的格差は、女性間の格差となって顕在化し、ジェンダー平等や女性の権利・地位向上を目指す運動の阻害要因ともなっている。

他のラテンアメリカ諸国と同様、ボリビアでもマチスモ（男性優位主義）が、植民地化や近代化の過程の中で温存強化

されてきた。ボリビア国家の創設と変遷という壮大な物語の根底に、マチスモによる差別が横たわり続けている。

軍事独裁体制が倒されて1982年に民政移管が達成されたのち、市民社会の成長とともに女性運動も広がりを見せた。90年代には貧困悪化と格差拡大を背景に階層間の亀裂が広がり、社会不安が高まる中で、民主化と意思決定の場への国民の参加が強く求められるようになった。国民の半数を占める先住民が自らの復権と社会への統合を求めて起こした運動は大きなうねりとなり、2006年に初の先住民大統領を誕生させるに至った。

ドミティラの問題提起からすでに半世紀が経過した。本章では、激変するボリビア社会の中で着実に改善されてきた女性の状況およびそれを促した政策を政治変動に即して整理し、今後に残る課題を指摘する。

1. 政治・社会変動

■民主化と近代化

女性の参政権は1958年の普通選挙法によって獲得されたが、実際に行使できるようになったのは30年後、民政移管が達成された82年からのことである。ボリビア女性の権利拡充や地位向上をめぐる動きは、この82年以降の民主体制のもとで進展していった。

民政移管後は、1985年のハイパーインフレを頂点とする経済悪化を機に、構造調整政策をはじめとする新自由主義経済政策がとられた。経済指標は安定したものの貧富の格差は拡大し、特に先住民が多く住む農村部の困窮状態は改善されなかった。

この時期はまた天候不順による旱魃な

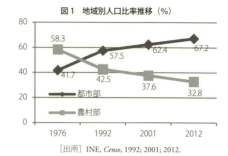

図1　地域別人口比率推移（%）

[出所] INE, *Censo*, 1992; 2001; 2012.

どの影響も重なり、農村から都市への人口移動が加速した（図1）。1980年代半ばに都市部人口が農村のそれを上回り、以来増加を続けている。92〜2001年にかけての人口増加率は全国平均で2.74%であったが、都市部は3.62%、農村部は1.42%であった。持続開発省による国内移民調査では、先住民の多いアンデス高地地帯からの92年の移出数は移入数の約4倍にのぼり、2001年には約5倍となった。

農村からの出稼ぎなどのケースでは、先に都市に出た家族や親族を頼って居住先を確保し、仕事も世話してもらうことが多い。移住先において移民が出身地の人間関係や文化を保持する現象はよく知られている。同様のことがコロニアル都市周辺で急速に生じた。ラパス市に隣接するエルアルト市では、アイマラ系先住民を中心に最高時は年9%を超える人口増加を見せて急拡大し、ラパス市から分離して独立行政市へ昇格した。従来先住民の多くは、アンデス高地や渓谷部の「田舎の存在」として、都市主流社会とは分断された形で認識されてきた。しかし、農村出身者たちが形成した郊外の居住地が都市を取り囲むように拡大し、「先住民」が可視化されるにつれ、人種・民族間の軋轢や緊張も高まっていった。

こうしたなか、サンチェス=デ=ロサダ第1次政権（1993〜97）のもと、近代的

国家の枠組みによってあらゆる国民の能力を高め、生活の質を向上させることを目指して、一連の制度改革が行われた。経済政策では新自由主義路線がとられ、その経済的恩恵を広範に社会に還元して貧困問題を解決し、同時にそれまで社会から排除されてきた人々を統合しようとした。この時、国家として初めて多文化・多言語社会であることが表明された。

またボリビアでは従来、「市」という行政区分は都市部にのみ適用されていて、農村部には今日の市役所に相当する近代的行政機関も市議会もなかった。しかし1995年に地方分権化法が制定されると、全国にムニシピオ（市にあたる）と呼ばれる地方自治体が設立され、居住人口に応じて予算が配分されることになった。さらにその前年の94年に制定された住民参加法により、ムニシピオの開発計画には住民の参加が義務づけられた。

■混乱期

このように1990年代後半以降、近代化と国民統合に向けた制度改革が実施されたが、経済自由化の恩恵は国民全般には届かず、貧困も格差も改善されなかった。民営化を中心とした新自由主義経済政策はむしろ雇用状況を悪化させ、鉱山労働者や公務員を中心に反発が強まっていった。失業率は1995年の3.1％から上がり続け、2000年には4.3％、02年には5.4％に達した。貧困率はそれ以前から全国平均で6割強のまま推移していたが、2000年には66.4％にまで悪化し、都市部では54.5％、農村部では87％に達した（**図2**）。

このような状況の中で、1999年にコチャバンバ市では市営水道公社が民営化され、水の供給が米国企業に委ねられることになった。水道料金は跳ね上がり、支

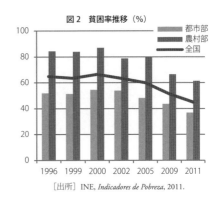

［出所］INE, *Indicadores de Pobreza*, 2011.

払えない世帯は水の供給を止められた。折しも、試行錯誤を重ねながら各地で住民参加型の市街化整備方式が定着しつつあった時期の出来事である。外国の私企業が地元の地下水の開発利権を握ること、そして生存と生活に不可欠な水へのアクセスを脅かされることに対して市民は強く反発し、軍との衝突で死傷者を出すほどの激しい抗議の結果、ついに翌年、米国企業が撤退し、水道サービスは再び公営となった。

これに次いで、2000年代初頭にはラパス市郊外のエルアルト市を中心に天然ガスの輸出計画をめぐる大規模な紛争が起きた。政府は当初、天然ガスの開発・輸出事業の民営化計画を打ち出していたが、民営化は国家の利益にも国民生活の向上にもつながらず、ただ自国の資源が簒奪されるだけだとして、強い反発を招いていた。03年10月、エルアルト市で生じた抗議行動に軍が武力介入して多数の死傷者を出す大衝突となった。内乱状況は激化していき、実質的にラパス市が担っていた首都機能は麻痺し、第2次政権に就いていたサンチェス=デ=ロサダ大統領は辞任し国外へ脱出、副大統領のカルロス・メサが大統領に昇格した。

メサ大統領は天然ガス輸出政策に関し

て国民投票を行ったり，国民対話法を制定するなど，国民の声が反映される仕組みづくりに努め，市民活動も活発化した。しかし新自由主義経済政策への反発と政治体制への根深い不信感，そしてなにより人口移動を背景にボリビア全土に広がっていた先住民系住民の反発を解消するには至らなかった。

騒乱が続く中，コチャバンバ県で先住民運動を率いてきたエボ・モラレスを党首とする社会主義運動党（MAS）が勢力を拡大し，2005年の総選挙に勝利した。

■多民族国の誕生

史上初の先住民大統領政権のもと，2009年に新憲法が制定され，同時に「ボリビア共和国」から「ボリビア多民族国」に国名が改変された。新憲法は序文で「植民地主義国家，共和国，新自由主義国家と決別する」と謳い，基本的権利条項ではジェンダーを含めたあらゆる差異に基づく差別を禁止している（罰則規定あり）。また36の「民族言語」が公用語に指定され，多様な文化と社会集団によって形成される平等な多元国家像が示された。

2006年に策定された「国家開発計画：善き生のための尊厳と主権を守る生産的で民主的なボリビア」では，自然との調和，友愛と連帯に基づく社会生活，民主化促進，文化の多様性に基づく多面的変革などが謳われている。「善き生（Vivir Bien）」とは，富や快適な生活のためには他者や自然を犠牲にするのもやむを得ないというような西洋由来の個人主義と異なる考え方，つまり自他ともに善く生きること，自然界のあらゆる存在との調和と共生を目指す概念である。新生ボリビアは国家として，これを基盤とした発展を模索している。

モラレス政権は，市場を過信した新自由主義経済政策，さらには資本主義そのものを強く批判する姿勢に立ち，天然資源の国有化をはじめとする国家主導型の経済政策を採った。同時に，収益の国民への分配政策も実施された。国内総生産（GDP）成長率は堅調を維持し，1人当たりの国民総所得（GNI）も順調な伸びをみせている（図3）。2000年には355ボリビアーノ（以下，Bs 約56米ドル）だった最低賃金は，07年には525Bs（約69米ドル），13年には1200Bs（約175米ドル）へと大幅に引き上げられた。また，初等教育の就学促進，母子保健拡充，60歳以上の人を対象とする生活支援などを目的とする給付金が相次いで支給開始され，貧困層の生活改善に寄与した。

これらの施策によって，先の図2に示したように貧困率は2011年には45%へと減少した。農村部では61%といまだ高いものの，05年からは20ポイント改善された。社会経済政策分析局（UDAPE）による2011年の貧困調査では，先住民の貧困度も大きく改善されてきており，所得・資産の不平等度を表すジニ係数は21世紀初頭の60から2011年には47へと下がり，徐々に格差は是正されつつある。

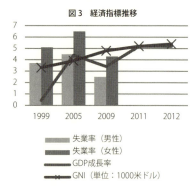

図3　経済指標推移

失業率（男性）
失業率（女性）
GDP成長率
GNI（単位：1000米ドル）

[出所] INE, Principales Indicadores de Empleo, 2011; World Bank, World Development Indicators, 2014.

2. 女性政策の進展と指標改善

■女性政策をめぐる全国的行政組織網の誕生

　ボリビアの女性政策が本格化したのは，1993年，人間開発省内に民族・ジェンダー・世代局が設置されてからである。国連などが提起する人間開発の概念をとりいれ，95年の第4回世界女性会議（北京）に向けて積極的な取り組みを行おうとする政府の姿勢を示すものであった。同局内にはさらにジェンダー次局（SAG）が置かれ，女性に対する不公正や差別をなくし，女性が市民として各分野に参加できる民主的な制度を導入し，あらゆる女性のニーズに応えることを目的として精力的に活動を展開した。95年の地方分権化法で地方自治体が創設されたことで，これまで手つかずであった農村部の女性の実態調査を行う基盤も整った。中央で策定されるジェンダー関連の法律や政策が地方自治体を通じて実施されるという，全国的な行政組織網が誕生したのである。

　女性政策の進展はまた，都市部知識人女性を中心とするフェミニズム運動や女性団体による活動の成果でもある。現在26の団体が情報を共有しあい，相互に学び合いながら女性の生活改善に向けて活動を展開しており，そのネットワーク機能を果たしているのが女性連携協議会（CM）である。CMは，第3回世界女性会議の前年の1984年に設立され，88年に「女性と国家」「女性とNGO」「NGOと国家」の3つのテーマで作業集会を開いた。92年には教育，経済，政治，医療・保健，法律などの各分野における女性の参加を促進するためのジェンダー開発政策提言書を作成し，政府に提出した。CMとそこに結集する女性団体が，国際社会と連帯しながらこうして数々の政策提言活動を積み重ねたことが，93年のSAG設立へと結実したのである。

■混乱期における女性の社会参加

　すでに1980年代から，都市部の女性たちを中心に社会・経済への参加を求める運動は高揚しており，中・上流層にも根強くあった「女は家の中にとどまるべし」という伝統的ジェンダー観は徐々に打ち破られつつあった。多くの女性がさまざまな市民活動や民主化運動に加わり，政治的・社会的混乱の中で発言の機会も増え，それがさらなる参加の拡大へとつながった。やがてこうした動きは，都市郊外の中・下流層にも広がっていった。

　しかし，歴史的に女性が全面的に担ってきた家事・育児・介護については，負担を男女平等に分けもつことは進んでおらず，低賃金で他の女性に転嫁するのが一般的である。2013年4月にボリビアは家事労働者に関するILO条約（第189号）を批准し，その待遇改善と権利保護を強化するとの方針を打ち出した。それまで家事労働に従事する女性たちの大半は，週60時間にも及ぶ労働に対して法定最低賃金以下の報酬しか得られず，母性保護規定も守られていなかった。こうした状況については改善に向かう見通しが出てきた。とはいえ家事労働を請け負う女性たちもまた，自らの家事と合わせて負担を引き受けることができない場合は家族・親族の女性・女子に転嫁するため，この点においては負の連鎖は根本的には解決されない。

　この時期の女性の失業率は，先の図3に示したように1999年で5.1％，2005年には6.5％に上昇し，男性との差は1.4ポイントから2.1ポイントへ広がった。平均

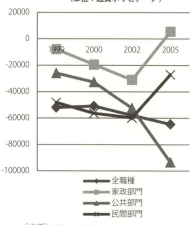

図4 都市部の分野別平均月収額における男女差
（単位：通貨ボリビアーノ）

[出所] INE, *Brecha de Género en el Ingreso*, 2011.

月収に関しても男女差が年々大きくなり、特に公共部門では2000年以降急速に開いた（図4）。03年には家政部門で女性の所得が男性を上回っており、05年には民間部門での男女格差は縮まる傾向にあるが、全体としては依然女性の方が低い。女性の経済参加は、日々悪化する雇用環境の中で進められていったのだ。

エルアルト市のように都市郊外の先住民人口の多いところでは、女性たちは複数のインフォーマル・セクターの仕事を掛け持ちでこなしながら世帯を維持している。しかしその経済活動、家計のやりくり、家事全般は、「妻・母親」が担うべき役割の一部として当然視されてしまう。そのため、家庭外でのインフォーマルな仕事の負担が増えても、経済活動として積極的に評価されることはなかった。

しかしリーダーシップの点からすると、露天商や行商などの小売業を中心とするインフォーマルな仕事では、実は女性の高い能力が発揮されている。エプロンのポケットに貯めたヘソクリを元手に、時勢に合わせて商品を仕入れ、小売や飲食サービスを組み合わせて営む小さな商売は、自らの才覚、創意工夫、情報収集と適切な判断に基づく自主独立の自律的経済活動である。エルアルト市の女性小売同業者組合は、男性中心の同種の組合に比して小規模ながら、組織運営は堅実で結束力は高く、女性のリーダーシップがいかんなく発揮されている。組合員は地域住民との恒常的な関係を保ちながら小売業を営んでいるため、個々の顧客だけでなく地域社会全体のニーズにも応える傾向がある。2003年の天然ガス紛争の騒乱時には、この組合が住民の結束に積極的な役割を果たした。

この間、政権交代による省庁再編に伴い、女性政策管轄部署も都度改廃変更されたことにより、女性政策の目覚ましい進展はみられなかった。政策や計画の実施は継続性を欠き、ジェンダー次局（SAG）のような実行部署の設置も不十分だった。

■法整備の進展と指標改善

ジェンダー課題については従来、開発関連省庁の管轄とされてきたが、2006年以降は法務省の管轄となり、同省の機会均等次官室が両性の平等な権利実現に向けて、特に暴力根絶の点からジェンダー課題に取り組んでいる。2008年に策定された「機会均等国家計画：善き生のために女性がつくる新しいボリビア」（以下、機会均等国家計画）では、経済・雇用、教育、保健、暴力、市民社会・政治参加、公共政策の6領域にわたる開発計画が策定された。法整備が進むなかで、男女格差は徐々に縮まりつつある。世界経済フォーラムの『世界男女格差報告書（グローバル・ジェンダー・ギャップ・レポート）』によれば、ボリビアは2006年の115カ国中87位から、14年は142カ国中58

位と順位を上げた。特に政治分野では，06年にはほぼ完全な不平等状態であったのが，11年には大幅な改善が見られた。

オランダ政府，カナダ政府，およびオックスファムをはじめとする国際NGOの支援で設立された支援団体「女性解放基金コネクション」がまとめた調査報告書『全国女性指標2010』(2012年改訂版，以下『全国女性指標』)によれば，妊産婦死亡率も改善している。2003年の出産10万件当たり死亡数235が10年には190へ低減し，15年推計は104となっている。合計特殊出生率は，2000年の4.1から12年には3.2へと低下している。しかし女性が望む子どもの数は2003年時点で2.1人であり，希望と実態が一致するまでには至っていない。女性のリプロダクティブ・ヘルス／ライツ（性と生殖に関する健康と権利）の確立は，09年の新憲法で保障されており，機会均等国家計画の達成目標でもある。同計画の実施により，避妊器具普及率は94年の45.3％から2011年の60％へと上昇した。

一方，国立統計局（INE）の人口統計によれば，2012年には15～18歳女性の8.6％にあたる3万6000人が出産をしており，実数としては2001年時とほぼ変化していない。国連人口基金（UNFPA）の「若者調査」によれば，08年時点で，13～14歳女性の9％が妊娠を経験しており，そのうちの3分の1が望まない妊娠であった。これが15～19歳になると，それぞれ51％，7割に及ぶ。『全国女性指標』によれば，主要都市部での女性に対する性暴力犯罪の告発件数は，07年の1788件から11年には5297件に増加している。また性的暴行を伴う家庭内暴力（DV）の告発件数も900件にのぼる（11年）。このように女性への暴力は，法整備が進んでいるにもか

表1 教育指標の改善

指標	2001			2012		
	男	女	差	男	女	差
初等教育純就学率	92.0	90.8	1.2	93.8	94.3	-0.5
中等教育純就学率	57.2	51.7	5.5	65.1	64.2	0.9
15歳以上人口識字率	93.1	80.7	12.4	97.5	92.6	4.9

［出所］INE, *Censo*, 2012.

表2 女性国会議員比率の推移

区分	下院（全議席数130）		上院（全議席数36）＊	
	女性議員数	比率(%)	女性議員数	比率(%)
1982	1	1	2	7
1993	13	10	1	4
2002	24	18	4	15
2009	30	23	16	44
2014	65	50	16	44

［注］＊ 2002年までは全議席数27，09年以降は36。
［出所］Coordinadora de la Mujer, "Celebran el porcentaje más alto en la historia de bolivia", Nota de Prensa, 21 de octubre de 2014.

かわらず増加傾向にある。性犯罪やDVを含む女性に対する暴力への実効的な対策，およびそれとも関連する若年層の望まない妊娠に対する取り組みが，今後の女性政策の課題とされている。

女子の純就学率は，初等教育では2001年の90.8％から12年の94.3％へと向上した（表1）。中等教育では，就学率自体は6割台とまだ低いものの，男子との差は同期間中に0.9ポイント差まで縮まった。15歳以上の識字率も，01年の80.7％から92.6％へと改善され，男女差についても顕著な縮小が見られる。

女性国会議員の比率は，選挙ごとに伸びている（表2）。1982年には下院1％，上院7％だったものが，2014年時点で下院は半数，上院は4割強を占めるに至っており，飛躍的な進展といえる。

この背景には，1997年に制定されたジ

ェンダー・クオータ法がある。同法では、政治の意思決定過程への女性の参加を目的に、国政および地方選挙の候補者名簿中、3割以上を女性に割り当てることが定められた。さらに99年には、これを具体化するために政党法、選挙法および自治体法が改正された。また2004年には、国家により認定された先住民組織と市民組織も政党同様に選挙参加母体となることができるようになり、同時にジェンダー・クオータも適用されることになった。国政選挙における女性割当比率は06年に4割へ、そして10年の選挙法改正により5割へと引き上げられた。これにより、14年10月に行われた総選挙では、上下両院合わせて全166議席中81議席を女性が占め、かつては1人もいなかった先住民女性議員も9名誕生した。

3. 残る課題と新しい課題

■都市と農村の格差

貧困率は、都市と農村との間で開きがある。2011年時点で都市部4割弱に対し農村部は6割、極貧率では都市部1割に対し農村部は4割である。性別ではいずれも女性の方が貧困率が高いが、域内での男女差は0.3〜2.4ポイントに収まっており、地域格差の25〜30ポイントと比べるとはるかに小さい。ジニ係数も都市と農村では13ポイントも差があった(**図5**)。

INEの雇用調査によれば、2011年の全国平均月収額は男性2028Bs(約296米ドル)に対して女性は1099Bs(約160米ドル)と、女性は男性の54％しかなかった。なかでも農村部の女性の月収は381Bsと、農村部男性の約30％、都市部女性の約25％、都市部男性の約15％にしか満たなかった。

識字率についても同様の地域格差が見られる。INEの2009年の調査をもとにした**表3**を見ると、15歳以上の識字率は、全体に都市部と農村部で格差があり、農村部の先住民女性が最も不利な状況にあることがわかる。また、地域・民族・性別を総合すると、農村部の先住民の男女格差が極めて大きい。非先住民女性と先住民女性のギャップを見ると、都市部の7.54に対して農村部は15.79と約2倍の開

図5 2011年地域別男女別貧困率およびジニ係数（％）

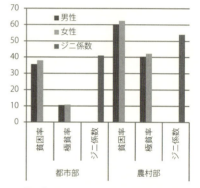

［出所］UDAPE, *Pobreza y Desigualdad Estimados*, 2011; INE, *Indicadores de Pobreza*, 2011.

表3 15歳以上の識字率における地域・男女・民族格差（2009年）

	区分	都市部(%)	農村部(%)	地域格差(ポイント)
識字率	非先住民(女性)	96.29	85.07	11.22
	非先住民(男性)	98.84	93.34	5.50
	先住民(女性)	88.75	69.28	19.47
	先住民(男性)	96.82	90.27	6.55
格差	非先住民男女格差	2.55	8.27	
	先住民男女格差	8.07	20.99	
	民族格差(女性)	7.54	15.79	
	民族格差(男性)	2.02	3.07	

［出所］INE, *Encuesta de Hogares*, 2009.

きがある。ここから，ジェンダーおよび民族の差異に基づく格差構造が，農村部ほど根強く残っていることがわかる。

農村部の女性の状況がなかなか改善されない原因の一つに，土地所有権の問題がある。1996年の「国家農業改革庁法」制定によって，男性と同等の土地所有権が女性にも認められた。しかし『全国女性指標』によれば，女性の土地所有件数は増加傾向にあるものの，所有面積では2009年時点で男性のわずか2割ほどにとどまっている。

アンデス高地の先住民が渓谷部や低地部に入植して形成した開拓地域では，土地を所有する入植者は自動的に植民者組合などへの加入を認められ，集会への参加と議決の権利を持ち，組合から各種の支援を受けることができる。しかし通常，土地は世帯主である男性の名義であり，彼が組合員となる。実質的には夫婦共有であっても名義人は夫となり，独身女性の場合は兄弟など男性の親族に名義を借りる。このため名義人ではない女性は組合員として認められず，自身の土地で事業を起こそうと思っても支援や便宜を受けられずにいる。

そもそも経済活動の発展においても，水汲みや炊事洗濯など女性が日々担っている家事労働の負担軽減においても，インフラ整備は不可欠である。しかし地方自治体に配分される予算の額は人口と連動しているため，人口規模の小さい農村は分が悪い。これまで各種政策の対象も，行政・福祉サービスの窓口や公共施設なども，主都ラパスをはじめとする都市部に集中しがちであったことが，都市と地方の格差を温存する一因であったが，この点は改善されていない。むしろ今後の人口減少傾向は，状況を悪化させる要因ともなりかねない。こうしたなか，自治体の開発事業計画の策定に女性の意見が十分反映されるためには，地方自治への女性の参加促進が不可欠だが，この点でも農村部は大きな課題を抱えている。

■地方自治体における女性の参加

ボリビア女性議員協会（ACOBOL）によれば，337の市（ムニシピオ）のうち，女性が市長を務める市の数は，2004年の15人から10年の22人へ増えている。同期間に女性市議の数も343名から786名へと増加した（全市議1831名中43％）。地方政治への女性の参加は，国政同様，量的には進展を見せている。

地方自治体の年間開発事業計画や予算執行については，先に紹介した住民参加法によって地元住民の参加が義務づけられている。これにより，各種インフラ，学校や保健所，地区集会場の建設など，生活に密着した開発計画に地元住民が意見を反映させることができる。農村部では村落共同体，都市部では町内会のような近隣住民組織から提案された計画を基に自治体の予算案が組まれ，事業が実施される。事業の進捗状況や成果は，住民組織の代表らが構成する監査委員会がチェックする。この住民参加型の開発方式は，市街化へのニーズに直接応えるものであり，主要都市の郊外に形成された国内移民の新興住宅地域で効力を発揮した。

住民組織に参加した女性たちは，教育や保健医療の分野の計画案に関わったり，予算執行状況の監査に加わったりするなかで，自治体行政への参加の経験を着実に積んでいった。さらに，露店などによる日常の生計維持活動と，街づくりや栄養・生活改善活動を連動させ，リーダーシップを磨いた人々もいる。こうした女

性の中から，市議会議員となってさらに直接的に自治体行政に関わる者も現れた。これを後押ししたのが，前述したジェンダー・クオータ法であった。

ジェンダー・クオータ法によって，国政・地方行政の意思決定過程に女性が参加する道が，量的な面では開かれた。しかし，質的な面ではいまだ大きな問題を抱えている。以下では，コチャバンバ県の女性市議を対象に2006年に行われた比較調査から，南西部（山岳地域）の事例をもとにその問題点を見てみよう。

南西部にある5つのムニシピオの11名の女性市議を対象とする調査によれば，彼女らの年齢は31～51歳で，学歴は最も高い者でも中等教育の半ばまでしか修了しておらず，11名中4名が非識字者であった。そもそもこの地域の識字率は56％で，平均就学年数はわずか2.4年，つまり小学校低学年どまりである。貧困率は99％にのぼっていた。本来，市議としての責務を全うするには，公共政策や法律，会計などについての多くの知識が必要となる。たとえ開発事業計画への住民参加の経験があっても，それだけでは自治体が抱える多くの課題を検討するには足りず，学歴や情報・知識面でのハンデは大きい。この11名に限らず，地方では女性市議の知識・経験不足が強く批判されており，彼女たちの意見が軽視されるだけでなく，嫌がらせや脅迫で辞職に追い込まれるケースまで出ている。

『全国女性指標』によれば，2010年に就任した女性市議のうち，46％が「圧力を受けた」，38％が「脅迫を受けた」と答えている（図6）。「圧力」の中には「辞任の強要」も含まれるため，4～5割近くが議員資格を脅かされていることになり，問題は深刻である。

しかしさらに厄介なのは，女性自身の市議としての自発性や自律性，あるいは代表の正当性に関わる問題である。先述したコチャバンバ県南西部の女性議員については，11名中10名が男性候補者の「代役」である可能性が高い。政党にしろ組合にしろ，本音は男性を選挙で得た議席に就かせたいのだが，ジェンダー・クオータ法によりそれができない。そのため「代わり」として女性候補者を議席に就かせたということなのである。

このような場合，女性の側も自分たちが「代役」にすぎないことを無批判に受け入れ，自分が意思決定プロセスに個人として積極的に関わる権利を有しているという意識は低い。市議になることを，村祭りの世話役のように持ち回りで引き受ける役目の一種としてとらえ，「今度は自分の番なので市議になった」というケースもある。

また女性市議には，最初の当選後，継続的に立候補しない傾向が見られる。嫌がらせや圧力以外の理由として大きいのは，やはり家事・育児や生計維持活動との兼ね合いの難しさである。議員活動には多大な時間と労力が必要となるため，家計と家事の負担を身内の誰かに転嫁せざるを得ない。農村ではとりわけ「女性が家庭を犠牲にすることは許されない」というマチスモ的価値観が根強く，家族

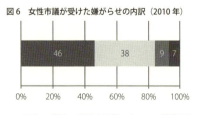

[出所] Conexión, *Indicadores Nacionales 2010 Serie Bolivianas en Cifras 1* (actualización 2012).

や親族の理解を得るのは難しい。

　都市部の場合，インフォーマル・セクターであるにせよ女性が自律的に経済活動を行える場があり，組合をつくったり，他の女性団体と交流したり，NGOなどの支援を受けたり，そこから政治・行政分野へ活動を広げていくことができる。しかし農村部では，女性が行動範囲を広げること自体が困難である。農村部の女性市議が知識と経験不足を補い，リーダーシップを養うための研修など，能力開発への取り組みが必要である。すでに女性支援NGOが取り組んではいるものの，農村部の不利な状況に鑑みればさらなる梃子入れが求められる。

■グローバリゼーションと新しい傾向

　ボリビア女性たちは，よりよい暮らしを求めて国外へも積極的に出ていっている。INEの2012年人口統計によると，国外居住者49万人のうち51％を女性が占めていた。年齢層では20〜24歳が最も多く，女性移民全体の23％を占める。15〜29歳に広げると55％となり，若年層が移民の中心であることがわかる。移住先はアルゼンチンが最も多く，次いでスペイン，ブラジル，チリなどのスペイン語圏，そして米国である。

　女性の出稼ぎ移民が就く職業としては，家事労働をはじめとするサービス業が主流である。先にも触れたように，ジェンダーの観点からは，女性間で家事労働の負担を転嫁することは，男女不平等の根本的解消に至らないばかりか，階層間不平等を温存・強化する可能性がある。しかし現実には多くの女性が，家族を支えるためにより好条件の就労環境と収入を求めて国外へ働きに出ている。

　出稼ぎを契機とする家庭内暴力や離婚，家庭崩壊などの問題も生じている。出稼ぎに行った夫からの送金が不十分ないし途絶えて，国内に残る妻が実質的シングルマザーとして苦境に立たされるケースも多い。また，親族などに子どもを託して両親ともに出稼ぎに出てしまい，家族離散に近い状態になる場合もある。

　夫もしくは妻がラパス市やエルアルト市からスペインへ出稼ぎに行った世帯の実態を調査した研究によれば，出稼ぎを理由とする家庭内暴力や離婚は，家父長的な夫の世帯で多く見られる。これに対し，家を空ける期間，出稼ぎによる収入の使途，戻ってからの計画など，家庭運営についてのビジョンを夫婦間で共有している世帯は，大きな問題を抱えることが少なかった。こうした家庭は，長期間の別離によって一時的に危機を迎えても，家族関係は修復されやすく，出稼ぎ経験がその後の生活に活かされやすい。インターネットなどの情報通信技術や交通・物流の発達により，資金移転や物資輸送が容易になった現在，出稼ぎによる別居は家庭維持の絶対的な障害にはならない。出稼ぎという選択が，家庭崩壊につながるのか，それとも家族の絆を強めるのかは，そもそも両性の合意形成のあり方と，その基盤となる関係の平等性，対等性の有無にかかっているのである。

　若年層にとって国外での就労と滞在体験は，大きな意識変化をもたらす要因ともなる。教育水準の向上，都市化，グローバリゼーションなどの影響により，親の世代とは異なる生活様式や価値観が生まれてきている。先住民の若者も例外ではない。INEの人口統計や高地先住民系青少年のアイデンティティに関する研究によれば，文化アイデンティティとしては先住民性を保ちながら，帰属意識とし

ては「ボリビア人」であると自認する若者が多かった。さらに、世代が若くなるほど、自分はどの民族グループにも属さないし、先住民ではないと考える傾向が強まっている。こうした若い世代の新しい自己認識や海外での経験が、より差別のない公正な社会を創ることに寄与するか否かは、もう少し時間をおいて見る必要がある。しかし、若年層を中心にこれまでとは異なる価値観が芽生えていることは確かで、そうした若者たちが女性政策にも関われるような体制をつくることが、ジェンダー平等の促進の上で重要になってくるだろう。

■脱植民地化に向けて

2014年12月に総選挙が実施され、モラレス政権の3期継続が確定した。長期政権のもとで女性政策も安定的に展開されるものと期待できる。しかし一方で、現政権のマチスモ的な傾向が強まってきているようにも観察される。

2010年に発表された政府開発計画「リーダー国家ボリビア」は、「一致団結した偉大なボリビア」を標榜している。その中軸には「祖国団結、宇宙時代の大産業、工業国家、躍進する生産と雇用、国民の安全なる祖国、誇りと尊厳ある自由国家」といった目標が据えられ、1960年代を彷彿とさせるような強いリーダーシップのもとで、国を挙げて生産拡大と国体強化を目指す姿勢が見られる。開発企画省が出した分野別投資額案では、製造業をはじめとする生産関連部門の伸びが著しく、2010年に比べて14年の見込み額は6.6倍に増えている。一方、教育や保健衛生など社会関連部門は2.4倍にすぎない。

現政権は新自由主義を批判しているが、経済体制は従来と変わらず天然資源輸出に大きく依存しており、経済の多角化は進んでいない。近年、アンデス固有の穀類や肉類の輸出拡大を目指す農業開発政策が展開されているが、もともと地力に乏しいアンデス高地の環境破壊の新しい要因となっている。

INEの環境統計によれば、年間の森林伐採許可面積は2009年に一旦減少したものの、その後増加し、13年には5万4000ヘクタールにのぼると推計されている(図7)。世界銀行の統計では、1人当たりCO_2排出量は1999年の1トンから2010年には1.5トンへと増加している。温暖化による気候変動の影響は、ボリビアでは特にアンデス山岳地帯の氷河の縮小と熱帯低地の降雨量の増大として現れてきている。氷河の融解水に水資源を頼る高地部では、水不足の懸念が高まり、湿地帯も縮小してきている。ベニ県などの低地部では、これまでにない大雨により大洪水が引き起こされ、甚大な被害が出ている。

経済発展はたしかに生活改善にとって重要な要素ではあるものの、輸出志向の大規模開発や機械化による画一的な大量生産は必ずしも女性にプラスに作用するわけではない。生産体制の中で管理部門や技術部門を男性が占め、女性や若者は低賃金の不安定雇用に甘んじざるを得な

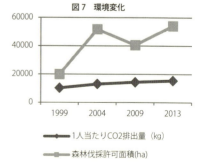

図7　環境変化

[出所] INE, *Estadísticas de Medio Ambiente*, 2010; World Bank, *World Development Indicators*, 2014.

くなる可能性があるからだ。平均月収額の男女差は現政権下でも改善されず、開き続けており、09年には全部門平均で703 Bs（約105米ドル）、11年には930 Bs（約136米ドル）ほど女性の方が月収が少なかった。特に国営企業をはじめとする公共部門では05年時の4倍も悪化している。

農村部において女性が伝統的に担ってきた経済活動は、そもそも大量輸出を前提としたエネルギー大量消費型の大規模生産体制にはなじまない。自家消費用と地元や近隣市場で売る分だけの作物を栽培するような、いわば地産地消型の多品種少量生産を主流とするからだ。その活動は自然環境と深く結びついており、大規模農業のための開発による土壌劣化や森林縮減は、女性の生活およびそれに密着した生業を脅かす要因ともなる。

アンデス高地先住民が渓谷部低地や熱帯低地へ開拓のために入植していくにつれ、交通の便の改善が政府に求められるようになった。入植者らは現政権を支える一大勢力となっており、その要求に応えるため熱帯低地にあるイシボロ・セクレ先住民領域国立公園（TIPNIS）を縦断する道路の建設が進められている。TIPNISは、この地域に住む先住民の領域として尊重され、自然保護が義務づけられており、先住民組織や市民団体が強く抗議している。にもかかわらず、多数派である高地先住民の開拓植民者と、彼らを票田として厚遇したい中央政府は開発を止めようとしない。熱帯低地に暮らしてきた少数先住民族の権利は踏みにじられつつある。

現政権が掲げる先住民の復権は、社会的・経済的に最も不利な立場に置かれている先住民女性の権利回復のためには不可欠だった。しかし、「先住民の権利」という文言を排他的・恣意的に使い、特定のグループや人々の利益を優先させることは、そこから排除された先住民の権利を損なうだけでなく、女性の解放と権利拡充にとっても新たな障壁となる。

「一致団結」のスローガンは、第2期モラレス政権でもすでに強調されていた。3期目を狙う総選挙を翌月に控えた2014年9月、ポトシ県では労働組合や先住民団体などの間で、大統領選ではモラレス候補に投票しながら議員選では他政党に投票するような裏切り行為をすれば鞭打ち刑に処する、家族全員で社会主義運動党（MAS）に投票すべし、との合意ができていた、と有力紙『エルディアリオ』やイギリスのBBCなど国内外のメディアが報じた。多様な意見を認めようとしない現政権の排他性や組織優先の姿勢がうかがえる。

アンデス高地先住民の共同体では、成員間の相互補完性・相互依存が基本原理であり、男性は父の系譜、女性は母の系譜を通じてそれぞれ等しく「互酬的義務」を負い、生活資源や生存手段を共有するとされている。その根底には、「ひとつの存在は別の存在の働きかけにより、その本来性を発揮する」という、二者を相反するものとしてでなく、互いに補いあうものとして捉える独特の二元論的世界観がある。しかし現実には、インカ帝国の時代からジェンダーは「平等」「対等」ではなかった。

さらにスペイン植民地支配下では、納税の仕組みを通して世帯の主としての男性の地位が確立された。同時に、女性および子どもは世帯に不可欠な存在であるが、主ではなく従、すなわち補完的存在であると位置づけられた。その後、世帯主にのみ選挙権や地域集団での意思決定

権，土地所有権などが付与され，男性主導の統治体制は，革命やその後の軍事政権下で強化されて今日に至っている。

この流れはモラレス政権のもとでも変革されていない。植民地支配の歴史によって強化再編された「伝統」の枠組みを根底から問うことなく，「国家発展」を大義とする権力体制の強化と維持に邁進するならば，ボリビア社会は女性を永遠にマチスモ的・権威主義的な体制に閉じ込めることになってしまうだろう。それは政権の謳う「脱植民地化」とはほど遠い。ボリビアの女性たちを取り巻く状況は，「先住民の復権」が成し遂げられた現在，大きな節目にさしかかっているといえよう。

自立した個人としての女性像に基づき平等を求める西洋的アプローチであろうが，共同体的な全体調和と不可分な存在としての女性像に基づき差別をなくす先住民的アプローチであろうが，ジェンダー間の合意形成の仕組みと，その基盤となる対等性，平等性を保証することこそが「脱植民地化」には必要不可欠である。2006年時点で政権が掲げた「善き生」とは，いったいどのような関係の上に成り立つべきものなのかを社会全体で再考し，女性が歴史的に担ってきた役割や負担を改めて問い直すことが求められている。その時，異なる社会経済条件のもとにある女性同士の連帯も問われることになる。非先住民の都市部知識階級の女性たちは，これまで女性政策を主導してきた立場上，現政権のジェンダー政策を批判しづらい状況にある。一方，農村部の女性たちは，植民地主義によって強化されたマチスモの伝統に縛られ，また地理的・経済的に不利な状況に置かれているため，ジェンダー平等を求める声を上げづらい。両者がどのように交流し，力を合わせていけるのかも注視に値する。

第3章

ブラジル
──ジェンダー格差克服の挑戦──

三田千代子

サンパウロ市内の朝市の風景。土曜日の朝は生鮮食料を購入する人々で賑わう。農村では町に出向く買い物は男性の仕事であるが、都会では女性の仕事である。とはいえ、重い生鮮食料の買い物には男性の手が必要とされる
（2014年12月 細川多美子撮影）

ブラジル女性史関係年表

西暦	事　項
1985	間接選挙ながら文民大統領が誕生し、軍事政権が終焉。民主化後初の女性市長がフォルタレーザ市に誕生。欧米を目指すブラジル人の経済ディアスポラ続く。
1988	新憲法発布。女子大学生数が男子大学生数を上回る。
1989	大統領直接選挙が行われ、アラゴアス州知事フェルナンド・コロル・デ・メロ選出。サンパウロ市に初の女性市長誕生。
1990	預金封鎖政策コロル・プラン行われる。
1992	コロル大統領、汚職疑惑により弾劾裁判を受け、結審前に辞任。副大統領のイタマール・フランコが大統領代行を経て大統領に就任。
1994	初の女性州知事マラニャン州に誕生。 現金給付政策ボルサ・エスコーラをサンパウロ州カンピーナス市が導入。続いて首都ブラジリアも導入。 管理変動相場制レアル・プランの導入。 次期大統領にフェルナンド・エンリケ・カルドゾ財務大臣選出される。
1995	北京で第4回世界女性会議開催。女性候補者割当て制の導入。
1996	女性候補者割当て制が地方選挙で実施。
1997	憲法改正により大統領、州知事、市長の連続再選認める。 民法改正されるが、夫を「家長」とする規定に変更なし。 最低30％、最高70％とするジェンダー割当て制導入。
2000	IBGEのセンサスでは今後「家長」に代わり「家庭の代表・責任者」を用いることが告知される。
2002	民法が改正され、夫を家長とする規定の削除。1988年憲法の条文との齟齬解消。 労働者党のルイス・イナシオ・ルーラ・ダ・シルバが4回目の挑戦で次期大統領に選出。
2003	条件付き現金給付政策ボルサ・ファミリア全国に導入される。 女性政策特別局（SPM-PR）大統領府内に開設。
2005	女性電話相談局180番（CAM）開設。
2006	DV防止法 通称「マリア・ダ・ペニャ法」制定施行。
2007	「女性に対する暴力に終止符を打つために男性を動員する日」（12月6日）の制定。
2009	ジェンダー割当て制の義務化。 女子学生の通学服の定番であるTシャツとジーンズではなく、ミニスカートで登校した女子学生が退学に追い込まれる事件が大サンパウロ圏の私立大学で発生、自由を主張するブラジリア大学の女子学生がデモを決行。
2010	次期大統領に初の女性大統領ジルマ・ルセフ（労働者党）選出。 憲法改正により離婚は書類の提出のみで可能となる。 人種・民族・ジェンダー平等法制定。 ブラジルの国内総生産が英国を抜いて世界第6位となる。
2011	同性婚合法化。
2013	非正規雇用が大きな割合を占める家政婦の労働条件を保障し、その権利を守る法の改正。 人工授精に関する法の細則が制定施行。
2014	ブラジル女性党（PMB）、33番目の政党として申請受理される。 大統領選に3人の女性候補者が出馬し、決選投票で現職のルセフが再選。

南米大陸で最大の領土（851万5767km²）と最多の人口（2億40万）を有するブラジル連邦共和国は，その経済規模も最大で，21世紀に入りBRICSと呼ばれる新興国の一翼を担っている。現在，国内総生産による世界ランキングでは第7位である。しかし他方では，奴隷制度と大土地所有制度を社会経済基盤として植民地時代に開発が進められてきたために，今日にいたるも大きな貧富の格差を抱える社会である。

モノカルチャーを経済基盤に据えてきたブラジルでは，全農地面積の50%を占めるラティフンディオと言われる1000ha以上の広さの農場は全農場数の1%を占めるに過ぎない。これに対しミニフンディオとされる100ha以下の農場は，全農場数のほぼ90%を占めるにもかかわらず，これら農場が占める全農地面積の割合は20%に過ぎない。土地の集中化は21世紀に入ってもほとんど変化していない。不平等な土地の分配は所得格差ともつながってきた。1997年に発表されたユニセフの1980年代のブラジルの世帯ごとの所得分布をみると，高所得者20%が全所得の約70%を占めているのに対し，低所得者40%の所得は7%に過ぎない。高所得者は低所得者のおよそ20倍の所得を得ていることになる。20世紀末から採られるようになった所得再分配政策によってこの格差は多少改善されてきてはいるが，2009年には高所得者20%が低所得者20%の18倍の所得を得ており，2012年においても高所得者と低所得者の平均的所得の差は16倍に上っている。

こうした貧富の差は「大陸国家」と呼ばれる広大な領土を抱えるブラジルに一様にみられるのではなく，地域による大きな格差も存在する。植民地開発が早期に始まった北東部地方（9州）は，伝統的に大農園制が維持されてきたために土地を所有できない貧農や小土地農を多数抱える貧困地帯である。ブラジルの人口約28%が集中しているのに対し，国内総生産に占める割合は14%に過ぎない。これに対し独立以降の輸出経済とそれに続く工業化の担い手となったサンパウロ州を含む南東部地方（4州）には，ブラジル人口の40%以上が集中し，国内総生産の55%を占めている。これに独立後に自営開拓農としてブラジルに渡ったヨーロッパ移民が開発した南部地方（3州）の国内総生産の割合17%を加えると，実にブラジルの国内総生産の70%以上に達する。南部地方が占める人口の割合は14%で，南東部地方の人口と合わせるとこれら2地方でブラジル人口の約半分を占め，これらの人口が半分以上を優に超えるブラジルの富を手にしていることになる。その他の北部地方（7州），中西部地方（3州および1連邦区）の2地方は20世紀になって本格的な開発が開始されたところで，いずれの地方も人口に占める割合は7～8%と少なく，国内総生産の割合もそれぞれ10%に達してはいないが，今後の開発が期待されている地域である。

資源国でもあるブラジルは人口および経済規模で世界の大国の一つに成長はしたが，異なる国が存在しているかのような大きな社会経済格差を抱えた国なのである。こうした社会問題を抱えながらも20世紀末以降の所得再分配政策によって貧困人口が減少し，21世紀初めに30%を超えていた貧困人口は2011年には20%を下回るまでになり，社会階級構造が変化した。上層階級の行動様式を踏襲しようとしてきた従来の中産階級とは異なり，固有の価値観を有する新中産階級が形成

され，その数は4200万人ともいわれ，再民主化後の新生ブラジルの新たな消費者となっている。

1．婚姻解消の実現と家族形態の多様化

■女性のためのマグナ・カルタ制定まで

16世紀以来ポルトガルの植民地下に置かれたブラジルには当時のヨーロッパの伝統である家父長制度が導入され，以来家父長的支配とマチズモ（男性優位主義）がブラジルの社会や文化を特徴づけてきた。ブラジルでは数世紀にわたって男性は支配する性，女性は従属する性として扱われてきた。しかし20世紀に生起した社会・経済・文化の多様な変化は，こうしたブラジルの根強いジェンダー偏見や差別に見直しを迫り，21世紀に入り新たなジェンダー関係を構築しようとしている。

1960年代に工業とサービス産業を基盤にした経済が成長し都市化が促進されると，女性は女性の居場所とされた家庭から出て，教育の場や労働市場，あるいは政治の場にも進出を果たす可能性を手にした。とはいえ，偏見や差別から女性が完全に自由になったのではなかった。60年代末まで女性であるということは，母親と家庭という私的世界と密接に結びついていることを意味していた。女性が通りや公園，あるいはカフェをひとりで自由に出歩くことは決して好ましいことではなく，特別な女性と見られた。離婚が認められていなかったとはいえ婚姻に女性は夢を託さざるをえなかった。

1970年代に権威主義的な軍事政権下で拷問などによる人権侵害と経済停滞による高いインフレに直面したブラジル女性は，家庭を預かる女性として社会運動を開始した。生活の困窮を訴えると同時に，失踪した夫や息子，あるいは兄弟の消息を明らかにするよう政府に迫った。75年に第1回世界女性会議がメキシコで開催されると，ブラジル国内では女性の社会的立場を客観的に捉え，女性を支援しようとする機関がリオデジャネイロ（以下リオ）やサンパウロを中心に誕生した。時期を同じくして，植民地時代以来婚姻の解消が認められてこなかったブラジルでようやく77年，一定の期間の別居を経た後に婚姻の解消を認める離婚の規定が改正憲法に盛られた。さらに市や州レベルのみではなく，国家レベルで女性の権利を支援擁護する機関「女性の権利に関する国家審議会」（以下CMDM）が創設され，権威主義政権下にあっても70年代から80年代にかけて女性の社会進出が進んだ。とはいえ，CMDMの強い要請にもかかわらず，1916年のブラジル初の民法で制定された夫を家長とし，妻を夫の協力者とする不平等なジェンダー規定に変更が加えられることはなかった。

21年にわたった権威主義体制（1964-85年）が終焉し，新しいブラジルの指針が1988年の憲法によって示された。市民権をはく奪した前政権に対する反省から編纂された新憲法は，ブラジル社会の自由と平等を謳うものであった。第Ⅰ編の基本的原則で「出自，人種，性別，皮膚の色，年齢に関する偏見および他のあらゆる形態の差別なしに，全ての者の福祉を促進すること」（第3条第4項）と差別を否定したうえで，ブラジル国内に居住するすべての人々の法の前の平等を保障し（第Ⅱ編第1章第5条），さらに男女は権利および義務において平等であると改めて定めている（同第5条第1項）。そして第226

条では家族を社会の基礎と位置づけ，その家族は国家の保護の対象であると謳い，その第5項では，夫婦共同体に関連する権利および義務は，男女平等に行使されると定めた。これら両性の平等を保障した第5条第1項と第226条第5項は，共和国ブラジルとして初めて女性の人権を保障したもので，それ故にCNDMは憲法発布25年を迎えた2013年に88年憲法を「マグナ・カルタ」と呼んだのである。この女性のためのマグナ・カルタから四半世紀を過ぎた今日，ブラジルの女性を取り巻く社会経済文化環境は著しく変化している。

■教会の影響下での離婚法の成立

植民地時代以来婚姻の解消が認められてこなかったブラジルで，1977年に婚姻の解消を認める憲法改正が行われたことは，その後のブラジルの家族形態に多様な影響を与えることになった。

ブラジルでは1889年に帝政から共和国に移行すると同時に政教分離が宣言され，それまで教会の専権事項とされてきた婚姻に対し，行政登録を必要とする民事婚の規定が制定された。その後，1893年以来婚姻の解消を認める議案が数回にわたり議会に提出されたが，カトリック教会の影響を受けたブラジルではなかなか婚姻の解消は認められるにはいたらなかった。1901年，婚姻そのものは解消されないままで別居するデスキッチという事実上の夫婦関係の解消が合法化されるにいたった。とはいうものの婚姻の解消はその後も認められず，1934年，46年，67年のいずれの憲法にもそのまま引き継がれた。婚姻関係を継続したままでの別居生活というのが当時のブラジルの現実の離婚なのであった。

1977年の憲法改正によってデスキッチは別居と呼称を変え，一定期間の別居を離婚の条件として婚姻の解消が認められ，一度のみではあったが再婚が可能となった（1977年法令第6515号）。その後この離婚法にはほとんど変更が加えられずに1988年の新憲法第226条第6項に盛られ，1年以上の法律上の別居または2年以上の事実上の別居を条件に婚姻の解消が認められた。さらに同条の第3項および第4項ではそれぞれ内縁家族と片親家族も家族共同体として国家の保護の対象にすると具体的に謳われた。その後いくつかの法令を通じて婚姻解消の条件が段階的に緩和され，最終的には2010年の憲法改正によって憲法第226条第6項が離婚の条件としていた一定期間の別居を不要とし，行政機関に離婚届けを提出することによって「直接離婚」がブラジルで承認されることになった。

この時期に別居と離婚の件数は大きな変動をみせた。1997年以来9万件から10万件で推移していた別居件数が2010年には5万8000件に急減し，「直接離婚」が承認された翌2011年には7000件台に激減している。これに対し97年以来増加していた離婚件数は，2010年の18万件から11年には27万件に激増し，12年には34万件を数えて10年の倍に達した。これに対し婚姻件数には大きな変化はなく，急増する離婚とは対照的に11年には10年の5%増，12年には11年の1.4%増に留まった。12年には婚姻3件に対し離婚（別居も含む）1件の割合で成立しているということになる。この2010年の「直接離婚」を認める憲法改正は，ブラジルの家族制度に大きな影響を与える一要素となり，家族形態の多様化につながった。

■家族形態の多様化

　ブラジル地理統計院（IBGE）は2007年に世帯形態を10種類に分類して統計を取っている（表1）。①夫婦と子どものいわゆる核家族世帯、②シングルマザー世帯、③夫婦のみの世帯、④単身世帯、⑤3世代同居世帯、⑥親族が同居するシングルマザー世帯、⑦シングルファーザー世帯、⑧親族が同居する夫婦世帯、⑨親族が同居するシングルファーザー世帯、⑩親族関係にない2人以上が同居する世帯、といった形態である。

　これらの世帯の中で増加傾向がみられる片親世帯や単身世帯は、部分的ではあるが離婚と結びついた結果である。特にシングルマザーの世帯の占める割合の増加は離婚とより結びついた結果である。さらに離婚と再婚が合法化されたことによって新たに出現した「継ぎ接ぎ家族」あるいは「パッチワーク・ファミリー」と呼ばれる家族は、表1の①あるいは⑧の形態に分類されているものと考えられる。この新しいつながりによって形成された家族形態は要するに、子どもを連れて再婚し、再婚した相手にも子どもがいるステップ・ファミリーに新たな命が誕生した結果である。2007年にブラジルの211の都市で16歳以上の女性2093人を対象にした調査によれば、この「継ぎ接ぎ家族」を形成している女性の割合は2％で、41人を数えていた。また2000年の統計によれば、どちらか一方が再婚という形の婚姻形態は全婚姻の11.7％を占めていたのに対し、2012年には21.8％に増えていた。いずれにしても離婚と再婚の合法化はより多様な家族形態を出現させ、内縁世帯も含めこれらすべての家族形態が合法的な家族として国家の保護の対象となったのである。さらに2011年には同性婚がブラジルで合法化されたことにより、同性のカップルによる新たな家族形態が出現している。

■小規模化する家族構造

　表1から読み解くことができるもう一つの家族形態の動向はその規模の縮小化である。20世紀末以来の代表的なブラジルの家族形態である1組の夫婦とその子どもという核家族は依然全世帯の形態の中で大きな割合を占めてはいるものの、今世紀の初めにはその占める割合が半分となり、その後も減少を続け2013年の統

表1　家族形態の変化（1981-2005年）

年・項目		1981	1990	2001	2005
世帯数		29,992,893	40,741,397	53,591,096	607,911,191
		(100％)	(100％)	(100％)	(100％)
世帯形態（％）	①夫婦と子ども	60.00	56.80	50.10	47.25
	②シングルマザー	10.76	12.99	16.78	17.10
	③夫婦のみ	11.08	11.83	12.99	14.30
	④単身	5.46	6.50	8.62	10.90
	⑤夫婦・子ども・親族	6.98	5.90	4.70	4.00
	⑥シングルマザーと親族	1.92	2.18	2.81	2.90
	⑦シングルファーザー	1.69	1.78	1.94	2.00
	⑧夫婦と親族	1.56	1.47	1.61	1.67
	⑨シングルファーザーと親族	0.31	0.32	0.28	0.30
	⑩親族関係にない2人以上	0.81	0.14	0.09	0.09

［出所］*Cadernos de Pesquisa*,v37,n132 ,2007, p.579.

計では 45％に下がっている。次に大きい割合を占める家族形態はシングルマザーの世帯で，1981 年の約 10％から 2005 年の 17％，さらに 2010 年には 18％と確実にその割合が拡大している。子どものいない夫婦のみの世帯もシングルマザー世帯に続いて高い割合を占める家族形態で，2001 年の 13％から 2009 年には 19％に拡大している。さらに単身世帯も着実に拡大傾向を示している。

これらの結果，1950 年に 5.5 人を数えていたブラジルの世帯当たりの家族成員数は，1980 年には 4.3 人と減少が始まり，2001 年には平均 3.3 人になり，統計上は一世帯の子どもの数は 2 人に達していないことになる。要するに 80 年代以降，ブラジルでは世帯の小規模化が進んできたのである。こうした変化の背景にあるものとしていくつかの要因を指摘することができる。

まず，1970 年代以降に急速な出生率の低下と都市化が並行して起こったことである。輸出向け農業産品を伝統的に経済基盤としてきたブラジルでは軍事政権下の 60 年代に工業化が促進され，雇用の機会を求めて農村からリオやサンパウロといった大都市に人口が流入してきた。40 年代には農村人口が都市人口を 7 対 3 と圧倒的に凌駕していたが，60 年代には 6 対 4 と都市人口の割合が増加し，70 年代には 5 対 6 と逆転した。その後も都市人口は拡大を続け，2012 年には 80％を超えるにいたっている。

こうした都市人口の増加に伴って合計特殊出生率の低下が 1970 年（5.8 人）に始まり，2010 年には 1.8 人と，現在の人口を維持することができないとされる数値にまで減少した（**表2**）。

ブラジルでは植民地時代から 20 世紀半

表2　合計特殊出生率の推移（1960-2010 年）

年	出生率 (単位：人)
1960	6.3
1970	5.8
1980	4.4
1990	2.9
2000	2.3
2010	1.8

［出所］*Almanaque Abril 2007*, p.144; *2014*, p.121.

ば頃まで，3 世代や傍系親族が同居する拡大家族が構成されてきた。社会福祉政策が整っていない時代には親族による相互扶助が必要とされ，必然的に家族の規模は大きくなった。ところが，都市化による雇用機会の創出や教育の普及とこれに伴う女性就労の可能性によって，多数の同居親族を抱えて相互に助け合うことは必ずしも必要ではなくなり，むしろ女性が労働市場に復帰するには出産期間が短いことが有利となる。同時にそれまでの家族成員間の相互扶助に代わり，行政が社会福祉政策を展開することにより貧困家庭を救うと同時に，就学前教育を含む基礎教育を制度的に保障することで女性の就労を支援する体制が整えられてきた。こうして都市化と教育および福祉政策の普及は確実に女性の合計特殊出生率の低下をもたらし，家族の小規模化に結びついてきたのである。

■家族形態と貧困

社会福祉政策が家族の小規模化につながったとはいえ，すべての世帯が福祉政策の恩恵に浴しているわけではなく，いくつかの家族形態と貧困の相関性がみられる。IBGE の 2005 年データによれば，夫婦と子どもからなる核家族に続いて大きな割合を占めるシングルマザー世帯の貧困率は 35.4％と，家族形態別ではその

サンパウロ大通りの路上生活の母子。ボルサ・ファミリア政策が普及し，貧困人口が2割を下回っても路上生活者の姿は消滅しない（2010年6月 細川多美子撮影）

割合が最も高い。

次いで貧困率の高い家族形態は夫婦と子どもからなる核家族で，その30%は貧困ラインにある。同じシングルマザー世帯でも祖父母世代が同居している場合の貧困率は27.5%に下がっている。興味深いことに核家族という代表的な家族形態よりも貧困の割合は低いのである。夫のいない片親世帯では祖父母やその他の同居する親族が子どもの世話をしたり，生活費の一部を負担したりして何らかの埋め合わせがなされているからと考えられる。とりわけ同居する祖父母の世代が子どもの世話を引き受ければ，シングルマザーは就労の機会を手にすることになる。反対に貧困率が低い家族形態は子どものいない夫婦で，貧困率は9%である。最も貧困率の低い家族形態は1人世帯（6.2%）であった。要するに働き手と扶養家族の有無が貧困と関係してくる主な要因となっていることが判る。

こうした貧困世帯対策としてブラジルでは国際的に注目されている条件付き現金給付政策の一つである家族給付金プログラム「ボルサ・ファミリア」が，国内総生産の0.4%を費やして2003年以来連邦レベルの施策として実施されている。この施策は1994年にサンパウロ州のカンピーナス市が地方自治体の条件付き現金給付政策として導入したのがその嚆矢である。貧困世帯に乳幼児の予防接種と就学のための財政的支援をすることにより貧困を撲滅し，貧困の悪循環を断ち切ろうとするものである。所得が貧困ライン以下の世帯を対象に，妊産婦および乳幼児には予防接種を義務化して基本的栄養を保障するための給付が，6～17歳の扶養家族がいる場合には就学を条件に給付がなされている。給付金の横領を避けるために，受給者本人に連邦銀行から直接振り込まれる方法が採られている。給付金受給者としての登録には母親が優先されており，ボルサ・ファミリア専用のキャッシュカード所有者の9割は女性である。2009年にはこの家族給付金の受給世帯が全世帯の半分に及んだ。結果として貧困人口が減少し，児童労働の減少にもつながったと評価されている。受給者を原則として母親としているために，必要書類の提出や学校行事への参加も母親に求められ，貧困家庭にあって女性の就労を困難にしているという批判もある。とはいえ，貧困率の高いシングルマザー世帯がこの条件付き現金給付政策によって救われていることも事実である。ボルサ・ファミリアが導入された翌年の2004年には3割以上に及んでいた貧困人口が，2009年には約2割に，11年には1割台と，減少傾向をたどっている。

2. 女性の教育と就労

■教育の普及と高等教育の変化

20世紀後半以降の教育の普及は，女性の社会経済状況に変化をもたらした大きな要因の一つである。

エリート教育の伝統のあるブラジルで

15歳以上の住民の識字率がやっと約半数に達するのは1950年のことで，男性の識字率54.7％に対し女性のそれは44.1％に過ぎなかった。この男女差10％はその後も続き，差が縮まるようになるのは1980年頃からで，2002年にはわずかとはいえ女性の識字率（88.3％）が男性のそれ（88.0％）を上回った。500年にわたるブラジルの歴史のなかで，教育分野におけるジェンダー不平等が後退したのはこの20年ほどのことである。2009年の非識字者は人口の約1割にあたる1300万人とされ，女性が半分以上を占めているが，それは60歳以上の高齢者を入れた場合である。それ以下の年齢では男性の9.8％が非識字者であるのに対し，女性の場合は9.1％と下回っている。

　性別による平均就学年数をみると，1992年に0.1年とわずかではあるが女性が上回った。以後女性の就学年数の優勢が続き，20世紀末の1999年には男性との差は0.3年に開き，21世紀に入ってからも一貫して女性が男性の平均就学年数を上回っている。また2005年のIBGEの資料によれば，義務教育の初等教育課程でこそ男性が女性より1.8％就学率が高かったが，それ以後の中等教育，高等教育のいずれでも女性の就学率が男性のそれを2％ほど上回っている。

　20世紀末の市場のグローバル化や技術革新により高い教育水準を労働市場が必要とするようになると，若者の高等教育機関への進学が促された。また教育の質の向上の必要性から初等教育5年生（児童年齢11歳）以上の指導に当たる教員に対し，高等教育修了が義務付けられたことも高等教育に対する需要を高めた。1990年代に高等教育就学者数は急速に伸びた。2004年の教育省のデータによれば，

1990年の高等教育就学者数は154万人であったのに対し，2000年には269万4000人と約75％の増加をみた。この増加の背景には，連邦大学が定員数を拡大したこと以上に私立大学が多数創設されたことがある。2000年に私立大学は全大学の8割を占め，その多くは主に中都市に開校された。これによってそれまでの高等教育機関の州都集中化が解消され，女性の大学進学を容易にさせた。しかも伝統的に教師を母性の延長とみなしてきたブラジルで，初等・中等教育の教員に高等教育修了を義務付けたことにより女性の大学進学に弾みがついたのである。2004年には，高等教育の修了者の6割を女性が占めるようになり，しかも博士学位取得者の過半数を女性が占めるにいたっている。従って，1994年のカイロ国際人口会議が設定した2015年までの行動計画のひとつである「教育における男女間格差の是正」は，ブラジルではすでに達成されていることになる。むしろ教育分野で不平等な状況におかれているのは男性である。現在，挑戦すべき問題は，男性の教育普及と両性の教育の質の改善である。

　21世紀を迎え，女性が進学する高等教育の専攻分野に変化がみられるようになった。伝統的に教育と人文系の学部で女子学生は多数を占めてきた。1994年においても教育学を専攻した学生の9割以上，人文科学及び社会サービス研究を専攻した学生の約8割が女子学生であった（**表3**）。ところが2005年になるとこれらの「女子学生のゲットー」と呼ばれた専門課程における女子学生の割合はいずれも減少している。反対に割合が増加しているのは，機械工学，建築，農牧畜といった「男子学生のたまり場」とされた分野や，ブラジル社会の社会福祉政策の普及に伴い需

表3 女子大学生の専攻分野 (1994-2005年)

専攻分野	1994年			2005年		
	学生総数	女子学生数	%	学生総数	女子学生数	%
教育	26,158	24,119	92.2	199,392	161,695	81.1
人文・芸術	26,323	20,630	78.4	24,810	16,108	64.9
社会科学・経営・法学	100,979	55,298	54.8	277,572	150,958	54.4
科学・数学・コンピューター	30,175	17,657	58.5	56,436	22,061	39.1
工学・製造・建築	19,491	5,081	26.1	36,918	10,892	29.5
農牧畜業	5,274	1,671	31.7	11,874	4,834	40.7
保健・社会福祉	35,687	24,621	69.0	90,610	66,600	73.5
社会サービス	1,435	1,110	77.4	20,246	13,576	67.1
ブラジル全体	245,887	150,339	61.1	717,858	446,724	62.2

[注] 学生総数および女子学生数は修了者数。
[出所] Cadernos de Pesquisa,v37,n132, set / dez, 2007, p550.

要が拡大した保健福祉分野である。この10年間に，女子学生の専攻分野に多少なりとも多様化が進行しているとみることができる。こうした女性の大学での専攻分野の多様化は，高学歴の女性が労働市場に参入する分野にも反映されている。

■女性の就労とジェンダー格差

教育機会において女性はそれまでの不平等なジェンダー関係に一定の成果を得たが，労働市場においてはジェンダー間格差を消滅させるにはいたっていない。確かに，就労とそれに対する報酬の乖離は縮まったが，人口の半数以上を占める女性が労働市場に質の高い労働者として参入するには依然困難を抱えている。ブラジルではこの60年間に経済活動人口は大きく拡大した。1950年の経済活動人口は1710万人を超える程度であったが，2009年にはその5.9倍を超える1億110万人に達している。この間に男性の経済活動人口は1460万人から3.6倍増え，5670万人になった。これに対し女性の経済活動人口は250万人から4440万人へと，17.8倍に大きく増え，経済活動人口2.5人に対し1人は女性である。女性の労働市場への参加が拡大し始めるのは1970年代で，ブラジルで都市人口が農村人口を上回った時代と一致している。しかし，総人口に占める女性の割合（51.3％）が男性のそれ（48.7％）を上回っていることを考慮すると，経済活動人口に占める女性の割合は決してバランスがとれているとはいえない。1993年から2005年に女性の経済活動人口の割合は拡大したが，全経済活動人口の半分以上を依然男性が占めているのである。しかも被雇用者の割合にいたっては男性の占める割合が63％と高く，2005年になり女性の被雇用者の割合が37％に拡大してはいるが，教育機会で女性が男性を凌ぐのと同じような結果にはいたっていない。

とはいえ，女性の就学年数と就労との間には相関性もみられる。2005年の統計によれば，15年以上の就学年数を数える女性のグループの経済活動率は8割を超えているのに対し，1年未満（未就学者を含む）のグループでは4割に達していない。つまり女性の場合，就学年数に対応して経済活動に参加している者の割合が

拡大している。ところが男性の場合は、就学年数と活動率とは必ずしも相関しておらず、初等教育の就学年数 1～3 年のグループの活動率が最も低く 6 割に留まっている。要するに、就学年数が長くなるに並行して女性の労働市場への参加は拡大しており、教育が女性を労働市場に押し出すインパクトにはなっているといえる。

女性は自身の高学歴を活かして信用が高く高所得の職業に進出するようになった。いくつかの代表的な職業について 1993 年と 2004 年を比較してみると、男性が依然過半数を占めてはいるが、女性の占める割合が確実に大きくなっている。例えば、1993 年に女性医師は医師の総数（13 万 5089 人）の 36％であったが、2004 年には総数（20 万 2733 人）の 41％に拡大している。女性弁護士も、35％（数 2 万 5404 人）から 46％（数 3 万 7682 人）に増え、司法官にいたっては 22％（数 1 万 818 人）から 34％（数 1 万 1337 人）に拡大している。建築家は 1993 年にすでに女性が半数以上（51％ 数 7118 人）を占めており、2004 年には過半数の 54％（数 8472 人）に拡大している。しかし建築と同様に大学の専攻で長い間男性がその多くを占めてきた機械工学系の仕事では、女性の占める割合は依然として低く、1993 年で 11％（数 14 万 2686 人）、2004 年には 14％（数 13 万 9300 人）と増加の割合は小さい。

多様な職種で女性が働くようになったと同時に、役員に昇進する女性も出現している。製造業、流通業、建設業、鉱業、サービス業、金融業、保健医療、教育などの多様な業種にわたる企業を対象にした労働雇用省（MTE）の 2004 年の年間調査報告によれば、業種により女性の占め

半数以上を女性が占めるにいたった建築家の活躍する分野は広い。公共事業を扱う設計事務所には女性建築家の姿が多い（2012 年 6 月 クリチバ市観光局の公園設計室にて 長村裕子撮影）

る割合に差はあるが、これら企業の全役員の中で女性が占める割合は 3 割（5839 人）であった。役員の給与は企業によって差があるのは当然だが、その差にはジェンダーとの相関性がみられた。

2004 年に最低賃金の 15 ヵ月分以上の月額所得を得ている男性役員は 41％（5476 人）に上るのに対し、女性役員では 16％（919 人）に過ぎない。その反対に役員の給与としては最低の最低賃金の 3 ヵ月分以下が、男性で 28％（3670 人）であるのに対し、女性では 40％（2323 人）にもなる。

有業者全員の男女の所得を比較してみてもジェンダー差が明白にみられる。例えば 2005 年に最低賃金の 1 ヵ月分以下の低所得の就労者の割合をみると、男性が就労者の 3 割未満であるのに対し、女性の場合は 3 割以上に上る（表 4）。報酬が伴わない就労に従事している者の割合も、男性 8％に対して女性は約 17％で、男性の倍である。これ以外の賃金を得ている就労者のグループ別ではいずれも男性が女性より高い割合を占めている。要するに就学年数では女性がより長い傾向がみられるにもかかわらず、就労の場では男性がより恵まれていることになる。

表4　有業者男女の所得比較（2005年）

月額	男性(%)	女性(%)
SM*1ヵ月以下	27.7	35.9
SM1～2ヵ月	30.1	26.8
SM2～5ヵ月	22.7	14.2
SM5ヵ月以上	10.2	5.6
報酬なし	8.1	16.5
計	100.0	100.0

［注］SMとはSalário Mínimo（最低賃金）の略。国の定める最低の賃金額で、これを基準に各就労者の賃金が決められる。
［出所］*Cadernos de Pesquisa*, v37, n132, set / dez, 2007, p567.

　こうした男女差は雇用形態と関係している。女性の労働市場への参入が活発になった1980年代から、市場における男女の雇用形態には差がみられる。すなわち、男性は正規雇用就労者の半分以上を常に占めてきた。これに対し女性の場合は、年代が下がるに従って正規雇用就労者の割合が少しずつ拡大してきた傾向がみられる。85年に女性の正規雇用者の割合は32％に過ぎなかったが、90年代末の98年には38％に、2004年には40％に達している。ところが、低い報酬で労働手帳を持たない非正規雇用就労者の男女比較をすると、大きな差がみられる。例えば非正規雇用の代表的な職業とされる家事使用人／家政婦の場合、2005年の男性の家事使用人は男性就労者（5043万6288人）の0.9％（45万3926人）であったのに対し、家政婦は女性就労者（3665万3748人）の16.9％（619万4483人）に及ぶ。家政婦619万人のうち、75％は労働手帳なしの非正規雇用で、しかもその報酬が最低賃金の2ヵ月分以下という低賃金に留まっているものは96％にも上っている。しかし、農業、商業、サービス業、加工業などで無報酬の労働に従事する女性（330万人）や農園で自家消費用の労働に従事する女性（270万人）のような劣弱な条件の就労とは違い、報酬が伴うということで女性の職業の中で家政婦は、農業（16％）、商業及び修理業（16.2％）、教育・保健・社会サービス業（16.1％）と並んで大きな割合を占める4大職業の一つである。

　無報酬の就労に従事したり、たとえ収入があっても最低賃金の2ヵ月分以下という劣悪な就労条件の仕事に従事している女性就労者は、表4より算出すると、実に女性就労者の79.2％に上る。残り19.8％の女性就労者のみが最低賃金の2ヵ月分から5ヵ月分以上の月額所得を得ているのである。要するに、男女のジェンダー格差のみでなく、同一のジェンダー内においても報酬に大きな格差が存在していることになる。このジェンダー内格差は、2011年でもジニ係数0.51というブラジル社会の不平等な所得分布の反映である。

■家事と就労の両立

　男性は家族を扶養し、女性は家事に専従するという伝統的な性的分業は、女性の労働市場への参入によって20世紀末以来変化してきた。IBGEの2012年の資料によれば、女性就労者の割合は、2000年の35.4％から2010年には43.9％に増大している。女性配偶者の労働市場への参入も1981年の3割弱（27.4％）から、90年には4割弱（37.7％）に、2005年には6割弱（58.5％）にまで拡大している。2001年に15歳以上の女性2502人を対象に行われたサンプリング調査では、就労の経験が全くない女性はわずか17％でしかなかった。ブラジルでは女性の労働市場への参入はすでに後戻りできない状況にある。単に家庭が経済的に困難な状況にあ

るからという理由のみではなく，教育を通じて育成された女性の独立と自立を価値あるものとみなす文化的変化も伴ったのである。しかも，2002年の新民法が夫婦の権利と義務を平等と定め，両者は相互に家族に対し責任を負うもの（第1511条）としたことにより，88年憲法の男女平等の規程と夫婦共同体の長（つまり「家長」）を夫と定めていた97年民法との齟齬が解消された。この結果，労働市場に参入した夫婦は家事に関わりながらの就労が要求されることになった。しかし労働市場に参入したものの，女性は現実には家事と就労の両立という過重労働を強いられている。

2009年の応用経済研究所（Ipea）の統計によれば，子どものいる共働き夫婦の場合，妻の週当たりの総労働時間数は65.7時間で，家事31.7時間，就労34時間であった。これに対し，妻子が被扶養家族の夫の週当たりの総労働時間数は54.5時間で，家事10.1時間，就労44.4時間であった。反対に，夫と子が被扶養家族の妻の週当たりの総労働時間数は66.8時間に及び，家事30.3時間，就労36.5時間であった。女性がいわゆる世帯主としてあるいは共稼ぎとして家庭を持ちながら就労を続ける場合，男性世帯主の3倍以上を家事に費やしながら家事と就労の両立を図っていることになるのである。

家事と就労の両立を容易にさせる手立ては保育園や幼稚園の充実であるが，この恩恵に浴しているのは6歳未満の子どものいる世帯の4割程に留まっている。高い所得を得ている層では私立の保育園や幼稚園を利用したり，子守りとして家政婦を雇ったりする。しかし所得に余裕のない層では，親類や隣人に頼るか，それができなければ親が帰宅するまで子どもは家で1人で過ごすことになる。

教育の浸透と労働市場への参加と並行して制定された新離婚法，新憲法，新民法を通じて，意識の上では自立と独立を目指す女性たちが確実にブラジル社会に広がった。しかし，現実には労働市場に参入した女性には家庭と仕事の両立が求められ，さらに男女の所得格差を考慮すると，労働市場におけるジェンダー格差は依然維持されたままなのである。

こうした格差が継続する背景には，子どものいる女性の就労に対しブラジル社会にある種の抵抗が存在しているからである。伝統的な女性の役割を女性自身が支持していることが，2001年に女性2502人を対象に行ったアンケート結果で分かった。家事における男女の平等な分担に9割近くが賛成しており，総論では男女平等が支持されている。しかし各論になると違ってくる。「家族を扶養するのは男性」と答えた女性の割合は6割を超えていたし，「家で病人や老人の面倒を看るのは女性」と答えた女性は約半分，「幼い子どもがいる間は男性が外で働き，女性は家にいるもの」という意見に賛成した女性は8割を超えていた。「男性が家事をしたいと思っていても現実にはできない」と答えた女性も半分を超えていた。家事は男女平等であって欲しいが，現実には女性が家を取り仕切らなくてはならないと21世紀の初めに女性達が考えていたことが判る。ところが同じ調査で，もし自由に選べるとすれば，仕事と家事をどのような形で両立させたいかを尋ねた質問では，家のことはできるだけせずに仕事をしたいという答えが半分以上で，仕事は第2で家事が第1とした女性は4割弱と，現実と願望のギャップの中で女性が生活を送っていたことが判る。

2001年の調査から6年を経た2007年の調査では，女性の居場所は家庭であるという考えは後退していた。10歳以上の男女2093人に「女性は育児のために仕事は止めるべきか」と尋ねたところ，同意者は33%，非同意者は59%で，女性の居場所は家庭内に限らないとする意見が6割程になっていた。それでも3割以上が家族共同体における男女の役割分担を依然支持していることになる。では，女性就労が認められるのはどのような時なのか。「女性が外で働くのは家計に必要とされた時」という意見に賛成した者は49%，これに賛意を示さなかった者は45%を占め，賛否が拮抗した。要するに，家族を扶養するのは男性で，女性は家事に専従するものという伝統的な社会の在り方に疑問をもちながらも，男女ともに平等に家事を分担できる環境が整備されていないまま女性が労働市場に参入するようになり，その結果，家事と就労の両立に女性は迫られるという状況に置かれていることになる。

3. DV防止法の成立とその限界

■ブラジルのDVの実情

　ラテンアメリカ世界の伝統的な社会文化的特徴としてマチズモが指摘される。ブラジルもその例外ではなく，植民地時代より男性優位社会を形成してきた。今日，多様な分野に女性が進出し，男性を優位とするマチズモは後退したようにみえる。しかし，2001年にブラジル女性2500人を対象に行われた調査では，約90%がブラジルには「マチズモが存在している」と答え，「存在しない」とした女性は2%に過ぎなかった。さらに存在するとした女性の70%以上が「とても存在する」と答えていた。

　家庭という私的空間における女性に対する配偶者からの暴力は，ブラジルではマチズモの一側面としてよく知られてきたことである。しかし，家庭内での家族の暴力を人権問題としてあるいは犯罪として公にすることは難しい。1970年代末まで家庭内暴力（DV）を口にすることはタブーとされてきた。こうしたブラジル社会の風潮に変化をもたらすきっかけになったのは，77年の条件付きの離婚法の制定である。それまでマチズモの伝統のなかで妻の側から夫を法的に訴えることはできなかった。しかしこの離婚法の制定によって初めて妻にも法的訴えを起こすことが可能となった。ブラジルで家庭内暴力に関する最初の全国レベルの調査が行われたのは，ペルセウ・アブラモ財団による15歳以上の女性2502人を対象にした2001年のアンケートである。この調査によると，「これまでに男性から何らかの暴力を受けたことがあるか」という問いに対して，考える時間を与えずに即答させると，「ある」と答えた女性の割合は19%のみであった。これに対し，意識的に考えるようにさせると，暴力を受けたことがあると答えた女性は43%に上った。暴力の具体的な形態は多様で，拳銃の発砲，骨折，殴打，平手打ち，衣服の裂帛などの肉体的虐待のみでなく，精神的虐待，性的虐待，監禁，労働や散歩の強要などが次々女性から報告された。所得が高くなり，就学年数が長くなると暴力を受ける女性の割合が減少する傾向がみられた。反対に，最低賃金2カ月分以下の低所得の生活を強いられている女性の場合では49%，教育年数が1～4年間に留まっている女性の場合では48%が，それぞれ暴力を受けていると答えた。

88年憲法第226条第8項は家庭内暴力を抑制する機構を設けることを謳ったが，それが具体化したのは2003年のことで，大統領府内に女性に対する暴力を抑止するための政策立案局「女性政策特別局」（以下 SPM-PR）が開設された。SPM-PRは「女性電話相談局180番」（以下 CAM）を2005年に設置し，無料の電話相談を国内のみならず，ポルトガル，スペイン，イタリアに滞在するブラジル人女性にも可能とした。電話相談窓口が開設されてから2013年までの8年間の総相談件数は360万件に及び，13年のみで53万2711件を数えた。相談の半分以上（54%）が身体への暴力で，30%は精神的暴力，その他には性的虐待（1151件），幽閉（620件），人身売買（340件）が報告された。

2009年のCAMの記録によれば，相談者の一般的傾向は9割以上が女性で，6割近くが20～40歳と若く，5割が結婚しており，4割が黒人女性であった。相談内容の8割以上は，2006年に制定施行された通称「マリア・ダ・ペニャ法」と呼ばれるDV防止法に関するものであった。「マリア・ダ・ペニャ法」は，DVが逮捕刑罰の対象となる犯罪だということを認識させることになった立法である。電話相談者の多くがこのDV防止法について詳細を知ろうとしていたということは，女性に対する男性の暴力の7割が家庭内で起きているということと関係している。今日（2012年）ではブラジル国民の9割以上がこのDV防止法の存在を認識しているとされる。

■マリア・ダ・ペニャ法の成立

マリア・ダ・ペニャ法という通称は，DVの女性被害者マリア・ダ・ペニャの勇気ある行動を称えて命名された。セアラ州の生物物理学者であったペニャは，1983年にコロンビア人で経済学者の夫マルコ・アントニオ・ビベロスに就寝中に拳銃で背中を撃たれたが，一命を取り留めた。ところがその数ヵ月後，ビベロスは車椅子生活をしていた妻を浴室で感電死させようとした。妻のペニャは犯罪として告訴したが，有罪判決が出るのに8年もの時間が費やされた。ところが，ビベロスは直ちに控訴して無罪を勝ち取った。ペニャは再度控訴し，その結果，1996年にようやくビベロスに10年間の服役が言い渡された。しかし，ビベロスは再度控訴した。最終的には2002年にビベロスに16ヵ月間の服役の判決が下された。この長期にわたった裁判闘争中に，NGO「正義と国際法のためのセンター」（CEJIL）と「女性の権利と保護のラテンアメリカ・カリブ委員会」（CLADEM）がペニャのDV事件を米州機構人権委員会に告発した。これを受けて人権委員会は1999年にブラジル関係機関に事件解決のための法整備を勧告した。01年にブラジル政府はとりあえず，1940年に制定された犯罪法のDVに関する条項を適用し，2002年のビベロスに対する判決となったのである。

その後ブラジル政府は，2006年8月に全48条からなる法令第11340号（通称「マリア・ダ・ペニャ法」）を制定し，翌9月には施行した。DVを厳格に抑止しようとする同法の制定にあたって，時の連邦最高裁裁判長は「単に人々の行動に変化をもたらすのではなく，人々の考え方を変えることになる野心的な法である」と評した。いわば，マチズモという伝統的な文化に対する挑戦となる法の制定だったのである。国連からはスペイン，チリに続く優れたDV防止法という評価を受けている。ブラジル政府はさらに翌2007年

に，12月6日を「女性に対する暴力に終止符を打つために男性を動員する日」と定めて男性にも女性に対する暴力を認識するよう働きかけ，DVの克服を国全体の問題として考える機会を設けるまでになった。そして2008年にセアラ州政府は，加害者に最終判決が下されるまでに19年という長い時間が費やされてしまったことに対し，被害者のペニャに賠償金を支払って謝罪している。

マリア・ダ・ペニャ法は女性が暴力に立ち向かうための重要な一歩となったとして評価される。しかし一方で，女性の男性に対する暴力事件も発生しており，同法に対しては，憲法が定める男女平等の規定に反するのではないかという疑問も投げかけられている。

■続く女性殺害事件

マリア・ダ・ペニャ法の成立後もブラジルにおける女性殺害事件は続発している。世界保健機関（WHO）とIBGEとが2012年に行った報告によれば，ブラジルにおける女性殺害は女性人口10万人に対し4.6人と，調査対象84ヵ国中第7位の高い数値である。1980～2010年の30年間に殺害されたブラジル人女性は9万2100人を数え，年間3000人以上が被害に遭っていることになる。特に2000～10年の10年間の女性被害者は4万3654人を数え，統計上は月に363人の女性が殺害されていることになる。

こうしたブラジル男性の女性に対する深刻な暴力の状況に，マリア・ダ・ペニャ法が施行された後の一時期，多少の改善がみられた。SPM-PRは2012年に，1980～2010年に殺害された女性の各年の人数を公開した。それによれば，1996年の4.6人を最高に2006年まで4.4～4.2人の間で数値を変動していた。確かに，マリア・ダ・ペニャ法が導入された翌年07年には3.9人へと減少した。しかし，翌年の08年には4.2人に戻っており，しかも2010年には1996年の最高値4.6人に肩を並べるにいたっている。

27の州と1連邦区からなるブラジルでは州毎のDV殺人事件の発生率も多様である。発生率が最も高いのは南をリオデジャネイロ州と接し北をバイア州と接する人口350万人程のエスピリトサント州で，女性人口10万人に対し9.8人が2010年に殺害されている。同州ではブラジル全体の女性殺害事件発生率の実に倍を超える割合で女性が殺害されていることになる。反対に，同年の被害者数ではサンパウロ州が671人と最多を数えるものの，4200万人とブラジル最多の人口を数える州であることから発生率は3.2人となり，州順位では26番目の低さになっている。こうした州毎の格差はあるにしても，厳しいDV防止法が制定されていながらもブラジルにおける女性に対する暴力はこの30年間に残念ながら改善に向かっているとはいえない状況である。

4．女性の政界進出

■政治参加の始まり

20世紀後半のブラジルの経済発展と教育の普及とともに多様な分野での女性の社会参加が拡大した。こうした中で，ブラジル女性の社会参加の割合が国際的に低いという評価を得ているのは政治の世界である。女性議員候補者割当て制を世界で4番目と早期に導入した国でありながら，2014年の国連による各国女性議員割合ランキングによれば，189ヵ国中131位（下院議会における女性議員の割合

8.6％）に留まっている。ラテンアメリカで最初に割当て制を導入したアルゼンチンの20位（下院議会における女性議員の割合36.6％）とは大きな差が生じている。このブラジルの状況に国連の「女性差別撤廃委員会」が懸念を示したことを受けてブラジル代表は、「女性大統領を戴き、上下両院議会副議長をいずれも女性が務め、しかも人口の半分以上を女性が占めているにもかかわらず、女性議員の数が極めて低いということは、女性の政治参加をブラジルは促進させることができなかったということを認めざるをえない。女性議員の質の向上も必要であるが、同時に女性議員数を増加させることが重要である」と語った。

ブラジルで女性が初めて選挙権を手にしたのは、1932年に初の普通選挙が承認された時で、翌33年の憲法制定議会選挙で女性の参政権が行使された。この選挙でサンパウロ市の女性医師カルロタ・デ・ケイロスが下院議員に選出され、ブラジル初の女性国会議員となった。しかしその後、極めて中央集権的で、しかも国政や地方自治体の権限を大統領に集中させた「新国家体制」が樹立されたために1945年まで選挙が実施されることはなく、女性の参政権行使は中断された。

1945年、大統領選挙が11年ぶりに実施され、女性は参政権を再び行使した。その後、冷戦の中で50年、55年、60年と行われた大統領選挙にも女性は選挙に参加することができた。ところが60年に選出された大統領が翌年早々に辞任し、容共的とされる副大統領が大統領に就任すると、ブラジルの共産主義化に危機感を抱いた軍部が、64年にクーデターを起こして政権を掌握した。軍政府は68年に軍政令第5号を発して国会を閉鎖し、国民の批判や改革要求を抑圧した。以後25年間、国民はほとんど選挙権を奪われた状況に置かれた。

軍事政権の最後の大統領の下で政治の解放化が進められ、1980年には州知事及び上院議員の直接選挙が復活し、段階的に国民は選挙権を取り戻していった。85年に文民大統領が間接選挙で選出され、軍事政権は終焉した。大統領選挙と同時に行われた地方選挙では直接選挙が行われ、国民は部分的とはいえ選挙権を手にした。88年新憲法が文民大統領の下で編纂発布された後、89年には国民の直接選挙によって大統領が選出された。1960年の大統領選挙以来29年ぶりの直接選挙であった。

■女性割当て制からジェンダー割当て制へ

政治の世界から29年間、女性は遠ざけられていたとはいえ、軍政時代にブラジルの女性がフェミニズム運動を展開したことで、ブラジル政府の非人道的対応が国際的に注目されることにつながった。1975年に世界女性会議がメキシコで開催されたことは、ブラジルの女性が社会変革に積極的に参加する機会となり、サンパウロ州やミナスジェライス州といった経済的にも人口的にも大きな規模を有する州で女性差別を撤廃する法案が提出され、女性の保護と男女平等の意識が住民の間に浸透していった。こうしたなかで軍事政権が終焉を迎え、後に「マグナ・カルタ」と呼ばれるようになる新憲法で初めて男女平等が謳われたのである。

ブラジルが再民主化された1985年にナイロビで第3回世界女性会議が開催され、男女平等の政治参加の実現が宣言され、女性の政治参加を保障する割当て制の導入が世界各国で試みられることになった。

表5　国会における女性議員数と割合の推移

選挙年	下院*	割合(%)	上院*	割合(%)
1994年	34	6.6	6	7.4
1998年	29	5.7	6	7.4
2002年	32	6.2	—	—
2006年	45	8.8	10	12.3
2010年	44	8.6	13	16.0
2014年	51	9.9	12	14.8

[注]　＊ 下院議席総数：513，上院議席総数：81。
[出所]　Inter-Parliamentary Union 1997-2014 および TSE 2014 年 12 月データ

　政治の民主化を進めていたブラジル，チリ，アルゼンチンはこの割当て制に注目した。さらに 1995 年に北京で開催された第 4 回世界女性会議では，前回採択された「女性の地位向上のためのナイロビ将来戦略」の目標を 20 世紀末までに達成することが宣言された。ブラジルはこの世界行動宣言に応えて，女性割当て規定を初めて盛り込んだ法令第 9100 号を 1995 年に制定した。この法令は 96 年 10 月に施行された市政選挙に関する規定の中に盛り込まれ，「各政党は立候補者名簿に女性候補者を最低 20％を充当するもの」と定められた。同時に，政党交付金の 5％は女性の立候補を促進するために使用し，テレビやラジオのメディアを通じて選挙運動をする時は各政党の持ち時間の 10％を女性候補者に充当するということも盛られていた。この地方選挙によってブラジルは初めて女性割当て制による選挙を経験したのである。
　さらに連邦，州議会，連邦区議会，市議会すべての立法議会レベルに女性割当て制が広げられるのは 1997 年の選挙法第 9504 号第 10 条第 3 項においてである。この新選挙法により男女いずれの性も選挙候補者の最低 30％，最高 70％までを擁立するとするジェンダー割当て規定が盛られた。つまり，88 年憲法が定める男女平等の規定に従って，割当ての対象になるのは女性のみでなく，男性にも適用され，女性には最低の割合を保障し，男性には最高の割合を制限したのである。しかし表5から判るように，この 97 年の新選挙法に基づいて行われた 98〜2006 年の 3 回の総選挙で，女性議員の大きな躍進はみられなかった。そこで 2010 年の選挙を前にした 2009 年に，選挙法が改正されて割当て規定が義務化された。すなわち，各政党はいずれのジェンダーも最低 30％を，最高 70％までとする候補者を擁立しなければならないこととなった。しかし，罰則規定は明記されなかった。この改定選挙法の下で総選挙が 2010 年に実施され，ブラジル初の女性大統領が誕生したにもかかわらず，2006 年の結果と比較すると，上下両院の国会で女性議員の占める割合が増えることはなかった。

■2014 年 10 月総選挙と女性

　2010 年の選挙の結果，女性の政治参加が思わしくなかったことを踏まえて選挙高等裁判所（TSE）は，2014 年 10 月の総選挙を前にしてジェンダー平等の実現のために女性の政界進出を促そうと乗り出した。国会の支援を得て，積極的なキャンペーンを展開し，テレビ，ラジオ，ポスターを通じて女性の政治参加を促進させようと働きかけた。「政治に女性を！」「女性よ，政党を奪え！」などのキャッチコピーが総選挙の標語となった。
　TSE の積極的な梃入れの結果，2014 年の総選挙に立候補した女性候補者は 28.6％（6271 人）と，選挙法の定める数値に肉薄した。最も高い女性候補の割合は，連邦区議会議員選挙の 29.8％（291 人）で，これに対し最も低かったのは州

知事選挙の12%（19人）であった。選挙結果をみるならば，対立候補とは3ポイント差という歴史に残る僅差で女性大統領が再選されたが，州知事選挙では女性知事が選出されたのはローライマ州のみで，2人の女性州知事を誕生させた前回2010年の選挙結果を下回った。議席数513の下院では，1699人（29%）の女性が立候補し，51人が選出され，10年選挙結果の44人を上回る結果となった。改選議席が27議席の上院（総議席数81）議員選挙には33人（20%）の女性が立候補し，5人が当選を果たし，10年に選出された7人の女性上院議員と合わせると，2015年以降の上院の女性議員数は12人となるが，現在（2014年）の13議席より1議席減ることになる。

2014年総選挙の女性候補者数は6271人で，2010年の5056人と比較すれば1215人増（24%増）ではあったが，依然女性の政治に対する関心は高いものとはいえない。下院が2014年の選挙前に女性を対象に行った調査結果によれば，女性が政治に参加することを困難にしている主な理由として，女性候補者に対する政党の支援不足，政治に対する女性の関心の低さ，女性が男性と競争することの難しさといった3点が明らかになった。

女性の政界進出の難しさを物語る例として「ブラジル女性党（PMB）」の消長を挙げることができる。PMBは2010年に政党として旗上げして選挙に臨み，その得票数を踏まえて，翌11年に北東部のセルジッペ州から政党承認申請書をTSEに提出し，14年10月に33番目の政党として正式に受理された。女性の政治参加を促進し，社会の多様な側面で女性の視点を活かした活動を可能にすることを結党の目標としてリオに本部を置き，北東部を中心に13州に支部を立ち上げたが，選挙資金を充分に集めることができず，14年の選挙で当選者を出せなかった。選挙法が割当て制を義務化しているとはいっても，女性の政治参加だけを掲げて支援者を獲得することはできないことを物語っている。今後，政党として成長できるのかどうかは具体的な政策の提示に関わっており，女性が政界に進出するには女性自身の政治家としての成長が問われているのである。

2014年の選挙結果を踏まえるならば，有権者の半分以上（52.1%）が女性でありながら，総選挙における女性候補者は3割に達せず，国政選挙の結果では上下両院のいずれでも女性議員の割合は10%前後に過ぎず，2015年以降もブラジル政界における女性の存在は心許ない。とはいえ，3人もの女性大統領候補者が出現し，2期連続で女性が大統領を務めることになったことは，今後政界を志す若い女性にとって，「女性がどこまで政治に参加することができるのか」を見極める機会となったことも確かである。

今回初めて下院議員選挙に挑戦した女性の中には，ブラジル政界で女性の存在が希薄な理由を，ジェンダー差別よりも経済力や国民全体の選挙に対する無関心に問題があると指摘するものもいる。特に，女子学生が半数以上を占める私立大学では，選挙活動のチラシを配ってもほとんど読まれず，ごみ箱はチラシで一杯になるという。そこには近年における選挙に対する有権者の姿勢の変化を指摘できるという。

1960年の大統領直接選挙に参加した後，ブラジルの女性たちには89年まで国政に直接参加する機会がなかった。89年の国政参加から2014年までの25年間に7回

の国政選挙に女性たちは参加してきた。つまり18歳前後の若者にとっては，国政選挙への参加は生まれた時から義務づけられたことで，市民として勝ち取った権利ではない。こうした経緯から，国民とりわけ女性の政治に対する関心の低下につながっていると指摘されている。20%に及ぶという先の大統領選挙の無効票と白票の存在は，いずれの候補も支援できないという有権者の意思表示であると同時に，義務とはいえ選挙に参加することは軍事独裁政権後に市民が手にした結果なのだという意識が若者の間では薄れてきていることも物語っている。

　再民主化された社会で新憲法が制定されて以来，教育や就労の場における女性の存在は確実に拡大してきた。この背景には，女性を含む社会的マイノリティに対する偏見や差別を法的に罰する細則が，憲法の定めた自由と平等を具体化する手段として1990年代以降次々と制定されてきたことがある。

　軍事政権時代には考えられなかった自由と平等が社会に浸透した結果，ジェンダー格差が職種や報酬に依然みられるものの，かつてのような「女性の場は家庭」という考え方と同時にマチズモも後退しつつある。近年，それまでは思いもかけなかった男女の役割を描いた車のコマーシャルがテレビで流れたことがある。一流企業の重役を務める女性が仕事を終えて帰宅すると，家では夫が子どもの面倒を看ながら夕飯の支度をしていた。妻は帰宅の挨拶をすると，夫に新車をプレゼントして驚かせるというものであった。マチズモ時代とは男女の役割が完全に逆転したこうしたコマーシャルがテレビで放映される時代をブラジルは迎えたのである。

　確かに，政治の世界における女性のプレゼンスは，2014年の選挙結果を通して今後の課題として残ったが，選挙ごとにわずかとはいえ女性の政治参加が進んでいることも確かである。もう一つの問題は女性への暴力がなかなか減少しないことである。しかし，ブラジルの女性が夫や家族による暴力は司法に訴えることができる犯罪であると認識し，さらにそのための法的手段も講じられているということは，今後女性の被害者が減少していく可能性を作り出している。さらに女性の教育レベルの向上はこの傾向をさらに促進することにつながるはずである。これらの変化は，「マグナ・カルタ」が制定されて25年を経てブラジルの女性がやっと手にしたことである。

第4章

チリ
―― 女性大統領の誕生と政治環境 ――

杉山知子

2014年の日本・チリ首脳会談の様子。
画面中央, 安倍首相と向き合っているのがバチェレ現大統領。
バチェレは2006年にチリ史上初の女性大統領に就任し, 14年に2期目を迎えた。
（写真提供：駐日チリ大使館）

チリ女性史関係年表

西暦	事　　　　項
1970	社会主義を目指すアジェンデ政権が発足する。
1973	軍部のクーデターによりアジェンデ政権が崩壊する。軍部評議会が樹立され，ピノチェトが議長に就任する。
1974	ピノチェトが軍事評議会の合意を得て大統領に就任する。
1980	1980年憲法が公布される。
1982	ポブラシオン女性運動（MOMUPO）が結成される。
1983	チリ女性解放運動 '83（MEMCH '83），「いのちのための女性」（MPLV）などのフェミニスト団体が結成される。
1988	ピノチェト大統領留任の是非を問う信任投票で反対票が54%を占める。「民主主義のための女性連合」が結成される。
1989	国連女性差別撤廃条約（CEDAW）を批准する。 大統領選挙・上下両院議会選挙が実施される。
1990	エイルウィン政権が発足する。
1991	国家女性庁（SERNAM）が創設される。
1994	フレイ政権が発足する。 家庭内暴力取締法が成立する。 SERNAMが長期計画として「女性のための機会均等計画1994-99年」を策定する。
2000	ラゴス政権が発足する。 バチェレが保健大臣に就任する。 SERNAMが長期計画として「男女機会均等計画2000-10年」を策定する。
2002	バチェレが女性初の国防大臣に就任する（女性の国防大臣は南北アメリカで初めて）。
2004	新婚姻法が成立し，離婚が合法化される。
2005	官選上院議員枠および終身上院議員制度の廃止，大統領の軍部に対する人事権拡大などを含む憲法改正が行われる。 家庭内暴力取締法が改正される。
2006	バチェレが女性初の大統領に就任する。政権発足と同時に閣僚ポストの半数を女性が占める（その後女性の割合は減じられる）。 SERNAMが短・中期計画として「ジェンダーの課題2006-10年」を策定する。 高校生を中心とした大規模な教育改革デモが起きる。
2007	首都圏新交通システムが始動し，首都の交通に混乱が起きる。
2008	年金制度改正により，低所得層の社会保障が充実する。
2010	ピニェラ政権が発足する。 SERNAMが長期計画として「男女機会均等計画2011-20年」，短・中期計画として「ジェンダーの課題2011-14年」を策定する。 バチェレがUNウィメン（ジェンダー平等と女性のエンパワーメントのための国連機関）の初代事務局長に就任する。
2011	大学生を中心とした大規模な教育改革デモが起きる。
2013	大統領選挙で2人の女性候補者（バチェレ，マテイ）による決選投票が行われ，バチェレが勝利する。
2014	第2次バチェレ政権が発足する。イサベル・アジェンデが女性上院議長に就任する（女性大統領2期目，女性上院議長のいずれもチリ史上初）。

チリ共和国は，南アメリカ南西部に位置し，南北の長さが約 4500km と極めて細長い国土を有する国である。その地形は，東はアンデス山脈，西は太平洋に面し，北はアタカマ砂漠の乾燥地帯が広がり，南はパタゴニアの氷河地帯と多様である。日本の約 2 倍の面積（約 75 万 7000km²）に，約 1756 万人（2013 年現在）の人々が暮らしている。そのうちおよそ 37％（約 647 万人）がサンティアゴ首都圏内に居住する。人口の 90％近くを白人およびメスティソ（白人と先住民の混血）が占め，残りの約 10％がマプチェ族をはじめとする先住民である。宗教は，歴史的にキリスト教が支配的であるものの，カトリック教会の社会に対する影響力は今日では弱まりつつある。

チリは長年にわたり輸出主導型の新自由主義的経済政策を進めてきた。鉱物資源に恵まれ，世界有数の銅産出国であるが，近年では養殖サケ・マス，ワイン，木材，パルプ製品，農産物などが主な輸出産品である。安定した経済成長を続け，2010 年に経済開発協力機構（OECD）に加盟した。持続的な経済成長の下，貧困層は減少したものの，所得格差の是正策は十分な成果を上げていない。

2006 年，ミチェル・バチェレがチリ史上初の女性大統領に就任した。さらにバチェレは 14 年には「新多数派」と呼ばれる共産党を含めた中道左派連合を政権基盤とし，再び大統領として政権運営にあたることになった。同年に初の女性上院議員も誕生した。1973 年の軍事クーデターで死亡した当時の大統領サルバドル・アジェンデ（任期 70～73 年）の娘，イサベル・アジェンデである。これらの事実は，チリ社会がもはや男性優位のマチスモから脱しつつあることを表している。しかし，チリにおいて男女共同参画社会が十分に成熟しているわけではない。女性の政治参加についても，民政移管後 25 年近くを経てもなお，下院における女性議員の割合が 15％前後にとどまっている。

女性たちの政治参加が極めて限定的である背景には，民政移管後のチリの政治運営と政党政治が男性主導で行われてきたことがある。しかし 1973 年のクーデター後，アウグスト・ピノチェトを大統領とするピノチェト軍事政権下（1974～90 年）で，女性たちは生活や人権のために連帯し，様々な活動を展開した。特に 82 年の経済危機後，女性たちの抗議運動は民主化を求める運動へと発展していった。88 年のピノチェト大統領留任の是非を問う国民信任投票や翌 89 年の大統領選挙と上下両院議員選挙においても，女性たちは社会と家庭の両方で民主主義が実現されるよう訴え，フェミニズム運動を展開した。

しかしアジェンデ政権下の社会分裂やピノチェト軍事政権下の恐怖を経験した政治家たちは，1990 年の民政移管後，政治的対立をできる限り避け，民主主義が定着するよう合意形成型の政治を重視した。男女共同参画社会や公正な社会の実現といった課題は，その重要性は認識されつつも優先課題ではなかった。そのため健全な経済成長と貧困撲滅政策により貧困層の割合が着実に減少する一方で，所得格差の是正や女性の社会進出は十分に進まなかった。

そのような中，社会的弱者や女性を含めた市民は，市民に寄り添う姿勢を見せたバチェレに期待した。大統領就任後，バチェレは女性の労働環境の整備，ドメスティック・バイオレンス（DV）の被害者への支援，女性が望まない妊娠を回避するための支援，男女の賃金格差の是正，女性の経済的自立の推進・支援など様々な分野でジェンダーを意識した政策を進めていった。チリ社会

にはいまなおジェンダーに関して保守的な面も残ってはいるが，変革が進んでいる分野もある。以下では，民政移管とその後の民主主義の定着についての歴史的背景や社会の変化，ピノチェト軍事政権以降の女性を取り巻く政治と環境の変化，女性大統領の誕生とジェンダー政策をみていくことにする。

1. 民主主義の定着と社会の変化

■1990年の民政移管の背景

チリは歴史的に，法の支配と政党政治が比較的安定していた国である。冷戦期のラテンアメリカ地域では多くの国でクーデターによる軍事政権が誕生した。しかしチリでは大恐慌後の1932年から73年の軍部によるクーデターまでの間，多くの政党が存在する政党政治が定着していた。各政党は競合しつつも時に連合を結成し，保守，中道，左派の各勢力が存在していた。

1970年に社会党のアジェンデが大統領に就任し，複数の左派政党による人民連合政権（UP）が発足した。UPは議会において過半数の議席を有しておらず，安定的な政権運営ができず，発足当初はキリスト教民主党（PDC）との連携もみられた。アジェンデ政権は社会主義の実現を目指し，銀行，銅山，民間・外国企業の国有化や，既存の国営事業の拡大などの政策を進めていった。同時に，土地の再分配，最低賃金の引き上げ，年金制度の充実，貧困層の生活改善などによる貧富格差解消を目指し，構造的改革の必要性を強調した。

アジェンデ政権の改革は，政権発足当初は順調であったが，国際市場における銅価格の下落や公共事業の拡大が財政を次第に圧迫した。また，農業分野の生産性の低下，食料品をはじめとする生活必需品の供給不足が物価上昇を招いた。インフレが進む中で，アジェンデ派と反アジェンデ派の双方から賃金引き上げ要求が起き，ストライキが決行された。低所得者層はアジェンデ政権を積極的に支持していた。他方，保守派やホワイトカラー層，経営者層は政権に強く反発した。特に，政権による公共交通・輸送機関設立の方針に反対するトラック輸送業者がストライキを起こすと，それが他の業界にも伝播した。ストに伴う生活必需品の不足が国民生活を直撃し，闇市場すら出現した。

保守派や高所得者層は，アジェンデ政権が掲げた社会主義の理念と政策に断固として反対した。一方で政権支持派も必ずしも一枚岩ではなかった。革命左翼運動（MIR）などの急進的グループは，議会制民主主義によって社会主義を実現するのではなく，武力による階級闘争を通じて革命を達成するべきだとし，民衆動員や労働者の武装化を強く主張した。

アジェンデ自身，社会主義の理想を掲げながらも，経済運営に失敗し，連合政権をまとめるだけのリーダーシップを発揮することができなかった。アジェンデは窮余の策として，陸軍のカルロス・プラッツ将軍を内務大臣に任命し，軍部の政治介入を牽制するとともに，社会秩序を回復しようとした。しかし社会の分裂を止めることはできず，政情不安が一層エスカレートしていった。軍部の中には過激な左派グループが武装蜂起することを警戒する動きもあった。

このような中で1973年9月11日，軍部によるクーデターが起きた。軍部は大統領官邸であるモネダ宮殿周辺を占拠し，大統領官邸を空爆した。アジェンデはクーデターの中で死亡した。右派や財界・産業界は，政治的・社会的混乱を早期に終息させるとの期待からこのクーデターを支持した。ク

ーデター直後に軍部は戒厳令を敷き，憲法を停止し，議会を閉鎖した。

翌1974年になると，陸軍のピノチェト将軍が，陸・海・空軍と警察のトップから構成される軍部評議会の合意の下で大統領に就任した。その後，大統領直属の国家情報局（DINA）が設立され，秘密警察として機能した。アジェンデ政権関係者や左派は次々と不法逮捕され，苛酷な拷問を受けた。国外追放や暗殺の憂き目に遭う者もいた。安全確保のために海外に亡命する者もいた。チリの民主主義の伝統はこうしていったん潰え，ピノチェト軍事政権下で市民の政治的自由は制限された。特に左派の中には生命の危険に直面し，トラウマを抱えることになる人々もいた。ピノチェトは大統領就任から6年後には新たな憲法（1980年憲法）を制定し，長期政権を目指した。

しかし1982年の経済危機後は，キリスト教民主党（PDC）をはじめとする中道左派政党や，無党派の草の根の人々の間で，生活改善や民主化を求め，ピノチェト軍事政権に抗議する運動が徐々に広がっていった。88年には，80年憲法で定められたピノチェトの大統領留任の是非を問う国民信任投票が予定されていた。ピノチェト軍事政権下で制定された憲法の規定を受け入れることに反対する者もいたが，PDCをはじめ中道・左派の14の政党が「反対に投票するための政党連合」を結成し，反対投票を呼びかけるキャンペーンを展開した。それは，チリ社会が自らの民主主義の伝統を取り戻そうとする動きでもあった。

投票の結果は，賛成票が約43%，反対票が約54%であった。チリ社会は，ピノチェト軍事政権の長期化ではなく，民主主義の再生を選んだのである。翌89年の大統領選挙と上下両院議員選挙では，先の反対投票運動のための政党連合が母体となって，新たにコンセルタシオンと呼ばれる「民主主義のための政党連合」が結成された。大統領選ではPDCのパトリシオ・エイルウィンが勝利した。こうして，民主的な投票と選挙を経てピノチェト軍事政権に終止符が打たれたのである。

■コンセルタシオン政権とピノチェトの影

1990年3月，エイルウィン政権が発足した（～94年）。PDC，社会党，民主主義のための政党，急進党など中道左派の複数の政党からなる中道左派連合のコンセルタシオンによる政権である。エイルウィン政権は，民主主義への着実な移行と定着，安定的な経済成長，公正な社会の実現を重要な政治課題とした。その後，エドワルド・フレイ政権（1994～2000年），リカルド・ラゴス政権（2000～06年），バチェレ政権（2006～10年）と計20年間にわたりコンセルタシオン政権が続いた。しかし，90年のエイルウィン政権発足時には，チリの民主主義の将来は決して楽観視できるものではなかった。

1988年の国民信任投票では，4割強の人々がピノチェトの大統領留任を支持していた。その上ピノチェトは大統領の座を退いたものの，陸軍大臣として新政権の動きに目を光らせていた。さらに大統領経験者は終身上院議員となることが憲法で規定されていたため，ピノチェトは死ぬまで上院議員として政治的影響力を保ち続けることができた。また，同じく憲法上の規定により，上院には選挙によらない官選の議員枠が設けられていた。さらに軍部・警察を多数派とする国家安全保障議会が存在しており，軍の上層部人事に関しては大統領の権限が制限されていた。そのため憲法上，シビリアンコントロールには限界があった。このように非民主的要素を含んだ1980年

憲法の下で，チリの民主主義は定着を約束されていたわけではなかった。

現実にエイルウィン政権と軍部との間にはかなりの緊張関係があった。エイルウィンは大統領就任後，真実和解委員会を設置し，ピノチェト軍事政権下の人権侵害についての実態調査を行った。しかし，軍部や警察は委員会の活動に非協力的であった。また，委員会の報告書が公開された後，ピノチェトを支えた保守派の有力者ハイメ・グスマン上院議員が殺害される事件が起きた。これらは，チリの民主主義が脆弱であることを示唆していた。

ピノチェトの政治的影響力に陰りが見え始めたのは1998年である。この年の3月にピノチェトは陸軍を退役し，陸軍内部では世代交代が進んだ。次世代の陸軍はピノチェトに敬意を表しつつも，民主化の中で政権と良好な関係を築き，陸軍の威信を保持することを課題とした。ピノチェトは陸軍退役後，終身上院議員となった。そして98年10月，手術のために滞在していたロンドンで逮捕された。73年のクーデター後の軍部による人権侵害の被害者の中にスペイン人が含まれており，スペイン政府からイギリス政府に対してピノチェトの逮捕要請が出ていたのである。

突然の逮捕とその後のロンドンでの長期拘束により，ピノチェトの政治力は著しく弱まっていった。2000年3月，健康上の理由で帰国を果たしたものの，右派や軍部はピノチェトと距離を置くようになっていった。そしてチリ国内でも，ピノチェトに対し人権侵害の責任を追及する動きが強まっていった。また2005年にはラゴス政権が，ピノチェト軍事政権時代に制定された1980年憲法の改正を実現した。これにより，大統領経験者の終身上院議員就任および官選上院議員枠が廃止され，大統領の軍部に対する人事権が拡大するなどした。

これらの政治的変化は，民政移管から15年の歳月を経てチリに民主主義が定着したことを示している。その間コンセルタシオン政権は，民主主義の定着を最優先課題とし，右派野党勢力との対立を避けつつ諸政策を遂行していった。それは一方で，政権が市民の声に耳を傾けることよりも政党間の妥協や利害調整を重視したという側面もある。そのような政治姿勢は，政党と市民の間の溝を深めることになった。

■経済成長・貧困削減・格差是正

コンセルタシオン政権にとって，健全な経済運営は社会と政治の安定化にとって必須の課題であった。コンセルタシオン政権は新自由主義経済政策を一層進め，年により成長率に変動はあるものの，着実な経済成長を遂げた。チリは「南米の優等生」と言われ，2010年には先進国クラブとも呼ばれるOECDに加盟した。チリ経済を支える代表的な輸出産品は銅などの鉱物資源や，日本の国際協力機構（JICA）の技術協力により成長した養殖のサケ・マス，ワイン，木材，パルプ製品，農産物などである。1994年にはアジア太平洋経済協力（APEC）に加盟し，2000年代に入ると，アメリカ，EU，韓国，中国，日本，シンガポール，ニュージーランド，ブルネイなどと自由貿易協定を締結した。

一方，中央銀行は金融規制やインフレ抑制を通じて財政の健全化に努めてきた。1990年代初めの数年は10〜20％前後のインフレ率であったが，その後は10年近く5％前後を維持し，全般的に物価は比較的安定している。コンセルタシオン政権による堅実なマクロ経済運営は，貧困削減にも効果を上げた。2009年の国連開発計画のデータによれば，チリの貧困層は90年には

38.6％であったのに対し、2000年には20.2％、06年には13.7％へと減少している（**図1**）。国民生活の基盤となる1人当たりの国民所得、平均寿命、人間の能力開発のための教育機会に焦点をあてた人間開発指数（HDI）も年々向上し、ラテンアメリカ域内で最も人間開発の度合いの高い国の1つとなった。しかし、所得・資産分配の平等度を示すジニ係数には著しい変化が見られず、経済が目覚ましく成長している一方で、貧富の格差は解消されていない。格差是正は今日においてもチリ社会の大きな課題であり続けている。

2. 女性を取り巻く政治的変化

■ピノチェト軍事政権下の女性

チリの女性を取り巻く環境も、少しずつ変化していった。ピノチェト軍事政権下では、家族は国家と社会の基本であり、国家の安全のためにはまず家族の絆が強固でなければならないとされていた。その場合の家族とは伝統的な家父長的家族を意味し、女性には家庭を守る妻・母親としての役割を果たすことが期待された。しかし、現実にはこの時期のチリの女性たちは、人権侵害や経済的困窮に直面しながら、互助会などを組織し、社会運動を展開していった。

ピノチェト軍事政権下では3000人を超える市民が死亡し、その多くは社会党、共産党、労働組合などに関わった男性であった。夫や息子が行方不明になると、妻・母親たちは、カトリック教会の支援を得ながら人権擁護活動を展開した。彼女たちの活動は民政移管後、ピノチェトをはじめとする軍部や国家情報局（DINA）の関係者に対し、人権侵害の責任を追及する上で重要な役割を果たすようになる。ポブラシオンと呼ばれる都市部低所得者層居住地区では、

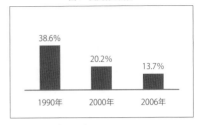

図1　貧困層の割合

［出所］2009年 UNDP ADR: Chile, p.10.

女性たちは連帯経済組織を作り、共同で食料品の購入や炊事を行って生活を支えあった。地区内に設けられた共同作業所では、アルピジェーラと呼ばれる刺繍とパッチワークによる壁飾りを作り、それを売って生計の足しにした。ポブラシオンの女性たちのアルピジェーラの作品には、人権侵害の様子や自由を制限された生活、経済的困窮をテーマとしたものが多く、政治的メッセージも込められていた。

1982年に始まる経済危機によって、ポブラシオンの女性とその家族たちは一層困窮することになった。この時、女性たちはポブラシオン女性運動（MOMUPO）を組織し、鍋を叩いて政府への抗議の意を示す運動を始めた。また女性の権利擁護や民主主義を訴えるフェミニスト団体の連合体「チリ女性解放運動'83（MEMCH '83）」が組織され、集会やイベントを企画した。党派を超えたフェミニスト団体「いのちのための女性（MPLV）」も組織された。当時、男性中心の反政府運動は、党派争いやイデオロギー対立などにより分裂状態にあった。それとは対照的に、女性たちの運動は党派や社会階層を超えた連帯を特徴としていた。反政府抗議デモ、ハンガーストライキ、フォーラムの開催、政府関係者との意見交換など様々なイベントが行われ、女性たちは民主主義の実現と女性の地位向上を訴え続けた。

■女性と民政移管

1988年に実施された国民信任投票や、翌89年の大統領選挙・上下両院議員選挙においても、女性は有権者登録者数において男性を20万人近く上回っており、女性の投票行動が結果に大きな影響を与えると考えられた。88年の投票の際、「反対に投票するための政党連合」は「幸せがやってくる」というスローガンのTVメッセージを製作した。その中には、夫が行方不明になり、ひとりチリの伝統的な男女ペアのダンスを踊る妻、生活難に苦しむ老婦、職場で活躍する医療関係者、自分を自由に表現するアーティストなど、様々な女性が登場した。そこには、チリの女性がもはや伝統的な家父長制の枠の中で妻・母親の役割にのみ閉じこめられてはいないことが示されていた。

1988年の国民信任投票で、女性有権者の52.5%が反対票を投じた。そのため89年の大統領選挙と上下両院議員選挙では、右派も中道左派もともに女性の支持を獲得する必要があった。このような状況下で、複数のフェミニスト団体が集まって「民主主義のための女性連合」を結成した。女性連合はコンセルタシオン陣営に対し、ジェンダー政策を担当する省レベルの行政機関を創設すること、制度的優遇措置などを整備することで女性の政治参加を促すこと、低所得層の女性のための政策を遂行すること、雇用機会や賃金の男女格差を撤廃することなどを政策綱領に盛り込むよう提言した。

一方、ピノチェト軍事政権や右派も、ジェンダー政策に取り組む姿勢を見せてはいた。ピノチェト軍事政権は1989年、国連女性差別撤廃条約（CEDAW、79年採択）を批准すると発表した。その際ピノチェトは、才能に恵まれた女性は必ずしも家庭に留まる必要はなく、国の発展に貢献する道もあり得ると語った。89年の大統領選に出馬した右派の候補者は、離婚や妊娠中絶に強く反対していた。しかし選挙では、既婚女性が家庭と仕事を両立できるような柔軟な雇用体制を整備すると訴えた。

1989年の大統領選挙を経て、90年にPDCのエイルウィンを大統領とするコンセルタシオン政権が誕生した。ピノチェト軍事政権下の女性たちの草の根の運動は、チリの民主化に多大な貢献をした。しかし、民政移管後は男性優位の政党政治が行われ、女性による政治・社会運動の高揚は、女性の政治参加促進に直結していたわけではなかった。コンセルタシオンの指導者たちも、女性の社会進出に理解を示すものの、選挙前に女性たちから提示されていたジェンダー政策を最優先課題とすることはなかった。フェミニスト団体の女性たちも、必ずしも優れた政策立案能力や政治家としての手腕を十分に有していたわけではなかった。また右派やPDCの女性議員は、フェミニスト団体やポブラシオンの女性団体と密接に連携していたわけではなかった。

1989年の上下両院議員選挙によって誕生した女性議員の割合は、上院では4.2%、下院では5.8%であった。民主化運動の中での女性たちの活躍とは対照的に、女性の政治参加は極めて限定的であった。その後、国政レベルにおける女性の政治参加は緩やかながら拡大傾向をたどり、2006年には初の女性大統領が誕生した。14年現在、下院における女性議員の割合は15%前後である（図2）。

■国家女性庁（SERNAM）の創設

1989年の選挙を支援した「民主主義のための女性連合」の要請を受け、エイルウィン政権は91年、国家女性庁（SERNAM）を創設した。SERNAMは独立した省として

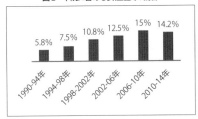

図2　下院に占める女性議員の割合

[出所] 国連ラテンアメリカ・カリブ経済委員会HP

の機能はもたず、関係各省や地方自治体と連携をとりながら、ジェンダー関連の政策・プロジェクトの企画立案・実施や法案作成に取り組む行政機関である。そのため大統領の関与の度合いによって、その活動が左右されることがあった。初代長官には、PDCで将来を嘱望されていた女性議員ソレダド・アルベアラが就任した。

SERNAMは、社会のジェンダー観や各ジェンダーの特性、家庭内の女性の役割も尊重しつつ、女性が政治・経済・社会・文化の各分野において、男性と同等の権利や機会を得ることを支援することを目指した。1994年には、「女性のための機会均等計画1994-2000年」を政策指針として提示した。この計画では、女性の権利保障や地位向上のための法整備、関連する政策や事業の推進、家庭内暴力や10代の妊娠の問題などへの対応に重点が置かれた。95年には北京で第4回世界女性会議が開催された。この会議では、各国固有の慣習や文化の存在を認めつつも、各国政府が男女の機会均等、女性の権利擁護、男女共同参画社会の実現などの課題に取り組むべきことが確認された。SERNAMの取り組みもこうした国際的動向と連動していた。

しかし、女性の視点をSERNAMの諸政策に反映することは簡単ではなかった。民政移管したとはいえチリの政治は依然として男性主導であり、コンセルタシオン政権を支えるPDCの一部はジェンダーに関して保守的であった。またコンセルタシオンも、野党連合との政策論争を避ける傾向にあり、保守的意見に表立って対抗しようとはしなかった。初代長官のアルベアラも、フェミニズムを唱える市民団体やポブラシオンの女性らと共に社会運動を行ってきたわけではなかった。SERNAMが創設されたことは、女性の社会進出や権利保障に向けての大きな前進であった。しかし、SERNAMは、チリ社会の諸政策の抜本的な改革も視野に入れジェンダー政策を進めることを目指したのではなかった。現実にはSERNAMは、関係部署と調整しあいながら、堅実なジェンダー政策を進めていくことになった。

■保守性の残る社会におけるDV観・離婚観
　チリでは、公的にはカトリックの教義に基づく道徳規範と社会通念が広く保持されてきた。私的空間である家庭では、家父長制的男性支配の慣習が主流であった。その中でも家庭内暴力（DV）は、私的空間における女性に対する深刻な人権侵害である。もともとフェミニスト団体はピノチェト軍事政権期から、DV撲滅に向けたキャンペーンを展開していた。そしてコンセルタシオン政権発足後は、DVを厳しく取り締まる法律の制定を求めてSERNAMや女性議員に働きかけた。しかし、DV加害者を処罰し、被害者を保護する法律を制定することは必ずしも容易ではなかった。保守派が、そのような法律は夫婦間に亀裂を生じさせ、和解の機会を逃し、家族を崩壊させると考え、DV法の制定に反対したからである。
　SERNAMおよびコンセルタシオン政権は保守派との対立を避け、妥協策を提示した。DV被害があった場合、当事者間の和解を促し、家族の分裂を回避する視点を法律に盛り込むという判断を下したのである

（1994年，家庭内暴力取締法成立）。それまでDVを取り締まる法律が存在しなかったことを考えれば，画期的な一歩であったといえる。しかし，加害者への罰則と被害者の即時保護が法制化されなかったことに，チリ社会の保守性が現れている。

離婚については，2004年に至るまで，チリでは合法化されていなかった。もちろんチリ社会においても，結婚生活が破綻しても法的に離婚が認められないことで様々な問題が生じることは十分認識されていた。しかし，離婚の合法化を認めない保守的な価値観が根強かった。そのため実質的な離婚の手段として，結婚の手続きに誤りがあったとして婚姻を無効とする処置がとられていた。

エイルウィン政権下でも，フェミニスト議員による離婚合法化への要請に対して，カトリック教会や右派，PDCの一部は，社会の基本的核である家族の崩壊を加速させるものとして反対した。だが1994年にフレイ政権が誕生すると，離婚合法化が少しずつ現実味を帯び始める。その背景には，わずかながらコンセルタシオンの女性議員数が増加したこと，離婚合法化に賛同するPDC議員が存在感を増したこと，下院で家族委員会が創設されたこと，メディアを通じて離婚が国民的関心事となったことなどがあった。翌95年には，家族形態の維持を重視する枠組みの中で離婚の合法化を目指す新婚姻法案がPDC員から提出され，97年に法案は下院を通過した。その後，上院での法案通過を経て制定に至るまでには，さらに7年もの歳月が必要であった。しかもこの新婚姻法は，依然として夫婦を核とする家族形態の維持をその基盤に据えていた。

このようにエイルウィン政権と続くフレイ政権では，SERNAMが創設され，ジェンダー関連法案が制定されるなど，少しずつではあるが男女平等社会への前進が見られた。しかし両政権とも，ジェンダー政策を優先課題としたわけではなかった。

■2000年代以降のジェンダー政策の変化

2000年にラゴス政権が発足すると，チリのジェンダー政策に変化の兆しが現れる。ラゴスがジェンダー政策に前向きな姿勢を見せた背景には，彼自身がリベラルであったこと，大統領選を勝ち抜くために女性の支持を必要としていたこと，輸出主導の経済発展に伴い女性の労働市場への参加が拡大していたこと，それと並行して政治参加もわずかながら拡大傾向にあったことなどがある。またラゴス政権が発足した2000年には，国連ミレニアム開発目標でジェンダー平等と女性のエンパワーメントを政策課題とすることが掲げられ，国連特別総会「女性2000年会議」が開催されている。05年には国連女性の地位委員会（北京＋10）において，男女の人権尊重や男女共同参画社会の実現の重要性が再確認された。

ラゴスは閣僚ポストへの女性の登用にも積極的だった。初代SERNAM長官であり，フレイ政権では司法大臣を務めたアルベアラが外務大臣に就任した。当時は全国的な知名度は低かったが，後に女性初の大統領となるバチェレが保健大臣となった。SERNAM長官には，アジェンデ政権下の女性局で働いた経験を持つベテランの女性議員が就いた。ラゴス政権もエイルウィン政権やフレイ政権同様，女性の能力開発や社会進出，男女共同参画を最優先課題としたわけではない。しかし，それまでのコンセルタシオン政権と比較すれば，ジェンダーを意識した政策に積極的だったといえる。

SERNAMはラゴス政権下で，ジェンダー・バランスを意識した第2次長期計画と

して「男女機会均等計画 2000-10 年」を策定した。この計画では，男女機会均等の価値観の浸透，女性の権利擁護，政策決定過程への女性の参加，女性の経済的自立と貧困撲滅，女性の日常生活の質的改善，女性の視点を採り入れた公共政策の実施などが重視された。各省はそれぞれの分野で男女機会均等にどのように関与し，どのような優先順位や目標を設定するのかを示すよう求められた。そして進展が見られた場合は予算増額となった。各省連携のための閣僚評議会も設置された。このようにラゴス政権では，従来より具体的かつ組織的にジェンダー政策が遂行されていった。

また，マクロ経済の成長や貧困撲滅の促進に伴い，女性の経済・労働環境も変化した。都市部・農村部ともに女性の就業率が上昇し，労働市場への参加が明らかに拡大した。2010 年版『国連開発計画 人間開発報告書（チリ編）』によると，1990 年には 25〜40 歳の既婚女性のうち仕事に就いている人の割合は 29％だったが，96 年には 35％，2000 年には 41％，06 年には 49％と半数近くまで増えている。就業し収入を得ることは，女性の経済的自立につながる。同時に，女性の労働市場への参入が拡大したことで，男女の賃金格差の是正，パワー・ハラスメントやセクシャル・ハラスメントの防止，仕事と家事・育児の両立に向けた労働環境の改善などが進んだ。

ラゴス政権下で行われた法整備で特筆すべきは，先に述べた離婚の合法化（新婚姻法の成立）である。法案はすでに前フレイ政権下で下院を通過していたが，上院が難関だった。ラゴスは大統領選でも離婚合法化を支持する立場をとっていた。政権発足後は SERNAM が司法省と連携し，法律制定に向けて調整を進めた。上院の保守派も大統領に表立って反対することはせず，04

2006 年，チリ史上初の女性大統領が誕生
（写真提供：駐日チリ大使館）

年についに新婚姻法が成立した。

DV 防止に関しても前進があった。先述のように 1994 年に成立した家庭内暴力取締法は，加害者への処罰と被害者の即時保護を重視するものではなかった。そのため 99 年，女性の権利擁護を主張する議員たちが修正法案を議会に提出した。これがラゴス政権下で改正法として成立し，DV 加害者を厳罰対象とするとともに，被害者の即時保護が求められるようになった。このように民政移管後 10 年以上の年月を経て，チリ社会でもようやく女性の人権を守るための法整備が実質的に進展した。

3. 女性大統領誕生と社会の変化

■初の女性大統領の誕生

民政移管後，チリの政治や経済は著しく変化した。コンセルタシオンによる長期政権が 10 年以上続き，政治が安定化するとともに，経済は着実に成長を遂げた。しかし，前節までに見たように，女性を取り巻く環境は劇的に変化したわけではなく，社会は保守的な面を色濃く残していた。そのような中，2006 年に女性大統領が誕生したことは大きな変化の兆しでもあった。

バチェレは 1951 年，首都サンティアゴに生まれた。父は空軍のエリートだった。バ

チェレは学業優秀で,医師を目指し70年にチリ大学医学部に入学した。しかし73年のクーデター後,父がアジェンデ派であるとして軍部に逮捕され,拷問を受け死亡した。バチェレと母親も秘密警察に捕まり,収容所に投獄された。旧東ドイツでの亡命生活を経て,79年に帰国しチリ大学に復学,卒業後は小児科医として病院に勤務した。結婚と離婚を経験し,母親や子どもたちと強い絆で結ばれているが,敬虔なカトリック信者ではない。

　民政移管後は保健医療分野の仕事に従事する傍ら,民間人として陸軍大学校の修士課程で国防・軍事を学んだ。そこで首席の成績を修め,チリを代表して米国の米州防衛大学校に留学した。2000年のラゴス政権発足時に保健大臣に抜擢され,公立病院のサービス改善に尽力するなどの実績で全国的に知名度を上げた。02年には南北アメリカで初めて女性の国防大臣となった。軍部による人権侵害の被害者が国防大臣のポストに就いたという事実は,シビリアンコントロールや民主主義の定着という点で象徴的な意味を持っていた。そして男性優位の軍部で女性がリーダーシップを発揮することは,女性を取り巻くチリ社会の変化を物語ってもいた。

　バチェレはもともと政党政治や政権運営に野心を有していたわけではなく,むしろ市民の声に耳を傾ける姿勢を旨とする政治家だった。国防大臣就任後,メディアもその活躍を積極的に報道するようになり,国民的人気が高まるにつれ,バチェレは大統領有力候補と目されるようになっていった。逆境を克服し,仕事と子育ての両立に努めてきたバチェレは,市民,とりわけ女性にとって希望であった。バチェレは2004年に大統領選への出馬準備のため国防大臣を辞任し,「市民の参加」と「市民の政府」を掲げて支持を訴えた。エイルウィン,フレイ,ラゴスら大統領経験者,社会党やPDCの主要メンバーがバチェレを全力で支援した。そしてバチェレは選挙に勝利し,チリ初の女性大統領が誕生した。

　バチェレ政権の経済政策は,これまでのコンセルタシオン政権の新自由主義路線を継承するもので,欧米諸国で高等教育を受け,国際的な実務経験のあるエコノミストらが主導した。社会政策では,市民の参加や社会的弱者の能力開発,生活改善への支援に着手した。なかでも,教育・就業の機会や雇用形態における男女同等,男女共同参画社会の実現に向けたジェンダー政策の遂行はバチェレ政権の優先課題であった。

■**女性大統領の試練**

　多くの市民が,チリの政治に変化をもたらす史上初の女性大統領としてバチェレに大きな期待を寄せていた。しかし政権発足から2か月も経たないうちに,教育現場の改善を求める大規模なデモが起き,政権への批判が高まった。このデモは高校生を中心に組織され,制服の形になぞらえて「ペンギン革命」とも呼ばれた。高校における教育改善要求は,2000年代初頭のラゴス政権期から持ち越された課題だった。高校生たちは,続くバチェレ政権もこの課題に早急に着手しないことに不満を募らせ,抗議の声を上げたのである。その後,大学生や教職員,労働組合員,一般市民が加わり,抗議の規模は急速に拡大していった。高校生たちの当初の要求は,大学統一入学試験の受験料の廃止や,学生用公共交通機関の定期券の無料化であった。しかし抗議運動が広がるにつれて,その要求は教員の雇用拡大や学校施設の改善,教育の質の向上,さらには教育分野における構造的な不平等の是正,公正な社会の構築に向けた教育全

般にわたる改革へと拡大していった。デモ隊と警察の衝突が起きることもあった。市民がこれほど大規模なデモによって政府を批判したのは民政移管後初めてのことであった。それは政治に対する市民の期待と，合意形成や妥協を重視してきた政党政治の現実との間に大きなギャップが存在していることを示唆していた。

この事態に対して，バチェレは教育現場のインフラ整備，公共交通機関の学生用無料パスの支給，大学統一入試受験料の条件付き無料化（受験生の家庭の経済事情による）の段階的実現を目指すことを発表した。さらに，内務大臣と教育大臣を更迭するとともに，教育の質向上のための大統領諮問会議を設置した。諮問会議は，高校や大学の学生代表，自治体関係者，大学学長，専門家などで構成された。バチェレは，教育改革は政府主導で行うが，改革を進める上で諮問会議の意見を参考にするとした。コンセルタシオンの有力者たちの支援もあって，デモは鎮静化していった。しかし，教育改革は一朝一夕になしうるものではなく，その後も重要な政治課題となっている。

2007年には，トランスサンティアゴと呼ばれる首都圏の新交通システム開始に伴う混乱が起きた。この新交通システムはラゴス政権期に着手されたもので，バスと地下鉄を効率的に連携させた交通網の構築，バスの路線やダイヤの改正，電子マネーを用いた自動券売機システムの導入などが計画され，バチェレ政権になって新システムとして始動した。しかし路線の非効率性，表示のわかりにくさ，遅滞や料金システムの不備などにより，たちまち首都圏の交通網に混乱が生じ，市民生活を直撃した。バチェレはただちに通信交通大臣を更迭し，交通システムの再調査および改善を約束した。もともと市民は，「市民の参加」や「市民の

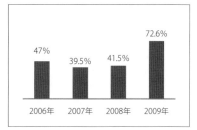

図3　都市部におけるバチェレ政権への支持率

［出所］チリ公共研究センターHPのデータより筆者作成

政府」を掲げたバチェレに対し，従来の政治に変化をもたらしてくれる大統領として期待していたこともあり，失策に厳しい目を向けた。実際，都市部居住者を対象とした世論調査では，2007年，08年の政権支持率（年平均）は40％前後であった（図3）。

■ジェンダー政策の進展

ジェンダー政策では，バチェレは強いリーダーシップを発揮し，一定の成果を収めた。バチェレ政権になって，国家女性庁（SERNAM）の予算は約30％の増額となった。SERNAMは，ラゴス政権期に策定された「男女機会均等計画2000-10年」を継続するとともに，短・中期計画として「ジェンダーの課題2006-10年」を策定した。この計画では，公共・民間の様々な分野において，男女の機会均等，男女共同参画やジェンダー格差の改善が目指された。バチェレ政権はこれらの計画を軸に，政治参加の促進，仕事と家庭の両立への支援，経済的自立の推進・支援，DVへの対応策など，女性に関する諸政策を積極的に進めていった。

特に男女共同参画社会の実現には，政策決定過程への女性の参加が不可欠であるとバチェレは考えており，閣僚ポストにも女性を積極的に登用した。それまでのコンセルタシオン政権では，閣僚ポストは最終的

な任命権は大統領にあるとはいえ，政党間や各政党内部の力関係に関わる微妙な人事として，各方面の調整を図った上で極めて慎重に行われていた。しかしバチェレは，選挙期間中に女性を閣僚に積極的に登用することを公約し，就任後はコンセルタシオン各政党の有力者たちとの事前協議なしに全閣僚の半数を女性とした。その中には政治的経験が豊富でない女性もいた。第1次バチェレ政権の4年間で，閣僚に占める女性の割合は平均46.7％であり，ラゴス政権では平均23.7％，バチェレの次のセバスチャン・ピニェラ政権（2010〜14年）では平均13.2％であった。

また，バチェレは選挙制度改革委員会を設置し，多数二院制の見直しや女性の政治参加促進を含めた選挙制度改革を試みた。さらに政党に対しても，選挙制度改革とは別に，役職への女性の登用や，候補者名簿における女性割合の設定を義務づけることを目指した。しかしこれらの制度改革は，男性優位の政党政治の根幹に影響を及ぼすものと受けとめられ，与野党いずれからも積極的な支持は得られなかった。女性の政治参加拡大は，今日もなおチリの重要な課題であり続けている。

労働環境改善に関しては，女性の管理職への登用促進，男女間の賃金格差の撤廃，女性の能力開発のための職業訓練の制度化，仕事と家庭の両立のための環境づくりなどが進められた。特にバチェレは，女性が仕事と家庭を両立できるようにすることは，子どもの健全な成長，女性の労働市場への参加，国の経済成長と男女共同参画など多様な観点から極めて重要であると考え，SERNAMと各省の連携により，産休制度の確立，職場における育児スペースの設置，全国規模での保育所・デイケアセンターの増設などを進めた。

女性に対する暴力については，DV被害者の保護のための政策が推進された。2005年には，1999年のDV改正法からさらに進んで厳罰化（禁錮刑を含む）がなされた。被害者に対しては，カウンセリングや法的アドバイスを受けられるようにし，子どもなど家族も含めて避難できるシェルターが各地に増設された。さらに，社会全体の意識改革を促すため，SERNAMとフェミニスト団体が共同でDV防止キャンペーンを展開した。

バチェレ政権のジェンダー政策の中で政治的争点となったのは，生殖に関わる分野である。チリでは現在に至るまで妊娠中絶が合法化されていない。民政移管後の社会において，カトリック教会の政治的影響力は相対的に弱まってはいるものの，カトリックの教義に根ざした道徳規範や社会通念は色濃く残っている。右派とPDCの一部は，依然として中絶のみならずピルの使用を含む家族計画にすら反対の立場をとっている。バチェレはラゴス政権下の保健大臣時代から，薬局でのピルの購入を解禁したり，公立病院で強姦被害者に緊急処置としてピルを処方することを認めるなど，女性が望まない妊娠を回避できるようにするための施策に積極的だった。大統領就任後も，14歳以上の女性は親の合意なしに公立病院でピルの処方を受けられるようにするなど，大胆な改革を行った。ところがこれにカトリック教会と右派が激しく反発し，裁判所に許可差し止めを訴え出た。しかしバチェレは，女性の人権擁護の観点に立ち，ピルの使用許可を含む法案の成立を急いだ。

バチェレ政権が取り組んだ年金制度改革にも，ジェンダーの視点が含まれていた。政権発足後，バチェレは専門家による年金制度改革のための委員会を設置し，その報告をもとに関係閣僚間の調整を図りながら

年金制度改革を進めた。それまでの年金制度では，非正規雇用で定収入の女性は十分な社会保障を受けることができなかった。この点を改善するため，新たに連帯基礎年金（PBS）が創設された。これは65歳以上の所得階層下位60%の国民を対象とする年金であり，うち62%を女性が占めた。バチェレが年金制度改革を通して女性の経済的自立を支援しようとしたことがわかる。こうしたジェンダー政策や年金制度改革の実施を反映してか，2009年の都市部における政権支持率は年平均で70%を超えた（前掲図3）。

■ **バチェレ政権の社会的影響**

バチェレ政権は政治・労働・保健・社会保障など各分野において，格差是正を目指し，ジェンダーの視点に基づく諸政策を推進した。その取り組みはチリ社会の意識改革に確実に影響を与えている。2009年の意識調査（2010年版国連人間開発報告書・チリ編）では，ジェンダー格差について次のような結果が示されている。まずチリの18歳以上の男女のうち76%が，男女間の不平等は過去10年間で「減少した」と感じている。また男性の70%，女性の76%が，男女間の不平等の克服という課題は「非常に重要」あるいは「重要」としている。さらに，全体の54%が，男女間の不平等は「ほぼない」（内訳：男性59%，女性49%）としている。ただし，「いまだある」と答えた人も45%を占めている（男性40%，女性50%）。また，「バチェレが大統領に就任して以来，一般的に女性の社会進出が進んだ」という見解に対しては，全体の78%が「強くそう思う」あるいは「ほぼそう思う」と回答している（男性80%，女性76%）。そして全体の65%（男性62%，女性67%）が，チリ初の女性大統領や多くの女性閣僚の誕生を「大きな変化であり，今後女性の社会進出は進むであろう」と認識している。

このようにバチェレは，チリ社会におけるジェンダーに関する意識改革にも貢献した。そしてその後も，女性の社会進出や男女共同参画を意識した政策は継続されていく。2010年に発足した中道右派のピニェラ政権では，バチェレ政権を引き継ぎ，SERNAMが第3次長期計画として「男女機会均等計画2011-20年」および第2次短・中期計画として「ジェンダーの課題2011-14年」を策定した。特にラゴス政権で着手された，女性の管理職登用を含む行政機関運営業務改善プログラムでは大きな進展があった。バチェレ政権では行政機関に対し，女性の管理職登用を「努力目標」としていたのが，ピニェラ政権では「成果目標」となり，女性の活躍が一層期待されるようになった。

2010年に大統領職を退いた後，バチェレは国連で新たに創設されたUNウィメン（ジェンダー平等と女性のエンパワーメントのための国連機関）の初代事務局長に就任し，グローバルな規模で女性の能力開発と社会進出支援，男女共同参画社会の実現に向けて尽力した。

チリでは社会運動の領域でも女性の存在感が増している。2011年，ピニェラ政権に対し，大学入試制度の見直し，高等教育の無償化，大学基準評価制度の厳格化などを求めて大規模な学生デモが起きた。このとき大学学生連合の一員としてデモを主導した1人が，カミラ・バジェホという女子学生であった。バジェホはポップカルチャーやパフォーマンスを交えたデモを企画し，ソーシャル・メディアを通して教育機会の平等を社会に訴えた。バジェホは2011年のチリ学生運動のシンボルとなり，学生たちの訴えは国内だけでなく海外のメディアで

も大きく取り上げられた。その後バジェホは共産党の下院議員となり、公正な社会の実現に向けて政治家としての道を歩み出している。

　芸術分野でも変化の兆しが現れている。2013年制作の映画『グロリアの青春』（セバスティアン・レリオ監督作品）は、離婚を経験した中年女性を主人公とする物語で、ベルリン国際映画祭で銀熊賞・主演女優賞を受賞した。それまでチリ映画の主流であった政治性の強い作品とは異なり、本作は離婚後の恋愛やセックスを含む中年女性の日常に焦点を当てている。この作品はチリの観衆に好感をもって受け入れられた。ここにも男性優位の保守的なチリ社会の変化が現れている。

　2013年12月の大統領選挙の決選投票は、バチェレとエベリン・マテイの2人の女性候補者の争いとなった。右派連合の候補者マテイは、ピノチェト軍事政権で空軍トップを務めた父を持ち、右派では数少ない女性議員および閣僚経験者であった（1990～2013年にかけて、下院・上院議員、労働大臣を歴任）。決選投票の結果バチェレが勝利し、2014年、チリ史上初の2期目の女性大統領が誕生した。就任後、バチェレは選挙制度改革や女性・ジェンダー平等省創設に取り組むことになる。上院議長には、1973年のクーデター時に死亡したアジェンデ大統領の娘イサベルが就任した。女性の上院議長もチリ史上初のことである。大統領就任式典では、イサベル・アジェンデが上院議長としてバチェレに大統領就任懸章をかける役を担った。式典にはブラジルのルセフ、アルゼンチンのフェルナンデスら他国の女性大統領も参加し、バチェレの就任を祝った。

　このように民政移管から四半世紀を経て、チリ社会にもジェンダー観やジェンダー格差に関して一定の変化が現れつつある。女性の社会進出や能力開発、あらゆる分野での男女格差の是正、真の男女共同参画社会の実現に向けて、いまだ課題は多々残っている。とはいえ、とりわけ政治分野における女性の躍進は、チリ社会の将来を明るく照らす変化の一つと言えよう。

【付記】
　本章脱稿後、2015年2月には選挙制度改革法案が成立し、議員数の増加、比例制度への変更とともに立候補者の男女比が規定された。これにより、各党立候補者の40％以上を女性が占めることが定められた。また、女性・ジェンダー平等省も創設されることになり、SERNAMはその管轄下に置かれることになった。これらは第2期バチェレ政権のジェンダー政策の成果として評価できる。

　しかし、バチェレ政権全般については、企業から与野党議員への不正政治献金の問題、バチェレの息子夫婦が関与する会社の土地買収問題などにより、市民の政治不信は一層深まり、2015年8月現在、大統領の支持率は30％となっている。加えて市民の政党や議会に対する信頼も極めて低い。バチェレ政権にとっては、市民からの信頼回復が最大の課題であろう。

第 5 章

コスタリカ
――女性の地位向上の加速――

丸岡　泰

初の女性大統領ラウラ・チンチージャ氏（後列中央）と子どもたち
（氏のフェイスブックより）

コスタリカ女性史関係年表

西暦	事　項
1974	文化青少年体育省内に「女性と家族のためのプログラム事務所」設立。
1975	第1回世界女性会議開催（メキシコ）。
1984	国連女性差別撤廃条約（CEDAW）を批准。
1986	オスカル・アリアス政権発足（～90）。 ビクトリア・ガロンが第2副大統領に就任（初の女性副大統領）。 ロセマリ・カルピンスキが初の女性国会議長に就任。 「女性と家族のためのプログラム事務所」が「国立女性家族開発センター」に改組される。
1987	アリアス大統領，中米和平への貢献によりノーベル平和賞受賞。
1990	女性の社会的平等促進法（法律第7142号）施行。 ラファエル・カルデロン政権発足（～94）。
1993	共和国住民保護官法（法律第7319号）施行。
1994	ホセ・フィゲーレス政権発足（～98）。 レベッカ・グリンスパンが第2副大統領に就任。
1995	職場・教育現場におけるセクハラ規制法（法律第7476号）施行。
1996	家庭内暴力対策法（法律第7586号）施行。 選挙法改正（法律第7653号）により，地方（のち国会も含む）選挙において候補者名簿の40%以上を女性に割り当てるクオータ制が導入される。 「女性に対する暴力の防止・罰則・廃絶に関する米州条約」を批准。
1998	ミゲル・ロドリゲス政権発足（～2002）。 「国立女性家族開発センター」が「国家女性庁」に改組される。 グロリア・バレリンが女性条件大臣および国家女性庁総裁に就任。
1999	年少者の商業的性搾取対策法（法律第7899号）施行。
2001	責任ある父親と市民登録に関する法律（法律第8101号）施行。
2002	アベル・パチェコ政権発足（～06）。 アストリド・フィシェルが第1副大統領に就任。 エリザベス・オディオが第2副大統領に就任。
2006	アリアス第2政権発足（～10）。 ラウラ・チンチージャが第1副大統領に就任。
2007	女性への暴力処罰法（法律第8589号）施行。
2008	チンチージャが副大統領を辞任，大統領選に向けた運動を開始。
2009	選挙法改正（法律第8765号）により，国会・地方選挙に男女同数制と交互制が導入される。
2010	協会，労働組合，連帯協同組合の指導部における女性の最低比率に関する法（法律第8901号）施行。 チンチージャが初の女性大統領に当選・就任（～14，国民解放党）。
2013	総合若者法（法律第8261号）の制定により家族法が改正され，同性間の結婚が可能となる。
2014	ルイス・ソリス政権発足（～18）。

近年，コスタリカ共和国では女性の地位向上のための制度整備の進展が際立っている。この国で女性の地位を高めようとする傾向は以前から見られたが，とりわけ1990年代以降の約20年間の傾向は，本章表題の「加速」という表現がふさわしい。公的ポストに関しては女性が半数を占めるという目標に向かい着実に前進しており，社会全体において女性の立場を強化する姿勢が見られる。

本章の目的は，これらの女性の地位に関わる問題についてその近況を整理し，同国における女性の置かれている状況を紹介することにある。その際，代表的な事例として，第1に初の女性大統領の選出，第2に国会における議員選出ルールの変更，第3に「責任ある父親の法律」を取り上げる。

コスタリカは1949年制定の現行憲法において，常備軍の廃止を定めた。軍の不在は政治的にはその組織票の不在を意味し，経済的には教育・保健予算の確保により福祉国家形成への一助となった。医療保険と基礎教育は全国民を対象としており，平均寿命と識字率が高い。貧困対策や公的企業による開発にも力が入れられた。

このような政策を進めてきたのは，中道左派の国民解放党（PLN）である。政治的には，国際比較上，民間に大規模な労働組合の組織化が進んでいないため，「大衆動員型」よりも「エリート型」民主主義だが，この時期には大きな福祉国家の中の公共部門の労働組合や福祉政策の受益者が支持層となってきた。経済成長を背景に福祉国家が拡大する段階においては，同党は恩顧主義的なパトロン＝クライアント関係を結び，政治的支持基盤を固めることができた。

しかし，1980年代に経済開発の行き詰まりと対外債務問題から経済危機を経験するとともに，構造調整政策が進められ，PLN自体が右傾化した。このような経済政策の下で，以前のような労働組合と政策の受益者層を安定的な政治的支持基盤とすることは難しくなった。

これと平行して，PLNの対抗勢力としてキリスト教社会連合党（PUSC）が台頭し，1990年代から2000年代初頭には二大政党制の様相を呈した。しかし，経済政策の面ではそれは明確な両極の対立ではなく，右傾化した中道左派のPLNと中道右派のPUSCという主張の近い二大政党による「新自由主義連合」体制だった。大統領選挙も国会議員選挙も二大政党の寡占的状況となった。

女性の地位向上に向けた政策の背景にあったのは，このような政治勢力図である。経済発展と社会の成熟，国際社会からの要請が女性の地位向上への推進力ともなったが，新自由主義連合となったPLNとPUSCも支持基盤としての女性に目を向けるようになった。さらに，国の政治全体が右傾化し，労働組合のような安定的な支持基盤を見出すことが難しい現在，新自由主義連合体制の外にある政党にとっても女性票の確保が重要な問題となっている。

歴史的には，1974年，翌年のメキシコにおける第1回世界女性会議に関する活動の調整担当機関として文化青少年体育省内に「女性局」が設置された。この女性局（のち「国立女性家族開発センター」を経て「国家女性庁（INAMU）」に再編）はコスタリカの女性の地位向上に大きな役割を果たした。国際的動向に敏感なコスタリカでは，国連女性差別撤廃条約（CEDAW）と女性運動の影響もあった。

しかし本章では，近年の女性の地位向上の「加速」について，これら以上に政治と社会のニーズという要素に注目する。1990年代以降，継続的に立法府の過半数を得る政党がない中で，政界で女性支援に向けて党派を超えた力の結集が起き，それが以下に紹介する結果をもたらしたと思われるためである。

1. 初の女性大統領選出の背景

■アリアスに選ばれた女性大統領

はじめに，女性の地位向上の「加速」現象の最たるものであり，政界進出の象徴と言える，初の女性大統領選出の経緯について，その政治的背景を紹介しよう。

1949年の現行憲法で女性の参政権が認められてから，民主的に政権交代を行ってきたコスタリカだが，20世紀中に女性大統領は実現しなかった。歴史上初の女性大統領は2010～14年の政権を担ったラウラ・チンチージャだった。

コスタリカの大統領選挙において，各政党は自党の大統領候補者1名・副大統領候補者2名のリストを提出する。有権者の直接選挙で得票数が多い大統領とともに副大統領の当選も決まる。その意味で副大統領も大統領とともに選挙を戦う同志である。チンチージャが第2次アリアス政権（2006～10年）で副大統領を務めるまで，5人の女性副大統領が誕生していたが，女性で大統領候補となったのは彼女が初めてである。

2010年のチンチージャの当選は，この国で2期にわたり大統領を務め，ノーベル平和賞受賞者でもあるオスカル・アリアス前大統領との関係を抜きに語ることはできない。本章冒頭でも述べたとおり，国民解放党（PLN）はもともと左派政党であり，福祉国家づくりを進め，貧困対策などで支持基盤を広げてきた。モンヘ政権期（82～86年）までは労働組合との距離も近かった。しかし，第1期アリアス政権（86～90年）では貧困層向け住宅建設などの政策を掲げた一方，経済政策上では構造調整政策を進め，右寄りに舵を切ったため，労働組合からの支持は遠ざかった。それでもアリアスは公約だった中米和平への貢献で87年にノーベル平和賞を受賞し，国民的英雄になった。

国内に特定の組織的支持基盤を持たないアリアスは，1980年代から外交とともに女性の地位向上に熱心だった。第1次政権では初の女性副大統領が指名され，女性国会議員が増え，初の女性国会議長が誕生した。これは，新自由主義政策を採用する限り，大規模な組織票の確保が難しい中で採用された政治的選択でもあったと考えられる。

2000年代には再度大統領職に就くための働きかけを行い，06年に再選を果たした。この第2次アリアス政権は，社会政策を取り入れた「第三の道」を採ったが，国内での彼の位置づけは依然中道右派であり，その前提の下で女性の有力政治家が次の大統領候補とされたことに，第1次政権との整合性は見いだせる。

初の女性大統領チンチージャは，2006年，アリアスの2度目の大統領選挙において副大統領候補となり，知名度を上げた。選挙後，彼女に副大統領と法務大臣を兼任させたことも，アリアスが彼女を重用したことの表れである。彼女のメディア露出も戦略的に増やされた。

その背景には，国民解放党の支持基盤強化が難しかったことがある。キリスト教社会連合党との二大政党制が，汚職の続出による同党の没落で終了してから，

国民解放党は新勢力との競争に直面した。この頃，選挙において労働組合は中道左派の市民行動党（PAC）を支持したため，右傾化した国民解放党はこの層からの支持は獲得できなかった。また，国民解放党右派よりもさらに右寄りの自由運動（ML）も独自に支持基盤を固めつつあった。左右両面からの挟撃の中で政策面での特徴を示すことが難しい状況の下，候補者固有の魅力に頼ることが，有権者の支持を得る有力な方法だった。

初の女性政権は，このような政治的背景から生まれた選択肢だった。言うなれば，チンチージャ自身がもともと大統領を目指していたのではなく，アリアス前大統領が「選挙に勝てる候補」として彼女を選んだのである。その後の政権運営を見ると，彼女に十分な人脈や政治手腕があったか疑わしいが，アリアスは女性候補の有権者へのアピールについて極めて的確な評価を下していた。コスタリカ社会にはこの時すでに，女性の政治参加を歓迎する下地があると彼は読んでいたのである。

■チンチージャ候補の大統領選挙

チンチージャは1959年3月28日生まれで，サンホセ首都圏で育った。父親は会計検査院長経験者で，家は傑出して裕福だったわけではないが，生活には困らなかった。長じてコスタリカ大学政治学科で学び，この頃から学生会長選挙をきっかけに政治活動に関わっていた。卒業後は米国国際開発庁（USAID）の奨学金を得てワシントンのジョージタウン大学大学院修士課程へ留学し，1989年に政治学修士号を取得した。その後は治安の専門家として，国際機関へのコンサルタント活動に携わっていた。

1990年代からは大統領府，外務省，計画省などで治安に関する提言活動を行い，キャリアを積んだ。政治的には国民解放党（PLN）支持者であり，フィゲーレス派で，ホセ・フィゲーレス大統領時代（1994〜98年）に公安省の副大臣と大臣を経験した。女性の公安大臣は彼女が最初である。そして90年代末からアリアスの大統領再選運動に加わった。2002年選挙戦ではPLNのロランド・アラヤ候補の決選投票の選挙対策本部長を務め，結果はアベル・パチェコ候補（PUSC：キリスト教社会連合党）に破れたが，要職を歴任して着実にキャリアを上げた。02〜06年には国会議員を務め，この間さらにアリアスと接近した。

2006年の大統領選で副大統領候補となり，選挙期間中はほとんど常にアリアスに同行した。アリアスの当選とともに第1副大統領に就任し，法務大臣を兼務したことは既述の通りである。次の大統領選への出馬が決まると，公職者の政党活動禁止規定に従い，副大統領を2年で辞任し，準備に入った。彼女の政治的スタンスはアリアス政治の継承であった。そのため，しばしばアリアスの傀儡と批判されることとなった。選挙戦には明確な争点がなく，アリアス政治の継承を問う審判という面が強く，有権者の関心は初の女性大統領選出の是非に集まった。国民の実務的関心を強いて挙げるなら「治安」であり，これを専門分野とする彼女には有利だった。

結果として，チンチージャは2位のオトン・ソリス候補（PAC：市民行動党）に20％余りの差をつけて圧勝した（表1）。初の女性大統領選出への国民的関心の高さは，棄権率の低下に反映されている。大統領選挙の棄権率は，1998年選挙から

表1　2010年と2014年の大統領選挙と国会議員選挙の結果

	2010年					2014年				
	大統領選挙		国会議員選挙		議席	大統領選挙		国会議員選挙		議席
	絶対数	%	絶対数	%	絶対数	絶対数	%	絶対数	%	絶対数
国民解放党	896,516	46.9	708,043	37.3	24	610,634	29.7	526,531	25.7	18
市民行動党	478,877	25.1	334,636	17.6	11	629,866	30.6	480,969	23.5	13
自由運動	399,778	20.9	275,518	14.5	9	233,064	11.3	162,559	7.9	4
キリスト教社会連合党	74,114	3.9	155,047	8.2	6	123,653	6.0	205,247	10.0	8
その他	62,038	3.2	426,581	22.5	7	458,255	22.2	672,995	32.8	14
有効投票総数	1,911,323	100.0	1,899,825	100.0	57	2,055,472	100.0	2,048,301	100.0	57

［出所］選挙最高裁発表などをもとに筆者作成

30％を超えていたが，2006年選挙の34.8％から10年には30.9％に低下した。

　チンチージャの競争相手の立場からこの選挙戦を見ると，女性大統領の政治的価値がよくわかる。2006年の選挙において，圧倒的知名度を有するアリアスと大接戦を演じたのが，労働組合の支持を受けた中道左派の市民行動党のソリスだった。右派候補としては自由運動のゲバラが勢力を伸ばしていた。PLN内右派のアリアスの後継者チンチージャの競争相手は，06年と全く同じく，左のソリスと右のゲバラだった。

　この2度の選挙で異なる点は，2006年に既存の政治家の汚職を批判し，自身の清廉さをアピールして浮動票を獲得したソリスが，10年選挙では伸び悩んだことである。それほどに「女性大統領候補」は注目されたのであり，アリアスの戦略は適切だったと言わざるを得ない。

■チンチージャの家族政策

　チンチージャ政権の家族政策は，国民の意識や争点の反映であり，そこから現代コスタリカの家族形態が垣間見える。

　チンチージャは私生活では，1985年に離婚を経験しており，2000年に25歳年上のスペイン人弁護士とそれまでの5年間の自由結合期間を経て結婚し，息子を1人もうけた。離婚，自由結合，国際結婚はいずれもこの国では珍しくない。

　「自由結合」とはいわゆる事実婚と同義で，1995年の家族法典改革後，特定の相手との安定した関係が証人の証言を得て認められれば，相続等に関して正式な結婚関係と同様の処遇を得られるようになった。後述するように，現代のコスタリカではこの自由結合が家族形態として一般化している。

　チンチージャは政治姿勢としては保守であり，敬虔なカトリック信者でもある。大統領在任中に二度（2012年と13年），バチカンを訪れて教皇に謁見している。国内では近年，政教分離の見地から，憲法前文の「神の名を唱え，民主主義への忠誠を誓う」という文言から「神の名を唱え」を削除すべきではないかという声が上がっているが，彼女はこれには反対の立場を表明している。

　コスタリカでは，母体に危険が及ぶ場合を除き，人工妊娠中絶は非合法である。チンチージャはこれを支持しており，国

民の大多数の意思だとして,「人間の命を犠牲にする準備をしていて,どうして両親が子どもたちに生命の尊さを教えることができようか」と述べている。

　生殖医療に関してもカトリックの影響は強い。体外受精は,原則として選び抜かれた1個の受精卵のみを子宮に戻す仕組みであり,教会が反対していた。加えて法制度の不備もあり,2000年にコスタリカの憲法法廷で「生命の権利侵害に当たる」として違憲判決が下り,国内での実施が難しくなった。その後,不妊に悩むカップルが12年に本件を米州人権裁判所に持ち込み,コスタリカを非難する決議が出された。チンチージャはこの問題については,教会よりも子どもを望むカップルの側につき,13年に体外受精の実施に道を開く法案を国会に提出した。

　同性カップルの認知については,チンチージャが所属するPLN内でも見解が統一されてはいない。彼女は選挙前には,「社会的差別の撤廃には努めるが,同性婚の制度化には反対する」と公言していた。しかし当選後の2011年5月の訪米中に方針転換を表明し,13年7月に同性婚を可能にする「総合若者法」(法律第8261号)が国会を通過すると,拒否権を行使せず署名した。

　以上の経緯から,チンチージャは本来的には保守政治家であるが,問題によっては国際標準に合わせて方向転換を行う柔軟性を備えていたと言える。そしてその方向転換は,国全体の方針の軌跡とほぼ重なっている。

■チンチージャ政権の実績と評価

　初の女性大統領の実績と評価について,国内の報道などを踏まえ,一般的見方を紹介しておこう。

　当選後,チンチージャ自身も,「初の女性大統領政権」を意識した組閣を行い,閣僚の約半数が女性であることを喧伝した。しかし,チンチージャ政権は結果的に,直面する政治課題を克服できなかった。まず,大きな財政赤字解消のための増税案を含む財政改革法案は,時間と労力を費やしたものの,2012年に国会での手続きについて憲法法廷で違憲判決を下され,法制化に失敗した。政権側に代案はなかった。財政赤字のGDP比は政権交代時(2010年)に5.2%とすでに大きかったが,13年には5.4%へと悪化した。

　また,2013年には道路建設資金問題が支持率低下に拍車をかけた。チンチージャ政権はブラジルのゼネコン大手OASと高額契約を交わし,首都圏と空港を結ぶ主要幹線(サンホセ‐サンラモン間58km)の道路拡張工事を行うことになった。完成後は片道4000コロン(約8米ドル)の高額な通行料を徴収する予定だった。しかし,市民による反対運動が起きたため,政府は契約を破棄し,OASに多額の違約金を支払わねばならなくなった。結果として税金をドブに捨てる事態となり,政権への批判が高まった。

　さらに同じく2013年,チンチージャ個人の行状も批判にさらされた。彼女は第2副大統領ルイス・リベルマンの息子の結婚式に出席するため,石油企業THXの提供した飛行機でペルーへ向かった。同じ頃,THXのオーナーがコロンビアからの麻薬密輸の嫌疑をかけられ,関係閣僚が辞任するに至った。こうしたスキャンダルによる閣僚辞任劇はこの政権の特徴で,歴代政権中でも突出している。

　こうしてチンチージャ政権への評価は低下し,最終的には過去24年間の6政権中で最低となった。有力紙『ナシオン』

が2014年1月25日に発表した同政権の実績を問う世論調査（ウニメール社実施）によると、就任2カ月後の10年7月には「望ましい」が8割弱、「望ましくない」が1割強だったが、12年前半に逆転し、選挙前の14年には「望ましい」が23％に下がり、「望ましくない」が73％に達した。初の女性大統領への期待値が高すぎ、実績はそれを下回った。彼女の専門の治安対策が評価されることはあるが、大統領の実績としては物足りない。

2014年の選挙では、PLNはジョニー・アラヤを大統領候補に擁立したが、決選投票で中道左派・市民行動党（PAC）のルイス・ソリスに敗れた。政治家ソリスの知名度は高くなく、意外な当選だった。この選挙結果は、チンチージャ政権もしくはアリアス派、ないしはPLNへの拒絶と考えられる。

チンチージャ政権は、当初の人気とは対照的な結末を招いた。アリアス前大統領は、自身の外交手腕や「サプライズ指名」でPLNと自派の実力をアピールしたが、チンチージャにはそれを受け継ぐ政治手腕はなかった。PLNの野党化は避けられない状況だったと言える。

チンチージャが初の女性大統領の任期を全うしたことは、女性の政治参画の前進として評価すべきだが、政権の実績には疑問符がつくと言わざるを得ない。

2. 女性の政治参加の制度化

■ジェンダー・クオータ制の導入

コスタリカの政界では近年、女性の参加が拡大しており、国会および地方議会に占める女性議員の比率は世界最高水準となっている。ここでは、国政・地方選挙における男女比率の均等化を目標としたジェンダー・クオータ（割り当て）制導入の経緯を紹介しよう。

コスタリカの国会は1953年以来1院制であり、62年以降議席数は57である。国会議員選挙は58年以降4年ごとに実施されており、大選挙区・拘束名簿式比例代表制である。7県ごとに定められた議席数を、各政党が総獲得票数に従って得るという仕組みになっており、党の候補者名簿の男女比と順位（上から順に当選する）が国会の男女比に影響する。

よって、国会議員選挙をジェンダーの視点から見た場合の主な問題は、各党の候補者名簿の上位に女性が少ないことであった。その主な要因としては、選挙に必要な経済力の面での女性の不利性、男性優位主義（マチスモ）による女性の能力の過小評価、性別役割分業観による女性の私的領域（家庭）への閉じ込めなどがある。

歴史的には1990年代まで、国会における女性の比率はわずかだった（図1）。女性が初めて選挙権を行使した53年の国会議員選挙で選ばれた女性議員は3人だった。30年後の80年代には7人に増加したが、それでも比率は12％にすぎなかった。地方議会でも、90年時点で女性議員の割合は14％だった。

こうした状況の下、第1次アリアス政権期（1986～90年）には、国立女性家族開発センター（女性局が86年に改称）が「真の平等法」成立に取り組んだ。法案作成を推進したのはカルメン・ナランホ文化大臣、アリアス大統領夫人マルガリータ・ペノンらである。法案は88年の国際女性デー（3月8日）に、アリアス大統領夫妻の手で国会に提出された。この法案の中に、国会・地方議会選挙において選挙地の人口の男女比に応じて候補者

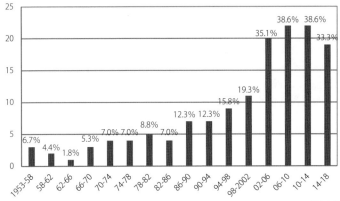

図1　議員総数に占める女性国会議員比率の推移

［出所］http://virtual.inamu.go.cr/index.php?option=com_content&view=article&id=778&Itemid=1507 等から筆者作成

の性別比を定めるジェンダー・クオータ制の導入が含まれており，国会で激しい議論を呼んだ。法案は最終的に，男女平等の原則を定めた90年の「女性の社会的平等促進法」（法律第7142号）として結実したが，ジェンダー・クオータ制の導入は見送られた。

ただし同法では，政党交付金の一部を女性の政治参加拡大に用いることが定められた。コスタリカでは，規定の得票率（4％）もしくは1議席を獲得した政党に国が政治資金を交付することが憲法で規定されている。「女性の社会的平等促進法」は第6条でこれに修正を加え，各政党は与えられた交付金の30％を有権者女性の政治教育・政治参加促進のために使うよう定めたのである。これにより，女性の政治参加促進の制度化が進んだ。

その後，政権がキリスト教社会連合党（PUSC）の手に移ってからもジェンダー・クオータ制導入への挑戦は続いた。1994年，国立女性家族開発センターは，女性に40％を割り当てるクオータ制を法制化するための改正選挙法案を提出した。法案提出にはマリア・サンチェス，

サンドラ・ピスクら PLN 女性議員のほか，同党男性議員，PUSC 他の男女議員らが関わった。法案は96年12月，法律第7653号として承認され，地方（地区審議会・市議会・県議会）選挙の各党候補者名簿に40％以上の女性候補者を掲載することが義務づけられた。

しかしこの改正選挙法では，国会議員選挙におけるクオータ制が明文化されなかった。この点について，1999年から選挙最高裁判所（TSE）が選挙法の解釈により，国会議員選挙と地方選挙においても政党に女性比率40％以上を義務づけることが決議された。これを遵守しない政党は TSE の登録総合局で候補者名簿の登録を拒否されるため，強制力は強い。

クオータ制の導入がもたらした成果は，選挙結果を見れば明らかである。まず，地方市議会全503議席に占める女性議員数は，それまで最多だった1994年の71（14.1％）から，導入後の98年には193（38.4％）へ急増した。その後も2002年に233（46.3％），06年に205（40.8％）と規定の40％を超えている。国会議員選挙についても，先の図1に見るとおり，

TSEの決議を経て，女性議員数は98年の11（19.3％）から02年の20（35.1％）へと飛躍的に増加した。地方議会・国会いずれにおいても，クオータ制は実質的効果を挙げたと言える。

ただし，依然，女性候補の名が候補者名簿の中で下位に記載される傾向はあり，より根本的なジェンダー平等の実現の上で課題として残されている。

■同数制と交互制の制度化

ジェンダー・クオータ制の導入により40％とされた女性枠は，その後50％（＝男女同数制）への拡大が試みられた。

2003年，カイラ・デラロサ議員（PLN）は男女同数制を掲げ，選挙法改正案を国会に提出した。元女性条件大臣・国家女性庁総裁のグロリア・バレリン議員（PUSC）と，マルガリータ・ペノン議員の支援を得ていた。ペノンは1994年の大統領選出馬を目指し，PLN党内の候補選に女性として初めて臨むも敗退し，2001年のPAC結成に加わり，02年に国会議員初当選を果たした。彼女はアリアスとは離婚したと言われており，私生活と政治のいずれでも彼とは距離を置いていた。

コスタリカでは国会議員の連続再選が禁じられており，選挙で議員が総入れ替えされると懸案議題もすべて白紙に戻される。女性の政治参加に関する議題も例外ではない。それでも，賛同者たちの粘り強い努力により，男女同数を目指す選挙法改正をめぐる議論は数年間続いた。その過程で，同数制だけでなく，各政党の候補者名簿において性別を交互に記載する「交互制」の導入も提案された。この同数制・交互制をめぐる論戦は，1949年の女性参政権，96年のクオータ制導入に匹敵する激しさとなった。そこでは平等の意味と女性の社会・政治参加の意義が根底から問われた。

2007年には選挙最高裁判所（TSE）が，国会に同数制と交互制を提案した。さらに，国家女性庁，女性市民組織，女性政治家，女性議員が積極的な活動を展開し，09年の改正選挙法（法律第8765号）により，ついに国会・地方議会および政党組織選挙における同数制と交互制が法制化された。

同数制に関しては，ポストが偶数の場合は男女ともに50％ずつとし，奇数の場合は男女差が1席を超えてはならないとされた。交互制に関しては，候補者名簿において同性の候補者を2名続けて記載してはならないとされた。規定に従わない場合の罰則は，TSE登録総合局で綱領および候補者名簿を受けつけず，政党登録を更新しないという厳しいものである。

なお，この2009年の改正選挙法に関しては，10年にTSEが次のような解釈を示した。①国会議員のように複数あるポストについては同数制・交互制の適用に疑問の余地は少ない。②大統領のような唯一のポストの場合は，男女いずれかの当選になるので，候補者がどちらの性でも適法となる。③第1と第2の2名が選出される副大統領については，第2の候補は必ず第1の候補とは別の性でなければならない。④地方選挙に関しては，市長候補は両性いずれでも可だが，2名の副市長のうち第1候補は市長とは別の性でなければならない（第2候補はこれらと無関係に両性いずれでも可）。地区審議会の住民代表候補は両性とも可だが，代表代理候補は代表とは別の性とする。特別区（遠隔地などに設けられた8つのエリア）の区長候補は両性とも可だが，副区長候補は区長とは別の性とする。

■ 近年の女性議員数の低迷

こうして同数制・交互制の制度化は「加速」したが、先の図1の通り、国会に占める女性議員の数と比率にはそれによる顕著な増加は見られない。2010年の選挙で、女性国会議員数は57議席中22名（38.6％）だったが、同数制・交互制が初めて適用された14年の選挙では逆に33.3％へと低下した。

この制度の地方選挙への影響もいまのところ明確ではない。市議会ではまだ同数制・交互制の同時適用はされていないので、同数制が初めて適用された2010年の地方選挙の結果を見てみよう。81の市長ポスト中12.3％、この年から設けられた同じく81の第1副市長ポスト中87.0％、79の第2副市長ポスト中17.7％を女性が占めた。市長職に関しては、女性の比率は06年の11.1％から上昇している。一方、地区審議会の諸ポスト（全国で1848）に占める女性の比率も48.2％と、06年の46.7％からわずかに増加した。しかしいずれも制度の効果を評価するには継続観察を要する。

ピカドとブレネスは、国会において同数制・交互制の有効性が現段階で限定的である理由を次のように分析している。第1に、女性枠40％以上を定めたクオータ制の下で、諸政党がすでに実質的な同数制をとっていた（**表2**）。2002年以降、主要政党のPLNとPACは40％を超える女性議員を輩出してきたため、改めて同数制・交互制を導入してもその効力は小さくなる。第2に、国会は少数派多党乱立の状況にあり、議席1の政党が増えており、依然としてその議席を男性が占めることが多い。第3に、同数制・交互制では、各党の各県における獲得議席数が

表2　国会における政党別女性代表の状況（2002-14年）

選挙年	2002		2006		2010		2014		2002-14	
政党	女性議員(%)	議員数	女性議員(%)	議員数	女性議員(%)	議員数	女性議員(%)	議員数	女性議員(%)	議員数
国民解放党 (PLN)	7 (41.2)	/17	11 (44.0) a	/25	10 (41.7) b	/24	8 (44.4)	/18	36 (42.9)	/84
市民行動党 (PAC)	7 (50.0)	/14	8 (47.1)	/17	5 (45.5)	/11	6 (46.2)	/13	26 (47.3)	/55
キリスト教社会連合党 (PUSC)	6 (31.6)	/19	2 (40.0)	/5	1 (16.7)	/6	1 (12.5)	/8	10 (26.3)	/38
自由運動 (ML)	0 (0.0)	/6	1 (16.7)	/6	4 (44.4) c	/9	2 (50.0)	/4	7 (28.0)	/25
排除なき参画党 (PASE)	0 (0.0)	/0	0 (0.0)	/1	2 (50)	/4	0 (0.0)	/0	2 (40.0)	/5
広範前線 (FA)	0 (0.0)	/1	0 (0.0)	/1	0 (0.0)	/1	2 (22.2)	/9	2 (18.2)	/11
その他	0 (0.0)	/0	0 (0.0)	/2	0 (0.0)	/2	0 (0.0)	/5	0 (0.0)	/10
合計	20 (35.1)	/57	22 (38.6)	/57	22 (38.6)	/57	19 (33.3)	/57	83 (38.1)	/228

［注］a：国民解放党がサンホセ県で交互制によらず、名簿の2、3、4位に女性3人を記載した。b：国民解放党がサンホセ県で交互制に2度よらず、名簿の2、3位と6、7位に女性を記載した。全員が議席を得た。c：自由運動がサンホセ県で交互制によらず、名簿の1、2位に女性を記載した。
［出所］Picado y Brenes [2014] に基づき筆者作成

3以上の奇数の場合（02～14年にかけて15回発生している），候補者名簿の筆頭に記載された候補者の性別が他方の性別より1つ多くなる。名簿内の順位に関しては各政党に委ねられており，これも依然として男性が筆頭となることが多い。

このような要因により，政治参加における男女平等を意図して導入された同数制・交互制は，いまのところクオータ制ほどの効果を示してはいない。また，候補者名簿での男性優位が，同数制・交互制の効果を弱めている。

それでも，女性枠の制定で国際的にも高い水準に達した後，さらなるジェンダー平等に向けて同数制・交互制の導入を進めたことは注目に値する。

コスタリカにおける同数制・交互制の制度化は，女性議員やその支援者，国家女性庁，市民組織による女性運動，選挙最高裁の判決など，多方面からの推進力によって実現した。その中心は政界でポストを得た女性たちだが，国会の内外で選挙法をめぐる超党派的な議論と解釈が積み重ねられた成果でもある。1980年代後半のクオータ制導入以前には，大統領夫人らによる政界外部からの運動が目立ったが，近年は政治家による女性政策への取り組みが見られる。この現象は，女性の政界進出とその制度化の政界内外での連鎖的反応の反映と見ることができる。

3. 責任ある父親の法律

■「責任ある父親の法律」制定の背景

コスタリカ社会で女性の置かれた状況に関して特に懸念されてきたのは，シングルマザーの問題である。この問題については，女性の政界進出よりも国民の間で関心が高い。この問題に，女性の地位向上の必要性が表れている。

その対応策としてミゲル・ロドリゲスPUSC政権期（1998～2002年）に，国家女性庁や住民保護庁が立法化の中心となり，01年3月，「責任ある父親と市民登録に関する法律」（法律第8101号，以下「責任ある父親の法律」）が公布された（内容は次項で詳述）。この立法には政権の事情が関わっていた。ロドリゲス政権もアリアス政権と同様の新自由主義路線を採っており，労働組合のような支持基盤がなかったため，女性政策を支持集めに用いる誘因があったと推測できる（2014年8月，筆者による国家女性庁職員への聞き取り調査から）。

ラテンアメリカ諸国の例に漏れず，コスタリカでもマチスモの伝統は根強く，男性は若い女性と付き合うことでステータスを上げるとみなされている。性的関係や生殖の意思決定においても男性が優位に立ち，そのうえ人工妊娠中絶が非合法であるため，妊娠した女性は多くの場合出産に至る。この事情を反映するかのように，コスタリカでは婚外子が多い。「責任ある父親の法律」の前文によれば，1999年の出生数7万8526のうち51.5％が婚外子で，父親の認知を受けていない新生児が2万3845人いた。

これと同時に，家族形態の急速な変化もふまえる必要がある。国立統計センサス機構（INEC）の調査に基づく**図2**から明らかなのは，1990年代以降，「結婚」を選択した母親の比率が低下し続けていることである（92年の約60％から2013年には約30％へと半減）。なお，INEC調査の選択肢は01年まで「結婚」「独身」「寡婦」「離婚」「離別（法的理由などによる）」だったが，02年に先述の「自由結合」が付け加えられた。図2に示され

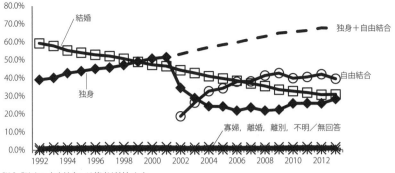

図2 母親の婚姻状態別出生比率の推移（1992-2013年）

［注］「独身＋自由結合」は筆者が付加した。
［出所］国立統計センサス機構

ている通り，出産時調査で以前は「独身」を選択していた母親の多くが「自由結合」を選択するようになった。図2で筆者が加えた「独身＋自由結合」の比率を示す破線は，出産時の母親の「結婚離れ」の趨勢を表している。いまや母親の7割が「独身」または「自由結合」を選択するようになったことは，この20年間の家族の姿の大きな転換と言える。

「責任ある父親の法律」は，以上のような社会状況を背景として生まれた。結婚に家庭を維持する機能が見出されなくなった一方で，多くの母親はシングルマザーとして生計を立てざるを得ず，経済面でそれを補う制度が求められていたと見ることができる。

■「責任ある父親の法律」と食費年金制度

「責任ある父親の法律」は，シングルマザーをめぐる問題の中で，特に経済面への対応策として制定された。父親が養育費の支払い義務を負うことについては，すでに食費年金（養育費に相当）制度により定められていたが，実態としてすべての母子家庭をカバーするには至っていなかった。そこで父親の自由意思に委ねず，法的強制力をもって扶養義務を履行

させようとしたのが「責任ある父親の法律」であると言える。

父親が結婚や家族扶養の意思をもたない場合，まず新生児の市民登録の際に姓の問題が生じる。コスタリカでは子どもが生まれると，父親の第1姓（父の父の姓）と母親の第1姓（母の父の姓）をその順序のまま子どもの第1姓・第2姓とし，市民登録を行う。父親に認知されなかった子どもは，市民登録の際に父親の姓を名乗ることができず，母親は養育費の支払いを要求することができない。

一方，多くの域内諸国同様，コスタリカでも女性世帯主の貧困比率が高い。2006年版報告書『国の状況』によると，1995〜2004年の期間で女性世帯主家庭と男性世帯主家庭の貧困率を比較すると，前者が20〜25%，後者が14〜18%と，前者の方が明らかに高かった。この状況に鑑み，「責任ある父親の法律」では，父親を確定し，母子への経済的責任を履行させることが目指された。具体的には，DNA検査による親子鑑定で父親を確定し，養育費等の支払いを命じる。従わない場合は警察に身柄を拘束される。また，それまではDNA検査から父親の確定まで数年を要するのが普通だったが，新法

施行と同時に鑑定・捜索体制の見直しが図られた。この「父親探し」に関して、母親は手続きのために弁護士を雇う必要はなく、行政サービスを利用できる。

以下では、国家女性庁編『責任ある父親の法律を知りながら』（2011年版）から、同法の手続きを紹介しよう。

既述の通り、子どもが生まれた際、通常は父親の認知を受け、子どもは市民登録局に父親と母親の姓で登録される。父親が同伴していない場合は、市民登録局が父親と目される男性に対し、10平日（2週間）以内に出頭して父性を認めるか否かの回答をするよう求める。男性が父性を認める場合、子どもは父と母の姓を付される。男性が期日内に出頭しない場合、子どもはその男性と母親の姓を付される。男性が出頭しても父性に疑いがある場合は、男性の希望に応じてコスタリカ社会保険公庫のラボで検査を行う。

DNA検査に当たり、父親と目される男性、母親、子どもには次のことが求められる。検査当日は予約時間を厳守すること、身分証明書を提示すること、母親が未成年の場合には身分証明書を持つ成人が同伴すること、である。

検査結果が陽性だった場合は、子どもは父母両方の姓で市民登録することになる。陰性だった場合、および母親が検査を受けなかった場合は、いずれも子どもは母親の姓のみを登録される。また、父親が検査を受けない場合、以前の制度では子どもは母親の姓でしか市民登録ができなかった。しかし現在では新法により、父親が検査を受けなくても両親の姓で登録できるようになった。父親の意思にかかわらず認知を法的に強制する仕組みと言える。ただ、父親の指名は1回のみとされているため、複数の男性と関係を持っている母親に対しては慎重な指名が推奨されている。DNA検査結果が約15日で判明し、市民登録手続きが約2カ月で終わるという迅速さも制度の特徴である。

なかには制度によって子どもの養育権を奪われるのではないかと懸念する母親もいる。『責任ある父親の法律を知りながら』はこれについて、父親が認知をするか否か、また養育の意思を有するか否かにかかわらず、子どもの養育権は母親にあると記している。

子どもの養育費については、父親が子どもを認知したあと、母親は父親に①妊娠・出産費用、②1歳までの諸支出、③食費年金を請求することができる。

食費年金は、子どもが18歳（就学中であれば25歳）になるまでの養育費で、父親に支払いの義務が課される。毎月の支払額は両親の経済状況によって様々である（次項参照）。支払いを拒否したり、滞ったりすると父親は警察に身柄を拘束され、最長6カ月間拘置される。経済的に困窮する母子家庭の救済策として考案されたものではあるが、この支払いの強制は「責任ある父親の法律」をめぐる最大の論点ともなっている。警察を介入させて身柄を拘束させるのは憲法違反ではないかと見る向きもあるが、いまのところ制度は続行されている。

■新制度の影響と課題

「責任ある父親の法律」に基づく新制度の発足後、いくつかの変化が観察されている（図3）。まず、DNA検査件数は増加傾向にある。同時に、市民登録局から鑑定の連絡を受けた父親が、検査の実施前に子どもを認知するケースも増えている。DNA検査を不快な経験と感じ、自発的に認知すると思われる。この法律が、

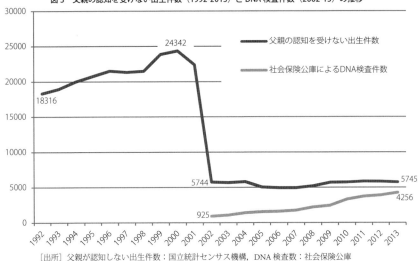

図3 父親の認知を受けない出生件数（1992-2013）と DNA 検査件数（2002-13）の推移

[出所] 父親が認知しない出生件数：国立統計センサス機構、DNA 検査数：社会保険公庫

子どもの父親を知る権利の保障やシングルマザーの経済的支援の上で効果を発揮していることは疑いない。これは「父親が認知しない出産」の劇的な減少によっても裏づけられる。法律が施行された 2001 年から、父親の認知を受けない出産の数は大幅に低下した。ただし、このデータは国立統計センサス機構（INEC）によるもので、市民登録局のデータとの不整合が指摘されている。後者では出産後の認知を加味した修正が行われており、その数値には法律の明確な影響は見られない。しかし、留保つきとはいえ、この法律が男性の「責任ある父親」としての行動に影響を及ぼしていることは間違いないだろう。

次に、養育費の支払い拒否による身柄拘束の実態を見てみよう。法律が施行された 2001 年の 11 月 10 日付『ナシオン』紙は、アラフエラ市の刑務所に養育費の支払いを拒否した男性 137 人が収容されていることを報じた。また、13 年 10 月 19 日付同紙は、同じ理由で男性 261 人

が拘置されていると報じている。

食費年金の収支は、国内各地に設置された食費年金裁判所（司法府所管）が取り扱っている。母親と父親の経済状況をふまえて毎月の支払額を決定するのも同裁判所である。司法府計画部の統計年報によると、食費年金は 2012 年だけで 3 万件以上の新規支払い開始があり、計 13 万件を超えた。国内全件数の約 12%（国内最多）を扱う首都サンホセの第 2 食費年金裁判所の 07 年 5 月のデータを見てみよう。最多は月額 10,001 コロン（約 19 米ドル）〜30,000 コロン（約 58 米ドル）で、5,639 件と全体の 30% を占める。僅差で続くのが月額 30,001 コロン〜50,000 コロン（約 96 米ドル）で、5,599 件（同 29.9%）である。ちなみに同時期のコスタリカの最低賃金は月額 128,778 コロン、貧困線は月額 54,000 コロンである。

法律施行後、男性が多額の食費年金を請求されて生活が破綻した、といった話題がメディアにしばしば登場するようになった。インターネットでは、食費年金

の負担を苦に自殺したケースも報じられている。こうした問題の原因の一つは、食費年金の額を定める上での明確な基準が設けられていないことにある。そのため、衣食住や教育・医療など母子の生活に必須の要素を賄う費用の他に、通信費や娯楽費、輸送費といった異論の余地のある費用を上乗せして年金額が膨らむケースも出てしまっている。

父親の権利擁護に関する活動を行っているNGO「男性支援機構財団」(FUNDIAPHO)は、現行の食費年金制度と「責任ある父親の法律」が、母親＝女性に一方的に有利で、父親＝男性の権利を侵害する可能性があると指摘する（2014年8月、筆者のインタビューによる）。極端なケースでは、女性が一時的な出費であるはずの新婚旅行の費用を、生活支出の一部として年金額に加えることを要求し、食費年金裁判所がそれを認めて、多額の年金を請求された父親さえいるという。決定した年金額を再調整する仕組みも設けられてはいるが、手続きに時間がかかるため、男性には不利である。

2013年7月、FUNDIAPHOの呼びかけで、現行制度で苦しむ父親の救済を訴えるデモが行われた。参加した男性たちは、子どもに会う権利を奪われたとして制度の不当性を訴えたり、行政機関でありながら女性だけを利しているとして国家女性庁を糾弾した。現在の制度が、一部の男性に強い不満と被害者意識を抱かせていることは疑いない。また、FUNDIAPHOの主張する通り、現行制度には男性を「父親」としてよりも、「自動養育費支払機」のように扱う側面があることも確かである。母親への経済的支援を重視するあまり、父親の権利や親子関係における役割が軽視されている。

また、支払いを拒否して身柄を拘束された男性は、その期間は経済活動を行えないため、母子の経済支援に貢献できないことも問題である。警察沙汰になったことで職場を解雇されるといったケースも生じており、場合によっては男性の人生を破壊しかねない。フェイスブック「食費年金尋ね人」には、食費年金がらみで失踪した男性を探す顔写真付きの投稿があふれている。養育費を請求された男性が逃亡するという事態は政府も想定していたが、捜索は主に警察頼みで、はかばかしい成果は上がっていない。父親が見つからなければ、制度が目指していたはずの母親の支援も不可能となるわけで、年金額の設定と支払い拒否の場合の拘束措置に関しては抜本的な見直しが必要であろう。

コスタリカでは他にも、職場・教育現場におけるセクハラ規制法、年少者の商業的性搾取対策法、家庭内暴力対策法、女性への暴力処罰法など、女性の権利擁護と地位向上のための法律が定められている。また2010年の法改正により、クオータ制における男女同数制が労働組合などの組織の指導部にも適用されている。

しかし、本節で詳述した「責任ある父親の法律」や食費年金制度を含め、これらの法律・制度の一部に、行き過ぎた格差是正措置となっている側面があることは否めない。このような現状に反応して、女性の地位向上の「減速」をめざす運動が目立ってきている。今後は個別の制度の見直しとともに、女性だけでなく男性も含めたジェンダー平等への取り組みが求められる。

第 6 章

コロンビア
──階層を超えて平和を求める女性たち──

幡谷則子

「エンシーノ郡の生活の質向上をめざす農民女性家族」(FENCAVI) のワークショップに参加した後，協力し合って昼食の調理に当たる女性たち（2009 年 筆者撮影）

コロンビア女性史関係年表

西暦	事　項
1873	民法改革が行われ，婚姻時の別産制が導入される。
1920s	雑誌『フェメニーナス』刊行。
1930	ボゴタのコロン劇場にて第4回国際フェミニスト総会開催。
1932	「既婚女性の法的能力と特有財産管理に関する法」制定。
1933	女子の大学進学を認可（大統領令1972）。
1936	憲法改正によって女性が公務員職に就くことが認可される。
1948	「ボゴタッソ（ボゴタ騒乱）」を契機に「ラ・ビオレンシア（暴力）」の時代へ突入。
1954	ロハス・ピニージャ軍政，女性参政権法を制定。
1957	初の女性投票。女性国会議員誕生（1958年就任）。
1958	二大政党体制による「国民戦線」期が始まる（〜74）。
1965	コロンビア家族福祉推進協会（PROFAMILIA）創設，家族計画普及活動の開始。
1968	コロンビア家族社会福祉庁（ICBF）創設。
1974	配偶者責任に関する男女平等規定。
1976	離婚法（民事婚のみ）を制定。
1981	国連女性差別撤廃条約を批准。
1984	第1回農民女性全国集会開催，「農村女性と先住民女性のための政策」策定。
1986	ICBF，「コミュニティ託児の家」（HOCOBIS）プログラムを導入。
1990	制憲議会招集，「制憲議会女性議員ネットワーク」結成。 「女性，青少年と家族のための顧問局」設置（〜94）。
1991	新憲法発布。男女平等および個別資産に対する権利規定（第13条，第18条）。
1992	「女性のための総合政策」策定。新離婚法制定（教会婚も対象となる）。
1993	シングルマザー特別支援法の制定。
1994	「女性の参加と平等のための政策」策定，「女性のための平等（促進）課」設置（〜98）。
1995	第4回世界女性会議（北京）開催。 「女性に対する暴力の防止・罰則・廃絶に関する米州条約」採択。
1997	人身売買および売春による搾取に関する刑法の改正。
1998	「女性の平等のための大統領府顧問局」設置（〜2010）。
1999	「女性のための機会平等計画」策定。
2000	三権の最高職位の女性占有率を最低30％とするジェンダー・クオータ制が導入される。
2002	土地譲渡プログラムにおいて，農村の女性世帯主に特別措置を講じることが定められる。
2003	「平和構築者としての女性政策」策定。
2005	「公正・和平法」制定，投降兵士の社会復帰を促進する政策が始まる。 憲法裁判所，ウリベ政権の強制移住者政策に違憲判決を下す。
2006	堕胎法改正（一定条件下で人工中絶が認可される）。
2010	「女性の平等のための大統領府上級顧問局」（ACPEM）設置。
2011	「紛争被害者補償・土地返還法」制定。同一職種における男女同一賃金規定（法律1496号）。
2014	紛争真実究明活動組織「女性たちの平和への道筋」が国民平和賞を授賞。

コロンビア共和国は南米大陸の西北端に位置し、114万1748km²の国土に4794万人（2014年国家統計局推計）を擁し、人口規模ではラテンアメリカ域内でブラジル、メキシコに次ぎ3位、2013年の世界銀行の統計によると1人当たりの購買力平価GDPは1万2424米ドルで域内4位である。15年、経済協力開発機構（OECD）加盟の正式手続きが開始された。

気候と地勢は多様性に富み、南米大陸有数の生物多様性を保持するだけでなく、石炭・石油をはじめ鉱物資源も豊富である。カリブ海と太平洋に面する2つの海岸線をもつことによって、南米の貿易ルートの要の一つとなっている。同時に、この立地条件も手伝って世界最大のドラッグ消費市場である米国向けの麻薬密輸ビジネスの拠点となった。他方で、険しいアンデス山脈が国土を縦断し、熱帯低地やアマゾン地域に囲まれる複雑な国土ゆえに、運輸通信網の整備による国家統合は困難で、地域格差が著しい。

人種構成も多様である。全人口の5%にも満たない先住民人口は辺境地に分散している。また、スペイン植民地時代にアフリカから連れてこられた奴隷の子孫が、今日全人口の10%強を数えるアフロ系住民で、その8割以上が最貧県チョコを中心に太平洋岸地域に集中する。

コロンビアは20世紀の経済発展過程はおおむね堅調で、ラテンアメリカにとって「失われた10年」とされた1980年代の債務危機においても返済繰り延べ交渉に及ばなかった数少ない国であった。反面国内社会構造には著しい経済格差があり、ジニ係数で測る所得不平等度（2012年の世界銀行の統計で0.54）はラテンアメリカ域内で常にワースト3に入る。大多数の民衆は政治経済の舞台では少数派であり、中でも先住民、アフロ系住民、開拓農民、零細鉱山民などは、国家からその存在すら長年認められず、基本的社会サービスを享受できていない。

政治体制については長年安定した政権交代による民主主義を維持してきたと評価されるが、多元的民主体制であったとは言いがたい。20世紀半ば、保守・自由両党の間で「ラ・ビオレンシア（暴力）」と称される内戦が起こったが、これは両党が交代で政治権力を握るという合意によって終結した。「国民戦線」と呼ばれるこの二大政党体制は安定的国家体制を確立したが、左翼勢力は政党政治から排除され続けた。この結果、制度的には長期安定民主体制が継続されているが、半世紀以上にわたって武力紛争が続いてきた。国内の構造的格差からの脱却を目指した左翼革命運動の一部は武装ゲリラ化し、1960年代以降複数の反体制武装勢力が結成された。多元的民主主義をめざした80年代の政治改革も、和平プロセスも、左翼ゲリラのほかに多様な武装組織が出現したことによって阻まれた。

1991年の新憲法制定による政治改革、貿易の自由化とネオリベラル（新自由主義的）経済開発政策の導入によって、90年代初頭、冷戦後の新しい政治経済運営が始まった。その一方90年代は80年代から引き継がれた和平プロセスが難航し、国内紛争と治安状況は深刻化した。

紛争社会で最も苦しんできたのは民衆である。多様な暴力主体と日常的に共存せざるを得ない状況下で、民衆女性たちは経済的自立と尊厳ある生活を求めて連帯組織を形成していった。本章ではコロンビアの女性運動を政治社会変動の中で位置づけ、暴力と欠乏に対し生活者として闘う女性たちの現実を捉えたい。

1.「紛争後社会」への歩み

■治安強化政策と経済危機からの回復

20世紀末，パストラーナ政権（1998～2002年）のもとでコロンビアはマイナス経済成長をきたし，国内企業の相次ぐ倒産，資本逃避など，過去に類のない経済危機に瀕した。その大きな要因は反体制ゲリラ組織との和平交渉の頓挫と紛争の激化による市場の信頼の失墜，およびそれによる投資の冷え込みであった。

1990年の制憲議会では，80年代に激化した国内紛争の終結をめざすため，これまでの二大政党に政治権力が集中する体制を脱し，開かれた多元的民主主義体制の成立をはかる制度改革に取り組んだ。この時期，左翼ゲリラ組織の一部は武装放棄して市民政党として政治参加することに活路を見出した。しかし政府による左派排除は続き，新しく結成された左派政党から国政に加わった政治家も中道路線に転ずる傾向にあったため，制憲議会に加わらなかったゲリラ組織は一層武装闘争路線を追求し，和平プロセスは進まなかった。またこの時期紛争を複雑化したのは，左翼ゲリラ組織への対抗部隊として，傭兵を中心としたパラミリタリー（右派の準軍事組織）が結成され，勢力を拡大したためであった。当初は市民の自衛のための組織であったが，多様な出自をもつ部隊が集まってコロンビア自衛軍連合（AUC）を形成して組織的に勢力を拡大し，最盛期は3万人以上の兵力をもった。

また，80年代に自衛のため武装化した麻薬密売カルテルの勢力は，90年代に入り弱体化したが，左翼ゲリラが麻薬ビジネスに関与しその収益を軍事資金とするに至って，コカインの原料となるコカの栽培が拡大し，麻薬がらみの犯罪や暴力も増大した。

和平交渉が進まない中，治安悪化や強制移住者（IDP，紛争を原因とする国内避難民）の増加に疲弊した国民は，軍事力増強による親米タカ派路線を打ち出し「民主主義的安全保障」を開発計画のキャッチフレーズに掲げたウリベ第1次政権（2002～06年）を支持した。この期の最大の成果は治安と経済成長の回復であった。「戦争税」の導入と防衛費の拡大によって，国軍と国家警察を含む治安維持部隊が増強された。反体制武装組織との戦闘が増えたが，AUCの集団武装放棄キャンペーンが奏功し，投降兵士数は4万人を超えた。治安状況を測る指標の一つである人口10万人当たり殺人件数は，2002年の66から06年には37に減少し，その後も30台で推移している。世界の平均値からすれば依然高いが，コロンビアにとっては画期的な治安回復であった。

マクロ経済も好転した。GDP年平均成長率は急速な右肩上がりを示し，2005年に6％を超えた。その後08年のリーマンショックの影響はあったが，マクロ経済はウリベ第2次政権期（2010～14年）も堅調を維持した（図1）。

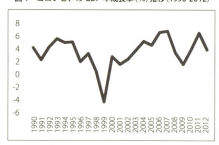

図1　コロンビアのGDP年成長率(%)推移(1990-2012)

［出所］CEPALSTATより筆者作成

■投降兵士の社会復帰と強制移住者の問題

　和平プロセスにおける武装放棄ののちは，一般犯罪の増大を予防するためにも投降兵士の社会復帰プログラムが不可欠であった。都市においても紛争地の農村共同体においても，被害者と（潜在的）加害者である投降兵士とが共生せざるを得ない状況が出現する。また，投降兵士の家族が一般市民であることも多い。このような状況においては地域社会にもたらされる心理的葛藤が新しいコンフリクトを生む。

　第1次ウリベ政権の治安回復の方法はもっぱら武力による反政府武装組織の制圧であった。軍事費の増強は社会投資支出を圧迫し，社会政策は低調であった。また，コロンビアの和平と開発に対する国際支援計画「プラン・コロンビア」は，その大半が米国の出資に依存しており，ゲリラ組織の資金源となっていたコカ栽培の撲滅事業にその多くがあてられた。コカ栽培地への除草剤空中散布が大規模に行われた結果，牧草地や他の作物の農耕地にも被害がおよび，多数の農民が耕作を放棄し，実質的に強制移住者（IDP）となって都市へ流出した。この問題に対して1997年「IDP支援に関する法」が制定され，大統領府直属の貧困政策担当局が具体的政策を担うこととなった。しかし当初はIDP認定に関する諸手続と3ヵ月間の人道的緊急支援が主であり，移住を余儀なくされた人々に対する経済自立支援は不十分であった。

　2005年，憲法裁判所はウリベ政権のIDP政策に対し違憲判決を下した。また国際人権規約に反するとして，国際社会からも批判されることとなった。このためウリベ政権は「公正・和平法」を制定し，「全国紛争被害者補償・和解委員会」（CNRR）を発足させた。紛争後を見据えて，元兵士の社会復帰プログラムの推進とともに，IDPへの対応改善と紛争被害者への補償プログラムに着手することになった。しかしパラミリタリーが奪取した土地の回復と被害者への返還は困難を極めた。一方，元ゲリラ兵の社会復帰プログラムに関しても，心理的ケアや受け入れ先コミュニティへの啓蒙活動など，多様なアプローチと財源の確保が不可欠であった。そもそも紛争が未解決の状態で和解や真相究明のための委員会が設置されることは異例であり，CNRRは目標達成までに多くの障害を乗り越える必要があった。他の土地で武装闘争が続く中で元戦闘員の社会復帰プログラムが先行すれば被害者からの批判を招き，国民和解は遠のく。また「投降後の元戦闘員（加害者）」も「紛争をのがれて強制的に移住させられた避難民（被害者）」も日常的に安全面に不安を抱く状態が続いた。国民相互の信頼回復が根本的な課題だが，その実現には国民間の対話の場づくりと国際世論の監視が求められ，長期的取り組みが必要だった。

　2期にわたるウリベ政権（2002～10年）を通じてIDP人口は増え続けた。人権擁護団体「人権と強制移住問題相談所」（CODHES）の推計によれば，第1次ウリベ政権期のIDPは累計101万人にのぼった。1980年代半ばから2010年までの累計では400～500万人と全人口のおよそ1割に相当する。年平均20～30万人のIDPが生まれたことになる。国内紛争が未解決では出身地への帰還は困難なので，大都市に流出したIDPは移住先で生活基盤を確保しなければならない。今日では条件付現金給付制度（CCT）の枠組みによる貧困者扶助プログラム「行動する家

族」が IDP に対しても適用されている。これは貧困世帯に対し，使途を 7 歳未満の子どもの栄養補給と 7〜17 歳までの子どもの教育に使途を限定して現金を給付する制度である。

■ネオリベラル経済開発路線の定着

では紛争が激化した 1980 年代以降の経済政策はどのように展開したのだろうか。長年コーヒー・モノカルチャーからの脱皮をめざし，輸入代替工業化路線を地道に歩んできたコロンビアは，90 年代に入るとネオリベラル政策による経済発展の道を選び，自由化路線に方向転換した。今日でも代表的な輸出向け品目となっているコーヒー，エメラルド，切り花のほか，近年では石油・石炭をはじめ世界有数の保有量を誇る天然資源を武器に，資源エネルギー部門を重視した開発戦略をとってきた。ウリベ政権で定着した経済成長モデルも，海外からの直接投資に依存しつつ輸出向け資源エネルギーの開発を推進するという一次産品志向型であった。民間シンクタンク「高等教育開発基金」（FEDESARROLLO）の統計では，2013 年の海外直接投資の 5 割が石油と鉱業部門に集中している。輸出においても製造業よりも石油，石炭，フェロニッケル（鉄とニッケルの合金で，ステンレス鋼の主原料となる）など資源・鉱業部門の伸び率が高い。コロンビアの石炭の生産量は南米全体の 8 割を占め，金の生産量は域内 5 位である。フェロニッケルの生産量は世界最大級で，希少なプラチナ生産国でもある。経済の自由化と地域統合が進み，中国や ASEAN 諸国の鉱物資源獲得競争が激化する今日，鉱業・エネルギー部門はコロンビアの経済開発の新しい牽引役となっている。

地下資源の開発は従来，国営鉱物開発公社（MINERCOL）の統轄下でもっぱら国内の小・零細規模採掘業者が担ってきた。石炭以外では目覚しい技術革新はなく，輸出向けの生産拡大には遠く及ばなかった。それが 1990 年代になると積極的に外資に門戸を開放していった。2001 年に公布された新鉱山法では，多国籍企業の投資・プロジェクト誘致を図る規制緩和措置として，鉱物資源採掘権の譲渡手続きが簡便化された。国家の役割は鉱物資源の埋蔵調査と採掘権譲渡の管理にしぼられ，国営企業が直接採掘事業に携わる時代は終わった。ウリベ政権は，鉱業部門の振興を 21 世紀の経済開発の重点課題とし，2019 年までの増産目標を立てた。2006 年に「鉱区プログラム」を導入し，小・零細規模採掘業が集中する地域を鉱区に指定し，生産様式の近代化と環境保全対策への技術的支援を促進した。それまで公的許可を獲得せずに行われてきた採掘は違法とされ，合法化プログラムにより鉱区への統合が推進された。

他方，第 1 次ウリベ政権期は，マクロ経済指標や資源エネルギー部門の好調とは裏腹に，農業，製造業の伸び幅は低調で，雇用創出における貢献度も低かった。

また，所得分配は，治安回復のための軍事支出の優先と社会支出の軽視もあって，改善しなかった。CCT の効果も限られたものであった。貧困人口の総人口に占める比率は減少傾向にあるとはいえ，2010 年時点で国民の 37.2％が貧困状況（国家統計局が実施する世帯調査における複数の社会経済指標によって算出された貧困率を基準とする）にあり，都市 - 農村間の格差も是正されなかった。憲法を改正して大統領の再選を可能にし，続投を果たした第 2 次ウリベ政権では，新

4カ年開発計画「共同体国家：全国民のための発展」を策定し、貧困との闘いをその重点目標に盛り込み、教育改革をはじめ社会部門への財源投入を強化した。

■サントス政権の和平政策

サントス現大統領は、ウリベ政権を支えた元閣僚であり、エリート政治家と財閥系ファミリーを代表する人物である。第1次（2010～14年）・第2次（14年～）の2期を通じて経済政策ではネオリベラル路線を採り、ウリベ政権と基本的には変わらない。しかし、外交と社会政策には変化があった。

外交政策においては、親米路線は継承しつつも、ウリベ政権の突出したタカ派路線から協調路線へとシフトしている。2012年には左翼ゲリラ「コロンビア革命軍」（FARC）との和平交渉を再開し、対内的にも武力ではなく交渉による和平構築の方針を打ち出した。さらに、チリ、メキシコ、ペルーとの間で結んだ地域経済統合「太平洋同盟」は、外交における最重要事項の一つとなっている。経済的には、この同盟への参加は停滞する製造業部門の技術革新につながると期待されている。

第1次サントス政権の4カ年開発計画「全国民の繁栄」は、ネオリベラル政策による経済自由化と平和構築推進を中心課題とし、競争的市場への参画と基礎的ニーズに対する政府の役割を組み合わせた「第三の道」を基本理念として掲げた。すなわち、和平の定着を基礎に、成長と競争力だけでなく機会均等と分配改善も追求するというものである。

ウリベ政権との比較において、サントス政権が明らかに異なったのは和平構築政策における姿勢であった。軍備増強一辺倒であったウリベ政権とは違って、サントス政権はFARCが要求する土地分配や農村部の生活水準の向上といった地域開発と農民経済にも配慮した。ウリベ政権末期の深刻な人権侵害問題に対する世論の批判を払拭するためには、同政権のタカ派路線の修正と、近隣諸国との外交関係修復は急務であった。また、新農業大臣は農業政策の策定過程で農民層への配慮を怠らなかった。2011年6月、法律第1448号によって「紛争被害者補償・土地返還法」を制定したことは、和平プロセスに大きな影響力をもった。

2012年よりキューバのハバナにおいて、FARC代表とコロンビア政府代表とが和平協議を開始し、基本的和平合意に基づき農村問題やゲリラ兵士の社会復帰後の政治参加など具体的な課題が話し合われている。2014年からは、紛争被害者や学識経験者などから構成される市民代表委員会も協議に加わっている。

和平交渉の先行きを占うのは補償の中身で、具体的には「土地返還法」の適用によって実際にどれだけ強制移住者に土地が返還されたかというような成果によって測られる。同法が掲げた政府目標は、これまで紛争によって放棄され、収奪された累積600万haにのぼる農地のうち、200万haを10年間で本来の土地所有者（または使用者）に返還しようというものである。しかしコロンビア農村開発庁（INCODER）など土地問題を扱う省庁の行政能力の低さから、土地台帳の修復・補完にも困難を極め、実現には多大な困難が伴うとみられている。

和平交渉を占うもう一つの問題は、農業開発政策の進展であろう。土地無し農民の経済的自立と、近年顕著になってきた多国籍企業による農地買収に対する取

り組みが和平交渉に影響を与えよう。こうした農業政策を巻き込むFARCとの交渉過程は，ウリベ元大統領の和平構想と相容れないものであり，国政においてウリベ派勢力が決して少数派でないこともサントス政権の懸念材料となっている。

　和平交渉において最大の難題はFARCメンバーだけでなくパラミリタリーや政府高官にも及ぶ，戦争責任を問う司法問題であった。しかし，2015年9月23日に同問題も含む議論に進展がみられ，6ヵ月後の2016年3月23日を最終合意の署名期限とする発表がなされたのは大きな成果であった。このように課題は山積しているとはいえ，コロンビアの和平交渉は大詰めを迎え，国際社会が注視するところである。

2．女性運動史と今日までの成果

■コロンビア女性運動史の特徴

　コロンビアは保守主義の強い社会である。今日の若い世代にも精神面で家父長主義や強いマチスモ（男性優位主義）がみられる。しかしながら，ジェンダー開発指標などでみれば，女性の政治・社会進出や教育水準向上などの分野に関しては，ラテンアメリカ全体の平均以上の進展をみせている。特に，高学歴エリート女性の政財界進出は一見華やかで目立ち，対外的な評価も高い。1991年，初の女性外務大臣となったノエミ・サニン以降，サントス現政権期のマリア＝アンヘラ・オルギンまで，これまでに4名の女性外相が誕生している（元大統領を父にもつカロリーナ・バルコも含まれる）。彼女らの中には，任期を終えて隣国ベネズエラや英国，米国の大使に任命される者もいる。他方，かつては「ラテンアメリカ美人三大国・3C」（コロンビア，コスタリカ，チリ）と謳われたように，女性の美貌を競う国際大会におけるコロンビア女性の成績は高く，国内でも「～女王」と銘打つ各種美人コンテストが始終行われている。しかし世界的な評価を得ているのは単に外見的な美貌だけではなく，精神の強靭さや才能，カリスマ性などを兼ね備えた女性である。その代表的存在が米国を拠点に活躍するシンガーソングライターのシャキーラや，FARCに誘拐された経験をもち，6年半の拘束ののち2008年に解放された時は「コロンビアのジャンヌ・ダルク」とも称えられた政治家イングリッド・ベタンクールである。

　女性の地位が向上した背景には，20世紀の紆余曲折の女性解放運動があった。また，一握りのエリート・セレブ女性が輝く影には，社会を下支えしてきた名もない多くの民衆女性の存在がある。社会階層による格差が極めて大きいコロンビアでは，上流階級に属する女性たちのフェミニスト運動と並行して，階級闘争の中から生まれた民衆女性の生活基盤獲得運動があった。また，どちらの潮流も，常に政治体制とその動向に翻弄されてきた。コロンビア女性の現状を，紛争下の女性の日常生活とその抵抗運動として捉える必要があるのもそのためである。

　コロンビアの女性運動は大きく3期に分けられる。第1期は20世紀初頭から1940年代半ばまでの市民権獲得をめざしたフェミニズム運動の時期である。その後「ラ・ビオレンシア」による中断・停滞を挟んで，第2期は70年代半ば以降，「国連女性の10年」の開始とともに始まり，「女性運動の第二波」の時期と重なる。このとき初めて上流階級の女性と民衆女性とが共通の目標に向かって共闘する時

代に入った。その転換点が1991年の憲法改正における女性の権利規定の確立であった。そして第3期が，20世紀末から今日のグローバル化時代に至る進行中の時期であり，民衆女性の活躍が国内外に認知され，それを反映して国家もジェンダー政策に取り組んでゆくようになる。同時に，90年代の紛争激化と政府の和平政策の変化に伴い，紛争被害者としての女性の組織化と和平を求める抵抗運動が展開される時代でもある。

■第1期：フェミニスト運動と労働運動

コロンビアの女性解放運動は，スペイン植民地体制からの独立後，共和国体制による国家建設の混乱期を経て，女性の公民権確立運動から始まった。1810年の独立時，新政府はナポレオン法典を導入したが，19世紀を通じて民法はスペイン植民地時代の伝統を踏襲していた。特に婚姻関係において，夫の妻とその資産に対する管理権限は絶大であった。19世紀後半，教会と国家の関係が変化し，民事婚が認められるようになると，植民地法典の財産権に関する制度からの脱却をめざして婚姻時の別産制が導入された。

第1期女性運動の担い手は社会階層で二分されていた。上流階級に属するフェミニスト女性たちによる公民権運動と，労働者階級の女性たちによる労働運動の一環としての女性の地位向上運動である。前者に影響を与えたのは，1920年代に発行された初の女性編集人による啓蒙雑誌『フェメニーナス』である。自由党政権時代（1930～46年），まずエレーラ政権（30～34年）が女子の婚姻後の資産継承と独自資産管理権を認める規定を成立させ，女子の大学進学への門戸を開放した。改革派と謳われたロペス・プマレッホ政権（34～38年）は，36年の憲法改正によって女性の公務員登用への道を開いた。しかし，この間続けられていた女性参政権運動は自由党政権の終結とともに頓挫し，国内政治は48年のボゴタ騒動に始まる「ラ・ビオレンシア」の混乱期に突入する。

他方，20世紀初頭の工業化を支えた民衆女性も労働運動に参加していった。工業化初期にまず発展したのは食品・タバコ・繊維など，女子労働力を多く必要とした部門であり，女性工員の中から労働運動の指導者が輩出された。特筆すべきはマリア・カノ（1887～1967）で，のちにこの国初の労働者中央組織となったコロンビア労働者統一連合（CUT）と社会革命党（PSR）の創立者の1人となった。また，当時最大の繊維工場であった「ファブリカート」の工員だったベッツァベ・エスピノサは，1920年，コロンビア初の労働者ストライキを主導したことで知られる。この2人に限らず，繊維・縫製産業においては女性工員が労働運動で中核的役割を果たしていた。このほかにも1910～30年代には各地で女性を中心とする民芸品制作者の組織化や農村・先住民女性の組織化がみられた。しかし当時の労働運動では女性固有の問題が中心命題とはならなかったため，女性解放運動としての認識は低かった。工業化の進展に伴う機械化により工場での女子労働力需要が漸減していったことや，自由党政権から保守党政権への移管に伴い労働運動自体が官製化したことから，女性の労働運動は次第に衰退していった。

続く1950年代末から60年代にかけては，内戦の終結とともにコロンビアの政治が保守・自由両党間の協定に基づく二大政党体制（国民戦線）へと大きく転換

し，女性運動も組織化の再編期に入った。この時期に，コロンビア女性市民連合（UCC），コロンビア・ボランティア組織，民主女性連合（UMD）という3つの代表的な女性組織が創設された。

　1954年，ロハス・ピニージャ軍政下の制憲議会で女性参政権法が制定され，57年の「国民戦線」体制下でその成立をめぐる国民投票が行われた。コロンビアの女性たちはこの時初めて国政に一票をもって参加したことになる。こうして翌58年に初の女性国会議員が誕生した。「国民戦線」体制の最初の大統領となったジェラス＝カマルゴ（任期1958～62年）は女性参政権の擁護者であり，UCCの結成に尽力したが，その施策は前ピニージャ軍政と一線を画す「国民戦線」体制確立の一環であった。フェミニスト運動が中心となって創立されたUCCの本来の目的は，女性の政治参加の促進にあったが，女性参政権の成立の背景にはこのような政治勢力のかけひきがあったのである。

　一方，「コロンビア・ボランティア組織」は厳密には女性運動組織ではなく，主として上流階級に属する女性たちが貧困者に慈善事業を行うボランティア団体であった。しかし加盟者の大半が女性であり，1960年代当時は女性に広く門戸を開いた市民社会組織として希少であった。彼女たちの活動の中で「コミュニティ参加」や「セルフ・ヘルプ」の概念が謳われたが，運動は貧者救済に主眼が置かれた。冷戦時代のただ中で，政府は革命運動の芽を摘むメカニズムとして，米国の「進歩のための同盟」に基づく貧困コミュニティの参加型開発を推進しており，女性たちも結果として政府の意図に沿った活動を展開することになったのである。

　一方，民主女性連合（UMD）は前二者とは全く異なる階層の女性による組織であった。「ラ・ビオレンシア」の戦乱による打撃を受けた農村部において，共産党系指導者のもとに抵抗運動を続けた女性が中心となり，1959年に組織された。活動目的は，平和構築と女性による異議申し立て行動の促進にあった。このようにUMDは基本的に農村部の左翼女性組織として生まれたが，70年代には広く都市部を含む労働運動と連携し，より広域の民衆組織として発展した。工場労働者の運動においては，工員の妻たちが委員会を組織し，組合運動に関する啓蒙活動や成人識字運動に従事したほか，ストライキにも加わった。また，農村から都市に移住したが適切な住居を確保できない女性たちは，共産党が指揮する土地占拠による自助住宅建設運動にも積極的に参加した。しかし，冷戦期にあたる60～70年代の「国民戦線」時代は，共産党系の左派民衆運動に対する政府の抑圧が強まり，やがてUMDも活動方針の転換を迫られていった。

■第2期：「国連女性の10年」との雁行

　1975年の「国連女性の10年」宣言を契機に，コロンビアの女性運動は大きく変化していった。この時期は世界的な「女性運動の第二波」とも重なっており，それまで階層別に分断されていた女性運動が，独立系の女性の権利擁護運動団体や，専門家による啓蒙活動団体などの出現とも相俟って水平的連携をもちはじめたのである。

　1970年代以降は女性の投票率の増大，中流・上流の女性の社会進出の拡大と教育水準の向上に伴い，女性の経済活動人口の増大がみられた。女性の社会参加の拡大は家族内の価値観の変化にも反映さ

れ，家族計画の普及と出生率の低下につながった。だが依然として男女の賃金格差は大きく，特に民衆層の女性の労働参加はその多くがインフォーマル・セクターに属するものであった。

女性参政権の成立後，政府はそれ以上の女性の権利拡大に消極的であったが，それでも 1974 年の婚姻法における配偶者責任に関する男女平等の規定と，81 年の国連女性差別撤廃条約への批准は，法的枠組みにおける進歩として評価に値する。

フェミニスト運動にも 1970 年代後半から変化がみられ，新しい組織化が始まった。そこには左派政党の流れを汲むものと，独立系のフェミニスト運動との 2 つの潮流があった。まず左派系の動きとしては，当時「社会主義ブロック」と呼ばれたグループが「女性の広域戦線」を結成し，社会および政治参加における男女平等と，女性問題に取り組む国家組織の設置を要求した。その後「広域戦線」は 77 年に結成された労働者社会党（PST）に統合されていった。一方，独立系の運動としては，女性の人権擁護活動に携わる専門家集団を擁する NGO が組織され，様々なテーマに取り組んでいった。80 年代からはリプロダクティブ・ヘルス／ライツ（性と生殖に関する健康と権利）を訴えるグループも出現した。出版を通じて女性の権利擁護のための情報を発信し，会合などのために施設を提供する組織も形成された。その代表例が，82 年に創設され，現在も活動を続けている「女性の家」である。女性を法律面で支援する活動のほか，健康・保健，DV を含む暴力，ジェンダー・アイデンティティなど多様なテーマに関するワークショップを開催するなど，情報提供や啓蒙活動も行ってきた。その狙いは，これらの活動に参加し，支えられた女性たちの中から，自主的に組織化を進め，プロジェクトを企画してゆく指導者を育成することにあった。

■民衆女性の組織化

一方，同じ第 2 期に民衆女性の運動は，国内のその他の社会運動と連動し，独立フェミニスト系運動とも政党系運動とも異なる動きをみせた。まず目立ったのは，労働者や農民に対する官製の組織化の中で女性委員会が形成されてゆく動きであった。この時期の政府による組織化は，民衆と労働者を動員し主として公共サービスの充足を要求する「市民スト」や，土地分配を求める農地改革運動に対する懐柔策として促進された。

農村女性の組織化は，1960 年代以降の農地改革運動への女性の参加によって進展した。中でも官製組織「全国農民使用者協会」（ANUC）は多くの農村女性を動員した。ANUC はまもなく政府寄りの穏健派とシンセレッホ派（拠点となったスクレ県の中心都市名に因む）と称する改革・過激派とに分裂し，後者は土地を占有するという直接行動に出た。70～74 年の土地占拠行動はその代表的な例で，このとき ANUC シンセレッホ派内に女性委員会が結成された。女性たちは土地占拠行動の際，炊き出しなどの後方支援で参加したほか，警察隊との衝突があれば最前列に立って占拠地を守った。このほか，地域別に様々な組織が結成された。サンタンデール県の農民協同組合組織「エル・コムン」の女性部会や，ウイラ県とカケタ県の ANUC 女性委員会，大西洋岸地方の「解放のための女性協会」（AFEM）などが挙げられる。「コロンビア農民と先住民女性の全国協会」（ANMUCIC；現在はさらにアフロ系女性組織が加わってい

る）が結成されるのもこの頃である。1984年10月，農業省はこうした全国の農村女性組織を招聘し，「第1回農民女性全国集会」を開催した。この成果として，初めて「農村女性と先住民女性のための政策」が策定された。

一方，1970年代には女性の労働市場への参加が拡大したことで，託児サービスの需要は高まる一方であった。公的な託児所は68年に創設されたコロンビア家族社会福祉庁（ICBF）が運営していたが，高まる需要に対し幼稚園や託児施設の供給が追いつかなかった。民間の託児施設が普及していなかった農村部やバリオ（都市の貧困地区）では，働く女性の互助活動として，自然発生的に近隣同士で子どもを預け合うシステムが編み出された。バルコ政権（1986〜90年）は，86年に策定された「絶対的貧困撲滅計画」の中で，すでに民衆女性によって実践されていたこの託児活動を制度化し，ICBFの支援による「コミュニティ託児の家」（HOCOBIS）プログラムを開始した。「コミュニティ託児母」の役割を付与された女性はICBFの提供する技術的トレーニングを受け，最低賃金相当の手当てと託児所を利用する乳幼児向けのおやつを支給された。これは民衆女性の労働参加に一定の効果を示したが，コミュニティ託児母たちは地区別に組織化し，労働条件や居住環境の改善を求めて独自に運動を展開するようになっていった。

このような政府の社会政策に関与しつつ組織化を進めた女性運動とは別に，より自律性を求めた民衆女性運動も出現した。その筆頭が「民衆女性組織」（OFP）である。1972年頃，サンタンデール県バランカベルメッハ市で結成されたグループがその嚆矢で，以後同じOFPの名を冠する組織が全国各地に広がった。バランカベルメッハのOFPは，最初は教区教会の司牧社会活動組織（「パストラル・ソシアル」：カトリック教会が信徒とともに地域社会における諸問題に取り組むことで信徒を導く活動組織）と連携し，貧困地区の女性に熟練労働のための職業訓練などを提供していた。その中で徐々に女性たちは家庭や近隣社会において自分たちが置かれた環境に対する問題意識を共有し，その解決を考えるようになった。行政に対しては，居住地域の公共サービスの向上や住宅不足改善など広範囲にわたってそのニーズを訴え，75年の全国規模の市民ストでは中心的役割を担った。78年には教区教会から独立し，独自の定款を制定した。さらに79年には同じ地域の労働運動の拠点であった，石油産業労働者組合（USO）が牽引していた，より統合的な労働組合運動に加わった。県全体で民衆女性集会を組織し，その全国大会においても貢献度を高めていった。

バランカベルメッハ市がマグダレーナ川中流域という，70年代以降政治暴力と国内紛争が最も激化した地域の中心都市であることから，OFPは80年代以降，暴力への抵抗を中心課題に据え，紛争地域に生きる女性の人権擁護や生活基盤の獲得に向けた政策提言を行ってゆく。

■第3期：女性をめぐる政策と制度の変遷

コロンビアでは，婚姻，大学進学，政治参加における男女平等への道のりは，他のラテンアメリカ諸国と比較しても厳しいものであった。しかしこれは20世紀の女性公民権運動が，強固なオリガルキー（寡頭支配）体制の中で，時に政治権力に利用されつつ勝ち取ってきた成果でもある。それが政策・制度に反映される

ようになるのは，20世紀末以降の女性運動の第3期である。

先に触れた「国連女性の10年」（1975～85年）を契機とする女性の権利意識の世界的高揚が，国内の多様な階層を越えて女性の組織化と男女平等の制度化を後押ししたことは言うまでもない。だが法的枠組みにおいて「あらゆる機会における男女平等」の原則が認められるには，91年の新憲法を待たねばならなかった。

1991年憲法では，「男女は法の前に平等であり，国家による同等の保護と扱いを受け，同等の権利，自由と機会を享受する」と謳われている。同時に，政治・行政の意思決定過程への参加においても男女は等しくその権利を有することが保証されている。この規定によって，女性の権利獲得運動は新しい局面を迎えたと評価することができる。しかしその具体化には以下で述べる90年の制憲議会に女性が参画することが必須であった。

1980年代は国内紛争が激化し，和平政策が政府の最大の課題となっていた。すでにみたようにこの時期は，フェミニズム運動内部にも様々な分派が出現し，民衆女性運動の高揚もあって女性運動に対する国家の認識が高まっていた。ベリサリオ・ベタンクール政権（1982～86年）の和平プロセスに応じて，国内のフェミニズム運動は84年に和平推進のための女性組織の結集を呼びかけた。続くバルコ政権期（86～90年）にはナルコ（麻薬密売組織による）・テロリズムが深刻化し，政府は「麻薬戦争」を宣言して本格的に麻薬撲滅に乗り出した。これに伴い，従前から懸案となっていた司法の脆弱性の克服や分権化の推進など，民主体制そのものの制度改革の必要性が改めて認識され，1886年憲法の改正が検討されること

になった。バルコ大統領の呼びかけに応じて，「ボゴタの女性集団」などの女性組織や独立系フェミニズム運動家たちが憲法改正を支持した。90年には様々な組織が結集して「女性運動委員会」を組織し，制憲議会の開催に向けて運動を開始した。制憲議会議員の候補選出に当たっては，組織間で競合が生じ，女性運動を代表する統一候補者を立てることはできなかった。しかし，制憲議会開催中は「制憲議会女性議員ネットワーク」が結成され，女性の人権や男女平等に関わる条項を新憲法に取り入れることに成功した。

1991年，新憲法が発布され，その翌年には「女性のための総合政策アプローチ」が策定された。これにより，各政権は4ヵ年計画で固有の女性政策を打ち出すことになった。その後，いまだ女性政策を統括する独立した省庁の設立には至っていないものの，90年以降は大統領府直属の女性政策部局ないし課が置かれるようになった。サントス第1次政権が発足した2010年以後は，「女性の平等のための大統領府上級顧問局」（ACPEM）が女性政策の諮問調整機関となっている。

■21世紀コロンビア社会における女性の姿

ではこうして獲得された諸権利を，今日のコロンビア女性はどのように活用し，どこまでその地位を向上させてきたのだろうか。

まず教育については，識字率に関していえば今日男女差はほとんどないに等しい。性別の非識字率は2005年のDANEによる統計では15歳以上男性は8.4%，女性は8.2%であった。2011年のACPEMによる統計では，それぞれ5.9%，と6.3%に改善されている。一方，2011年の基礎教育における平均就学年数で男女を比較

すると，女性では都市部の15〜45歳人口で7.8年，農村部では4.6年であったのに対し，男性の同じ年齢人口では都市部で7.6年と農村部4.3年で，いずれも平均就学年数は女性が若干男性を上回っている。

次に雇用については，1970年代以降女性の労働市場への参入率が格段に上昇した。特別合計出生率の低下，女子の教育水準の向上のほか，マクロ経済成長により特に都市部における女性労働力需要が高まったことがその要因である。しかしながらACPEMによると，依然として労働参加率における男女格差は著しい。2011年の労働年齢人口における労働参加率は，女性が52.5％，男性が75.1％とかなりの開きがある。また失業率でも男女差は顕著で，同じく2011年時点で男性8.2％に対し，女性は14.4％であった。

賃金の男女格差も大きな問題である。コロンビアでは2011年，労働基準法に「同一職種における男女同一賃金」の規定が付加された。しかし同年の同一職種における賃金には男女間で19.6％の開きがあり，1980年代の約100％から大幅に縮まったとはいえ，格差是正はいまだ十分とは言えない。また，インフォーマル・セクターへの就業率にも男女間で開きがあり，女性の方が高かった（男性63.5％に対し，女性は67.9％）。週当たりの平均有償労働時間では，女性は40時間と男性より8時間少ない。しかし家事労働を含む無報酬の労働時間では，男性の13時間に対し女性は32時間と約2.5倍にのぼった。このように家事における女性の負担が大きいことも，女性の正規雇用への参入に対する障害となっている。

リプロダクティブ・ヘルスに関しては，医療サービスの改善によって，妊産婦死亡率に目覚しい改善があった。国家企画庁（DNP）の統計によると，1983年と95年では同死亡率が50％以上低下し，出生数10万に対する妊産婦死亡数は170.5から81.1に減じた。この傾向は21世紀も続き，2009年には72.8となっている。

ただし，妊産婦ケアについては農村部でその不足が目立つ。2010年に社会保護省がコロンビア家族福祉推進協会（PROFAMILIA）に委託して実施した「人口と健康に関する全国調査」（ENDS）によると，出産経験のある妊婦の20％以上が妊娠中の検診を受けていない。この数値を教育水準別にみると，未就学の女性では52％にのぼる。妊娠中に定期的な検診を受けずに出産に臨むと，外科処置の必要性が事前に判断できず，その結果妊産婦死亡のリスクが高まる。

リプロダクティブ・ヘルスに関する近年の懸念としては，若年女子の妊娠率の高さが挙げられる。2010年のENDSによると，15〜19歳の女子1000人中，84人が妊娠または出産の経験がある。2005年との比較では低下傾向にあるものの，深刻な数値である。また都市部の73人に対して農村部は122人と，都市‐農村間で開きがある。

女性特有の疾病である乳がんと子宮頸がんの発生率は高く，2010年に2394人が乳がんで，2106人が子宮頸がんで死亡した。いずれも早期発見・治療によって治癒率が高まるとされているが，受検率は低い。同じく2010年のENDSによると，18〜69歳の女性の99％が子宮頸がん検診について知識はあるが，実際に受けたことがある人はわずか9％であった。この傾向は農村部や低所得層ほど顕著である。乳がんのマンモグラフィ検査についても，受検率は全体の62％に留まる。

一方，リプロダクティブ・ライツに関

しては，家族計画と避妊法の知識の普及が進んでいる。2010年のENDSによると，15～49歳の女性の61％が何らかの避妊法を実践していた。しかし，コンドームなど近代的な避妊具の使用率は必ずしも高くなく，農村部では女性が避妊手術を受けるという選択肢がいまだ一般的である。それでも避妊法の普及が出生率に与えた効果は著しく，1960～64年は7人であった合計特殊出生率は2012年に2.3人まで低下した。

また，2006年に堕胎法が改正され，母体保護に関する一定条件のもとでの人工妊娠中絶が認可されることとなった。しかし農村部や都市の貧困層においては，依然として非合法または不適切な堕胎処置を受ける女性があとを絶たず，その結果妊産婦死亡率が高くなっている。

男女平等参画では，1991年の新憲法制定以後，ようやく制度的枠組みが形づくられてきた。2000年には法律第581号により，三権（立法・行政・司法）の最高決定機関およびそのほかの国家機関の重要な職位の最低30％は女性によって占められなければならないというジェンダー・クオータ制が定められた。これによりとりわけ議会への女性の参画が拡大したが，数値的には法の定める水準には程遠く，20％にも及ばない（表1）。政界でのエリート女性の活躍がメディアで盛んに報じられてはいるが，女性全体の状況という観点からみれば極めて限定的な現象にすぎない。

3. 紛争社会に生きる民衆女性

これまでみたように，コロンビアにおける女性の権利獲得運動の歴史は，国内の政治動向に大きく翻弄され続けてきた。

表1　国会に占める女性議員比率の推移（1991-2010年）

期間	下院(%)	上院(%)
1991-94	8.6	7.2
1994-98	12.7	6.5
1998-2002	11.8	13.4
2002-06	12.6	9.8
2006-10	8.4	12.0

［出所］Londoño [2008].

決定的な特徴は，長年の武力紛争がもたらした女性に対する暴力と社会的排除の影響に求められる。被害者となった女性たちは沈黙の中で抵抗を続けた。

女性を含む紛争地での市民による活動は，国際的ネットワークとの連携を経て政府も認識するところとなり，和平構築への貢献として評価を受けるようになった。FARCとの和平交渉においても，土地問題と貧困農民の生活水準向上が議論の要の一つとなっており，社会運動や市民組織が現場から発する証言が，紛争後社会の構築に不可欠な要素として注目されはじめている。

コロンビアは過去60年以上にわたる国内武力紛争に苦しんできたが，21世紀に入りようやく和平プロセスの結実を展望できるところまで到達した。その間，社会の変化も著しく，1990年代以降は女性を開発の担い手とみなす政策が着実に実践されつつある。しかし，「紛争後社会」は一朝一夕に成るものではない。今現在も多くの女性たちが，紛争犠牲者として苦しみ，日常を生き抜くために抵抗と経済自立をめざす運動を続けている。

中にはゲリラ兵として闘争の前線に身を投じる女性や少女もいるが，武力紛争における暴力の主体は圧倒的に男性である。しかし次項でみるように，紛争下の「暴力による死亡」というカテゴリーでみると男女差は小さい。つまり紛争下の

社会では，女性は様々な暴力行為が交差するコミュニティの生活者として最大の被害者となる。紛争が終結していない社会では，農村においても，また難民として移住先となった都市部でも，女性たちは生き抜くために連帯し，様々な生活防衛活動を組織していった。また，犠牲者として正義と真実を求め，世論と政府に対して平和の促進を訴え，多方面からの支援を得ながら国内外にネットワークを形成していった。

■紛争と暴力

国立統計局（DANE）によると，1990年代コロンビアの男性死亡件数の4分の1が武力闘争・政治暴力・犯罪などの暴力行為によるものとされる。15～44歳では，全死亡件数の60%がこれらの暴力を死因としていた。ある調査によれば，暴力に巻き込まれる確率は男性が女性の4倍にのぼるという。コロンビアの若い男性の死亡率は近隣諸国と比較しても高い。

しかし，最近は紛争社会における暴力の犠牲者に占める女性の割合の高さが指摘されている。政府が発表する「紛争被害者統一統計」（RUV）によると，2012年時点の累計行方不明者数12万3066人の46.8%，紛争による死者の47.0%が女性であった。死者の性別割合を民族別にみると，先住民では76.0%，アフロ系住民では65.6%が女性であった。これはウリベ政権期にたびたび起こった，辺境地域に集住する先住民やアフロ系住民に対する殺戮の結果と考えられる。

紛争下での女性に対する暴力は，戦闘による死傷に限らない。性暴力や強制移住，威嚇のほか，親族を目の前で惨殺されたことによる精神的トラウマなど，その形態は多様である。しかし，いずれも被害者本人の証言のほかに証拠が残っていない場合が多く，証言を体系的に収集し，分析する機会も限られており，実態を統計データによって客観的に把握することには困難が伴うが，後述するように新たな試みも始まっている（p.145「沈黙を破る」参照）。

■強制移住と移住後の暴力被害

ACPEMによると，2010年時点で紛争による国内の強制移住人口（いわゆる国内難民）の累計総数466万2600人中，51%は女性である。そのうち13.6%が先住民を含むマイノリティ・グループに属する女性であった。また，移住を強いられた世帯の3分の1が女性を世帯主としていた。彼女たちの多くは，紛争で夫を失い，子どもを連れて村を出た人々である。さらにこの移動の過程で，女性と少女は性的暴力の被害者となることも少なくない。寡婦となった女性の多くは，家を追われた上，移住先では社会的経済的不安を抱えて家族を養ってゆかねばならない。しかし都市部に移住してからは，女性は一般的に互助と生存戦略のためのネットワークにアクセスし，適応力を発揮する。家政婦，露天商・行商などのインフォーマルな仕事に従事することで収入を得ることもできる。これに対し農村男性は，移住先では職能を生かす機会に恵まれず，女性に比して生活力・適応力に乏しい。その結果ストレスを抱え込み，DVに及んだり，アルコール依存症に陥るリスクが高まる。

暴力は概してジェンダーの問題と密接に関連している。男性による暴力行為は，男性優位の社会の行動規範に規定されており，優位性が保証される限りにおいては発現が抑制される。この定式に従えば，

移住先で自己の性の優位を脅かされた男性は、代わりに暴力や飲酒によって男性性を発揮しようとする傾向がある。紛争下での女性に対する性暴力や、貧困地区における男性の女性に対する DV などは、この原理によって説明される。

■農村女性に対する支援政策と土地返還

　実効性の評価はともかく、コロンビア政府は比較的早くから農村部の女性の支援政策に取り組んできた。例えば 1984 年に経済社会政策国家審議会 (CONPES) が策定した「農民および先住民女性のための政策」は域内でも先駆的な試みであった。内容は農村女性の生産資本へのアクセスの改善、雇用・所得創出プロジェクトの拡大、政治参加と識字化の推進、家事労働条件と栄養事情の改善などをめざすものであった。94 年にはこの政策を更新し、農村女性向けローンと土地証書の譲渡プログラムの実施が目標に追加された。シングルマザーおよび女性の強制移住者に対しては、優先的に土地が分配された。さらに 88 年と 94 年の農業法改正では、農地改革プログラムにおける土地譲渡は夫婦の共同名義で行うことが義務づけられた。95 年に開始された新しい土地譲渡プログラム「所有権の正規化と土地権利の近代化のための大統領府プログラム」は、土地無し農民に土地所有権を与えるもので、特に紛争によって強制移住させられた女性に優先的に授受された。このときの権利譲渡の 30％が女性（個人）に対するものであったとされる。

　先に述べたように、2005 年にウリベ政権の強制移住者政策が違憲とされたのを契機に、政府の紛争被害者に対する土地政策は改善された。同年に制定された「公正・和平法」の枠組みに沿い、移住者へ

「共同購入しよう」に創立時から関わってきた現リーダー。後ろには縫製工房で作られた製品が展示されている（2007 年　筆者撮影）

の土地の返還が検討され始めた。08 年には農村の紛争被害女性に対しては特別の政策的配慮をすることが定められた。これは先にみたような紛争被害女性たちの政策提言活動の成果でもある。

■紛争後社会を見据えた連帯経済組織

　前節で触れたサンタンデール県バランカベルメッハ市の貧困地区において、雇用創出と生活基盤の向上をめざし、1992 年に連帯経済組織「共同購入しよう」が結成された。設立メンバーは 11 人のシングルマザーで、困窮する家計を集団的に解決しようと、各自 200 ペソを出し合ってコミュニティ基金とし、食材を共同購入したのが活動の始まりだった。その後、各メンバーの 1000 ペソずつの出資と、教区教会と前出のパストラル・ソシアルからの融資を原資に飲料を共同購入し、「家族店舗」を立ち上げた。90 年代当時、地域一帯が武力紛争の脅威に日常的に苛まれていた状況にあった。「共同購入しよう」では、集まってくる貧困女性に縫製やパン製造の技術指導を行い、そこで作られた製品を販売した。収益は女性たちの所得となるとともに、一部は活動資金に還元された。それをもとに、周辺農村部から強制移住させられた貧困家庭の子女を

対象に安価な食事を提供するコミュニティ食堂や，奨学金制度を開設するなど，多様な活動を展開していった。

このように「共同購入しよう」は貧困女性たちが自発的に組織化をはじめ，のちに教区教会の支援を得て徐々に発展の道筋が立てられた例である。筆者が2001年にこの組織を知ったのは，NGO連合体「マグダレーナ川中流域 開発と和平プログラム」（PDPMM）を介してであった。PDPMMは1990年代半ばから，激しい紛争によって疲弊していたマグダレーナ川中流域一帯のコミュニティ開発を支援する活動を続けている。貧しい人々が経済的に自立することで，住み慣れた土地を追われることなく，その地に留まって人権と尊厳ある生活を確保できるようにしようという理念で活動している。当時のPDPMM代表フランシスコ・デ＝ルーは「紛争は開発モデルと経済的関心によってひき起こされる」という持論のもとに，「開発モデルの変革によって，そこに住む人々の主体性，人間としての尊厳，生存と生活を守ることができる」と主張し続けた。ここでは，和平が単なる戦闘の終結ではなく，「紛争後」社会における人々の尊厳ある生活の確立を意味する概念として捉えられている。

PDPMMは世界銀行やEUから資金援助を得て，流域一帯のコミュニティで活動する多くの民衆組織を支援してきた。「共同購入しよう」はその中でも活動の持続性という点で秀でており，ほぼ独立採算性を達成している。最近ではマイクロクレジット（少額融資）を運営し，他地域のコミュニティ組織の起業を支援している。まさに，デ＝ルーが掲げる理念に基づき，連帯経済の小さな拠点が連結し，コミュニティを基盤とした「もう一つの開発・経済モデル」が形作られようとしている。

■農村女性による「食糧の安全保障」活動

サンタンデール県の事例としてもう一つ，辺境のエンシーノ郡における女性組織を取り上げたい。女性世帯主農家が集い，生産・生活改善に取り組む「エンシーノ郡の生活の質向上をめざす農民女性家族」（FENCAVI）である。

サンタンデール県は，首府ブカラマンガ近辺はコロニアル様式の美しい町並みが広がり，観光地ともなっている。だが中心都市から離れた農村部では「ラ・ビオレンシア」以降，長年にわたり武力紛争が続き，人々は行政の不在と暴力に苦しんできた。エンシーノ郡は県の南東に位置し，首都ボゴタからは長距離バスで8時間かかる。肥沃な土地の多くは大土地所有の不在地主による粗放的な牧畜業に占められており，小・零細農民は自給水準の農業を維持するのがやっとである。郡の人口は2005年の国勢調査でおよそ2700人，その85％が農村部に居住する。1990年代の紛争激化期に戦闘による被害こそ受けなかったものの，もともと交通，医療，教育などの基本インフラはほとんど整備されておらず，行政不在が著しい。小・零細農家は現金収入を得るためのわずかな余剰作物の出荷手段にも窮している。町から購入せざるを得ない塩や油などの生活必需品の入手にも輸送コストがかさみ，貧困農村世帯の家計をさらに圧迫している。

FENCAVIは2008年，郡内の7つの村に住む50人の女性世帯農家のイニシアティブによって発足した草の根組織である。農民女性の経済自立化のための技術向上と「食糧の安全保障」達成を活動目

的とし，農民女性の組織化によって村落間の連帯と互助の推進をはかっている。エンシーノは郡内に小農家が点在する散村なので，これまで女性世帯主同士がコミュニケーションを図る機会に乏しく，持続的な互助活動や情報交換が行われにくかった。また，長年の紛争で若者が都市へ流出したことなどもあって，一つの集落としての信頼関係が築かれにくく，世帯間の交流が極めて希薄であった。FENCAVIは経済自立化活動を通じたコミュニティ間の信頼関係の構築を図るものであり，この活動によって少しずつではあるが，農家間，コミュニティ間に確かな連携の輪が築かれつつある。

FENCAVIおよびその活動を支援する人々は，これが試験的事例となって周辺地域に波及してゆけば，県内に真の和平が生まれると確信している。FENCAVIを支援するNGOは，FENCAVI加入農家が家族の栄養バランスも考えた自家消費用の作物を栽培し，食糧の安全保障を実現できるよう，農地内の菜園造成と有機肥料生産を促進している。農村社会の実情にあったノンフォーマル中等教育プログラムを長年指導してきた教育者や，教区教会の司牧社会活動の中で農村共同体の支援活動を行ってきた活動家などがその担い手である。資金調達や技術指導員の派遣が活動の中心だが，めざすところは農村女性の生活向上である。筆者は過去に4回エンシーノ郡を訪れ，FENCAVIの活動の一端を実地に観察してきたが，メンバーの女性たちが日常的に信頼関係を築いており，それがコミュニティの連帯と女性の尊厳の確立に大きく寄与していることが明らかにみてとれた。

■沈黙を破る：女性組織による真実究明活動

「女性たちの平和への道筋」は，1996年に結成されたNGO連合体で，約300の女性組織が加盟し，全国8ヵ所に拠点をもつ。その活動目的は紛争被害者女性の証言をもとに，紛争時の人権侵害の真実を究明することにある。

「女性たちの平和への道筋」が主に取り組んでいるプロジェクト「女性による真実と記憶の委員会」では，11県80市という広範囲で1000人以上の被害者女性にインタビューを行い，証言集をまとめた。調査・聴取と証言集の編纂には人権や性暴力の問題に詳しい活動家や学識者が携わった。証言者の年齢層は17〜83歳と広く，半数はパートナーをもち，4分の3に子どもがあった。プロジェクトは国際NGOオックスファム（OXFAM）とスペイン国際開発協力公社（AECID）の資金援助を得て実施され，証言集は2013年に『女性たちの真実』と題する報告書（全2巻）として公刊された。そこに収録された女性たちの証言には紛争時に発生する様々な暴力の形態が示されている。証言は「物質的暴力（強制家宅捜査や財産の破壊など）」「リンチと性暴力」「拉致などによる自由の侵害」「強制移住」「暴行・殺害」という5項目に分類され，専門家によって詳細に分析されている。分析結果からは，ほとんどの女性が性的暴力を受けていることがわかる。女性の人権が侵害される形態は多様だが，ジェンダーの観点からみると最大のインパクトは性暴力によってもたらされる。性的虐待を受けた女性は大きな恥辱感を抱き，被害者であるにもかかわらず世間から白眼視されていると感じて被害を隠そうとする。また彼女らの多くは，ジェンダー・

チョコ県アトラト川流域ボハジャ郡の旧市ベジャビスタで，2002年の大虐殺によって破壊された教会跡に佇む女性（2009年筆者撮影）

アイデンティティ（自分自身が認識する性別）の危機に瀕し，自らの女性性を揺るがされている。強制移住に関しては，証言者の9割以上が，それによる物質的被害（生活基盤の喪失と経済条件の悪化）だけでなく，精神的被害（家族や伴侶を失うことによる愛情や心理的拠りどころの喪失）を訴えている。

証言した被害女性たちは，暴力に対峙する手段として，①自己防衛としての沈黙，および暴力を被ったという事実に意味を見出すこと（事実の客観視），②権利防衛のための組織化，およびそれを基盤として暴力を告発し，心理的・社会的支援を得ること，を挙げている。報告書には，被害者女性が性的暴力に関して「証言することへの葛藤や拒絶」が指摘されている。しかし，それを乗り越え，女性たちが勇気をもって沈黙を破り記憶を形にしてゆくことは，失われた尊厳とアイデンティティの回復への試みでもある。

■女性たちの連帯を支えるネットワーク

以上の事例でみたように，紛争下の民衆女性の組織化と連帯は，地域社会に根づいた教会の社会活動や，後方支援を担う専門家・活動家グループに支えられてきた。そしてそれと連携する形で，国内外の公正・人権関連のNGOが各コミュニティに関わり，支援のネットワークが形成されていった。平和を求める連帯には長いプロセスが必要である。前項でみた被害者女性による真実究明活動は，紛争被害者への補償は物質的なものに留まらず，精神的苦痛の緩和やその現状を被害者女性自身が客観化し，事実として受け止めるまでの葛藤の過程であり，その過程に寄り添う者たちもこの考え方に則り，女性たちの連帯を支え続けている。

これまでコロンビアの女性解放運動は，上流階級のフェミニストたちによるものと，民衆女性の生存戦略から発したものとが分断された状態にあった。一般に前者は後者を搾取することで可能となったのであり，その矛盾が克服されない限り階層を超えた女性の連帯は難しいとされてきた。しかしこの問題は今日に至って解消されつつあるのではないか。エリート・非エリートを問わず，様々な分野の専門的知識をもった女性活動家たちが紛争被害に苦しむ女性たちと連携し，経済的自立や真実の究明に向けて多彩な活動を展開しており，そこでは階層を超えたネットワークと信頼関係が構築されている。紛争と政治社会の変動に翻弄されながらも，「コミュニティの日常」を基盤に抵抗を続ける女性たちの運動こそ，平和構築につながるのではないかと考えられる。

第 7 章

キューバ
―― 平等主義と自由化の狭間を生きる女性たち ――

畑　惠子

ハバナ市の靴修理店で働く女性
（2013 年 12 月　浦部浩之氏撮影）

キューバ女性史関係年表

西暦	事　項
1960	キューバ女性連盟（FMC）発足。
1961	非識字撲滅運動実施。多数の女性が参加。 米国との国交断絶。
1962	FMC第1回全国大会。
1975	家族法制定。
1976	憲法制定。人民権力全国会議発足。
1986	第3回共産党大会でビルマ・エスピン，政治局員に選出。
1989	国家性教育センター（CENESEX）創設。
1991	第4回共産党大会。 ハバナ大学に女性学専攻学科開設（2005年修士課程設置）。 FMC第5回全国大会。 ソ連崩壊。
1992	憲法改正。新選挙法制定。
1993	人民権力州会議および全国会議選挙で初めての直接選挙実施。 部分的経済改革（自営業一部認可，外資導入，外貨所持合法化等）開始。
1995	FMC第6回全国大会。
1999	人民権力全国会議で国家安全経済保護法可決。刑法改正（汚職，DVなどの罰則強化）。
2000	ベネズエラと2カ国間経済協力協定を締結。 1年間の育児休暇の制定。
2003	育児休暇取得に関する夫婦間の自由裁量を認める。
2004	米州ボリバル代替構想（ALBA）発足（09年，米州ボリバル同盟に改称）。
2006	フィデル・カストロが手術のために暫定的にラウル・カストロに権限移譲。
2007	ラウルによる「社会主義再考」キャンペーン。 FMC総裁ビルマ・エスピン死去。マリア＝ヨランダ・フェレールがFMC書記長に就任。
2008	人民権力全国会議，ラウル・カストロを国家評議会議長に任命。 キューバ政府，公的部門労働者の賃金格差を小さく保つ原則の放棄を表明。 キューバ政府，国有遊休農地の無償貸与を決定。 ロシアと経済協力協定を締結。
2009	米国政府，在米親族からのキューバへの送金および親族訪問に関する制限を撤廃。 米州機構，1962年のキューバ追放決議の効力を停止。キューバは機構に復帰しないことを表明。 社会保障法の改正（年金受給年齢の引き上げ）。
2010	キューバ政府，公的部門労働者100万人のレイオフ計画を発表。 自営業認可の拡大を発表。家族以外の労働者の雇用を認める。 「経済・社会政策指針」発表(2011年承認)。
2011	第6回共産党大会。 キューバ政府，小ビジネスおよび自営業を対象とする個人向け銀行ローン供与のための金融改革を開始。 米国政府，キューバとの学生・研究者の交換・渡航を解禁。
2012	FMC書記長にテレサ・アマレジェ＝ボウエ選出。 医療ケア施設の再編発表。
2014	オバマ米大統領，キューバとの関係回復に向けた交渉開始を発表。
2015	7月20日，キューバ・米国が54年ぶりに正式に国交回復（各自大使館再開）。

キューバ共和国では1959年の革命後，女性の平等と経済・政治・社会への参加が政府の優先課題として進められ，70年代後半にはラテンアメリカで最も男女平等が実現された国となった。平等性は今日まで維持されており，2014年の世界経済フォーラムによるグローバル・ジェンダー・ギャップ指数（GGI）は142カ国中30位（0.7316）で，域内では9位のニカラグア，21位のエクアドルに続き，アルゼンチンと同位にある。GGIは教育，健康，経済活動，政治への参加と機会の実態にもとづき算出されるが，キューバの場合は教育が1.0，健康・生存が0.9791ときわめて高い水準にある。また，国連開発計画（UNDP）の『人間開発報告書2014年』によると，人間開発指数（HDI）は185カ国中44位で，前年の59位から順位を上げており，ラテンアメリカ諸国でそれを上回るのは41位のチリのみである。1人当たりの国民総所得が著しく低いにもかかわらず，キューバがこのような高位を占めているのは教育，医療・保健の水準が先進国並みであることによる。

他のラテンアメリカ諸国の経済重視の開発戦略とは対照的に，キューバでは社会的公正と平等主義を追求する開発が進められ，女性に対してもさまざまな優遇策が講じられてきた。しかし1980年代末から90年代初頭のソ連・東欧ブロックの消滅は体制の存続を揺さぶり，政策の見直しを迫った。そして90年代から限定的ながら自由化が始まり，経済効率が重視されることになった。さらに2008年頃からの経済停滞を機に，非生産的で対外依存型の経済構造の刷新を目指して政府が経済改革に着手し，完全雇用政策や社会福祉政策の見直しを明言するに至る。自由化といっても国営部門が大半を占め，国家の統制が継続するなかでの限定的なものである。だが，それは半世紀にわたる基本路線からの決別を意味する大転換であった。

このような1990年代以降の危機と経済再建の過程のなかで顕在化しているのが，貧困・格差の拡大である。それに伴い，キューバではすでに解決されたと見なされてきた性差別や人種主義の存在も表面化した。これまでの研究では，キューバ女性が享受してきた権利は自らが闘って獲得したというより，政府によって与えられたものであること，女性の平等がとくに教育・就労機会の保障と結びつけられて考えられてきたこと，教育・経済活動・政治などへの女性の参加率は高いが，他方で伝統的性別役割観の存続によって女性は家庭と職場の二重労働を担う傾向にあることなどが指摘されてきた。そうであるならば，経済危機とその後の政府の方針転換は女性により深刻な影響をもたらすことになり，過去半世紀の男女平等化への努力の真価がまさに問われようとしているのではないか。本章では90年代に始まり21世紀に加速する自由化の影響をジェンダーの視点から捉えて，21世紀初頭を生きるキューバ女性の現実と彼女たちが直面する課題を明らかにする。

1. 20世紀末以降の社会の変化

■転機に立つキューバ

現在のキューバは政治的にも経済的にも，また外交的にも歴史的な転換点にある。政治的には2006年7月に，半世紀にわたりキューバを率いてきたフィデル・カストロが，国家評議会議長の職を実弟のラウル・カストロに暫定的に委譲し，08年に正式にラウルがその職務を引き継

いだ。フィデルの影響力を残しつつも，ラウルを中心とする体制が敷かれ，フィデル時代とは異なる改革が進行している。ラウルはフィデル体制でナンバー2の地位にあり，政治的には共産党支配の継続，社会主義体制の維持という点で大きな変更はない。当初，ラウルはフィデル以上に共産主義者であると目されていたが，実際にはプラグマティストであり，対外的にはベネズエラ，ブラジルなどのラテンアメリカ諸国および中国，ロシアなどとの経済協力を推進してきた。また対米関係においても，2014年12月17日のオバマ大統領の発表で明らかになったように，水面下で両国の関係修復の手がかりを探り，15年7月の国交回復へと導いた。

経済的には生産性と非国営部門を重視する開発路線へと舵を切り，構造改革を断行している。キューバでは1990年代から市場経済導入の試みが始まったが，平等主義原則とのバランスをとりながら進められてきたため，その歩みは緩慢であった。だが21世紀に入ると政府指導層によって経済合理性の追求，普遍主義的社会政策および平等主義的な賃金制度や配給制度などを見直す必要性が強調されるようになった。2010年には公的部門労働者100万人のレイオフ計画，社会的弱者を除いた配給制度の廃止が発表され，翌11年の共産党大会では経済・社会政策の抜本的改革を盛り込んだ指針が承認された。なぜこのような政策転換へと至ったのか？ 90年代以降のキューバの経済政策と国民生活への影響を概観してみよう。

■1990年代の経済危機

1991年のソ連崩壊はキューバを未曾有の危機に陥れた。それ以前からさまざまな生活物資が不足していたことは否めないが，キューバでは完全雇用，教育・医療の無料化，必需品の配給などの普遍的なサービス提供によって，平等主義的な社会が実現されつつあった。だがそれを可能にしたのはソ連・東欧圏の経済支援と貿易であった。東側諸国との貿易は89年時点でキューバ貿易の85％を，対ソ連貿易は60％を占めていた。とりわけキューバ経済を支えたのはソ連から安く提供される石油であった。したがって，その不足は工業・農業などの生産活動，公共交通を麻痺させた。また食料も85％を輸入に依存していたために，貿易収支の悪化は食料・生活物資の極度の不足を招いた。最も深刻な状況にあった93〜94年のGDPは89年の3分の2にまで落ち込んだ。

危機克服のために政府がとった戦略は2つある。一つは不足物資の配給化，雇用確保といった平等化路線の強化であり，もう一つは経済の部分的自由化である。輸入に依存していたミルクなどは乳幼児，高齢者，病人のみを配給の対象とし，余剰労働者に対しては職業訓練や半年間の給与支払い，赤字企業への財政補填などを通して雇用の確保に努めた。1994年12月の調査では，1日当りの平均カロリー摂取量は1780キロカロリーと低かったものの，配給や自由市場での購入，学校や職場での給食制度などが困窮する国民の食生活を支えた。その後食料事情の改善に伴い，95年2218キロカロリー，99年2400キロカロリーと摂取量は回復した。

他方，自由化政策としては1993年8月にドル所有の合法化が，その翌月には自営業の規制緩和，国営農場の解体と協同組合の組織化などが発表された。ドル所有は基本的に禁じられてきたが，観光業の発展や海外からの送金によって国民の間に流通し始めていた。革命後の亡命や

移住によって国民の10人に1人は米国に居住する親戚を持ち，ドル送金を受ける者が少なくなかった。物不足が広がる一方，外国人向けのドルショップには物資が豊富にあった。ドルの普及と物不足に対する国民の不満の高まりを背景に，政府はドル所有の合法化に踏み切った。

自営業は1960年代後半に多くが接収されたが，70年代の市場原理の部分的導入に伴い復活した。だが80年代後半には格差を是正すべく統制が強化された。その後93年に小規模な経済活動，生活用品の修理や家族経営の食堂などが認可され，自営業者は22万人にまで増えた。97年に所得税が課せられると再び減少したが，21世紀に入ってからは増加傾向にあり，2013年の自営業者数は42万3000人（うち女性7万3500人）となった。だがそれは181業種に限られ，月額約11米ドルの社会保険料と6米ドル強の許可料の支払いを必要とする。

農業部門では新たな協同組合の創設が奨励され，自営農も支援された。前者には永代貸与の土地において，政府との契約で一定の作物栽培を行うことが義務づけられた。政府にとっては統制可能な組織であると同時に，独立採算制であるために効率的な経営が可能となり，生産性の低い国営農場に代わる新たな農業生産の担い手として期待できた。こうして生産体制が整うと，1994年10月に89年以来閉鎖されていた農民市場（自由市場）が再開された。

1990年代後半は平等主義に少し政策の軸が傾いたが，経済の漸進的な自由化は続いた。95年9月の新外資法によって外資100％の企業設立が認められ，防衛，教育，保健衛生を除く全部門が外資に開放された。翌年には3カ所にフリーゾーンがつくられた。また，大学卒業者には自営業に就くことが禁じられていたが，その規制も廃止された。

■貧困・格差の拡大

一連の改革や観光業，バイオテクノロジー部門の成長により，1990年代後半に経済は回復へと向かった。他方，ドル経済の浸透や賃金統制のない非国家部門の経済活動の始動による格差と貧困の拡大は誰の目にも明らかになった。経済危機下で通貨ペソの価格は暴落し，公定レート1ペソ1米ドルに対して実勢レートは94年半ばには1ドル170ペソ（月額給与の半分）にまで下落した。その後96年には20ペソまで回復して，ほぼ横ばいの状態が続いたが，ドルの公定レートと実勢レートは大きく乖離したまま，現在に至っている。90年代に国営部門の労働者の平均月額給与は約10ドルであったが，それはホテルの従業員が観光客からのチップで1日に稼げる金額であった。極言すれば，キューバはドル収入の有無が購買力ひいては暮らしの豊かさを決定する社会へと変貌したのである。

貧困に関しては，1990年代前半の報告書などで，社会的不利益（学童を危険な状況におく社会経済的・家庭的状況の悪化），脆弱集団（最低限の生活水準以下の収入しかない人々），危険人口（いくつかの基礎的ニーズを充足できない人々）という表現が使用され始め，その存在が公的に認められた。

キューバ国立経済研究所（INIE）と世界経済研究センター（COEM）の調査によれば，1988～96年に，都市人口に占める危険人口比率は6.3％から14.7％に増加し，東部では21.7％に達した。そこには高齢者，女性，小・中学校卒の国民，失

業者, 公務員が含まれ, 大家族が多いという特徴もみられた。99年にはその比率が20％にまで上昇した。またハバナ市を対象とした別の調査では, 所得が最も低い20％の階層では食料消費が不十分で, 配給に依存している実態が明らかになった。89～2000年の間に実質賃金は37％減となり (83％減という推計もある), とりわけ国家公務員および年金生活者, 社会扶助受給者に深刻な影響を与えた。キューバ人口の48.4％が所得貧困 (世帯所得が基本的ニーズを充足できない状態) にあったとする報告もある。他方, 格差拡大については, ジニ係数が86年の0.22から96～98年には0.38に上昇した。78年に4倍であった最高所得層と最低所得層の格差は, 2000年代には24倍になった。

貧困や格差のレベルは他のラテンアメリカ諸国と比べるとまだ低いうえ, キューバの場合には政府の社会支出による再分配とその効果を考慮すべきである。しかしドル所有の合法化や私的経済活動の認可によって所得の分極化が起こり, 貧困層が拡大していることは事実であり, とりわけ国営部門で働く人たちにとっては, 労働努力や仕事の専門性が賃金水準と連動しないという, 労働意欲をそぐ現象が生じている。

■女性への影響

革命政権にとって女性は解放されるべき対象であり, そのために生産労働への統合が不可欠とみなされた。革命後の大量亡命による労働力不足の補填という現実的な目的もあったが, 社会主義のみが女性を解放できることを示すための格好のショウケースでもあった。1989年までに大学教育では女子学生が58％を占め, 90年に女性の就業率 (15歳以上の女性人口に占める働く女性の比率) は35％となり, ラテンアメリカ地域で最も女性進出が進んだ国となった。

1990年代に女性が被ったマイナスの影響としては, 家族の生存維持のための家事労働負担の増大がある。配給が減り生活物資が不足するなかで, それを入手するためには膨大な時間を要した。また家電がある家庭は限られており, たとえあったとしても計画停電のために家事は手作業で行われねばならなかった。他方, 家計維持のために就労は不可欠であり, 女性の二重労働にはさらなる負荷がかかった。この間の女性の就業率は89年38.7％, 96年38％と若干低下しているが, 大きな変化はない。だが女性就労者の85％は国営部門に属していたため, 所得水準が低く, 余剰労働力として就労不安にさらされることも多かった。女性たちは部屋の賃貸, 縫製, 路上の物売り, タイピングなどの副業を通して収入を補填した。

プラスの影響としては, 自営業や観光業など労働の場が拡大したことがあげられる。しかし2013年の統計によると, 所得水準が高い協同組合や自営業では女性の就業率が低く, それぞれ女性労働力の1.7％, 4.0％にすぎない。女性が専門的知識や技術を持ちながら, それが所得と結びつかないのはキューバ固有の問題でもある。この間の政府の政策は女性就労の確保という点でぶれはなかった。しかし就労が十分な所得を保障するわけでなく, キューバの女性たちが生活を維持するために直面する厳しい状況を支えるものではなかった。

■2008年の経済危機と構造改革

2000年代のGDP成長率はプラス基調

で推移し、とりわけ05〜07年にかけて高い成長率を記録し、失業率も1％台と低く抑えられた。それは米国の経済制裁が食料・医薬品に限定して一部緩和されたことにもよるが、ベネズエラのチャベス政権（1999〜2013年）との経済協力関係の構築・強化によるところが大きい。

両国は2000年に経済協力協定を締結し、ベネズエラ産石油の優遇価格での輸入とキューバ人医師のベネズエラの貧困地区への派遣が始まった。両国関係は04年の米州ボリバル代替構想（ALBA：現在は米州ボリバル同盟）の発足によってさらに緊密化する。ALBAは両国の関係を軸として、ボリビア、ニカラグア、ホンジュラス（2010年に脱退）、ドミニカ国、セントクリストファー・ネイヴィス、エクアドル、アンティグア・バーブーダから構成され、エネルギーの国有化、不公正な対外債務支払いへの反対、所得再分配の実施など、新自由主義と米国の支配を拒否してラテンアメリカ・カリブの連帯を図ることを目的とする。カストロとチャベスのイデオロギーを強く反映する地域連携機構であり、ベネズエラの石油外交という一面も併せもつ。

キューバはベネズエラから石油を安価に、しかもクレジット払いで確保できたことにより、懸案のエネルギー不足を解消できた。また資金協力によって石油精製工場の建設が再開され、医療・食料・教育・鉱業・金属・情報・通信などの諸分野でプロジェクトが計画された。他方、キューバからの医療・保健サービススタッフの派遣も、重要なサービス輸出となった。その人数は2008年に3万人に及び、この分野の輸出による純益は50億ドルに達したとする試算もある。2012年のキューバの貿易相手国は、ベネズエラが輸出で3位（12.5％）、輸入で1位（38.3％）を占め、とりわけ輸入では2位の中国（10.8％）を大きく引き離していた。

2000年代のキューバ経済は、1980年代までの対ソ連ほどではないにせよ、ベネズエラへの依存を強め、その石油がキューバの生命線となった。すなわち一極的な依存構造と、それに起因する脆弱性は克服されないまま残された。そしてその脆さは08年頃から露呈し始めた。ベネズエラ経済が政府債務残高の急速な増加などによって急速に悪化し、09年、10年にはマイナス成長に落ち込んだからである。それにハリケーン災害、国際的な金融危機なども加わり、キューバは構造改革を急がねばならない事態に至った。

2008年以降、国家評議会議長としてラウル・カストロは次々と改革案を打ち出した。それは05年頃から指導層が繰り返し批判してきた諸問題への取り組みでもあった。1990年代から実質賃金の著しい下落と配給の削減によって、闇市場で食料や生活物資を購入するため収入の補填を迫られた国民の間で、職場からの資材の横領や横流し、副業などが横行していた。05年11月にフィデルはハバナ大学での講演で、モラル低下、不平等、不公正が蔓延する実態を批判し、それを放置すればキューバ国民自らが革命を破壊し、自滅しかねないと警告した。ラウルも07年7月の革命記念集会において現行の賃金制度を批判し、生産・サービスの増大、効率性の向上、食料自給、産業振興と輸出促進、外国投資の再活性化が必要であるとして、構造改革の緊急性を訴えた。この主張は10年の人民権力全国会議（国会にあたる）でも繰り返された。

2008年には労働意欲を刺激すべく公的部門の賃金上限を撤廃し、農業増産のた

めに国有遊休地の個人への無償貸与を決定し、小農民に商品作物の栽培を推奨した。10年9月には公的部門労働者100万人のレイオフ計画が、10月には自営業認可の拡大（家族以外の雇用の認可）が、12月には社会的弱者を除いて配給を廃止することが発表された。幸いレイオフは実施されなかったが、こうした方針は同年10月に「党と革命の経済・社会政策指針」に集約され、広く国民の議論に付されたのち、11年4月に開催された第6回共産党大会で承認された。

その内容は次のようにまとめられる。まず社会主義の堅持を謳い、社会主義とはすべての市民に対する権利と機会の平等であるが結果の平等ではないこと、また労働は権利であると同時に義務であり、その量と質に応じて報酬が得られるべきであることが強調された。だが同時に、「キューバ社会主義社会では保護されない国民は一人もいない」という原則を守りながら、改革を進めることが確認されている。

経済政策で注目すべきは、経済の効率性を高めるために、社会主義的国営企業を軸としながら、外国投資、協同組合、小規模農業、自営業などの経済活動を認め、その発展と調和を図らねばならないとする一方で、どのような生産形態にも政府は補助金を与えず、赤字の国営企業や協同組合は清算あるいは民営化されるとしている点である。社会主義的経済体制を維持しつつも、生産性・効率性を重視し、独立採算の企業を主役とする経済構造へと転換しようとする意図が明確に示されている。

他方、社会政策においては、労働とそれによって得られる所得の役割を重視するとともに、現行制度の見直しによって社会サービスの質を保障するとし、具体的には教育・医療サービス、社会保障、社会扶助の再編と見直しを提示している。また雇用と所得に関しては、民間部門の雇用拡大、成果主義の導入による労働の質の改善を目標として掲げている。すなわち、国家による国民の生活保障をスリム化して、これからは民間・個々人の活力と努力に責任を持たせることを国民に周知するものであった。

2. 女性が生きる状況

■有給産休制度改革

1995年に北京で開催された第4回世界女性会議の決議を受けて、97年4月にキューバ女性連盟（FMC）を中心として行動計画がまとめられた。そしてその成果報告書が05年の第23回国連特別総会に提出された。以下ではその報告書にもとづいて政府が総括する女性の現状認識を紹介し、2000年代の女性を取り巻く環境の変化について考えてみたい。

報告書でまず指摘されたのが、2003年8月13日に発表された有給産休制度改革である。キューバでは1963年という早い段階で完全有給産休制度が整備されたが、93年にその期間が12週間から18週間に延長された。2000年にはそれに加えて60％の給与保障付きの1年間の育休取得が可能となり、しかももとの職への復帰が保障された。そして03年には1年間の育休の権利を母親か父親のどちらが取得するかを協議のうえで選択できるよう改正された。実際には男性が取得するケースはほとんどないようだが、女性の権利保障だけでなくジェンダー平等の観点からも、先進的な支援体制であると言えよう。だが93年の改革に関しては、経済危

機が最も深刻で工場閉鎖などが相次ぎ、女性に重い負担がかかるとともに、女性労働者の雇用コストが問題になっていた時期であったことを付け加えておきたい。

では2003年の改革の意図はどこにあったのか。国際的なアピールという理由と、労働力の確保という現実的な理由が挙げられよう。前者に関しては、1975年の家族法の制定が想起される。そこには男女ともに家事・育児等の責任を持つとする画期的な条項が盛り込まれたが、それは同年メキシコで開かれた第1回世界女性会議に臨む意気込みの表れでもあった。03年の改正にも両方の側面はあったが、より大きな要因は後者すなわち労働力の確保であろう。というのはキューバでは性教育の徹底、避妊知識の普及、中絶の合法化などにより、合計特殊出生率が1964年の4.6人をピークとして80年1.9人、2000年1.6人と低下し、06年からは1.5人以下で推移しているからである。その上、年間3万～4万人の海外への人口流出が起きており、この状態が続けば近いうちに労働力が減少し、経済開発に支障をきたすことが懸念される。実際に人口増加率は2011年にマイナスに転じ、12年には▲0.15％となった。09年に年金受給の開始年齢が男女ともに5歳引き上げられて、男性65歳、女性60歳になったことにも、財政支出の抑制の他に、労働力確保の狙いがあったものと考えられる。

■女性の経済活動

2005年に国連に提出された成果報告書は、2000年代初頭の女性の経済活動への参加について、次のように述べている。80年代に発足した女性雇用委員会が再び活動を強化し、さまざまなレベルでアファーマティブ・アクション（積極的格差是正措置）を実践し、女性の技術訓練と雇用促進、男女差別防止施策などを行っている。委員会を統括するのは労働省、社会保障省、キューバ労働組合連合、キューバ女性連盟（FMC）である。その結果、女性は国営部門の労働力の44.9％を構成している。とりわけ女性比率が高い分野は教育と社会福祉関係であり、小学校（教員・職員）71.7％、中学校（同）62.2％、パソコン教育74.9％、ソーシャルワーカー77.2％であった。教育と社会福祉関連分野では、女性と若者を対象とする育成プログラムが実践されている。この2分野は伝統的に女性が多いが、非伝統的な専門性の高い分野においても女性の進出が進み、その比率は科学システム関連職56.8％、技術・専門職56.8％、研究職48％となっている。技術職では「労働力の女性化」ともいうべき様相を呈し、その比率は66.4％に達する。

2013年に就労者全体ではブルーカラーの比率が41.1％と最も高く、男性就労者の55.0％がそこに集中していた。他方、女性就労者では45.9％が技術職に就き、その他ではサービス部門19％、行政部門11.9％という構成比であった。なかでも行政職、技術職部門では女性比率が高く、それぞれの就労者の65.3％、60.5％を女性が占めていた。技術職の具体的な職種は説明されていないが、教育、医療、福祉関連事業などであることが推測できる。2009年には医師を含む医療関係者の69％、教員の80％が女性であった。

このような男女差の要因の一つは就労者の教育水準の差にある。**表1**に示されるように、就労者の教育水準は高まる傾向にある。1970年代から生じ始めた男女差は、近年とりわけ高等教育で拡大している。2013年には女性就労者の30％以上が

表1 経済活動人口の男女別教育レベル（％）

修了学歴／年		2000	2010	2013
女性	初等以下	10.7	3.3	2.4
	中学校	23.4	15.6	12.5
	高校	47.5	59.2	53.8
	高等教育	18.4	21.9	31.3
男性	初等以下	19.4	8.7	6.9
	中学校	34.0	29.3	27.2
	高校	35.9	49.9	51.2
	高等教育	10.7	12.1	14.7

［出所］2000年は山岡［2005］p.33，その他はONE［2014］

高等教育（大学もしくは専門学校など）修了者であるのに対し，男性就労者では15％にとどまり，16.6ポイントもの開きとなった。また高等教育修了者に占める女性比率は2008/09年の59.8％から年々増加し，2012/13年には65.2％となった。労働力の教育水準での男女差は今後も拡大することが予想される。

女性の高学歴化は評価すべきであろうが，そこから見えてくる矛盾もある。すなわち，教育水準が高いにもかかわらず平均所得は女性のほうが低いこと，専門知識・技能があるはずなのに女性の労働参加率が限定的なことである。そしてなぜに男性が進学よりも働くことを選ぶのか，という疑問も生じる。それについては，男女が共有する「稼いで養うのは男性」という性別役割観の表れと捉える見方もある。

■所得における男女格差

表2からは女性労働力がサービス業に集中していること，サービス業だけでなく金融・社会保険等，商業活動では女性が各職種の労働力の40〜50％を占めていることが確認できる。そして職種別の平均賃金と照合すると，女性が多い職種は概して賃金水準が低いことがわかる。

2013年に最も賃金が高い建設業では，最も低い商業活動の1.5倍，女性労働力が多い公共・社会サービス部門の1.3倍の給与が支払われていた。同一労働同一賃金の原則が守られていても，女性が多く従事する職種の賃金が低いという理由により，このような格差が生じている。また女性は家族の世話などで欠勤・早退が多く，給与が減額されがちである。女性の平均賃金は男性の半分以下であるとも言われる。

キューバでは女性労働力の多くが国営部門で雇用されてきた。構造改革が始まった2010年以降も女性の約90％が国営部門で働いており，男性の3分の1が非国営部門に就労しているのとは対照的である。国営部門の給与はペソ払いで，その価値は目減り傾向にある。他方，協同組合や自営業を含む民間の経済活動ではドルの入手や自分の才覚・努力で所得を増やすことが可能になる。今後も国営部門と非国営部門の間の格差は拡大することが予想されるが，女性が多く従事する教育，医療，社会福祉などは再編・合理化されても公的部門に置かれ，大規模な人員を必要とすることになろう。したがって男女間の所得格差の是正は難しいと推察される。2012/13年度の大学卒業者総数約7万人のうち65.2％が女性であったが，教育学部では72.3％を，医学部では68.8％を占めた。また卒業生総数が多い専攻分野は医学（2万5000人），社会・人文科学（1万5000人），教育学（1万2600人）と続く。キューバでいかに医療および教育従事者の育成に力が入れられているかがわかる。

女性の労働参加を促進するために産休・育休制度の整備や託児所の充実が図られてきた。シングルマザーに対しては仕事がないときには経済的な支援や職業

表2　職種別労働力分布（2013年）

職種	女性労働力構成比（％）	女性の総労働力比（％）	平均賃金（月額・ペソ）
農牧狩漁業	7.7	15.5	514
鉱山・石材採掘	0.4	20.6	568
製造業	7.7	31.0	468
電気・ガス・水道	1.4	25.3	524
建設	1.8	13.5	582
商業・食堂・ホテル	16.4	40.8	391
交通・倉庫・コミュニケーション	3.5	21.3	465
金融・社会保険・不動産	2.8	49.7	435
公共・社会・個人サービス	58.3	53.3	438
合計	100.0	37.4	平均 471

［出所］ONE［2014］より筆者作成

訓練などを実施し，障がい児を持つ母親に対してはその世話で労働に従事できなかった時間にも給与を支払うなどの対応がとられてきた。しかし社会的弱者を対象とする施設は不足しており，日常的な世話は家族に委ねられている。出生率の低下に伴い2013年には65歳以上の人口構成比が13.3％となり，高齢者介護の問題も生じている。伝統的な性別役割分業観が変わることがなければこの構造は改善されないだろう。あるいは多少変わったとしても，誰かが家事や家族福祉を担わねばならないことに変わりはない。女性の家事育児労働は週34時間，男性は12時間という不均衡が続くなかで，近年の社会保障制度の合理化は男性とは異なる影響を女性にもたらすことになる。

キューバは女性が活躍する社会であると言われる。女性の就業率は1970年の16％から75年には20％を超え，80年代から2005年には30％台，それ以降は40％台に上昇し，2013年には43％に達している。しかし最近のラテンアメリカ諸国と比較すると，決して高い数値ではない。ブラジル，コロンビア，エクアドルなどはすでに50％を超えており，域内主要国平均は45％以上になっている。また，キューバでは女性労働力は全労働力の37～38％にとどまっている。もちろん，公的部門での雇用を中心とするキューバと，大きなインフォーマル・セクターを擁する他の国々を単純に比較することはできないが，キューバの場合は手厚い保護がありながら，また教育課程で労働の価値を教えこまれているにもかかわらず，就業率が伸びていない。その主な要因は教育・医療・配給などの社会保障体制が整備されているために，生存のために働く必要がなく，動機づけが弱いということにあろう。だがそれだけでなく，伝統的な性別役割分業観と現実の家庭での労働負担が女性に経済活動への参加を躊躇させ，さらに女性が参入しやすい職場が比較的高い教育レベルを必要とするがゆえに，低学歴女性の雇用機会が乏しいという二極化が生じていることが推測できる。

■社会保障制度の再編

2005年の報告書によれば，保健・衛生分野では家族医療制度が全人口の99.2％をカバーし，全出産の99.9％が病院で行われ，乳児死亡率・妊産婦死亡率が世界

で最も低い水準になった。また HIV／AIDS の感染防止，子宮頸がん・乳がんによる死亡の減少，人工中絶件数の減少などで成果が認められた。教育分野では中学教育の改革の他に，高齢者ケア，家庭教育などを内容とするコミュニティプログラム，仕事も勉学もしていない若者を対象とした自己啓発コースなどが FMC と教育省の連携で実施された。

米国中央情報局（CIA）の『ザ・ワールド・ファクトブック』によれば，2011 年にキューバの保健・衛生支出の対 GDP 比は 10％で世界 27 位，教育支出は 12.8％で世界 2 位である。医療では一次医療を担う家庭医療診療所，二次医療の地域病院，総合的な中核的医療機関という 3 レベルの医療体制を整備している。教育では識字率は 99.8％と高く，男女ともに 80％以上の生徒が高校に進学している。

しかし近年の経済改革・社会政策改革によって状況は少し変わりつつある。表 3 は社会保障支出の各年の増減率を示す。とりわけ支出削減が顕著なのは社会扶助であり，2013 年の支出は 08 年の 3 分の 1 となった。同期間に受益者数も 58 万人から 17 万人に減少し，高齢者では 14 万 5000 人から 5 万 3000 人に，障がい者では 11 万人から 4 万人に，子どもが重度の障がいを持つ母親では 7600 人から 4200 人に，家庭訪問サービス利用者は 1 万 7300 人から 4500 人に減った。従来の制度の非効率性を認めるとしても大胆な見直しであり，これまで以上に家族に責任を強いるものである。託児所については，毎年数カ所ずつ閉鎖されて 08 年の 1110 カ所から 13 年には 1082 カ所に減ったが，利用者は 12 万人から 13 万人に増加している。ただしその影響はまだ働く女性たちに及ぶほど顕在化してはいないようである。

教育関連の支出減は 2008～13 年の間で 16％にとどまり，農村の寄宿学校などが閉鎖された。一方，保健支出は同期間に 12％増となったが，医療機関の大規模な統合・調整が行われた。機関総数は 2007 年の 1 万 5722 カ所から 08 年には 1 万 2496 カ所に減り，その後 13 年に 1 万 2748 カ所に微増した。施設数の削減は病院（06 年 243→13 年 152），家庭医療診療所（同年 1 万 4007→1 万 1550）についても行われた。こうした削減が今後，国民の健康にもたらす影響は予断を許さないが，一部の国民にとってアクセスが悪化することだけは避けられないであろう。

■政策決定への女性の参加

変革を女性にとって望ましいものとするためには，決定過程への女性の参加が不可欠である。2013 年に経済活動におい

表3　社会保障支出の年増加率（1997 年ペソ価格）（％）

項目／年	2008	2009	2010	2011	2012	2013
全体	2.6	1.7	2.2	-1.2	-0.6	0.8
一般的公的・経済的等サービス	2.1	16.9	12.4	-2.2	3.1	1.1
教育	3.2	-4.3	-1.2	-5.3	-3.8	-2.2
保健	2.0	3.9	1.9	3.1	0.4	1.9
社会扶助	3.0	-63.5	-4.9	1.3	-5.0	-1.5
住居・都市農村整備	1.8	5.2	6.7	2.8	-3.0	3.2
文化・スポーツ・余暇	3.1	0.8	-6.4	-1.5	-1.4	3.1

［出所］ONE［2014］より筆者作成．

て女性は管理職の 33.6％を占めていた。女性が労働力全体の 37.4％を構成していたことに鑑みると，いまだ不十分とはいえ，ほぼそれに見合った代表性を有している。前出の 2005 年の報告書では女性がさまざまな労働組合や市民団体において約半数を占める構成員であり，5 つの労働組合では女性が指導層に加わり，53％の支部が女性によって率いられていることが指摘され，そうした参加によって働く女性の利害にかかわる決定に影響を与えることができる，と述べられている。

政治においても高い参加率が認められる。国会にあたる人民権力全国会議では 1993 年に初の選挙が行われてからこれまでに 6 回の選挙が実施された。女性の議席数は回を重ねるごとに増え，2013 年には約半数の 48.9％を占めた。これは世界 4 位である。

キューバにジェンダー・クオータ制（男女不平等是正のため，議員数もしくは候補者数に占める性別ごとの割合を規定する制度）はないが，選挙制度が特殊なため，この結果が有権者の意思を反映しているかどうかは別問題である。人民権力の地方選挙では，選挙区ごとに集会で候補者が指名され，その名簿にもとづく選挙で議員が選出される。だが州会議・全国会議選挙では，労組などの代表から構成されるそれぞれの候補者委員会が，各地方会議等からの推薦にもとづき候補者名簿を作成する。候補者は定員と同数で，直接投票によって 50％以上の得票で信任されるが，これまで不信任は出たことがない。女性議員数を増やすというトップの決定があれば，人数を調整することが可能な制度なのである。最も大きな権限を持つ国家評議会では，2013 年から 31 名中 7 名が，6 名の副議長のうち 1 名が女性である。権力の中枢においては男性の優位が続いている。

キューバでは言論，集会・結社の自由といった市民権が保障されておらず，国家による統制が社会の隅々にまで及んでいる。そのため，女性の決定過程への参加に対してさえも政府の意向を反映することができる。人数や比率ではなく，女性指導者たちが何を提言し，何を実践してきたのかをみていくべきであろう。

3. キューバ社会の課題

■革命的マチスモ

キューバ女性のさまざまな分野での高い参加率の背景には，政府がそれを重視し，優遇策をとってきたという特別な要因がある。もちろん，女性の参加を通して伝統的なジェンダー観が変化してきたことも事実である。だがキューバの日常生活で女性たちが直面しているのは人々の意識に残るマチスモ（男性優位主義）であり，それを女性自らも内面化している。また国家は平等を与える家父長的存在として，「革命的マチスモ」の体現者でもある。

それに対して女性たちの声はどのように代弁されてきたのだろうか。代表的な女性組織に，すでに触れたキューバ女性連盟（FMC）がある。1960 年に発足した NGO で，加入は任意だが，現在の加入者数は約 400 万人と，14 歳以上の女性人口の 85％を擁する。活動は加入者から徴収される会費によって支えられている。FMC は政府と一般の女性たちとを仲介する国家に承認された機関として，啓蒙活動，草の根レベルでの政策実施，女性問題に関する政府への提言，各分野へのジェンダー・アプローチの導入など，さま

2010年8月，ドイツ・ハンブルクで開かれた
LGBTプライド・パレードに参加する
マリエラ・カストロ（撮影：Northside）

ざまな役割を果たしてきた。ラウル・カストロの妻であるビルマ・エスピンが創設以来2007年に逝去するまでFMC総裁を務めた。彼女は国家評議会および共産党中央委員会，政治局のメンバーでもあった。

　もう一つ女性と密接にかかわる機関に，国家性教育センター（CENESEX）がある。1962年にビルマ・エスピンの提案によって設置の検討が始まり，幾度かの制度改革を経て，89年に研究・教育・政策提言などを主な任務とする現センターになった。現在の所長はラウルとエスピンの娘であるマリエラ・カストロである。彼女は62年生まれのポスト革命世代であり，後述するように，同性愛に関して旧世代と異なる考えを持っている。キューバでは幼稚園前から大学までのすべての教育課程で性教育が行われているため，CENESEXが国民のジェンダー観を決定していると言ってもよい。

　キューバでは女性の視点から女性問題を扱う機関が限られている。また女性の平等が就労，教育，医療といった領域を中心に捉えられてきたために，また平等はすでに実現されているというのが政府の公式見解であるがゆえに，日常的な意識変革への取り組みや，ジェンダーの視点からの問題認識が遅れていることは否めない。

■私的領域への関心の弱さ
　ジェンダー認識の遅れはドメスティック・バイオレンス（DV）やセクシャル・ハラスメントへの取り組みにもみられる。1993年12月，国連において「女性に対する暴力の撤廃に関する決議」が採択されると，ラテンアメリカ各国は法整備を進めた。ところがキューバだけが現在もDVを禁じる固有の法律を持っていない。もちろん刑法で女性への暴力には量刑が定められており，レイプ（夫によるものを含む）に対しては罰金刑の他，初犯では4〜10年，再犯では15年の禁固刑が，被害者が12歳以下の場合には死刑が科せられる。セクシャル・ハラスメントに対しても刑法によって3カ月から5年の禁固刑が定められている。だが，女性や社会的弱者に対する暴力は一般的な暴力と異なるという認識が弱い。深刻なDV，ハラスメントがあるにもかかわらず，メディアでの扱いや警察の介入は少なく，発生件数なども公表されていない。

　FMCは1997年からDV防止のためのグループを立ち上げ，教育・支援活動を行ってきた。女性自身にDVが刑罰の対象となる暴力行為であることを認識させ，被害者権利局で相談を受けつけ，カウンセリング，警察への訴えなどの支援活動を行っている。しかし，それがいまだFMCの活動にとどまっているところに，私的領域における権力関係よりも公的領域を重視する，キューバ政府の考える平等主義の偏りが現れているように思われる。FMC代表は全米大学女性連合（AAUW）派遣団に，「裁判官，検察官，その他の専

門家が海外で研修し，改革のためのモデルを持ち帰ることが必要である」と語り，司法の問題にも言及した。だが実際にすでに検事の61％，判事の49％，最高裁判事の47％を女性が占めている。要するに数値の問題ではなく，見識と意識の問題なのである。

■多様な生き方の主張と受容

1990年代の経済危機とその後の自由化によって，それまで見えなかった社会の矛盾と，画一的に統制され隠されてきた社会の多様性が表面化した。そして当事者たちが多様な生き方を主張するようになり，それを受容する動きが起きている。

1991年にはカトリック信者の共産党入党が承認された。革命前のキューバでは国民の85％がカトリック信者であった。マルクス・レーニン主義イデオロギーが支配的になると「宗教はアヘンである」という考え方が優勢となり，公的には宗教が忌避された。だが，80年代にラテンアメリカ地域でマルクス主義や共産主義と親和性のある「解放の神学」が影響力を持つと，カストロの考えも変わり，91年の入党承認へと至った。98年にはヨハネ・パウロ2世がキューバを訪問し，革命広場で公開ミサを行った。その訪問を機にクリスマスが国民の祝日となった。2012年にはベネディクト16世もキューバを訪れている。キューバのカトリック信者は90年に人口の40％，2010年に60％と増えている。

プロテスタント宗派に対しても1980年代から自由な宗教活動が認められた。しかし，実際に教会に通う信者はカトリックで人口の6％，プロテスタントでは11％にすぎない。それに対して，サンテリアなどのアフリカ系宗教には，程度の差はあるものの，国民の大多数（80％という推計もある）がなんらかの関わりを持っているとされる。アフリカ系宗教は，カトリック教会のように政府と敵対することなく，とりわけキューバ文化の固有性が強調された80年代に国民に受け入れられた。

キューバでは人種別統計がとられていない。CIAの『ザ・ワールド・ファクトブック』によれば，人口構成は白人64.1％，黒人9.3％，混血26.6％で，アフリカ系が人口の3分の1を占める。1962年にカストロが「人種主義はもはや存在しない」と発言してから，人種について語ることはなかばタブーとなった。しかし，90年代に貧困や格差が顕在化するなかで，アフリカ系の人々はホテル従業員など観光業に携わる比率が低く，また米国に移住した親戚も少ないことからドル入手の機会が限定されており，経済的に不利な状況にあることが露呈した。また，アフリカ系女性は家事労働や小商いなど所得の低い仕事に従事し，多くが副業を持っていること，また観光業であればエンターテインメントか清掃などの裏方の業務に就いていることなどが明らかになった。人種主義がいまだ存続し，社会的不平等の一因であることが認知され，いまではアフリカ系の人々が人種について公然と語り始めている。

1998年には人種差別改善を目的に掲げる市民団体「ネグリチュード同胞団」が発足し，キューバ史におけるアフリカ系の人々の扱いに異論を唱えた。また音楽家や作家が市民を巻き込んで人種主義を議論する動きが活発になり，とりわけラップ音楽による人種主義批判が若者層に浸透していった。政府の反人種主義理念とも合致するこのような音楽活動は，文

化相やフィデル・カストロも認めるところとなり，2002 年にキューバ・ラップ協会が設立された。ラップ音楽が政府に支援される文化活動となったことに関しては，国家による市民の文化活動の政治利用・統制として否定的に捉えることもできる。だがラップはアフリカ系女性という二重のハンディを持った人々にも自由に主張できる場を提供している。女性グループ，女性ラッパーはジェンダー，人種，ダイバーシティ（多様性）をテーマとした楽曲を発表し，なかには経済的な理由による売春を取り上げた作品もある。人気デュオ「オブセシン」のマヒア・ロペスはラップ協会の理事の一人であるが，音楽活動にとどまらず，広く女性の権利を訴えていることでも知られる。

さらに LGBT（レズビアン，ゲイ，バイセクシャル，トランスジェンダー：性的少数者）を含む性の多様性に関しても，その自由を認める動きがある。マチスモの伝統に加え，同性愛を敵視したソ連の影響を受けて，キューバでは同性愛は資本主義の退廃の象徴，革命の敵とみなされ，1970 年代まで同性愛者は収容されて過酷な労働を強いられてきた。80 年代から見直しが始まり，CENESEX の前身団体が同性愛は性的指向であり教育で対応すべきとする方針を示し，ホモフォビア（同性愛嫌い）として知られたカストロも従来の厳しい扱いを批判する側に転じた。90 年代に入るとさらに容認の動きが加速し，93 年には同性愛者の革命軍入隊が認められ，94 年には同性愛をテーマとする映画『苺とチョコレート』が公開され，2008 年には性転換の権利も認められた。

21 世紀に入っても LGBT に対する警察による不当な扱いや社会的な偏見・差別は続いている。だが国民の意識は変わりつつあり，それは 2012 年にトランスジェンダーであるアデラ・エルナンデスが人民権力地方会議議員に選出されたことにも示される。アデラは男性として生まれたが，女性としての人生を歩み，80 年代に 2 年間それを理由に投獄された経験を持つ。また CENESEX はマリエラ・カストロの下でこれまでのホモフォビア政策を強く非難し，LBGT への国民の理解を深めるキャンペーン，警察官教育，同性婚の承認を求めるロビー活動を進めている。

このように近年のキューバ社会では共産党支配の下で強化された画一的な生き方や平等主義神話がほころびをみせ，差別や格差といったネガティブな問題が表面化すると同時に，信仰，人種，ジェンダーなどの多様性を主張し，自分らしい生き方を求める動きが強まっている。また，政府も少しずつ歩み寄りを見せている。こうした変化のなかで自らの生き方を選択する自由度は大きくなっているが，それは同時に，政府の手厚い保護に依存できなくなることでもある。キューバ女性が享受してきた権利と平等を今後どのように守っていくのか，あるいはさらに別の次元を目指していくのか。それは女性自身の意識と行動にかかっている。近い将来，劇的な変化が予想されるキューバでは，広義の自由化の時代を目前にして，女性たちだけでなく国民全体が新たな選択を迫られていると言えよう。

第8章

ドミニカ共和国
―― 女性を軸に据えた国づくりと自立する女性たち ――

山田望未

同国2人目の女性副大統領マルガリータ・セデーニョ。貧困解消や低所得・貧困層の女性のエンパワーメントに強い関心を持ち，関連政策を強く推進するとともに，初の女性大統領就任に向け積極的な姿勢を見せている
（ドミニカ共和国副大統領府提供）

ドミニカ共和国女性史関係年表

西暦	事　項
1881	女性詩人サロメ・ウレニャが女子を対象とした高等教育機関を設置。
1930	ラファエル・トルヒーヨによる独裁政権誕生。
1942	議会が女性への参政権を認める。大統領選にて女性有権者が初めて投票する。 イサベル・マジェールが女性初の上院議員となる。
1960	反トルヒーヨ独裁政権の活動家であったミラバル三姉妹が暗殺される（11月25日）。
1961	トルヒーヨが暗殺され，独裁政権が崩壊（5月30日）。
1962	ホセフィーナ・パディヤが女性として初めて副大統領選に出馬。
1964	リリア・ソーサが初の女性閣僚（教育大臣）に就任。
1982	国連女性差別撤廃条約（CEDAW）を批准。 メルセデス・カナルダ，女性の自立支援を目的としたNGOアドペム（ADOPEM）を設立。 国家女性庁の前身となる女性自立推進局を設置。
1991	教育省内に教育機会の男女平等促進を目的とする部門（EDUC-MUJER）を設置。
1995	「女性に対する暴力の防止・罰則・廃絶に関する米州条約」を批准。
1997	国会選挙におけるジェンダー・クオータ制（25％）を公布。 家庭内暴力への処罰を定めた法律を制定。
1999	ミラバル三姉妹の暗殺日（11月25日）が国連総会にて「女性に対する暴力廃絶のための国際デー」に採択される。 家庭内暴力抑止のための国家委員会（CONAPLUVI）発足。 女性省の前身となる国家女性庁（SEM）を創設。 女性移民保護のための国際委員会（CIPROM）発足。 ラファエラ・アルブケルケが初の女性下院議長に就任。
2000	ジェンダー平等のための国家計画（PLANEG I）策定。 ジェンダー・クオータ制の割合が33％に引き上げられる。 ミラグロス・ボッシュ，同国初の女性副大統領に就任。
2001	各省庁内にジェンダー室を設置。
2003	暴力被害を受けた女性を一時的に保護するシェルターの創設が法律で義務づけられる。
2005	最貧困層向けの生活保護給付制度「ソリダリダ・プログラム」開始。 民間マイクロファイナンス機関「アドペム銀行」が設立される。
2006	ジェンダー平等のための国家計画 2007-2017（PLANEG II）を発表。 女性への暴力や家庭内暴力の予防・発見・処罰のための戦略計画 2011-2016 を策定。 マルガリータ・セデーニョ（フェルナンデス大統領夫人）が，国連の国際女性デー（3月8日）に合わせて低所得・貧困層出身の女性の国家表彰を開始。
2007	ミラバル三姉妹の肖像画を印刷した200ドミニカ・ペソ札が発行される。
2009	政府と通信規制局（INDOTEL）が「女性参加型の情報化社会の実現」を約束。
2010	2010年憲法（新憲法）が制定され，ジェンダー平等が明文化される。 女性省を創設。アレハンドリーナ・ヘルマンが初代女性大臣に就任。 地方選挙にもジェンダー・クオータ制を導入。
2012	マルガリータ・セデーニョが2人目の女性副大統領に就任。 男女機会均等が盛り込まれた「国家開発戦略 2010-2030 法（END法）」が議会を通過。 貧困層向け自立支援制度「プログレサンド・コン・ソリダリダ・プログラム」開始。 暴力被害者女性向けの電話相談窓口の運用開始。
2013	政府系マイクロクレジット機関「バンカ・ソリダリア」を設立。 識字率100％を目指す国家計画「キスケージャ・アプレンデ・コンティーゴ」開始。 公立学校等でジェンダー教育が導入される。
2014	クリスティーナ・リサルドが初の女性上院議長に就任。

2013年のワールド・ベースボール・クラシックにおけるドミニカ共和国代表チームの優勝は記憶に新しい。史上初の全勝優勝という快挙を成し遂げたうえ、観る側をも楽しませる明るいチームであることがテレビ放映を通じて強く印象に残り、日本における同国の知名度向上に貢献した。

1492年、「黄金の国ジパング」を目指して船出したクリストファー・コロンブスは、第一回目の航海で現在のドミニカ共和国があるイスパニョーラ島に漂着した。同島はカリブ海の大アンティル諸島中、キューバ島に次ぐ大きさで、島の東側3分の2を占めるドミニカ共和国と、西側3分の1を占めるハイチとで二分される。また島の東端から127キロ先には、米準州プエルトリコがある。面積4.8万平方キロの国土(九州と高知県を合わせた程度)に1000万人を超える人口が住んでおり、うち300万人が首都サントドミンゴに暮らす。

イスパニョーラ島が「発見」された時、島には先住民族のアラワク族タイノ人が暮らしていたが、彼らはスペイン植民地支配下で虐殺や病気で絶滅した。代わりに、奴隷として連れてこられたアフリカ系と、スペイン系の混血が進んだ。長い歳月をかけて進展した混血化と文化の融合により、アフリカ系11%、ヨーロッパ系16%、双方の混血ムラート73%から成る新しい世界が形成された。

同国の公用語はスペイン語だが、先住民族のタイノ語に由来する語句が一部使われるほか、地理的にアメリカが近いため英単語が多用される。また、2014年に政府が発表した統計によれば、人口の約90%がキリスト教徒(カトリック68.9%、プロテスタント18.2%)である。これは例えば、現地を走る車両の多くにキリスト教由来の装飾が施されていることからもよくわかる。

200ドミニカ・ペソ紙幣に印刷されたミラバル三姉妹の肖像画(左から長女パトリア、三女ミネルバ、四女マリア)(ドミニカ共和国中央銀行提供)

コロンブスの新大陸発見以降、スペイン、フランス、ハイチ(革命を経て1804年に独立)の統治を受けた同国にとって、1844年の独立は長年の悲願であった。しかしながら、独立後の政情不安によるスペインへの再併合、内戦鎮圧を目的とするアメリカの侵攻と苦難が続いた。さらに1930年からの31年間は、ラファエル・トルヒーヨによる独裁政権が敷かれた。トルヒーヨは、制度上は憲法に則り国政選挙によって選出された指導者であり、同政権下で女性参政権も認められた。しかし一方で、軍事力を完全に掌握して国家権力を思いのままにし、独裁体制を批判する知識人や反体制活動家には徹底した弾圧を加えた。なかでも1950年代の反体制運動を主導したミラバル三姉妹の暗殺事件は世界的に知られている。

上流階級であったミラバル家は独裁政権下で財産を失い、娘たち(四姉妹のうち、次女だけは運動に積極的に関わらなかった)はトルヒーヨが国を混乱に陥れていると考えるようになる。そして度重なる投獄・拷問にも屈せず反体制運動を続けたが、彼女らの大衆への影響力を恐れたトルヒーヨにより、1960年11月に暗殺された。この事件が結果的に国民の強い反発と不信を招き、半年後の独裁政権崩壊へとつながった(トルヒーヨは61年5月に暗殺された)。1999年の国連総会では、三姉妹が暗殺された11月25日を「女性に対する暴力廃絶のための国際デー」とする決議案が採択されたほか、

2007年以降流通している200ドミニカ・ペソ札には、三姉妹の肖像画が印刷されている。このように、三姉妹は民主化を目指した女性の象徴として、今なおドミニカ人の記憶の中に生き続けている。

本章では、まず21世紀におけるドミニカ社会の姿を概説する。次に「ジェンダー平等」「女性への暴力」「政治参加」「教育水準と社会進出」に関するデータを示しながら、ドミニカ女性を取り巻く社会の現況を考察する。最後に、低所得・貧困層女性を対象とする政府の貧困救済対策プログラムやマイクロクレジット（無担保小口融資）が、21世紀におけるドミニカ女性の自立にいかに寄与しうるか、現地での調査に基づき検証する。

1. 21世紀初頭のドミニカ社会の姿

■外交の拡大

ドミニカ共和国は、19世紀の独立から続いた混乱を経て誕生したトルヒーヨ独裁政権（1931〜61年）、続くバラゲール開発独裁政権（1966〜78年、1986〜94年）時代に、中央銀行の設立、国際空港・港湾の建設、主要幹線道路の整備、農産物輸出体制の確立などを行い、近代国家の体裁を整えた。その一方で、「ドミニカ共和国の白人化」を掲げたトルヒーヨ政権が行ったハイチ系住民の虐殺、先に触れたミラバル三姉妹の暗殺、バラゲール政権下における民主化要求団体への激しい弾圧など非人道的側面も多く、両政権の国家運営に関してはいまだ激しい議論が続いている。

1994年の大統領選における不正行為が発覚し、通常4年の任期を2年に短縮されたバラゲールは、次期大統領選に出馬できなかった。そこで彼は、ドミニカ解放党（PLD）所属のレオネル・フェルナンデス候補を支持し、これにより同国史上最年少（42歳）の大統領が誕生した。

フェルナンデスがまず力を入れたのは、国際的地位の向上だった。この背景には、1960年のベネズエラ大統領の暗殺未遂事件への関与で米州機構（OAS）から非難されたトルヒーヨ時代、また輸入代替工業化政策により鎖国状態をもたらしたバラゲール時代には、外交が機能せず国際的に孤立していた歴史がある。フェルナンデスは、国連ラテンアメリカ・カリブ経済委員会（CEPAL）やOASをはじめとする国際機関の会議等に積極的に参加した。また第1次〜第3次政権を通じて60回以上の外遊を行った。その結果、フェルナンデスは任期中新たに58カ国との国交を樹立し、アジアやアフリカの新興国にまで外交関係を拡大した。

2012年に大統領に就任したダニーロ・メディーナも、フェルナンデスの外交拡大路線を踏襲している。2013年には、同国にとって長年の悲願であった中米統合機構（SICA：中米諸国の政治・経済統合を目的とする機関）への正式加盟を果たしたうえ、歴史的に確執の絶えなかった隣国ハイチとの政策協議を本格化させた。これにより中米・カリブ地域内における存在感も確実に高まっている。なお、1990年代末以降の政権の主な出来事や実績をまとめると**表1**のようになる。

■与党による内政の安定

与党PLDは1996年以降、1期を除いて大統領選挙に勝利し続けており、06年以降は上下両院においても過半数を占める、安定した政権運営を行っている。なかでも「2010年憲法」と「国家開発戦略2010-2030法（END法）」の公布は、内政面におけるPLD政権の最大の功績と言える。1844年の

表1 過去20年の政権と主な出来事

期間	政権（政党）	主な出来事
1996～2000	第1次フェルナンデス（PLD）	インフラ整備 投資促進 外交拡大への努力
2000～04	メヒア（PRD）	女性副大統領の誕生 金融危機 ジェンダー平等の国家計画（PLANEG I）策定
2004～12	第2次・第3次フェルナンデス（PLD）	ドミニカ共和国・中米・米国自由貿易協定（DR-CAFTA）加盟 2010年憲法制定 国家開発戦略 2010-2030 法公布 PLANEG II策定
2012～	メディーナ（PLD）	財政改革 中米統合機構（SICA）正式加盟 対GDP比4％の教育支出 社会問題解決への努力

［出所］筆者作成

独立以来，同国の憲法は計34回の改正を重ねているが，その中でも2010年憲法は50年ぶりの大幅改正を伴った「新憲法」と位置づけられている。新憲法では，憲法裁判所の設立，大統領の連続再選禁止，国籍条項の明確化などが規定されたが，注目すべきは第39条において男女同権とその推進が謳われたことである。政府は新憲法を国の近代化を進めるための重要な座標軸と位置づけ，条文を実現するための具体的な法整備を国民に約束した。

続く2012年に公布されたEND法では，2030年におけるドミニカ国家のあるべき姿を「聡明な市民が参加する民主主義とグローバル経済システムのもと，革新的で持続可能な方法により資源を活用し，安全・公平・平和・繁栄を謳歌する国」と定め，その実現のためには4大目標（①安定した政府機構，②機会均等，③持続可能な経済成長，④環境保護）の達成が不可欠だとした。このように，男女の機会均等が国家の達成目標の一つに据えられたのも，安定した政権運営と次項で述べる経済成長によるところが大きい。

■経済の拡大と成長

PLD政権の安定性要因として第一に挙げられるのは，21世紀以降の顕著な経済成長であろう。2003年～04年にかけて国内の主要4大銀行が次々と破綻した「ドミニカ金融危機」は，経済の大規模な混乱を招いた。しかし，その後は年間6％の平均成長率を記録し，他のラテンアメリカ諸国と比較しても高い水準を保っている。世界経済のグローバル化が進展する中で，同国が安定した経済成長を続ける要因は次の4点に整理される。

1点目は，経済成長の大きな障害，すなわちインフラ不足と直接投資受け入れ体制の不備が解決されたことである。フェルナンデスは空港・港湾・高速道路・橋梁・病院・学校・ダム・発電所・送電設備など大規模なインフラ整備を行い，経済成長に必要な基盤を築いた。次に，海外からの直接投資を促進すべく，投資に関わる各種規制の大幅な緩和や税制優遇措置・保税地域の導入，投資家の権利保護に係る法整備を進めた。これらは外資系企業による不動産・観光・流通・運輸・情報技術・金融・鉱業・エネルギー産業への大規模投資を促し，国内の雇用創出にも大きく貢献した。結果と

して，海外からの直接投資受入額が1996年の1億米ドル弱から2012年には31.4億米ドルへと大幅に増加し，カリブ地域で最大の海外直接投資受入国となった。

2点目は，砂糖・ラム酒・タバコ・バナナなどの生産を主とする従来のモノカルチャー経済を脱却し，観光・サービス業を主体とした経済体制へ移行したことである。海外直接投資の増加は観光業の急速な発展をもたらし，東部プンタカナを中心に外国人向けの大規模なリゾート施設が建設された。その結果，同国を訪れる外国人観光客数は1996年の約230万人から2013年には約516万人へと急増し，年間50億米ドルを超える観光収入を創出した。

3点目は，1990年代以降のグローバリゼーションの進展のもとで，自由貿易体制に移行したことである。具体的には，2004年1月に加盟を申請し，同年8月に妥結した「ドミニカ共和国・中米・米国自由貿易協定（DR-CAFTA）」（CAFTA-DR）への参加である。この協定は当初，パナマを除く中米5カ国（エルサルバドル，グアテマラ，コスタリカ，ホンジュラス，ニカラグア）が，米国との間で「中米・米国自由貿易協定（CAFTA）」の交渉を進めていたものである。これに対しドミニカ政府は，上記の国々に繊維製品や農産物の対米輸出シェアを奪われることに危機感を覚え，急遽参加を決断した。2007年に協定が発効し，米国や中米5カ国との無関税の自由貿易が可能となり，貿易・投資機会がさらに拡大した。

4点目は，2003～04年のドミニカ金融危機以降，政府がマクロ経済の安定化に尽力してきた点である。政府は国際通貨基金（IMF）の指導と融資を受けながら，公的債務・財政赤字・インフレの抑制に注力し，自国通貨ドミニカ・ペソの急激な下落を食い止めている。こうしたマクロ経済の安定化により，デフォルト（債務不履行）のリスクが軽減され，国内外からの投資が流入しやすくなるという好循環が生まれている。

以上のように，インフラ整備と直接投資受入体制の強化，モノカルチャー経済からの脱却，自由経済・貿易体制への移行，マクロ経済の安定化が相乗効果を生み，近年の高い経済成長につながったと言える。

■社会のひずみ

過去15年にわたるPLD政権（2015年現在）は，上述のとおり外交関係の拡大・国内政治の安定・高い経済成長に大きく貢献した。しかし，その恩恵を受けたのは上位数パーセント程度の富裕層に留まり，格差の拡大・汚職の蔓延・治安の悪化などの社会問題は深刻さを増した。

複数の高級外車や別荘を所有する一握りの富裕層が存在する一方で，貧しい層は日々の暮らしにも事欠く状況にある。2010年のCEPALの統計によれば，総人口約1000万人のうち4割が貧困層で，その2割にあたる80万人強が1日2米ドル以下で生活する最貧困層である。所得格差を測る指標として使われるジニ係数（0に近いほど格差が少なく，1に近いほど大きい）を見ると，同国は1996～2010年の平均値が0.47に達する，格差の大きな社会と言える。

格差を生む要因の一つとして考えられるのは，国内経済活動の55％がインフォーマル・セクター経済（政府統計の数字上には表れない非正規の経済活動）に属することである。大規模なインフォーマル経済の存在は，課税対象が限定されるために政府の税収が少なくなり，国民の多くが税による再分配や医療・教育などの公的サービスから抜け落ちやすい状況に置かれがちだ。

汚職などの政治腐敗も深刻である。フェルナンデスは，自らの政治基盤の強化や権

力誇示のために公務員のポストを大幅に増設し、政府の人件費を増大させた。また経済成長の礎となったインフラ整備など公共事業の拡大は、その権益にからむ汚職の原因となった。各国政府など公共部門における腐敗度を示す世界的な指標として、国際NGO トランスペアレンシー・インターナショナル（TI）が毎年公表する「腐敗認識指数（CPI）」がある。CPI は 100（腐敗度が低い）から 0（腐敗度が高い）の数値で示されるが、例年 30 以下であるドミニカ共和国は腐敗・汚職が蔓延した状態にあると言える。

加えて、国内の治安は 2008 年以降悪化の一途をたどっている。国連薬物犯罪事務所（UNODC）の統計によれば、同国の人口 10 万人あたりの殺人件数は、2000 年の 14.0 人から 2012 年の 22.1 人へと大幅に上昇している。このような治安悪化の要因の一つは、近年の麻薬取引の増加であろう。同国は北米と南米の中間に位置し、かつ海上からのアクセスが容易な島国であることから、南米で栽培される麻薬の北米・欧州諸国への密輸取引の中継地点として頻繁に利用されている。そのため同国における密輸麻薬の押収量は年々増加しているほか、銃規制が無いことも麻薬取引に絡む犯罪の凶悪化に拍車をかけている。

これら PLD 長期政権の負の遺産に対処するため、2012 年に大統領に就任したメディーナは、多岐にわたる社会問題や政策課題に積極的に取り組んでいる。具体的には、国民皆保険制度の導入検討、識字率向上プログラムの推進、警察官の増員、貧困層向け給付金の拡大、対 GDP 比 4%の教育支出、財政改革などで、うち一部の政策はすでに国民から高い評価を得ている。しかしながら、長きにわたり蓄積した社会問題を解決するには、克服すべき課題があまりにも多

アレハンドリーナ・ヘルマン女性大臣
（ドミニカ共和国女性省提供）

く、社会のひずみを正すまでには時日を要すると言えよう。

2. ドミニカ女性の現状

■ジェンダー平等が目指される背景

ドミニカ共和国では 2010 年に女性省が創設され、女性の権利・地位向上とジェンダー平等が目指されてきた。創設以来大臣を務めるアレハンドリーナ・ヘルマンは、「21 世紀に入り、ドミニカ女性の権利が保障され、その地位が大きく向上した」と主張する。

同国においてジェンダー平等を目指す機運が大きく高まった契機は、1995 年に北京で開催された第 4 回世界女性会議である。そこで採択された「北京宣言」および「行動網領」は、各国にとって国際社会との約束を意味した。北京宣言では「女性のエンパワーメント」を鍵として、政策決定の場への女性の積極的な参画を求めたほか、女性に関わる人権問題が多数盛り込まれた。また行動網領では、政策の意思決定とその過程にジェンダーの観点を取り入れることが明記された。

文言の定義を簡単に整理すると「ジェンダー」は生物学的性差を指すセックスに対して、社会的・文化的に作り上げられた性差を意味する。また「エンパワーメント」

は人が自身の生活や人生に関して自己決定権を持ち，社会的・経済的・政治的な状況を変えていく能力，加えてその過程でなされる能力開発を表す。21世紀以降，ドミニカ共和国でも国家開発計画の策定や法整備において，これらの概念が非常に重視されるようになった。

2000年に発表された「ジェンダー平等のための国家計画（PLANEGⅠ）」では，教育・経済・雇用・社会・司法・環境・持続ある発展・文化などの各分野において，ジェンダー平等に基づく行動計画がまとめられた。また2006年に発表されたその継続計画（PLANEGⅡ）では，2007年以降の10年間を計画の実行期間と定め，政策決定過程や社会の各分野における女性の権利・地位向上，貧困の削減，女性への暴力の根絶に向けた取り組みが進められている。

以下では，「女性への暴力」「政治参画」「教育と社会進出」の現況について，社会的・文化的背景も適宜考察しながらデータを用いて検証する。そこから，同国におけるジェンダー平等と女性のエンパワーメントのおよその達成度が見えてくるだろう。

■**女性への暴力**

先に述べたミラバル三姉妹の暗殺事件は，ドミニカ社会に大きな衝撃を与え，独裁体制の崩壊を招く原動力となった。その後の新しい社会は，前節で見たようにジェンダー平等に向けて諸制度を整えつつある。しかし事件から半世紀以上経った今でも，ドミニカ共和国では女性への暴力が絶えない。その背景にあるのは「マチスモ（男性優位）」の考え方である。これはスペイン語の「マッチョ macho」（原義は「雄の」を意味する形容詞）から派生した語で，男性が持つ強靭さ・逞しさ・勇敢さなどの性質に基づく，男性優位主義的な思想・信条・行動を指す。

このマチスモと「女性は夫や家長に従順であり家庭を守るべき」とするカトリックの伝統（マリアニスモ）があいまって，ドミニカ共和国を含むラテンアメリカ諸国においては，私的領域（家庭）と公的領域（社会）のいずれにおいても，男性が時に暴力によって女性を支配するも止むなしとする歪んだ慣習が根づいた。

このような背景のもと，ドミニカ共和国においては長年，女性の死亡原因の上位を男性による身体的暴力が占めてきた。CEPALの統計によれば，パートナー関係にある（もしくはあった）男性が加害者となった女性殺人件数（人口10万人あたり）で，同国は例年，域内諸国中第1位となっている。全般にマチスモが根強いラテンアメリカ域内でさえ群を抜いているということは，ドミニカ女性への暴力がいかに深刻な問題であるかを物語っている（**表2**）。

加えて，行動監視や束縛などの精神的暴力による被害もあとを絶たない。2007年に保健省が実施した人口保健調査によれば，パートナー関係にある男性から行動を制限される行為（例えば「異性と話すことに対して激しく嫉妬する」「居場所を教えるよう強要される」など）を受けた経験があると回答した女性は半数を超え，その割合は若年層になるほど高かった（**表3**）。これは一つには，同国でも携帯電話の普及率が高まり，人との「つながり」を求める若年層を中心にSNS（ソーシャル・ネットワーキング・サービス）の利用が進む中で，女性の行動をより支配しやすくなっていることに起因すると考えられる。

もう一つ，上記の人口保健調査の結果で興味深いのは，男性からの暴力被害を受けた経験を持つ女性のうち，最終学歴が低い・世帯所得が少ない層の女性ほど暴力を受けやすいという点である（**表4**）。つまり，

表2 パートナー関係にある（もしくはあった）男性が加害者となった女性殺人件数の域内諸国推移（人口10万人あたり・上位6か国のみ抽出）

国名／年	2011	2008	2005
ドミニカ共和国	1.28	1.36	1.06
プエルトリコ	0.70	0.72	0.48
ウルグアイ	0.59	0.51	—
コスタリカ	0.40	0.55	0.53
ニカラグア	0.39	0.21	0.24
コロンビア	0.28	0.24	0.29

［出所］ *Observatorio de Igualdad de Género de América Latina y el Caribe* より筆者作成

表3 パートナーに行動を制限されたことがある女性の割合（年代別）

年齢	男性と話すことに嫉妬	女友達への連絡を阻害	居場所の情報共有を強要
15-19	67.5%	17.8%	58.0%
20-29	55.7%	25.2%	54.9%
30-39	44.9%	18.1%	48.7%
40-49	34.0%	13.2%	42.3%

［出所］ *Encuesta Demográfica y de Salud* より筆者作成

表4 最終学歴・世帯所得別の暴力被害者の割合

最終学歴		世帯所得	
なし	18.0%	低所得	21.8%
初等教育	20.1%	低中所得	20.2%
中等教育	14.7%	中所得	19.3%
高等教育	13.4%	中高所得	13.5%
		高所得	11.7%

［出所］ *Encuesta Demográfica y de Salud* より筆者作成

教育機会に恵まれなかったために職を得られない，あるいは低賃金の職業に従事せざるを得ず，経済的自立の度合いが低い女性は，より暴力の被害者となりやすい。こうしたデータに基づき，政府は女性のエンパワーメントを促し，経済的自立を支援するための政策を導入している（次項参照）。

このような状況のもと，女性に対する暴力の根絶に向けて政府は大きく3つの観点から対策を講じている。第1に，被害者救済のための法整備と，それに準ずる対策・実行機関の創設である。まず1997年に家庭内暴力への処罰を定めた法律が制定された。そして2003年に暴力被害を受けた女性を一時的に保護するシェルターの創設が法律で義務づけられると，各地にシェルターが設置された。また前出の2010年憲法では，女性への暴力を強く規制する条文が盛り込まれた。さらに2012年には，女性省が暴力被害者女性向けの24時間態勢の電話相談窓口を開設し，緊急救助要請や保護相談を受理している。これらはいずれも被害者の早期救済に一定の効果をあげている。

第2は，将来的な暴力予防を目的とした教育の拡充である。女性省は，いわゆる暴力の連鎖，つまり父親が母親に暴力を振るう家庭で育った子供が成人した際に，同様の暴力的行動を繰り返しやすい傾向があることに注目した。そこで国内の公立学校において，法律（暴力事件の罰則），暴力の種類と発生状況・原因などを体系的に学ぶ教育プログラムを整備し，将来的な女性への暴力を抑止することに重点を置いたジェンダー教育を推進している。第3は，暴力の加害者となりやすい成人男性に焦点を当てたジェンダー・ワークショップの開催である。これは，生物学的性差と男性の身体的優位性，家庭や社会における男女の役割と平等性などについて，男性視点で考える機会を創出することで，女性への暴力の抑止に役立てる試みである。

このように近年女性への暴力根絶に向けた取り組みが進むドミニカ共和国だが，同国では長らく，マチスモとカトリックの伝統に基づき，女性への暴力がほとんど放置されてきた。その歴史的背景に，教育機会や経済的自立の欠如が複合的に絡み合い，女性への暴力は根絶できていない。本節で紹介した取り組みが実を結ぶには，まだ時間がかかると言えよう。

■女性の政治参画

　ドミニカ共和国では1942年，トルヒーヨ独裁政権が見かけ上の民主制を達成するために女性への参政権を認めた。その後1964年には女性が初入閣し，21世紀に入ると2名の女性副大統領が誕生した。2000年に同国初の女性副大統領に就任したミラグロス・ボッシュは，反トルヒーヨ体制を掲げる急進的な改革派であったフアン・ボッシュ元大統領の姪で，若い頃から叔父について政治活動に携わってきた。副大統領在任中には教育改革を推進し，情報公開制度の導入に尽力した。2012年に2人目の副大統領に就任したマルガリータ・セデーニョは，同年まで計3期12年間大統領を務めたフェルナンデスの妻（2003年に再婚）である。弁護士としてキャリアを積み，ファーストレディー時代から政治家への転身を熱望し，とりわけ女性に対する貧困解消政策の拡大に注力してきた。

　前述のようなマチスモの根強いドミニカ社会において，政治家は長年男性の職業とみなされてきた。しかし近年では，国家の意思決定過程に参加する女性の数は着実に増加している。その背景にあるのがジェンダー・クオータ制の導入である。これは，政治参画における男女平等を実現するために，議員や閣僚などの一定数を女性に割り当てる，世界各国で導入が進んでいる制度である。ドミニカ共和国では1997年に公布され，翌98年の国会議員選挙において初めて適用された。その際女性に当てられた割合は25%以上であったが，2年後の2000年には法改正が行われ，33%以上と定められた。

　過去20年間における女性国会議員数の推移を見ると，ドミニカ女性が国家の意思決定に関わる度合は着実に増加しており，2010年の国会議員選挙では，上下両院にお

表5　女性国会議員数と全議席に占める割合

選挙年度	下院			上院		
	男性	女性	%	男性	女性	%
1994	105	15	12.5	29	1	3.3
1998	125	24	16.1	28	2	6.7
2002	126	24	16.0	30	2	6.3
2006	143	35	19.7	30	2	6.3
2010	145	38	20.8	29	3	9.4

［出所］*Cuota Femenina y Representación Política en República Dominicana: Elecciones del 2010* より筆者作成

いて女性議員の占める割合が過去最高となった。したがってジェンダー・クオータ制の導入は少なからず同国女性の政治参画を推進していると言えよう（**表5**）。こうした成果に基づき，2010年からは地方議会選挙でも同様のクオータが導入されている。さらに，2014年には初の女性上院議長が誕生し，同国における女性の政治参画の進展を社会に強く印象づけた。

　しかしながら，ドミニカ女性の政治参画については否定的なデータもある。2014年に世界経済フォーラム（WEF）が発表した『世界男女格差報告書』のジェンダー・ギャップ指数を見ると，政治参画分野における男女間格差に関して，調査対象国142カ国中，ドミニカ共和国は84位と下位にある。世界的に見れば，ドミニカ女性の政治参画にはまだ向上の余地があるということになろう。

　その要因の一つとして考えられるのは，同国のクオータ制の適用範囲やその強制力である。具体的には，クオータ制の対象が国会の下院に限定されており，制度の公布から15年以上が経つ現在も上院には適用されていないことである。また，アジアや中東の一部の国では，女性議員数を確実に増加させることを目的として，女性の当選者の最低割合を憲法等で定めているが，同国では候補者数への適用に留まる。したがって，必ずしも33%以上の女性が選出され

国家の意思決定に参画するとは限らない。

　このほか，女性の政治参加の進展を測るうえで最も象徴的なのは，女性大統領の誕生であろう。トルヒーヨ独裁政権に暗殺されたミラバル三姉妹の三女ミネルバの長女で，女性政治家として活躍するミノウ・ミラバル下院議員は，独自調査に基づき「ドミニカ国民の94％以上は女性大統領の誕生に好意的である」と言う。また，筆者によるサントドミンゴ市民への聞き取り調査でも，女性大統領の誕生を支持する意見が男女問わず聞かれた。その候補者として，現副大統領セデーニョの名が頻繁に挙げられたことが筆者の印象に残っている。

　事実，セデーニョは初の女性大統領就任に向けて非常に積極的な姿勢を見せている。これは同国の低所得・貧困層向け政策に多額の国家予算を投入しているセデーニョに対して「将来の大統領選を見据えたバラマキ政策だ」と揶揄する声が聞かれるほどである。それでも彼女が初の女性大統領を目指す動機は，単に大統領を務めた夫に刺激を受けたというものではない。彼女のロールモデルは，ビル・クリントン元大統領の妻として1993年に米国史上初の「キャリアウーマンのファーストレディー」となったヒラリーである。セデーニョとヒラリーは公私両面で交流があり，二人は弁護士・母親・ファーストレディーの経験など共通点も多い。そのヒラリーが2008年の大統領選では民主党内の候補者争いに破れたものの，捲土重来を期して16年の再出馬を正式表明しているという現況は，セデーニョに少なからぬ影響を与えていると推察できよう。

■教育水準と社会進出

　首都サントドミンゴのオフィス街を歩くと，高級スーツを身にまとい，ハイヒールで颯爽と歩く女性たちを多く見かける。近

首都の大手弁護士事務所で働く，海外留学経験を持つ若手弁護士たち（Melissa Silie Ruiz 提供）

年，ドミニカ共和国の新聞や雑誌では「成功した女性」や「活躍する女性」の特集が組まれ，家庭とキャリアを両立している女性の医師・弁護士・政治家・経営者などが登場し，女性の社会進出に高い関心が集まっている。このことは果たして，ドミニカ女性全体の状況を反映しているのだろうか。

　ドミニカ女性の社会進出を論じるうえでまず鍵となるのは教育である。先にも触れた『世界男女格差報告書』(2014)によれば，同国の識字率は男性90％，女性91％で，初等教育の就学率も男性88％，女性85％と男女間で大差は無い。しかし，中等教育になると男性58％に対し女性66％，高等教育では男性26％に対し女性41％と，教育課程が進むほど女性の割合が高くなる傾向がある。これは一見，マチスモの強い影響下にあることと矛盾するが，その要因として考えられるのは女子教育の伝統である。同国では，19世紀末に女性詩人サロメ・ウレニャが女子向けの高等教育機関を設立し，域内でも比較的早くから女子教育が進められてきた。さらに1964年に女性の教育大臣が初入閣して以来，教育大臣や高等教育科学技術大臣にしばしば女性が登用されてきたことも，女性教育の充実に寄与した。

　女性の教育水準の高さと社会進出の関係性を考察するにあたり，公共・民間部門における男女別の雇用者数に目を向けたい。中央銀行の統計によれば（表6），教員・警察官・官公庁職員などを含む公共部門の就

表6 公共・民間部門別の男女雇用者数（人）

部門	2013		2008	
	男性	女性	男性	女性
公共	263,443	250,662	219,180	198,022
民間	2,235,877	934,997	2,079,981	865,712

［出所］*Encuesta Nacional de Fuerza de Trabajo* より筆者作成

業率において，男女格差はほぼ存在しない。これは公立小中学校教員の約7割を女性が占めることや，政府が主導するジェンダー政策の一環として公務員における男女の機会均等が徹底されていることが背景にある。しかし一方で，民間企業の雇用では男女間で2倍以上の格差が見られる。

雇用格差の要因の一つは，大学における男女の専攻が明確に分かれていることに関係があると推察できる。2010～11年に高等教育科学技術省が実施した調査によれば，教育学部の9割，心理学部の8割，医学部・観光学部の7割を女子学生が占めていた。教育学・医学・心理学を学ぶ女性が多いのは，マチスモの影響下にある社会において，育児・教育や介護の領域を女性＝母親が担ってきた伝統に起因すると推察できよう。対して，工業化の進展に伴い発達した情報工学・土木工学・産業工学などの分野を含む工学部は，男子学生が7割以上を占めていた。したがって，高度な技術・技能が求められる情報通信産業・鉱業・建設業など民間企業への就職において，工学や情報技術の専門知識を有する男子学生が有利となるのである。

ここからは，冒頭のようなキャリア女性を支える女性の存在に注目したい。ドミニカ女性が男性と肩を並べて社会で活躍するには，家事・育児・介護などの再生産労働が大きな壁として立ちはだかる。それは，マチスモ社会において「専業主夫」や「イクメン」といった概念はおろか，家事を男女で分担するという考え方自体が一般的に受け入れられていないためである。そのうえ同国は2014年の合計特殊出生率が女性1人あたり2.58人（世界保健機構『世界保健統計 2014』）と，日本のそれを大きく上回る。そのため家庭を持ちながら女性が社会に出て男性と対等に働くには，第三者の助けを借りるよりほかならない。

そこで中・高所得層の家庭では，住み込みで家事・育児全般を担う女性を雇うことが一般的である。これらの女性の多くは，学歴が低いために正規雇用の仕事に就けない，貧困地区や農村の出身者である。同国では非正規雇用者の95％以上を女性が占めると言われるが，このような女性たちの多くは家政婦（家事労働者）として生計を立てている。したがって，キャリアアップに向けた自己研鑽に励み，一定の社会的地位を築いたキャリア女性たちの成功裏には，それを下から支える低所得・貧困層出身の女性たちが必ず存在する。

これは一見すると，今日のドミニカ社会は男女間だけでなく女性間にも大きな格差が生じているようである。しかしながら，家政婦やベビーシッターとして働く女性たちが社会の底辺で抑圧されているとは一概には言えない。それは学歴が低く特別なスキルを持たない彼女たちが，首都の中・高所得家庭に雇用されれば月収 6000～12000 ドミニカ・ペソ（約135～270米ドル）を得られるためである。下級警察官の平均月収が5320ドミニカ・ペソ（約120米ドル），大卒の公立学校教員の平均月収が15000ドミニカ・ペソ（約340米ドル）に留まる同国の賃金水準からすれば，非正規であれ家事労働は比較的実入りの良い仕事と言える。

一方で，これらの女性が家政婦として非正規で働かざるを得ない，その背景にも目を向けておきたい。彼女たちの多くは低所得・貧困層出身のために教育を十分に受け

られなかった子供時代を過ごし，学歴やコネが無く正規雇用の仕事に就けないために，非正規で働かざるを得ない。そして非正規であるがゆえに雇用主の事情で一方的に解雇されやすく，万が一病気などで働けなくなった場合には直ちに収入を失ってしまう。このような不安定な経済状況では，彼女の子供たちも十分な教育を受けられず，同じような人生を歩む可能性が高くなる。つまり，彼女たちのような国民がこうした負の連鎖から抜け出すためには，貧困削減や能力開発が重要課題ということになろう。

3. 女性が自立できる社会へ

■貧困からの脱却

前節で見たように，21世紀初頭のドミニカ社会においては，男女の平等と同権・機会均等，女性への暴力根絶などに向けて法整備や各種政策が進められてきた。ここではそれらを踏まえたうえで，北京宣言でも重要軸とされた女性のエンパワーメントについて，特に貧困問題に焦点を当てて考察する。

ドミニカ女性の貧困を論じるうえで注意が必要なのは，カトリックの強い影響のもと妊娠中絶が違法であるため，未婚のシングルマザーが多いことである。2007年の人口保健調査によれば，全世帯の35%を占める一人親家庭のうち，90%は女性が世帯主であった。さらにその中の20%は1日2米ドル以下で暮らす最貧困層に属していた。したがって，同国の貧困問題の解決においては，まずこの最貧困層を支援する取り組みが不可欠とされた。

その一環として，政府は2005年から「ソリダリダ（社会連帯）・プログラム」を開始した。これは米国Visa社のカード決済技術を用いて，母子家庭を中心とする最貧困層

ソリダリダ・カードを手にして喜ぶ女性
（ドミニカ共和国副大統領府提供）

の世帯に生活保護を給付する制度である。その特徴は，現金給付の代わりに，最貧困層の世帯主に「ソリダリダ・カード」と呼ばれるプリペイドカードが配布されたことである。政府は毎月所定の給付額をカードに入金し，受給者はコルマド（国内に多数存在する個人商店の総称）で食料品などを購入する際にこのカードで支払う。現金と異なるのは，カードの支払用途が①食費（米・牛乳・豆・油・砂糖などの政府指定品目のほか，子供がいる場合は野菜やジュースも購入できる），②光熱費，③文具購入費に限定されている点である。したがって，貧困層が濫費しやすい宝くじや嗜好品（コーヒー・タバコ・アルコール）の購入はできず，給付金が確実に生活向上のために使われる。また，政府はカード決済データを参照して，給付対象者の購買状況を確認できる。このように電子決済の活用による給付金使途のコントロールと「見える化」が，効果的な生活保護給付に貢献した。

ソリダリダ・プログラムを通じて，受給者の生活レベルが向上しただけでなく，経済的事由のために中途退学した児童の再就学率が上昇するなど，二次的効果も見られた。その一方で，給付金の支給には受給者の就業意欲をそぐデメリットがあるとも指摘されてきた。また前節で見たように，貧しいシングルマザーが経済的に自立できる

ようになるためには，長い目で見ればその場の生活保護給付に限らず，雇用に結びつくスキルの習得やその後の安定雇用が重要となる。

そこで 2012 年には副大統領府が中心となり，前述のソリダリダ・プログラムに，自立支援を目的とするコミュニティ教育と能力開発の要素を加えた「プログレサンド・コン・ソリダリダ（社会連帯と共に発展）・プログラム」を開始した。コミュニティ教育では，最貧困層から脱出した経験を持つ近隣女性がアドバイザー役を担っている。アドバイザーは受給者と面談し，給付金の使途・住環境・子供の通学状況・食生活・識字能力などを確認し，それに基づいて貧困から脱するための解決策を受給者と共に考え，受給者の日々の生活において自立を促す。

能力開発の主軸は，政府が国内各所に設けたコミュニティ・テクノロジー・センター（CTC）を活用した，女性や子供の IT 技能の向上である。このほか，国内 35 カ所に設けられた職業訓練所では各種職業実習の場が提供されており，マッサージ師・美容師・パティシエ（菓子職人）など，40 種類以上のコースが無料で履修できる。首都でマッサージ師として働くソニア（45 歳女性）は，大学中退後に職業訓練所を利用した。今では多くの顧客を抱え「職業訓練所のおかげで職を得ることができた。家計も安定した」と語る。

本項で紹介した二つのプログラムは，最貧困層に属する男女を対象としたものであるが，実際には 2014 年にプログラムの対象となった約 10 万世帯のうち，8 割近くを母子家庭が占め，いかに女性がその恩恵を受けているかが分かる。副大統領府は，2012 年 8 月の開始時から 14 年 1 月までの間にプログレサンド・コン・ソリダリダ・プログ

表7 「プログレサンド・コン・ソリダリダ・プログラム」の利用者アンケート：
世帯収入増加の理由別人数（2012～14 年）

収入増加理由	男性	女性
新規雇用	3,058	12,233
新事業開始	3,667	14,667
既存事業の改善	384	1,537
その他	1,121	4,483

［出所］ *Políticas públicas para la protección de la mujer y la equidad de género* より筆者作成

ラムを利用した世帯主を対象に，世帯収入の増加理由を尋ねるアンケート調査を行っている。それによれば，いずれの理由においても，女性が男性の 4 倍，世帯収入が増加したと回答している（表7）。

このように，政府の新たな政策がこれだけの数の女性の経済的自立に寄与し，エンパワーメントの効果を現しつつあることは評価に値する。これらのプログラムの立案と実行に多額の国家予算を投入させたのは，前出のセデーニョ副大統領である。ファーストレディー時代から貧困解消や低所得・貧困層の女性のエンパワーメントに強い関心を持ち，政策を強く推進してきた彼女の存在なくして（大統領就任に向けた「バラマキ」だと揶揄する声も聞かれるが），短期間で効果が出る政策は打ち出せなかったと言えよう。

■**マイクロクレジットの可能性**

マイクロクレジット（無担保小口融資）は，2006 年にバングラデシュのグラミン銀行と，その創設者ムハマド・ユヌスにノーベル平和賞が授与されたことで，世界的に認知されるようになった。マイクロクレジット機関は，収益だけでなく貧困削減を目的とし，自営業者・低所得世帯・零細企業などに小口・低利の融資を行うとともに，返済計画のアドバイスや自立支援プログラ

ムを提供することが多い。貧困削減という事業理念から，とりわけ低所得・貧困層の女性のエンパワーメントに効果が高いとされてきた。ここでは現地調査をもとに，ドミニカ女性とマイクロクレジットの親和性を検証する。

2013年の商工省の報告によれば，同国では中小零細企業が国内事業者数の96％にのぼり，国内GDPの27％を占める。小規模な自営業となると，その担い手の多くは女性であり，町を歩けば美容室，食堂，パン屋，衣料品店など，狭いスペースを活用して事業を営む様子が目につく。職業訓練所などで知見や技術を得た女性たちも，収入を得るべくこうした小さな事業を起こす，あるいは収入増を狙って従前の事業を拡大しようとすれば，当然資金が必要となる。

しかし，2012年の世界銀行の統計によれば，ドミニカ共和国の15歳以上人口の銀行口座保有率はわずか38％に留まる。日々の生活に精一杯で預貯金をする余裕の無い低所得・貧困層が，無担保で銀行からの融資を受けることは不可能に等しい。したがって事業資金を集めるには友人や親族から借入れるか，1日あたり約20％もの金利がつく非正規の貸金業者を利用せざるを得ない。実際のところ，同国における非正規貸金業者の利用率は非常に高く，2014年の世界銀行の統計では世界164カ国中第3位（ラテンアメリカ域内第1位）であった。これでは経済活動を通じて収益を得ても，利子の返済に消えてしまうため，一向に貧困から抜け出すことができない。

このような状況の打開策としてマイクロクレジットが注目されている。同国では政府系の「バンカ・ソリダリア」（2013年設立）や民間銀行を含む20以上の団体がマイクロクレジット事業を行っているが，最も著名なのはアドペム（ADOPEM）である。

アドペムの母体は1982年にドミニカ女性の支援を目的として発足したNGOであるが，2005年に融資のほか小口保険なども扱う銀行となった。現在は顧客の7割を女性が占め，1日あたり約730件におよぶ融資審査を行う。約18万人と国内最大の貸付者数を誇るが，副頭取のメルセデス・カナルダは，いまだ多くの国民が小口融資を必要としている，とその秘めた可能性を強調する。

このほかドミニカ開発財団（FDD）も，女性への積極的な融資を行うマイクロクレジット機関である。貸付者数は約15000人で，その6割以上を女性が占めており，貸付金の用途は起業・事業拡充75％，住環境の向上24％，医療費・教育費1％となっている。代表のフランシスコ・アバテは，女性への貸付の方が貧困解消になお一層効果が高いと語る。その理由は，男女顧客の借入れ金の支払用途を分析した調査において，男性顧客は起業・事業拡充70％，娯楽費（賭博や嗜好品の購入）30％であったが，女性は起業・事業拡充96％，教育費4％と，明確な違いが表れたからである。このように，一般的に家計を預かっている女性が収入を得ると，無駄遣いされる傾向が低く，家庭全体が豊かになるため貧困解消に効果が高いと考えられている。これは男女の本能的な違いによる話かもしれないが，同国においてもマイクロクレジットの活用は女性への貧困解消に有益だと言えよう。

最後に，マイクロクレジットがもたらすエンパワーメント効果について実例を紹介しておきたい。郊外の貧困地区に住むメルセデス（45歳女性）は，17人の兄弟姉妹のいる家庭に生まれた。8歳になると首都で飲食業を営む家に里子に出され，以降教育を一切受けることなく，13歳からは住み込みの家政婦として働いた。その後結婚・

メルセデス（右から2人目）一家と
（右端は筆者，中央は筆者の夫）

妊娠し，息子と娘を育てながら働き続けたが，38歳の時に娘が重い病気を患ったのを機に家政婦を辞めた。娘の治療費と日々の生活費を稼ぐために，手元にあったわずかな資金で造花を仕入れ，近所で売り歩いた。仕入代金の工面に苦しんでいた時，FDDの融資プログラムを知り，1年後の完済を条件に2000ドミニカ・ペソ（約45米ドル）の融資を受けたことで彼女の人生は変わった。

メルセデスは勤勉に働き，初めての借入れから7年で，造花の訪問販売から家具・電化製品の訪問販売へと事業を拡大し，現在は300名近い顧客を有する。収入が安定したことで支出管理を習得し，いまや数件の不動産を所有するまでになった。また教育の重要性を痛感し，息子を海外に留学させている。今でこそ彼女は「マイクロクレジットのおかげで人生が変わった。誰にでもチャンスは平等にある」と自らの経験を堂々と語るが，昔を知る人によれば，彼女は自尊心が非常に低く，夫の前では口をつぐみ，笑顔を見せることもなかったという。メルセデスのケースは，マイクロクレジットを活用した経済的自立が女性のエンパワーメント（意識の変化，自尊心の回復を含む）に結びついた成功例である。

ここまで見てきたように，21世紀初頭のドミニカ共和国では，著しい経済成長が成し遂げられた一方で，所得格差など社会のひずみが浮き彫りとなっている。女性への暴力をはじめ，ジェンダー格差も完全には解消されていない。しかし，独裁政権時代の暗い記憶やマチスモによる差別を乗り越え，近年では国家をあげてジェンダー平等や女性のエンパワーメントを軸に据えた開発モデルが追求されている。同国では，あらゆる女性が自らの意思で人生を切り拓き，自立できる社会の実現に向けて，歴史的な変化が起きつつあると言えよう。

第 9 章

エクアドル
――多文化・多民族国家と歩む女性たち――

河内久実子

シエラ南部の先住民コミュニティの小学校にて。
高学年の女子生徒たちの伝統的な糸紡ぎの授業風景。
教室内で黙々と紡いだり，外へ出て友人とおしゃべりしながら紡いだり，
少女たちは思い思いに慣れた手つきで糸を紡ぐ（筆者撮影）

エクアドル女性史関係年表

西暦	事　項
1929	南米で最も早く女性に参政権が認められる。
1964	農地改革。
1967	スタンダード・オイル社による油田の発見。
1972	エクアドル・キチュア先住民連盟（ECUARUNARI）が設立される（シエラ地域）。
1975	エクアドル女性代表団が第1回世界女性会議（メキシコ）に参加。
1979	軍政から民政へ移管。 憲法において男女平等が明記される。 非識字者への選挙権の付与により，非識字率の高かった先住民にも選挙権が認められる。
1980	国連女性差別撤廃条約を批准。 エクアドル・アマゾン先住民連盟（CONFENIAE）が設立される。
1983	エクアドル女性育成活動センター（CEPAM）が設立される。
1989	エクアドル先住民族連合（CONAIE）が設立される。
1990	シエラ地域の先住民を中心として，新自由主義への抗議運動が各地で展開され始める。
1992	オリエンテ地域の先住民を中心として，首都キトまでの大規模なデモ行進が行われる。
1994	エクアドル初のコミサリーア（DV被害者救済施設）がグアヤキルに設置される。 国家先住民・少数民族事務局（SENAIME）が設置される。
1995	「女性と家族に対する暴力禁止法」制定・交付される。
1996	先住民運動を基盤とする左派政党パチャクティックが誕生する。
1997	女性局が国家女性評議会内に再編成される。 ブカラム大統領がパナマに亡命。女性副大統領アルティアガが大統領臨時代行を務める（2日間）。その後，アラルコン（男性）がアルティアガを引き継ぎ，暫定大統領となる。 ジェンダー・クオータ制を導入。
1998	憲法改正（1998年憲法）。ラテンアメリカ諸国で初めて女性のリプロダクティブ・ヘルス/ライツが規定される（第36条）。 マワ政権発足。 世界銀行主導による「エクアドル先住民・アフロ系開発プロジェクト（PRODEPINE）」が始動。
1999	未曾有の経済危機に突入。
2000	自国通貨スクレを廃止，ドル体制へ移行。 軍部と先住民組織がマワ大統領を失脚に追い込む。マワは米国へ亡命し，軍政の救国評議会が発足（1日のみ）。 副大統領ノボアが暫定大統領となる。 ジェンダー・クオータ制，女性枠30％に引き上げ。
2003	グティエレスが大統領に就任。2名の先住民閣僚が誕生（農牧大臣ルイス・マカス，外務大臣ニナ・パカリ：女性初の閣僚）。
2005	グティエレス大統領がブラジルへ亡命，パラシオが暫定大統領に就任。
2006	先住民女性ノノが夫レマチェ（パチャクティック所属の国会議員）の家庭内暴力を告発。
2007	コレアが大統領に就任。 先住民族の権利に関する国連宣言採択，エクアドルは即時批准。
2008	新憲法制定。「スマク・カウサイ」など先住民の世界観に根ざした概念が盛り込まれたほか，第171条・先住民裁判権にて先住民女性の意思決定過程への参加が規定される。
2014	『世界男女格差報告書』において，ジェンダー・ギャップ指数で世界21位となる（06年の同報告書初公表以来，最高位）。

エクアドル共和国は，多様性に富んだ地形と豊かな生態系を擁する多文化・多民族国家である。エクアドルとは，スペイン語で赤道を意味し，その名の通り赤道直下に位置している。国土面積は南米の国々のなかでは小さく，北から南へと尾根を連ねるアンデス山脈が国土の中央部を貫通している。太平洋上には，世界遺産に指定されているガラパゴス諸島が浮かぶ。

このような多様性に富む国土は，政治の中心地シエラ地域（アンデス高地），商業の中心地コスタ地域（海岸部），20世紀半ばに石油ブームに湧いたオリエンテ地域（アマゾン低地）という3つの地域に大きく分けられ，住民のアイデンティティも異なるといわれる。スペインからの独立・建国後も，険しい山脈によって分断されたこれら3つの地域はそれぞれ異なる歴史を歩んできたのである。

2010年のエクアドル統計庁（INEC）による最新の国勢調査をみると，この国の民族分類がいまも細分化していることがわかる。2001年の国勢調査では項目になかった「モントゥビオ」（先住民とアフリカ系の混血の子孫）が新たに加わり，しかも人口比率で7.4％と，メスティソ（先住民とヨーロッパ人の混血 71.9％）に次いで第2のエスニック・グループ（民族集団）となった。人口比ではこれにアフロエクアトリアノ（アフリカ系エクアドル人 7.2％），インディヘナ（先住民 7.0％）が続き，残りの6.5％を白人系エクアドル人とその他の民族が占める。この結果から，約86.3％の人々が何らかの形で「自分が先住民の血や文化を引き継いでいると認識している」ことがわかる。

2008年に改正された新憲法は，「多文化・多民族」という国家規定（1998年憲法で明文化）をさらに強化するものとして，先住民文化の諸概念を条文中に取り入れている。前文にはスマク・カウサイ（良き暮らし）など，アンデス先住民の母語であるキチュア語の概念が出てくる。スマク・カウサイとは「多様性を尊重し，自然と調和する社会と暮らし」を表現した概念であり，ここにエクアドルの目指す社会像が示されている。前文にはまた，アンデス先住民の世界観において重要な役割を担うパチャママ（大地母神）も登場する。パチャママは，大自然のなかのすべての命あるもの，生殖力，豊穣を司る女神で，先コロンブス時代からアンデスの人々に敬愛され崇められてきた。

このように2008年憲法は，スペイン植民地化以前のアンデス世界観の中心概念を取り入れることで，エクアドル社会の多文化・多民族性を「数千年にわたり，異なる民族の人々が結びついた結果」と表現した点が特徴である。

本章では，20世紀後半に多文化・多民族国家として再出発したエクアドル社会と，そこに生きる女性の現状を紹介する。2008年憲法において，民族の多様性やジェンダー平等が規定された背景には，「社会的弱者」とされてきた女性や先住民が，国内外からの支援を受けつつ続けてきた社会運動の成果がある。しかし，21世紀のエクアドル社会において，民族間格差はいまだ深刻な問題であり続けている。その点も含め，女性と社会をめぐる今後の課題にも触れたい。

1. 21世紀のエクアドル社会

■新自由主義への抵抗

エクアドルでは1980年代後半から新自由主義経済政策が本格化し，格差・貧困が拡大した。現在にまで至る社会運動は，このネオリベラリズムの趨勢とそれがもたらす社会的弊害に対する市民の抵抗を出発点

図1 エクアドルの地域と行政区分

	県名		県名
1	アスアイ	14	マナビ
2	ボリバル	15	モロナサンチアゴ
3	カニャール	16	ナポ
4	カルチ	17	オレリャナ
5	チンボラソ	18	パスタサ
6	コトパクシ	19	ピチンチャ
7	エル・オロ	20	サンタ・エレーナ
8	エスメラルダス	21	サント・ドミンゴ・デ・ロス・ツァチラス
9	ガラパゴス		
10	グアヤス	22	スクンビオス
11	インバブラ	23	トゥングラウア
12	ロハ	24	サモラチンチペ
13	ロス・リオス		

としている。対外債務を抱えた政府がIMFや世界銀行からの外圧によって構造調整政策を受け入れ，融資と引き換えに市場自由化，国営企業民営化，公的支出削減などにより「小さな政府」を目指した。その結果，もともと十分ではなかった公的サービスが一層低下し，労働者層や貧困層の生活を圧迫した。

一方で同じく1980年代後半から，国連をはじめとする国際機関やNGOが，途上国における女性と先住民のエンパワーメントを支援する活動を本格化させた。エクアドルでも，削られた公的サービスを補う形で，欧米の公的支援機関やNGOが地元の先住民組織や女性組織と連携しながら活動を始める。エクアドルにおける新自由主義への多様な抵抗運動は，このような社会背景のなかで展開していった。

女性の組織化は，都市部の貧困地区で暮らす労働者階級を中心に進んだ。その背景には，1980年代の経済危機やその後の新自由主義経済政策が家計を圧迫したことによる女性賃金労働者の増加があった。多くの女性が家事と家庭外での労働という二重の負担を背負うこととなり，とりわけ低所得者層の女性を取り巻く環境がますます厳しいものとなっていた。女性たちは近隣の家や教会や公共施設に集い，国内外のNGOと連携しながら運動を発展させていった。

1990年代には，首都キトで女性の支援を目的とするNGOが増えていった。これらの組織のメンバーの多くは，運動の政治的な意味合いは意識しておらず，苦しい生活を補い，家族を守るために活動に参加していた。そうした生活運動の広がりが「女性運動」として発展していったといえる。

一方で，フェミニズム運動も1980年代前後から盛んになっていく。75年にメキシコで開催された第1回世界女性会議には，エクアドルからも代表団が参加した。エクアドルの女性たちは，この会議で重要課題として取り上げられた「女性への暴力」について，これ以後積極的に取り組んできた。83年に設立されたNGO「エクアドル女性

育成活動センター」(CEPAM) は，暴力の問題を含めた女性の人権擁護活動における主導的存在であり続けてきた。また94年には，家庭内暴力 (DV) 被害者の救済を目的とする公的施設コミサリーアが初めてグアヤキル（首都に並ぶ規模の大都市）に設置された。政府もDVを基本的人権の侵害と認識するに至り，翌95年には「女性と家族に対する暴力防止法」が制定された。90年代後半にはほかにも，性差別的な法律が相次いで撤廃され，女性の政治参加を促すためのジェンダー・クオータ制の導入が進むなど，女性を取り巻く環境に大きな改善がみられた。

一方，先住民による新自由主義経済政策への抵抗運動は，1960年代の組織化を基盤に展開した。64年の農地改革以降，シエラ地域の先住民グループが，祖先伝来の共有地を守るため，カトリック教会の急進派の支援のもとで組織化を進めた。オリエンテ地域では，67年のスタンダード・オイル社（現シェブロン社）による油田発見以来，石油採掘と急激な人口増加により森の汚染が急速に進み，先住民の生活が脅かされる状況が続いていた。同地域の先住民グループは状況を改善すべく，欧米の環境保護団体と連携して組織化を進めた。

1989年には，上記のような先住民組織が結集し，エクアドル先住民族連合（CONAIE) が結成され，全国規模の運動が可能になり，先住民の組織化と政治化がさらに進んだ。以後90年代のエクアドルにおける先住民運動は，主にCONAIEの求心力によって，民族を問わず新自由主義経済政策に反発する労働者層や貧困層を巻き込み，全国的な社会運動として展開していった。それが実際に社会・政治を動かすうねりとなり，腐敗したブカラム政権（96～97年）の打倒，次項で述べる憲法改正（98年），経済政策に失敗したマワ政権（98～2000年）の打倒などにつながった。その後，マワ政権へのクーデターを主導したルシオ・グティエレスが03年に大統領となり，2名の先住民閣僚（農牧大臣ルイス・マカス，外務大臣ニナ・パカリ）が入閣するなど，先住民の政治参画が拡大した。多様性を尊ぶ21世紀のエクアドル社会の基礎をつくったのは，これら前世紀末の先住民運動であったといえる。

■先住民と女性の権利の拡張

先に触れた2008年憲法に先んじて，1998年の憲法改正ですでにエクアドル共和国が「多民族・多文化国家」であることが宣言されている（第1条）。これに基づき，エスニック・マイノリティである先住民やアフロエクアトリアノが文化的権利（慣習法や二言語教育を続ける権利）や共有地の資源に関わる諸権利を有することが認められた。これにより，植民地時代以来収奪されてきた先住民，奴隷の子孫であるアフリカ系の人々が，ついに基本的権利と民族の誇りを回復したのである。

1998年の憲法改正は，男性優位主義（マチスモ）とそれに基づく社会規範が根強く残るエクアドル社会が，ジェンダー平等化へ進むための大きな一歩ともなった。この時の改正で，出産休暇を含む女性の職場環境の改善や，リプロダクティブ・ヘルス／ライツ（性と生殖の健康と権利）が盛り込まれた。特に後者（第36条）を憲法に取り入れたのは，ラテンアメリカ域内ではエクアドルが初めてである。第43条では，母子への保健指導や女性へのリプロダクティブ・ヘルス／ライツ教育の推進は国家の義務と規定されている。また，国政選挙等における女性の割合を定めたジェンダー・クオータ制が法制化されたことも大きい。

二言語教育の現場。サラグロの先住民教師と生徒たち（2012年7月 筆者撮影）

これにより、政治分野でも女性の参加が進んだ。

21世紀に入り初めての憲法改正となった2008年憲法は、先住民をはじめとするエスニック・マイノリティと女性の権利保障において、より踏み込んだ内容となった。第1条に多民族・多文化国家の定義が置かれているのは98年と同じだが、冒頭で触れたように先住民文化に根ざした概念が積極的に取り入れられた。細目としては、先住民の言語の尊重や先住民裁判権の保障などが規定されている。

言語については、いわゆる公用語はスペイン語だが、キチュア語やシュアール語、あるいはよりマイナーな先住民言語も、「各言語の話者同士の間における公用語」として尊重・保護すべきことが謳われた（第2条）。また先住民裁判権については、1998年憲法では先住民グループの集団的権利の一つとして保障されていたものの、共同体内の意思決定過程におけるジェンダー平等に関しては規定がなかった。それが2008年憲法では、先住民女性の意思決定過程への参加が明確に保障されている（第171条）。そこには、多民族国家エクアドルが、社会のあらゆる局面に内在するジェンダー格差の解消に取り組むという決意が示されている。

■出稼ぎと家族の変容

21世紀のエクアドル社会は、「出稼ぎ労働者」の存在なしに語ることはできない。初期の出稼ぎは国内で、19世紀のカカオ・ブームや第2次世界大戦後のバナナ・ブームにより、シエラ地域からコスタ地域への労働人口の大規模な移動が起きた。なかでもシエラ南部のアスアイ県、カニャール県、チンボラソ県は、長年にわたり多くの出稼ぎ労働者を送り出してきた。特にアスアイ県は1950年代に主力のパナマ帽産業が衰退し、失業率が増大、バナナ・ブームに湧くコスタ地域のプランテーションへ多くの労働力を流出させた。

1980年代からは、男性の海外への出稼ぎが緩やかに増えていく。出身地別にみると、それまで国内出稼ぎ者の供給元となってきたシエラ南部の出身者が多い。海外出稼ぎの増加傾向は、99年の金融危機の前後に鋭角化する。99～2006年までの間に9万人弱のエクアドル人が海外に出ており、その主要な出稼ぎ先は米国とスペインである。ラテンアメリカ社会科学大学院（FLACSO）と国連人口基金（UNFPA）の調査によると、これは働き盛りの労働人口の約20%が流出したことを意味する。また、海外への出稼ぎを選択した人の経済的状況は様々で、比較的余裕のあるグループのみならず、貧困層や極貧層出身の出稼ぎ者もいる。貧困・極貧層出身の出稼ぎ者のなかには、高利貸しや親族から借金して海外に渡り、出稼ぎで得た収入をその返済に当てるというリスクの高い方法を採る者もいる（借金返済を優先せざるをえず、家族への送金が滞るケースも多い）。

このような1990年代末からの海外出稼ぎブームは、エクアドル社会に様々な変化をもたらしている。19世紀以来、働き盛りの男手を流出させてきたシエラ南部では、

もともとあった人口の男女差がさらに開いてきている。2010 年の国勢調査によると，シエラ南部のカニャール県の人口比は女性53.27％に対して男性 46.73％と女性が大きく上回り，男女差は全国 24 県のうちで最も大きい。この傾向はシエラ南部県に共通しており，人口に占める女性の比率が高い上位 5 県はすべてこの地域であった。逆に北東部オリエンテ地域のスクンビオス県やオレリャナ県など，石油採掘や隣国ペルーとの領土問題との絡みで政府が積極的に移住誘致を進めてきた地域では，男性人口が女性人口を上回った（表1）。

シエラ南部各県をさらに細かくみていくと，1990 年代後半には 18～35 歳までの男性がほぼ不在のコミュニティが出現した。以後，夫／父親からの送金や連絡が途絶え，精神的にも経済的にも窮地に追い込まれた女性たちの存在が社会問題として顕在化していく。

さらに金融危機の前後からは，女性の出稼ぎ者の増加傾向が見られる。男性の場合とは異なり，キトやグアヤキルなど都市部の出身者が多い。先にふれた FLACSO と UNFPA の調査によると，1996～2001 年の期間にグアヤキルから海外に出稼ぎに出た人口のうち 55.9％を女性が占め，男性の44.1％を大幅に超えた。女性の主な出稼ぎ先はスペインとイタリアで，その背景には90 年代後半から欧米でベビーシッターや介護・看護を含む家事労働やケアの分野の需要が高まったことがある。しかし，経済の悪化により失業者が増加したスペインでは，増え続けるエクアドル人労働者の存在は社会問題として捉えられるようになり，両政府の協議の結果，出稼ぎエクアドル人の帰国を促す政策が実施されることとなった。

女性の海外出稼ぎが増えたことで，地域

表1　県別人口男女比（%）

県名	男	女
カニャール	46.73	53.27
アスアイ	47.33	52.67
チンボラソ	47.84	52.16
トゥングラウア	48.51	51.49
コトパクシ	48.54	51.46
インバブラ	48.63	51.37
ピチンチャ	48.74	51.26
ボリバル	48.94	51.06
ロハ	49.18	50.82
カルチ	49.33	50.67
サント・ドミンゴ	49.74	50.26
グアヤス	49.81	50.19
マナビ	50.32	49.68
パスタサ	50.35	49.65
モロナサンチアゴ	50.59	49.41
エル・オロ	50.67	49.33
エスメラルダス	50.80	49.20
サンタ・エレーナ	50.81	49.19
ナポ	50.89	49.11
ロス・リオス	51.16	48.84
ガラパゴス	51.83	48.17
サモラチンチペ	51.93	48.07
スクンビオス	52.61	47.39
オレリャナ	52.88	47.12

［出所］INEC [2010]（一部改定）

社会や家族の在り方にも変化が生じている。2005 年の世帯調査（INEC-SIEH）によると，スペイン在住エクアドル人のうち，母国に子どもを残して出稼ぎに来ている者は男性の 39％，女性の 36％にのぼった。国内最大の日刊紙エルコメルシオは 12 年 9 月 17 日の電子版で，コトパクシ県南部チュンチ郡の出稼ぎ労働者の事情を報じている。それによると，同郡で 05～12 年 9 月までの間に親が出稼ぎに出てしまい取り残された子どもの数は 780 人にのぼり，同期間中に 50人以上の子どもが命を落としたという。もちろんその要因は女性だけに帰すべきではないが，社会の現状として家事・育児の主な担い手はいまだ女性（妻・母親）であり，

彼女が長期間家を空けることで子どもが窮状に陥る危険は増す。このように海外への出稼ぎの増加は，エクアドルの地域社会や家族の在り方に変化をもたらし，暗い影を落としている。

2. 21世紀のエクアドル女性たち

■統計からみる21世紀のエクアドル女性

2014年に世界経済フォーラムが発表した『世界男女格差報告書（グローバル・ジェンダー・ギャップ・レポート）』によると，エクアドルはジェンダー・ギャップ指数に関して前年より4つ順位を上げ，142ヶ国中第21位にランクインした。エクアドルは同報告書が初めて発行された06年度を除いて，常に世界50位内に入っている。

1990年代後半以降は女性の政治参加の拡大もめざましい。97年のジェンダー・クオータ制導入以来，女性の議員，閣僚，県知事，市長が相次いで誕生している。下院議席に占める女性のシェアでみると，クオータ制導入以前の97年10月時点の3.7%から，導入後の10年7月には32.3%へと飛躍的に伸びている。直近の13年の選挙では，下院137議席中57議席（41.6%）を女性が占めた。

また2003年には，ニナ・パカリが先住民女性初の閣僚（外務大臣）に就任した。パカリはシエラ地域インバブラ県の出身で，先住民が高等教育機関に進むことが極めて困難であった時代に大学で法学を修め，90年代後半の先住民運動を主導した人物である。

教育の男女格差も解消されつつある。1990年に13.8%であった女性の非識字率は，2010年には7.7%へと半減した。男性のそれも同期間に9.5%から5.8%に下がっており，全般的に教育の普及が進んだといえる。しかも男性よりも女性の方が低減幅が大きく，過去20年間に女性への教育が男性よりも早く普及したことがわかる。先の『世界男女格差報告書』によると，進学率においても，初等，中等，高等教育すべてにおいて女性が男性を上回っている。

■民族格差と女性

1990年代以降，主に国際開発論の分野で貧困とエスニシティの相関性が注目されるようになり，ラテンアメリカ地域でも先住民族の貧困率が他のエスニック・グループと比較して高いことが指摘されてきた。エクアドルを含めラテンアメリカでは，先住民の居住地におけるインフラや公共サービスの欠如が著しく，貧困の主要因の一つとみなされている。

このような背景のもと，先住民の文化と社会に根ざしつつ，先住民主体で開発を行う「エスノデベロップメント」プログラムが国際機関を中心に開始された。世界銀行の主導で1998年に始まった「エクアドル先住民・アフロ系開発プロジェクト」（PRODEPINE）は，先住民とアフロエクアトリアノの多い貧困地域を対象とするもので，域内初のエスノデベロップメントの事例となった。しかし，支援を必要としているコミュニティは往々にして地理的に孤立した険しい山間部やアマゾンの奥地にあり，そもそも国際機関やNGOの支援が届きにくいという現状がある。

また，米州銀行は2009年に発表した所得格差に関するレポートで，エクアドルでは性別による所得格差よりも，民族による所得格差のほうが深刻であると指摘している。20世紀後半以降の女性運動や先住民運動，およびそれらとNGOや国際機関との連携によって，教育や政治の分野では女性や先住民の権利が保障されるようになった。し

かし 21 世紀に至っても民族格差は依然として大きく，先に触れたジェンダー・ギャップ指数における優位にしても，すべてのエクアドル女性の現状を映しだしたものではない。特に，男女格差と民族格差という二重の格差に苦しむエスニック・マイノリティの女性たちの実情は統計からこぼれ落ちている。

貧困の連鎖の要因となる教育格差も深刻だ。シエラ地域には教育機会に恵まれない貧しい先住民女性が多く，21 世紀に入っても未解決の課題となっている。2010 年の国勢調査によると，同地域のなかでも先住民が多く住むチンボラソ県，コトパクシ県，ボリバル県，カニャール県，インバブラ県，トゥングラウア県は，他県と比較して女性の非識字率が高い。この地域は 20 世紀半ばに行われた農地改革によっても人々の生活が改善せず，むしろより苦しくなった。

2010 年の国連のレポート『ジェンダーと先住民の人権』でも，エクアドル人女性の識字率がエスニック・グループによって大きく異なることが指摘されている。特に農村部では，先住民女性の 48％が非識字であり，同地域の非先住民女性の 18％と大きな開きがある。この差は，民族格差に都市‐農村間格差が重なって生じたものである。

一方，合計特殊出生率は緩やかな低下傾向にある。しかし 2013 年の 2.59 人という数値は，域内比較では依然として高い。合計特殊出生率にも地域や民族によって差がみられる。2010 年の国勢調査によると，先住民女性の出生率はどのエスニック・グループよりも高く，1 人の女性が生涯に産む子どもの数は 2.85 人と国内平均を上回る。メスティソ女性の 2.3 人，白人女性の 2.21 人と比較すると差はさらに大きい。

先住民女性の出産環境に関しても課題は多い。アンデス高地に点在するコミュニティや，カヌーを移動手段とするオリエンテ地域のアマゾン奥地は，緊急車両の進入や安全な水の供給などの面で極めて条件不利であり，妊婦にとって過酷な環境である。NGO などが保健・衛生指導を行うこともあるが，そもそもインフラに限界があることから，先住民の伝統医療で出産に対応するケースも多い。そのため都市部に比べて妊婦や新生児の生命が危険にさらされる可能性が高い。

また，避妊方法も民族によって大きく異なる。I. ゴイコレアらが 2008 年に発表した報告（オリエンテ地域オレリャナ県での調査）によれば，先住民女性の 65％は月経周期の予測に基づくリズム法を，9％は薬草の服用を主な避妊法としていた。一方，都市部に住む女性の半数以上はピルを使っていた。家族計画の違いも顕著で，都市部の女性に比べて農村部の先住民女性の方が，予期せぬ妊娠を経験した割合が高いという。このように女性のリプロダクティブ・ヘルス／ライツに関して，都市‐農村間，民族間で大きな格差が存在するのが 21 世紀のエクアドル社会の実情である。

3. 先住民社会と女性の権利

■**先住民女性をめぐる環境**

先に述べたように，先住民などエスニック・マイノリティの女性は，「男女」と「民族」という二重の格差に直面している。では，白人やメスティソとは異なる独自の文化的・社会的価値観を築いてきた先住民社会において「女性のエンパワーメント」を実現するためには，どのような課題があるだろうか。

「女性のエンパワーメント」とは，男女不平等社会のもとであらゆる意思決定過程から排除されてきた女性たちが，誰に支配

肉屋を切り盛りする先住民女性。
インバブラ県オタバロにて（2012年6月 筆者撮影）

されることもなく，自らの価値観や選択に基づき，自らの能力を行使できるようになることを指す。1985年ナイロビで開催された第3回世界女性会議で初めて登場し，95年北京での第4回会議では女性の支援に欠かせない概念として位置づけられた。エクアドルも1998年憲法でこの概念を取り入れ，ジェンダー平等に向けて大きな一歩を踏み出した。

しかし先住民コミュニティの実態は，その理念とは乖離している。憲法で義務教育の無償化が規定されているにもかかわらず，女性の非識字率が他のエスニック・グループと比べて高い。とりわけ貧困層・極貧層のコミュニティでは，女子教育を軽視する傾向が根強く，女子生徒は男子生徒に比べて中退率が高い。その背景には，①貧困による教育費の捻出難，②新自由主義経済政策に基づく教育への公的支出の削減，③家族の女子教育への不理解，④コミュニティ内の家父長制度の重視，といった要因がある。義務教育課程を中退した女子生徒の多くは，親の代わりに家事・育児に従事するか，町へ出て家事労働や商店の仕事に就き，家計を支える。

先住民社会において，女性は「文化の継承者」とみなされ，民族の伝統，母語，習慣，アイデンティティ等を次世代に伝えていく役割を期待されてきた。これは先住民運動においても同じで，運動の男性リーダーたちは女性に政治的な役割を期待することは少なかった。1970年代末に活動を開始したシエラ地域の組織「エクアドル・キチュア先住民連盟」（ECUARUNARI）においても，メンバーの女性たちに求められたのは，家庭内やコミュニティ内での文化継承者の役割だった。

1990年代以降，反新自由主義運動に参加する先住民女性の姿がたびたびメディアで報道されてきたが，その時期でもシエラ地域の多くの先住民コミュニティにおいてこの「女性＝文化継承者」という認識は共通していた。そもそも先住民社会ではいまだに，女性が主導権を握ることが好意的に受け止められていない。女性の参画を容認する先進的な先住民組織であっても，女性が組織内でキャリアを積もうとすれば夫の承諾を得る必要があり，それがしばしば難しい。

筆者が2007年，チンボラソ県リオバンバで開催された先住民コミュニティの会合に参加した際，集まった約50名のコミュニティ代表者は全員男性だった。会場にはもちろん女性も大勢いたが，代表者としてではなく，一参加者としてであった。

1990年代の先住民運動の成功は，女性の協力なしにはありえなかった。しかし先に触れたように，その成果を礎としてつくられた1998年憲法では，先住民女性の意思決定過程への参加の保障が明文化されなかった。この課題は21世紀へと持ち越され，シエラ地域の女性たちを中心に運動が行われ，2008年憲法第171条の制定に至ったのである。だが上述のように法と現実の乖離はいまだ存在し，意思決定過程への参加に関する民族・ジェンダー格差をなくすことは，エクアドル社会の課題であり続けている。

■先住民女性の自己決定権

　エクアドルに限らず，マチスモとカトリック信仰が根強いラテンアメリカでは，女性のリプロダクティブ・ヘルス／ライツへの認識が社会に浸透しづらい。先住民社会では，子を産み育て，次世代に文化を継承することが女性の役割だというジェンダー観がいまだ根強く，リプロダクティブ・ヘルス／ライツはそのような女性像と相反するからである。

　先に触れたように，エクアドルでは特に，農村部の先住民女性が多く住む地域で，リプロダクティブ・ヘルス／ライツに関する支援体制が整っていない。これは前出のゴイコレアらによる調査でも裏づけられる。しかも同調査では，先住民女性のなかでも若年層が妊娠率が高く，それが教育機会の喪失にもつながっているという。つまり，多産は決して「先住民特有の文化」にのみ基づくものではなく，多分に社会経済的要因による現象である。近年では，このようなリプロダクティブ・ヘルス／ライツをめぐる民族・地域格差に着目した女性支援（妊産婦への保健指導，若年層への家族計画指導など）がNGOや国際機関によって行われている。

　しかし，女性が性と生殖に関する自己決定権を行使したことで，夫から暴力を受けたり，コミュニティ内で非難されるケースも発生している。以下ではその一例として，シエラ地域のある先住民世帯で起き，国内で大きな波紋を呼んだ事件を紹介しよう。

　先住民政党パチャクティック（1996年結党）所属の国会議員エストゥアルド・レマチェは，前述の「エクアドル・キチュア先住民連盟」（ECUARUNARI）の初代代表を務めた人物であり，長らくシエラ地域の先住民運動を牽引してきた。彼と妻のマリア・

乳児をもつ先住民の母親への栄養指導の様子
（2012年7月　筆者撮影）

ルクレシア・ノノの間には5人の子どもがいた。6人目を望まなかったノノは，夫の合意なしに避妊手術を受けた。これに激怒したレマチェが，ノノに対して暴力をふるい始める。しかも5人の子どもから引き離し，家庭内で軟禁した。2006年1月，ついに耐えかねたノノは，DV加害者として夫を告発した。そこから裁判に至るまでの過程も容易ではなかった。レマチェは親戚やコミュニティを動員し，ノノに告発を取り下げるよう圧力をかけさせるなど，妻のリプロダクティブ・ライツを断じて認めようとしなかったのである。

　この事例は，農村部の先住民コミュニティにおいて，女性がリプロダクティブ・ライツを行使することがいかに難しいかを示している。ノノのような状況に置かれた女性がやむなく薬草による堕胎を試み，命を落とすケースも報告されている。

　また，仮に夫が家族計画に理解を示したとしても，避妊したことを知られたら共同体内でバッシングに合う恐れがあるため，二の足を踏む女性も多い。コトパクシ県の保健センターでは家族計画に関する相談を受けつけているが，「保健士にどう話を切り出

すか」,「これ以上子どもを産みたくないという自分の意思を夫にどう伝えるか」,「周囲にどう見られるか」といったことを気に病み, 関心はあっても実際に相談に訪れる女性は少ないという。加えて, ほとんどの保健士は白人やメスティソなどの非先住民である。長きにわたり「メスティソ・白人＝支配者」対「先住民＝被支配者」という図式が保持されてきたエクアドル社会では, 先住民のメスティソや白人に対する不信はいまだ根強い。

先住民女性が家族計画について相談する窓口としては, 現状の体制は不備があるといわざるを得ない。今後は先住民女性の保健士の育成や, 非先住民層への啓発など, 先住民女性のリプロダクティブ・ヘルス／ライツの擁護のための具体的な仕組みづくりが求められよう。

■先住民女性への支援の現況と課題

エクアドルでは先述のように, 1994年に公的なDV被害者救済施設コミサリーアの設置が開始された。グアヤキルでの初設置以来, 2014年8月時点で全国36箇所に設置されている (表2)。

しかし, 首都キトとグアヤキルには各4箇所もある一方, 全24県中5県 (コトパクシ, ガラパゴス, モロナサンチアゴ, ナポ, オレリャナ) には未設置であり, 地域的バランスを欠いている。未設置県に共通するのは, 先住民女性の非識字率および出生率の相対的な高さと, リプロダクティブ・ヘルス／ライツに関する支援体制の不備である。この現状は, 貧困と格差の連鎖, そして女性がこのような格差社会の犠牲となる可能性が高いことを示唆している。

もちろん女性や子どもへの暴力は都市部・農村部を問わず発生するが, こうした教育・保健サービスや情報へのアクセスから取り残されがちな農村部では, 被害女性は相談相手もなく, 命の危険にさらされることもありうる。したがって現在未設置の県にこそコミサリーアのような施設が設置されるべきであり, エクアドル社会の今後の重要課題の一つである。

21世紀に入って, 新自由主義的グローバ

表2 コミサリーアの設置状況 (2014年現在)

地域	地名	設置数
オリエンテ	ラゴ・アグリオ	1
	オレリャナ	1
	パスタサ	1
	ヤンツァサ	1
シエラ	トゥルカン	1
	イバラ	1
	オタバロ	1
	キト	4
	ルミニャウィ	1
	サント・ドミンゴ	1
	アンバト	1
	グアランダ	1
	リオバンバ	1
	アソゲス	1
	クエンカ	2
	ロハ	1
コスタ	エスメラルダス	2
	ポルトビエホ	1
	マンタ	1
	チョネ	1
	リベルタ	1
	サリナス	1
	サンタ・エレーナ	1
	グアヤキル	4
	ミラグロ	1
	ババオヨ	1
	ケベド	1
	マチャラ	1

[出所] Gobernación del Guayas (www.goberguayas.gob.ec).

リゼーションとそれに対する抵抗運動の国際化に伴い，エクアドル社会にも新しい価値観が流入している。そのような背景のもと，エクアドルでは女性の権利擁護運動やジェンダー平等を求める姿勢が「女性の欧米化現象」と捉えられる場合がある。

例えば，1998 年に始まった世銀主導の「エクアドル先住民・アフロ系開発プロジェクト」（PRODEPINE）の開発モデルは，「欧米型，都会型，メスティソ女性型，フェミニスト型」だとして批判された。先住民社会固有のジェンダー観に基づく新たな開発モデルを創出すべきだとの声が上がったのである。とりわけ一夫多妻制に寛容なオリエンテ地域の一部などでは，欧米型の「女性のエンパワーメント」概念の普及に困難が伴う。

ジェンダー観は地域的・民族的・文化的背景によって異なるため，先住民コミュニティと都市部や国外の支援団体との間で認識のずれが生じがちであり，開発モデルの基盤となる理念について粘り強い対話を続ける必要がある。

エクアドルでは，米国の平和部隊（Peace Corps）や日本の青年海外協力隊などの政府系ボランティア組織も「女性のエンパワーメント」を目標に掲げ，保健・栄養・教育等の分野で支援を行っている。しかし，とりわけ農村部ではインフラや保健システムの不備，先住民社会の価値観との葛藤など，支援活動を難しくする要素が多く，持続可能な支援のあり方が模索されている。

つまり 21 世紀のエクアドル社会には，欧米的価値観からの解放をめざした先住民運動，そしてそれと軌を一にして発展してきた欧米由来のフェミニズムに根ざす女性運動という二つの運動が，時に相克しながら存在する。そして両者はいずれも，現在の多民族・多文化国家としてのスタンスと分

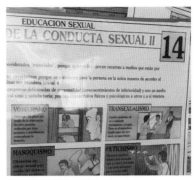

小学校の教室に貼られていた性教育のポスター
（2012 年 6 月 筆者撮影）

かちがたく結びついている。

だが，ジェンダー平等に関して欧米・非欧米の対立項を設けることには意味がない。先住民女性を含めたすべての女性のエンパワーメントを実現するには，二つの運動が有機的に支え合い，先住民社会の慣習や価値観を尊重しつつも外部からの支援を受け入れ，ともに発展していくべきではないだろうか。

外部からの支援のあり方にも課題は多い。筆者は 2012 年，二言語教育を行っているシエラ地域の複数の小学校で調査を行った。その際，先住民コミュニティの小学校の教員たちが，性教育に抵抗感を持っていることがわかった。インバブラ県の農村部では，母親が子どもに「赤ちゃんは口から産まれてくる」と教える家庭がいまだにあり，学校での性教育には困難が伴う。ある小学校の低学年の教室には，NGO 団体から寄贈された性教育教材のポスターが掲示されていたが，教員の話では性教育の授業を行ったことはなく，これからも予定はないとのことだった。

ジェンダー平等や女性のリプロダクティブ・ヘルス／ライツの確立には，初等教育課程からの性教育が必須であり，NGO などもその視点に立って支援を行っているわ

けだが，現実には壁がある。開発支援には往々にして，こうした理念と現実との乖離がつきまとう。

また，支援を必要としている地理的に孤立した地域は，公的機関や海外からのボランティアにとっても，交通のアクセスやインフラが整っていないことから頻繁に通うことが難しい。このような地域にも支援者が頻繁に行けるよう交通手段を提供したり，エクアドル人と外国人のボランティアチームを組むなど，農村部の支援にあたっては支援者のサポートにも力を入れることが望ましいのではないだろうか。そして先住民社会と支援団体が互いに社会的・文化的価値観の差異を認識し合うための仕組みをつくるなど，支援を受け入れやすくするための対策も求められる。

21世紀のエクアドル社会は，女性政策や先住民支援政策においても，民族と文化の多様性を強みとすることができる時代を迎えている。そのような政策を立案・実施するためには，エスニック・マイノリティの女性の国政への進出をさらに促していくことが重要である。ジェンダー・クオータ制の導入によって女性議員や閣僚の数は増えたものの，ニナ・パカリが繰り返し訴えているように，先住民女性議員・閣僚は依然として極めて少ない。また，民族間の深刻な教育格差の結果，医療・保健分野においても事情は同じである。21世紀のエクアドル社会と女性の発展のためには，より多様なエスニック・グループの女性が参加できる仕組みをつくる必要がある。

第 10 章

エルサルバドル
―女性の権利と命をめぐる論争―

笛田千容

水瓶で生活用水を運ぶ農村部の女性
(2006 年 清水一良氏撮影)

エルサルバドル女性史関係年表

西暦	事項
1981	軍民評議会政権下で国連女性差別撤廃条約を批准。
1992	和平協定調印。12年間続いた内戦に終止符が打たれる。
1993	政府による「第1次国家女性計画」の発表。 女性団体による共同政策提言「ムヘーレス94」の策定。各政党大統領候補者の政策課題に盛り込まれる。
1994	女性団体による有権者登録推進キャンペーンの実施。 和平協定後初の大統領選で国民共和同盟（ARENA）が勝利。
1995	「女性に対する暴力の防止・罰則・廃絶に関する米州条約」を批准。 雇用及び職業についての差別待遇に関する条約（ILO第111号）を批准。
1996	「女性の能力開発のためのエルサルバドル協会」（ISDEMU）設立。 超党派の女性議員フォーラムの結成。 家庭内暴力関連法の制定。
1997	女性支援政策の基本方針発表。 子どもへの扶養義務放棄の罰則化（被選挙権の制限）。
1998	刑法改正により、人工妊娠中絶が完全違法化。 ジェンダー平等と環境に関する行動計画の発表。
1999	憲法改正により、受精の時点で胎児に生存権が発生することを明記。 遺言書の証人に女性を認めない法律（民法第107条第1項）を廃止。 大統領選でARENAが勝利。
2000	同一価値労働についての男女同一賃金に関する条約（ILO第100号）を批准。 家族的責任を有する男女労働者の機会および待遇の均等に関する条約（ILO第156号）を批准。 エルサルバドル現職・元女性議員協会（ASPARLEXSAL）発足。
2002	家庭内暴力からの救済・保護に関する国家計画の発表。
2004	子どもへの扶養義務放棄の罰則強化（運転免許およびパスポートの更新、融資アクセスの制限）。 大統領選でARENAが勝利。アナ・ビルマ=デ=エスコバルが初の女性副大統領に就任。
2006	国会議員・地方首長選挙。ファラブンド・マルティ民族解放戦線（FMLN）のビオレタ・メンヒバルが初の女性サンサルバドル市長に就任。
2009	大統領選でFMLNが勝利。エルサルバドル史上初の左派政権が発足。 2004～09年における女性殺害事件の発生率でエルサルバドルが世界第1位となる。
2012	女性に対する暴力根絶のための特別統合法が施行。 社会包摂庁が「女性の都市プログラム」（Ciudad Mujer）を開設。
2014	大統領選でFMLNが勝利。

エルサルバドル共和国は，北米大陸と南米大陸を結ぶ地峡部のほぼ中央に位置する。面積は日本の四国よりやや大きい約2.1万km²で，中米5カ国の中で国土が最も小さい。北西でグアテマラ，北と東でホンジュラスと国境を接しており，南と西は太平洋に面している。

人口は約623万人で，その約3割が首都サンサルバドル市を含むサンサルバドル首都圏に集中し，6割強が都市部に住む。ラテンアメリカ有数の人口密度の高い国である。

火山が多く，地震やハリケーンなどの自然災害にしばしば見舞われるが，近年は気候変動傾向ないし地球温暖化に対する脆弱性が指摘されるほどハリケーンや大雨が頻発しており，景気低迷の一因となっている。2010年に国連開発計画（UNDP）がラテンアメリカ社会科学大学院（FLACSO）の協力を得て作成した「都市の貧困と社会的排除の分布地図」によると，エルサルバドルには全国に2508カ所，約50万世帯200万人が暮らす「都市部のスラム地域」が存在している。これらの地域は，土砂崩れや洪水のリスクがひときわ高い。

人種構成は比較的同質性が高く，メスティソ（先住民と白人との混血）84％，白人10％，先住民5.6％である。先住民の言語はほぼ消滅しているが，一部の地域で先コロンブス期に「クスカトラン王国」を形成しつつあったマヤ系民族ピピル人の伝統が残っている。

貨幣は米ドルが流通している。2001年1月の通貨統合法により，自国通貨コロンの発行を停止して，米ドルとの併用を可能にする形で，国内経済のドル化を進めてきた。法律上は併用であるが，実際に流通している通貨はほぼ米ドルのみである。

1人当たり国内総生産（GDP）は，中米ではパナマ，コスタリカに次いで高い。20世紀初頭から1970年代に至るまで，輸出に占めるコーヒーの割合は70％を維持した。しかし産業構造の変化にともない，近年は5％未満にまで減少している。90年代からはマキラドーラ（保税加工）を中心とするアパレル製品の対米輸出と海外出稼ぎ労働者の家族送金が拡大し，経済の下支えの役割を果たしている。

国際市場において価格変動の激しい少数の一次産品や低付加価値製品の輸出に大きく依存する経済構造は貧富の格差を拡大し，同国に恒常的な政情不安をもたらした。長年にわたる軍政を経て，東西冷戦下の1979年から92年まで，ファラブンド・マルティ民族解放戦線（FMLN）を中心とするゲリラ勢力と，政府軍の左右両極によるテロが激化し，内戦状態が続いた。7万5000人の死者を出した内戦は，国内の基幹インフラ，農業および製造業などにも壊滅的な被害をもたらした。

1992年1月に和平協定が結ばれて，元ゲリラを含むFMLNが合法政党として国政に参加することになった。これにより，エルサルバドルは政情安定化の方向に歩み始めた。国連の支援と監視の下で進められた和平プロセスは，民主化の進展を伴う成功例として国際的に高く評価されている。しかし長引く景気低迷と治安の悪化は，人々の生活に暗い影を落としている。

1. 21世紀エルサルバドル社会の姿

■民主政治の持続と左派政権の誕生

2009年6月，20年間続いた右派の国民共和同盟（ARENA）に代わって，エルサルバドル史上初の左派政権が誕生した。

変革の到来を告げたのは，1992年に武装放棄した元左翼ゲリラのファラブンド・マルティ民族解放戦線（FMLN）である。94年に初めて政党として大統領選挙に臨み，野党第一党としての道を歩み始めてから15年，FMLNは97年の国会議員・地方首長選挙で与党のARENAと互角の戦いを展開し，99年には議会の過半数の議席を獲得するなど，着実に国民の支持を伸ばしてきた。

右派のARENAと左派のFMLNの二大政治勢力が拮抗するなか，大統領選の鍵を握るようになったのは，浮動票をとりこめる候補者の擁立である。

2004年の大統領選で，FMLNのシャフィック・ハンダル候補に勝利したARENAのアントニオ・サカは，出馬前は著名な財界人であった。複数のラジオやテレビ局でスポーツ番組を担当後，ラジオ放送局グループ・サミックスを設立，ラジオ放送事業者協会の会長を経て，全国民間企業協会（ANEP）の会長を務めた。その知名度と高いコミュニケーション能力もさることながら，パレスチナにルーツを持つ財界の傍流出身であることから，旧来のARENAの超保守的イメージ（20世紀初頭から寡頭支配を敷きながら，1931年のクーデターを看過し，その後の軍部独裁を許した伝統的地主層）を払拭できる候補者でもあった。

サカは大統領就任後，精力的に地方を訪問し，最貧地区の住民を対象とする貧困対策プログラムを開始するなど，歴代ARENA政権のなかでは庶民派として支持を広げた。しかし，サカが任期満了後も権力の保持を目論み，自身の影響下にあるロドリゴ・アビラ元警察庁長官を次期大統領候補に押し上げたことから党内が割れ，2009年の選挙戦では序盤から苦境に立たされた。結局，サカは党を追い出される形で国民大同盟（GANA）を結成，14年の選挙では国民融和党（PCN），キリスト教民主党（PDC）と連合（UNIDAD）を形成した。

一方，FMLNが2009年の大統領候補に擁立したマウリシオ・フネスもまた，内戦時に武装闘争に従事していなかった点で異色の候補者であった。FMLNにかつての武装ゲリラのイメージを重ねようとするのはARENAのネガティブ・キャンペーンの常套手段だが，それを効果的に跳ね返す試みとも言える。加えて，前回の候補者ハンダルが06年1月に急逝したことも，FMLN内強硬派の気勢を削ぎ，フネス擁立に弾みをつけた。

フネスは朝の報道番組やCNNスペイン語放送のリポーターとして知名度が高く，取材の手法と鋭い批評に定評があった。ラテンアメリカ全域で左派政権が支配的となるなか，ブラジルのルーラ大統領（当時）を模範とする中道左派の思想を前面に押し出し，ベネズエラのチャベス大統領（同）を筆頭とする反米左派政権と距離を置くことで，米国との外交関係の悪化を懸念する幅広い層を取り込むことに成功した。国民の4人に1人が米国に出稼ぎし，24万人が一時的身分保障（TPS）という特例措置を受けるエルサルバドルにとって，米国との良好な外交関係を維持することは社会的安全弁の確保という意味でも重要である。

ただし，フネス政権期は国民にFMLNの穏健化と現実路線を印象づけるための準備期間であり，次の選挙で副大統領のサルバドル・サンチェス＝セレンが大統領の座につくための布石に過ぎないということは，フネス政権発足以前から囁かれていた。そして，2014年の大統領選挙は

このシナリオどおりに展開した。サンチェス=セレンが有効投票数の 51.3％を獲得，得票率2％の差で ARENA 候補のノルマン・キハノに辛勝し，政権の維持に成功したのである。

■長引く景気低迷と投資・雇用情勢の悪化

1989 年以降，20 年にわたって政権の座を保持した ARENA は，民間部門の信頼回復や産業復興のための環境作りを目指しつつ，市場重視・対外開放型の経済政策を推進してきた。道路や港湾などのインフラを重点的に整備し，財政規律とマクロ経済の安定化をはかった。2001 年以降は通貨統合法によって米ドル化を推進，中米諸国では最も低いインフレ率を維持している。

1990 年代前半はコーヒーの国際価格が下降変動期だったこともあり，農業が伸び悩む一方，在外エルサルバドル人による家族送金の増大を背景に，サービス部門が拡大しはじめた。

対外的には米国および中米諸国との関係を重視する形で経済自由化が進められた。まず，近隣諸国との国境を越えた広域インフラ計画や経済社会開発を通じて，地域としての一体性を高めながら，国際経済に参入する方針を打ち出し，2006 年 3 月に最大の貿易相手国である米国との自由貿易協定（中米・ドミニカ共和国・米国自由貿易協定：CAFTA-DR）が発効した。続いて，08 年 3 月に台湾，10 年 2 月にコロンビアとの自由貿易協定（FTA），そして 13 年 10 月には EU・中米連携協定が発効した。

しかし，これといった主要産業が育っていないことなどから，2000～10 年の平均 GDP 成長率は 1.56％という低い水準にとどまった。さらに，史上初の左派政権の誕生は景気の先行きに対する懸念材料となったのであろうか，09～13 年の平均 GDP 成長率は 0.26％であった。同時期の人口増加率が 0.54％であったことを考慮すれば，実質マイナス成長である。

輸出志向型の産業育成に欠かせない外国直接投資（FDI）は 2009 年以降激減した。対エルサルバドル FDI 額は中米で最も低い水準にある。

失業率は 2010 年以降 6.9～7％でほぼ横ばいだが，月額平均給与額はじわじわと下降している。国民の約半数が十分な職を得られていない状態にある。

こうした状況のなかで，同国経済を下支えしているのは，在外出稼ぎ労働者による家族送金である。1980 年代は内戦中の人道的配慮から米国，カナダ，オーストラリア，スウェーデンなどの国々がエルサルバドル人に移住先を提供したが，内戦後は就労機会不足と治安の悪化を要因とする移住が増加した。

移住先は 9 割以上が米国である。米国政府の統計によると，同国に合法的に居住しているエルサルバドル人は 1980 年代の 9 万人から，90 年代に 46 万人，2000 年代に 65 万人へと増加した。エルサルバドル外務省は 2014 年の米国在住者数を合法・非合法あわせて約 250 万人と推計している。

2012 年に全国 162 万人・約 32 万世帯，全体の 19.8％（農村部 24％，都市部 17.7％，サンサルバドル首都圏 12.2％）の世帯が海外に住む家族から送金を受けている。その総額は約 39.6 億ドルで，GDP の約 16.4％ に相当する。1990 年の 3.2 億ドル，対 GDP 比 6.7％から送金総額は 12 倍に膨らみ，対 GDP 比は 10％近く上昇している。同国経済がおよそ 20 年間でいかに家族送金への依存度を強めたかが分かる。

送金する側，すなわち在米エルサルバドル人から見ると，2010年の時点で，1人当たりの平均送金額は月額326ドルである。男女別で見ると男性が月額350ドル，女性が同284ドルだが，これは男性の平均労働時間が週38時間と，女性の週29時間を上回っていることによる。

■マラスの脅威

エルサルバドルは世界で最も凶悪犯罪の多い国の一つだが，その背景には「マラス」と呼ばれる青少年犯罪組織の存在がある。2011年のエルサルバドル警察庁の発表によると，国内で活動中のマラス構成員は約1万8000人，刑務所に約9000人が収容されている。

刑務所はいずれも飽和状態で，収容能力不足を背景とする受刑者の早期釈放が問題視される一方，人道的観点から劣悪な過密状態に対する批判も挙がっている。

政府ははじめ，警察力に頼った治安改善策を講じた。2003年にマラス取締法，05年にその強化策を導入したが，芳しい成果は得られなかった。それどころか，国連薬物犯罪事務所（UNODC）が毎年発表している人口10万人当たりの殺人件数を見ると，05年を境に殺人事件はむしろ増加している。

2012年3月，エルサルバドル・カトリック司教協議会会長で従軍司祭のファビオ・コリンドレス神父と，元ゲリラ司令官で元FMLN議員のラウル・ミハンゴの仲介により，マラス構成員の90％が所属すると言われる二大組織，「マラ・ディエシオチョ」（Mara 18）と「マラ・サルバトルーチャ」（MS13）との間で，停戦協定が結ばれた。

これを契機に，殺人発生率はひとまず2005年以前の水準まで改善した。停戦協定からひと月後の2012年4月15日，エルサルバドルはおよそ3年ぶりに「殺人事件ゼロの日」を迎えた。人口10万人当たりの殺人発生件数は11年の66件（ホンジュラスに次いで世界第2位）から12年は41件（ホンジュラス，ベリーズに次いで世界第3位）に減少し，13年も同じ水準（ホンジュラス，ベネズエラ，ベリーズに次いで世界第4位）を維持した。改善したとはいえ，これは日本の0.4件の100倍に相当する数字である。また，直近の14年には再び悪化傾向が見られるなど，効果の持続性にも疑問が残る。

2. 女性をとりまく政治・経済・社会状況

■女性の政治参加の拡大

エルサルバドルにおける和平協定締結のタイミングは，女性の地位向上と男女共同参画社会の形成に向けた国際的な議論が活発化する時期と重なった。その動きに後押しされて，エルサルバドルでは紛争後社会における国家建設の担い手として，女性の参加を促す取り組みが始まった。

1993年，エルサルバドル政府は「第一次国家女性計画」を通じて，ジェンダー政策立案能力強化のための，関連省庁間の連携・調整をはかった。一方，複数の女性団体が協力して，翌年の大統領選挙に向けた政策「ムヘーレス（女性）94」を提言し，各候補者の選挙公約に女性ないしジェンダーの視点を取り入れさせることに成功した。また，未登録有権者の75％が女性であった状況に鑑み，女性団体が中心となって有権者登録推進キャンペーンを行った。

2014年の大統領選挙では，有権者登録を

行った国民の半数以上にあたる 52.7％（261万人）が女性であった。エルサルバドルでは有権者の3分の1が18〜29歳であり，この層に限定しても女性は 50.3％（76万人）を占める。

1996年には「女性の能力開発のためのエルサルバドル協会」(ISDEMU) が設立されたほか，左派のFMLNおよび右派のARENAの女性議員らがイデオロギーの違いを超えて協力し，「女性議員フォーラム」を結成した。

同フォーラムは，①家庭内暴力からの救済・保護，②子どもへの扶養義務放棄の罰則化，③女性の政界進出を促進するためのジェンダー・クオータ制の導入，という3つの分野で，法的枠組みの改善に向けて協力することに同意した。

①に関して，議会は同年に家庭内暴力対策法案を可決した。2002年には家庭内暴力からの救済・保護に関する国家計画が策定されている。

②に関しては，1997年と2004年に家族法を改正し，養育費の不払いなど子どもへの扶養義務を果たさない親の被選挙権，自動車運転免許やパスポートの取得・更新，融資アクセスなどが制限されることになった。これは通称「責任ある父親の法律」と呼ばれている。

③に関しては，国政選挙等で女性に一定の議席数を割り当てるジェンダー・クオータ制の導入が，憲法上の平等原理の侵害や逆差別にあたるという批判が男性議員から挙がったこともあり，実現にかなりの時間を要することになった。議会に占める女性議員の割合は，1994〜2003年まで 10.7％でほぼ横ばいで推移していたが，06年の 16.7％から緩慢な上昇傾向を見せはじめ，12年に 26.2％を記録した（**表1**）。この事実を追認する形で13年に

初の女性副大統領ビルマ=デ=エスコバル
（2006年 清水一良氏撮影）

表1 議会に占める女性の割合

年度	2000	2006	2012
人数	8	14	22
割合	9.5％	16.7％	26.2％

［出所］Fallon and Viterna 2008, p. 679.

政党法が改正され，国会議員・市長選挙における各党の候補者名簿の 30％を女性候補者とするクオータ制が導入された。

なお, 2004年の「責任ある父親の法律」と13年のジェンダー・クオータ制の導入は，女性政党フォーラムの取り組みにより 2000年10月に新たに発足した「エルサルバドル現職・元女性議員協会」(ASPARLEXSAL) に受け継がれてから実現したものである。

行政府においても，内戦後の歴代政権で経済，外交，教育，保健分野などの閣僚に女性が登用されているほか，2004年に ARENA 所属のアナ・ビルマ=デ=エスコバルが女性として初めて副大統領に就任した。また，2006年には FMLN 所属のビオレタ・メンヒバルが女性として初めてサンサルバドル市長に選ばれるなど，女性政治家の活躍が目立つようになってきている。

一方，女性議員フォーラム内で議論の俎上にのせられたものの，協働に失敗したテーマとして，マキラドーラ（以下マキラ）に関する法的枠組みの改善がある。

具体的には，マキラ地区に工場を設立した外国企業の賃金未払いおよび高飛び問題を予防するための措置として，保証金ないし手付金制度の導入の可能性が検討された。保税加工に従事する国内労働者8万人のうち，およそ8割を占めるのが女性であることから，フォーラムではこれを女性の問題として，女性議員が積極的に政策策定に関与すべき問題として捉えようとしたのである。しかし，マキラ地区の労働者は比較的恵まれた賃金や労働条件を与えられているという誤解を招くイメージや，対外開放型の経済政策に水を差す可能性があるといった（主にARENA側の）懸念から，メンバーは足並みを揃えることができなかった。

こうしてみると，男女平等を促進し，政治の意思決定過程に女性を積極的に参加させようとする政策（クオータ制の導入）や，新自由主義経済政策に逆行する政策（保税区法の改正）の実現には多くの困難が伴うのに対し，被害者の立場にある女性の保護に関する政策（家庭内暴力防止法）や，女性を妊娠させた場合に責任をとろうとしない男性を罰する法律（責任ある父親の法律）は比較的実現しやすいと言える。

■岐路に立つ縫製マキラ

マキラドーラは，先進工業国が工賃の安価な開発途上国に生産拠点を置き，完成品を海外市場に輸出することを想定した一時輸入制度の一種である。輸出向け製品を製造する際，原材料などの輸入関税が免除される。エルサルバドルを含む中米の保税加工は，1984年に始動した米国の環カリブ地域支援構想（CBI）の枠組みのもとで発展した。

マキラ全体の約8割を占めるのが，縫製マキラである。米国で裁断済みの米国製の生地を，中米・カリブで縫製したアパレル製品に対し，米国製原材料の価格を差し引いた付加価値にのみ課税する。この制度により，いったん輸入した米国製の生地を中米諸国で縫製し，米国に逆輸出する縫製マキラが盛んになった。

2005年1月以降，国際貿易機関（WTO）繊維縫製品協定にもとづく輸入数量制限の撤廃により，中米製品は米国市場でアジア（特に中国）製品との本格的な競争に晒されることになった。労働コストではアジアに太刀打ちできないため，自由貿易協定（FTA）はもとより，北米市場に近いという地理的優位性を活かして，納期を短縮し柔軟な追加生産を行うクイックレスポンスや，フルパッケージ生産と呼ばれる一括生産などを組み合わせた，生産体制の高度化が目指されている。

マキラ労働者の平均就学年数は8年（エルサルバドルの義務教育は1～9年生で，日本の小・中学校にあたる）である。これは，同国内の平均就学年数が6年（都市部7年，農村部4年）であることを考えると，比較的高い水準である。なお，同国における義務教育と高等教育への就学率は過去10年間で大きな変化は見られず，経済問題等を理由に義務教育を終えずに中退する者が多い。

マキラ労働者の7割が世帯主で，うち9割が女性世帯主である。また，女性世帯主の8割が，2人以上の家族を養っている。都市部における女性世帯主の割合が約3割であることを考えると，マキラ労働者に占める女性世帯主の割合は高い。

マキラでの仕事で家族を養うこうした女性たちの所得水準はどうだろうか。エルサルバドル政府は貧困の測定方法として，独自の「基礎食糧バスケット」（CBA）

額を基準としている。これにもとづき，絶対的貧困ラインは個人もしくは世帯の所得がCBA以下，相対的貧困ラインは個人もしくは世帯の所得がCBAの2倍以下という基準を設けている。

2012年のエルサルバドルにおける個人のCBAは，都市部では1カ月46.8ドル（農村部では31.3ドル）である。世帯単位のCBSは，世帯の平均人数を都市部では3.65人（農村部では4.20人）として算出する。これにより，都市部の世帯の絶対的貧困ラインは170.8ドル，相対的貧困ラインは341.6ドルとなる。

一方，平均的なマキラ労働者が，法定労働時間である週44時間勤務した場合，月給は187ドルだが，これは絶対的貧困ラインを1割上回る程度に過ぎない。たとえ週16時間残業しても，月給は287ドルで，まだ相対的貧困の範疇に留まることになる。「貧困」から抜け出すためには，法定労働時間の週44時間に加えて，月110時間の残業をしなくてはならない計算になる。

マキラ労働市場を年齢層別に見ると，同市場で重用される人材はおもに20〜26歳の年齢層である。これは企業側が生産性維持のためとして，週平均47時間以上の労働に耐え得る若い人材を求める傾向があるためである。その結果，大半の従業員が3〜8年で職場を離れることになり，5年以上勤続できる従業員は2割に満たない。すなわち縫製マキラの労働者は総じて経験年数が短く，離職率が高い。

以上をまとめると，縫製マキラの中核的担い手として，低所得者層のなかでは比較的教育水準の高い都市部の20代女性世帯主（シングルマザーを含む）が，失業および貧困と隣あわせで生活している姿が浮かび上がってくる。縫製マキラ産業がグローバル競争によって岐路に立たされるなか，期待される生産体制の高度化への取り組みが，彼女らが労働市場で価値あるスキルを得る機会となるかどうかは，政府の産業振興・人材育成戦略にかかっている。

■フェミサイド（女性殺し）の社会現象化

「男性の，女性に対する差別や憎悪，快楽あるいは所有欲によって標的化された女性の殺害」――これはフロリダ・アトランティック大学のジェンダー研究者ジェーン・カプーティ教授と，フェミニスト運動家のディアナ・ラッセルが1990年代に示したフェミサイド（女性殺し）の定義である。ラッセルは2001年にこれを簡略化して，「男性が女性を，女性だからという理由で殺害すること」と再定義している。

近年は，虐待を受けた末の自殺や，強制的な性交渉を通じたHIV／AIDS感染など，表面上はそれとわかりにくい，間接的な要因をも含めてフェミサイドと呼ぶこともある。国際比較を行う際の統計上の制約などから，動機を問わず女性の殺害全般を指すこともあるが，本来は女児を含む女性殺しの構造的・文化的背景やその表れ方に関する研究を促進し，ジェンダー意識啓発の取り組みを助けようとする概念である。ラテンアメリカでは，フェミサイドの質的な側面に注目した研究とデータ収集のための研究拠点がホンジュラス，アルゼンチン，ペルー，メキシコなどに設置されている。

スイスのジュネーヴ国際大学院・小型武器調査プログラムの2012年報告書によると，世界の女性殺害率上位25カ国のうち，半数以上がラテンアメリカ・カリブ地域に集中している。

なかでもエルサルバドルは，2004〜09年の平均女性殺害事件発生率で世界第1位という不名誉な記録を残している。13年時点でも，人口10万人当たりの女性殺害件数は12人で，ジャマイカ（10.9人），グアテマラ（9.7人），南アフリカ（9.6人）を抜いて世界第1位である。

被害者の66％は，その夫や恋人によって殺害されている。その意味で，フェミサイドはドメスティック・バイオレンスにも関連するが，男性が第三者の殺し屋を雇うケースも珍しくない。具体的には，夫が3万6000ドルで殺し屋を雇い，妻を射殺させたケースなどが報告されている。動機は不貞の疑いや，別れ話のもつれなどであり，被害者女性の半数以上は18〜35歳の年齢層に集中している。

こうした現実を前に，エルサルバドルでもフェミサイドの概念が国内法に組み入れられつつある。2012年には女性に対する暴力根絶のための特別統合法が施行され，大統領府社会包摂庁（SIS）は大統領府直属のプログラムとして，国内4カ所（コロン市，ウスルタン市，サンタアナ市，サンマルティン市）に「女性の都市プログラム」を開設し，①女性の経済的自立，②肉体的・性的暴力に対する保護，③リプロダクティブ・ヘルス／ライツ（性と生殖に関する健康と権利）の促進，④これらに関連する教育という4つのテーマを柱とした支援を行っている。

3. 女性の権利と命をめぐる論争

■女性運動の先駆者プルデンシア・アヤラ

世界恐慌によりコーヒーの国際価格が暴落し，コミンテルンの支援を受けたサルバドル共産党が勢力を拡大しつつあった1930年，1人の女性が大統領選に立候補する意志を表明して周囲を驚かせた。この時代，女性には被選挙権はおろか，選挙権すらなかったのである。

その女性，プルデンシア・アヤラ（1885〜1936）は，同時代の革命家でありサルバドル共産党党首であったファラブンド・マルティ（FMLNの名前の由来でもある）と並ぶエルサルバドル近現代史および思想上の重要人物として，近年再評価が進んでいる。2014年夏には首都サンサルバドル市内にある「言葉とイメージの博物館」（MUPI）で初の回顧展も開催された。女性の政治参加を促すための議論を喚起し，問題を意識化させた，女性運動のシンボルとして注目されている。

先住民の家に生まれ，経済的理由により2年で学業を断念せざるを得なかったアヤラは，お針子として生計を立て始めたが，次第に政治活動の場に足を踏み入れるようになった。1919年に西部アウアチャパン県アティキサヤ市の市長を批判して収監された記録がある。また隣国グアテマラでも，独裁者マヌエル・エストラーダ・カブレラに対するクーデター計画に協力したとして再び逮捕，収監されている。その後，エスペランサ・デラエスピーガのペンネームで詩やエッセイを発表し，51歳で生涯を閉じるまで執筆活動を続けた。

それから3年，エルサルバドルで最初に女性参政権に道を開いたのは，1932年に農民3万人の「マタンサ（虐殺）」を指示して左翼勢力を弾圧した独裁者マキシミリアーノ・エルナンデス＝マルティネスである。彼は39年に25歳以上の既婚女性または6年以上の公教育を受けた30歳以上の独身女性に女性参政権を認めることを含む憲法改正を行った。そうすることで，共産党や労働組合の弾圧によって

失った自身の支持基盤の強化を図ろうとしたものと見られる。

しかし憲法上は権利を認めつつも，権利行使に必要な選挙法の改正は行われなかった。このいわゆる「立法の不作為」の状態が10年以上続いたのち，エルサルバドルで実質的に女性参政権が導入されたのは1950年のことであった。

■内戦下の女性運動

1970年代以降，女性運動は革命運動と密接に関わりながら展開した。内戦の激化とともに女性の動員も進み，80年代の革命勢力に占める女性の割合は，ゲリラ戦闘員の29％，非戦闘員の35％に達した。

当初女性たちに期待されたのは，炊き出しや看護といった，伝統的な性別役割分業にもとづく「女の」仕事であった。しかし次第に，固定化された性別役割分業では対応できなくなると，部隊の指揮や防空壕の建設，爆弾解体作業といった「男の」仕事でも女性が能力を発揮するようになった。ゲリラ部隊で子を産み育てることが困難であったことから，避妊に関する知識の普及が進み，子どもを産む／産まないの選択や，出産の時期および人数を女性が自己決定する意識が高まった。こうして革命運動は，萌芽的であったとはいえ，男女共同参画に通じる意識啓発を促した。

しかしその一方で，革命運動と密接に関わることによる制約も受けた。たとえば，組織をつくる能力や資金調達，広報や宣伝のノウハウを身に付けても，「女性解放は社会主義革命によって達成される」との認識から，女性支援に特化したプロジェクトや，階級横断的な連携と協力関係を掘り起こすのには限界があった。また，FMLNはもともと中米労働者革命党（PRTC）や民族抵抗軍（RN）などの5つの組織に分かれていたが，女性団体もこれらの系列に沿って組織化されていたため，組織横断的な連帯が生まれにくかった。

なお，革命運動に参加した女性の多くが，内戦の終結にともない，伝統的な性別役割分業体制に引き戻されたことも指摘されている。国連の支援を受けて行われた，およそ1万5000人の除隊者の社会復帰プログラムにおいても，女性は主に負傷者の看護や，戦火で親を失った子どもたちの世話，地域コミュニティの再生などにおいて重要な役割を果たした。

内戦の終結にともない，女性団体に対する国際協力・援助が届くようになったことで，左派政党からの独立と自立的NGOへの再編が進んだ。そのことが，先述の「ムヘーレス94」の策定や，「女性政党フォーラム」の結成に見られるような，超党派ないし組織横断的な取り組みに，有利な土壌を提供したのである。

また，FMLNは内戦中に女性が武装勢力の35％を構成していたという認識にもとづき，1995年に党のすべての職位・資格（役員，委員，選挙時候補者名簿など）に占める女性の割合を35％以上とする政党型クオータ制を，法律型クオータ制（2013年）に先立って導入した。

■中絶規制法が最も厳しい国へ

しかし1990年代後半，同国では女性の権利保護・拡大運動への反動ともいえる状況が出現する。人工妊娠中絶の完全違法化によるリプロダクティブ・ヘルス／ライツの後退である。

1998年，エルサルバドル議会は刑法改正案の可決により，妊婦の生命が危険に晒されている場合も含めて，中絶を完全

に違法化した。また，翌99年には憲法第1条を改正し，受精の時点で胎児に生存権が発生することが憲法に明記された。これにともない，例外的に中絶を認めるための関連2次法を導入することが困難になった。

中絶を完全違法化しているのは，エルサルバドルを含むラテンアメリカ4カ国のほか，カトリックの総本山であるバチカン市国，マルタ共和国の世界6カ国のみである。すなわちエルサルバドルは，世界のなかでも極めて中絶規制法の厳しい国と言える。

ラテンアメリカでは1970～80年代にかけて，妊婦の生命が危険に晒されている場合などに限って例外的に妊娠中絶を認める法規制を導入する国が相次いだ。その結果，地域レベルで中絶法が均質化した。しかしその後，チリ（89年），エルサルバドル（98年），ニカラグア（2003年），ドミニカ共和国（09年）が例外要件を廃止して中絶を完全違法化した一方，コロンビア，アルゼンチンは逆に規制を緩和し，ウルグアイは完全合法化に進む（11年）など，域内で分岐傾向が見られる。中絶を認めないカトリックの影響が強いラテンアメリカだが，中絶法の方向性は国によって必ずしも一様ではない。

中絶の違法化あるいは合法化に至る政策過程の国際比較については他稿に譲るとして，ここではエルサルバドルで中絶が違法化された背景として考えられる要因をいくつか挙げておく。

第1に，カトリック教会の保守化である。内戦中，「解放の神学」を唱える進歩的な聖職者たちは，社会正義，貧困，人権などの観点から貧困層の側に立ち，時に政府を批判することがあった。そのせいで，軍部や準軍事組織である「死の部隊」による白色テロの犠牲になった聖職者も少なくない。しかし近年，キリスト教神学と社会主義的思想を結びつける運動は退潮傾向にある。1995年に保守派組織オプス・デイに所属するフェルナンド・サエンス神父がサンサルバドル教区大司教に就任して以来は，同国のカトリック教会はむしろ中間層および富裕層寄りになったと言われる。そして関連団体を通じて，生命尊重（プロライフ）や伝統的な家族の価値観にもとづくロビー活動を展開するようになった。近年は，米国のオバマ大統領が同性婚を公に支持したことに危機意識を高め，結婚が男女間のみに成立するものであることを，エルサルバドル憲法に明記することを求めている。

なお，ここでいうカトリック関連団体には，プロライフ団体やキリスト教弁護士会のほか，青少年の薬物・アルコール依存症問題を家庭崩壊と結びつけて捉え，本人および家族のためのカウンセリングや自助ミーティングを主催するサポートグループなども含まれる。オプス・デイも，近年は『ダ・ヴィンチ・コード』などの影響で不気味な秘密結社のイメージが流布しているが，実際は1947年に教皇の正式な認可を受けたカトリック組織である。従来の教区と異なり，職業・民族などの非地理的区分（属人区）からなるネットワーク型の組織構造を特徴とする。オプス・デイは98年の刑法改正にあたり，母体保護の例外要件を削除し，受精が行われた時点で胎児に生存権が発生することを憲法に明記するよう議員らに働きかけた。

第2に，母性を重視する女性運動の興隆である。先述の「責任ある父親の法律」制定に向けた運動の過程で，母性を女性

のアイデンティティの中心に置き，積極的にフェミニズムの中に取り入れようとする運動が影響力を持つようになった。子どもを生み，愛情をもって育てる母性こそが女性を女性たらしめる本質である，という考え方はカトリックにも見られるが，フェミニズムの中にも中絶への賛否両論があることを忘れてはならない。むろん「責任ある父親の法律」の目的は，中絶の処罰ではなく，子どもの扶養義務の男女平等化にある。しかし中絶が法的に許されないからこそ，女性は妊娠と子育てに対して男性に負担を求めることができるのであり，その意味で「責任ある父親の法律」には中絶反対運動を補強する側面がある。

第3に，メディアの客観性ないし中立性の問題である。中絶法の見直しをめぐる主要紙の論調は，中絶を「無節操な女性の身勝手な選択」として非難し，女性の責任を追及する傾向が見られる一方，女性のリプロダクティブ・ヘルス／ライツについてはほとんど等閑視した。また，医療技術は日々進歩しており，いかなる状況下でも母子の生命を保護することは可能であるというプロライフ擁護側の主張が，医学的当否が検討されないまま報道された。

こうした国内メディアの報道ぶりは，性的関係における男性優位主義（マチスモ）や，女性の置かれた経済状況に対して極めて鈍感と言わざるを得ない。なぜなら，エルサルバドル人口統計協会が2008年に実施した保健統計調査（FESAL）によると，15〜49歳までの女性の31％は初めての妊娠について「計画したものではなく，かつ望まない妊娠であった」と回答している。また12％は「これまでに暴行，強制もしくは脅迫をともなう性交渉の経験がある」と回答し，うち28％はその経験が15歳以下であったと答えている。

そして最後に，FMLNの保守化が挙げられる。すでに述べたように，エルサルバドルの女性運動は1970年代以降，革命運動と密接に関わりながら展開した。その関係で，FMLNは法律型クオータ制に先行して自主的に政党型クオータ制を導入するなど，ARENAよりもフェミニストの主張に理解を示してきた。しかし，97年の国会議員・地方首長選挙で与党のARENAと互角の戦いを展開するなど，着実に国民の支持を伸ばすなかで，中絶の完全違法化に反対することで支持を失うことを恐れた。むしろ多くの所属議員は，生命尊重主義を掲げることで，「元ゲリラ」に付随する破壊や死のイメージを払拭し，支持層を広げられると考え，刑法改正案に賛成票を投じた。女性運動にとって皮肉なことに，FMLNが政権の座に近づいたことで，妊娠・出産に関する自己決定権をめぐる議論はいったん脇に置かれることになったのである。

中絶違法化により，堕胎した女子も手術を行った医師も処罰の対象となった。そのため望まない妊娠をした多くの女性が危険な闇の中絶手術を受けたり，市販薬等で自ら中絶しようとして健康を害し，最悪の場合は命を落としている。しかも健康を損なった場合も，病院へ行くことを躊躇する女性が少なくない。中絶の罪で逮捕・起訴されるケースのおよそ57％が，医療関係者からの通報によって発覚しているからである。医療関係者は中絶の疑いのあるケースを目撃した場合，通報することを義務づけられている。ただし，自然流産と中絶を見分けるのは必ずしも簡単ではないため，冤罪も生じ得る。

中絶の合法化をめざすエルサルバドルのNGOによると，同国では2000年1月から11年4月までの間に，129人の女性が「堕胎罪」で起訴され，うち49人が12～35年の懲役刑に処されている。その被告・服役囚の大多数が，弁護士を雇う余裕のない低所得の若い女性である。すなわち，安全な中絶手術へのアクセスや，公権力による監視・処罰が，貧富の差によって左右されている側面がある。

法律で中絶が禁じられているため，国連ミレニアム開発目標（MDGs）のジェンダー分野や保健医療分野における国の女性支援政策を評価・立案するために必要な統計データが不足している。たとえば，妊産婦死亡率に関する1990～2000年の統計は整備されておらず，統計方法にも問題があったとされる。2007年のMDGsの中間評価では，妊産婦死亡率を含む一部の指標において達成が確認されたというが，政府が把握しきれない闇の中絶によってどれだけの命が失われたのかは不明である。エルサルバドル保健省は，05年1月から08年12月の4年間に1万9000件の中絶が行われた（うち27％に相当する5324件は10代の少女に対して行われた）との見解を示しているが，実際はその数倍との見方もある。ワシントンを拠点に保健分野で世界最大級の国際会議を主催するNGOグローバル・ヘルス・カウンシルによると，1995～2000年にかけて，エルサルバドルでは推定24万6000件の闇中絶手術が行われ，うち11％が妊産婦の死亡につながった。闇の中絶は同国の妊産婦の死因中2番目に高い死亡率を示している。

経済自由化にともなう格差の拡大や治安の悪化を背景に，人々はカトリックにもとづく伝統的な家族の価値観を支持することで連帯感や安定感を求めているように見える。しかし，中絶の完全違法化は様々な矛盾を生じており，そのしわ寄せを受けるのは専ら社会・経済的に弱い立場にある女性たちである。

女性の保護および権利拡大に関する国際規範は，内戦後の復興に取り組むエルサルバドルにも浸透し，政府による女性支援のための枠組みづくりと，女性運動による組織・階級横断的なテーマの掘り起こしを助けた。そのことは，同国における女性の政治参加，とりわけ高いレベルでの政策および意思決定過程への参加の拡大につながった。

しかし時間の経過にともない，国内の諸要因が強く働き始めたことで，和平と民主化によって力を得たはずの女性運動の裾野の広がりには限界が見え始めている。女性殺しの増加や，リプロダクティブ・ヘルス／ライツの侵害といった観点から，同国では女性の基本的人権が尊重されているとは言い難い。

2012年に始まった「女性の都市プログラム」はそうした問題意識と危機感の表れであろう。この地域密着型の取り組みが今後，女性の自立と保護を促進し，女性の人権擁護への意識を高めるうえで成果を上げられるか否かが注目されている。

第11章

グアテマラ
―― 民族の階層のくびきを超えて ――

桜井三枝子

民族集団の差異は着衣に表れる。
マヤ先住民の内戦未亡人たちは民族服姿で，
彼女らを支援する非先住民女性（前列右から2番目）は洋装である
（1999年 サンティアゴ・アテイトランにて 筆者撮影）

グアテマラ女性史関係年表

西暦	事　項
1945	憲法制定。18 歳以上の識字能力を持つ女性に参政権が認められる。また第 58 条に「同一労働同一賃金」の原則が謳われる。
1947	組合結成の自由とストライキ権を保障する労働法の制定。
1959	国連女性の参政権に関する条約を批准。
1965	新憲法および普通選挙法の制定。18 歳以上の女性に市民権が与えられる。
1975	第 1 回世界女性会議開催（メキシコ），伝統的性別役割分業の見直しが提唱され，1975-85 年を「国連女性の 10 年」と定める。
1981	労働社会保障省女性室（ONAM）が設置される。
1982	国連女性差別撤廃条約を批准する。
1985	第 3 回世界女性会議開催（ナイロビ），「女性の地位向上のためのナイロビ将来戦略」採択。
1986	民政移管。新憲法制定。第 4 条「自由と平等」「男女同権」，第 74 条「初等教育の無償・義務化」，第 130 条「年間 2 週間の有給休暇の保証」，第 151 条「既婚・未婚による差別廃止」，第 152 条「母性保護」などが盛り込まれる。
1987	ドローレス・ベドヤ基金により第 1 回中米女性会議がグアテマラ市で開催。 内戦終結のための国民和解委員会発足。
1988	「大地に生きる女性組織（Tierra Viva）」，「グアテマラ女性組織」（GGM），「連れ合いを奪われた女性たちの会」（CONAVIGUA）が設立される。
1989	「輸出活動およびマキラの発展と振興に関する法」（通称マキラ法）制定。
1990	ONAM が国家女性局（INAM）に昇格する。 文部省内に「ジェンダー・フリー推進委員会」が設置される。
1991	メキシコに避難していた先住民女性たちの組織「ママ・マキン」が設立される。 大統領夫人社会事業庁（SOSEP）が設置される。
1992	先住民女性リゴベルタ・メンチュウがノーベル平和賞を受賞。
1995	1 月「女性に対する暴力の防止・罰則・廃絶に関する米州条約」を批准。 3 月「先住民族のアイデンティティと諸権利に関する合意」を締結。 7 月「先住民女性の権利擁護委員会」が設置される。 11 月 ロサリーナ・トゥユクが先住民女性初の国会議員に選出される。
1996	政府とグアテマラ国民革命連合（URNG）の間で和平合意が成立。 「家庭内暴力の予防・処罰・根絶法」制定。
1997	大統領府企画プログラム庁（SEGEPLAN）が設置される。
1999	全国女性フォーラム開催。「女性の尊厳と統合化促進法」制定。ONAM が国家女性局（INAM）に昇格。3 人の女性市長誕生。
2000	「大統領府人権委員会先住民女性護民局」および「女性に対する家庭内暴力防止国家調整室」が設立される。 大統領府女性庁（SEPREM）が設置される。 SOSEP が家庭内暴力撲滅プログラムを掲げる。 先住民女性オティリア・ルスが文化・スポーツ省大臣に就任する。
2008	「女性殺害取締法」が制定される。

グアテマラ共和国は国土面積 10.8 万 km²，人口約 1476 万人の多民族・多文化国家である。政治・経済・社会的マイノリティであるマヤ系先住民が人口の過半数を占め，20 に分かれるマヤ諸語の他にシンカ，ガリフナ，公用語のスペイン語を加えると 23 の言語集団が存在する。22 ある県の各県庁所在地に，国家から任命された主に非先住民の役人が赴任する。県はさらにムニシピオ（市）から構成され，市長は地域共同体の成員により選挙で選出される。全土で 325 市あり，うち 150 の先住民市町村が西部高地に偏在している。都市部と地方の格差が激しく，インフラ整備や福祉サービスなど公共政策は都市部や近代産業分野に集中し，地方では電気・水道さえ未整備である。

21 世紀に入って大規模な自然災害に数度見舞われた。2005 年のハリケーン・スタン，10 年の熱帯暴風雨アガタとパカヤ火山噴火，12 年のフエゴ山噴火と西部地震（マグニチュード 7.4）などで，西部高地の農牧地は壊滅的な被害を受け，先住民貧困層の生活を圧迫した。

民族構成は先住民，非先住民（女性：ラディーナ，男性：ラディーノ），少数のヨーロッパ系白人である。この場合の「非先住民」は，人種的には先住民もしくは先住民と白人の混血であるが，スペイン語を話し，非先住民的な生活様式を有する人々を指す。先住民の両親が都市部に移入すれば，その子どもはラディーナ／ラディーノとして成長することがありうる。概して先住民と非先住民の農民が総人口の大多数を占め，下層階級を構成している。その対極にいる少数の白人系上流階級の多くは首都グアテマラ市に居住し，工業・商業経営者，高級官僚，富裕な専門家（医師，法律家），大土地所有者から成っている。近年では商業経営者や教育界エリートが地方都市で中流階級を形成している。また後述するように，少数ながら米国に留学し，高等教育・専門教育を受けて国連や国際人権機関で活躍する先住民の新世代が現れている。

グアテマラでは 1955 年から軍部が政治を支配し，人権を抑圧してきた。それに対する抵抗運動の中から，ノーベル平和賞受賞者リゴベルタ・メンチュウや，「連れ合いを奪われた女性たちの会」（CONAVIGUA）代表のロサリーナ・トゥユクのような先住民女性リーダーが生まれた。60 年代の急激な都市化と工業化に伴い農村の荒廃が進み，都市に流入した貧困層では家庭遺棄，家庭内暴力，飲酒，マチスモ（男性優位）が顕在化した。昨今では都市部における陰惨な「女性殺し」事件が後を絶たない。

その後 1980 年代には深刻な経済危機を迎え，構造調整政策とグローバル化を背景に，86 年に民政移管がなされた。しかし 60 年代に始まる内戦は続き，その中で多くの先住民女性が夫・父・兄弟・息子を殺され，母子家庭が増大した。96 年の選挙で大統領に選出されたアルバロ・アルスーは，同年末に反政府軍「グアテマラ国民革命連合」（URNG）との間に和平合意協定を締結し，ここに 36 年間におよぶ中米最長の内戦が終結した。

内戦の影響もあって，男性より所得が低く失業率の高い女性を世帯主とする家庭が増え，「貧困の女性化」「貧困の固定化」が顕著になってきた。市場主義経済の急速な浸透により国内市場が開放され，資本・技術・商品・消費性向など経済環境が変化し，同時に階層間格差が拡大した。近年，グローバル化に伴い人権問題が表面化したことで，グアテマラで長ら

く抑圧されてきた先住民女性の人権問題に世界的な注目が集まっている。その中でラテンアメリカの特徴とされてきたマチスモとそれに基づく性別役割観，父権主義，大家族主義などに変化が現れ，女性世帯主の増加に伴い家族形態も多様化している。

1. 女性運動の変遷

■女性運動先駆者の時代（19世紀前半～1985年）

19世紀前半にグアテマラ共和国の前身となる中米連邦共和国が成立し，1829年にペドロ・モリーナが国務首相（現在の大統領にあたる）に就いた。その夫人ドローレス・ベドヤは，女性の政治的・社会的参加を求める運動の先駆者である。男女不平等の克服には教育が重要だという彼女の理念に基づき，「ドローレス・ベドヤ基金」が設立された。その後，初等教育法（1835年）に続き公教育法（75年）が制定され，教育の男女同権が制度化されていった。

1945年憲法では，18歳以上の識字能力のある女性に参政権が認められるとともに「同一労働同一賃金」の原則が明記された。続いて47年に組合結成の自由とストライキ権を保証する労働法が制定され，48年には「女性への市民権授与に関するラテンアメリカ協定」，51年には「女性への参政権授与に関するラテンアメリカ協定」，59年には国連「女性の参政権に関する協定」を批准した。さらに1965年憲法により，18歳以上の女性に市民権が与えられ，普通選挙法が制定された。

1986年制定の新憲法では「自由と平等」「男女同権」が確立され，新労働法により有給休暇や母性保護が明記された。同年の民政移管を経て，87年に前述の「ドローレス・ベドヤ基金」の主催で，第1回中米女性会議がグアテマラ市で開催された。以下では，新憲法が制定された前後から現在にいたる女性運動のプロセスを3期に分けて解説しよう。

■女性運動組織の誕生（1985～94年）

1980年代，グアテマラでは数多くの女性運動組織が誕生した。「相互支援組織」（GAM）は，内戦時に拉致され，行方不明となった学生運動家や組合指導者たちの家族を支援する団体である。1984年にニネット・モンテネグロらにより創設され，翌年には会員が600人以上となった。モンテネグロ自身，組合指導者の夫を拉致されており，後に傑出した政治家となる（第3節参照）。

1988年には，内戦中メキシコに亡命していたラディーナたちとグアテマラ首都圏の女性フェミニストたちが，NGO「大地に生きる女性組織ティエラ・ビバ（Tierra Viva）」と「グアテマラ女性組織」（GGM）を設立した。前者は女性の健康・教育・暴力被害などに関する情報収集・記録・広報を活動の中心としている。後者は女性の社会福祉および精神的・法的支援のセンターとして機能し，94年以降は家庭内暴力に焦点を絞り首都で被害者向けシェルターを運営している。

政府は脆弱な財政の中から，こうした女性組織を支援するための予算を出す余裕は無かった。1981年に設置された労働社会保障省女性室（ONAM）も当初は女性組織に非協力的であったが，家庭内暴力が深刻化するにつれ，被害者をGGMのシェルターに送り込むようになった。また先住民女性の識字教育に関しては，先に触れた「連れ合いを奪われた女性たちの会」（CONAVIGUA）に任せるようにな

った。一方カトリック教会は，80年代を通じて父権的・権威主義的ジェンダー規範を保守したので，女性組織は教会の支援を求めることはあえてしなかった。

CONAVIGUA は，エスニック・階級・ジェンダーを視点にした最初の女性団体である。その主な目的は，①内戦時に軍政が住民弾圧のために組織した強制的自警団の廃止，②秘密裏に埋められた虐殺遺体の発掘と埋葬，③先住民女性への識字教育および保健分野の啓蒙，④強姦などを含む内戦時の人権弾圧の実態調査などであった。発足にあたっては教会と国際的 NGO の支援を受けた。指導者ロサリーナ・トゥユクもまた内戦で親族を殺害され，自らもゲリラのシンパとして軍部から弾圧された経験を持つ。トゥユクは 1995 年に新グアテマラ民主戦線（FDNG）から国政選挙に出馬して当選し，2000 年まで国会議員を務めた。

メキシコ・キンタナロー州チェトゥマル市郊外の難民キャンプ（国連難民高等弁務官事務所運営）では，マヤ女性たちが女性の権利，政治・意思決定への参加に関する学習を重ね，先住民の土地を守り，国軍の犠牲となった「マキンばあさん」の名に因み，1990 年に「ママ・マキン」を結成し，祖国帰還を目指した。筆者が 1995 年にこのキャンプ地を訪れた際，ママ・マキンに参加するキチェ，マム，カクチケル語などのマヤ語集団出身の助産婦たちが，難民の先住民女性らに保健指導をしていた。しかし，ママ・マキンの活動を通じて帰還を果たしても，祖国の旧態依然たる状況（とりわけ劣悪な労働条件）に絶望し，メキシコに逆戻りする女性もいるという。

これらの女性運動組織に共通する特徴として，活動の拡大につれて専門化・制度化・NGO 化する点が挙げられる。そして法制度改革に向けた政策提言活動や，かなりの資金を要する大規模なプロジェクトに関わっていく。

■女性運動の隆盛期（1994～99年）

1994 年前後，グアテマラでは女性組織が増え，会員数 50 人前後から 1000 人以上まで，さまざまな規模の 89 の団体が活動するようになった。以後 99 年頃までの時期はグアテマラの女性運動の拡大期にあたり，国際 NGO など外部の支援団体と国内の女性組織が直に結びついていった。94 年 11 月 25 日の「女性に対する暴力廃絶のための国際デー」には，グアテマラ市を中心に大規模なデモ行進が行われ，女性たちが自らの権利向上と男女平等，女性への暴力撤廃を力強く訴えた。

同じく 1994 年，米国で結成された「女性セクター」（Women's Sector）は，エスニシティやジェンダーによる差別をはじめとする社会的不正義の解消を目的に掲げたフェミニスト組織の連合体である。この「女性セクター」が，96 年末の政府とグアテマラ国民革命連合（URNG）との和平合意成立に際し，和平後の社会をテーマとした全国女性フォーラムを開くことを提案した。この呼びかけに，ラディーナ・先住民・ガリフナ語集団・シンカ語集団など 30 の女性団体が応じ，フォーラム開催に向けて意思を結集していった。「女性セクター」はさらに，フォーラムでは土地所有に関するジェンダー平等，融資や開発援助における先住民女性への差別撤廃，家庭内ジェンダー平等，雇用および教育の男女平等など具体的な要求を掲げるよう助言した。和平合意後，国内女性組織がフォーラムの即時開催を要求したが，アルスー政権（96～99 年）は

ONAM，和平庁，議員・官僚アラセリ・コンデの3者間で内々に話を進め，政府側と市民側の代表各10名からなるフォーラム開催実行委員会の結成を通告した。

政府の一方的なやり方に女性たちは不満だった。しかし女性たちが一堂に会し，内戦後の民主的社会像を話し合うことにこそ意義があるという合意が形成された。その後開催準備に3年を費やし，ようやく1997年に全国女性フォーラムが開始され，99年までに22県・34言語集団の人々からなる56の団体が8箇所に分散して会合を持ち，総勢3万5000人の女性が参加した。2002年にはそこでの討議内容をもとに，後述の女性庁とフォーラムが共同で「グアテマラ女性の完全参加のための行動計画2002-2012」を策定した。

この時期にはまた，サンカルロス国立自治大学，ランディバル大学，ラテンアメリカ社会科学大学院（FLACSO）グアテマラ分校など国内の大学・研究機関でジェンダー研究が盛んとなった。さらに，女性の地位改善を目指す団体「女性プロジェクトと法改革」がONAMと連携し，オランダやスペインからも支援を受けて活動を始めた。その主な活動は，スタッフに弁護士を擁し，女性の教育・労働環境の改善につながる法改正を政府に提案することであった。

■21世紀における女性運動と政治参加

21世紀の幕開けを間近に控えても，和平合意の全面履行には至らなかった。停戦およびURNGの武装解除については，97年設立の国連グアテマラ人権監視監視団（MINUGUA）の監視のもとで，協定締結から1年かけて実現された。だが先住民らマイノリティの人権擁護や，虐殺など内戦時の人権侵害の真相究明はいまだ途上にある。そこに政党政治の脆弱化，貧困の悪化・固定化などの要因も相俟って，女性運動はむしろ90年代よりもマイナスの影響を被っている。

2000年には大統領府直属機関として女性庁（SEPREM）が設置され，女性政策が本格的に始まった。初代長官に就任したリリ・カラバンテスは，パンアメリカン保健機構に十数年勤務していたことから国際機関に幅広い人脈を持っており，健康・保健分野の女性政策の策定に大きな役割を果たした。SEPREMは諮問委員会を立ち上げ，市民社会の参加を得て「女性開発推進のための国家政策機会均等計画2001-2006」を策定した。ユニセフ，国連開発計画（UNDP），PAHOなどの国際機関が技術・資金援助を行い，97年に設置された企画プログラム庁（SEGEPLAN）が政策文書の作成に協力した。この計画では，①経済活動の公正，②土地と住居へのアクセスの公正，③教育の機会均等，④社会保障制度の拡充，⑤女性に対する暴力の廃絶，⑥雇用の機会均等，⑦司法の公正，⑧女性の地位や能力の向上のための組織設立，⑨社会・政治参画の公正，の9点が最重要課題とされた。

この動きの中から，女性の政治的リーダーが輩出した。まず，先述の「相互支援組織」（GAM）の創設者の一人，ラディーナのニネット・モンテネグロである。彼女は1996年，2007年，11年の選挙で国会議員に選出され，12年には国会第二副議長を務めた。04年には左派政党「グアテマラ集合党」（EG）を結党し，党首の座に就いた。

先住民女性組織CONAVIGUAの指導者ロサリーナ・トゥユクも，2000年まで国政に携わった後，04年からは戦後補償委員会の議長を務めた。この間，強制的自

警団の廃止，徴兵か社会奉仕を選択できる制度の導入，先住民女性擁護官の設置などの法制化に向けて活躍した。CONAVIGUAでは次世代の養成に努め，女子教育を重視し，非識字女性に対してビデオを活用した投票啓発活動を行った。国会議員時代は民族衣装に身を包み，赤ん坊をおぶって議会に現れ，スーツ姿の男性議員たちを驚愕させた。トゥユクはこの姿によって，社会から排除されてきた「先住民」と「女性」という二重のアイデンティティを示そうとしたのである。

オティリア・ルスは，1994年に設立された内戦の真実究明委員会に加わり，軍の人権侵害追及に尽力した。97年には国連がグアテマラ人権監視団（MINUGUA）を設立し，ルスはその先住民分会に名を連ねた。その後，2000〜04年まで文化・スポーツ省大臣を務めた後，ユネスコ国内委員会に3年間勤務し，07年には総選挙に出馬して当選した。

1999年には，先住民人口の多いソロラ市で初の女性市長が誕生した。同市で教員をしていた先住民女性ドミンガ・バスケスである。バスケスは就任後，次のように語った。「村の女性はみな，大家族のために夜明け前に起きてトウモロコシを挽きます。彼女たちには読み書きを習う時間がないので，まずは家事改善運動に奔走しました。レンジを調達して調理時間を短縮したのです。その上で，彼女たちに無料で読み書きを教えました。それを見ていた村人たちが市長選に推してくれ，こうして初の女性市長となりました。就任後は，妊婦の産褥死を減らす対策や，家庭内暴力を防ぐための男児教育などを進めています。若い女性が現金収入を得られる仕事の創出も課題です」。

2．貧困の拡大と固定化

■農村部の先住民女性の生活

冒頭で述べたように，グアテマラは150の先住民市町村（ムニシピオ）が西部高地に偏在している。ソロラ県サンティアゴ・アティトラン市（以下サンティアゴ市と略）もそのような地域の一つである。風光明媚でマヤの伝統文化が多く残る当市には，近隣のパナハチェルからの日帰り観光客が多い。人口は約4万5000人で，ツトゥヒル・マヤ人が98％を占め（2012年），ラディーナ／ラディーノ人口は1994年に4.6％，和平合意後はさらに減少し，2006年には1％を切って148人となった。地元で雑貨商，薬局，食料品店などを経営し，支配的な地位を占めていたラディーナ／ラディーノの多くが，96年の和平合意後の国内の急激な「左傾化」と，先住民の政治的発言力の強化により，社会的地位の逆転を恐れて都心部へ移動した結果である。

当市の朝は早い。鶏の声とともに女たちは主食のトルティージャづくりにとりかかる。夫や子どもたちはトルティージャとコーヒーやアトーレ（トウモロコシの重湯からつくる飲み物）で朝食を済ませる。男たちは農具と弁当を抱えて畑へ向かう。男児は学校に行くが，女児は家で家事を手伝わなければならない。家畜の世話や掃除を終えると，洗濯をしに湖畔へ向かう。ついでに水浴し，家に戻ると母と昼食を済ませる。薪拾いや織物をする娘もいる。男たちが帰る夕方には再び食事の用意に忙殺される。金曜日には，女たちは数少ない現金収入の機会として，公設市場に農作物や日用品を売りに行く。こうして農村部の女性（妻＝母や娘たち）

は，毎日大量の仕事をこなしている。先に触れたような先住民女性支援組織の支えがなければ，女児・女性は教育を受ける機会を逸しがちで，それが農村部先住民女性の貧困の固定化につながる。

■都市部貧困地区の女性の生活
　ラテンアメリカ社会科学大学院（FLACSO）グアテマラ分校のギセラ・ゲラートとイレーネ・パルマは，1995年に首都グアテマラ市の貧困地区で働く女性トルティージャ売りの識字率を調べ，エスニシティとの関連を考察している。それによれば，215人のトルティージャ店主のうち，先住民女性の80％，ラディーナの64％が非識字者であった。また，彼女らに雇われている299人の売り子のうち，先住民女性の72％，ラディーナの32％が未就学であった。店主のほうが使用人よりも識字率が低いのは，前者が母親で後者がその娘（つまり親子経営）であるケースが多く，娘の世代のほうが就学率が幾分高いことによる。グアテマラ市内の貧困地区の多くは公共サービスから排除されており，狭い土地にダンボールや丸太の小屋がひしめき，母子家庭が多い。こうした都市部インフォーマル・セクターで働く女性たちの多くは極貧状態にあり，貧困が親から子へと世代送りされ，固定化しているのが現状だ。
　先住民が集中的に居住する西部高地が内戦の激戦地となり，先住民女性の多くは難民として国外に逃げるか，首都の貧困地区に流入した。都市部に住む先住民女性の平均就学齢は小学校3年までで，公用語のスペイン語を解さず，身分証明書も持たない人が少なくない。投票による政治参加どころか，複雑な契約書を理解することができず，土地を所有したり融資を受けることは不可能に近い。
　グアテマラの貧困率は，2000～06年の間に56％から51％に減少したが，11年に53.7％と再び上昇し，極貧人口は約200万人に達する。またこれまでは極貧層が農村部に偏っていたが，近年では上に述べたように都市部にも広がっている。

■貧困からの脱却：家族計画と妊産婦保健
　本書序章の表1「基礎データ」（p.35）によれば，グアテマラの2013年の人間開発指数順位は対象国187カ国中125位，国内総生産（GDP）は4351米ドルと，隣国ホンジュラスとともに，本書で取り上げるラテンアメリカ20カ国の中では最貧国に属する。不平等度を表すジニ係数は52.4で，ホンジュラスやブラジルと並び20カ国中ワースト3カ国に入る。合計特殊出生率は，先住民人口の多いボリビアと並び3.84と高い。グアテマラ政府はこれまでどのような家族計画および妊産婦保健対策をとってきたのだろうか。
　非軍事部門の開発援助を行う米国国際開発庁（USAID）の2008年のデータによれば，ラディーナが多く住む都市部では近代的避妊法の実施率が66％と高いのに対し，先住民女性が多い農村部では40％と，家族計画の質に地域間・民族間格差が大きいことがわかる。年齢で見ると，避妊法を実施している女性の割合は，15～19歳で33％，20～24歳で44％と，若年層ほど避妊実施率が低かった。
　避妊実施率の低迷要因として，次のような時代的・社会的背景が考えられる。グアテマラで家族計画が着手されたのは1960～70年代にかけての時期である。当時は反米・反帝国主義左翼運動が盛んで，USAIDが主導する保健政策に対して反発が強かった。続く80年代は長びく内戦に

よる疲弊で，家族計画どころではなかった。また政府も教会も，当初は家族計画に非協力的であった。だが 2000 年代以降は，政府は貧困削減の一環として家族計画に注目している。一方教会はカトリックの教義上，家族計画には反対しているものの，望まない妊娠を避けるための性教育には注力している。しかし，先住民はそもそも長年にわたる抑圧から「よそ者」への警戒心が強く，農村部では家族計画普及の拠点となる施設（病院，診療所，保健所など）の整備が遅れている。現在も農村部の先住民女性の避妊実施率が低迷している一つの要因はここにある。

　内戦終結後，厚生省と NGO がこうした農村部に分け入り，避妊指導と避妊具配布に努めてきた。2005 年には，医師を含む女性団体，リプロダクティブ・ヘルス／ライツ（性と生殖に関する健康と権利）の専門家，先住民女性たちの協力体制が整い，家族計画が一気に普及し始めた。その結果，農村部の避妊実施率は 1987 年の 23%から 2008 年の 40%へと向上した。

　またこの時期には，妊産婦の死亡率を下げるための努力もなされた。その結果 1989〜2007 年にかけて，妊産婦死亡率は 10 万人当たり 219 件から 135 件へと減少した。出産前検診について見ると，2008 年にはラディーナの 93%，先住民女性の 92%が受診しており，02 年の 86%，81%から改善しているだけでなく，民族間格差も縮小している。ただし，妊産婦死亡例の 7 割を先住民女性が占めており，その一因として出産時の付き添い率の大きな差（ラディーナ 7 割，先住民女性 3 割）があると思われ，改善が望まれる。

　15〜19 歳の若年層の妊娠率は，1987 年の 1000 人当たり 139 人から，2008／09 年には 98 人にまで引き下げられた。同年齢層の出産率は同期間で，先住民女性が 1000 人当たり 7 人から 4 人に，ラディーナが 5 人から 3 人に減少している。しかし，USAID はグアテマラの家族計画はまだ道半ばと見なしており，支援続行が必要としている。

■マキラドーラの女性労働者

　マキラドーラ（保税加工制度・区，以下マキラと略）とは，輸出を前提として製品を加工し，原材料，部品，機械設備など生産に必要な要素については輸入関税を免除する制度，もしくはこの制度を適用されたエリアや工場を指す。

　1986 年の民政移管後，グアテマラは世界銀行や IMF からの融資と引き換えに構造調整政策を導入し，輸出志向型経済へと移行した。89 年には「輸出活動およびマキラの発展と振興に関する法」が制定された。米国は韓国企業と提携してグアテマラ各地にマキラを一挙に増設した。2003 年時点で稼働するマキラ事業体 217 社の内訳は，国内資本 52 社，韓国資本 154 社，米国資本 3 社，その他 8 社であった。韓国系マキラは先住民人口の多い地域に設けられ，1500 人規模の工場で現地住民を雇用した。グアテマラの低賃金労働力，脆弱な労働組合，緩い労働法制は，外国企業にとって極めて魅力的であった。主力は米国市場向け繊維産業で，対米輸出額は 1986 年の 2240 万ドルから年ごとに増加し，90 年に 2 億 330 万ドル，2001 年には 1 兆 6000 億ドルに達した。03 年には「グアテマラ アパレル・織物企業委員会」が設立され，新たに 228 のアパレル工場，36 の織物工場，266 の小規模関連企業が誕生した。アパレル・マキラだけで約 10 万人を擁し，その 80%を女性が占めている。04 年に中米・ドミニカ共和国・米国

自由貿易協定（CAFTA-DR）が締結されるとマキラ産業はさらに活気づき，ラルフローレン，GAP など米国市場向けのブランド製品が，韓国系工場でグアテマラ人によって生産されるようになっている。ただ，CAFTA-DR は中米市場を狙う米国に大幅に有利な内容となっているため，国内地場産業の衰退を危ぶむ声もある。

アパレル・マキラは，工場近くに住む健康な若い未婚女性で，手先が器用であることを採用の条件とした。1997 年の調査によれば，繊維マキラで働く従業員の年齢別割合は 24 歳以下が 37％，16 歳以下が 12％と，約半数が 24 歳以下と若く，児童労働もあったことになる。企業側は採用にあたり，妊娠中でないことを示す医師の診断書を要求し，採用後に妊娠が発覚すれば解雇することもあった。労働環境・条件は企業により異なる。社内にクリニックを備え，福利厚生に配慮する企業もあれば，残業を強制しながら時間外手当を支給せず，最低賃金以下の給与しか払わない企業もあった。遅刻すれば仕事に就くことを禁じられたうえ減給，トイレ休憩すら厳しく制限され，男性上司のセクハラには泣き寝入りを強いられ，仕事でミスをすれば体罰を課せられるといった過酷なケースもある。

こうした劣悪な労働環境について，一部の女性たちは労働省に状況改善を訴えたが，思わしい進展はなかった。1994 年に設置された女性労働者能力向上促進部局にしても，部署ができただけで予算がついておらず，機能していなかった。96 年には世論の後押しを受けて，マキラ繊維産業の女性たちが立ち上がり，3 つの労組が結成された。ところが，米国の紳士シャツの最大手メーカー，フィリップス・ヴァン・ヒューゼン社（PVH）は，労組結成の動きに対抗して工場を閉鎖し，従業員約 300 人を解雇した。このような企業側の強硬姿勢に労働者側はたじろぎ，翌年には労組活動は一気に下火となった。

対米輸出額は，2004 年の 19 億 4700 万米ドルから 12 年には 12 億 4400 万米ドルに減り，アパレル・マキラに従事する労働者の数も 5 万 6000 人とほぼ半減した。繊維製品の生産が人件費のより安いアジアへと移管する過程で外資の撤退が相次ぎ，およそ 3500 名の雇用が失われた。13 年に撤退した韓国系のアリアンサ社は，夜逃げ同然で工場を閉鎖し，631 人の労働者への給与は支払わずじまいだった。

マキラ工場地帯は次第に空洞化し，もともと若者が多かったこともあって，犯罪組織マラスのリクルートと活動資金調達の場と化し，治安が悪化した。マキラで働く親の留守に子どもがこうした犯罪組織にとりこまれるケースも増えている。また，マキラの発展に伴いショッピングセンターや娯楽施設が増えたことで，先住民の若者や女性が商業主義的な価値観に傾いているという指摘もある。

こうして見てくると，マキラ制度とはある意味で，国を出ることができない，あるいは出る必要のない女性の低廉な労働力の輸出と言える。しかも，彼女らがその器用な手先から生み出す富はその大半が外資の懐に入るのだから，輸出志向型経済が一国や女性に与えるものには明らかに限界がある。

一方，米国などに出稼ぎに出た人々からの国内への送金額は，2014 年 5 月，4 億 9400 万米ドルと過去最高額に達した。衰微しつつある国内マキラの従業員と，拡大を続ける出稼ぎ移民は，低廉労働力の輸出という面では共通している。彼女ら／彼らは，外国企業にとってはいつで

も雇用・解雇できる使い勝手のよい労働力にすぎない。労働省はただちに，国内で営業する外国企業に対して，適正な賃金体系と国際基準に則った労働環境を整備させるべきである。同時に，女性労働者たちの意識改革も必須であろう。この点，次章で紹介する隣国ホンジュラスのマキラの事例（p.230 以下）は示唆に富む。

■教育・賃金の男女格差

　グローバル・ジェンダー・ギャップ指数（GGI）による世界ランキングを示した本書序章・表 3（p.37）によると，グアテマラの 2014 年の順位は調査対象 142 カ国中 89 位である。GGI とは，世界経済フォーラムが公表する男女間の平等度を示す指数で，経済・教育・政治・保健の 4 分野のデータを総合し，平等度の高い順に各国をランク付けするものである。

　グアテマラでは和平合意後の 1990 年代後半以降，初等教育の普及が喫緊の課題とされ，国際的な支援のもとで教育政策が進められた。女子教育への取り組みも，和平プロセスにおけるジェンダー重視の動きと並行して進み，教育省は 95 年から女子小学生への奨学金給付を始めた。2013 年の女性の教育水準を対男性比でみると，識字率 85％，初等教育 99％，中等教育 92％，高等教育 100％と，域内各国と同程度には男女格差が縮小している。第 1 節で触れたように，グアテマラではすでに 19 世紀前半から教育の男女同権が謳われていた。その取り組みが内戦で頓挫し，和平合意後に回復したといえる。

　しかし，教育水準が向上しても，それに見合う就職ができるとは限らない。早くも 1945 年憲法で定められたはずの「同一労働同一賃金」の原則は，実際には遵守されていない。1992 年時点で，マキラにおける同じ労働を行う男女間の賃金格差は歴然としていた。ある調査では，聴取を行った 45 人中 37 人が女性で，うち 26 人は月収 101〜550 ケツァル（約 19〜105 米ドル）であった。一方男性は 251〜750 ケツァル（約 48〜144 米ドル）の他に，クリスマスと年度末に賞与を得ており，女性の賃金は男性の 40〜73％にしか満たなかった。2013 年時点でも，女性は男性の賃金の 64％しか得ておらず，上記マキラの実態からほとんど改善していないとみられる。教育水準の向上が，労働市場への参加や待遇における男女格差の縮減につながっていないのが実情である。

　また，若年層の就職難も深刻である。グアテマラは総人口 1476 万のうち 70％が 30 歳未満，53％が 20 歳未満と若年層が厚く，年齢別人口構成をピラミッドで表すと極端な富士山型を示す。1989〜2011 年にかけて，毎年 14 万人の新たな経済活動人口が労働市場に参入しているのに対して，フォーマルなポストは毎年約 2 万〜2 万 5000 件しか創出できていない。2006 年には経済活動人口 410 万人中の 75％，11 年には 500 万人中の 82％が，インフォーマルな経済活動に従事している。正確な統計がないため，インフォーマル部門の全従事者に占める女性の割合は不明だが，域内諸国同様，男性を上回っているものと思われる。露天商・飲食業・家事労働者・零細農家など，グアテマラの女性もさまざまな形で経済活動を行っているが，収入は不安定で社会保障も得ていない。そのため子どもがいても教育投資ができず，将来世代にわたって貧困が再生産されてしまうことにもつながる。

■犯罪組織による「女性殺し」の増加

　和平合意のなった 1996 年，政府は女性

への暴力を廃絶するための対策に乗り出した。まず同年「家庭内暴力の予防・処罰・根絶法」、続いて99年に「女性の尊厳と統合化促進法」が制定された。そして翌2000年には両法の確実な施行を目的に、先住民女性組織の協力を得て「大統領府人権委員会先住民女性護民局」および「女性に対する家庭内暴力防止国家調整室」を設立した。このプロジェクトには世界銀行、国連グアテマラ人権監視団（MINUGUA）、国連児童基金（UNICEF）、国連開発計画（UNDP）などが技術・資金援助を提供した。01年には大統領夫人社会事業庁（SOSEP）が「家庭内暴力防止撲滅プログラム」を掲げた。さらに08年には、「女性殺害（フェミサイド）取締法」が発布された。

家庭内暴力の被害者に占める女性の割合は、2003年の84％から11年には91％へと増加している。女性被害者を民族集団別にみると、ラディーナ57％、先住民33％、不明10％となっている。加害者は夫（44％）や同棲相手の男性（34％）と、身近な男性であるケースが8割近くを占める。年齢別では20歳以上が最も多く、教育レベル別では未就学か小学校卒がほとんどである。2008年制定の「女性殺害取締法」により告発件数が増加し、12年までに延べ15万件にのぼったが、裁判での実証が難しく、仮に加害者が確定しても有罪判決が下りる確率は低い。

このような家庭内暴力とは別に、武装犯罪集団による「女性殺し」が、中米の北部三角地帯と呼ばれるグアテマラ、エルサルバドル、ホンジュラスで多発している。麻薬密輸組織や、前出のギャング集団・マラスによる恐喝や強盗、営利誘拐、銃器による殺害事件が増えている。しかも2012年頃から、斬首や四肢切断など殺人の手口が残虐化している。前述のNGO「グアテマラ女性組織」（GGM）の報告によれば、2000～14年までに6642人の女性が組織犯罪がらみで殺害された。14年だけで602人が殺されており、うち74％は16～45歳の女性であった。民族集団ではラディーナの被害者が多い。地域的にはマラスの多い首都グアテマラ市やエスクィントラ市、メキシコ国境に近いペテン市などで被害が多発している。

都市部貧困地区の少年少女たちは、経済事情から学校に通えず（就学したとしても一時的で）、日常的に同年代のギャングに囲まれて暮らしている。先行きの見えないなかで、目先の現金欲しさ、あるいは若者同士の紐帯を求めて、犯罪組織に加わってしまうことも珍しくない。また、警察や役所の一部が麻薬組織と癒着しているため、市民は司法・行政の保護を期待できない。治安と貧困への具体的対策が望まれる。

3. 女性の政治参加の現況

■女性の政治参加の問題点

先に触れたニネット・モンテネグロは、グアテマラの女性の政治参加を阻む主要因として以下の5点を挙げている。第1に、伝統的家父長制度とマチスモが根強く、そこに人種差別が重なって、女性、とりわけ人口の多くを占める先住民女性が政治から構造的に排除されている。第2に、汚職まみれの政党政治に対する不信が高じ、女性だけでなく市民全般が投票行為を含めた政治参加への意欲を失っている。第3に、現在の女性の教育水準は、女性自身がジェンダー平等とそれに基づく政治参加の権利を自ら認識・実践するには不十分である。第4に、国政選挙で

女性が候補者として擁立されることがあっても、その多くは党内力学によるものであり、政治参加におけるジェンダー平等が達成されたことを意味しない。当選後も女性議員は党での立場が悪くなるのを恐れ、女性問題関連の法案を提出しようとしない。また各種委員会などでは補佐役に回される傾向がある。第5に、国政選挙における女性枠を定めるジェンダー・クオータ制が法律型ではなく政党型であるため、女性議員数が政党の思惑に左右されてしまっている。

これらの阻害要因を取り除く方策として、モンテネグロは以下のような具体策を挙げている。①政治のあらゆる面で、女性の視点が重要であることを不断に主張し、女性差別を禁じる国内法規を整備するとともに、国際的なジェンダー関連条約を批准する。②先住民女性の多くは身分証明書を持たず、成人しても選挙権を行使できない。早急に地方・農村部の戸籍管理体制を整備し、すべての先住民成人女性が選挙に参加できるようにしなければならない。同時に、彼女ら自身が民主主義の意義を認識できるよう啓発を徹底する必要がある。③政治参加の意識を培うためには教育が不可欠であることを広く周知する。④試験的に法律型クオータ制を導入し、女性議員数を増やし、法律型の定着を目指す。⑤女性の政治参加を促すため、家事を男女間・家族間で分担する。

モンテネグロが2001年に国会に初めて提出した汚職防止法案は、10年にわたる国会審議を経て12年に法制化された。これにより、不正蓄財が発覚した場合は最大50万ケツァルの罰金に加え、6～10年の禁固刑を課されたうえ、公務員資格を剥奪されることとなった。さらに、三権の長や官公庁職員には資産申告の義務が課せられた。

ジェンダー・クオータ制に関しては、ラテンアメリカでは1996～2000年の間に法律型クオータ制の導入が各国で進んだ。しかしグアテマラでは、(中道)左派の国民希望党(UNE)と、98年に政党となったグアテマラ国民革命党(URNG)の主導で政党型が導入され、女性候補者の割合も前者が40％、後者が30％と、党によってまちまちである。全議席に占める女性議員の割合は13％(2014年)と、域内各国に比べて低い(それでも、8％の日本よりは上回っているが)。女性の政治参加を促すには、一時的にせよ法律型クオータ制を実施し、女性議員を増やしてジェンダー政策の重要性を示す必要がある。

■低迷する投票率
大統領選挙の投票率は、1986年民政移管後の62％を最高とし、90年代以降は40％代で低迷したが、2011年に61％に回復した。投票者を性別でみると、女性51％、男性49％と女性が上回った。地域別にみると、首都圏では目立った増減はなかったが、先住民人口の多いウエウエテナンゴ県、キチェ県で女性の投票率が上昇した。先住民女性の政治的エンパワーメントの兆しが現れているといえる。ちなみに投票率がいまだ回復途上にあった07年の大統領選には、ノーベル平和賞受賞者メンチュウも先住民女性の党「グアテマラのための出会い」から出馬したが、残念ながら落選した(この時当選したのが前大統領アルバロ・コロン)。

国政・地方選挙はどうだろうか。「女性の尊厳と統合化促進法」が制定された1999年の総選挙には1409人の女性が立候補し、国会議員13名、中米議会議員4

イシムチェ遺跡で開催された先住民サミットで熱弁をふるう女性運動家（2007年 筆者撮影）

名，市長3名，地方自治体職員140名の合計160人の女性が当選した。このうちの1人が，先述したソロラ市長ドミンガ・バスケスである。

　2007年総選挙では，国会議員19名，市長6名，地方自治体職員236名と女性の政治参加がさらに拡大した。先住民人口比が50％を超える自治体で，先住民市長118名が誕生したが，うち女性市長はたった1人であった。

　2011年の大統領選の結果，治安・貧困対策を掲げて軍部出身のペレス・モリーナが当選した。副大統領候補は20名中6名が女性で，事前予測ではモリーナはコロン前大統領夫人サンドラ・トーレスを推すのではないかといわれていた。トーレスは08〜11年まで，ファーストレディーとして国民希望党（UNE）の婦人会（会員3万人）のコーディネーターを務め，先住民政策にも関心を寄せる人物である。しかしモリーナは，最終的に自身の属する愛国党（PP）党首ロクサーナ・バルデッティを指名した。初の女性副大統領の誕生であったが，15年5月に汚職を問われ，9月にはモリーナ大統領も辞職に追い込まれた。そのほか，教育相と天然資源・環境省相に女性が登用された。メンチュウはこの年も前記「出会い」党から出馬したが落選している。

　筆者は2007年3月，マヤ遺跡イシムチェ（チマルテナンゴ県）で開催された第3回アメリカ大陸先住民サミットに参加した。そこで人類学者サンティアゴ・バストスと，キチェ語族の先住民女性アリシア・ベラスケスの共同講演を聞き，多大な示唆を受けた。ベラスケスはテキサス大学で社会人類学の博士号を取得し，『グアテマラにおける先住民零細自営業中産階級』（02年），『グアテマラにおける先住民族，その土地をめぐる国家との抗争』（07年）などの著作で注目され，近年はメディアでも発言力を増している。先住民女性を取り巻く状況を構造的に分析するその鋭い視座は，グアテマラ社会のジェンダー・民族平等化に重要な意義を持つだろう。サミットの分会「先住民女性の組織化と政治参加」では，彼女と同じ30〜40歳代の先住民女性たちが，ジェンダー平等を熱く語っていた。

　ベラスケスをはじめ，このサミットに参加していた意識的な先住民女性たちは，メンチュウ，トゥユク，オティリア・ルスら第一世代に続く先住民女性リーダーの第二世代であり，今後の活躍が期待される。また，前述の前大統領夫人サンドラ・トーレスは，先住民女性人口を潜在的大票田とみなしてか，遊説のためにキチェ語の習得に励んでいるという。2013年，内戦期の独裁者リオス・モントの人道上の罪を裁く裁判で，身の危険を顧みず元大統領の残虐行為を糾弾した女性判事ヤスミン・バリオスなど，法曹界にも新たな風が吹き始めている。こうした新世代の女性たちが，社会階層やエスニシティの違いを超えて協働することで，グアテマラがジェンダー平等社会となることを期待したい。

第 12 章

ホンジュラス
―― ジェンダー格差をどう乗り越えるのか ――

桜井三枝子

2014 年 5 月,第 3 回政財界女性リーダーシップ・フォーラムにて。
左端:シティバンク・マーケティング部長。中央:駐米全権大使。
右端:ホンジュラス・米国商工会議所所長
(写真提供:駐日ホンジュラス大使ビジェレ・デ・タルボット氏)

ホンジュラス女性史関係年表

西暦	事 項
18C末	ルシアノ・サンマルティンがコマヤグア市に最初の女子小学校を設立。
1838	中米連邦より分離し、ホンジュラス共和国として独立する。
1847	ホンジュラス国立自治大学（男子専科）創立。初代学長トリニダ・レジェ神父が女子教育の重要性を説いた論文を仮名で発表。
1876	アウレリオ・ソート政権発足、近代化が進む。
1877	テグシガルパ市に小学校（男子274校、女子21校）が設立され、無償の初等教育が普及し始める。
1880	自由主義憲法の制定、直接選挙の実施。ただし女性に参政権は付与されず。民法、刑法、商法、鉱業法などの法整備。ただし妻は夫の許可なく契約や訴訟ができなかった。
1906	民法第173条により、妻は夫の許可がなくとも契約・訴訟に臨めることとなった。
1927	ビシタシオン・パディジャら、「女性文化協会」を設立。
1951	ホンジュラス女性委員会連合（FAFH）設立、女性参政権運動の高揚。
1954	カリブ海沿岸地域を中心にバナナ労働者のストライキが拡大。隣国グアテマラで軍部クーデター勃発、米国の反共作戦激化。
1955	女性選挙権が国会で承認される。ただし、18歳以上・識字者・既婚者との条件付き。
1957	選挙権が「18歳以上の男女」に認められる。女子学生の受入を目的に、ホンジュラス国立自治大学法学部に社会福祉学科が設置される。
1959	ビジェダ＝モラレス政権、労働法を制定。
1960	テグシガルパで第11回米州機構女性委員会開催。
1962	農地改革および農民の生活改善・識字・保健衛生向上などが統合化制作として推進される。
1965	新憲法発布。
1974	ロペス・アレジャノ軍政下で農地改革が開始。
1977	エルビア・アルバラードら、ホンジュラス農民女性連合（FEHMUC）を結成。
1980	国連女性差別撤廃条約（CEDAW）を批准。
1982	民政移管。ロベルト・スアソ・コルドバが大統領に就任。
1984	家庭内の責任を男女平等に分担することを謳った家族法の制定。「ビシタシオン・パディジャ平和女性団体」（通称チョナス）結成。
1985	FEHMUCが分裂。農民女性会議（CODIMCA）が結成される。
1986	ホンジュラス女性会議（CODEMUH）創設。
1987	ホンジュラス女性学研究所（CEM-H）設立。
1989	国家女性政策目標の策定。
1990	故メルガル大統領夫人ノラ・グネラが女性初のテグシガルパ市長に就任。
1991	FEHMUCがホンジュラス農民女性会議（AHMU）として再生。女性人権センター（CDM）設立。
1992	女性の土地所有権が承認される。
1994	国家女性室を創設。
1997	家庭内暴力禁止法の公布。
1998	国立女性学研究所の創設。
1999	国家女性室が女性局に格上げ。
2000	男女雇用機会均等法の制定。国政選挙および閣僚等のポストに関するジェンダー・クオータ制の導入が法制化。
2001	「天然資源・環境におけるジェンダー平等政策」の実施。
2002	国家女性政策の実施。
2014	2名の副大統領を含む5名の女性閣僚と3名の女性準閣僚が誕生。

現在ホンジュラスと呼ばれる地域はスペイン植民地時代，グアテマラ総督領に組み込まれていたが，1821年にメキシコ第一帝国に併合され，そのわずか2年後（23年）の帝国崩壊とともに中米連邦の一部となった。38年に連邦から最初に分離し，ホンジュラス共和国として独立を果たした。

国土面積は約11万2000km²，人口約775万人（2013年），首都テグシガルパおよび商都サン・ペドロ・スーラの2都市と16県から成り，混血（男：メスティソ，女：メスティサ）人口を主体としながら先住民，アフリカ系，ユダヤ系，アラブ系など多様な民族が住む。公用語はスペイン語である。平野面積は全国土の37％に過ぎないが，農業部門が国内総生産（GDP）の約25%，労働人口の50％以上を占める農業国である。19世紀以来のバナナとコーヒー豆，1960年代の綿花，70年代の牛肉，80年代以降の養殖水産物（エビ，淡水魚）など，農林牧畜水産物の生産・輸出を基軸とするモノカルチャー経済を採ってきた。1982年に軍事政権から民政移管し，近年まで自由党と国民党の二大政党制が定着していた。経済面では累積債務による負の遺産が大きく，99年に世界銀行とIMFから「重債務貧困国イニシアティブ適格国」の仮承認を受け，貧困削減戦略に取り組んでいる。

この国の歴史は米国人によるカリブ海沿岸地方のバナナ・プランテーション入植と密接に結びついている。20世紀初頭から第2次世界大戦終結まで，ホンジュラスは世界最大のバナナ輸出国であった。米資本の多国籍企業がしばしば政治経済に介入し，1930年に「バナナ王」ゼムレーに買収されたユナイテッド・フルーツ社（現在のチキータ・ブランド。以下ユナイテッド社）は，生産地と港湾施設を結ぶ道路など国家の基本的インフラを掌握し，金融機関を支配した。その後，69年に始まるエルサルバドルとの「サッカー戦争」を境に，ホンジュラスの「中米離れ」が進む。70年代後半以降は米軍が隣国ニカラグアの革命に対応するためホンジュラス国内各地に基地を設営し，反共基地としての役割を強めた。以来，「ペンタゴン共和国」と称されるほど，米国との密接な関係は続いている。

序章の表1（p.35）でみるように，人間開発指数順位では1997年の114位から2013年には129位に後退し，1人当たりGDPは3574米ドルと，本書でとりあげる域内20カ国中最貧国レベルである。一方で家族計画は比較的順調に進み，合計特殊出生率は3.05と下位ではない（同・表2, p.36）。10代の出産率は1000人当たり87（2011年）と高く，厚い若年人口を擁するものの，肝心の雇用対策が進まず，海外移民からの家族送金への依存度が高い。不平等度を示すジニ係数は，20カ国中最下位の57.4である（2011年）。

1998年のハリケーン・ミッチによる甚大な被害と混乱，2014年のミス・ワールド・ホンジュラス代表の殺人事件などがメディアで報道され，近年は「世界で最も貧しく，最も殺人発生率の高い国」というマイナス・イメージが強まっている。そのような社会状況のもとで，女性たちがどのように生きているのか，どのような展望を描いているのかを紹介しよう。

1. 女性参政権獲得へのプロセス

■独立国家と女性の地位

スペイン植民地時代，女性は教育から排除され，貞潔，誠実，謙虚などの美徳を躾けられた。18世紀末に最初の女性教育として，旧都コマヤグア市に地元の名士ルシアノ・サンマルティンが女子小学校を設立し

女性運動のパイオニア、ビシタシオン・パディジャ

た。独立宣言を起草した知識人セシリオ＝デル・バジェは女子教育の重要性を説いた。独立後の混乱期を経て、19世紀半ばには文学者トリニダ・レジェス神父を初代学長として、現在も続くホンジュラス国立自治大学が創立された。入学を許されたのは男子のみだったが、レジェスは近代国家構築のためには女子にも教育が与えられるべきだと考え、それを1915年発行の紀要に、女性を装った筆名で寄稿した。

国家の近代化は19世紀後半のアウレリオ・ソート大統領時代（1876～83年）に進展した。1880年に自由主義憲法が制定され、直接選挙の実施が保障されたが、女性には選挙権は与えられなかった。民法、刑法、商法、鉱業法などの近代法が制定され、郵便制度や電信などのインフラが整備された。無償の初等教育が普及し、国立図書館や統計院なども設立された。エヒード制（政府が土地を所有し、農民に耕作権と収穫権を与える）に基づく土地改革が行われ、首都がコマヤグアからテグシガルパへと遷った。国軍が発足し、18～35歳までの男性に徴兵義務が課された。

1906年、マヌエル・ボニージャ政権下で、民法第173条に基づき、妻は夫の許可がなくても契約を交わしたり、訴訟に臨むことができるようになった。しかし、同第167条には「夫婦は誠実に相互に助け合うべし。夫は一家の長であり、夫がいない場合は妻が長となる」、第241条には「嫡子・庶子を問わず、子どもは父親に従うべし。父親なき場合は母親に従うべし」とあり、男性優位主義・家父長主義の根強さがうかがえる。

■フェミニズムと反帝国主義運動の萌芽

20世紀に入ると、フェミニズムがヨーロッパからアメリカ大陸にもたらされ、マルクス主義やボリシェヴィキの思想も流入し、ホンジュラス北部のバナナ・プランテーションの女性労働者たちに影響を与えた。グラシエラ・ガルシアはプランテーションで働く女性労働者を組織化し、母親クラブを結成して生活物資運動や反戦運動を展開した。当時ホンジュラスの女性組織は、慈善事業・社会福祉事業を行う保守派と、よりラディカルな運動を展開する革新派とに分かれていた。後者には「ホンジュラス女性連合」「美しきホンジュラス協会」「女性同胞団」「女性文化協会」などがあり、その中から卓越した女性指導者が現れた（後述）。

同じ頃、米国は在留邦人と自国企業の権益保護を口実に海兵隊を駐留させ、ホンジュラスの内政の混乱に乗じて内政干渉を繰り返した。これに対する国民の反発が高まり、中米統合を理想とする反帝国主義運動が起こった。若き小学校教員にして作家のビシタシオン・パディジャは、その中から頭角を現した。1927年、パディジャやガルシアを含む18人の女性は「女性文化協会」を設立し、25団体・約6000名を束ねて、冊子の発刊、夜間学校や図書館の開設・運営など広範な文化活動を展開し、女性の政治・経済・社会参加の拡大を訴えた。

■女性ストライキ指導者の出現

1933年には国民党のカリアス・アンディ

ーノ将軍がクーデターを起こして政権に就き、大土地所有者とユナイテッド社という強固な後ろ盾のもとに、以後16年間にわたり軍事独裁政権を敷き、自由党とその支持者や労働運動を徹底的に弾圧した。左翼組織や労働組織のほか、前項で触れた「女性文化協会」などの女性組織も軍政打倒の闘いを続けたが、政府・特権階級と米国資本との強固な癒着を崩すには至らなかった。

カリアス・アンディーノが退任した翌年の1949年、ユナイテッド社の弁護士フアン・マヌエル・ガルベスが大統領となり、第2次大戦後の世界経済の活況も手伝い、中央銀行・農牧省・電力公社が創設され、公務員数が急増した。農業の多様化が進み、バナナ以外にもサトウキビ、麻、カカオ、乳製品、綿花、牧畜などの産業が興り、農牧地の集中するカリブ海沿岸地域に人口が流入した。サン・ペドロ・スーラ市には製靴・縫製業などの軽工業が興り、都市化が進み、サービス業、商業、教職などの賃金労働者が急増し、中間層が形成された。

経済振興は進んだが、続くフリオ・ロサノ政権下の1954年4月、劣悪な労働環境の改善を求めて、各地のバナナ・プランテーションと関連施設でストライキが起きた。テラやプエルト・コルテスなどカリブ海沿岸の都市では、ユナイテッド社の従業員が50％の賃上げを求めて会社に48時間以内の回答を要求したが、交渉は不調に終わり、ストに突入した。これと並行して各地の従業員グループが結集し、「バナナ労働者ストライキ中央委員会」が設立され、30項目にわたる要求書を会社に提出した。会社側は69日間に及んだストを終息させるべく、時給0.05レンピラ（ホンジュラスの通貨）から0.1レンピラへの賃上げを認めた。時間外労働への支払い、有給休暇、福利厚生などの要求は受け入れられなかったが、米資本の巨大企業に争議を挑んだことで、労働者は環境を変革できるという自信を得た。

このストに参加した女性労働者の一人、テレシナ・ロッシはテラ鉄道の若手事務員で、入社2年目に起きたこの大規模な争議で早くもリーダーとして頭角を現し、民主主義青年同盟に賛同し、マルクス主義に傾倒した。54年のストでその統率力を認められ、中央委員会執行部の一員となった。

しかし、ストとほぼ時を同じくして、隣国グアテマラで政変が起きる。同国のアルベンス政権は、ユナイテッド社の土地を接収するなど社会主義的政策を推進した。これに危機感を抱いた米国が、CIAを使って同国陸軍のアルマス大佐にクーデターを起こさせたのである。その余波がホンジュラスに及び、ロッシを含むスト中央委員会指導部は国軍とユナイテッド社に追われ地下に潜った。残された女性労働者たちは、賃上げ要求が通ったこともあり職場に戻り、組織化することもなく日常に埋没した。ロッシは後年、セラヤ大統領（2006～09年）により、ホンジュラスの農民・労働運動の先駆者としてその業績を再評価された。

■女性参政権の獲得とその後の運動の拡大

こうした20世紀中盤までの女性運動家たちの活動を礎に、1951年、女性参政権と1906年憲法の改正を要求に掲げて「ホンジュラス女性委員会連合」（FAFH）が誕生した。FAFHは、後にビジェダ＝モラレス大統領（任期1957～63年）夫人となるアレハンドリーナ・ベルムデス・デ・ビジェダの主導で様々な運動を展開し、ついに55年、国会で女性選挙権が満場一致で承認された。ただし、政令第29条および30条によって、選挙権は18歳以上の識字者かつ既婚者のみに与えられるとされた。57年にはそれらの条件がとりはらわれ、18歳以上の男女に

等しく選挙権が与えられた。

　ベルムデス・デ・ビジェダはファーストレディーとなってからも，国家の近代化に女性の教育や社会参加が必須であることを訴え続けた。1957年には彼女の協力のもと，女子学生の受け入れを目的にホンジュラス国立自治大学法学部に社会福祉学科が設置された。また女性参政権の確立によって，FAFHなどの運動組織出身の女性議員が徐々に増え，後の「家族法」（1984年）などへとつながる男女同権・男女平等の政策思想が普及していった。

　参政権の獲得後，1950～60年代を通じて，女性主体の政治運動，労働運動，文化闘争がますます活発化し，政府の女性政策も次第に制度化されていった。55年には第10回米州機構女性委員会がプエルトリコで開催され，女性の社会参加の拡大や労働条件の改善などが地域規模の課題として掲げられた。60年には第11回同委員会がテグシガルパで開催されたことを受けて，ホンジュラス政府は女性労働庁および「女性と年少労働者に関する調査室」を設置した。62年には，農民の生活改善，識字化推進，保健衛生の改善などが統合化政策として推進されていく。またこの頃から，カトリック教会の「解放の神学」や，女性の自己決定権の意識化を目指す主婦クラブの活動が盛んとなった。同時に，欧米由来のフェミニズムが都市部の高学歴女性の間に浸透し，国内外で女性の発言力が増していった。

　しかし，この段階では男女平等はいまだ建前に過ぎず，伝統的家父長制度は温存されたままだった。1965年憲法では，妻が夫の許可なく就労できること，嫡子と庶子の区別をなくすことが定められたが，夫婦間の権利は依然対等ではなかった。妻が夫と合意のうえで別居することになった場合，妻の住居は夫の所有とされた。また，夫は妻の不貞を理由に離婚を申し立てることができるが，その逆は認められなかった。子どもの扶養義務に関しても，夫婦＝男女平等が法的に認められるには84年の「家族法」を待たねばならなかった。

　1960年代後半，欧米を中心にフェミニズムの「第二の波」が起こり，教育・家庭・教会・職場・政治など生活に関わるあらゆる場面でジェンダー平等が目指されていく。とりわけ影響力を持ったのは，米国最大の規模を誇る「全米女性機構」（NOW：66年創設）の革新的運動である。NOWは68年，次のような内容を持つ「NOW権利の章典」を発表した。①男女平等憲法修正条項（ERA）の追加，②雇用における性差別を禁止する法律の制定，③雇用および社会保障給付における産休制度の確立，④働く親のための子どもの養育費の税控除，⑤保育所の拡充，⑥教育における男女平等，⑦貧困女性向けの有給職業訓練の実施，⑧リプロダクティブ・ヘルス／ライツ（性と生殖に関する健康と権利）の確立。

　米国の女性運動は，ホンジュラスの上・中流階層の女性たちにも影響を及ぼした（ただし，当時のホンジュラスではフェミニズムの概念が未消化で，彼女らはフェミニストを自称するには至らなかった）。一方，下層の女性たちも同じ時期に立ち上がった。69年にはホンジュラス共産党の女性党員が中心となり「ホンジュラス女性連盟」を結成した。これに女性労働者，都市部の貧困地区の住民など約2000名が参加し，女性の待遇改善を求めて様々な活動を行った。

2. 農村部と都市部の女性運動組織

■20世紀後半以降の政治的・経済的背景

　20世紀中盤に入っても，バナナの生産と輸出はホンジュラス経済にとって生命線で

あり続けた。「バナナ景気」は1950～53年，64～68年の2回訪れた。しかし政府は一方で，モノカルチャー経済からの脱却を目指して軽工業化を進め，それに伴いGDPに占める農業生産の割合は65年の40％から75年には29％に低下した。工業化の一定の成功で，76～79年のGDP年平均成長率は8％近くまで上昇し，かつてない高成長を達成した。しかし80年代になると交易条件の悪化で輸出が伸び悩み，近隣諸国の政情悪化の余波で民間投資が減退し，石油輸入額が増加した。この間の貿易環境としては，「サッカー戦争」で中米市場から脱退し，エルサルバドルを除く中米諸国との間で個別に二国間貿易協定を締結・維持した。

1950年代末から60年代初頭にかけて，前出の自由党のビジェダ＝モラレス政権下で農業・教育・社会保障などに関する諸改革が進んだ。農業改革法により農牧畜業が大規模化し，土地を奪われた零細穀物農民は賃金労働を求めて都市部に流入した。しかし雇用が追いつかず失業者数が増大した。これを受けてビジェダ＝モラレスは，59年に労働法を制定し，65年には零細農に土地を分配するための農地改革に着手した。国民党はビジェダ＝モラレスをマルクス主義者と非難し，63年には左傾化を危惧する軍部によるクーデターが起こり，ロペス・アレジャノ大佐が実権を握った。ホンジュラスに限らず，ラテンアメリカ各国の親米保守派は，59年のキューバ革命以後，政治経済体制の社会主義化・共産主義化を極度に恐れていたのである。ホンジュラスは再び軍政化し，米国系企業とその傀儡軍事政権が支配する新植民地と化し，82年の民政移管まで軍政が続いた。

しかし，ロペス・アレジャノ政権も，国民の半数を占める零細小作農の不満を完全に無視することはできなかった。1974年の農業センサスによれば，農場数では78％を占める10ha未満の小規模・零細農場が面積では17％に過ぎず，農場数ではわずか2％の3000ha以上の大規模農場が面積の44％を占めていた。そこで同政権は2期目の74年末に農地改革法を制定し，①同法公布後1カ月以内に耕作されなかった農地，②同3年以内に経営効率が同法の定める水準に達しなかった農地，③過度に分散所有されている農地は，政府が接収し土地無し農民に再分配されることとした。しかし，この農地改革の効果は限定的で，同法に基づき80年までに接収対象となった面積は，農地全体の約8％に過ぎなかった。

1970年時の絶対的貧困率（1日1.25米ドル以下で生活する人々の割合）は65％に達し，都市部・農村部を問わず貧困が蔓延した。79年時点でも，全人口の20％にあたる最貧層の国民所得は全体のわずか3.5％であった。一方で同じく人口の20％を占める最富裕層が，全所得の56％を占めていた。

1979年，隣国ニカラグアでサンディニスタ革命政権が樹立すると，自国の長期軍事独裁政権に対する国民の不満が高まった。81年の総選挙で自由党のスアソ・コルドバが国民党を破り，翌82年にようやく民政移管がなされたが，軍部の影響力は隠然と残っていた。米国レーガン政権はニカラグア革命政権を倒すために傭兵部隊コントラを立ち上げ，反共基地ホンジュラスでも大規模な軍事演習を繰り広げ，多くの人々が紛争の巻き添えで死亡したり，姿を消した。

民政移管後も経済状況は好転しなかった。都市部よりも地方農村部の方が事態はより深刻で，84年の調査によれば農村部人口の88％が月25米ドルの収入しか得ていなかった。米国や軍部に結びついた政府高官・政治家・大土地所有者が富む一方で，農民は疲弊するばかりだった。主な輸出作物の

市場価格下落が農民の生活を直撃し，86年には失業率が41％に上昇し，富の格差は社会を不安定化させ，暴力や麻薬組織犯罪の蔓延につながった。

■メスティサ農婦の闘い

エルビア・アルバラードは，コマヤグア県の貧しい農村に生まれたメスティサ女性で，農民の生活向上運動から出発して人権活動家となった。その半生と理念は，米国の活動家メデア・ベンジャミンが彼女への聞き書きをもとにまとめた伝記『怖がらないで，グリンゴ（Don't Be Afraid, Gringo）』（1987年）に詳しい。ベンジャミンと出会った当時，アルバラードは48歳で，拘置所から釈放されたばかりであった。

アルバラードの父はバナナ農園で日雇い労働に従事し，母は家畜やパンを市場で売りながら彼女を含め7人の子どもを育てた。仕事にあぶれた父がアルコールに溺れ，暴力をふるい始めたので，母は子どもを連れて家を出た。アルバラードは小学校卒業後，15歳で初の妊娠・出産を経験し，3人の子どもを抱えるシングルマザーとなった。以後，子どもを母に預けて首都でメイドとして働き，家に毎月15米ドルの仕送りをした。この間，教会の主婦クラブに入り，社会活動に強い関心を抱くようになる。しかし，「教会は家計の助けとなる家庭菜園の指導には熱心だが，なぜ貧しい農民が農地を持てないのかという根源的な問いには答えてくれなかった」。

アルバラードの回想は，先述のロペス・アレジャノ政権の農地改革法（1974年）がザル法であったことを裏づける。同法交付から1カ月以内に耕作されなかった農地は土地無し農民に分配されるはずが，実際は違った。同政権は5年以内に60万 ha の土地を12万世帯に分配することを目標に掲げたが，80年の調査でその実施には100年以上かかるという推計が出ている。しかも，大土地所有者や富裕層が未耕作地を占有した。怒った農民や労働者がデモや土地占拠に訴えると，軍や警察が指導者を次々と逮捕監禁し，拷問で殺される者も出た。アルバラードはこの時の経験を「農民が一片の土地を得ようとすると，この国では必ず殺される」と語っている。

農村女性の貧しい暮らし，カトリックの教義と男性優位の価値観によってあらゆる場面で自己決定権を奪われている実態を目の当たりにしたアルバラードは1977年，同志たちとともにホンジュラス農民女性連合（FEHMUC）を立ち上げる。そして全国農民ユニオン（UNC）や地方労働者全国委員会（CNTC）など他団体と連携しつつ，土地無し農民が土地を奪還するための闘争を主導していった。FEHMUC は85年に内部分裂し，新たに農民女性会議（CODIMCA）が結成され闘争を引き継いだ。CODIMCA は女性の農業参入を奨励しながら土地分配闘争に関わり，最終的に437団体・約8000名の会員を擁する組織に成長した。一方 FEHMUC は91年にホンジュラス農民女性会議（AHMU）に再編された。アルバラードは CNTC のオーガナイザーとして活躍し，やがて活動の場を世界に広げ，国際的な農村労働運動のリーダーとなっていった。

■家族計画の普及

合計特殊出生率の高さは，貧困度を如実に示す指標の一つである。ホンジュラスの合計特殊出生率は1980年時点で6.31と，中米域内でも高い方であった。政府が本格的な家族計画に乗り出したのは62年（家族計画委員会の開設）で，70年代には厚生省が首都とサン・ペドロ・スーラで家族計画啓発運動を展開，80年代には全国1200カ

所以上で避妊法の講座を開き，避妊具を配布した。知識の普及には時日を要したが，15～44歳女性の避妊実施率は，91～2005年の間に都市部では61％から70％，地方では47％から65％へと上がった。しかし西部貧困地帯では，施設・財源不足から効果は上がらず，90年代末には米国国際開発庁（USAID）がホンジュラスへの支援総額の83％を家族計画に集中的に投じ，ホンジュラス政府も本腰を入れて貧困地帯の家族計画に取り組んだ。その結果，12年に合計特殊出生率は3.05に下がり，USAIDはホンジュラスを「家族計画の卒業国」とした。

■都市部のフェミニスト運動

1970年代後半以降，都市部の女性たちは組織化を進め，家庭や職場における女性の待遇改善と男女同権を求めて様々な政治・社会運動を展開した。

まず1976年，ホンジュラス女性委員会連合（FAFH）が政府の諮問機関に6人の代表を送り込んだ。84年には，先述したパディジャの遺志を継いで「ビシタシオン・パディジャ平和女性団体」（彼女の愛称「チョナスCHONAS」の名で親しまれている）が結成された。「チョナス」は89年には，グアディス・ランサやメルリン・エグイグレら中心メンバーの主導で，政府の米国従属を批判するキャンペーンを展開した。現在はラテンアメリカ各地で多発する「女性殺害」に対する抗議運動を行っている。

1986年創設のホンジュラス女性会議（CODEMUH）は，女性を取り巻く課題にジェンダーとフェミニズムの視点を採り入れる活動を行い，後述するようにマキラドーラ（輸出向け保税加工区）で働く女性たちとも連携を図った。さらに87年には，ジェンダー平等と女性の政治参加推進を目的に，政党や教会から独立したNGOとして「女性学研究所」（CEM-H）が設立され，91年にはCODEMUHの依頼を受けてコルテス県チョロマ地区のマキラドーラの実態調査を行った。同年，DVを含む家庭問題専門の心理学者ヒルダ・リベラの主導のもと，「女性人権センター」（CDM）が設立された。

■国際的潮流を受けて

こうした女性運動活発化の背景には，国際的な動向が密接に関わってる。1985年にナイロビで第3回世界女性会議が開かれ，「2000年に向けての女性の地位向上のためのナイロビ将来戦略」が採択された。ホンジュラスでもその翌年以降，前項で挙げた組織のほか，「コロニア・ロペス・アレジャノ女性運動」「黒人女性リンク」「ジョレニャス農民女性委員会」「スラム開発運動」「女性の前進・相互扶助委員会」「反HIV/AIDS女性委員会」「地方の青年と女性，開発のためのホンジュラス委員会」「開発に向けた研究と行動センター」「市民司法相談所」「人権に関する調査センター」など，女性・人権・開発関連の運動体が続々と生まれたのである。

政府も「国連女性の10年」（1975～85年）以降，女性の地位向上のための国際条約を順次批准し，それと連動して国内法や制度を徐々に整備していった。まず80年に国連女性差別撤廃条約（CEDAW）を批准した。82年には，メキシコ宣言（75年の第1回世界女性会議で採択された「平等，発展，平和への女性の寄与に関する宣言」）に基づき，平和の実現と国際協力に広く女性の参加を促すことが謳われた。84年には男女平等を掲げて家族法が制定され，内縁関係や女性の再婚の権利は認められたものの，財産や土地の所有・管理権等に関してはまだ古い価値観や慣習を残していた。

政府は1989年，次の内容を含む国家女性政策目標を発表した。①教育，保健，雇用における女性の待遇改善，②土地や住宅へのアクセスの男女平等化，③食料と住宅の安全性に関する知識の向上，④メディアの影響による性別役割観の固定化の是正。また94年には，国連開発計画（UNDP），財政調整計画委員会（SECPLAN），国連女性開発基金（UNIFEM）の支援のもと，男女平等や女性の参加拡大を推進する専門部署として国家女性室を創設した。しかしこの段階では予算がついておらず，99年に女性局に格上げされて初めて予算が配分された。98年には，初の公的な女性政策諮問機関として国立女性学研究所が設立された。

■法整備と政策の進展

1970年代には，女性を「人的資源」として活用すべきという「開発と女性」（WID）の概念が国際的に提唱された。しかし，どの開発途上国も予算・人材ともに不十分で，成果は上がらなかった。こうした状況に鑑み，80年代には「ジェンダーと開発」（GAD）アプローチが導入された。女性の状況のみを問題視するWIDに対し，GADは社会的・文化的に作られた性差（ジェンダー）に注目することで，男女不平等を生み出している社会構造や制度を根底から変革しようとする概念である。とりわけホンジュラス女性は，汚職と犯罪に覆われた国情の中で，貧困，暴力，教育や土地へのアクセスからの排除などさまざまな困難に取り巻かれており，GADアプローチを最も必要としていた。90年代以降，GADを女性支援の軸に据えた国連諸機関の支援を得ながら，ホンジュラスでもようやく法や政策の本格的な整備が進んだ。

民法上は男女平等が謳われていたが，土地所有に関しては長らく女性差別が存在していた。1991年の法令第79条および84条により，初めて土地所有に関する性差別撤廃が規定され，92年の法改正をもって女性にも土地所有権が付与されることとなった。しかし，実際に土地を所有する女性は少なく，今後は女性の土地所有を資金的・実務的に支援する制度が必要となろう。

1995年に政府は「女性に対する暴力の防止・罰則・廃絶に関する米州条約」を批准した。翌96年の刑法改正で，暴力被害者とその家族の保護義務が定められ，97年には家庭内暴力（DV）禁止法が公布された。DV被害者の保護に関しては，保健省が受入機関となり，米州保健機構が資金・技術支援を提供した。さらに，同法に基づきDVを告発する専門機関として「女性に関する検事局」が設立された。また2000年には男女雇用機会均等法が制定されている。

こうした法整備と並行して，家庭内暴力防止・撲滅におけるジェンダー平等政策（97年），リプロダクティブ・ヘルス国家政策（99年），農業分野ジェンダー平等政策（2000年），天然資源・環境におけるジェンダー平等政策（01年），国家女性政策（02年）などが策定・実施された。とりわけ02年の国家女性政策には政府組織や市民・女性組織など国内98の団体が参画し，様々なプログラムが実施された。

3. 20世紀末〜21世紀初頭の女性たち

■所得格差とマキラドーラ問題

20世紀末，所得格差が拡大し，インフォーマル・セクターで働く女性が急増した。その職種は育児・家事と両立しやすい家政婦，露天商，小規模な食品加工業など多様である。こうした零細起業家に占める女性の割合は，首都では全体の77％，サン・ペ

ドロ・スーラでは66％と男性をはるかに上回る。さらに，これらのインフォーマル部門従事者にはシングルマザーなど女性世帯主が多く，労働条件や社会保障の面で不利な立場に立たされている。

長引く輸出作物の市場価格下落により，農村から都市への人口流出が増え続け，1995〜2000年の5年間で都市人口は全人口の43％から53％に増加した。企業の事務・総合職に就けるのは一握りの高学歴女性だけで，若年女性のほとんどはマキラドーラ（以下マキラ）の工場ぐらいしか働き口がない。

ホンジュラスでは1978年，商都サン・ペドロ・スーラの外港都市プエルト・コルテスにフリーゾーンが建設され，87年に輸出加工振興地区に指定された。97年のマキラ協会データによれば，248の企業が稼働し，約8万7000人の直接雇用と約50万人の間接雇用を創出していた。96年度のマキラ産業の総輸出額は12億1900米ドルにのぼったが，労働環境は劣悪で，会社は不都合が生じれば工場を閉鎖して他国に移転するなど，問題の多い産業形態であった。

貧しい農村出身の若い女性にとっては数少ない働き口であり，1995年時点で21〜22歳の独身女性がマキラ従業者全体の65％を占めていた。うち3割は子どもをもつ母親で，家族からの経済的支援を期待できない状態にある。こうした女性たちに対して，一部の良心的企業を除いて雇用側は明らかに労働法違反を犯している。その実態は以下のようなものである。①新規労働組合の結成禁止，②採用時の妊娠検査の強制，③産・育休無し，④妊娠が発覚すれば解雇，⑤時間外労働の強制，⑥肉体的・精神的虐待，⑦社会保障無し，⑧試用期間終了前の根拠不明の解雇，⑨就業規則の遵守を執拗に迫る，⑩子どもの病気等による欠勤・遅刻を許可しない，⑪休憩無しに労働を続けさせる，⑫性的嫌がらせ，など。しかし，労働環境の是正に努めるべき労働省はこの点で全く頼りにならず，逆に解雇された組合指導者の再雇用を阻止するなど，企業寄りの姿勢に終始した。

労組にしても，いまだ家父長的性別観に囚われており，女性労働者を護る戦術を持たない。女性労働者も解雇を恐れ，積極的に組合に助けを求めようとはしない。しかし，なかにはストライキや道路封鎖に訴えたり，就業中に集団失神するという奇策に出た女性たちもいる。1999年には，米国の大手デパートチェーンに衣料を供給しているキミ社の女性労働者たちが組合を結成し，米国のアパレル労組や国際NGOと連携し，会社側に待遇改善を要求したが，交渉は決裂。ストに及んだところ，会社が機動隊の出動を要請するという騒ぎが起きている。同じく衣料メーカーのギャラクシー社に勤めるレスリー・ロドリゲスはまだ15歳の少女であった（1994年当時）。待遇改善を求めて組合に加入したところ，即刻解雇された。これを不服としたロドリゲスが米国上院の労働委員会に告発し，問題が国際世論の俎上に上がることになった。消費者や児童労働の問題に取り組む国際NGOなどがロドリゲスを支援し，「ホンジュラスのマキラ労働問題」が顕在化した。

やがて国内労組の男性指導者たちも事態の深刻さを理解し始め，彼らの協力も得て1997年に第1回マキラ女性労働者会議が開催された。国際労働機関（ILO）も対処に乗り出し，政府に改善勧告を出した。こうした国内外の運動が実を結び，マキラの解雇率が徐々に低下し，居住環境の整備や保育所の設置なども進み，労働環境は従前に比べれば改善されつつある。

■女性に対する暴力

先に触れたように，女性への暴力に関わる法整備は一定程度なされたものの，現実に抑止効果が現れているとは言いがたい。公共省は1998年の約5カ月間に1657件のDVがあったと報告している（司法に届出のあったケースのみ）。地域的にはコルテス，モラサン，アトランティダ，ジョロの4県で63％を占め，加害者の多くは夫や恋人など身近な男性である。この事態に対して，「女性に関する検事局」，家庭裁判所，国家予防警察（犯罪の予防を任務とする），国家女性局などが捜査・立件に当たっているが，加害者が確定したとしても有罪判決が出る確率は低い。

また都市部では，麻薬犯罪組織などによる残虐な殺人事件が増加している。麻薬密売組織が，取締りの厳しいコロンビアやメキシコからホンジュラスに移動してきたことで，暴力犯罪が拡大しているのである。2012年だけでも男性6566人，女性606人が組織犯罪がらみで殺害された。これは男女合わせて10万人当たり90人という恐るべき殺人発生率である。この事態の背景には，1980年代までの政情不安のもと，社会に大量の武器が流れ込んだことがある。暴力根絶のためには，個々の暴力の告発・処罰という対症療法に終わらず，社会不安の根底的な要因となっている貧困と格差の解消が求められる。

■女性の政治参加とジェンダー・クオータ制

本書序章の表4（p.38）によると，2014年のホンジュラス議会（下院）に占める女性議員の割合は25.8％，閣僚に占める女性の割合は17.6％で，世界順位はそれぞれ50位・48位と，日本のはるか上位にある。しかしいずれもラテンアメリカ域内比較では高いとは言えない。

ホンジュラスでは2000年に男女雇用機会均等法が制定されたのと同時に，国政選挙および閣僚など政府機関職員ポストの30％を女性に割り当てるクオータ制が法制化された。下院議席に占める女性のシェアは，クオータ制導入前の97年の7.8％から，導入後の2000年には33.3％に急増した。02年には閣僚・準閣僚に女性8名（21％）が就任し，副大統領，文化・芸術・スポーツ大臣，天然資源・環境大臣，中央銀行総裁，国家女性局局長などの重責を担った。

直近の2013年11月の大統領選で，国民党のオルランド・エルナンデスが勝利し，5名の女性閣僚（副大統領2名，外務大臣，外務副大臣，厚生大臣）と3名の女性準閣僚が誕生した（駐日ホンジュラス全権大使ビジェラ氏講演資料より）。駐米大使，駐日大使にも女性が就任している。また近年は財界でも女性の活躍が顕著である（本章扉写真参照）。しかし，上述の通り女性議員の割合はクオータ制導入直後よりも減っており，今後の推移によっては制度の見直しも必要となるだろう。

現在では，こうした政財界の女性たちの活躍が，いまだ貧困と差別にあえぐ農村女性たちの状況改善にいかなる正の影響を及ぼしうるかが課題として認識されている。その際，都市部中流階級の知識人女性たちの媒介的役割にも期待がかかる。汚職や累積債務，麻薬犯罪や暴力の蔓延など，多数の困難な課題の解決とジェンダー平等社会の構築には，パディジャに連なる女性たちの不屈の闘志が不可欠であろう。

第 13 章

ジャマイカ
──知と行動と連携によるサバイバルと挑戦──

柴田佳子

貧しい山村で，農産物加工所の建設工事に参加する中年女性たち。
若者の都市部への流出が激しく，人出が足りないため，近隣の村からも助っ人が来ている。
屋根にはソーラーパネルを取り付け，環境に配慮した持続可能な発展を目指すプロジェクトが展開している。
参加者の協力態勢，労働力調整，製品の販売ルート確保と拡大などに大きな課題はあるが，
粘り強い取り組みが続けられている
（2014 年 9 月　筆者撮影）

ジャマイカ女性史関係年表

西暦	事　項
1975	若者・コミュニティ開発省内の女性部局（74年設置），内閣府直属機関に格上げされ「女性局」（BWA）となる。カリブ海諸国初の女性政策専門機関。
1978	前年（77年）のカリブ海地域セミナー「地域発展への女性の統合」での進言を受け，西インド大学（UWI）モナ校内に「女性と開発ユニット WAND」設立。
1979	広域調査研究「カリブ女性プロジェクト」の成果が次々と公表され，公刊される（～82年）。
1982	WAND が「女性開発研究グループ」に再編。
1985	NGO「ウーマン」，暴力被害女性とその家族のための救援センターを設立。
1987	政府，BWA の政策提言を承認，ジェンダー平等の推進を国家政策とする。NGO「女性メディア・ウォッチ」設立。
1988	NGO の統括的組織，ジャマイカ女性協会（AWOJA）設立。警察内にレイプ対策班設置。無遺言相続法の修正により，生存配偶者の権利を拡大。
1989	性暴力・児童虐待調査センター設立。
1989	婚姻訴訟法成立，結婚の修復不能な破綻の事実のみを離婚の理由とし，その他一切の理由を排除。
1993	国籍法により，国籍再取得者に対してジャマイカの市民権が与えられることとなる。 相続法により，家族および扶養家族は困窮の際には裁判所に保護申請することが可能となる。また慣習法婚の配偶者も同じ権利を有するとされる。 UWI 女性開発研究グループ，前年の設立10周年記念行事を踏まえ，ジェンダー開発研究センターとして拡大改組。3カ国の各キャンパスごとに加え，モナ校に地域全体の統括組織としてカリブ海地域連携部署（RCU）を設置。
1995	北京で第4回世界女性会議が開催され，そこで採択された行動綱領（BPFA）を BWA が採用。DV 法制定，暴力の防止と被害者の保護と補償が謳われる（2004年の改正で，加害者とのパートナー関係形態ごとに特別規定が設けられる）。
2000	国連開発計画（UNDP），ミレニアム開発目標の一つに「ジェンダー平等と女性のエンパワーメントの促進」を掲げる。
2004	児童ケア保護法制定。
2004	ジェンダー諮問委員会設立，政策におけるジェンダー主流化の実効性の評価・助言にあたる。財産（配偶者の権利）法により，慣習法婚の配偶者も法的結婚の場合と同等の権利を有するとされる。
2005	「女性に対する暴力の防止，処罰，廃絶に関する米州条約」を批准。 扶養法により，婚姻形態を問わず配偶者および子どもの扶養義務を男女双方に課す。
2007	人身売買法制定，人身売買の防止，被害者の保護，加害者への処罰が規定される。
2008	政府，すべての移住労働者とその家族の権利の保護に関する国際条約に調印・批准。 UWI ジェンダー開発研究センター，研究所（IGDS）に昇格，学部・大学院学位授与機構となる。
2009	性犯罪法により，家庭内を含むあらゆる性暴力・性的虐待が処罰の対象となる。 児童ポルノ法により，営利目的の児童の性的搾取を犯罪と認定。 女性局 BWA 設立35周年記念諸行事。
2010	児童ポルノ法を補完したサイバー犯罪法成立。 反セクハラ政策，法制化に向け草案進展。 憲法第3号の改正により，「基本的権利と自由」憲章を創設。
2011	「ジェンダー平等と女性の権限強化のための国家政策（NPGE）」策定。
2012	証拠法成立，犯罪の通報者・目撃者・証人などの保護が定められる。
2013	学齢期にある若い母親が，出産・産休後に公教育システムへ再統合することが法制化される。 UWI-IGDS，2014年にかけて，設立20周年行事，巡回展示などを全キャンパスで開催。
2014	BWA，ジェンダー局（BGA）と改称。

ジャマイカは面積1万1424km²，人口約274.4万（2014年の世界銀行データ）の島嶼小国である（英語圏カリブ島嶼諸国では最大）。人種・民族構成はアフリカ黒人系91％，混血（大半が黒人系）6.2％，インド系1.3％，中国系0.2％，ヨーロッパ系0.2％，その他1.3％で，ピラミッド型社会構造の下層は黒人系が圧倒的に多い。大多数は植民地時代の砂糖プランテーションで酷使されたアフリカ人奴隷を祖先とする。インド人や中国人は英国領における奴隷制（完全）廃止（1838年）後，年季奉公人として参入した人々で，後続の商人層を含め大半が土着化した。ジャマイカは1509年にスペイン領，1655年に英国領となり，1962年に英連邦加盟国として独立（英領カリブで最初）したが，470年間の植民地支配，特に英国支配の影響は今も根深く残る。

政治経済面では，初めて人種・性・社会階級の制限なく普通選挙が実施された1944年以来，人民国家党（PNP）とジャマイカ労働党（JLP）が長らく二大政党として政権を争ってきた。70年代に政権を担ったPNPは，民主社会主義を掲げ急速に左傾化し，キューバにも接近した。しかし外資規制などの急進的な政策によって経済が破綻し，80年の総選挙では米国寄りの自由主義経済政策を掲げたJLPが圧勝した。以降，山積する内外の社会経済問題，米国の影響の増強などにより，二大政党のイデオロギー的差異は縮小し，急進左派勢力は影を潜めていった。外交では第三世界の指導役を自認しつつ，西側陣営との協調を主軸に現実主義的多角路線をとっている。英連邦，アフリカ・カリブ海・太平洋諸国の他，近年では中南米諸国や中国との関係が強まっている。

植民地時代から人種・民族と権力の相関関係は明白で，1980年代までカリスマ性を発揮した歴代の首相は混血や非黒人系だった。近年は，「黒人国家で初の黒人首相」と言われたP. J. パターソン（PNP）が史上初の4期連続政権（92～2007年）を担うなど変化もみられる。社会の流動性と柔軟性も増し，以前ほどこの問題は重要視されなくなっている。

植民地時代の三角貿易，特に奴隷制に依拠した砂糖モノカルチャー経済は大きな負の遺産を残した。砂糖経済の減速後も，バナナ，コーヒー，ボーキサイト，柑橘類，香辛料など一次産品への依存が顕著で，抜本的な産業多角化は遅れた。観光，サービス業などの創出拡大は一定の効果を収めたものの，総じてびつで脆弱な経済構造が続いた。1970年代末から国際通貨基金（IMF）の融資と引き換えに行われた緊縮政策と80年代からの世界銀行主導による構造調整は財政危機を解決せず，住民の多大な不満を煽り，社会的混乱は長期化した。累積債務も深刻化し，債務の悪循環からの脱却が困難になっていった。

1990年代以降，グローバルな新自由主義経済の弊害はさらに深刻になる。食料の大半を含む生活必需品では安価な輸入品が大量に流入するようになり，国内の小農や製造業は大打撃を受けた。80年代初頭から外資導入や雇用創出を目的に設けられたフリーゾーン（自由貿易工業地区）では，労働環境が著しく悪化した。最低賃金以下での長時間労働，組合活動の禁止，新規導入された中国人労働者との関係などが問題化するなか，外資系，特に下請けの搾取によって収益を上げてきた米国系企業が次々と逃避し，多くの工場が閉鎖した。世界不況やハリケーンなど外的猛威も景気低迷に拍車をかけ，中流階級以下の人々は深刻な生活苦に陥った。

貧困や格差拡大と並行して，暴力，犯罪，

麻薬絡みの違法行為も増殖した。それにより，従来から暗黙視されてきた政治家と犯罪組織との密接な恩顧主義的パトロン・クライアント関係が変化し始めたこともあり，収拾困難な状況が多発した。麻薬・暴力・犯罪の連鎖は，ほぼ常に公的指標で10％以上を示す失業率（非公式には90年代時点で30％以上だったとされる），特に青年層の就職難とも密接な関係にある。社会不安を煽る要因が投資環境のさらなる悪化にも繋がり，バナナ輸出を契機に急速に発展し最も重要な外貨獲得源となった観光業などにも大打撃を与えるようになった。

植民地時代から人の移動には特徴がみられた。第2次大戦後，国家再建のため労働力を必要とした英（本）国へ大量の移民が向かったが，1960年代の規制強化で北米が主要な移住先となった。その波は70～80年代以降にかけて続き，英国や北米の大都市圏を中心にジャマイカ出身者のディアスポラ・コミュニティが発展した。多くは定住先社会への貢献度を評価され，平和裡に暮らしているが，広範に構築されたトランスナショナル・ネットワークは麻薬犯罪などに利用されるケースもあり，不名誉なイメージも増した。しかしこのディアスポラ・コミュニティのネットワークは，文化的創造と伝播の大動脈ともなっており，グローバルに展開するカリビアン・カルチャーの巨大な源をなしている。また，海外移民からの送金は観光に次ぐ重要な外貨収入源であり，ジャマイカでは移民を必ずしも金融・頭脳・技術流出として否定的にのみ捉えることはできない。

1. 21世紀初頭の政治経済の難航

■政党政治の現状と政治文化

人民国家党（PNP）は1989年2月に政権を奪取し（～2007年9月），次の1期を再びジャマイカ労働党（JLP）に譲った後, 2012年1月から今日まで政権の座にある。しかし近年またJLPの勢いが微増しており，次期総選挙ではどうなるかわからない。議会制民主主義は保持されているが，政党や政治家への信用は以前より揺らいでいる。筆者が2014年9月に耳にしたところでは，「政治は腐敗している」「どの政党でも同じ」「政治家は自らの保身や名誉，権益保持しか考えない」といった懐疑と諦観，辛辣な批判が有権者の間に広がっていた。公人の汚職への厳罰化，雇用・労働環境整備による経済格差・貧困・失業の改善，自国産品保護，暴力や高い犯罪率の抑止など火急の課題に対し，両政党とも抜本的な解決策を提示しかねている。

対抗文化運動ラスタファーライ Rastafar-I（ラスタファリ，ラスタとも）に関与する人々をはじめ，頼りにした政治家に裏切られた住民は少なくない。政治（家）への幻滅が破壊行為に向かいかねない懸念も潜在的にある。とはいえ，党集会に大勢の老若男女が集まる，小規模な政治会合で活発な討議が展開する，街角で政治談義が交わされるという光景も珍しくない。労働者の権利意識の高さ，自立や自律に誇りを抱く市民文化とも結びつき，政治への関心は比較的高い。特に選挙期間中は，二大政党の支持者たちの間で激しい争いが起きる傾向がある。

要塞コミュニティとも呼ばれるゲットーの選挙区では，従来，政党政治家がインフラ整備，住居や職などの斡旋に加え，違法銃器の提供さえ行い，見返りに票や支持を獲得するという政治文化が形成されていた。ゲットーの麻薬組織と政治家の癒着は，銃器犯罪の増加により1970年代以降大きく取り沙汰されてはきた。しかし国内外に利

害ネットワークが広がっており，政界の重鎮なども関与していると噂されてきたため，悪弊の根本的打破は困難とされてきたのだった。

2010年5月，JLP政権下，米国の要請で麻薬王M.C.コークの逮捕作戦が始まると，首都キングストンのスラムを中心に大騒乱が起きた。7月まで戒厳令が布かれ，死者50人（大多数が民間人），多数の負傷者と逮捕者を出し，器物損壊の被害も大きかった。コークは国境を越えて広がる麻薬組織の首領であると同時に，自身が生まれ育ったスラムで生活支援事業を行う義賊的存在でもあった。逮捕に抗議して騒乱を起こしたのはスラムの熱狂的支持者たちである。海外メディアもこれを大きく報じたことで，観光業（観光客の6～7割を米国人が占める）などは深刻な打撃を被った。

政党政治家の影響力が低下し，非合法であれ得た富を分配してくれる地域的首領への信奉が相対的にいや増していたことは，政府の威信にも関わる問題だった。暴力の拡大，銃器の蔓延，年間被害者数1500人に上る殺人を放置すれば，観光業にも社会全体にもさらに損害が出る。観光地や中流階級以上の住宅街では，警備員や番犬の数を増やし，武装して昼夜警護にあたる警備員の給料を引き揚げ，補償も改善するなど，治安悪化に独自に対処するようになった。政府も遅まきながら新たな治安対策を打ち出し，暴力根絶に真摯に取り組む姿勢を国内外にアピールしている。

■経済の低迷，観光業の新たな試み

21世紀に入り，グローバル経済の負の影響は，国家と市民にますます強く押し寄せている。世界銀行によると，ジャマイカの国内総生産（GDP）は143.36億米ドル（2013年），国民総所得（GNI）は1392万8000米ドル（2012年），1人当たりGNIは5220米ドル（2013年）である。GDP成長率は0.1％（国連ラテンアメリカ・カリブ経済委員会2013年），インフレ率は総合で9.4％（国家企画庁PIOJ 2013年）となっている。しかし同時期のインフレ率を品目別にみると，食料・非アルコール飲料10～13％，衣品料10％前後，水道6～19％，電気・ガス0～17％と，庶民の生活に直結するものが上昇している。加えて2010年には家賃が33％，交通費も24％と急激に値上がりし，中・下層階級への悪影響がうかがわれる。

財政収支（対GDP比）は1996年に-5.3％とマイナスに転じ，2000年に-0.8％まで改善されたもののすぐに急落，09年には-11.1％にまで落ち込んだ。この間，06～09年にGDPが急落したことが深刻な影響を与えている。その後，14年には-0.7％（1億米ドル強の赤字，2014年IMF推計）まで回復したが，いまだ予断を許さない状況が続いている。海外からの援助や借款を含む外部依存が深まるゆえんである。

また世界貿易機関（WTO）によると，2012年の貿易赤字は48億7800万米ドルに膨らんだ。主要外貨獲得源のボーキサイトの価格下落がその主要因だった。だが根底には，燃料や食料の価格高騰の他，消費財，機械，車両など生活や社会の根幹に関わる物資の大半を輸入に依存する脆弱な産業構造があり，その抜本的な改革には多大な困難が伴う。

観光業は最大の外貨収入源であるとともに，運輸業，娯楽・サービス業，製造業，農業など関連部門にも波及効果を及ぼす点で，国家経済発展の牽引役を期待されてきた。域内における比較優位や好循環創出のために，政府も懸命の振興策やイメージ戦略を展開している。2013年，観光娯楽省は「観光リンケージ・ハブ事業」を開始した。

その目的は外貨保有を最大化し、観光部門の需要拡大に応じて迅速な物資供給を行うべく、関連各部門に情報提供することである。この年には11月までに180万人の短期滞在客がジャマイカを訪れ、カリブ海クルーズ船の寄港などでも活況を呈した。同年だけでホテル業界に200億ドルが投資され、施設・設備や宿泊サービスの多様化も進んだ。港湾や空港も整備され、顧客サービスは向上している。これらの成果を受けて、年末には観光娯楽大臣が好況を強調するメッセージを国内外に向けて発表した。

また、観光娯楽省と国家安全保障省が連携して査証規制が緩和された結果、非英語圏からの観光客が急増している。2005〜09年はロシアやスペインからの観光客数が2倍、中南米からのそれは1.7倍となり、北欧やドイツなどからも増えた。接客業従業員への語学研修などの対策も一定の効果を生み、好評である。

ただし、観光リンケージ・ハブ戦略に期待された波及効果はまだ鈍いとする指摘もある。鉱業や軽工業など他の主要部門では高失業率が改善されていないからであり、国家経済全体としては低迷が続いている。

これまで国内およびカリブ海域内で、多分野を結集した観光会議が何度も開かれてきたが、課題は山積する。利益還元の不均衡、観光地一帯の土地や海浜・海洋資源への住民のアクセス・利用権の侵害や制限、伝統文化芸能の観光商品化、売買春やエイズ（HIV-AIDS）、麻薬取引の増加などは、外資主導の開発やオールインクルーシブ方式（旅行代金に宿泊・娯楽などほぼすべての料金が含まれる）とともに批判されてきた。従来の大規模開発による商業主義的大衆観光に代わる多様なオルタナティブ観光の創出や、地元住民が主体的に関わることができ、かつ正当な恩恵を受けるような観光業のあり方が模索されている。

犯罪と暴力が激化している首都近郊の貧困地区で、コミュニティ主体の文化・歴史遺産観光事業を立ち上げる試みもあった。地区内には有名なラスタ・ミュージシャンのスタジオがあるが、麻薬犯罪の増加も危惧されていた。カリブ海英語圏の最高学府、西インド大学（UWI）モナ校で教鞭を執った人類学者B. シェヴァンズは、民衆文化、若者文化や男性性に関する自身の調査研究成果もふまえながら、地区内の歴史的建造物を観光資源に転換していくプロジェクトを企図した（シェヴァンズは社会活動家でもあり、プロジェクトと並行して暴力防止・平和構築委員会の活動なども行っていた）。その建造物は19世紀末、A. ベドワード牧師が創始したジャマイカ土着バプテスト自由教会（JNBFC）の聖堂である。ベドワードが反植民地主義的運動を先導した廉で投獄され、狂人扱いされたまま獄死して以来、荒廃の一途をたどっていた。プロジェクトは、それまで地元の歴史に無関心だった住民、特に犯罪や暴力に加担することの多かった青年層が郷土史を再確認し、観光化によって現金収入を得るとともに地域活性化に貢献することを目指すものだった。プロジェクトは途中で頓挫したが、住民のエンパワーメントに繋がりえた創造的試みだったと言える。

また1958年に創設された国家遺産保護委員会（JNTC）は、教育政策や観光振興策とも連動する形で事業を拡大している。上記の貧困地区における未完のプロジェクトが象徴するように、国内には未保全の自然・史跡・人工構築物・未詳の歴史・文化がまだ多数眠っている。埋もれた観光資源の発掘、（再）発見、承認、活性化とともに、地元発の多彩なプロジェクトを遂行していくことが求められている。

■海外移住の功罪

　経済格差は大半の国民が痛感している。IMFは「貧困」を1日2.50米ドル以下の収入で暮らす状態と定義しており、ジャマイカではこの層が110万人と人口の16.5％を占める。2006～10年にはその割合が10～18％の間を推移していた。あるデータでは1991年は44％であったことを考慮すれば、改善はされている。しかし2011年10月、有力紙『グリーナー』（1834年創刊）は、ジニ係数では南北アメリカ最貧国のハイチに劣るというIMFによる衝撃的な報告を紹介した。

　大きな格差も植民地時代からの負の遺産だが、窮状の打開やより良い社会を求めて、今も多くの人々が海外への出稼ぎや移住を選択肢とし続けている。2011年国勢調査によると、01～10年の間に約21万6200人が海外へ移住し、その大多数は15～64歳の健康で技能もある就業可能年齢層であった。また国際移住機関（IOM）によると、2010年以降の5年間で1000人に6人近くが移住している。このうち、2012年に米国、英国、カナダへ移住した人の数だけで25860人に上る。これは過去10年間で最多だった2006年の移住総数29188人に迫る数字である。性別でみると女性の割合が大きく、2013年は48％に上った。人口増加率が約0.7％と低い要因の一つも、海外移住者が多いことにある。

　グリーナー紙は2004年12月、西インド大学（UWI）の研究者による政策論文に依拠して、毎年約20％の専門看護師、8％の登録看護師がより良い環境を求めて移住していると報じた。教育省によると、2000～02年には2000人の教員が移住し、その大半が女性であった。国家企画庁（PIOJ）によると、国内で教育や職業訓練を受け、大卒以上の学歴をもつ人の82％以上が米国に移住している。技術や頭脳の流出だけでなく、家庭崩壊や国民の自信喪失にも繋がる事態だと警鐘を鳴らす専門家もいる。女性・母親が単身海を渡る、あるいは複数の国に家族が分散すること自体が問題なのではない。ジャマイカ社会の将来にとってより深刻なのは、今後も高学歴・専門職の女性の国外流出が増え続けると予想されることである。

　他方、海外移民からの送金は、国の外貨収入増にも多大な貢献をしてきた。外交貿易省とIOMの共同プロジェクト「マッピング・ジャマイカ・ディアスポラ」（Map JADiaspora）によると、2007～11年の送金総額は1億5200万米ドル、うち2013年の1年間では200万2770米ドル（IOM推計）であった。ただし、不透明な部分を含めいくつもの送金手段があり、実質送金額はこれら公的統計を上回る。MapJADiasporaは、300万人以上の在外ジャマイカ人のうち180万人が米国、65万人が英国、30万人がカナダに住むと推定する。移民からの送金や国内投資はジャマイカ経済の発展に不可欠な要素として多大な期待を寄せられており、彼らの愛国心や篤志に訴える声が高い。

　2012年秋、政府は移民と国家の発展を関連づけた行動計画を策定した。移民の動向を調査し、彼らの移住先での活動を国の発展に結びつける狙いがある。多くの移民とその子孫は、定着先の国やコミュニティの一員として責務を果たし、その土地の発展に貢献している。と同時に、ジャマイカ系文化の発信・継承にも熱心だ。彼らはラジオ、テレビ、新聞、携帯電話など従来のメディアに加え、SNSをはじめとするインターネット技術を駆使して出身国と同胞たちの状況を知り、情報交換し、ジャマイカに

も貢献しようと努めている。行動計画においても，ネット上の情報共有が重視されているゆえんである。

2. 活躍する女性，支える女性

■初の女性首相誕生と女性の政治参加

2006年3月，人民国家党（PNP）党首で首相のパターソンが任期満了前に辞任したのを受け，副党首だったポーシャ・シンプソン＝ミラーがジャマイカ初の女性首相となった。翌07年6月の総選挙ではジャマイカ労働党（JLP）に敗れたが，11年12月の総選挙で再びPNPが勝利し，翌年1月首相に再任され，現在に至っている。

彼女は17年にわたり複数の閣僚を経験した他，長年国内外の要職を務め，その功績は高く評価されてきた。ただジャマイカを取り巻く内外の経済社会状況は依然として厳しく，それが国民の不満に繋がり，人気には翳りもみられる。先に述べたように筆者は2014年9月，「ポーシャも他の政治家も何もしてくれない」，「腐敗や暴力に対して無策だ」など容赦ない批判を耳にしたが，それでも大半の国民は難題克服のために真摯に取り組む彼女の姿勢に敬意を抱いている。

シンプソン＝ミラーの颯爽たる登場は，カリブ海英語圏初の女性首相となり，「カリブの鉄の女」の異名をもつドミニカ国のユージニア・チャールズ（任期1980～95年）の再来とも言われた。シンプソン＝ミラーと，2010年5月に選出されたトリニダード・トバゴのカムラ・パサード＝ビセッサー首相は，カリブ地域の現役女性政治指導者のトップとしてシンボル的存在である。2014年7～8月に日本の安倍総理一行が「日本・カリブ交流年2014」の記念事業の一環で中南米を訪問し，カリブ共同体（CARICOM）首脳との会合や各国首脳との会談に臨んだが，その報道写真でも両首相の存在感は際立っていた。

奴隷制時代から女性が男性に劣らぬ重要な役割を果たしてきた事実は，繰り返し指摘されてきた。歴史教育でも，女性の社会への貢献を正当に評価し，後世に伝えていくべきだと強調されてきた。18世紀，その組織力と戦闘能力で白人支配者層や英国軍を脅かした逃亡奴隷集団マルーンのカリスマ的指導者ナニーは，知と術に優れた呪術師としても畏怖されていた。1975年には国家英雄として顕彰された。ジャマイカの英雄とされた人物のうち，女性はいまだにナニーだけである。1994年にはこの勇猛果敢で神秘的な「女王」の想像画が500ドル紙幣に採用された。

近年，ナニーほどの突出した人物ではなくとも，表舞台で活躍する女性は多分野で増え，組織の中枢を担い，決定権をもつ要職に就くケースも少なくない。しかし，官民問わず，相変わらず最高責任者のポストの大半は男性がほぼ独占している。一人の女性首相の輩出をもって，ジャマイカ社会の「ガラスの天井」がついに破られたとみなすことはできない。

実際，政界への女性の参加や要職就任の拡大はいまだ途上にある。現政権下で，内閣府事務次官，若者・文化大臣，情報大臣，スポーツ大臣（18閣僚中3名。後者2つは無任所）の4つのポストを女性が占める。議会では上院議員21名中4名が女性である。また，女性政策に関してはシンプソン＝ミラー首相自らが最高責任者を務める。内閣府機関としてジェンダー局（BGA：Bureau of Gender Affairs 後述の女性局［BWA］から改称）が設置されており，女性やジェンダーに関する政策の重要性は認識されてはいる。しかし下院に占める女性の割合をみると，

2008年の17%から現在は13%（63名中8名。政党内訳：PNP5名，JLP3名）まで下がっている。

　もっとも，女性議員が少ないからといって，女性が政治に無関心なわけではない。第1節でも触れたように，ジャマイカの人々は政治への意識が高く，歴史的にも多くの女性が能動的に政治・社会運動に携わってきた。二大政党の女性部が活発に活動した時期もあった。近年は停滞が目立ち，女性の主要な活動場所は家庭内・屋内に限定されがちで，運動や活動においても補助的役割にとどまるケースが多いと言われるが，無気力なのではない。2007年の選挙行動調査で明らかとなった支持政党の男女差は示唆的である。当時の与党PNPを支持する人の割合は，男女とも全体の4割であった（前述のように，この時の総選挙でPNPはJLPに敗れた）。一方JLPについては，男性の4割強が支持したのに対し，女性は3割強にとどまった。また女性の2割強が二大政党に不満を感じており，他の選択肢を欲していた（男性は2割弱）。ここから，女性の方が積極的に変化を望んでいたことがわかる。

　現状では女性の主体的な政治参加はいまだ全面的とは言えないが，長年懸案とされてきた腐敗の改善のためにも，既存の政治文化に批判的な女性の参加が必要であることは共通認識となっている。実際にいくつかの動きもみられる。たとえば1992年に発足した女性政治幹部会（JWPC）は，カリブ英語圏初の女性政治団体として活動している。政界の男女平等に向けて，議会に占める女性の割合を40%以上に増やすことを目標に掲げ，超党派の選挙キャンペーンや候補者研修などを地道に行ってきた。また，2011年に設立された「51%連合：発展とエンパワーメントのための女性パートナーシップ」は，特に公的領域におけるジェンダー・クオータ制の導入を主唱する女性組織と個人の連合体である。名称の「51%」には，「人口比に応じた代表，意思決定での真の平等」を目指すという志が込められている。政治活動や意思決定過程におけるジェンダー不平等の積極的是正措置を求める運動は地道に展開しているのである。

　一方で，多くの女性が政界進出には躊躇を示す。それはジャマイカの政治に犯罪組織や汚職の影が色濃くつきまとうからだけではない。背後には植民地時代に浸透した家父長制的観念の根強さもある。ジャマイカの女性は長い間，決定権や指導力よりも，権威ある男性を後方や側面から支援する役割を要求されてきたのであり，その意識を変えるには社会全体が変わる必要がある。一握りの幸運な成功者の存在だけで女性の社会進出度や男女平等参画の達成度を量ることはできないし，現状を覆い隠し，幻想化してしまう危険性さえある。

■労働環境の現状，格差とその是正策

　労働市場でも女性は依然不利である。PIOJによると，14歳以上の労働市場参加率は2013年平均で男性70%，女性56%と男女差が大きく，近年その差がさらに少しずつ開く傾向にある。労働力外人口の60%は女性で，多くは家事・育児・介護，妊娠や病気などの理由による。そこには社会のジェンダー観に基づく性別役割分業が明らかにみてとれるが，一方で不就業の理由の一つに高等教育機関などへの在籍が挙げられているのは，女性の向上心や積極性の表れと言える。

　とはいえ，失業者の約6割は女性である。PIOJによると，失業率は近年微増しており，2013年の15%から14年には16.3%に上っている。13年の失業率を男女別にみると，

男性11％（14〜24歳30％, 25歳以上8％）に対し, 女性は倍近くの20％（同48％, 15％）だった。国際労働機関（ILO）によれば, 2010年は全体が13％で, 男性10％に対し女性は17％だったので, 女性に不利な状況がさらに悪化している。2010年の求職率でみると, 全体が10％弱, 男性7.5％に対して女性は13％と1.7倍の差がある。

農産物・加工品・飲食物・衣料・日用雑貨などの路上販売や行商, 家事労働などに代表されるインフォーマル部門は, 主に下層階級の人々にとって, 不安定だが重要な現金収入源となってきた。1984年の推計では, 14歳以上の20％がインフォーマルな経済活動に従事していた。また米州開発銀行の推計では, 2001年のGDPの44％をインフォーマル部門が占めた。ジャマイカでヒグラー（higgler）と呼ばれる商売人の約6〜7割は女性で, 子ども連れで働く彼女たちの姿は日常的な光景である。

ジャマイカの労働者の権利意識の強さは有名だが, 女性も例外ではない。歴史的にも多数の女性が, 労働環境の改善などを掲げた抗議・抵抗運動において重要な役割を担ってきた。労働関連団体の要職・リーダー役に女性が就くことも増えてきた。それぞれ二大政党と密接に結びついた二つの主要な労働組合でも, 少なからぬ女性が活躍してきた。二大労組はこれまでに, 最低賃金法（1938年）, 男女平等賃金法（1975年）, 産休法（1979年）などの確立に寄与しており, 女性の権利の保障も活動の目的に掲げている。

本章扉裏の年表にもあるように, 女性の労働環境に関わる法律はある程度整備されてきている。しかしいまだ女性の方が格段に非正規雇用や不安定な雇用を強いられている。男性優位の社会で, 女性の家庭外労働を副次的なものと考える傾向も根強い。

女性自身が家父長制的価値観を内面化していることも多い。家族や親戚の世話と家計の維持を一身に背負い, 時には外で働くことに罪悪感さえ覚え, 雇用環境の改善を要求することを躊躇するケースも少なくない。

1938年5月, 大規模な労働争議が起き, それがカリブ海地域内の他の英領社会にも波及した。年末にはジャマイカで初めて最低賃金法が議会を通過したが, 法律の内容には未整備な面があった。63年, 政府はILO「最低賃金決定制度の創設に関する条約（第26号）」を批准した。74年, 左傾化を強めたPNP政権は, 劣悪な労働環境にあった衣料産業を対象に最低賃金法を制定した。しかしこれにより生産性が鈍化し, 民間企業からは市場競争に勝てない「乞食中心」法だという非難が噴出, 他方, 労組からも「バケツに一滴」の効果しかない悪法と揶揄された。翌75年にはILO「男女同一労働同一賃金条約（第100号）」も批准し, 最賃法は全部門に適用されることとなったが, 唯一, 家事労働者は国定最低賃金の75％に抑えられ, 不平等はしばらく温存された（後に100％が適用された）。

最賃法には1990年以降, 1〜2年ごとに修正条項が追加され, 2012年末に「週40時間労働で週給4500ジャマイカドル（J$）」が国定最低賃金とされた。実質賃金は91年から徐々に上昇し, 2008年までその傾向は続くものの, 週給4070J$（時給101.75J$）程度と最低賃金に届いていない。2014年1月からは, 12年の4500J$から12％増の5600J$（時給140J$）に上がった。危険度が高い企業警備員については週給7320.40J$から8198.80J$へ引き上げられ, 時給も最低204.97J$を保証するとされた。いずれも2005年当時からほぼ倍増しているが, 近年の景気低迷や生活必需品の値上げなどにより消費が落ち込んでおり, 政府側にはそれ

を食い止める狙いがあった。

合計特殊出生率は1966年の5.82から2012年の2.28へ大幅に減少した（世界銀行データ）。その主要因は，先進国のように女性の社会進出に伴う非婚化・晩婚化等によるものではない。ジャマイカ社会では伝統的に不妊は女性の恥辱とみなされ，出産を望む女性は多い。しかし，特権階級以外の有職者が仕事と出産・育児を両立させるには困難がある。産休法により最低12週間（最初の8週間は有給）は休める。2013年には，8週間無給ならば，労働日数が65日を超えない範囲で産休を延長できることとなった。しかし細則や条件（52週間継続雇用されていること，季節労働者の場合は過去5年間に同一雇用主の下で52週間雇用されていること，など）もあり，すべての働く女性が産休をとれるわけではない。職場での無理解や運用面の不備もある。特に季節雇用や非正規雇用の女性は，産休法に関して十分な情報を得ていないことが多い。配偶者（夫）の産休となると，ごく一部の企業が実施しているに過ぎない。その法制化を求める運動もあるが，実現までにはかなり時間がかかるとみられている。雇用主に産休が人権に基づく人道的労働条件の一つであると認識させること，被雇用者に正確な情報を提供することなど，いまだ課題は山積している。

女性労働者の権利の確立，情報提供や個別相談に関して，ジャマイカのNGO組織は重要な働きを担ってきた。その大多数は統括的組織であるジャマイカ女性協会（AWOJA）の傘下でネットワークを形成している。非正規雇用職種の筆頭格である家事労働者の権利擁護のため，1991年に設立された家事労働者協会（JHWA）もその一つである。ジャマイカの労働者階級の女性の3分の1が家事労働に就いており，女性

貧困地区に住む若い妊婦。今後の生活に不安を抱いている（2014年9月　筆者撮影）

労働力の16％を占める。2013年の推計では約5万8000人に上る。ほとんどの従事者は雇用条件において弱い立場に置かれており，セクシャル・ハラスメント（セクハラ）を受けて泣き寝入りすることも多かった。

JHWAは，1990年に内閣府女性局（BWA）の後援で開催された職業訓練ワークショップ（参加者175人）での出会いを通じて，翌91年に結成された。以後，正当な労働条件の確立，公正で適正な賃金の保証，女性の権利の擁護，家事サービスの技能訓練の提供を目的に掲げて活動を続けている。また最低賃金の遵守，社会保険（NIS）や公営住宅（NHT）に関する情報提供などを通じた貧困削減活動にもあたってきた。JHWAは活動の中で，組合化によって要求をより社会化していく必要を訴えかけ，2013年には2000人余の成員を得て家事労働者組合（JHWU）が結成された。JHWUは結成時，ILO「家事労働者のための適切な仕事に関する条約（189号）」（2011年採択）を早急に批准するよう政府に断固要求する，と強調した。シンプソン＝ミラー首相も全面的に賛同し，JHWUの女性たちを「家政大臣」と命名し，その尊厳と社会での役割の重要性がさらに認知されるべきだ

と述べた。JHWUは現在，技能訓練学校と困窮者のための財団の設立準備中である。

女性の社会進出が，家事・育児・看護・介護などの「シャドウ・ワーク」（I. イリイチ）の負担軽減なしには不可能であったことは周知の事実である。エリート女性が主導するフェミニズムも，黙々と家事労働を行う非エリート女性たちの搾取の上に推進されてきたと批判されることもある。彼女らに対する態度や労働環境を改善することは，政府そして社会の責務ではある。しかし一方で，家事労働者が手抜きや不正を行ったという雇用者側の訴えもあとをたたず，現実は被雇用者・雇用者が持ちつ持たれつの微妙な関係にある。なかには最低賃金以上の給与を払ったり，時間外手当を上乗せ支給する温情的な雇用者もいるが，対応は恣意的であり，被雇用者にとって安定した保障とはならない。

JHWAは，カリブ海地域の同業者団体との連帯も拡張している。2011年，バルバドスで開催された会合の成果として，カリブ家事労働者ネットワーク（CDWN）が生まれ，各国内での法整備や政策提言，女性の能力強化に関する協力・連携・共闘を深めている。また1997年以来，技術者には認められていたカリブ共同体（CARICOM）内での移動の自由を，家事労働者にも拡大するよう要求している。それにより出稼ぎ・移民先の多様化を図り，女性がより広い労働市場で活躍できるようにする狙いがある。

■家族：伝統的特徴と現代的変容

ジャマイカの家族形態の特徴は，女性世帯主，母親中心家族，父親不在家庭が多いことである。これらはパートナー間で訪問する未婚段階の「訪問関係」，また「訪問関係」が発展し，同居して夫婦関係や家族生活を営む「慣習法婚」と呼ばれる特徴的形態と関係がある。その背景としては，奴隷として連行されてきた人々の大半の出身地である西アフリカ由来の母系制が，奴隷制により完全には切断されず，大きくゆがめられながらもその影響を残したとする見解もあるが，奴隷制とその遺制の過酷さを生き抜く術だったとする説もある。植民地時代にキリスト教由来の一夫一婦制の家族観が流入して以来，父権的核家族を規範とすることが主流になっていったが，階層を問わず，男性は不在か存在感が薄い世帯はいまだ多い。

2002年の生活概況調査によると，全世帯の45％が女性を世帯主とし，かつ女性は男性よりもパートナーをもたない比率が高かった。また女性世帯主の87％が14歳以下の子どもを抱え，子どもの数も男性世帯主より多かった（男性世帯主は70％）。さらに，14歳以下の子どもの52％は女性世帯主の家に住んでいた。同年のPIOJの調査によると，個人消費額は女性世帯主の方が少なく，経済的に不利な立場にあった。5年後（07年）の調べでは，女性世帯主の割合は47％と微増だったが，都市部では51％と集中がみられ，その傾向は現在も続いている。

一口に女性世帯主家庭と言っても，その理由は未婚，別居，離婚，死別など様々である。若年期からの複数・多重的性関係，法的婚姻の少なさ，晩婚といった伝統的特徴に加え，近年では離婚率の上昇がみられる。2004〜09年にかけて，婚姻率が横ばいだったのに対し，離婚率は6％未満から9％近くに上った。離婚後，大半の女性は男性よりも経済的に厳しい状況に置かれることが多い。

移住の増加も，家族形態に複雑な影響を与えている。国境をまたぐ家族は多様な形態をとり，実質的に重婚，複合家族となる

ことも珍しくない。扶養や相続に関する揉め事が深刻化することもある。2011年の国勢調査によると, 2010年の海外在住者2万1164人中, 女性が1万1419人と54%を占める。10年前に比べても女性の移民増は顕著で, しかもすべての年齢層で女性の方が多かった。男女差は年齢が上がるほど開き, 60歳以上では男性508人に対し, 女性は2倍近くの1071人だった。

一方, 帰還者については逆の現象がみられる。同じく2010年に帰国した14万1589人中, 女性は6万6139人(47%)であった。男女差が最も大きいのは40歳代で, 2万4710人中, 女性は1万148人(41%)である。僅差で女性の方が多いのは60歳以上のみで, この層だけで女性の帰国者全体の3割を占める(4万8415人)。女性の移民は, 労働能力が高い間は海外で稼いで暮らし, 老後は母国で過ごす傾向がある。

ジャマイカでは伝統的に, 男も女も生殖能力をジェンダー規範と結びつけ, 妊娠・出産を女性の証と考えてきた。この価値観は, 女性が教育や技能訓練を経て社会に進出するようになっても, 大きくは変化していない。同居・婚姻前に互いの家を訪問し合う「訪問関係」の最中に妊娠・出産する例も多く, とりわけ10代の場合は社会問題とされてきた。世界銀行によると, 2012年には15～19歳の1000人当たり70人が出産した。『世界人口白書2013』によると, 思春期の女性1000人につき72人が出産したが, 10代に限ると98人にのぼり, カリブ海地域最多という深刻さであった。政府もNGOも様々に対処・支援してきたが, 2013年には法律で, 学齢期に出産した若い母親を公教育システムに再統合することが定められた。また「訪問関係」中の妊娠・出産の場合, 父親が子の認知, 養育費の支払い, 育児の責任を逃れようとするケースが多く,

それへの対策も模索されている。

内縁・同居関係から法的婚姻への移行は遅い。30歳を過ぎての初婚は珍しくなく, 経済的余裕ができる中年以降にようやく籍を入れるというケースも多い。カップルの大半は「慣習法婚」の状態にある。この現状を反映して, 1993年に遺産相続法, 2004年に離婚・離別後の財産法, 05年に扶養義務法が制定された。これらにより, 実質的に法的婚姻と同等の関係や生活実態がある「慣習法婚」の場合, 非婚パートナー/「愛人」と妻, 婚外子と実子が同等の権利を得られるようになった。ただし, 権利獲得には複雑な手続きが必要で, 政府もメディアなどを通じた情報提供に努めてはいるものの, いまだ多くの女性と子どもが不利な状況にある。

3. ジェンダー主流化への挑戦と課題

■**女性局（BWA）を軸とした制度整備と課題**

1995年, 北京で第4回世界女性会議が開かれ, その行動綱領（BPFA）でジェンダー平等促進のため「ジェンダー主流化」がグローバル戦略とされた。ジャマイカ政府もこれを意欲的に採用し, 女性局（BWA）を基盤に制度化に着手した。BWAの母体は1974年, 歴史的な男女不平等の是正を目的に, 若者・コミュニティ開発省（現, 若者・文化省）内に置かれた一部局であった。それが翌年, 内閣府直属機関に格上げされ, カリブ海諸国初の女性政策専門機関となった（2014年にジェンダー局[BGA]と改称されて現在に至る）。BWAは, 女性が男性と同等に資源や恩恵にアクセスし, 男性とともに国家の発展に参画できるようにすることを使命とし, その具体的な政策化を進めてきた。活動にあたっては, UNウィメン（ジェンダー平等と女性のエンパワーメ

ントのための国連機関）や，UWI モナ校ジェンダー開発研究所（IGDS）および UWI カリブ海地域連携部署（RCU），多くの NGO などと常に連携を図っている。

　BWA の活動の一例として，男性の約 2 倍に上る女性失業者のための就業促進プログラムがある。BWA は就職情報の提供や技能訓練の実施で主導的役割を担った。また火急の課題だったドメスティック・バイオレンス（DV），近親相姦，性的虐待，セクハラなどの性暴力への対処，およびその背後にある父権主義的観念や性差別の見直し・是正についても取り組みを進めた。急増していた 10 代の妊娠に関しては，17 歳以下の母親を対象とする支援・教育プログラムを核に，内閣府の後援で女性センター（WCJF）を設置した（1978 年）。深刻化するエイズへの対策では，保健・性教育，避妊・家族計画などをテーマとするセミナーを開き，啓発と罹患者への具体的支援に努めた。その他，行政区ごとに農村部の課題に応じるための諮問委員会を設けるなど，地域性にも配慮している。

　1987 年，BWA は政府に対し，立法・司法・行政の各面で，女性の地位向上を疎外するあらゆるジェンダー差別の撤廃に向けた取り組みが必要だと訴えた。これを内閣が承認し，カリブ海英語圏で初めて，女性に関する政策提言を国が受け入れたことになった。BWA は以後，ジェンダー平等と女性の能力強化に向けた政策立案をさらに推進し，対策プログラムを実施していった。

　ジャマイカ政府は 1997 年，「ジェンダー主流化」が確実に実施されるよう，すべての政策・計画・プログラムにおいてジェンダーの視点を採り入れると発表した。2004 年には，各省庁，NGO，市民社会から幅広い参加を得てジェンダー諮問委員会が設置され，その監視と助言にあたっている。

　2011 年，「ジェンダー平等と女性の権限強化のための国家政策（NPGE）」が策定され，国民生活全般にわたってジェンダーの平等が貫かれるべきことが示された。歴史的な男女不平等の存在が改めて指摘されるとともに，機会や資源へのアクセスを含め，女性がすべての分野で男性と完全に同等に参加できるよう，総合的な連携アプローチをとることが宣言された。

　この NPGE 実現のために実施された「ウェイ・アウト（Way Out：解決）・プロジェクト」は，BWA，NPO 紛争解決協会（DRF 1994 年発足），UN ウィメンの連携によるものである。プロジェクトでは男女を対象としたジェンダー主流化研修や，女性の政治的・経済的指導力を強化するためのプログラムのほか，ジェンダー平等と修復的司法（当事者同士やコミュニティ内の関係修復により問題解決にあたる）の方針に基づく調停・解決能力強化研修などが行われた。2011 年，12 年の 2 年連続で，家族向けの「ウェイ・アウト・エクスポ」も開催された。さらに，女性の公私両域での能力開発と指導力強化を目的とする「フェムパワー（FEMPOWER）」プログラムや，150 人の女性企業家の育成を目標に掲げたメンターシップ・プログラム（顧問役の成功者とペアを組み，指導・助言を受ける）なども計画された。

　女性企業家や上位幹部の育成に関しては，民間にも動きがある。2014 年 9 月，首都キングストンで，「指導者から指導者へ：知識で能力強化」と題した連続企画の一環として，「姉妹の力」をテーマとするシンポジウムが開催された。先達として著名な女性重鎮 6 人が講演を行った後，組織や分野を超えて共同し，国の発展に寄与するにはどのような戦略が必要か，また女性指導者による「助言文化」の醸成などが議論された。

相互に経験知や課題から学び合い，それらを共有して活用することが期待されている。

ジェンダー主流化の実効性を向上させるため，BWAは2011年から毎年，一定の基準を満たした組織や機関に「ジェンダー平等誓約証明書」を発行している。求められるのは以下の4つの基準である。①後述するジェンダー・フォーカル・ポイント（GFP）を1人以上置いていること，②GFPがジェンダー主流化のための全研修の80％以上に出席していること，③国家政策（NPGE）に即した行動計画を立て，実行していること，④責任者が③の行動計画を承認していること。GFPとは，各種統計・調査結果の分析や，セクハラや性暴力の防止，行動計画の監視や評価についての訓練を一定期間受けたジェンダー平等政策の専門家である。証明書発行にあたっては，上記4基準が満たされているかどうかをBWAの政策研究部門が査定する。2014年6月までに24機関が認証を得ている。

このようにBWAは広範な分野で多岐にわたる活動を続けているが，課題も山積している。資料室を含むオフィスは手狭で，人出も不足気味である。筆者の聞き取り調査（2014年9月）では，「ジェンダー平等誓約証明書」にもいくつかの問題があるように見受けられた。まず認証された組織・機関によって，また組織・機関内においてもこの件に関して温度差が大きく，BWAと現場との間には乖離がみられる。また，BWAは活動を紹介した小冊子などを配布し，広報に努めてはいるが，その普及は限定的で全国民に活動が認知されているとは言いがたい。BWAとジェンダー諮問委員会は2011年にNPGE評価の補足事項を公表し，25頁にわたって課題とその解決に向けた提言を述べたが，ジェンダー主流化の現場レベルでの実効性向上は今後も難航することが予想される。

■**教育分野での女性の躍進**

政治・経済・社会指標では女性は明らかに依然として不利な状況にあるのに対し，教育分野では近年めざましい躍進がみられる。従来，小・中・高校の教員の6～8割は女性が占めるものの，校長は男性が多かった。それが最近，伝統ある有名男子校の校長に女性が就任して話題となった。一部の専門家は，男子の多くは中学生ごろまではジェンダー差別に根ざした男女観を強く抱いており，それが成年後の性別役割分業や子どもへの期待にも反映されると述べている。ある調査では，男子校の中学生による女性への否定的態度が最も強かったという。そのような社会で男子校に女性の校長が誕生したことは注目に値する。

国連開発計画（UNDP）によれば，成人識字率は2003～14年まで，88％前後でほぼ横ばいを続けている（世界銀行の2012年のデータでは15～24歳の年齢層が96％と高率である）。2003年の数値をみると，女性が92％と男性（84％）を上回っており，就学率でも男女差は高学年になるほど開きが大きくなる。PIOJの調査（2014年）によると，2010～13年でも同様の傾向がみられる。高等教育の就学者数では，女子は6万4034人と中等教育のそれの4分の1にも満たない。しかし，同じ時期の高等教育就学率は男女全体で29％であり，男子の32％に対して女子は68％と2倍以上の開きがあった。

大学進学・就学率ではその差がより顕著になる。図1は，UWIモナ校の，近年の女子学生の比率の推移を学部別に示したものである。伝統的に女子の多い人文教育学部はもとより，全体的に工学部を除くと最低でも男女同数，多くの学部で女子の比率が

図 1　UWI モナ校の学部別・女子学生比率の推移

学部／年度	2006/07	2008/09	2009/10	2011/12	2012/13
人文教育学部	—	63%	78%	76%	76%
社会科学部	—	52%	71%	68%	68%
法学部	81%	50%	—	78%	75%
農学部	50%	—	65%	57%	80%
工学部	15%	—	13%	19%	21%
理論応用科学部	71%	34%	56%	53%	52%
医学部	85%	51%	87%	81%	80%
ジェンダー開発学部	—	—	—	72%	72%

［出所］　BWA (2010); PIOJ (2014).

上回っており，近年では特にその傾向が強い。大学当局が発表する卒業率でも女性の方がかなり高い。BWA の 2010 年の調査によると，2007～08 年度の同校の学部卒業生数は，男子 3559 人に対し，女子は 2.5 倍強の 9060 人だった。

常勤教員の比率でも女性の進出がみられる。同じく BWA の 2010 年のデータによると，UWI モナ校では 2008～09 年度，人文教育学部（63%），社会科学部（52%），医学部（51%），法学部（50%）で，常勤教員に占める割合で女性が男性を上回った。半数を超えなかったのは理論応用科学部（34%）のみだった。ただし，女性教員の大半は講師以下で，准教授以上の職位ではいまだ男性優位である。

専門職・技術職でも女性の進出は著しい。PIOJ が 2011～13 年に 13 分野 36 以上の職種を対象に行った調査（2014 年公表）では，ほとんどの分野と職種で女性が優勢だった。男性の優位が顕著だったのは，エンジニア，建築・土木およびコンピュータ分野と教会関係（牧師など）だけである。

これらの数字からは，男子の教育に関しても問題や課題が多いことがわかる。特に父親不在の家庭の男子の高等教育進学率・修了率が低下傾向にある要因は，学業不振や経済事情，環境の悪化による中途退学の増加など様々で，若者の将来に影響を与えるという点で社会問題として深刻である。ある調査では，母子家庭の男子は，父親のいる家庭の男子より学力が低いという結果が出た。そうしたデータをもとに，父親が身近にいない男子は範となる男性像を描けず，情操にも問題を抱え，非行や犯罪に走る可能性が高い，などとも言われた。その背景には，男子は女子よりも若い年齢で独立・自立すべきであるとする社会通念もある。だが，十分な教育を受けず，知識も技能も未熟なまま社会に出ても，潜在的失業者になる可能性が高い。UWI の教育心理学者 E.ミラーが『黒人男性の周縁化』（1986）で社会に衝撃を与えた男子の教育問題は，今日ますます深刻化している。

この問題に対して，これまで様々な取り組みがなされてきた。1982 年に発足した NPO「家庭生活ミニストリー」は，キリスト教的家族観に基づき，子どもの教育の基礎となる家庭を修復させるための試みを続けている。先に触れた人類学者・社会活動家シェヴァンズの主導で 91 年に設立された「ファーザーズ」は，男親の育児支援を活動目的とする NPO である。父性の尊厳に関する学習・啓発を通じて，男性が自らの男性性を捉え直し，子育てに責任をもち，主体的に関われるよう支援している。また，それによって女性観やパートナーとの関係にも良い変化が表れることが期待されてい

る。2011年には，UWIの近辺にあるコミュニティ内に，大学のプロジェクトの一環として「シェヴァンズ・ファーザーズ資料センター」が開設された。男性研究は女性研究よりも遅く，90年代になってようやく本格化した。ジェンダー主流化の観点に照らしても男性研究の深化・発展は不可欠で，その重要性はUWIモナ校ジェンダー開発研究所（IGDS）も強調している。「ファーザーズ」や資料センターはニーズが高いコミュニティで活用されることが期待されている。

政府も2009年，「女性に対する暴力廃絶のための国際デー」（11月25日）に，BWA内に男性部局を設置した。ごく小規模ながら，ジェンダー差別に起因する暴力の防止，男性に関する政策研究・調査，啓蒙活動などでの貢献を目指している。UWIや「ファーザーズ」などとも連携しつつ，これまで女性に偏重してきたジェンダー政策・ジェンダー研究をより包括的なものにする目的もある。女性局（BWA）が2014年にジェンダー局（BGA）と改称したのも同じ目的による。

■窮状を生き抜くための知，行動，連携

現実には，何につけ主導権は男性が握るべきとする風潮はいまだ根強い。ポピュラー音楽やダンスなど大衆文化を通して浸透したと批判される「暴力の文化」も絡み，女性への暴力も，階層・人種・民族・宗教・学歴・職種を問わず広がっている。被害者は，政府の啓発活動や法整備がいかに進んでも，報復への恐怖や恥の意識から沈黙する傾向がある。1989年には警察内に性犯罪・強制猥褻調査センター（CISOCA）が設置されたが，そこに持ち込まれる案件は氷山の一角にすぎない。CISOCAには女性責任者と訓練を受けた女性警察官が配置され，被害届を受理すると迅速かつ徹底的な調査を行うことを約束する。被害者のカウンセリングやセラピーを実施し，性犯罪や児童虐待に関する活動の広報も行っている。それでも，多くの被害女性は警察に届け出ることで事態が公になることを躊躇する。キリスト教系の支援団体や，暴力被害者専門の救援センターを有するNGO「ウーマン」などの方が，被害女性にとっては敷居が低いようだ。

「現代の奴隷制度」と言われる人身売買に絡む誘拐・拉致事件も近年増加している。2007年にはその処罰が法律で明文化され，警察に特別捜査部が設けられるなど取締が強化された。しかし，国境をまたぐ犯罪ネットワークの手口は複雑巧妙で，捜査は難航している。誘拐・拉致のターゲットとなりやすいのは，グローバル化によりモノへの欲望を刺激され，生活の利便性と現金収入を求めて，地方から都市へ流入してくる若年層である。とりわけ就業条件で不利な女性は，家事労働など未熟練職でしのぐか，最悪の場合は危険な仕事に手を出すことになる。ジャマイカでは近年，観光地や商業施設近辺に飲食店や酒場を兼ねた安宿が急速に増えている。街にネオンが灯る時刻になると，その一帯に客を待つ若い女性が立ち並ぶようになった。こうした女性が甘言につられて偽の契約書にサインし，偽造パスポートをもたされて国外へ連れ去られる例も多い。行方不明者も増え，未通報のままというケースもある。

それでも希望はある。多くの女性が，自立・自律に向けて生活の基盤を築き，知と行動と連帯によって創造的な仕事をなそうとしている。女性ならではの関心やセンスを生かす例もみられる。筆者が首都中心部で出会った若い美容師やネイリストたちは，それぞれ厳しい競争を生き残るために必死

首都繁華街近くの自営ネイリスト。
ブースには中国語のファッション雑誌も
（2014年9月 筆者撮影）

の努力を続けながら，常に互いに支え合おうとしていた。ある若いシングルマザーの自営ネイリストは，顧客獲得のため日々熱心に技能やセンスを磨いている。収入増を考えるなら，有名店に勤めたり，規模を広げる道もあるだろう。しかし彼女は，土曜日などは店に小学生の娘を同伴し，仕事だけでなく子育てにも全力で取り組みたいので，しばらくは時間の融通が利く小規模自営のままでやっていくつもりだ，と強い意志をみせた。

1983年設立のNGO「女性リソース・アウトリーチ・センター（WROC）」は，銃犯罪などの絶えない複数の貧困地区で，女性や若者のための活動を行っている。米国エイボン財団の援助も得ての女性への暴力撲滅キャンペーン，持続可能な生計のための支援活動（2004年〜），若者の健全な成長や女性の権限強化を主な目的とするコミュニティ能力開発，国連女性差別撤廃条約（CEDAW）に基づくプロジェクト（06年〜），国連民主主義基金（UNDEF）の支援による女性の指導力向上プログラムなど，その啓発・支援活動は多岐にわたる。女性・若年層だけでなく，幼児から高齢者まで地域住民を対象とする保健サービスの提供も行っている。プロジェクトの立案にあたっては，詳細な実態調査・研究に基づき，地域のニーズに応えることが留意されている。また，様々な問題を演劇化して，男女の意識と行動の変化を促す活動で定評があるNPO「シストレン（SISTREN）」の手法も採用している。2011年に日本大使館の支援も受けて改修された放課後センター「JPエンパワーメント・インスティテュート」（The Janette Purrier Institute of Empowerment）では，その前年の2010年からコンピュータも導入され，子どもから大人まで安全で有意義に学習・活動できる場も確保された。今後は設備や資料などの充実に加え，厳しい資金難の解決が一大課題である。

首都近郊のある山村では，女性が主体となって持続可能なコミュニティ作りを行うプロジェクトが進行している（本章扉参照）。発電には太陽光など自然エネルギーを使い，小規模ながら農産物の加工販売事業を立ち上げている。技術訓練には国内大手携帯電話会社から，加工所の建設には米国際開発庁（USAID）から資金援助を受けた。実績あるフリーランスの企業アドバイザー（自らも成功した企業家で，2009年に設立されたNGO「農村女性生産者ネットワーク」（JNRWP）の会長も務める）が，地元の多様なアクターと折衝しつつ，利害の異なる住民同士の連携役を担っている。将来的には，持続可能なコミュニティのモデルケースとして，その経験知を国内外に発信することが目指されている。

言うまでもなく，ここに紹介した活動はいずれも，現実には幾多の困難に直面している。しかし，現場で活動に携わっている女性たちの時折の涙と笑みや言葉の端々には，困難の先にあるものを信じて果敢に挑戦を続ける決意が光っていた。

第 14 章

メキシコ
―─男女平等社会の構築を目指す 21 世紀―─

国本伊代

日曜日のメキシコ市内で市民の安全を見守る女性警官の姿。
制服と装備は男女共通である（2014 年 9 月 筆者撮影）

メキシコ女性史関係年表

西暦	事項
1910	メキシコ革命が勃発する。
1915	離婚法が成立する。
1916	初の全国女性会議がユカタン州メリダで開催され，女性の参政権要求を採択する。チアパス州，ユカタン州，タバスコ州で女性参政権が認められる。
1917	新憲法（革命憲法）の公布。家族関係法が公布される。
1922	メリダ市で初の女性市議会議長にローサ・トーレスが任命される。
1923	ユカタン州でエルビラ・カリーリョ＝プエルトが全国初の女性議会議員に当選する。サンルイスポトシ州で識字を条件とする女性参政権が認められる。
1953	ルイス・コルティネス大統領，憲法第34条修正に署名し，女性参政権が成立する。
1955	連邦議会選挙で，女性有権者が初めて選挙権を行使し，3名の女性議員が当選する。
1970	全国メキシコ女性同盟（UNMM）がエチェベリア大統領の民主化政策のもとで発足する。
1972	全国女性運動（MNM）が発足する。
1974	「人口に関する一般法」の制定および男女平等に関する一連の法制改革が行われる。憲法第4条が改正され，「法の下での男女平等」が追記される。
1975	第1回世界女性会議がメキシコ市で開催される。
1979	初の女性州知事がコリマ州で誕生する（グリセルダ・アルバレス）。
1980	開発への女性統合国家プログラムが設立される。第1回全国女性大会が開催される。
1981	国連女性差別撤廃条約をメキシコ政府が批准する。
1987	2番目の女性州知事がトラスカラ州で誕生する（ベアトリス・パレデス）。
1988	サリナスPRI政権，2名の女性閣僚を擁して発足する。
1992	民主主義のための全国女性大会（CNMD）が開催される。
1993	連邦選挙管理機構，各政党に対してジェンダー・クオータ制の導入を奨励する。
1994	セディリョPRI政権，2名の女性閣僚を擁して発足する。
1996	選挙法改正によって，政党に同性候補の上限70％を義務化する。
1998	連邦議会下院内に「平等とジェンダー委員会」が設置される。
1999	初の女性メキシコ市長が誕生する。
2000	フォックスPAN政権，3名の女性閣僚を擁して発足する。
2001	国家女性庁（INMUJERES)が設置される。
2006	カルデロンPAN政権，3名の女性閣僚を擁して発足する。
2007	メキシコ市，妊娠12週目までの中絶を合法とする。
2008	メキシコ特別区最高裁判所，妊娠12週目までの中絶を認める。選挙法改正により，ジェンダー・クオータ枠を30％から40％に引き上げる。
2009	メキシコ市，連邦地区民法の改正により同性婚を合法化する。
2010	連邦最高裁判所，すべての州に対して緊急時の避妊処置と，レイプによる妊娠の際の中絶容認を命じる。
2012	ペーニャ＝ニエトPRI政権，4名の女性閣僚を擁して発足する。
2013	憲法第41条改正で，ジェンダー・クオータにパリティ（男女同数）が導入される。「機会均等および女性差別反対のための国家計画　2013-2018」を発表する。母子家庭の子どもの将来を保障するための「母親保険法」が成立する。
2014	「ジェンダー平等と各州女性の前進のためのメカニズム委員会」第1回全国会議が開催される。

メキシコ合衆国は21世紀の世界における潜在的大国の一つである。1994年、別名「先進国クラブ」とも呼ばれる経済協力開発機構（OECD）にラテンアメリカ（以下、LA）で最初に加盟して以来、2010年のチリの加盟まで、LA唯一の加盟国であった。国土面積197.4万km²、人口1億3500万人、1人当たりの国内総生産（GDP）1万3000ドルに加えて、豊かな天然資源を保有する国である。

メキシコは、他のLA諸国と同様、1990年代から2010年代半ばにいたる約四半世紀間に大きな変貌をとげた。この変化の基軸にあるのは、1980年代半ばに始まった混合経済体制から市場主義経済体制への移行とグローバル化である。そして先進諸国の経済がいずれも低迷・縮小傾向にある2014年現在、メキシコも政治・経済・社会の改革を迫られている。

世界銀行、OECD、ヨーロッパ連合（EU）などから「経済開放度」の不十分さを指摘されてきたメキシコは、2014年に国営事業である石油と電力の一部民営化に踏み切った。LA域内でもいくつもの国が反ネオリベラリズムを掲げ、資源の国有化を実行したボリビアに代表されるような左派政権が独自の経済開発モデルを模索している中で、メキシコはネオリベラリズム経済政策に固執している。

この四半世紀に及ぶネオリベラリズム政策のもとで、メキシコの政治・経済・社会・文化は歴史的変化をとげた。政治では、制度的革命党（PRI）による一党独裁から多党政治の時代に入り、3大政党が拮抗している。経済的には、1994年の北米自由貿易協定（NAFTA）に始まる市場開放によって外国資本が進出し、安価な外国製品が流入することで消費社会が出現した。同時に若者を含めた大量の実質的失業者が、麻薬組織の活動拡大に伴って組織犯罪に取り込まれ、警察・行政・司法の機能不全状態も相俟って、2014年のメキシコの国内治安は世界銀行から「準内戦状態にある」と指摘されたほど悪化した。

そしてこの間、メキシコにおける富裕層と下層大衆の断絶した状況は、半世紀以上も逆戻りしてしまった。1960～70年代にかけて拡大し、先進国並みの豊かさを享受していた中間層が縮小し、中間層中位以下は限りなく「下層」へと移行しつつある。こうして経済的にも社会的にも極端な「格差社会」へと変貌しつつあるのが現代メキシコの実像であり、将来を担うべき次世代のおかれた状況も深刻である。

メキシコ政府は、児童就労の是正勧告をユニセフ（国連児童基金）から受けている。また、義務教育課程を修了しない子どもの数も増加傾向にあり、15～25歳の非識字人口も増えている。2013年以降、グローバル化の中で遅れをとっている教育水準を引き上げるための抜本的改革が取り組まれているが、教員組合は強く反撥している。教育現場は混乱し、その過程で行政と組合の双方が絡む汚職構造が露見するという事態に至っている。

エンリケ・ペーニャ＝ニエト現大統領は2012年12月1日の就任演説の中で、国の現状に関して「メキシコは"繁栄の車輪"と"貧困の車輪"という、スピードの異なる2つの車輪で走っている」という認識を示した。確かに2014年時点のメキシコは、先進国並みの豊かさと最貧国並みの貧しさが共存するかたちで、深刻な治安の悪化に直面していた。

一方で、グローバル化がもたらしたプラスの側面も大きい。国際機関やNGOの後押しによって、貧困・差別・不平等・汚職などに取り組む団体が全国規模で活動を展

開しており，その政府に与える影響は小さくない。とくに女性差別を是とする伝統的なマチスモ文化は，国際社会の支援と女性たち自らの運動によって大きく変容しつつある。それはたとえば女性の教育水準の向上，社会進出，政財界での活躍となって実現している。本章ではこのような視点に立って，メキシコ社会とそこに生きる女性の状況を紹介する。

1. 2014年のメキシコ社会の姿

■グローバル化による社会の変容

メキシコは経済破綻を経験した1980年代から政治・経済の構造改革に取り組み，現在のネオリベラリズムを基調とした改革を進めてきた。とくに1994年元旦の発効以来20年を経過した北米自由貿易協定（NAFTA）と，それに続く世界各国・各地域との自由貿易協定は，メキシコの経済構造を変えただけでなく，政治・社会・文化に大きな影響を与えた。その結果，21世紀のメキシコ社会は過去の伝統と慣習の多くを捨て，新しい社会に変貌しているといっても過言ではない。しかしこの間の平均経済成長率が1.2％であったことが示すように，期待された高い経済成長を実現できなかっただけでなく，グローバル化によって極端な格差社会となってしまった。

なかでも政治文化の変化は顕著である。71年間にわたる制度的革命党（PRI）治政の最後の10年間（1990年代）と，その後の国民行動党（PAN）による12年間（連続2期），および2012年の大統領選挙で返り咲いたPRI政権期を合わせた約四半世紀間に，メキシコの政治は多党化し，国民の政治意識も大きく変わった。不正選挙を糾弾する大規模な抗議行動など，71年間に及んだ長期一党独裁体制下ではありえなかった政治文化がみられるようになった。1991年に設立された連邦選挙管理機構（IFE）は，公正な選挙のために必要な制度改革に取り組み，さまざまな試練を経て2014年，より自立性の高い国家選挙機構（INE）へと再編された。21世紀に入ってPRI，PAN，および民主革命党（PRD）からなる三大政党が拮抗するようになったことで，強引で独善的な政策の遂行は難しくなり，各党は政治的妥協を必要としている。国民の抗議行動は，時には警察との衝突が発生することがあっても，ほぼ平和的に行われており，当局の介入を受けることもない。

同時に，男性の占有分野とされていた政界への女性の進出が著しい。後述するように連邦議会議員に占める女性の割合は1991年の8.8％から2012年の37.4％へと大幅に増加した。主要政党PRIとPANの党総裁に女性が就任し，男性優位主義の伝統が強く残る地方政治においても少数ではあるが女性州知事が誕生した。連邦議会議員選挙に導入されたジェンダー・クオータ制（議員候補の女性枠）は，1996年の30％から2008年に40％へ拡大され，2014年にはパリティ（男女同数制）へと法改正が行われ，女性の政界進出に大きく寄与している。クオータ制が導入された初期には，数字合わせのために政党の後押しで政治家となった「未熟な」女性議員たちが厳しい世論に晒されることがあった。しかし今日では，全般的に女性の政治力が肯定的に評価されている。このように政界において女性議員たちが活躍する状況に到達するのに，メキシコはほぼ四半世紀の歳月を要した。

経済部門の変化もまた著しい。1980年代に始まった混合経済体制から自由主義経済体制への転換の過程で民間資本に売却された各種事業は，21世紀には巨大企業へと変身し，有力な財閥や同族企業グループが出

現した。2010～13年にかけて連続4年，世界最大の富豪となったカルロス・スリムを代表として，『フォーブス』誌が毎年発表する世界の億万長者の常連の一角にメキシコの大富豪たちが名を連ねている。

1990年代に進められた貿易と金融の自由化もまた，メキシコの経済と社会を大きく変えた。関税率の引き下げと40を超える自由貿易協定によって開放されたメキシコ市場には外国製品があふれ，洒落たショッピングモールと外資チェーン店が進出し，従来の商業分野は大きく様相を変えた。小売業界で熾烈な国際競争を展開する諸外国資本が全国規模で店舗を拡大したことで，メキシコの顧客が先進国並みの利便性の高いサービスを享受できるようにもなった。金融部門では，メキシコの金融機関の8割が外資に買収されたが，同時に顧客へのサービスも格段に向上した。メキシコは混合経済体制下で1000を超える企業体を国有企業ないし公営企業として国家が管理してきたが，新自由主義経済体制への転換によって外資が進出し雇用が創出され，市場の開放によって消費者に豊かな商品やサービスを届けられるようになった。しかし自由主義経済が国民に一律に恩恵を与えたわけではない。むしろあらゆる面で経済的格差を拡大させ，社会のあり方を変えてしまった。

一方，このグローバル化の過程で，メキシコは世界有数の麻薬流通基地となった。2014年には世界銀行から「準内戦状況」にあると指摘されたほど，麻薬組織間の抗争，誘拐・殺人・虐殺事件が頻発しており，かつての麻薬王国コロンビアに代わってメキシコは麻薬組織犯罪の主要舞台となった。この状況に対抗して，各地で武装自警団の結成が進んでおり，さらなる武力抗争の激化が懸念されている。

治安悪化の要因の一つに，犯罪組織の誘拐の手口が大きく変わったことがあげられる。それまで高額な報酬を当て込み，富裕層を対象とした計画的な営利誘拐が多くを占めていたのに対し，現在では対象を問わない手あたりしだいの誘拐へと変わり，普通の市民が危険にさらされている。全国規模の観察網をもつNGOの報告によると，2005～14年までの10年間に，メキシコの誘拐事件は警察に通報のあった案件だけでも5倍に増加したとされる。2014年8月には，米国務省が自国民に対してメキシコへの渡航を自粛するよう勧告した。その際提示された情報によると，2014年上半期だけでもメキシコ国内で81名のアメリカ市民が殺害されたという。また2012年にメキシコ国内で発生した10万5000件以上の誘拐事件のうち，警察に通報された件数は1317件にすぎなかったという（メキシコ国立統計地理院［INEGI］）。このような治安の悪化は，国連経済社会理事会の下部機構であるラテンアメリカ・カリブ経済委員会（CEPAL）の報告書でも指摘されており，それによれば2013年のメキシコの治安度は162カ国中138位という下位にあった。

麻薬組織による犯罪のほか，さまざまな凶悪犯罪が全国で起こっている。「女性殺し」という言葉が連日メディアにとりあげられるほど，一般の女性たちが拉致・殺害されるという深刻な事件も多発している。暴行・恐喝・強盗・盗難・ゆすり・たかりは無数に発生しているといっても過言ではない。このような犯罪の多発は，拡大した貧困や組織犯罪の影響であると同時に，現場検証から捜査・犯人逮捕，告訴・裁判・科刑にいたる一連の警察・司法過程の制度的不備によるところも大きい。警察も裁判所も官僚的対応に終始することが多く，警官と犯人（集団）が癒着していたり，司法当

局が刑罰を避ける傾向にあるなど，メキシコの司法には多くの問題があり，刑法改正と司法制度改革が検討されている。

権力の汚職と腐敗は昔から「メキシコの伝統文化」といわれるほど一般的であり，歴代政権が公約に掲げながら改善できなかった「文化」である。メキシコの「汚職と腐敗度」は常に世界の最高位グループに位置している。国際NGOトランスペアレンシー・インターナショナルの最新報告（2014年）や各種世論調査の結果から総合的に判断すると，国民の80％以上は警察・公務員・立法府・行政府・司法当局を信用していない。メキシコ政府は自ら情報開示による汚職追放に取り組み，大統領をはじめとする閣僚が資産公開を行っているが，その内容は曖昧である。2014年9月，ゲレロ州で43名もの学生が殺害されるという事件が起き，麻薬組織・州知事・警察の癒着が明るみに出たことで，根深い汚職・腐敗の構図と事態の深刻さが一層明確となった。

現PRI政権は発足時に，他の主要2政党との間で「メキシコのための協約」を結び，さまざまな改革案を提示した。その多くが政権発足後2年間（2014年12月まで）で法制化された。その中には汚職撲滅への取り組みも盛り込まれているが，いまのところ汚職と治安が改善に向かう気配はほとんどない。

一方，メキシコは1990年代以降，国連を中心とする国際機関が求める「公正で平等な社会」の構築に必要な諸改革に取り組んできた。差別と抑圧と貧困の中で暮らしてきた先住民族のアイデンティティの尊重と伝統文化への支援政策，経済的困窮者の救済政策，女性の権利保障とジェンダー差別解消への取り組みなど，公正・平等に向けた政策に関しては，憲法改正を含めた法整備やその実施に努めるなど，汚職や治安に対するよりも積極的な姿勢をみせている。

■経済的格差の拡大と固定化

メキシコはほぼ500年前に始まる植民地時代から今日に至るまで，経済的・社会的格差社会でありつづけてきた。300年にわたるスペイン植民地時代に形成されたメキシコ社会は家父長的人種別身分制社会であった。スペイン人からなる支配層とその他の非支配層に明確に二分され，加えて男性優位の伝統とそこから派生する社会規範が20世紀半ばまで保持されていた。19世紀末から20世紀初頭の経済発展期に中産階級が形成され，メキシコ革命を経た20世紀後半に実現した高度経済成長期には中間層が大幅に増大した。この中間層は先進諸国の中産階級に劣らぬ経済的繁栄を享受し，1960～70年代にかけて国民の半数にまで拡大した。しかし80年代の経済危機と90年代に本格化した新自由主義経済政策によって，21世紀のメキシコ社会は一握りの富裕層が富を占有する一方で，世界の最貧国同様の貧困層が苦しい生活を送る社会となった。世界銀行がまとめた資料によると，2000～12年の間に貧困層は30％から40％へと拡大したという。しかしこれは実態とはかけ離れた表面上の数字である。

まず，かつて中間層中位に属し，自家用車を保有していた給与所得者層が，下層に限りなく近づいている。こうした層と，その日の食事にも事欠く極貧層，食べていけるぎりぎりの生活を送る層を含め，合わせて国民の60％以上が現代メキシコの下層社会を形成している。政府はこれまで，先に挙げた世界銀行の数字を根拠に，「わが国の貧困層は30～40％」としてきたが，専門家および国際機関からの指摘で2014年には60％へと訂正した。

さらに従来から存在していたインフォー

マル・セクター（公式統計で把握されない経済活動分野）が，経済活動人口とGDPに占める割合を拡大させている。INEGIの2014年の統計によると，経済活動人口の60％はインフォーマル・セクターで働いている。インフォーマルな経済活動はいつの時代にも存在し，露天商人から家事労働者，非合法な麻薬売買関係者まで幅広い分野に及ぶ。しかし21世紀に深刻な社会問題として浮上しているのは，高等教育を受けた若者たちがフォーマル・セクターで職を得ることが難しくなっていることである。2014年初めには，高校もしくは大学を卒業したのに正規職に就かない若者の数は550万人にも達した（INEGI「職業と雇用の全国調査」）。専門家の分析によると，その原因は若者たちの知識・技能水準の低さとフォーマル・セクターの給与水準の低さにあるとされる。フォーマルな経済部門は国際競争に必要な能力を持たない若者たちを雇用しない。他方で有能な若者の希望する職種は賃金が安すぎる。その結果，医療保険と年金制度に加入できる職場よりも，不安定ではあるが給与水準の高いインフォーマルな職場を選択せざるを得ない傾向が強くなるという。

このように伝統的なインフォーマル部門そのものが大きく変化するなかで，そこで働く人々すべてが教育水準の低い貧困層とは限らず，むしろ給与水準がフォーマル部門を上回る場合も少なくないという。しかしインフォーマルであるがゆえに政府にとってはその実態を把握することが難しい。GDPのほぼ25％を占めるインフォーマル・セクターの経済活動が課税の対象外となっていることは，国家財政にとって大きな問題である。また，この分野で働く労働人口が社会保障から外れていることで深刻な問題が生じている。統計上は「無収入」

旧市街地の中心部にある憲法広場（ソカロ）の路上で薬草を売る先住民女性（2014年9月　筆者撮影）

となっている人々の社会保障費（無償医療など）が国家財政を圧迫しているだけでなく，将来の無年金層を増大させているからである。

メキシコの社会では，こうして上層の生活空間と下層（従来の中間層中位以下を含む）の生活空間とが，21世紀の現代においても50年前と同じようにほとんど交差しない状況にある。このような構造が，新自由主義政策による合理化と熾烈な競争社会の出現によって激化されているにもかかわらず，歴代政権は格差解消への十分な取り組みを行ってきたとは言いがたい。現時点でメキシコには遺産相続税が存在せず，相続にかかる費用といえば資産の名義変更にかかるわずかな税金と手続き費用のみであるため，富裕層の資産が世代交代時に再分配されることがない。そのうえ固定資産税率そのものが低い。その結果，メキシコ社会は少数の超富裕層と圧倒的多数の貧困層に二極化したままとなっている。

一方，フォーマル・セクターで働く中間層は，2013〜14年に取り組まれた税制改革で大きな圧迫を受けている。まず所得税の上限が30％から35％に引き上げられた。11段階に分けられた累進課税制度では，最低賃金を超える年収に最低1.92％から最高35％の税が課されることになった。このよ

うにフォーマル・セクターで働く給与所得者の税負担はかなりの額に上るが，高額所得者ほど税負担率は低くなっており，累進課税の再分配機能は損なわれている。2014年時点で，一般的な専門職の平均月給は 1 万ペソ強（約 667 米ドル）であるが，これは累進課税率の第 6 段階に属し，固定税約 10％に加えて 21.36％の累進課税を課され，実効税率の総計は 30％を超えることになる。その結果，自家用車を保有し，子どもを私立学校に通わせ，家事労働者を雇うという従来の中間層の生活水準を保てるのは，夫婦とも専門職に就いている少数の世帯のみとなった。

2200 万人が暮らす首都メキシコ市で地下鉄やバスに乗れば，階層社会の実相が歴然とみえてくる。近年ますます路線を拡大して便利になった地下鉄とバスに乗るのは下層の人々であり，2 台以上の自家用車を保有する中間層中位以上の人々はほとんど利用しない。自家用車で通勤する中間層中位以上の家庭の多くは車を 2 台所有する。19 世紀後半にパリのシャンゼリゼをモデルに造られたレフォルマ公園大通りは，日曜日には自転車専用に開放され，サイクリングを楽しむ親子連れや老若のカップルでにぎわう。そのかたわら，大通りに近い旧市街地の一角にあるアラメダ公園には質素な身なりのグループが集う。前者は明らかに中間層中位以上の人々であり，後者は地方出身の下層大衆で，その多くは先住民系である。先住民人口約 800 万のうち 60％が農山村に残り，その 90％がその日の食事にも事欠く極貧状態にある。そして現在，そのような先住民社会では，都市部へ移住するか，「アメリカン・ドリーム」を求めて米国へ出稼ぎに出る傾向が強まっている。

メキシコではこれまで，政治家や高級官僚，国営企業の管理職などいわゆる上層の人々や公務員と，一般労働者との間の格差の実態はほとんど知られていなかった。それが近年，各分野での情報公開や報道の自由の進展によって，両者の所得には驚くほどの格差があることが明らかになっている。とくに任命制の高級官僚の場合，給与体系が不透明で，諸手当を含めると非常な高額の所得を得ていることは従来から知られていたが，所得が相対的に低いとされてきた下級公務員もかなり恵まれた境遇にあることが判明した。経済紙『エル・エコノミスト』が指摘するように，メキシコの公務員が「非効率・無能・腐敗」の代名詞であるとしても，また幹部以外の多くが中卒レベルであっても，公務員の給与は定期・不定期の不明朗な諸手当を含めると，民間企業の大卒・専門職のそれに匹敵する。

このようにインフォーマル・セクターとフォーマル・セクターの間の格差，および公務員と民間企業労働者の賃金格差，あらゆる面での都市と農村の格差，富裕層と貧困層の格差など，21 世紀初期のメキシコ社会は平等・公正からは程遠い。そしてその根幹にある深刻な問題の一つが教育である。

公立学校の学費は幼稚園から大学院までほとんど無償に近いにもかかわらず，就学年齢児童の約 1％が小学校すら修了していない。中学校中退率は 5.5％，高校中退率は 15％を超え（国家教育評価院［INEE］），大学進学率は OECD 加盟国 36 カ国中最下位の 26％にとどまる。グローバル化のなか，メキシコの高等教育には国際競争を勝ち抜くことのできる若者を育てる能力がないと批判されて久しい。設備と教員の質が問題視されている公立学校とは対照的に，私立学校は教育環境が整ってはいるが，その高額な学費は中間層中位以下の家庭には支払えない。世界銀行はこのようなメキシコの実情に対して，貧困と不平等が世代を超え

て固定化してしまっていると指摘した。

　メキシコの教育にはさらに深刻な問題がある。通学が苦痛で親に無断で学校をやめる，妊娠を機に勉学を中断・放棄する，家を出てしまい学校に通わなくなるといったケースが跡を絶たない。こうして就学を放棄してしまった10代の少年少女たちは，貧困から犯罪に巻き込まれる危険性が高く，懸念されている。

■「貧しいが幸せなメキシコ人」の実態

　メキシコの主要紙の一つである『レフォルマ』は，OECDが2014年5月5日に発表した「国民の幸福度ランキング」(加盟国36カ国対象)を取り上げた。それによれば，メキシコ人の自己イメージは，「肥満で貧乏だが，幸せ」(同紙5月6日付)，「貧しいが幸福だと自認」(5月28日付)というものだった。また，「メキシコ人の85％は日常生活に安寧を感じており，現状に満足して楽しく暮らしている」という。

　OECDの「国民の幸福度ランキング」は，生活の豊かさと国民の幸福感を国際比較するため，国民生活と密接に関わる11の分野（住宅・所得・教育・治安・仕事と生活のバランスなど）・24項目にわたる指標を数値化したものである。総合指数でメキシコは36カ国中35位であった（最下位はトルコ）。この結果と，先に挙げた国民生活の実態との間には大きな乖離がある。

　確かに，現地では庶民が幸福そうに生活している光景を目にすることが少なくない。メキシコ市に限定しても，年間を通じて大衆向けのさまざまなイベントが企画され，整備された公園やスポーツ施設では家族連れが楽しげに休日を過ごしている。その中には，「21世紀の奴隷」と称される家事労働者たちもいる。一般市民を対象とした公的サービスは日本よりも充実している面があり，博物館などの施設は日曜祭日には無料となる。旧市街地の憲法広場（ソカロ）ではさまざまなイベントが開催され，庶民の憩いと娯楽の中心となっている。抗議行動で長期間デモ隊に占拠される場合も含めると，この広大な広場が大聖堂と大統領政庁を望む静寂な場となる日数は年間を通じてごくわずかである。独立記念日（16日）を含み，「愛国の月」とも呼ばれる9月や，クリスマス時期の12月には，全国の自治体で政庁舎を中心に華やかな飾り付けが行われ，1カ月にわたって市民を楽しませる。富裕層が決して乗らないメキシコ市内の公共交通機関はラッシュ時には東京並みの混雑をみせるが，メトロバスにも地下鉄にも女性専用車両が設けられている。2014年には地下鉄運賃が3ペソから5ペソへ，メトロバス運賃が5ペソから6ペソへと値上がりしたが，65歳以上の高齢者はいまだ無料である。貧しい高齢者でも家に閉じこもることなく，外に出て社会と接することができる。

　メキシコ市当局が主催する多様なイベントの中に，「動け！　測れ！　チェックしろ！」を合い言葉とした肥満対策のための体操教室がある。国民の肥満傾向はメキシコ市だけでなく全国的なもので，医療費の公的負担の高騰につながる深刻な問題としてとらえられている。メキシコの成人の70％は肥満体で，いわゆるメタボ体型をしており，全成人中9％が糖尿病を患っている。子どもの肥満も深刻で，3分の1が太りすぎだという報告がある。メキシコは数年前から世界有数の肥満大国となっており，2010年には人口に占める割合でアメリカを抜いて世界第1位であった。自由主義経済政策によって魅惑的で安価な食品が普及し，「チャターラ」と呼ばれる駄菓子類や糖分の多い飲料水を大量にとることもあいまって，

2000年代以降はすさまじい勢いで肥満化が起きている。このように国民の大多数が肥満体型となったメキシコに，その日の食事にも事欠く極貧状態の人口が存在することを想像するのは難しいであろう。

2. 女性をとりまく経済・社会状況

■インフォーマル経済と女性の労働力

どの国にも存在する闇の経済部門であるインフォーマル・セクターは，メキシコではGDPの25％を占め，そこで働く労働人口は経済活動人口の60％にのぼるといわれている（2014年7月INEGI報告）。逆に言うと，公式の統計で把握されているフォーマルな経済活動はGDPの75％で，その労働人口は全体の40％にすぎないことになる。さまざまな分野に広がるインフォーマル・セクターで働く労働者がすべて貧しいわけではないが，課税と社会保障の網を漏れた人々が6割に及ぶというのは深刻な事態である。そしてそのかなりの部分を女性が占めている。

一部の富裕層を除くと，メキシコの女性は昔から重要な働き手であった。にもかかわらず，統計上では女性の労働市場への参加率は伝統的に低い。2012年12月にOECDが発表した『男女格差報告書』によると，女性の労働市場参加率はOECD加盟国36カ国平均で62％であったが，メキシコは46.3％で，最下位のトルコに次ぐ低さであった。最高位のアイスランドでは，成人女性の83％が仕事をもっていた。世界経済フォーラムが2014年7月に発表したグローバル・ジェンダー・ギャップ指数（GGI）でも同様な数値が示されている。

しかしこれらの数字は，メキシコの実態を反映していない。メキシコ女性の多くが，農業・各種サービス業・露天商・家事労働などを中心としたインフォーマル部門で働いているからである。国際比較の際に示される数値は，これまでもしばしば，インフォーマル・セクターを含まないため非現実的なものだと指摘されてきた。その証左の一つが，増加の一途をたどる女性の家事労働者の存在である。

INEGIの報告書『メキシコにおける女性と男性 2013年』によると，2012年の家事労働者の数は約225万人で（2005年の176万人から28％増加），その90％が女性であった。うち96％は雇用主との間で契約書を取り交わしておらず，46％が平均年齢40歳の世帯持ちであった。さらにその3分の1は女性世帯主で，住み込みではなく通いで働くことができ，比較的時間の融通のきく仕事として家事労働を選んでいる。新聞の求人広告から推測すると，2014年のメキシコ市内の家事労働者の賃金は月額3000〜8000ペソ（約200〜533米ドル）である。

筆者がメキシコ市内の四つ星ホテル「レベル」で調査したところ，カマレーラと呼ばれる客室清掃員の多くは，地方から出てきて一度は家事労働者として働いた経験があった。カマレーラとしての平均収入は3600〜4000ペソ（約240〜267米ドル）で，統計上はフォーマル・セクターに属するとはいえ，生活ぎりぎりの収入しか得ていない。医療保険のほかは何の保障もなく，ボーナスも良くて月給の半額が年に一度出る程度である。これはフォーマル・セクターの労働者としては最下層に位置し，夫がよほどの稼ぎ手でない限り，家庭生活を維持することが困難な収入額である。共働きであっても世帯収入は1万ペソ（約667米ドル）を超えることはなく，多くが典型的な下層生活圏で暮らしている。一方，家事労働者の中には中間層上位以上の家庭で働き，8000〜9000ペソ（約533〜600米ドル）の

月給を得ている者もいるが、雇用主が保険料などを負担することはほとんどなく、インフォーマル経済に属する。

先のINEGIの報告書によると、女性の家事労働者の26％が小学校中退者、35％が中学校中退者で、中卒はわずか33％であった。近年では、メキシコ市内の家庭に住み込みで働く地方出身の女性が増えており、その多くは家族の生活を支えるために出稼ぎを決意した中年女性と10代の少女たちである。そして彼女たちの多くが先住民系で、そのほとんどは義務教育課程を修了していない。

とくに「ムチャチータ（若い女の子）」と呼ばれる住み込みで働く少女たちの多くが小学校さえ出ておらず、住居と食事を保障されているとはいえ、月2000ペソ（約133米ドル）以下の低賃金で働いている。日曜日になると、今風の服装に着替えて市内のアラメダ公園に出かけ、同郷の仲間たちと1日を過ごす。その光景は21世紀のメキシコ市の格差社会を象徴する風物の一つになっている。彼女らの多くは読み書きもままならず、10代で母親となり、運が良ければやがて家庭をもって通いの家事労働者となる。彼女たちの子どももまた十分な教育を受けられず、母親と同じようなインフォーマルな職種に就く確率が高い。こうして貧困が再生産されていく。

2011年、国際労働機関（ILO）は家事労働者の労働条件を規定したILO第189号（家事労働者の適切な仕事に関する条約）を制定し、同時にその遵守を求めるILO勧告第201号を出した。条約は13年3月25日に発効したが、メキシコはまだ批准していない。ただし、「21世紀の奴隷」とまで言われる家事労働者の劣悪な雇用環境が放置されているわけではない。連邦政府は2014年、雇用主に対して医療費負担と解雇

日曜日の午後、都心のアラメダ公園で同郷の家事労働者仲間とひと時を過ごす少女たち（2014年9月 筆者撮影）

条件の明確化を義務づける労働法の改正を行った。家事労働者の数は2005年の176万人から12年には225万人へと増加しており、いまやメキシコ女性にとって重要な労働市場となっている。国際世論の後押しを受けてその労働条件の改善が進行中である。

農業もまた、労働人口の割合が縮小傾向にあるとはいえ、GDPに占める割合においてメキシコの重要な経済部門である。国連食糧機構（FAO）によれば、メキシコの農業従事者の32％（112万人）が女性であるという。この数字は、自給用の農業に従事する60歳以上の高齢者および15歳以上の女性の労働力を考慮すると50％にのぼるという。これは公的統計に表れない女性の労働力が、農業部門でも重要な役割を果たしていることを示している。

■高等教育を受けた女性の社会進出

高等教育を受けたメキシコ女性の社会進出は多様化している。女性の高等教育への進学率は男性よりも若干低いものの、修了率は男性より高く、医師・薬剤師・看護師・弁護士・会計士・建築士・研究職・大学教授などの専門職に占める割合は国際的にみても高い（序章・表3参照）。しかし、社会進出の分野をほぼ決定することになる大学の学部選択状況をみると、男女間に大きな差

異がみられる。INEGIによる調査「メキシコにおける女性と男性 2013 年」の男女別学部進学統計によると，男女ともに 1 位を占めるのは法学部で，数の上で女子が男子をやや上回っている。しかし第 2 位以下では男女で大きく異なってくる。女子では心理学部，経営学部，看護学部，教育学部が上位を占め，男子ではエンジニアリング，コンピューター・システム，土木工学，経営学の順となる。女子の第 2 位につけている心理学部は，男子では 10 位であり，看護学部と教育学部を選ぶ男子は少ない。この傾向は就業後の男女の賃金格差につながり，教員・保育士・介護士など女性が多くを占める職業は伝統的に低賃金である。

しかし一方で，理工系学部で学ぶ学生の 11% は女子である。ただしその専攻分野には偏りがある。土木工学や物理学などの分野は昔と変わらず男子学生が圧倒的多数を占めている。それでも最近では，従来男性の独占的な職場であった分野にも女性が進出し，起業する女性の数も年々増えている。世界経済フォーラムの資料によると，メキシコの女性が起業する割合は世界でもトップクラスにある。

義務教育の教員は，世界の多くの国と同様に，メキシコでも高等教育を受けた女性の伝統的な職業の一つである。メキシコでは 20 世紀初頭まで，「女性は家の外に出ない」ことが社会規範であったが，その時代からすでに教職だけは女性の職業として認められていた。現在でも高等教育を受けた女性にとって，男女差別のほとんどない職場の一つである。全国約 2500 万人の児童・生徒が義務教育課程におり，教員数は約 120 万人である。このうち小学校教員の 71% は女性で，中学校教員になるとその割合は 56% に低下する。校長のポストに女性が就く割合は小学校で 50%，中学校で 30% である。教職は，農業や家事労働よりも雇用関係がやや複雑ながら，フォーマル・セクターならではの恩恵を受けることができる。大学あるいは高等師範学校の卒業資格が必要だが，就業すれば中間層中位の生活水準と社会的地位を保つことができる。

ただし，男女差別が少ないとはいっても，問題がないわけではない。とくに義務教育課程の教員は歴史的に「女性の天職」という名のもとで低賃金が正当化され，労働環境と賃金体系にいまだ問題を抱えている。先進国の全日制教育とは異なり，メキシコの公立小学校では授業が午前部（7：30〜13：30）と午後部（15：00〜20：00）に分けられており，教員はそれぞれの専門科目だけを教える。午前部と午後部をかけもちしなければ生活できない給与体系となっており，家庭をもつ女性には大きな負担である。ただし，ペーニャ＝ニエト現政権は教育改革の一環として全日制の普及を掲げている。2014 年時点では私立学校および首都圏の一部の公立学校でしか取り入れられていないが，段階的にすべての学校に適用することを公約している。

他方，高等教育を受けた女性の社会進出は，これまで男性の職業とされてきた土木建設や，次節で取り上げる政治の分野にも及んでいる。大学で土木工学や建築学を専攻した女性たちが，ヘルメット姿で作業現場に立ち，男性労働者に指示を出す姿も珍しくなくなった。大学で理工系学部へ進学する女子学生の数は，男子に比べればまだ少ないとはいえ確実に増えており，その傾向は将来的に理工・土木分野への女性の進出の拡大につながるであろう。ユネスコの 2010 年の資料「ジェンダーの教育地図」によると，2000 年時点で理工系学部への女子進学率は女子学生全体の 7.7% にすぎなかった。それが 05 年には 9%，10 年には 11%

へと増えている。ちなみに同じく 2010 年時点で，日本では理工系学部に進む女子学生の割合は 3.9％，最高位のイランは 19.7％であった。

しかし，このような高等教育を受けた女性たちもまた，職場で何の障害もなく働いているわけではない。賃金格差，昇格の不平等，家事・育児との両立に伴う困難など，日本と同様の伝統的な男性優位社会の壁に直面している。まず同じ職種でも男女間で 10〜40％の賃金格差がある。これはメキシコだけの問題ではなく，世界的な傾向である。ジェンダー・ギャップが最も小さいアイスランドですら同一労働同一賃金は実現しておらず，日本を含めた先進諸国においても男女間で 20〜40％の賃金格差がある（序章・表 3 参照）。

この問題に関して 2014 年 8 月，ある一流企業の役員が経済紙『エル・エコノミスト』に見解を寄せている。それによれば，メキシコの高学歴女性の多くは，就職時に男性よりも低い賃金であることに異議を唱えず，自らの職能向上に利するようなポストに対しても消極的だという。また雇用者側には，「大卒でありながら，仕事よりも結婚や家庭を優先する女性が多い」という認識があるという。確かに，大卒女性のすべてが社会に出て働く意欲を持っているわけでない。先に触れた OECD の『男女格差報告書』にも，「メキシコは教育費と人材を無駄にしている。20 年後［2030 年代］，労働人口の停滞期が確実に到来することを考えれば，女性の労働市場への参加が必須であることを，メキシコの社会も女性も認識すべきである」という指摘がみられる。

■**女性の貧困化**

メキシコで女性の貧困化が拡大している背景には，核家族化・離婚率の上昇・母子家庭の増加・未婚の母親などを含む家族形態の多様化，経済的・社会的格差の固定化，貧困の再生産，先住民問題などさまざまな要因がある。その中でも深刻なのが，母子家庭に起因する貧困の再生産である。メキシコでは全国世帯数のほぼ 25％を母子家庭が占める（INEGI 調査「メキシコにおける女性と男性 2013 年」）。しかし FAO によれば，現実はこうした統計数値の 2 倍になるともいう。母子家庭で育った子どものほとんどが，中学を卒業するかしないかの 15 歳前後で家を出てしまうという統計もある。

先にみたように，十分な教育を受けずに育ち，若くして母親となった 10 代の女性が働ける場は，低賃金のインフォーマル・セクターしかない。なかでも最も容易にありつける仕事の一つが家事労働である。農山村出身の 10 代前半の先住民の少女が，地方都市の中間層家庭で住み込みで家事労働の仕事に就き，やがて大都市へ移動するか，不法移民としてアメリカに渡るケースも少なくない。一方で，こうした就労形態は先住民女性にとって，自らのルーツである共同体の束縛を逃れる手段ともなりうる。とりわけ 2007 年に「先住民族の権利に関する国連宣言」が，草案作成から 20 年以上を経てようやく採択されて以降，ラテンアメリカ各地で先住民の民族的・文化的アイデンティティの復権が強化され，それと並行して伝統的共同体における女性への抑圧も高まっている。ある事例研究によると，12 歳で村を出て，地方都市で住み込みの子守り兼家事雑用の仕事に就いたのち，知人などの情報を頼りに大都市に出て中間層家庭で働き，10 代後半で結婚するか，未婚の母となるといったケースが多いという。

このような実情の背景には，貧困・父親の暴力・華やかな都会への憧れなどさまざまな要因があるであろう。いずれにせよ，

女性の貧困を固定化する要因をなくさない限り問題は解決しない。仮にこうした少女たちが家父長制や貧困からの解放を望んでいたとしても、10代で自活することは決して容易ではない。家事労働者を「奴隷」として扱うような家庭で働く不運にみまわれ、そこから脱出しても、生きるためには路上生活者か売春婦になるなど限られた道しかない。なかにはこうした若い女性の救援を目的とするNGOに保護され、施設に収容されるケースもあるが、規律を重んじる施設での生活になじめず、再び路上に出る少女も少なくない。精神的に未熟な状態のまま母親となり、その娘たちが母親と同じ道をたどれば、貧困の連鎖が続いてしまうことになる。

メキシコでは近年、都市化の進展によって、核家族化、女性の行動範囲の拡大、未成年者の妊娠の増加、DV（夫や恋人による暴力）などに起因する離婚の増加といった現象と並行して、女性を世帯主とする家庭が増加傾向にある。0〜14歳未満の子どものいる母子家庭の割合は、1990年代には全世帯の約10%であったが、2012年には約25%まで拡大している。それだけに、母子家庭とそれに起因する貧困の問題は、政府にとっても喫緊の課題となっている。

近年とくに問題視されているのが、都会で開放的な若者文化に刺激を受けた10代の少女が、安易な性交渉の結果未婚の母親となるケースが増加していることである。2012年の統計によれば、9〜13歳の少女の出産は全国の出産総数の5%、14〜19歳では20%に達する。メキシコでは男女とも、最初の性交渉の平均年齢が9歳ときわめて低く、9〜11歳で妊娠・出産する事例も珍しくない（ただし、強姦など本人の意思と無関係に起きたケースも含まれる）。2013年のOCEDデータでも、メキシコは未成年女子の妊娠率が加盟国中で最も高いことが指摘されている。この事態を深刻に受け止めた連邦政府は、2014年7月、内務省内に「未成年者の妊娠を予防するための省庁横断グループ」を設置した。女子生徒の中学・高校中退の理由の多くが妊娠だというデータも出ている。政府が取り組みを開始した背景には、先のOECDによる2013年の指摘もある。

離婚や父親の家庭放棄の増大も、女性の貧困化を拡大させている要因である。メキシコでは1915年、他のラテンアメリカ諸国に先駆けて離婚法が成立し、「不運な結婚」からの女性の解放を法制化した。しかし、女性に経済力がなかったり、男性が蒸発したりして離婚や家庭崩壊に至る割合は、いまだ域内諸国同様に高い。そのような世相の中で、高学歴で専門職に就いている女性の多くは、結婚年齢が高く、自分の生活スタイルに合った相手が見つからない限り結婚しない傾向にある。また離婚しても、経済力があるため貧困層に下落する率は低い。

先住民共同体を含めた農村社会における女性の貧困化はさらに深刻である。夫＝父親が大都市やアメリカへ出稼ぎに行くと、残された母と子は家父長的な村社会で疎外され、母親＝妻はしばしば性暴力の対象となる。その結果、辺境の農山村から都市部へ単身で移住する女性が増えている。しかしその生計手段は、最も運の良い場合で前述のようなビルかホテルの清掃員、それがだめなら路上の物売りか家事労働者、最悪で売春婦である。

メキシコ市ではこのような貧困世帯に対して、母子手当、無料食糧券、学用品手当などを支給しているが、貧困の再生産に歯止めをかけるほどのめざましい効果は出ていない。連邦政府もこの事態への対策の一環として、2013年12月に「女性世帯主の

生命保険制度」を創設した。この新制度では，母親が死亡した場合，子どもは一定の条件のもとで，23歳まで最低賃金に相当する手当を支給される。その成果が出るまでには時間を要するが，こうした制度が否応なく要請されるところに，メキシコ社会における母子家庭の貧困問題の深刻さが表れている。

3. 男女平等社会構築に向けた努力

■女性の人権を軽視するマチスモの伝統

メキシコでは1953年に女性の完全な参政権が認められ，74年の憲法第4条改正によって法律上は男女平等が確立され，それに伴い民法，労働法，刑法などにおける男女差別条項も改正された。にもかかわらず，21世紀に入ってなお女性の人権が無視されている実態がある。その最たるものは，マチスモと呼ばれる男性優位主義に基づく夫あるいは親しい男性からの暴力（ドメスティック・バイオレンス：DV）である。国際社会の後押しを受けて，メキシコでもこれまで政府やNGOが中心となって，DVの撲滅に向けてさまざまな取り組みが行われてきたが，いまだ抜本的な解決には至っていない。とりわけメキシコのマチスモは根強く，「伝統文化」であるといっても過言ではない。

メキシコではマチスモに根ざした暴力事件はいまだ減る気配がない。INEGIの統計によると，2013年には1日平均約30名の女性が男性による暴力で死亡しており，うち8割はDVによるものであった。また15歳以上の女性の47％が，配偶者か恋人から暴力を受けながら暮らしているという。しかもこの種の統計は，ほぼ警察沙汰になったケースしか反映しておらず，実態はもっと多いと思われる。地方はさらに深刻で，農村部におけるDVは日常的であり，マチスモと先住民共同体意識があいまって，加害者・被害者ともにDVに無自覚・無批判であることが多い。

メキシコを含めたラテンアメリカ諸国では，近年「女性殺し」という用語が頻繁にメディアに登場するようになった。女性に対する究極の暴力ともいえるケースで，その実態調査が始まったのは2011年である。治安の悪化と並行して，組織犯罪とは縁遠い一般の女性たちが，動機不明のまま誘拐・拉致監禁・虐待・人身売買・虐殺などに遭い，遺体で発見されるという事件が各地で多発している。仮にその一部が組織犯罪がらみであったとしても，その頻度と増加傾向からして異常な事態であることは間違いない。また「女性殺し」という用語が定着した背景には，従来は事故死で処理されていたDVによる死亡事件が，世界的なDV防止運動のもと，殺人と認定されるようになったことも関わっているだろう。

国家女性庁（INMUJERES）はDVを，「配偶者あるいは親しい関係にある男性からの暴力のみならず，精神的苦痛を含む女性へのあらゆる攻撃的・蔑視的行為」と広く定義している。また連邦・地方政府ともに，DV予防のための啓蒙活動から被害者救済にいたる一連の対策を一応は整備している。しかし実態は政府の対応をはるかに超えている。

■見えざるマチスモ

一方で，伝統文化とされてきたマチスモも，21世紀に至って変容しつつある。まずマチスモの価値観においては従来，「オス」の身体的・経済的優位が絶対の価値であったが，それが揺らぎつつある。かつての家父長的社会では，男が外で稼ぎ，女は家の中で夫と家族に仕えることが法律で定めら

子どもを遊ばせる若い父親（2014年9月 筆者撮影）

れており、社会規範でもあった。翻せば男性ならそれなりの仕事を得て稼がなければならず、稼ぎがありさえすれば女性を支配下におくことができた。しかし、すでに第2節で紹介したように、女性の教育水準がほぼ男性並みとなり、男女平等社会の構築が国際的な潮流となる中で、経済力に関してはこうした規範が通用しなくなりつつある。その一方で（あるいはむしろその反動として）、近年では「見えざるマチスモ」と呼ばれる思考・行動様式がよく話題になる。

男女平等が一見進んでいる欧米社会においても、女性が社会的地位を得ようとする場合、見えない障壁に阻まれる。女性の実力発揮を阻む「ガラスの天井」である。20世紀末頃までのメキシコでは、目に見える土壁、すなわち「アドベの天井」であった。しかし21世紀に入ると土壁はガラスに代わり、一見すると女性たちの華々しい社会進出が実現しているようにみえても、さまざまな不可視の壁が女性たちの周りに立ち塞がるようになった。

現代メキシコでは、「アドベの天井」に代わって「見えざるマチスモ」が男女平等社会の出現を阻んでいるとして、新たなマチスモの実態を読者に示したのがマリア・カスタニェーダである。カスタニェーダは「見えざるマチスモ」の特徴として、男が「家事・育児を女の仕事とみなし、一切共有しない」、「家計を握り、自分の稼ぎがいくらあるかを妻に知らせない」、「家庭内の問題はすべて妻まかせである」など10項目を挙げている。その中には、先に紹介した伝統的・暴力的マッチョの姿はない。しかし、女性が家事・育児の責任を全面的に担いつつ、外で仕事をすることは、「見えざるマチスモ」の犠牲になることであるというのがカスタニェーダの主張である。

しかし近年は、男性が積極的に家事と育児に協力する例が多少なりとみられるようになってきている。街中で幼い子どもの面倒をみる若い父親の姿を見かけることもある。とくに男性の所得だけでは十分な生活水準を保てない中間層・高学歴の若い夫婦の場合には、夫の家事・育児への参加率が高いというデータもある。

■ジェンダー・クオータ制による政治参加の拡大

他の域内諸国同様、メキシコでも政治は従来男性の占有分野であった。しかし21世紀に入ってからは、女性の政界進出が著しい。それにより、政策の選択・決定・実施にも変化が起きている。

扉裏の年表でみるように、メキシコ革命の動乱期にあたる1916年、一時的であれ3つの州で女性の選挙権が認められ、動乱収束後の20年代にはユカタン州で女性の州議会議員が誕生した。しかし、憲法に女性の参政権が明記されたのは1953年である。しかも図1でみるように、その後の40年間、連邦下院議会における女性議員の割合は最大でも10％台で、確実に増加傾向に入ったのは90年代以降のことである。メキシコ政治の90年代は、サリナス政権期（1988〜94年）、PRI独裁体制最後の大統領セディリョ政権期（94〜2000年）にあたり、多党化と女性の政治参加が一挙に進んだ時期である。

この間の1993年に、連邦選挙管理機構

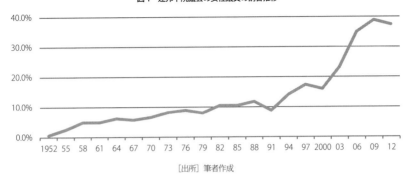

図1　連邦下院議会の女性議員の割合推移

［出所］筆者作成

　（IFE）が政党に対して「女性候補の採用」を勧告し，96年にはこの勧告に基づいて「同性の候補者上限を70％枠とする」という具体的な数字で示した。しかしこれが義務化されたのは2002年である。翌03年に行われた中間選挙で連邦下院議席に占める女性議員の割合は23.2％にのぼり，06年の大統領選挙と同時に行われた総選挙では35％に達した。さらに08年の選挙法改正によって同性候補者上限が70％から60％に引き下げられ，同時に違反に対する罰則，50％（パリティ＝男女同数）への将来的な努力勧告も明記された。加えて，政党助成金の2％を女性政治家の育成に充てることが義務づけられている。その結果，09年の中間選挙では下院における女性議員の割合は38.9％まで上昇した。12年の選挙で37.4％に微減したものの，同年12月に発足したペーニャ＝ニエト政権がパリティ法案を提出し，それが14年2月10日に憲法第41条修正として成立した。

　一方，閣僚および地方自治体首長ポストに関しては，女性の占める割合がいまだ低い。歴代政権を通じて，女性閣僚はわずか10％前後，次官レベルでも最大16.6％しか登用されていない。また，首都16区を含め全国2456に及ぶ地方自治体の長のポストに占める女性の割合は6.8％にすぎない。

　連邦制をとるメキシコでは，各州が州憲法をもち，州知事の権力は絶大である。1979年にコリマ州で全国初の女性州知事が誕生して以来，87年にトラスカラ州とサカテカス州，90年代にユカタン州で女性が知事に就任しているが，全32州中わずか数例と圧倒的に少ない。首都メキシコ市は1997年まで連邦政府の直轄下にあり，市長は連邦政府閣僚と同等であった。市民の直接選挙で選ばれた初代市長クアウテモック・カルデナスが2000年の大統領選挙に出馬するために途中退任した後を継いで，女性市長が残りの任期を担った。この例を含めても，女性の州知事経験者はこれまでに6名しかいない。

　作家であり社会人類学者であるエンリケータ・カブレラがこの女性知事経験者6名へのインタビューをもとにまとめた『女性州知事』によると，地方行政のトップに立つ女性州知事は，地元社会との関係で並々ならぬ苦労に直面することがわかる。地域社会の伝統が色濃く反映される州政治においては，知事の座に就けるのは強い地縁をもった女性のみであるように思われる。しかし実際には，1990年代以降に誕生した3名の女性知事たちは，経歴と政治的実績において男性政治家に匹敵し，実力で州知事としての責務を果たしたと評価されている。

2008年の選挙法改正によって，すべての州が何らかの女性参加促進策をとっているが，国際社会の後押しもあって導入されたジェンダー・クオータ制は州によって多様である。女性枠の数字を明記しない州もあれば，パリティ（50％）を掲げる州もある。それでもクオータ制の導入によって，1991年には全国平均で9.6％にすぎなかった女性議員の割合が，12年には38.5％へと増加している。ただし，2014年の地方議会における女性議員の割合には最高のオアハカ州（35.7％）から最低のアグアスカリエンテス州（15％）まで州によって大きな差があり，クオータ制の効果が統計的に解明されるまでにはさらなる時間を要する。

　一方，司法界では，女性判事が17～22％を占めるようになった。政党レベルでは，2014年時点では不在なものの，過去にはPRI, PAN, PRD, PT（労働党）で女性党首が誕生している。

■**女性たちが担う新たな役割**

　序章で述べたように，21世紀のラテンアメリカでは女性が直面する社会問題を広く「人間としての権利と尊厳と自立」の問題として受け止め，多様な運動が展開されている。すでに紹介した政策決定過程への女性の参加もその一つである。メキシコでも，男女平等社会を目指す努力は，女性運動・市民・政府が一丸となって行われてきた。その動きを根底から支えたのは法整備である。1974年に憲法第4条が改正されて以来，民法，労働法，選挙法，刑法などさまざまな分野において男女平等のための法改正が行われた。この間，男女平等をめぐって，1977年以来，計9回にわたり憲法が修正されている。2014年の第41条改正では「公共的職場における男女同数」が謳われ，女性たちが100年にわたって求め続けてきた男女平等が法的に保障された。

　ここに至る過程で，女性の権利保障運動に大きな影響を与えたのは国際機関である。国連の発足以前から存在する全米州委員会には1937年に女性局が設置され，域内諸国の女性参政権運動を支援してきた。同委員会は第2次世界大戦後の1948年に米州機構（OAS）と改称されたが，女性局は存続し，女性の地位改善に向けた活動を続けた。1975年には国連の指導で「国際女性年」が設定され，以来女性の社会的地位の見直しが世界的に行われてきている。そして国連主催の世界女性会議の第1回開催国となったメキシコは，その実行過程では優等生的存在であり続けたのである。

　このように国際社会に後押しされた女性関連政策をさらに推進したのが，1985年の首都大地震に始まる女性たちの自発的な社会運動であった。メキシコの女性たちは政府に先駆けて，大地震ですべてを失った人々の救援に取り組み，その運動がやがて選挙の公正を求める市民運動，予算執行の透明化を求める運動，困窮者への支援活動，女性に対する暴力を防ぐための運動などに波及・展開していった。その後を受け継いで，21世紀の現在もなお，メキシコの女性たちは「人間としての権利と尊厳と自立」を求める多様な運動を続けている。

第 15 章

ニカラグア
―― 新自由主義のはざまで生きる女性たち ――

松久玲子

レオン市の関税自由地区にある日系工場にて。
シフト交替に整列して向かう女性労働者たち
（写真提供：ニカラグア日系企業）

ニカラグア女性史関係年表

西暦	事項
1955	女性参政権の成立。
1957	女性参政権が初めて選挙で行使される。
1969	サンディニスタ民族解放戦線（FSLN）発足。
1979	サンディニスタ革命。 ルイサ＝アマンダ・エスピノサ女性連合（AMNLAE）設立。
1980	家事労働者組合結成。母乳保護法制定。
1981	国連女性差別撤廃条約（CEDAW）を批准。
1982	母親・父親・子どもの権利法，離婚法制定。
1984	ダニエル・オルテガが大統領となる（任期1985.1～90.4）。
1987	憲法制定，男女平等規定が盛り込まれる。 ニカラグア女性機構（INIM）設立。
1989	AMNLAEが女性の家を設立。
1990	ビオレタ・チャモロ，初の女性大統領となる（任期1990.4～97.1）。
1991	非政府系女性組織による「52％の祭典」開催。
1992	刑法，民法，労働法の改正。民法でホモセクシュアルを禁止。
1993	INIM再編。
1995	社会行動省管轄下に「子どもと家族ニカラグア基金」（FONIF）を設立。
1996	アーノルド・アレマンが大統領となる（任期1997.1～2002.1）。
1998	ミッチ台風による災害発生。 女性のみに適用されていた姦通罪を廃止（法律第221号）。
2001	エンリケ・ボラーニョスが大統領となる（任期2002.1～07.1）。
2004	中米・ドミニカ共和国・米国自由貿易協定（CAFTA-DR）締結。
2006	ダニエル・オルテガが大統領となる（任期2007.1～12.1）。 母体保護を目的とする場合も含めた妊娠中絶の非合法化。
2007	父親と母親の責任法（法律第623号）制定。 労働法における最低賃金の規定を改正。
2008	権利と機会の平等法（法律第648号）制定。
2010	農村女性のためのジェンダー平等を含む土地購入基金創設法（法律第717号）制定。 妊娠と多産分娩の家族保護特別法（法律第718号）制定。
2011	オルテガ大統領再選（任期2012.1～17.1）。
2012	女性への暴力に対する総合法（法律第779号）制定。 選挙法改正（法律第790号），ジェンダー・クオータ制を導入。 ILO家事労働者条約（ILO第189号）を批准。
2013	女性省設立，INIM廃止。

ニカラグア共和国は，人口約608万人，面積は約13万km²，北海道と九州を合わせたほどの小国である。ラテンアメリカ諸国の中では二番目の最貧国である。

国連の『人間開発報告書』2014年版によれば，人間開発指数の順位は調査対象国145カ国中132位，平均余命は74.8歳，成人非識字率22％，平均就学年限5.8年，1人当たりの国民総所得（GNI）4266米ドル，国民の平均年齢は22.9歳という若者の国である。現在，ニカラグアの女性人口は307万3492人，全人口の50.54％を占める。

20世紀のニカラグアの歴史は，人災と天災に見舞われ，困難を極めたものだった。20世紀初頭に，米国海兵隊のニカラグア侵攻に対して，民族主義的な抵抗運動の指導者だったアウグスト＝セサル・サンディーノがアナスタシオ・ソモサ＝ガルシアにより暗殺され，その後43年におよぶソモサ一族による独裁政権が続いた。息子のアナスタシオ・ソモサ＝デバイレは，1972年のマナグア大地震の際も海外援助資金を着服し，秘密警察を使って民衆を暴力的に支配し続けた。サンディーノにちなんで結成されたサンディニスタ民族解放戦線（FSLN）の武力闘争により，1979年に独裁政権は終焉した。しかしこのサンディニスタ革命（ニカラグア革命）に対して米国は政治的・経済的な圧力を加え，さらにその支援を受けた反革命勢力コントラとの間で内戦が続いた。経済封鎖と内戦により疲弊しきった国民は，1990年の総選挙で親米・自由主義を掲げるビオレタ・チャモロを大統領に選んだ（初の女性大統領）。その後，新自由主義政権は2006年まで続くが，この間に進められた構造調整と新自由主義経済政策により，貧富の差が拡大し，特に社会的弱者である貧困層の女性たちを苦しめた。

2006年の大統領選挙でFSLNを率いるダニエル・オルテガが辛勝し，07年にFSLNが政権に返り咲いた。さらに11年の総選挙では，オルテガ大統領は大統領の再選を禁じた憲法規定に違憲申し立てをして立候補し，圧倒的支持を得て再選された。この間に経済開発が進み，ニカラグアは変貌を遂げつつある。サンディニスタ革命政権のもとで，新たな社会福祉政策が開始されている。07年以降，経済成長率は上向き，貧困率も改善に向かい，「国家人間開発計画」が順調に進んでいるかに見える。オルテガ大統領は，直接民主主義をめざした組織づくりを行い，「市民政府」モデルを構築した。その組織を通じて貧困層への援助対策を行い，自己の政治的基盤の強化に利用していると批判されている。誰が開発の恩恵に与かり，誰が排除されているかが問題となっている。もはやサンディニスタは，かつての革命政党ではないという批判もある。

首都マナグアは，人口の24％が集中する中米第二の都市だが，その経済の発展ぶりには目をみはるものがある。かつて街は緑に覆われ，目だった高層建築は大統領府とほんのわずかのビルだけだった。それが現在，大小の複合商業施設が建設され，幹線道路が走り，外国資本の企業や工場などの真新しいビルが街中に見られ，新しいオフィスビルの建設も進んでいる。21世紀に入り，ニカラグア経済はリーマン・ショック時を除き，年率平均4％の成長率を維持している。すべての人々が貧しかった時代は去ったが，経済成長の恩恵を受ける層と取り残された層との格差が拡大しつつある。経済成長の中での階層格差に隠れてジェンダー格差が見えにくいが，農村，先住民そして女性は発展の恩恵から排除されている。家計を維持し家族を養う責務は，確実に女性の肩に重くのしかかっている。新自由主義政策とそれがもたらしたグローバリゼー

ションは，新たな現象として国際労働移動とマキラドーラ（保税加工制度）をニカラグアにもたらした。両者に共通するのは，未熟練・低賃金労働への需要である。本章では主に，海外で働きニカラグアに送金して家族を支える女性や，国内にある自由貿易区の外資工場で低賃金・長時間労働に就く女性に焦点をあて，女性たちを取り巻く状況と貧困と戦う女性たちの戦略を取り上げる。

1. 左派政権の再登場と保守化

■新自由主義は何をもたらしたか

2006年，FSLNを基盤とするオルテガ元大統領は17年ぶりに政権に返り咲いた。さらに11年の選挙で，憲法で禁じられている連続再選を大差で果たし，ニカラグアの左派政権は2期目に入った。1990年の大統領選挙でビオレタ・チャモロに敗北して以降，3期にわたる新自由主義政権が続いた後の左派政権の誕生だった。新自由主義政権の下で重債務貧困国となったニカラグアは，2001年と04年の2回にわたり国際通貨基金（IMF）と世界銀行から債務削減を受け，構造調整政策が実施された。チャモロ政権（90～97年），アーノルド・アレマン政権（97～2002年）に続き，エンリケ・ボラーニョス政権（02～07年）と16年間続いた新自由主義政権のもとで実施された新自由主義政策は，どのような影響を国民生活に与えたのだろうか。

1990年の大統領選挙では，経済封鎖による深刻な不況と内戦で疲弊し，サンディニスタ革命政権に希望を見いだせなかった国民は自由主義政権を選択した。親米を標榜するチャモロ政権に替わったことで米国による経済封鎖は解かれ，内戦は終結した。内戦と経済封鎖により引き起こされた経済

表1　ニカラグアの貧困率の推移（%）

年	貧困率	極貧率
1993	73.6	48.4
1998	69.9	44.6
2001	69.4	42.5
2005	61.9	31.9
2009	58.3	29.5

［出所］　CEPAL, *Panorama Social de América Latin*, 2013 より筆者作成

的疲弊と政治的混乱，極度の貧困状態を改善すべく，チャモロ政権は和解，民主化，経済自由化を掲げ，構造調整を開始した。

1991年3月には，通貨切り下げと公務員削減のために米国国際開発庁（USAID）の支援を受け，「職業転換計画」を実施した。さらに政府の構造調整政策は社会福祉分野におよんだ。91年には健康保険がスライド制で有料化され，無償であった学校教育が有償化された。400%の通貨切り下げにより，物価は385%上昇した。政府は258%の賃上げを認めたが，実質賃金の縮小は明白だった。ニカラグアの貧困率（全人口に占める貧困人口の割合）は，1990年に都市部で60%，農村部では80～85%と報告された（表1）。物価上昇と失業増は貧困層に大きな打撃を与え，特に中間層の貧困化をもたらした。

同時期に行われた「職業転換計画」では，FSLN時代に増え続けた公務員の数を減らし，退職した人々に小規模ビジネスのためのインセンティブを与えることを目的として，賃金22カ月分約2000米ドルを支給した。サンディニスタ時代には政府の後押しのもとで女性の就労・社会進出が進んでいたが，サンディニスタや多くの女性たちはこの政策を受け入れざるを得なかった。特に政府の補助を受けていた協同組合で働く労働者や公務員が職を失った。1992年には，公共部門の失業者数は1万6000人，このう

ち農業労働者9000人,工業労働者3000人,公務員3800人にのぼった。公務員では,保健関係2000人,教育関係800人,行政職1000人が退職したが,主に保健・教育分野で働く女性たちに大きな影響を与えた。

　内戦終結とともに男性が職場に戻り,容易には変わらないジェンダー秩序のもとで,女性たちは職を辞し家庭へと戻るケースも多かった。福祉の削減は家族の生活を維持する女性たちにより大きな負担を強いた。家計を支えるために女性たちは,インフォーマル・セクターで働かざるをえなかった。通貨安定後も失業・半失業率はマナグアで60％に達していた。1992年には,経済活動人口の40〜58％が失業・半失業状態にあった。

　続いて,1997年に発足した自由同盟と中道右派を基盤とするアレマンが大統領となると,保守主義と新自由主義政策がさらに強化され,サンディニスタ革命時代にマイアミに逃れた保守層亡命者やカトリック教会上層部とのつながりが強まった。アレマン大統領は,マナグア市長時代から公共工事を推進し,ポピュリスト的な言動で人気を集めていたが,大統領当選後も海外資本の導入やインフラ整備を積極的に進めた。その間,アレマン大統領は親族ぐるみで不正蓄財を重ね,政権末期には汚職による蓄財のスキャンダルにより国民の反感をかった。

　1998年に,ニカラグアはまたしても天災に襲われた。ミッチ台風である。被害者36万人,死者2863人,被害総額は15億ドルにのぼった。被害に対する政府の対応は遅れ,72年のマナグア地震の時と同様に,何ら有効な手だてを講じられなかった。これに対して,それまで生活に追われ活動が停滞していたNGO,社会運動組織,組合などの300の組織が互いに連携しながら救援活動に乗り出し,市民運動が活発化した。この時期に,歴代大統領の中で最も汚職を指摘されたアレマン大統領と,義理の娘へのセクハラ・スキャンダルにより名声が失墜したオルテガとの間で,大政党に有利な大統領選挙をめぐる「パクト」と呼ばれるアレマン=オルテガ選挙協定が結ばれた。そして,第1回目の投票で35％を得票すれば当選可能とする法改正が2000年に行われた。

　2001年の大統領選挙では,アレマン政権で副大統領を務めたエンリケ・ボラーニョスがFSLNの候補者オルテガを破り大統領となった。ボラーニョスの任期1年目にアレマン前大統領の汚職疑惑が社会問題化し,02年末にアレマンは自宅軟禁状態に置かれ,03年に立件されて20年の懲役刑を受けた。前大統領の汚職疑惑に毅然として対処したボラーニョス大統領だったが,その政権末期には,アレマンと同じく汚職疑惑が露見した。

　1990年以降15年間の1人当たりGDPと経済成長率の推移を見ると,統計上は経済状態が好転していると言えよう(図1)。また,先の表1に示したように,貧困率は1993〜2005年までに12ポイント,極貧率は16ポイント以上減少している。

　しかしGDPや経済が成長を続けているとは言え,ニカラグアが重債務貧困国であることに変わりはない。2001年9月に貧困削減戦略案が完成し,債務救済が協議され,構造調整政策が続行された。03年には「国家開発計画」が策定され,04年には対外債務60億ドルの内45億ドル相当の債務免除が認められた。しかしニカラグアの貧困状態は深刻で,貧困層と富裕層の所得配分の比率はそれほど改善されていない。01年のアレマン政権末期の所得配分は,所得水準が下から10％の最貧困層が国民所得の

図1 ニカラグアのGDP（購買力平価・米ドル）と経済成長率の推移

[出所] CEPAL 2013.

2.2%を占めていたのに対し，上から10%の最富裕層は33.8%を占めていた。また，07年には同様に下から10%の最貧困層が国民所得の1.4%しか占めていないのに対し，上から10%の最富裕層は41.3%を占めており，貧富の格差は拡大している。

■左派政権の復活と保守化

2006年10月の大統領選挙では，オルテガが投票数の38%を得て当選した。2000年の法改正により，かろうじて得た勝利だった。同年の国会議員選挙において，FSLNは90議席中38議席を獲得し政権に返り咲いた。大統領選中，オルテガは「国民の団結と融和」を掲げ，ニカラグア革命の急進的イメージを転換し，カトリック教会と手を結んだ。大統領選の前年には，それまで合法化されていた母体保護のための妊娠中絶に反対する立場を表明し，カトリック教会のマナグア前枢機卿ミゲル・オバンドに謝罪した。選挙勝利後には，オバンドを「平和と和解委員会」の会長に任命した。また，2006年に国会で刑法を改正し，いかなる場合も妊娠中絶を認めず，手術におよんだ者には罰則を与えることを定めた。

それまでの新自由主義モデルの代替として，オルテガ大統領は「市民政府」モデルを提示した。「市民政府」とは，市民参加を基礎とした直接民主主義に基づく新たな地域組織と，各コミュニティを代表するコーディネーターから形成される「市民政府審議会」により構成される市民組織である。大統領，大統領夫人ロサリオ・ムリリョ，閣僚，政府高官を成員とする「全国市民政府内閣」が，市民政府審議会を統括する最高機関である。政府は，「市民政府審議会」を通じて各種社会開発プログラムを定着させ，公共政策を推進する。市民政府審議会は政府のプログラムをコミュニティに普及させる道具であると同時に，受益者の選別の役割を果たしていると批判されている。FSLN政権は，トタン屋根を貧困層に配布する「屋根計画」，補助金をつけて基礎食料品店（ENANAS）をコミュニティで営業させる貧困対策，家畜や種子の配布や農業技術指導を行う「食糧生産切符」，小規模クレジット「利息ゼロ」や白内障の無料治療「奇跡の手術」などのプログラムを，この組織を通じて普及させた。

2011年の大統領選挙では，オルテガ大統領が得票数の60%を獲得して再選された。憲法では大統領の連続再選は禁止されていたが，オルテガはこの規定が大統領の憲法上の権利を侵すと最高裁に訴えを起こした。

オルテガの強い意向を汲み，最高裁はこの規定を施行不能として事実上連続再選を許した。投票率は 75％に達し，FSLN は 62 議席を獲得，独立自由党（PLI）は 26 議席を得た。

　この選挙中，オルテガ大統領は非識字と貧困の減少を公約に掲げて戦った。また，以前からベネズエラとは石油の援助を受けるなどの関係があったが，当選後は故チャベス大統領を盟主とする米州ボリバル同盟（ALBA）の正式メンバーとなった。ニカラグアに民営の受け入れ機関ALBANISAを設立し，ベネズエラからの石油供給を通じた援助を受けている。2012 年には，ニカラグアが受けている 2 国間援助の68％をベネズエラが占め，5 億5570 万ドルの支援を行っているが，これらの経済支援がオルテガ政権の福祉政策の資金的裏付けとなっている。社会福祉政策においては，貧困層の底上げや格差の是正をはかり，「飢餓ゼロ」や「愛のプログラム」を新たに展開している。

　オルテガ政権はベネズエラと協調し，反帝国主義，労働者の連帯というニカラグア革命の伝統的スローガンを使いながらも，一方で米国との関係もうまく維持している。2004 年には，中米（コスタリカ，エルサルバドル，グアテマラ，ホンジュラス，ニカラグア），ドミニカ共和国，米国との間で自由貿易協定（CAFTA-DR）が調印された。米国はニカラグアの最大輸出国であり，CAFTA-DR を利用して海外投資を自由貿易区に呼び込んでいる。

　オルテガ政権は，かつての FSLN の革命政党のイメージを利用しつつ，一方で自由貿易協定の推進や外資導入により経済成長戦略をとり，さらに妊娠中絶の禁止などに象徴される保守的政策により保守派を取り込む老獪な政策を進めている。

2. 女性を取り巻く状況

■政治参加

　ニカラグアの女性が置かれた状況を，国際社会の指標から見てみよう。序章の表 1（p.35）に見るように，2013 年の国連の人間開発指数順位では，ニカラグアは 132 位と下位グループに位置するが，経済・教育・政治・保健の 4 分野における男女格差を測るグローバル・ジェンダー・ギャップ指数（GGI）では，堂々の 6 位に浮上している。ニカラグアの国会議員の約 40％を女性が占めるという女性の政治参加率の高さが順位を押し上げているためである。

　ニカラグアは一院制をとり，国会全 92 議席中女性は 39 議席，42.4％を占めている（2013 年，以下同）。また全閣僚 16 名中，7 名が女性である（44％）。153 ある市町村については，市町村長 72 名，副市町村長 62 名が女性である。最高裁判所では判事 14 名中女性は 4 名（29％），全国の司法機関で司法官に女性が占める割合は 57％となっている。中米各国から派遣される民選議員 20 名ずつで構成される中米議会では，ニカラグア議員 21 名中女性は 6 名（21％）である。国家警察の長官は女性で，警官の 33％を女性が占めている。

　このように女性の政治・司法分野での進出が量的に非常に高いことが見てとれる。しかし女性の国会議員の割合を経年的に見てみると，必ずしも女性の政治参加は進んでいるとは言えない。チャモロ政権では 14.8％，アレマン政権では 10.8％，ボラーニョス政権では 20.7％，そして第 1 次オルテガ政権では 15.2％と，むしろ左翼政権になり女性の政治参加は後退していた。最近の女性進出は，2008 年に導入されたジェンダー・クオータ制の結果である。

2000年以降，ニカラグアは，選挙で政党または政治集団が勝ち取った投票数に応じて候補者リストから当選者を出すという政党型クオータ方式を採用していた。リストはいわゆるジッパー方式により，候補者名を男女交互に載せなければならない。地方選挙，市町村選挙，中米議会の議員選挙もこれに準じる。違反した場合の罰則規定はなく，政党・政治集団の自主性に委ねられていた。FSLNは1998年に政党綱領106号で，リストの30％を女性に割り当てることを定めた。2005年には立憲自由党（PLC）が40％，サンディニスタ革新連合（MRS）が少なくとも40％以上と定めた。

　2008年に公布された「権利と機会に関する平等法」（法律第648号）第9条において，すべての行政府は国家，地方，市町村，中米会議の選挙において男女の公平を確実に実践するために必要な政策を促進することを定めた。2010年発効の同実施規則7条では，上記の各議会における議員の割合を男女50％にすることが決定され，12年には選挙法の改正（法律第790号）により，政党あるいは連立政党は選挙候補者リストを男女同数（各50％）にしなければならないと定めた。

　このクオータ制導入の背景には，サンディニスタ革命時代から続く女性たちの政治参加の経験とエンパワーメントおよびそれを後押しするフェミニズム運動の存在がある。ニカラグア革命を契機として，女性たちは武力闘争も含め様々な政治活動に参加してきた。そうした活動経験は，1990年以降フェミニズム組織がFSLNから距離をおき，自立的な活動を展開してからも様々な形で蓄積され続けている。

■経済活動
　2010年の世帯調査では，14歳以上の労働人口約390万人の内，経済活動人口は73.7％，女性の61.8％，男性の86.4％が経済活動に参加している。カリブ海沿岸地域は経済活動のジェンダー・ギャップが特に大きく，経済活動に参加していない女性の割合は78.2％にのぼるが，ほとんどの女性が家事や育児などの無報酬労働を行っている。また，週の労働時間が47時間以下で収入が不十分な不完全就労は農村女性の60％におよんでいる。女性名義の土地は15.4％，夫婦名義の土地は1.7％にすぎない。

　「グローバルな経済的チャレンジのための国際基金」（FIDEG）による2013年の世帯調査によれば，10歳以上の人口に占める経済活動人口の割合は64.4％，女性は50.1％，男性は79.6％で，児童労働を含めるとジェンダー格差は広がる。

　最も経済活動が活発な女性の年齢層は35～44歳で，この年齢層の女性の70.9％が経済活動人口である。就業分野を見ると，第1次産業従事者の割合は38％，第2次産業17.8％，第3次産業44.2％である。男女別では，第1次産業では女性19.1％，男性50.7％，第2次産業ではそれぞれ17.9％，17.7％，第3次産業では63％，31.6％となっている。男性が農牧業に占める割合が高いのに対し，女性の就労分野は第3次産業に集中している。特に商業・レストラン・ホテルなどのサービス業が33％，家事労働者，ビル・オフィスの清掃などの地域・社会・個人サービス業が28.7％を占めている。製造業では女性の割合は17.1％と，男性の9.1％を大きく上回る。これは，ニカラグアの製造業が自由貿易区に集中し，そこでの女性の雇用が多いためである。

　また，2010年のFIDEGの世帯調査では，週47時間以上働き，最低賃金以上の安定した収入を得ている完全就労率は全国で32.2％にしか過ぎなかった。女性の完全就

労率は24.8％，男性は37.8％である。都市部の完全就労率は平均34.6％（女性29.4％，男性39.3％），農村部は平均25.1％（女性13.2％，男性32.1％）で，女性は都市で就労機会を得やすい。不完全就労の割合は，14歳以上の経済活動人口の53.5％に相当する。性別に見ると女性の55.6％，男性の51.9％が不完全就労である。2012年の失業率は全国で3％（都市部4.5％，農村部1.2％）だが，この数字には求職をしていない人口は含まれていない。男女の失業率の差は相対的に少なく，女性2.5％，男性3.3％となっている。しかし，失業は若い女性に最も多く，約半分の若年女性が失業状態にある。

次に，就労状況を見ると，インフォーマル・セクターでの個人経営が大きな割合を占めている。女性は家で作った惣菜や古着の販売，男性は水道・電気工事などが主な仕事である。インフォーマル・セクターで稼ぐ収入の80％近くは食料および日用品の購入に消える。

ニカラグアでは，全世帯の32.5％が女性世帯主世帯である。女性世帯主は都市部では41.7％と非常に高い割合を示している。農村部では20.3％と比較的少ないが，これは農村では女性の雇用が少ないため，一家を支えなければならない女性世帯主の多くは仕事を求め都市に移住するためである。雇用状況を見ると，女性世帯主の62.5％が自家営業，30.2％が賃金労働に就いている。一方，男性世帯主はそれぞれ50.2％，42.1％で，女性世帯主は男性世帯主と比べ，収入が不安定であると言える。

■教育・健康

全国の平均教育年限は5.77年で，これは小学校未修了レベルの数字である。2012年の非識字率は全国で15.3％，都市部10.2％，農村部21.7％と地域による格差が大きい。

グラナダ市の街角で食べ物を売る，インフォーマル・セクターで働く女性（2014年8月筆者撮影）

男女別では女性16.2％に対し，男性は14.3％とわずかに女性の非識字率が男性を上回る。教育レベル別の純就学率は，初等教育（7～12歳）が89.1％，中等教育（13～17歳）が52.4％，大学教育（18～24歳）が17％となっている。すべての教育レベルにおいて，女性の就学率が男性を上回っている。女性と男性の就学率は，初等教育でそれぞれ89.5％と88.8％，中等教育で56.8％と48.1％，大学教育で18.9％と15.3％である。

就学率は，ジェンダー格差よりも都市と農村の格差が大きい。農村部では家計の一部を児童労働に依存しているため，農業労働における男子の就労率が高く，就学率を低下させている。10～14歳の児童労働の割合を見ると，全国で32.2％と高い数値を示している。特に農村部ではその割合は42.8％に達している。男女別では，同年齢集団で働く女子の割合は21.5％，男子は43％と，女子の5人に1人，男子の約半分近くが児童労働を行っている。特に女子は，無償の家事労働に従事している場合が多い。

都市と農村では，生活レベルの差が著しい。例えば上水道設備がない世帯の割合は，都市部の7.5％に対し農村部では18.5％にのぼる。トイレ設備がない世帯の割合は，都市部の2.3％に対して農村部では16％である。都市部では98.4％の住居に電気が来

街で物売りをして働く子どもたち
(2014年8月 筆者撮影)

ているのに対して、農村部では57.9％しか普及していない。調理用燃料として最も使われているのは薪で、全国では61.6％の家庭が薪を使用しているが、農村部では91.5％におよんでいる。女子の就学率は高いが、農村においては家事労働の負担が大きい分、母親の家事を娘が助けている。また女性の場合、都市で就職するためには男性より高い教育レベルが求められることが、女性の就学率を高めている。

都市と農村の就学の差は、リプロダクティブ・ヘルス／ライツ（性と生殖の健康と権利）にも影響を与えている。教育レベルが低いほど子どもの数は多い。2012年の合計特殊出生率は2.42人で、07年の2.7人と比べ子どもの数は少なくなっている。また、何らかの避妊を行っている女性の割合は72.4％から80.4％へと増加した。しかし、同じ期間に15〜49歳の女性の最初の性交年齢（平均）は17.4歳から16.8歳へと早期化している。また15〜19歳の若年層の1000人当たりの妊娠率は、農村部では117人、都市部では74人となっている。すでに子どもがいるか妊娠している若年女性の割合は、都市部では20.3％、農村部では27.4％である。このように都市と農村の教育格差が、性と生殖に関する情報へのアクセスの違いとなって現れている。

■女性政策とフェミニズム運動

一部の女性の政界進出の華々しさに比べ、一般の働く女性の置かれた状況は大変厳しい。特に経済活動において、女性の労働市場への参加は不安定で、農村と都市の格差は農村女性たちに最も厳しい状況を強いている。

ニカラグアは、サンディニスタ革命直後の1981年10月27日に国連女性差別撤廃条約を批准した。また、84年の大統領選挙でFSLNのオルテガが勝利し、革命政権のもとで制定された1987年憲法では、第78条で男女の平等を謳っている。しかし90年代になると、新自由主義政策に基づく構造調整による格差拡大が女性たちを直撃した。また3代続いた新自由主義政権では、カトリックの宗教的規範がきわめて強く影響し、政府は女性政策に関しては消極的だった。FSLNが下野するとともに、政権の下部組織として女性解放運動を牽引してきたルイサ＝アマンダ・エスピノサ女性連合（AMNLAE）は批判にさらされ、90年以降さまざまな自立的フェミニズム組織が生まれた。AMNLAEを頂点とするフェミニズム運動の体制が崩れ、新自由主義政権とカトリック教会による反動的な動きが強まった。

1992年には、チャモロ政権下で刑法と民法を改正し、同性婚／同性愛を禁止した。また、FSLN政権下の87年に設立されたニカラグア女性機構（INIM）の権限は縮小され、警察とINIMの共同管轄下に置かれた女性・子ども局が実質的な福祉政策を実施することになった。95年には、新たに設立された社会行動省（MAS）の下部組織「子どもと家族ニカラグア基金」（FONIF）が福祉政策を管轄することになった。新自由主義政権の下では、カトリック教会の影響により伝統的家族観への回帰が見られ、男

女平等と女性の権利獲得に関して進展はほとんど見られなかった。

再びFSLNが政権の座に復帰した2007年以降，男女平等に関する立法化はそれ以前の新自由主義政権時代に比べ，格段に進展した。07年6月には，親子関係の認知の権利を保障する「父親と母親の責任法」（法律第623号）が公布され，労働法で最低賃金が改正された（法律第625号）。08年には男女平等を改めて規定した前述の「権利と機会に関する平等法」（法律第648号）が成立した。その前文には「男女の権利平等は，ニカラグアの持続可能な人間開発を達成するために不可欠」であり，「持続可能な人間開発のために，ジェンダーの視点をあらゆる政策に取り入れる必要がある」と謳われ，国家・自治区・市町村各レベルの公的政策において男女が平等に参加することを保証することを国家の責任としている（第6条）。また第36条では，教育，保健，司法，労働，情報・メディアの領域における男女平等を進めるための政策を実施することを規定した。

さらに2010年7月には，「農村女性のためのジェンダー平等に基づく土地購入基金創設法」（法律第717号），「子どもを持つ家族の保護特別法」（法律第718号）が公布された。12年には，国際労働機関（ILO）が家事労働者の保護を目的に定めた第189号条約（家事労働者の適切な仕事に関する条約）を，中米で最も早く批准した。そして，13年2月には女性省が設立され，INIMに替わり女性政策を統括することとなった。同年7月には，新たに罰則規定を加えた「女性への暴力に対する総合法」（法律第779号）が成立した。

一方で，左派政権の復帰以降も，フェミニズム運動とカトリック教会保守派との対立は，政府を巻き込みつつ続いている。特に，オルテガ大統領がカトリック教会との和解を意図して06年に母体保護のための妊娠中絶を禁止し，07年に罰則規定を盛り込んだ新しい刑法を成立させることは，フェミニズム組織と政府の決定的な対立を引き起こした。その発端となったのは，08年に北部の自治区で，ロシータという名の9歳の少女がレイプされ妊娠した事件である。政府は少女の中絶手術に協力したとされるフェミニズム組織「女性自立運動（MAM）」の9人の女性メンバーを起訴した上，MAMを支援するNGOに対して，海外からの援助資金をロンダリングしたという理由でNGO資格の剥奪を企てた。この動きに対して，フェミニズム組織が連携し，国際NGOなどの後押しを受けて激しい抗議行動を行った。

ニカラグアのフェミニズム運動は，1990年代初めに政党から自立した小規模な組織が生まれ，海外からの資金援助を得て次第にNGOとして組織を整え，活動を行ってきたという経緯がある。98年に甚大な被害をもたらしたミッチ台風を契機に，国内のフェミニズム関連のNGOは海外援助の受け皿ともなってきた。また，女性に対する暴力の撲滅や女性の参加促進を目指す国際的な女性運動，およびそれによって各国政府がジェンダー平等政策に取り組み始めたことは，ニカラグア政府をNGOを含む市民社会との協力に向かわせる圧力となった。

国内のフェミニズム組織の多くは小規模で，海外からの資金援助をもとに，労働環境の改善，暴力の廃絶と被害者保護，女性の権利の法制化，保健・教育サービスの拡充などに向けて活発な活動を行っている。ジェンダー・クオータ制の導入や女性への暴力に対する取締の法制化，家事労働者保護条約の批准などの一連の女性政策においても，基本構想の策定やロビー活動を行い，

政策や法案の成立を後押しした。

また政治的にも他の社会運動と連携しつつ，1999年〜2005年頃までに設立された「フェミニスト運動」やMAMなどの組織を中心として，選挙過程への市民の参加促進，公費モニター制度の要求，社会施策に関する公聴会開催，アレマン＝オルテガ選挙協定の告発，汚職の告発，市民の権利と民主主義を護る市民運動の組織化など，様々な活動を展開した。

3. 女性たちの生き残り戦略

■移民の女性化

1990年代以降の政治・経済の新自由主義路線への転換とともに，ニカラグアは他のラテンアメリカ諸国に遅れて経済のグローバリゼーションに直面した。構造調整による失業増，福祉の削減，貧困と格差の拡大に対応するために，女性たちは生き残り戦略の一つとして，グローバリゼーションがもたらした国際分業の波に乗ることを選択した。具体的には，仕事を求めて海外に移住する女性の数が増大した。

人口比率で見ると，ニカラグアは域内ではエルサルバドルに次ぐ移民の送り出し国であり，全人口の約10％が海外で生活している。非正規移民，季節労働者を含めるとその数は約80万人にのぼると推定されている。海外移住はニカラグア革命を契機として1970年代末にすでに始まっていたが，90年代になると大規模な国際労働移動へと発展した。国際移住機関（IOM）によれば，2010年時点で海外に居住するニカラグア人の内，79.3％が90年代以降に出国している。

その背景には，1990年代以降に実施された一連の新自由主義経済政策（公共サービスや公営企業の民営化，海外取引の自由化，農業改革の停止，労働市場の規制緩和，自由貿易区の規制緩和など）による貧困の拡大がある。90年代の失業率はピーク時には17％を記録し，以降2009年のリーマン・ショックまで，海外への労働移住は増加し続けた。リーマン・ショックを機に増加は止まったが，現在も依然として経済的理由が移住の主要な要因となっている。

移民からの送金は，残された家族の生活を支えるばかりでなく，ニカラグア経済全体に大きな比重を占めている。そのGDP比は2006年で13.3％，11年で12.5％である。為替を利用しない送金を含めれば，実質的な送金額はより大きい。米州開発銀行によれば，ニカラグア移民の38％が本国の家族に月平均43.4ドルを送金し，ニカラグアの全世帯の19％が送金を受け取っている。

表2に示すように，ニカラグアからの主要な移住先はコスタリカと米国である。2000年以降は次第に中米の域内移動が増加し，エルサルバドル，パナマ，ホンジュ

表2 主要移民先別・海外居住人口と推定人口

移民先	受入国の統計による居住人口	調査年度	推定人口
コスタリカ	287,766	2011	373,548
米国	247,593	2010	348,202
スペイン	17,455	2012	—
ホンジュラス	12,581	2006	—
カナダ	—	—	10,588
パナマ	9,798	2010	16,141
パキスタン	—	—	8,955
エルサルバドル	6,958	2007	20,000
ドイツ	—	—	6,797
グアテマラ	6,721	2006	—
クウェート	—	—	4,290
メキシコ	3,572	2010	—
ベネズエラ	—	—	2,529
OECD諸国	2,446	2010	—
コロンビア	—	—	478

［出所］IOM 2012: 38 より筆者作成

ラス，域外ではスペインが新たに移住先として加わっている。特にコスタリカへの移民は90年代以降急速に拡大し，ミッチ台風被災の影響もあって2000年代半ばまで増加傾向にあった。コスタリカ在住の外国人の75.5％はニカラグア人である。

移住先によって出身地と教育水準に差が見られる。米国への移民は都市出身者が多く，75％が中等教育以上の就学歴を有する。一方，コスタリカへの移民は農作業に従事する労働者が多く，56％が農村出身者で，中等教育以上の学歴をもつ者は31.7％にとどまる（2009年のデータ。以下同）。

移民の出身地を見ると，首都のあるマナグア県が最も多く，26.1％を占めている。次いで中央部のチナンデガ県，レオン県で，それぞれ11.5％，10.9％を占める。コスタリカへの移民は，リバス，マナグア，レオン，チナンテガ各県と南部大西洋自治区などの出身者が多い。

移民人口において，全般的に女性の数が男性を上回っている。女性移民が占める割合を移住先別に見ると，コスタリカと米国が53％，パナマが59.3％，スペインでは76％を占める。移民の労働分野については，中米域内とスペインで性別分業が顕著に見てとれる。世界銀行によれば，コスタリカの場合，移民増加がピークを迎えた2000年時点で，ニカラグアからの男性移民の35％が農牧業，27％が建設業などの第2セクター，30％がサービス業に従事していた。一方，女性移民は家事労働やビル・事務所の清掃などが33％，ホテル・レストランの従業員が20％，商業が16％で，農業はわずか6％だった。女性移民全体に占める家事労働者の割合は，都市部では37％，農村部では27％で，個人宅での家事労働が女性移民の主要な労働領域となっている。また，女性の家事労働者の72％は子持ちで，うち女性世帯主の割合は20～29歳で40％，30～39歳で25％となっている。教育レベルは一般に低く，就学年数4～9年の女性が62％を占める。

移住先での賃金を比べると，圧倒的に高賃金を得ることができるのは米国だが，女性移民の45％はコスタリカを選ぶ（米国は39％）。コスタリカの方が移動費用とリスクが少なくてすむからである。比較的安定している国内の自由貿易区でも，平均賃金はコスタリカの3分の1以下であり，ニカラグア人にとって総合的に有利な移住先はコスタリカなのである。

コスタリカへの移民の大部分は15～49歳の年齢層の人々で，女性は都市部出身のシングルマザーが多い。外国人登録をしてコスタリカに住むニカラグア人の85.4％が正式な居住許可を得ておらず，そのうちの55％が女性である。正規の移民手続きにはニカラグアでの出生地証明書，身分証明書等の取得が必要となるが，申請にはマナグアまで出向く必要があり時間と費用がかかる。また，移住先のコスタリカでは正式な居住許可がなければ身分証明書を得られず，そのために社会保障サービスや家族計画に関する情報から阻害されている。特に若年層の女性は，避妊法の啓発から漏れることで不利益を受けやすい。ニカラグアからコスタリカに移住した女性の合計特殊出生率は4.0人で，コスタリカ女性の2.6人，国内にとどまるニカラグア女性の3.6人に比べ高い。

女性が国外へ移住する要因としては，経済的な理由の他に，先に移住した夫による呼び寄せ（女性移民のうち18％は主婦である），家族や親族による呼び寄せ，家庭内暴力（精神的なものも含む）からの避難が指摘されている。

■マキラドーラの女性労働

　政府が推し進める自由貿易区で，低賃金・未熟練労働に就く女性たちは，国際分業を下支えする存在である。ニカラグアの自由貿易区では，2012年時点で161企業が操業し，約10万人が働いている。その中軸をなすマキラドーラ（保税加工制度）の歴史はソモサ政権期の1965年頃に始まるが，内戦を挟んで本格的に再開されたのはチャモロ政権期の90年代以降である。次のアレマン政権期には33の繊維工場が設立され，チャモロ時代の2倍の雇用を創出した。続くボラーニョス政権期にはマキラドーラの多様化が始まった。2004年に中米・ドミニカ共和国・米国との間で自由貿易協定（CAFTA-DR）が調印され，米国とカナダから新たな投資を引き込んだ。07年以降のオルテガ政権期にマキラドーラはさらに進展し，産業の多角化が進んだ。07～12年までに，自由貿易区の経済成長率は17.6％に達し，01年以降の10年間で工業団地の数は約9倍，利用企業は4倍，輸出額は10倍に増加した。

　マキラドーラの初期の主要産業は，米国資本の繊維・衣服製造業だった。裁断された布が輸入され，ニカラグアでは縫製のみを行う。産業の多角化が進んだ現在も中心は繊維・衣料品部門で，自由貿易区の全労働者に占める同部門労働者の割合は約68％（63企業）と最も多い。次いで農業加工部門16.8％（40企業），自動車ハーネスが9％である。

　自由貿易区はすべて都市部周辺にあり，労働者の54％はマナグア，20％がエステリ，マサヤ，レオンなどの都市周辺で働いている。2002年にマキラドーラの全労働者に占める女性の割合は80％だったが，産業の多角化とともに2013年には54％に減った。しかし，現在でも主要産業の繊維・縫製，農産物加工，ハーネスの工場では女性労働者の数が男性を上回っている。自由貿易区は失業率の高い若い女性労働者を吸収し，都市周辺の農村地域からの女性の国内移動の要因となっている。最も古い自由貿易区の一つであるメルセデス工業地区では，女性労働者の大部分が18～35歳で，全女性労働者の30％がシングルマザーである。

　マキラドーラの女性労働者を支援する団体「マリア＝エレナ・クアドラ女性労働者・失業者運動」（MEC）が2013年に行った調査では，自由貿易区の賃金は平均3101.46コルドバ（約130.64米ドル）で，基礎バスケット1万335コルドバ（437.22米ドル）の3分の1に満たない。基礎バスケットとは，1世帯（6名）が最低限の生活を維持するのに必要な1カ月間の基礎品目（食料など53品目）の総額を物価と照らし合わせて算出する指標である。

　また，多くの自由貿易区では時間外労働が恒常化している。繊維・縫製部門では，女性労働者の平均労働時間は週49.2時間で，68時間に及ぶこともある。女性労働者の61％が残業し，うち74％は週平均5～16時間残業をしている。特に妊婦の権利侵害が問題となっており，長時間労働を強いる上に定期健診や産前産後の賃金保障を怠る企業が存在することなどが指摘されている。

■国際分業と女性支援NGO

　ニカラグアは，低い技術レベル，限定的な外資導入能力という課題を抱えながら，輸出農業，繊維工業，労働力輸出の分野で国際競争にさらされている。その中で，女性たちは低賃金・未熟練労働力として外貨の稼ぎ手となっている。海外での家事労働やマキラドーラでの労働など，劣悪な条件に苦しむ女性労働者を多様なNGOが支援している。

ニカラグアの大多数の女性支援NGOは，1990年代に発足したFSLNなどの政党や労働組合の中から生じたフェミニズム運動から派生したものである。80年代のフェミニズム運動は，FSLNの後ろ盾のもとで，先述のルイサ=アマンダ・エスピノサ女性連合（AMNLAE）を中心に展開した。しかし90年代以降のフェミニズム組織は，政党の傘下に入ることにより運動の自立性が失われた過去の経験から，政党と一線を画した運動を展開している。これは先に述べた妊娠中絶の罰則化をめぐるオルテガ政権との対立にも現れている。近年のフェミニズム組織は，海外からの資金援助を受けながら，ジェンダー平等政策を推進する国際機関と積極的に連帯しつつ，国内の女性たちを支援している。その活動は，暴力被害者女性の保護，農村の開発援助，リプロダクティブ・ヘルス／ライツ，生活・労働環境の改善など多岐にわたっている。

　とりわけマキラドーラの繊維・縫製部門の女性労働者は，低賃金・長時間労働を余儀なくされ，セクハラやマタニティ・ハラスメントにさらされるなど，過酷な状況に置かれている。労働者の組織率は低く，労働組合があるのは同部門149企業中28企業に過ぎない。国内最大の組織率を誇るのはサンディニスタ中央労働者組合（CST）で，組合に加盟している労働者の44％がCSTに属している。しかし，男性優位のCTSでは，自由貿易区で働く労働者の過半数を占める女性労働者の抱える問題は常に主要な関心事にはならなかった。前項で触れた「マリア=エレナ・クアドラ女性労働者・失業者運動」（MEC）は，CTSと袂を分かち，国際NGOやカナダ，ヨーロッパの労働組織の支援を受けて設立されたNGOである。マキラドーラの女性労働者の実態調査，労働権の侵害への抗議，労働条件の改善など

「マリア=エレナ・クアドラ女性労働者・失業者運動」の
マナグア事務所に相談に来た女性たち
（2014年8月　筆者撮影）

に取り組んだり，女性労働者の相談窓口となり，労働者の権利や労働契約に関する啓蒙活動を行っている。

　MECは，中米地域の「マキラ労働者と連帯する中米女性ネットワーク」（NETWORK）に加盟し，国際的な人権擁護運動，反グローバリゼーション運動に合流することにより，外国企業との労働条件交渉を実現した。最低賃金の改正や，ILO家事労働者条約（ILO第189号）の批准に関してもロビー活動を行い，2012年には同条約の批准にこぎつけた。同条約の批准は，国内だけでなく海外で働く家事労働者の権利保障も視野に入れ，2国間・地域間協定にも影響をおよぼすことを企図したものである。MECは条約批准後も，コスタリカの家事労働者支援組織と連携しながら，中米地域全体の家事労働者を支援する活動を行っている。またMECは13年には，他のフェミニズム組織と連携して「女性への暴力に対する総合法」（法律第779号）を成立させた。

　MECをはじめとするニカラグアのフェミニズム組織は，NGOとなることで海外からの資金援助を引き出し，ジェンダー平等に向けた国際的な動きと連携することを可能とした。さらに中米地域間の連携強化により，グローバリゼーションの負の側面に立ち向かっている。

　一方で，フェミニズム組織のNGO化に

ついては批判も少なくない。ニカラグアでは、NGO 資格を取得するためには国会による承認が必要で、組織運営の透明性や専門性が求められるなど規制が比較的強い。資格を得た後は、一定の資金力とプロジェクト実施力を求められ、海外からの援助に依存する傾向が高まる。かつて草の根活動を行っていた女性組織も、近年では海外からの資金援助を得るために NGO 化する傾向が強い。NGO としての要件を満たすために専門職員が必要となり、高学歴・高収入の NGO エリートを作り出している。こうした NGO では、地元のニーズよりも資金を提供する国際 NGO や国際機関の方針が優先されることがある。地域的にみると、首都マナグアを本拠とする組織の方が、地方の草の根組織よりも資金を獲得しやすい。これにより支援の地域間格差が生じている。さらに、NGO となって成果を求められ、短期的プロジェクトが活動の中心となることで、かつての草の根フェミニズム運動が持っていた長期的展望を失いつつあるという批判もある。

筆者が 2014 年にニカラグアを訪問した際も、国際 NGO など海外からの援助を得ている組織は、潤沢な資金を背景に多様な活動を展開していた。一方、資金援助を得ていない AMNLAE は、新たにプロジェクトを組むことも難しく、活動の縮小を余儀なくされていた。しかし、国際化した女性支援 NGO が、中米、ラテンアメリカ地域、国際社会のネットワークに連なることで、政府に対抗する力を身につけ、女性のエンパワーメントに貢献してきたことも事実である。ニカラグアのフェミニズム運動もまた、グローバリゼーションと「NGO 版新自由主義」の波にもまれながら二極化しつつも、新たな方向性を模索している。

ニカラグアの女性たちは、新自由主義政権成立以降、構造調整政策と新自由主義経済の負の影響を最も強く受けてきた。そして、FSLN の政権復帰以降も、間断なく経済のグローバリゼーションの波にさらされている。海外から低賃金労働力を求めてニカラグア国内の貿易自由区に設立された工場での労働力として、また国外では家事労働をはじめとするサービス部門の未熟練労働者として、つまりは「女性向き」とされて狭められた選択肢の中で、女性であるがゆえに低賃金化された労働市場に組み入れられている。その中で、女性たちはシングルマザーとして子どもを養い、家計を維持するために移民労働者として単身で国境を越え、劣悪な労働条件でも働かざるをえない。新自由主義秩序のもとでの国際分業が低賃金・未熟練労働力を貧しい国に求める中で、ニカラグアの女性たちは生存のために国際競争の最前線に晒されている。ニカラグアの女性運動は、こうした状況と闘うために、ラテンアメリカ地域圏や国際社会に新たな連帯を求めて運動を展開している。

第 16 章

パナマ
——運河の国の新たな挑戦と女性をとりまく社会の姿——

笛田千容

コスタリカとの国境に配属された移民局の女性
（2012 年 清水一良氏撮影）

パナマ女性史関係年表

西暦	事　　項
1922	米ボルチモアで汎米女性会議（Pan American Congress of Women）が開催。パナマ代表として、のちにパナマ初の女性議員となるエステル・ネイラが参加。
1923	パナマ初の女性弁護士クララ・ゴンサレスらがパナマ女性党を結党。
1941	アルヌルフォ・アリアス政権下で限定的女性参政権が認められる。
1945	国会議員選挙でパナマ初の女性議員（2名）が誕生。
1946	女性参政権が正式に認められる。
1968	アルヌルフォ・アリアス大統領、国家警備隊のクーデターにより政権を追われる。
1983	マヌエル・ノリエガ将軍が国家警備隊の最高司令官に就任、事実上の最高権力者となる。
1989	米軍のパナマ侵攻。
1990	エンダラ政権発足。ノリエガ将軍逮捕。 選択的夫婦別姓を認める。
1992	開発と女性（WID）フォーラムに全国から3000人の女性が参加。国家計画の中にWIDに関する事項を盛り込むように働きかける。
1993	超党派の女性政治家フォーラムが設置される。
1994	「WIDに関する国家計画1994-2000年」を発表。 家族法の制定と家庭裁判所の設置。
1995	「女性に対する暴力の防止・罰則・廃絶に関する米州条約」を批准。 欧州連合との間で「パナマにおける機会均等の促進」に合意。 大統領令により国家女性委員会（DINAMU）、国家女性評議会（CONAMU）、パナマ大学女性学研究所が設立。 家庭内暴力関連法の制定。 セクシュアル・ハラスメントの罰則化。
1997	選挙法を改正し、国政・地方選での各政党候補者の30%を女性とするクオータ制を導入。
1998	労働省女性局、内務司法省地域開発局などを統合し、国民福祉省女性局が設立される。
1999	アルヌルフィスタ党党首のミレヤ・モスコソが女性初のパナマ大統領に就任。
2000	大統領令により、国際女性デー（3月8日）のある3月を女性月間に指定。 学校教材にジェンダーの視点にもとづく記述および内容を義務づける。
2001	国連女性差別撤廃条約選択議定書の批准。 家庭内暴力関連法を改正。
2002	ジェンダー関連指標のデータベース（SIEGPA）を構築。
2008	ホステス・ビザを廃止。 国家女性庁（INAMU）を設立。
2012	クオータ制を改定し、国政・地方選での各政党候補者に占める女性の割合を50%に拡大。
2013	フェミサイド（女性殺し）の概念を導入して刑法を改正、女性に対する暴力を厳罰化。

パナマ共和国は，北米大陸と南米大陸を結ぶ地峡部の南東端に位置する。面積は北海道よりやや小さい約7.5万km²で，東はコロンビア，西はコスタリカに接し，北はカリブ海，南は太平洋に面している。緩やかなS字型に湾曲した国土は変化に富み，コロンビア国境に近い東部地域やカリブ海沿岸の低地帯は雨量が多く，熱帯雨林に覆われて人口希薄の場所が多い一方，コスタリカ国境に近い西部地域は標高1000m以上の高地（最高峰のチリキ火山は3477m）である。

人口は380万人で，その約半数が首都パナマ市のあるパナマ県に集中している。1人当たりの所得はラテンアメリカ諸国の中で高いが，所得分配の不平等度を表すジニ係数も56.6と高い。近年の経済成長のお蔭で貧富の格差や極貧層の割合には改善の兆しが見られるものの，首都圏に経済活動の75％が集中しており，都市部と農村部の経済の地域間格差が著しい。なお，中米にはエルサルバドルやグアテマラなど，国外就労者からの家族送金への依存度が高い国が多いが，パナマは相対的に低い。

人種構成は多様で，政府の統計によると混血（メスティソ）70％，黒人14％（先住民との混血を含む），白人9％，先住民6％である。先住民はノベ（ngobe），クナ（kuna），エンベラ（embera），ブグレ（bugle），ウォウナーン（wounaan），ナソテリベ（naso-teribe），ブリブリ（bri-bri）の7部族に分けられる。先住民には県とは異なる特別行政区として先住民自治区（comarca）が認められており，現在5つの先住民自治区が設定されている。加えて，20世紀初頭に鉄道や運河建設で流入した中国やアンティル諸島出身者，アラブ系の移民労働者などによって，コスモ

上空から見たパナマ運河（撮影：Camilo Molina）

ポリタンな人種混合社会が築かれている。

貨幣は「バルボア」が法定通貨とされ，1バルボア＝1米ドルとされているものの，紙幣は存在せず，実際は米ドルが流通している。

パナマは1821年にコロンビアの一部としてスペインから独立し，1903年にコロンビアから分離独立した。コロンビアからの独立は，運河建設に関する条約の締結を同国政府に拒否された米国政府が，パナマ地峡住民の独立運動を援助したことで実現した。スエズ運河を建設したフランス人外交官・実業家レセップスが海面式運河（両洋に流れ込む河を堀割で結ぶ）の建設に挫折した後，米国が河や湖の水位差を調節して結ぶ閘門式に切り替えて事業を引き継いだ。

米国は独立後間もないパナマ政府と運河条約を締結して，パナマ運河地帯と呼ばれる運河の両岸8kmの地帯の永久租借権，治外法権，武力干渉権を確保し，選挙監視や治安維持の名目でしばしば兵力を投入した。「パナマは3回独立した」とよくいわれるが，これは1999年12月31日の運河返還をもって，ようやく実質的な独立を果たしたことを意味している。

運河返還後，パナマ政府は南北アメリカ大陸の物流，交通，金融のハブとして

の機能強化に取り組み，近年域内で最もダイナミックな成長を遂げている。反面，規制の緩い金融システムや出入国管理は，麻薬密輸やマネー・ロンダリング，人身売買の温床になっているとの指摘もあり，米国政府はこれらを新たな安全保障問題と結びつけて神経を尖らせている。

1. 21世紀初頭のパナマ社会の姿

■拡張されるパナマ運河と好調な経済

2014年に開通100周年を迎えたパナマ運河は，世界の海運物流の5％が通過する要衝である。1948年に設置された大西洋岸のコロン・フリーゾーンは，香港に次いで世界第2位の取引高を誇り，アメリカ大陸随一の中継貿易の拠点，国際企業の貨物センターとして発展してきた。

1999年12月31日，77年に署名された新運河条約（トリホス=カーター条約）にもとづき，それまで米国に帰属していたパナマ運河と運河地帯ならびに米軍基地用地が返還された。同条約は79年10月に発効し，その後20年間は二国間のパナマ運河委員会（PPC）によって運営管理が行われた。全面移管後の現在は，パナマ運河庁（ACP）がその任に当たっている。実質国内総生産（GDP）にACPの総収入が占める割合は約10％にのぼる。

しかし，返還後のパナマ運河は，世界的なコンテナ貨物輸送の拡大と船舶の大型化にともない，競争力に翳りを見せ始めた。海面式のスエズ運河はより大型の船舶（スエズマックス：船幅50m）が航行できるのに対し，パナマ運河は閘門のサイズが制約となる（パナマックス：船幅32.3m）。航路距離が多少長くても，パナマ運河を通航できない大型コンテナ船を利用することで，パナマ運河を通航す

る物流の4割を占めるアジア‐米国東海岸間の輸送コストを削減できると考えた大手海運会社が，スエズ運河経由にシフトした。そこで浮上したのが，「ポスト・パナマックス船」に対応する運河拡張工事計画である。

2006年10月の国民投票で8割近い賛成多数により承認された拡張工事は，パナマ・米国・日本の出資で07年に運河周辺の掘削工事からスタートした。新たな水路は現在の運河に並行して建設されるため，従来の水路は拡張後も継続使用される。補完的な港湾施設やコンテナ・ターミナルの整備も進められている。

このメガプロジェクトの推進を背景に，パナマ経済は過去10年間，リーマン・ショック後の2009年と翌10年を除いて，年率8％以上の経済成長を維持してきた。運河とともに返還された米軍基地跡地は，国内線発着空港やホテル，住宅地や経済特区に転用された。パナマ湾浄化事業や地下鉄（メトロ1号線）の建設，湾岸道路（シンタ・コステーラ）の拡張工事を中心とする都市環境整備と住宅・商業施設建設などの民間部門が，建設業の高い伸び率を牽引している。

通商センターや金融センターの発展と併せて，国際交通の拠点強化も図っている。パナマ市郊外にある国際空港では，南北アメリカ航空路の中継基地機能と，中米・カリブ海地域のハブ空港としての機能拡充を進めている。これらを通じて，アジアのハブであるシンガポールをモデルに，南北アメリカ大陸のハブとしての機能強化に取り組んでいる。

■パナマ危機以降の内政

1989年12月の米軍によるパナマ侵攻と，翌90年1月のノリエガ将軍（国防軍

最高司令官）逮捕は，パナマ政治転換の分水嶺となった。このパナマ危機に至る経緯についてはすでに様々な文献で紹介されているので割愛するが，旧運河地帯内の基地から空爆を開始した米軍部隊はたちまちパナマ全土を制圧し，武装解除を推進して，パナマ国防軍の解体と非軍事的な国家保安隊への再編に道を開いた。ノリエガ将軍によって無効とされた89年5月の総選挙に出馬したアルヌルフィスタ党（PA：現パナメニスタ党［PP］）のギジェルモ・エンダラは，米軍基地内で大統領就任の宣誓を行った。

こうして新政権が樹立されて以来，パナマでは選挙による政権交代が続いている（表1）。民族主義的な左派政党として結成された民主革命党（PRD）は穏健化し，政権が交代しても政策が左右に大きく触れることはなく，経済自由化路線に沿った政権運営が続いている。ペレス=バジャダレス PRD 政権下の1997年に世界貿易機関（WTO）に加盟，国営電話通信会社（INTEL）や国営電力会社（IRHE）等の国営企業を民営化した。中米諸国との連帯を強化し，2003年にエルサルバドルおよび台湾との間で自由貿易協定（FTA）が発効した後，チリ，シンガポール，コスタリカ，そして2012年には米国との FTA が発効している。

パナマ危機以降の内政に関して，注目すべき点を二つ挙げておく。

一つは，1998年8月の国民投票とその結果を踏まえて生じた翌年の政権交代である。PRD のペレス=バジャダレス大統領は，大統領の連続再選を可能とする憲法改正の是非を問うことで自身の再選を狙ったが，改正案は否決された。翌年の総選挙では PA のミレヤ・モスコソが大統領に当選した。このパナマ初の女性大統領の誕生については後述する。これにより PRD は1979年の結党以来，初めて選挙での敗北を認め，政権を明け渡したのである。

政治学者サミュエル・ハンチントンは，20世紀後半の各国の民主化を分析した『第三の波』の中で，民主主義の定着を測る1つの基準として，2回の政権交代が可能かどうかを判断する「2回交代ルール」を挙げる。この基準に照らして，1989年選挙を民主化への移行期の最初の選挙と位置づけるなら，パナマの民主化は PRD の下野によって定着した。

もう一つは，第三極政党として民主変革（CD）が台頭し，2009年の大統領選挙で野党連合のリカルド・マルティネリが当選したことで，PRD と PA による二大政党制の構図が崩れたことである（表1・表2）。

表1　2014年大統領選挙の政党別得票数

政党名		候補者名	得票数
国民第一	PP	フアン=カルロス・バレーラ	563,584
	人民党		161,178
変革同盟	CD	ホセ=ドミンゴ・アリアス	483,309
	MOLIRENA		98,589
PRD		フアン=カルロス・ナバロ	521,842

［出所］Tribunal Electoral de Panamá.

表2　2014年選挙の政党別獲得議席数

政党名		議席数（計71）	得票数
国民第一	PP	12	343,880
	人民党	1	56,629
変革同盟	CD	30	573,603
	MOLIRENA	2	121,815
PRD		25	535,747

［出所］Tribunal Electoral de Panamá.

マルティネリはペレス＝バジャダレス政権で社会保険庁長官を務めた実業家（国内最大手スーパーマーケット・チェーンのオーナー）で，1998年5月にCDを結党し，党首に就任した。CDは当初，ペレス＝バジャダレス大統領の連続再選を可能にするための憲法改正に支持を表明するなど，PRDと協同歩調をとり，実質的には衛星政党のような立場からスタートした。

ところがこの憲法改正案が否決されるとCDはPRDから離反し，PA陣営に急接近してモスコソ政権と連立を組み，マルティネリは運河担当相に収まった。モスコソ政権が汚職や縁故主義によって国民の支持を失うと，今度は自ら大統領候補として2004年の総選挙に出馬するが，結果は4位に終わった。

2009年の総選挙でマルティネリはパナメニスタ党（PP：旧PA）を含む野党連合から再度出馬して当選を果たしたが，2年後にPPとの連立を解消。2014年の総選挙では，自由党（PL）の一部と金融・保険業界などの実業家たちが1982年に結成した自由主義国民共和運動（MOLIRENA）とのみ協力した。

2014年の選挙では，PPのフアン＝カルロス・バレーラ党首が得票率39％で勝利した。バレーラ大統領は前政権の副大統領兼外相に就任するも，CDとの連立解消にともない外相の職を解任されていた。マルティネリ前大統領の汚職疑惑を批判し，汚職のない透明な政治を目指すとしているほか，パナマ運河拡張工事の迅速化や教育および労働力の質の向上，貧富の格差の解消などが課題として挙げられる。しかし議会ではCDが第一党，PRDが第二党であり，バレーラ大統領は議会対策で苦心することが予想される。

パナマの政党は個人政党の枠を破ることができないまま今日に至っており，党の原理原則や政策よりも，その時々の状況や利害関係によって，日和見主義的な連立と分裂を繰り返している。第三極の台頭は，そうした政局に風穴を空けるどころか，ますます混迷の度を加えているように見える。

■グローバル組織犯罪の影

銀行利子への非課税，顧客情報の守秘義務，ドル決済などを強みとするオフショア金融センターであると同時に，世界有数の麻薬の生産地に隣接するパナマは，麻薬密輸と資金洗浄（マネー・ロンダリング）の一大拠点と見なされている。

1983年頃からコロンビアの麻薬カルテルとの協力関係に入ったとされるノリエガ将軍の逮捕後，英領バージン諸島が代替地として浮上した。しかし，その後も米国政府とパナマに拠点を置く国際的な犯罪組織との攻防が見え隠れしている。たとえば，米財務省はパナマを拠点に麻薬密輸および資金洗浄などの犯罪行為に関わっているとして，2011年にリビア系コロンビア人，ホルヘ・ファドゥッラー・シュアイタリーをコスタリカで逮捕，14年5月には彼に連なるパナマ人8名と20法人を外国人麻薬キングピン（麻薬王）指定法（通称キングピン法）の対象に追加指定した。

2001年9月の同時多発テロ事件発生以降，米国政府は麻薬，金融犯罪のみならず，テロとの戦いをもマネー・ロンダリング対策の目的に位置づけている。これを受け，パナマ議会は02年に金融犯罪法を可決し，マネー・ロンダリングなどに対する罰則を強化した。

また，金融犯罪対策を目的に2000年に

設立された大統領府金融分析局（UAF）を段階的に強化している。UAFへの提出が義務づけられている通貨取引報告（CTR）は，金融機関を通じて行われる現金の預け入れ，引き出し，両替，振込などのうち，1万ドルを超える取引に関する報告であり，犯罪収益の合法化を防止することを目的とする。しかしその反面，銀行における手続きが煩雑になり過ぎたことで，効率性阻害を嫌った欧米の大手金融機関の撤退を招くなど，パナマ政府にとっては頭の痛い問題である。

さらに，近年タックス・ヘイブンなど国際的に合意された租税の基準を満たしていない国や地域に対して，世界的に厳しい目が注がれている。パナマは経済協力開発機構（OECD）が公表に踏み切った「非協力的タックス・ヘイブン」にリストアップされたことから，2009年4月のG20ロンドン会議までに同基準を適用することに合意した。しかしまだ十分適用されていない国・地域およびその他の金融センターを挙げたいわゆるグレーリストに分類されている。

国際通貨基金（IMF）が行った各国審査によると，パナマでは「マネー・ロンダリングに関する金融活動作業部会（FATF）」で定義されている特定非金融業者（弁護士，会計士，不動産業者，宝石・貴金属取引業者など）が，規制対象になっていない。そのため，口座や資産の真の所有者を隠蔽するためのペーパーカンパニーを設立するために，代理人として会計士や事務弁護士を利用するのが常套手段化している。価格が交渉可能な高価格資産（不動産，乗り物等）はしばしば報告義務がなく，犯罪収益であることを隠して取引することができる。なかでも不動産は高価格で取引され，時間経過とともに価値が上がっていくため利用されやすい。

グローバル犯罪組織の有力な資金源として，麻薬および武器の密輸のほかに人身売買が挙げられるが，これについてはジェンダーの視点を踏まえて後述する。

2. 女性をとりまく政治・経済・社会状況

■女性の政治参加：期待と停滞

パナマにおける女性運動の歴史は，1890年代から1920年代までの米国の女性運動に刺激を受けて始まった。1922年，米ボルチモアで開催された汎米女性会議（Pan American Congress of Women）にパナマ代表として，のちにパナマ初の女性議員となるエステル・ネイラが参加，翌23年にはパナマ初の女性弁護士であるクララ・ゴンサレスを中心にパナマ女性党（PAF）が結成され，女性参政権運動を展開し始めた。

当時のパナマ政治は，少数有力者の個人や家族を核とする離合集散の時代から，新興勢力の登場によって新たな局面を迎えつつあった。パナマ女性党が結成された1923年，アルモディオとアルヌルフォのアリアス兄弟が，国家革命党（PNR）の前身にあたる政治結社・共同行動（AC）を結成し，31年に中間層や専門職のグループを率いて大統領府を襲撃して，時の自由党政権を追放した。そして翌年の選挙で，兄のアルモディオが大統領に就任した。

兄の政権下で閣僚などを歴任したアルヌルフォは，「パナマ主義」を掲げて党名をパナメニスタ党（PP）に変え，1940年に政権の座に就くも，13カ月で退陣を余儀なくされた。これは，ドル流通体制や

表3 国会議員等に占める女性の割合（%）

	1999	2004	2009	2014
国会議員 (71議席)	9.9	16.7	8.5	18.0
市長	13.5 (10名)	9.3 (7名)	9.3 (7名)	—
最高裁判事 (9名)	22.0	22.0	0.0	—

［出所］Tribunal Electral de Panamá などを参考に筆者作成

基地使用権をめぐる交渉などにおいて，米国政府と対決姿勢を示したことが災いしたものと見られる。

しかしアルヌルフォ・アリアスが大統領在任中の1941年，憲法の制定にともない25歳以上の大卒者ないし一定の教育を受けた女性に参政権を認めたことは，社会保険庁の創設とならぶ同政権の功績として評価されている。

このときパナマ女性党は，条件付きの女性参政権に強い不満を持つクララ・ゴンサレス率いる国民女性連合（UNM）と，PNRの支援を仰いだ愛国女性同盟（LPF）に分裂し，そのまま1945年の国会議員選挙に挑むことになった。

同選挙で愛国女性同盟のエステル・ネイラとグメルシンダ・パエスが当選し，パナマ初の女性議員2名が誕生した。うちアフリカ系のグメルシンダ・パエスが第二副議長に就任したことは，パナマにおけるジェンダー平等と多文化共生のシンボルとして，近年再評価されている。

1946年憲法の制定にともない，女性参政権が正式に認められたものの，その後の選挙では女性運動とは関わりのない，政党ないし有力政治家の支援を得た女性候補者がごく少数の議席を獲得するにとどまった。こうした状況を前に，女性の政治参加を目指す運動は下火となった。

女性の政治参加を促す気運が再び高まったのは，1989年以降のパナマ危機によって同国の政治が一からの出直しを迫られると同時に，女性の地位向上と男女共同参画社会形成に向けての国際的な議論と支援の動きが活発化するなかでのことであった。93年にEUの支援で超党派の女性政治家フォーラムが結成されたのをはじめ，97年には選挙法改正により，国政・地方選での各政党候補者の30％を女性が占めることを定めたジェンダー・クオータ制が導入された。

しかしこうした取り組みにもかかわらず，国会に占める女性議員の割合は伸び悩んでいる（表3）。長期的に見て増加傾向にはあるが，域内他国と比較すると，増加の速度が遅く，持続的ではない。2012年にはジェンダー・クオータ制が男女同数の50％に改正されたが，14年の選挙で女性が獲得した議席数は全体の18％にとどまった。04年の選挙で16.7％に達したことを考えると，枠の拡大は女性議員数の増大にはほとんど効果を発揮していないように見える。今後，クオータ制導入の成果がすぐに現れた（ように見える）国や，クオータ制の導入に先立って女性議員の増加が見られた国との比較を踏まえながら，女性候補者を支援・育成するための政党助成金の使われ方など，クオータ制を補完する仕組みにも目配りする必要がある。

■「初の女性大統領」が残したもの

前述のように1999年5月に実施された大統領選挙で，アルヌルフィスタ党（PA）党首のミレヤ・モスコソが総投票数の43％を獲得して勝利し，同年9月にパナマ初の女性大統領が誕生した。彼女は，女性参政権に道を開いた政治家として前節で紹介したアルヌルフォ・アリアス元大統領の未亡人である。

パナマ市内の高校を卒業後、社会保険庁で秘書として働きはじめたモスコソは、アリアスの選挙キャンペーンを手伝ったことをきっかけに、18歳の若さで政治の場に足を踏み入れた。そして1964年5月の大統領選で敗北を喫した当時62歳のアリアスに寄り添い、公私にわたるパートナーとして活躍の場を広げていった。

1966年以降、モスコソはアリアス一族の所有するコーヒー商社の販売部長を務める傍ら、選挙キャンペーン・アドバイザーとしてアリアスを支えた。しかし68年に再び政権の座に返り咲いたアリアスは、オマール・トリホスら国家警備隊のクーデターにより、就任後わずか10日でその座を追われてしまった（1940年、49年、68年と3度大統領の座に就いたアリアスだが、1度も任期を全うすることができなかった）。モスコソを伴ってマイアミに亡命したアリアスは、当時カリフォルニア州知事だったロナルド・レーガンと親交を深め、かつての反米姿勢を和らげた。

2人は1969年に結婚し、78年にマイアミからパナマに帰国した。米国政府と新運河条約を締結したトリホス将軍が「民主化」に着手し、政党を合法化したためである。しかしアリアスは4回目の政権に挑むことなく、88年にマイアミでこの世を去った。

領袖を失ったパナメニスタ党（PP）が、アリアスの私設秘書だったギジェルモ・エンダラに続いて担ぎ出したのがモスコソである。そしてこの時期から、PPは偉大なリーダーの名に因んで党名をアルヌルフィスタ党（PA）と改名する。

モスコソは高卒という学歴の不足を逆手にとって、庶民派の候補者として中間層以下の有権者にアピールして大統領選に勝利した。運河返還後の親米体制づくりという米国政府の意向も働いていた。

しかし一部の識者やオピニオンリーダーの見方は、「女というだけで大統領になれた」と冷ややかだった。『ラ・プレンサ』紙の元社長で、軍政時代（1968〜89年）の人権侵害に関する真実究明委員会（モスコソ政権下で設置）の委員を努めた弁護士のフェルナンド・ベルギードは、モスコソだけが大統領選の公開討論への参加を拒否したことや、大統領在職中にクリスマス・プレゼントと称して閣僚全員にカルティエ製の高級腕時計を配ったことなどに言及して、彼女は大統領としての資質に欠けると批判した。

モスコソは汚職とのたたかいを選挙公約の一つに掲げ、1999年に汚職対策局を経済財務省内に設置した。さらに2002年に情報公開法を制定して、政府および行政機関の支出などの透明化に取り組む姿勢を明確にした。しかし皮肉なことに、自身の汚職と縁故主義が批判に晒されたうえ、経済成長率や公的債務、財政収支を粉飾して発表していたことが明らかになった。政権終盤には支持率が15%まで低下した。

また、パナマの刑事裁判所が「集団の安全に対する罪および公文書偽造」で有罪判決を下し、収監していた亡命キューバ人4人に対して、モスコソが任期満了直前の2004年8月26日に恩赦を与えたことは、国際問題に発展した。4人のうちルイス・ポサダは、1976年にベネズエラ発のキューバ航空機を爆破し、乗客・乗員73人を死亡させた事件の容疑者であり、他の3人もメキシコや米国内でキューバ人外交官を殺害したとしてキューバ当局が追及してきた人物である。パウエル米国務長官がモスコソに、元CIA

要員であるポサダらの釈放を要請したともいわれたが、彼女は米国からの圧力を否定し、「キューバかベネズエラに犯人を引き渡せば、命が失われることになる」と、人道的な配慮による恩赦であることを強調した。そして4名に48時間以内に国外に退去するよう通告したのである。同日キューバはパナマとの国交を断絶し、カストロ議長と親交が深いとされるマルティン・トリホス（オマールの息子）政権下で両国の関係は修復された。

さらに、モスコソは政権を去ったあと、公金横領と不正蓄財で告発されたエルサルバドルのフランシスコ・フローレス元大統領をパナマ国内に匿い、逃亡を手助けした疑いがある。エルサルバドルの裁判所に出頭する前、フローレスは議会内調査委員会からの召喚に応じず、4カ月にわたって逃亡していた。この間、エルサルバドル政府は元大統領がパナマに逃亡しているとの疑いを持っていた。パナマの議会で、モスコソが所有するヨットや邸宅でフローレスの姿が目撃されたという証言が飛び出したことが、そうした疑いに根拠を与えた。

こうしてモスコソは「パナマ初の女性大統領」への幻滅をもたらし、「女性の活躍」にむしろマイナスのイメージを残して去った。アルヌルフィスタ党は、モスコソ政権に対する国民の支持が低かったこと、またモスコソとエンダラ元大統領との間の確執が修復できず、2004年の選挙ではエンダラが連帯党（PS）から立候補したことにともない支持基盤が分裂したことなどから、党としての再出発を余儀なくされた。05年には党名をパナメニスタ党（PP）に戻し、支持基盤の回復に努めることとなった。

■女性の教育と労働をめぐる課題

好調な経済は、女性の自立と活躍の場を広げることにつながっているのだろうか。以下では女性の教育と労働をめぐる状況をみてみよう。パナマでは1995年7月に法令第35号が制定され、教育の無償化が推進された。これにより、義務教育が6年から9年に延長された。

ラテンアメリカ諸国の中で特に多くの予算を教育支出に配分しているとはいえないが、教育に対する公的支出はGDPの4.1％、国家予算の17.5％に相当する。識字率は1990年の89.3％から94.1％（2005～12年平均）に改善された。

各国の所得階層と平均就学年数の関係に言及した国連ラテンアメリカ・カリブ経済委員会（CEPAL）の報告書によると、パナマで貧困に陥らないために必要とされる就学年数は12年、平均を上回る所得水準に達するために必要とされる就学年数は15年である。

これに対し、パナマの統計センサス局（INEC）が2012年に実施した世帯調査によると、同国における平均就学年数は11年と、貧困脱却の目標値にはやや足りていない。ただし、教育の質の違いなどを勘案すると、パナマの11年はOECD諸国の8年に相当する。男女別で見ると、女性の平均就学年数は12年で、男性（10年）よりも2年長い。

そこで、教育レベル別に在学者数の男女比を見ていくことにしよう。初等教育レベルでは男子の割合（52％）が女子（48％）を上回っているが、中等教育レベルで男女比が逆転し始める。そして表4で示すように、高等・専門教育レベルになると、女子が60％近くを占める。

一見すると、すべての教育レベルにおいて男女格差は解消されたように見える。

表4　教育レベル別男女比

	女子	男子
初等教育	48%	52%
中等教育	51%	49%
高等教育	60%	40%

［出所］INEC．

しかし問われるべきは，果たしてそれが女性のエンパワーメントにつながっているといえるのかどうかである。

パナマ大学の経済学者でジェンダー研究者でもあるデ＝レオン教授は，この点について否定的である。女性の平均就学年数が男性のそれを上回っている背景には，労働市場において女性が男性と同等に評価されるために，男性よりも高い学歴を要求されているという現状，すなわち雇用差別があるというのである。

女性の就業状況の変化を見ると，2001年に36％だった就業率は，11年には48％に上昇している。またこれにともない，失業率は13％から5％に低下している。しかし教育の普及に比して，依然として多くの女性が家庭に入り，家事や子育てといった伝統的性別分業を引き受けていることも窺える。

男女間の賃金格差は，部分的には大学の専攻の差によって説明することができる。パナマの主要5大学のうち，パナマ大学，チリキ自治大学（UNACHI），ラスアメリカス専門大学（UDELAS）の3大学は，学生の大半が女子である。これらの大学で女子学生は，看護・教育・会計・人文科学など，サービス部門の伝統的な職種につながる科目を修得する傾向が強い。一方，市場においてより価値のあるコンピューター，エンジニアリング，建築・建設といった技術系のスキルを身につけることができるパナマ工科大学（UTP）と，パナマ国際海事大学（UMIP）の2大学では，男子学生が大半を占める。

今後は男女間の賃金格差を縮小する一つの方法として，女性が進学先や専攻分野を選ぶ際に，ステレオタイプ化された女性に対するイメージを取り除き，女子学生の専攻分野の多様化に取り組んでいくことが挙げられる。

3．人身売買問題とその対策

■人身売買問題へのジェンダー・アプローチ

先述の麻薬密輸およびマネー・ロンダリングの問題が，パナマと米国との間の新たな安全保障問題を孕んでいるのに対し，人間の安全保障の観点を含めて危惧されているのが，パナマにおける人身売買の問題である。

人身売買は，その主な目的が性的搾取や強制労働であり，被害者の大部分が女児を含む女性であることから，予防のためのジェンダー平等の達成，女性のエンパワーメント，女性に対する暴力の根絶に向けた取り組みなどの重要性が，国連をはじめとする国際諸機関から指摘されてきた。1995年に北京で開催された第4回世界女性会議では，「女性に対する暴力」の一課題として取り上げられ，女性や子どもの人身売買の根絶と被害者支援に対する具体的な戦略の必要性が指摘された。また，2000年には国連で「国際組織犯罪防止条約人身取引議定書」（正式名称：国際的な組織犯罪の防止に関する国際連合条約を補足する人，特に女性及び児童の取引を防止し，抑制し及び処罰するための議定書）が採択され，人身売買が初めて包括的に定義づけられた。

1990年代までの人身売買をめぐる研究は，被害者支援を行う国際・国内NGOをはじめとする民間支援団体が議論の中

心であった。したがってその主な目的は被害を可視化することに置かれ，被害者に対する聞き取り調査を情報源とする実態解明型が中心であった。しかし国際レベルの運動に後押しされて各国が人身売買対策を展開するにつれて，人身売買を生み出す構造の問題を含む複数の社会問題との近接も踏まえて，ジェンダー研究を中心に新たな成果が蓄積されつつある。

たとえば，経済規模が小さい国で人身売買への対策を進めるには，教育分野のジェンダー・ギャップを縮小させることが不可欠とされる。一方，経済規模が大きくても，政治分野におけるジェンダー・ギャップが顕著な国は，人身売買対策が進まない傾向が見られるという。つまり，人身売買対策を強化するには，女性政治家の役割が重要になってくると考えられる。この点，すでに述べたように，パナマではジェンダー・クオータ制の導入後も女性政治家の数に著しい増加は見られないため，おのずと限界がある。

また，人身売買対策の進展には，受入国におけるジェンダー意識の変革が有効との見方もある。たとえば「男女は本質的に違う」と考える人，すなわち伝統的な性別役割分業観を支持する傾向がある人ほど，性産業を容認する傾向がある。

さらに，パナマでは登録制による買売春が合法化されている。近年は観光業の発展とあいまって，コスタリカを凌ぐ買春ツアーの目的地になっているともいわれる。買売春の合法化は，売春に従事する女性に対する性道徳に基づいた非難を回避する一方，たとえリスクが生じても「自己責任」と捉え直されてしまうことにつながる。他方，身体の商品化と売買を法的に認めることで，業者は人身売買によって女性の自由を否定し搾取することにお墨付きを得たと考えるだろう。そのため，本人の意思に反した人身売買が行われる危険性が高まる。

■パナマにおける人身売買の特徴

人身売買の実態を正確かつ包括的に把握することは難しいが，国際機関等による調査は行われている。国連薬物犯罪事務所（UNODC）が2006年に公表した報告書『人身売買のグローバル・パターン』は，送出国127カ国，中継国98カ国，受入国137カ国の人身売買の現状を調査・考察している。人身売買を議論の俎上に乗せるうえで，人の移動という視角からその構造を捉えることは有益と考えられる。

同報告書によると，途上国，先進国を問わず，世界の全ての国が人身売買の送出国，中継国，あるいは受入国としてこの問題に関わっているが，パナマの場合，これら3つの側面全てに関わっているところに特徴がある。一般に，経済規模の大きな国は受入国，小さな国は送出国として人身売買に関わる傾向が見られるが，物流と交通の要衝であるパナマは，入国管理やそれにまつわる汚職の問題，人身売買関連業の発達など，経済規模だけでは計れない特殊性を有している。

パナマは主にコロンビア，ドミニカ共和国，ニカラグア各国出身の女性の人身売買に関わる受入・中継国であり，米国およびジャマイカへの送出・中継国である。周辺国出身者はたいてい，はじめは合法的かつ自発的に職を求めてパナマにやってくる。しかしバーやクラブ，カジノ，または登録売春宿の経営者など，裏で人身売買に携わる雇用者からパスポートを取り上げられ，借金による束縛，脅し，虐待などを受けながら，長期間にわ

たって強制売春の被害者となるケースが後を絶たない。

一方，不法入国者の出身地は年々多様化しており，バングラデシュ，ソマリア，ネパール，インド，ガーナ出身者が増加傾向にある。中国マフィアがパナマを米国への安全な中継地の一つと見なしているとの報告もある。アフリカからはドバイを経由して空路でブラジル，エクアドル，コロンビアと飛行機を乗り継ぎ，コロンビアから陸路でパナマに不法入国する。中国からも，まずはブラジルへ向かい，そこから先はアフリカ出身者と同じルートをたどってパナマに入る。

最も手っ取り早いが高くつく不法入国の方法は，パスポートやビザの偽造である。コロンビア人は「ベネズエラ人」や「メキシコ人」，「スペイン人」を装って，中国人は「日本人」や「台湾人」，「韓国人」を装って，国境を通過するたびに名前や国籍を変えて移動する。パナマ当局の関係者が，これら身分証の偽造に関わったとして逮捕されることもある。

児童ポルノ，児童買春，児童強制労働を目的とする人身売買の問題も深刻である。パナマ国内では，農村部から先住民の子どもが誘拐されて，強制的に家事労働をさせられることがあるといわれる。コスタリカとの国境に接するボカス・デル・トロ県では，夫婦を装った男女2人組が，数人の子どもを連れてコスタリカに渡ろうとするところを，当局に取り押さえられたケースが報告されている。

■人身売買問題への取り組み

こうした人身売買問題に対するパナマの取り組みを，国際比較を踏まえて見ていくことにしよう。

世界各国の人身売買問題への取り組みを評価し格付けをする唯一の試みとして，米国務省の『人身取引年次報告書』（以下，TIP報告書）がある。2000年に制定された米国人身取引被害者保護法（TVPA）にもとづき，人身売買の予防・被害者の保護・加害者の訴追という3つの観点から，当該国の政府の取り組みが「最低基準」（4基準・11項目からなる）を満たしているかどうかを評価するものである。格付けは，「最低基準」を満たしていれば1等級（Tier 1），最低基準を満たしていないが満たそうとする努力が認められれば2等級（Tier 2），最低基準を満たさずかつ満たそうとする努力も認められなければ3等級（Tier 3）という3段階に分類されている。さらに各等級の国々の比較などに基づき，サブカテゴリとして「監視対象（Watch）」が設けられている。

ただし，TIP報告書の格付けに関しては，各国の取り組みに対する過小評価への不満や，格付けの基準が必ずしも明確ではないといった批判がしばしば述べられている。取り組みに大きな違いが見られない場合でも，米国から経済制裁を受けている国や，米国に敵対すると考えられている国には低い評価が与えられる傾向が見られるというのである。確かに，ラテンアメリカ諸国に対する格付けを見ても，キューバとベネズエラの格付けに関しては，米国の外交関係を意識した内容となっている印象は否めない（**表5**）。TIP報告書を資料とする際は，格付けの恣意性を完全に排除することが困難であることを念頭に置く必要がある。

そのうえでパナマに対する格付けをみると，2007〜14年にわたって，「2等級」と「2等級監視対象（Tier 2 Watch）」の間を行ったり来たりしている。「2等級監視対象」は，①2等級の国の中でも被害者

表5　人身売買対策に対する格付け

階層	国　名
1等級	チリ，ニカラグア
2等級	ブラジル，コロンビア，コスタリカ，ドミニカ共和国，エクアドル，エルサルバドル，グアテマラ，ホンジュラス，メキシコ，パラグアイ，ペルー，（日本）
2等級監視対象	ベリーズ，ボリビア，ガイアナ，ハイチ，ジャマイカ，**パナマ**，ウルグアイ
3等級	キューバ，ベネズエラ

［出所］TIP報告書（2014）

の絶対数が多い，またはかなり増大している，②前年よりも努力している証拠を提供することはできないが，翌年に追加的なステップを取るという誓約により，一定の努力をしていると米国務省が認めることにしたかのいずれかである。パナマの場合は②に相当する。

なお，主要先進国は1等級だが，日本は2等級である。2004年には2等級監視対象に格付けられたこともある。その理由は，フィリピン人女性に対して発行される興行ビザが人身売買につながっている実情に日本政府が目をつぶり，対策を怠っていると判断されたためである。その後，日本政府は興行ビザの発給を厳格化した。しかし興行ビザの問題とは別に，外国人技能実習制度（TTIP）が中国人の搾取的な雇用につながっていることが引き続き問題視されているため，格付けは2等級のままである。

パナマ政府は2004年以降，人身売買の被害者に対して，不法入国や無認可売春の罪を問わないことにしている。これにより，被害者が警察や入国管理局に助けを求めやすくなったことは，被害者保護の観点から改善点として評価される。

2008年8月には新たに施行された移民法により，買売春や人身売買を助長するとして国際的な批判を浴びてきた「ホステス・ビザ」を廃止したが，そのことがかえって人身売買の不可視化を招いた可能性も考えられる。国際社会と協調し，女性を強制売春に追い込む手口に関して出国側と連携しながら情報を集め，注意喚起や啓蒙活動を行う必要がある。

2011年には，国連人身売買禁止条約（1949年採択）および前述の国際組織犯罪防止条約人身取引議定書等にもとづき，人身売買に対する取締りと罰則を強化した。しかし，人身売買の摘発を主たる目的とした捜査は行われておらず，麻薬密売組織の関連捜査などを通じて被害者が保護されるケースがほとんどである。また，児童ポルノや児童買春に関しては，検挙事例がゼロの年も珍しくない。

グローバル化の進展は光と影の部分を併せ持つが，ヒト，モノ，カネの大量かつ急速な移動の中継地であるパナマは，女性をとりまく社会の姿にも，それが如実に差となって現れている。好調な経済と国際的な女性支援の動きを背景に，女性の自立と活躍の場が少しずつ広がる一方，伝統的な性別役割分業や男性優位の思想（マチスモ）が犯罪の国際化と結びつくことで，貧困や教育の不足などによって社会的に弱い立場にある女性が，性的搾取や人身売買などの危機にさらされる。国際社会と協調しながら，法の執行能力を向上させるとともに，関連省庁間の連携を通じて啓発教育活動などに取り組むことが求められている。

第 17 章

パラグアイ
―― 政治の民主化と女性の社会参画 ――

今井圭子

日々たくましく楽天的に露天商を営む女性たち。
女性労働者の7割がサービス業に従事する（筆者撮影）

パラグアイ女性史関係年表

西暦	事項
1811	スペインから独立。
1816~40	ホセ・ガスパル・ロドリゲス=デ=フランシア独裁体制下で鎖国政策が敷かれる。
1844~62	カルロス=アントニオ・ロペス大統領による開放政策実施，近代化の推進。
1864~70	三国同盟戦争（対ブラジル・アルゼンチン・ウルグアイ）で敗北，多数の人命と領土の半分を失い，国力疲弊。
1907	女性参政権運動のパイオニア，セラフィーナ・ダバロス，博士論文『ヒューマニズム』でパラグアイにおける女性初の法学博士の学位を取得。
1919	国会議員テレマコ・シルベーラが女性参政権法案を国会に提出するも，採択されず。
1932	ボリビアとのチャコ戦争始まる（~1935）。
1954	クーデター勃発，ストロエスネル独裁政権発足。
1961	女性参政権法の制定。
1963	選挙で女性が初の投票を行う。
1967	ストロエスネル，1940年憲法を改定，長期政権への道を開く。
1985	民法の全面的改定。
1986	国連女性差別撤廃条約を批准。
1988	ストロエスネル，8期目の大統領選に勝利。 ジェンダー・クオータ制の法制化をめざし，女性議員による超党派組織結成。
1989	クーデターにより，34年間続いたストロエスネル政権が退陣し，アンドレス・ロドリゲス政権発足。民主化への取り組み開始。
1991	離婚法制定。
1992	憲法制定。女性庁設置。
1993	ワスモシ大統領選出（39年ぶりの文民大統領）。
1994	ストロエスネル政権崩壊後，初の大規模ゼネストが打たれ，労政間対話が実現。
1995	「女性に対する暴力の防止・罰則・廃絶に関する米州条約」を批准。 労働法における反セクシュアル・ハラスメント条項制定。
1996	ジェンダー・クオータ制条項を盛り込んだ選挙法制定。
1997	第一次男女機会均等国家計画（1997~2001）開始。
2000	反家庭内暴力法制定。
2003	第二次男女機会均等国家計画（2003~2007）開始。
2008	大統領選で野党連合候補のルゴが勝利。コロラド党の女性候補ブランカ・オベラルは落選，61年間政権の座にあったコロラド党の敗北。 第三次男女機会均等国家計画（2008~2017）開始。 刑法の妊娠中絶条項を改定。
2010	「暴力のない生活の実現」を盛り込んだ社会開発公共政策（2010~2020）開始。
2012	カニンデジュ県で土地を不法占拠していた農民と治安当局との間で衝突が起き，多数の死傷者が出る。その責を問う国会弾劾裁判による罷免決議でルゴ大統領辞任。 女性庁が女性省に昇格し，女性大臣が就任。
2013	大統領選でカルテス勝利，5年ぶりにコロラド党が政権を奪取。

第 17 章　パラグアイ

　パラグアイ共和国は南米大陸のほぼ中央部に位置する内陸国で、アルゼンチン、ブラジル、ボリビアと国境を接する。国土は 41 万 km²、日本より 1 割ほど広いが、人口は 678 万人（2013 年）と、日本の 20 分の 1 ほどでしかない。1 人当たり国内総生産（GDP）は 4848 米ドル（国連開発計画の購買力平価換算では 7580 米ドル、13 年）、平均余命 72.3 歳（13 年）、識字率 93.9％（11 年）であり、国連の人間開発指数では世界第 111 位（13 年）と、今後の開発が待たれる発展途上の国である。

　亜熱帯に位置するこの国はパラグアイ河によって西部と東部に分けられ、国土の 6 割を占める西部は降水量が少なく、灌木地帯が広がる人口過疎の地域である。他方、東部は豊富な降水量と河川に恵まれ、人口の 98％が居住し、生産活動の大半を担っている。そして水量豊かな河川は、2000km に及ぶ海までの交通路として重要な役割を果たしてきた。

　国民の 9 割以上は先住民とヨーロッパ移民の混血で、少数ではあるがアジアからも移民が流入し、多様な人種社会が形成されてきた。日本移民も 1930 年代と 60 年代以降にパラグアイの地を踏み、親日的な国民性に助けられながら現在 7000 人に達する日系人社会を築きあげている。

　ところで、パラグアイ人は温和で控え目な国民性を有するといわれることがある。だがその歩んできた歴史は決して平坦なものではなかった。現在のパラグアイが領有する地域には、古くからグアラニー族など多様な先住民族が居住していたが、16 世紀初め、貴金属を求めてヨーロッパ人が到来し、その後スペインの植民地支配が及ぶところとなった。そしてカトリックの布教に対する先住民の抵抗が比較的弱かったこともあり、パラグアイには多くの教会や修道院、教化集落が建設され、布教の一大拠点となっていった。トリニダー・デル・パラナやヘスス・デ・タバラングエなど、イエズス会によって建設された教化集落の遺跡は、今日ユネスコの世界文化遺産として、世界各地から多くの観光客を集めている。

　海への直接の出口をもたず、貴金属資源にも恵まれなかったパラグアイは、3 世紀に及ぶ植民地支配の下、「遅れた地域」として取り残された。しかしカトリック信仰は住民の間に広く浸透し、現在も国民の 90％近くがカトリック教徒である。

　1811 年にスペインから独立したパラグアイは、欧米諸国の侵略を回避して国情を安定させるため独裁体制を敷き、30 年近くにわたって対外的閉鎖政策を固守した。その後 1840 年代半ばには開放政策に転じ、ヨーロッパから移民を受け入れ、その文明の吸収に努めた。ところがこうして国の近代化に邁進していた最中の 1864 年、ウルグアイの内乱に端を発する近隣諸国との戦争に巻き込まれ、70 年の敗戦までウルグアイ、ブラジル、アルゼンチンから成る三国同盟軍との凄惨な戦いを余儀なくされた。

　この三国同盟戦争（別名パラグアイ戦争）により、パラグアイは膨大な数の人命と領土の半分近くを失った。国民は国土の荒廃と経済破綻、賠償金の重圧という未曾有の苦難に見舞われ、戦場で命を落とした男性たちに代わり、残された女性たちが国家再建に向けた課題の多くを背負うことになった。

　さらにその 60 余年後の 1932 年、パラグアイは領土問題で隣国ボリビアと戦いを交え、35 年まで続いたこのチャコ戦争で再び多くの人命を失った。ここに至って女性たちは再び新たな国難に立ち向か

い，国力の回復をめざして奮闘することになった。

以上に寸描したパラグアイの歴史は，その国民性に少なからざる影響を及ぼし，とりわけ女性たちに与えた影響は大きかった。パラグアイの伝統的ジェンダー観は，先住民社会の男尊女卑的観念，植民地時代にスペインから持ち込まれた男性優位の思想マチスモ，母性崇拝のマリアニスモが混在したものとなっている。女性たちは二度も国家存亡の危機に立ち向かったが，それにより伝統的ジェンダー観が大きく変わることはなかった。

1. 政治変動の軌跡と経済社会動向

■ストロエスネル政権下の長期独裁体制

パラグアイ戦争を契機に，1880年代にはコロラド党（国民共和協会），自由党（真正急進自由党）から成る二大政党政治が始まったが，その後も不安定な政情が続き，1940年代にはファシズム寄りのイヒニオ・モリニゴ将軍による独裁政権と，その反対勢力との抗争が続いた。こうした政情不安からの脱却をめざして49年にはコロラド党のフェデリコ・チャベスが政権を掌握し，共産党など左派勢力を包摂して穏健派路線に基づく政権運営に乗り出した。しかしその路線はコロラド党内において多数派を形成することができず，政治の安定化はもたらされなかった。

このような状況のなか，1954年5月，アルフレード・ストロエスネル将軍が軍事クーデターを主導し，チャベス大統領を辞任に追い込んだ。そしてコロラド党の支持を取りつけ，同年8月，ストロエスネル政権が発足した。

ストロエスネル政権にとって最初の課題は安定した政治基盤を構築することであり，一方で与党コロラド党内の対立の除去と野党勢力の抑え込み，また他方では政権と軍部との協力関係強化に力が注がれた。その過程で前政権の穏健派路線は急速に影を潜め，かわって保守系右派勢力が台頭し，政治活動に対する統制を強めていった。思想，言論，集会の自由が厳しく制限され，反政府勢力は容赦なく弾圧された。

このような政治弾圧は，欧米諸国から許されざる人権侵害であるとして厳しい批判を浴び，それはストロエスネル政権の外交政策に少なからぬ打撃を与えることになった。こうした状況の下，ストロエスネル政権は対外的にも反共・親自由主義路線を強化し，対アジア政策では，中華人民共和国の台頭が顕著になるなか，断固として中華民国（台湾国民政府）との外交関係を維持し続けた。

政治における強力な統制政策とは対照的に，経済面では自由開放路線が貫かれ，経済開発を促進するための基盤づくりが推進された。国内では一次産品およびその加工品の生産を中心とする産業の育成・強化と，金融，インフラ，エネルギー供給体制の整備に力が注がれた。また対外的には自由貿易の促進，外資の積極的導入，日本など先進諸国との経済協力強化が最重視された。

なかでも第一次石油危機を契機として1975年に開始されたイタイプー水力発電所建設プロジェクトは，当時世界最大の発電量を誇る大事業で，70年代から80年代前半にかけてパラグアイの経済成長を強力に牽引した。ブラジルとの共同事業により両国の国境地帯に建設されたこの水力発電所は，国内消費量をはるかに上回る余剰電力を供給し，その電力は隣国ブラジルへ輸出されることにより，重

要な外貨取得源となることが期待された。そして建設工事は多大な雇用機会を創出し、国民の所得向上に大きく寄与した。

ストロエスネル大統領は 1954 年以来、58 年、63 年と 3 度にわたり大統領職に就いた。そして 67 年には大統領の再々選を禁じた憲法を改定し、68 年、73 年、78 年、83 年、88 年の大統領選に出馬して勝利し、通算 8 期・34 年間にわたり政権を掌握した。このような長期独裁政権の存続は、政治統制による反対派勢力の抑え込みと、自由開放政策による経済成長に支えられたものであった。

しかし 1980 年代後半になるとイタイプー水力発電所建設は終盤を迎え、経済成長は鈍化していった。それと並行して抑圧的統治に対する国民の不満が高まり、独裁体制の支持基盤が大きく揺らぎ始めた。政府はそうした動きを治安体制の強化によって抑え込もうとしたが、与党と軍部の支持を繋ぎ止めることができなかった。そして 1989 年 2 月、軍部に多大な影響力をもつアンドレス・ロドリゲス将軍率いる軍事クーデターにより、ストロエスネル政権は退陣を迫られることになった。

■独裁政権の崩壊と民主化への歩み

クーデターを主導したロドリゲス将軍はストロエスネル大統領の娘婿であったが、自分の息子を後継者に選んだ大統領と対立し、反対勢力を巻き込んでクーデターを成功させた。ストロエスネルはブラジルに亡命し、彼を支持していた勢力も影響力を喪失していった。

クーデターが終結すると、ロドリゲス将軍は政治の民主化を掲げ、1989 年 5 月に実施された選挙に自らも出馬し、合法的手続きを経て大統領に就任した。政権を掌握したロドリゲスは、民主化に向けた取り組みを本格化させ、独裁体制を払拭するため、従来の抑圧的憲法にかわる新たな民主的憲法の制定に着手した。この 1992 年憲法では、独裁政権の長期化や軍部の政治介入を防ぐため、大統領の再選が禁じられ、軍人の正副大統領選への出馬には 1 年以上の退役期間を要するとされた。政体としては三権分立の立憲共和制を堅持し、前政権への反省に立って大統領の権限を弱めると同時に、上下両院による立法権を強化した。

さらに 1992 年憲法は国家権力による国民の尊厳と基本的権利の侵害を禁じ、思想・信条・言論・表現・結社・集会の自由を保障した。そして同国史上初めて、これら人間としての基本的権利において男女が平等であることが憲法に明記された。

このように民主化の基盤づくりを進めたロドリゲス大統領に続き、1993 年、大統領選に勝利したフアン＝カルロス・ワスモシが政権の座に就いた。ワスモシはイタイプー水力発電所の建設計画に関わった実業家で、54 年に退陣したチャベス大統領以来 39 年ぶりの文民大統領となった。ロドリゲス政権からワスモシ政権へと続いた民主化への一連の過程で、野党、労働組合、市民組織の活動が活性化していった。

他方、与党コロラド党は、ストロエスネル政権崩壊後の党内抗争を収拾することができず、ルイス＝マリア・アルガーニャ派と、軍部に根強い影響力をもつリノ・オビエド将軍派との敵対関係が温存されていた。そしてそのいずれにも与せず、与党内に強い派閥をもたないワスモシ政権は、難しい政治運営を迫られた。

こうしたなか、ワスモシ政権は自由開

コロラド党の2008年大統領選候補者となったブランカ・オベラル（Presidencia de la N. Arg.撮影）

放路線を堅持して民営化を推し進め，経済の活性化を図って，野党や経済界の協力を取り付けようとした。しかし1995年と97年の二度に及ぶ深刻な金融危機に見舞われて経済は混迷し，政権は国民の支持を失っていった。

1998年の大統領選では，オビエド将軍の支持を得たラウル・クーバス＝グラウが選出された。彼は事実上，クーデター未遂事件で刑が確定していたオビエド将軍の身代わり候補で，大統領就任後，早々とその刑期を減じる大統領令を発した。そして99年3月，この措置を厳しく糾弾していた副大統領アルガーニャが，何者かによって暗殺される事件が発生した。直ちに事態の糾明を求める大々的なデモが展開され，それを弾圧する治安当局との衝突で多数の死傷者が出た。こうした抑圧的な対応は，政府に対する国民の不信感を募らせ，クーバスとオビエドは激しい弾劾を受けて国外亡命を余儀なくされた。こうしてコロラド党は急速に国民の信頼を失っていった。

次の2003年大統領選では，コロラド党内に強い基盤をもつニカノル・ドゥアルテ＝フルートスが他党候補を抑えて辛勝し，強力なリーダーシップをアピールして政権を発足させた。政策の重点課題として①公正で効率的かつ透明性の高い政治運営，②対外競争力の強化による経済成長と公正な社会および環境保護の実現，③貧困削減と格差の是正，④汚職撲滅と市民の政治参加促進を掲げ，コロラド党に対する国民の信頼回復に努めた。

ドゥアルテ大統領はリーダーシップを発揮してこれらの政策課題に取り組み，政権前期には相当の成果をあげた。しかし長期政権への野望を抱くドゥアルテに対して，連続再選を禁じた憲法の改定を危惧した国民は警戒心を募らせた。そうした状況の下，ドゥアルテは2008年大統領選の候補者に，教育相として政権を支えてきたブランカ・オベラルを擁立することに踏み切った。実現すれば初の女性大統領が誕生するはずであったが，オベラル候補支持に関して党内一致をみるに至らず，コロラド党は分裂したまま大統領選を迎えた。

他方，野党側では「変革のための愛国同盟党」が，カトリック教会の元司教フェルナンド・ルゴを候補者に立て，最大野党である自由党の支持を取り付けて選挙共闘を実現させた。ルゴ候補はコロラド党長期政権下の政治腐敗を糾弾し，広範囲に及ぶ公正な政治変革と民主化の促進を公約に掲げた。また貧困対策など重点課題については，具体的な政策を提示して国民の理解を求めた。聖職者としてのクリーンなイメージも奏功し，ルゴ候補は幅広い支持を集めて大統領選に勝利し，61年間政権を掌握してきたコロラド党は野党の座に下った。

ルゴ大統領は最大与党となった自由党から副大統領を起用し，連合政権を支える多様な政党間の協調を図りながら政治の舵取りに努めた。そして好調な経済成長に助けられ，最重要課題の一つであった公共医療施設における診療無料化を実

現した。また、これも長年の懸案事項であったイタイプー発電所の電力料金の大幅引き上げ（対ブラジル輸出用）を勝ちとった。しかし連合政権の宿命から、左と右を切って中道路線を選択せざるを得ず、貧困削減や格差是正に関しては抜本的な政策を遂行することができなかった。

そうした状況のなか、2012年6月、カニンデジュ県で土地を不法占拠していた農民と治安当局の間で衝突が起き、多数の死傷者が出た。ルゴ大統領はこの事件の責任を追及され、国会の弾劾裁判で罷免決議を突きつけられた。直接選挙で選ばれた大統領を国会が罷免することについては、その正当性をめぐり国際的にも論議が巻き起こったが、ルゴ大統領は2012年6月、1年余の在任期間を残して辞任した。

そして2013年の大統領選では、実業家のオラシオ・カルテスが圧勝し、コロラド党は5年ぶりに政権の座に返り咲いた。08年の選挙は、野党連合によりコロラド党の長期支配にストップをかけた歴史的な政権交代となったが、ルゴ政権は多数政党の寄り合い所帯政権が抱える根本的な問題を解決することができなかった。政治の保守化と腐敗を克服し、民主的な政治改革を進めるためには、政権交代の受け皿となりうる強力な野党の存在が不可欠であり、それは現在もパラグアイの課題であり続けている。

■民主化と経済・社会現況

1989年のクーデターとその後の民主化を経て、マクロ経済はどのように推移しただろうか。政変後も歴代政権は自由開放政策を継承し、経済成長の促進とインフレ抑制、雇用創出による失業率の低下をめざした。

先に触れたように、1970年代から80年代前半にはイタイプー水力発電所の建設事業が牽引車となり、GDP成長率は高水準で推移した。しかしその後は強力な成長のエンジンを失って成長は次第に減速し、90年代半ばまではGDP成長率は2～5％前後を維持したが、その後低下傾向を辿り、98年にはマイナス成長に陥った。それでも21世紀に入ると、主要輸出産品の国際市況の好転もあり、不安定ではあるがGDP成長率は上向き、10年には13％を超えた。

次にインフレ率は1980年代に年平均20％を超えたが、その後低下傾向を辿り、2004年以降はほぼ一桁台で推移している。また失業率は90年代前半に4～5％台であったが、後半以降は6～9％台に上昇している。その背景には景気変動に加え、労働力人口の増加、とりわけ女性の労働市場参入増が作用していると考えられるが、この点については後述する。

所得分配については、ジニ係数が2001～11年にかけて0.558から0.546に低下し、一定の改善が見られる。また貧困率（総人口に対する貧困人口の割合）は、同期間に59.7％から49.6％へ、極貧率は31.3％から28.0％へと低下している（表1）。このように格差是正・貧困削減に関して一定の成果がうかがえるものの、いずれもラテンアメリカ諸国平均より高い水準にある。

次いで社会インフラの整備状況をみると、水道、電気が利用できる世帯の割合は、1990～2012年にかけて各々25.4％から70.9％、54.1％から98.2％へと大幅に上昇している。他方、下水設備は7.2％から18.0％への上昇に留まっており、さらなる普及が待たれている（表2）。

保健・医療への公的支出の対GDP比は、

表1 所得分配と貧困率

年	ジニ係数	貧困率*	極貧率**
2001	0.558	59.7	31.3
2011	0.546	49.6	28.0

注：* 総人口に対する貧困人口の割合（％）。
　　** 総人口に対する極貧人口の割合（％）。
[出所] CEPAL 2014.

表2 社会インフラの利用可能世帯比率（％）

年	水道水	電気	下水設備
1990	25.4	54.1	7.2
2000	52.7	91.0	13.8
2012	70.9	98.2	18.0

[出所] CEPAL 2001, 2014.

表3 教育に関する指標（％）

年		1990	2000	2010
公的支出の対 GDP 比		1.1	4.6	3.8
就学率	7～12歳	105.0	97.4	83.5
	13～18歳	31.0	57.7*	61.0
	18歳～	8.0	15.7	34.5
非識字率（15歳以上）		9.7	6.7	6.1

注：就学率は，各学齢人口に対する就学者数の割合で表されるため，留年や入学の遅れなどにより100を超える場合がある。なお，*は 2006年。
[出所] 表2に同じ

1990～2011年にかけて0.3％から9.7％へと大幅に上昇している。医師1人当たり人口も1490人から888人と半数近くに減少している。他方，人口1000人当たりのベッド数は1.1床から1.2床への微増に留まり，病院施設の整備の遅れがうかがえる。

さいごに教育についてみておこう（**表3**）。教育への公的支出の対GDP比は，1990年の1.1％から2010年には3.8％へと上昇している。一方就学率は，同じ期間に初等教育では105.0％から83.5％へと推移し，中等教育では31.0％から61.0％（2倍），高等教育では8.0％から34.5％（4倍強）へと上昇している。高等教育における就学率の上昇は，89年以降の民主化の過程で教育機関設立に関する規制が大幅に緩和され，大学など多くの高等教育機関が増設された結果，学生受入数が急増したことを反映している。

また非識字率は，同じく1990～2010年にかけて9.7％から6.1％へと低下し，ラテンアメリカ諸国のなかでも相対的に識字化が進んでいる。

以上みてきたように，1989年の政変以降，各政権は自由主義経済政策を堅持しながら民主化を進め，一定の経済成長と社会開発を実現してきた。その方向性は現在も受け継がれ，社会インフラ，保健・医療，教育の拡充に留意しながら，格差是正と貧困削減に取り組んでいる。その主要な政策の一つが男女平等の理念に基づくジェンダー格差の是正であり，次節でこの課題に対する政府の取り組みをみていく。

2. 1989年政変後のジェンダー政策

■1992年憲法

まず，1989年クーデター後のジェンダーに関する政策を，憲法および法律における関連条文を参照しつつ紹介する。

ストロエスネル政権退陣後のパラグアイでは，民主化を進めるための根本的な法改定が相次ぎ，その基本となる新憲法は前述の通り1992年に制定された。同憲法には，以下のような多分野に及ぶ女性関連条項が盛り込まれ，その一部にはクーデター以前から展開されていた女性運動の成果が反映されている。

まず第1部「権利，義務，保障に関する基本的宣言」の第III章「平等」第46条は，「すべての国民は尊厳と権利において平等」であり，「正当でない不平等に対して保護措置を講じても差別的要因には当たらず，平等のための措置とみなされる」と規定している。

また第48条は「男女平等の権利」として、「男女はともに公民権および政治・社会・経済・文化において同等の権利を有」し、国家は男女平等を実現するための障害を除去し、「あらゆる活動分野における女性の参加を促すための条件を整備し、メカニズムを創出する」と定めている。

次に第Ⅳ章「家族の権利」第50条は、「すべての国民は家族を築く権利をもち、その形成と発展において男女は平等な権利と義務を有する」としている。そして第52条では「男性と女性の結合は家族構成の基本的要素の一つである」とし、第53条は子どもの扶養義務は両親にあり、その義務を履行しない場合の刑罰と、女性世帯主および未成年者の多い世帯に対する公的支援の付与を定めている。また第60条は家庭内暴力（DV）の被害者に対する国家の保護義務、第61条はリプロダクティブ・ヘルス／ライツ（性と生殖の健康と権利）の保障と啓発を国家が行うべきことを規定している。

第Ⅷ章「労働」第89条「女性の労働」では、労働の権利と義務における男女平等と母性保護、および母性保護を理由とする解雇の禁止を定めている。また、第Ⅸ章「経済的権利と農地改革」第115条は、女性農民、特に世帯主である女性農民に対する公的支援、および農地改革への男女平等参画について定めている。

第Ⅹ章「政治的権利と義務」第117条は、政治参画における男女平等と公的部門への女性の参加促進、第118条は投票権行使における男女平等を規定している。また第ⅩⅠ章「義務」第129条は女性に対する兵役義務の免除、第130条は戦死した兵士の未亡人と子どもに対する名誉、特典および年金が付与されることを定めている。

このように、1992年憲法には女性の権利保障と社会参画拡大に向けた画期的な条文が盛り込まれており、その具体化に向けて政府や国民が取り組むべき方向性が提示されている。現存する根強い男女差別を撤廃し、憲法で保障された女性の権利と参加をいかに実現するかが次なる大きな課題である。

■ジェンダー・クオータ制

パラグアイではすでに19世紀から、女性の政治参画を求める運動が展開されていた。20世紀に入り、その運動史に画期的な足跡を残すことになったのが、初の女性法学博士の誕生であった。いまだ男尊女卑が根強い当時の社会において、女性が高等教育を受けることはきわめて困難であったが、セラフィーナ・ダバロスはさまざまな障害を乗り越えて1907年に学位論文『ヒューマニズム』を書き上げ、法学博士となった。この論文はのちに公刊され、現在に至るまで女性運動の金字塔として高く評価されている。著作のなかでダバロスは、当時のパラグアイ女性がおかれていた無権利状態を批判し、人間は本来男女の別なく平等であると主張した。

その後もダバロスは象牙の塔に閉じこもることなく、社会に出て女性の権利獲得をめざす活動を展開した。彼女の周りにはその志に共感する人々が集まり、次第に女性運動の輪が広がっていった。また1919年にはコロラド党の男性国会議員テレマコ・シルベーラが、女性の市民権確立と政治参画における男女平等を求める法案を国会に提出した。そして基本的人権における男女差別は間違っていると主張し、議員たちに「男性らしい寛大さをもって法案を採択するべきだ」と強く

訴えた。しかし支持は広がらず，法案は採択には至らなかった。その後も女性の参政権運動は継承されたが，国民の間に深く根付くまでには至らなかった。

他のラテンアメリカ諸国でも女性参政権運動が展開され，1929年にはエクアドルで域内初の女性参政権が成立した。32年にはブラジルとウルグアイが加わり，55年までにパラグアイを除く19カ国で女性参政権が実現した。大きく出遅れることになったパラグアイに対して，米州機構や域内諸国から強い働きかけがなされ，61年になってようやく女性参政権を認める法律が制定される運びとなった（法律第704号）。当時の域内独立国のなかでは最も遅く，女性が初めて選挙で投票したのはその2年後の63年であった。その選挙でストロエスネルは3期目の大統領に選出されることになる。

しかし，女性参政権が成立しても，国会や地方議会における女性議員の数は増えず，それが女性運動の次なる目標となっていった。軌を一にしてラテンアメリカ諸国で，アファーマティブ・アクション（積極的格差是正措置）による女性議員の増加を求める運動が展開されていく。そして隣国アルゼンチンでは1991年，域内で初めて選挙における女性議員候補枠を30％とする法律が国会で採択された（法律型ジェンダー・クオータ制）。

パラグアイにおいても，ジェンダー・クオータ制の導入をめざす運動が国会内外で展開され，賛否をめぐる激しい議論が繰り広げられた。そして1996年に制定された選挙法（法律第834号）で，国会・地方議会で女性議員の割合が全議席の20％を下回らないこと，また官公庁や労働組合など公共機関の決定権を有するポストに関しても同じく女性が20％以上を占めることが定められた（第32条r項）。そして国会・地方議会に関しては，比例代表制選挙における各政党候補者リストの上位から順に，5人に1人以上の女性候補者を含むこととし，この条件を満たさない候補者リストは受理されないと規定された。

ところで20％という女性枠は，他のラテンアメリカ諸国に比べてかなり小さく，女性議員を中心に男女同数にすべきであるという意見が出された。しかし男性議員からは，「20％でも多すぎる，『1％以上』から始めるべきだ」とする極論まで飛び出し，激しい論争が展開された結果，まずは20％枠から始めることで国会での採択にこぎつけた。女性運動家たちの間では，当初から20％を過小とする意見が大勢を占め，現在も男女同率を要求する運動が続けられている。

■離婚法

パラグアイの民法は1985年に全面改定されたが，89年のクーデター以後，さらに条文の改定や新たな法律の追加がなされている。以下ではこれらの法改定のうち，女性の権利保護に関してとりわけ重要と思われる二つの法律をみていく。本項では91年に制定された離婚法（法律第45号）を，次項で2000年制定の反家庭内暴力法（反DV法 法律第1600号）を紹介する。

離婚法は，カトリック信者が大半を占めるラテンアメリカ諸国において長らく論争の種となってきた。多くの国では，ローマ教皇庁が承認していない離婚の合法化は，政権の命運を左右しかねないきわめて困難な課題であった。婚姻関係には，家父長制的家族主義に根ざす男尊女卑の観念が内包されており，その解消は

配偶者の死亡，あるいは推定死亡の場合にのみ可能であった。したがって，一定の条件のもとではあれ，司法の裁定による離婚を認めた1991年の離婚法は画期的なものである。同法は，婚姻後3年以上を経過している夫婦に限り離婚が認められる条件を，次のように定めている（第4条）。

① 配偶者により生命を脅かされている場合。
② 配偶者が不倫，売春，その他の犯罪など非倫理的行為の実行あるいは他人への教唆に及んだ場合。
③ 配偶者から残虐な行為や虐待，侮辱を受けている場合。
④ 配偶者が夫婦・家族生活を維持できないほどのアルコール依存症，麻薬依存症，賭博依存症のいずれかである場合。
⑤ 配偶者が司法の定める重度の慢性的精神疾患を有している場合。
⑥ 配偶者が意識的かつ悪意をもって家族遺棄（配偶者および子どもに長期間食事などの生活必需品を与えないこと）に及んでいる場合。
⑦ 婚姻関係にある両者がともに同居を望まず，1年以上別居状態にある場合。

上記いずれかに当てはまり，離婚を望む夫婦もしくは一方の配偶者は裁判所に離婚を申し立てることができ，裁判所は双方の言い分を聴取して裁定する（第5条）。離婚が認められた場合は，双方とも離婚成立後300日を経なければ再婚することができない（第10条）。

この離婚法はローマ教皇庁の見解と対立するものであったが，域内諸国で制定への動きがみられるなか，パラグアイ政府もその制定に踏み切ったのである。

■反家庭内暴力法

ストロエスネル政権下では反政府勢力に対する厳しい弾圧が繰り返され，政府による人権侵害が広範囲に及んだ。こうした統治のあり方は，一方で暴力に無抵抗な社会を醸成すると同時に，他方では暴力の根絶を訴える運動へと人々を導く誘因となった。そして反暴力の思想は，民主化過程における重要な政治理念とされ，1992年憲法にも盛り込まれるところとなった。

国際的には1979年，国連女性差別撤廃条約（CEDAW）が採択されたが，パラグアイはその批准が国会で承認されるまでに7年を要し，86年にようやく批准に漕ぎつけた。しかし93年の国連「女性に対する暴力の撤廃に関する宣言」を受けて，94年に米州機構が採択した「女性に対する暴力の防止・罰則・廃絶に関する米州条約」については，早くも翌95年に批准している。

こうした女性への暴力をめぐる国際条約の背景には，1990年代頃から家庭内暴力（DV）の問題が顕在化してきた現実があった。そうしたなか，パラグアイでもその法的規制を求める声が高まり，政府は2000年，反家庭内暴力法の制定に踏み切った。

同法ではまず，DVの実態把握，予防，取締，被害者支援を女性庁の管轄下で行うと規定している。1992年に大統領府内に創設された女性庁は，女性運動家たちもスタッフとして起用し，女性問題の実態調査や情報提供，女性の社会参画促進に向けた政策の立案・実施に携わってきた。そして2012年には女性省へと昇格し，初代大臣には女性が起用された。

女性庁（省）は，DV対策を重要かつ緊

急な政策課題として位置づけ，2009年には「対人暴力の回避と対応に関する決定」を公布した。そして同庁が関わった社会開発公共政策（2010～20年）には「暴力のない生活の実現」が目標に掲げられている。今後はDVを含む暴力の根絶に向けた実効性ある政策の立案・実施が求められる。

3. 女性の社会参画：現状と課題

■政治的側面

1996年の選挙法でジェンダー・クオータ制が法制化される前後から，多くの政党が綱領に独自の規定を盛り込んでいた。まずコロラド党は党綱領第72条で，国会・地方議会および党内ポストの選挙の際，候補者リストにおける女性比率を最低33％とすることを定めている。

次いで国民会議党は党綱領第103条・104条で，国会・地方議会選挙および党内ポストの選挙において，同性候補者が70％を超えてはならないとしている。

また「倫理的市民の国民連合」は党綱領第52条で，同じく国会・地方議会および党内選挙における候補者比率を男女同率とし，かつ男女ともそのうち25％を36歳以上，残りの25％を18～35歳までの候補者とすることを定めている。

さらに国家連帯党は党綱領第76条で，国・地方・党内選挙における候補者リストの上位30％において，同性の候補者が2人以上続いてはならないとしている。

次に，ジェンダー・クオータ制導入のもとで，女性の政治参画の状況がどのように変化したかをみてみよう。2003～13年にかけて，国会上院の候補者に占める女性の比率は35.7％から43.3％へ，下院では30.0％から36.2％へと上昇し，規定の20％枠を大きく上回る結果になっている。しかし当選者に占める女性の比率は，同じ期間に上院では11.1％から20.0％に達したのに対して，下院では10.0％から15.0％への上昇に留まり，20％の水準に達していない（表4）。このように候補者リストにおける女性比率は上院，下院とも30％を上回っているが，女性候補者の当選率は50％未満であり，下院総議席に占める女性議員の比率では，世界189カ国中98位と低迷している。

次に市町村議会選挙では，2001～10年にかけて，女性候補者の比率は26.5％から36.8％へと上昇し，やはり20％枠を上回っている。また女性当選者の比率は，01年の17.9％から10年には21.9％へと上昇しており，かろうじて20％枠を超えている（表5）。他方，県議会については，当選議員に占める女性比率は1993年の4.8％から2013年には16.7％へと上昇しているが，20％には達していない。また，自治体首長（市町村長および県知事）のポストについても，女性の割合は1割に満たない（表5，表6）。

このように1996年の選挙法および各政党綱領に基づいてジェンダー・クオータ制が導入された後，国会や地方議会における女性議員の比率は，候補者，当選者いずれにおいても上昇している。なかでも上院および市町村議会における女性当選議員の比率は規定の20％以上に達している。しかし，当選者の比率に関してはさらなる進捗が期待される。とりわけ首長ポストに関しては，女性の参加が十分に進んだとはいえない。また，2008年と13年の大統領選では，大統領および副大統領の候補者に占める女性の比率はそれぞれ21.4％，22.7％と20％を超えたものの，女性の当選はいまだ実現していない。

このようにパラグアイにおいてジェンダー・クオータ制は，女性の意見を政治に反映させるための現実的手段として位置づけられてきた。しかし女性のさらなる政治参画を求める人々は，国民の半数，有権者の半数を占める女性が，男性とともに国の発展を担うためには，男女同率のクオータ制を実現しなければならないと主張している。

■経済的側面

　次にジェンダーの視点から経済的側面をみていこう。労働力化率（15歳以上の生産年齢人口に占める労働力人口の比率）は，1990～2010年にかけて男性は88.8％から82.2％へと低下しているが，女性は39.3％から52.0％へと上昇している（**表7**）。すなわちこの期間の64.3％から67.2％への労働力化率上昇に寄与したのは女性ということになる。

　年齢層別にみると（2012年），男女ともに35～44歳の層までは年齢が上がるに従って上昇し，45歳以降は低下している（**表8**）。このように女性が結婚，出産，育児を理由に一時退職することで現れるM字カーブはみられない。これは親世代や家事労働者，育児施設などによる育児支援に加えて，就労条件によるところが大きいと思われる。

　同じく2012年の就業分野をみると，男性が農業・工業とサービス業にほぼ二分されているのに対して，女性はサービス業が7割以上と際立って高く，男性よりも偏りが大きい。そして都市部の就業形態では，「自営業者」，「家事労働者」，「その他」の合計が女性就業者全体の50％近くを占め，低収入で不安定なインフォーマル・セクターの従事者であることがうかがえる。一方男性は75％が雇用主・被

表4　国会議員選挙における女性比率（％）

年	上院		下院	
	当選者	候補者	当選者	候補者
2003	11.1	35.7	10.0	30.0
2008	15.5	36.2	12.5	31.2
2013	20.0	43.3	15.0	36.2

［出所］CDE 2014.

表5　市町村議会選挙・首長選挙における女性比率（％）

年	市町村議会当選議員	市町村議会候補者	首長選当選者
1996	15.0	—	2.7
2001	17.9	26.5	5.0
2006	20.7	28.4	5.6
2010	21.9	36.8	7.5

［出所］表4に同じ。

表6　県議会選挙・首長選挙における女性比率（％）

年	当選議員	当選首長
1993	4.8	0
1998	9.3	0
2003	14.4	5.9
2008	18.7	5.9
2013	16.7	5.9

［出所］表4に同じ。

表7　労働力化率（％）

年	全体	男	女
1990	64.3	88.8	39.3
2000	64.2	82.3	45.8
2010	67.2	82.2	52.0

［出所］表2に同じ。

表8　年齢・性別労働力化率と失業率（2012年）（％）

年齢層	労働力化率		失業率*	
	男	女	男	女
15～24歳	68.6	46.6	11.7	20.7
25～34歳	96.0	67.8	2.7	6.7
35～44歳	97.8	69.6	2.8	3.2
45～59歳	93.0	60.4	3.1	3.5
60歳～	57.4	30.4		

注：＊都市部。
［出所］表1に同じ。

表9 産業分野・形態・性別就業構造（2012年）（%）

産業分野・就業形態		全体	男	女
産業分野	農業	25.5	29.4	19.7
	工業	17.8	23.8	9.0
	サービス業	56.6	46.7	71.3
就業形態*	雇用主	6.2	8.3	3.4
	被雇用者	58.9	66.6	48.9
	自営業者	24.4	21.9	27.6
	家事労働者	7.4	1.1	15.7
	その他	2.9	1.8	4.3

注：＊ 都市部。
［出所］表1に同じ。

表10 就学歴別・性別失業率と賃金格差

就学歴	失業率（%）(2012年)			男性の給与を100とした場合の女性の給与(2011年)
	全体	男	女	
0〜5年	4.8	4.0	5.9	78.3
6〜9年	5.4	4.7	6.4	70.7
10〜12年	7.8	5.8	10.8	84.2
13年〜	6.4	4.3	8.3	76.6
全体	6.4	4.9	8.3	85.8

注：いずれも都市部。
［出所］表1に同じ。

雇用者である（**表9**）。

就業分野・形態における男女格差は教育歴とともに賃金水準にも反映され，貧困の連鎖につながりやすい。就学年数別にみた都市部の男女の賃金格差（2011年）は，就学歴6〜9年（中学校相当）において，男性を100とした場合に女性が70.7と最大の開きを示している。一方，就学歴10〜12年（高校相当）では84.2と格差が最も小さい。また，就学歴13年以上（大学以上）になると76.6と，高校相当レベルよりも男女格差が大きくなっている。これは高学歴に見合う職場・ポストに就ける可能性が，男性よりも女性の方が低いことを示しているものと思われる（**表10**）。

こうした賃金の男女格差は，労働力需給や男性優位の雇用慣行，政府の労働政策によるところが大きい。改善のためには，性別役割観を含めた社会の価値観を変革すると同時に，労働市場における男女平等を促す政策が求められよう。

失業率からも，女性が男性より不利であることがわかる。2012年の失業率は男性4.9％，女性8.3％で，男女差は2倍近い。年齢層別にみると，男女ともに最も高いのが24歳までの若年層で，男性11.7％，女性20.7％である。25〜34歳までの層では，男性2.7％に対して女性は6.7％と2倍以上の開きがある。いずれの年齢層でも女性の失業率の方が高くなっている（前掲表8）。

失業率と就学歴の関係をみても（表10），いずれの課程においても男性より女性の失業率が高い。とりわけ高校相当レベル（就学年数10〜12年）で女性の失業率は10.8％と最も高く，大学レベルも含め，女性の方が2倍近く高くなっている。このように教育レベルが高くなるほど女性の失業率が上昇する傾向がみられ，高学歴者に対する雇用機会の不足がうかがえる。

被雇用者側からすると，労働の質を高め，スキルアップするためには，より高い水準の教育を受ける必要がある。また雇用主側が高学歴の人材を活用するには，その能力が生かせる職場と労働条件の整備が緊要となる。男性の労働力化率の大幅な上昇が期待できないなか，女性労働力の活用はますます重要性を増しており，賃金を含む労働条件の男女格差を是正することが急務である。

■社会的側面

さいごに人口，家族，貧困，教育の問題をジェンダーの視点から考察しておこう。まず人口増加率は，1990年代前半から2010年代前半にかけて年平均2.70％か

ら 1.59％へ，出生率も 3.41％から 2.28％へと低下しているが（**表11**），いずれも域内諸国の平均値を上回っている。そして 2010 年の総人口に占める 14 歳以下の若年層比率は 33.5％，65 歳以上の高齢層比率は 5.2％であり，パラグアイは「若い年齢構成の国家」であるといえる。それを支える合計特殊出生率は，同期間に 4.6 から 2.7 へと減少しているが，2030 年代まで 2.1 以上で推移すると予測されている。パラグアイの合計特殊出生率は日本のほぼ 2 倍で，域内でも高水準にあり，人口増加を支える主因となってきた。

合計特殊出生率は，適正な人口や年齢構成を維持するうえで重要であるが，リプロダクティブ・ヘルス／ライツの視点からも深く検討されるべき問題である。パラグアイは妊婦の出産時死亡率，5 歳未満児の死亡率ともに域内平均値を上回っており，妊産婦の保健に関する教育や情報提供，母体保護のための医療サービスや経済支援が求められている。

政府はこうした問題に対して，学校での性教育や家族計画の普及，妊婦と 14 歳以下の子どもを擁する農村の極貧世帯に対する現金給付，公共医療施設における無料診療など，具体的な取り組みを行ってはいるものの，いまだ今後に待つところが大きい。残された課題の一つは人工妊娠中絶をめぐる問題である。カトリック教会の影響力が根強く残るパラグアイ社会で，中絶の合法化は大きな論議を呼んできた。現在母体保護上必要な場合のみ中絶を認めると規定されているが（刑法第109条），リプロダクティブ・ヘルス／ライツの観点から，その条件の緩和を求める運動が展開されている。

次に家族形態について，女性を世帯主とする世帯の比率をみると（**表12**），1986

表11 人口増加率・出生率・合計特殊出生率

期間／項目	1990～95 平均	2010～15 推計平均
人口増加率（％）	2.70	1.59
出生率（％）	3.41	2.28
合計特殊出生率	4.60	2.70

［出所］表 2 に同じ

表12 家族形態別にみた性別世帯主比率（％）

家族形態／年		1986	2001	2011
全世帯	男性世帯主	81.1	74.7	69.1
	女性世帯主	18.9	25.3	30.9
夫婦と子ども	男性世帯主	100.0	94.9	87.1
	女性世帯主	0.0	5.1	12.9
夫婦のみ	男性世帯主	100.0	87.9	85.1
	女性世帯主	0.0	12.1	14.9
一人親	男性世帯主	11.1	18.6	18.6
	女性世帯主	88.9	81.4	81.4
拡大家族	男性世帯主	77.0	63.2	57.8
	女性世帯主	23.0	36.8	42.2

［出所］表 2 に同じ

年の 18.9％から 2001 年には 25.3％，11 年には 30.9％へと上昇しており，現在では総世帯主の 3 割を女性が占めていることになる。家族形態別にみると，同じ期間に，夫婦と子どもからなる世帯の女性世帯主比率が 0％から 5.1％，12.9％へ，夫婦のみの世帯では 0％から 12.1％，14.9％へと上昇している。それに対して一人親世帯の女性世帯主比率は 88.9％から 81.4％へと低下しているが，いまだ 8 割以上は女性が世帯を支えていることがわかる。また拡大家族世帯では，女性世帯主比率が 23.0％から 36.8％，42.2％へと 2 倍近く上昇し，男性世帯主比率に近づきつつある。このように世帯主として家計を支える女性の重責が増す傾向が顕著である。

しかし女性の貧困は男性の場合より深刻な状況にある（**表13**）。男性の貧困度を 100 とした場合の女性の貧困度を表す貧

表13 女性の貧困指数と極貧指数

地域／年		2001	2011
貧困指数	都市部	104.3	107.9
	農村部	105.1	104.7
極貧指数	都市部	105.7	115.2
	農村部	98.9	105.7

注：男性を100とした場合の指数。
[出所] 表1に同じ

表14 所得・年齢・性別就学率（2011年）（％）

所得階層	年齢	全体	男	女
下位20％	7〜12	97.2	97.5	97.0
	13〜19	68.7	65.7	71.6
	20〜24	9.1	5.0	12.6
中位20％	7〜12	99.7	99.5	100.0
	13〜19	77.9	75.2	80.3
	20〜24	33.4	21.5	44.1
上位20％	7〜12	100.0	100.0	100.0
	13〜19	84.9	88.2	81.4
	20〜24	52.2	50.0	54.7

注：所得は世帯員1人当たりの数値。
[出所] 表1に同じ

困指数は，2001年から11年にかけて，農村部では105.1から104.7へと下がり，男女間格差が縮小しているが，都市部では104.3から107.9へと拡大している。さらに女性の極貧指数をみると，同じ期間に都市部で105.7から115.2，農村部で98.9から105.7へと上昇しており，いずれも男女間格差が拡大している。すなわち女性世帯主世帯の貧困度，極貧度は，男性世帯主世帯のそれより相対的により高く，特に都市部において顕著であることがうかがえる。その主因と考えられる失業率と賃金における男女格差については，すでに述べたとおりである。

貧困から脱却する手段としては，従来から教育の有効性が指摘されており，一般に所得と学歴には強い相関関係がみられる。パラグアイの世帯員1人当たり所得水準と就学率との相関関係をみると(表14)，7〜12歳まで（初等教育）の就学率は97％以上で，所得階層間格差はわずかである。他方，13〜19歳まで（中等教育）では，所得階層の下位20％から中位20％，上位20％にかけて，68.7％から77.9％，84.9％へと上昇している。さらに20〜24歳まで（高等教育）については，同じく9.1％から33.4％，52.2％へと，より大幅に上昇している。すなわち就学率の所得階層間格差は，教育水準が高くなるに従い大きくなっている。

また性別でみると，所得階層下位20％の初等教育年齢層と，上位20％の中等教育年齢層を除き，男性より女性の就学率の方が高い。とりわけ高等教育年齢層においては，所得階層下位20％と中位20％における女性の就学率は男性の2倍を超えている。このようにパラグアイでは，教育における男女格差が克服され，逆に男性よりも女性の高学歴化が見受けられる。しかしすでにみたように，男女の賃金格差は学歴によっても解消されず，また失業率は学歴が高くなるほど男女格差が拡大しており，女性の活用にはこうした問題への対応が急務である。

以上みてきたように，パラグアイでは1989年のクーデター以後の民主化の過程で，男女平等の理念が憲法に明記され，それに基づく様々な法改定が進められてきた。加えて女性問題を管轄する専門省庁も設置され，行政上の受け皿が準備された。こうした制度を生かして，各分野における男女格差の是正や女性の社会参画を進めるには，政府による実効性の高い政策の実施と，国民の側からの積極的かつ広範囲にわたる参加が求められる。

第 18 章

ペルー
―― 変貌した 21 世紀社会と女性 ――

杉浦　篤
国本伊代

2014 年 11 月 5 日，女性社会包摂省（MIMP）は設立 18 周年記念式典を開催した。MIMP の前身は 1996 年 11 月 5 日にフジモリ政権下で発足した女性人間開発促進省（PROMUDEH）であり，2002 年に女性社会開発省（MIMDES）へと再編され，さらに 2012 年 1 月に MIMP へと拡充されて今日に至っている（写真提供：MIMP）

ペルー女性史関係年表

西暦	事　項
1955	女性参政権の成立。
1975	「ペルー女性年」が宣言される。
1979	フローラ・トリスタン・ペルー女性センターが設立される。
1985	左翼政党「アメリカ革命人民同盟」のガルシア政権が発足する。
1988	警察内に女性担当部署が創設される。
1990	フジモリ政権が発足し，多くの女性が要職に登用される。
1991	母体保護のための妊娠中絶が合法化される。
1992	フジモリ大統領，議会を解散し国家非常事態宣言を発布，制憲議会選挙を実施。
1993	新憲法公布。国会が二院制から一院制に変更され，フジモリが憲法解釈を曲げて自らの3選を可能とする。
1994	法務省内に「女性と子どもの権利常設委員会」が設置される。
1995	フジモリ大統領，北京で開催された第4回世界女性会議に出席する。
	大統領選挙で圧勝し，フジモリ第2次政権が発足する。
1996	女性人間開発促進省（PROMUDEH）が創設される。
1997	選挙法改正により，国会および地方議会選挙にジェンダー・クオータ制が導入され，25％の女性枠が設けられる。
1998	クオータ制導入後初の地方選挙で，女性議員数が大幅に増加する。
1999	最小結婚年齢を男女とも16歳とする法律27201号が公布される（11月）。
2000	選挙法が改正され，国会議員の女性枠が25％から30％へ引き上げられる。
	大統領選挙で辛勝したフジモリ大統領，日本訪問中に政権を放棄する。
2001	大統領選挙にロウルデス・フローレスが初の女性候補として立候補し，善戦する。
2002	PROMUDEHが女性社会開発省（MIMDES）に再編される。
2003	新教育法（教育一般法）が制定される。
	政党に対して執行部人事に女性枠30％を義務づける法律28094号が公布される（10月）。
2005	憲法第191条修正で，選挙における30％の女性枠と15％の先住民枠が明記される。
2006	「男女機会均等国家計画2006-2010」が発表される。
	地方議会選挙における女性枠，青年枠，先住民枠を規定した法律28869号が公布される。
2007	「男女機会均等法」（法律第28983号）が公布される。
2009	「女性に対する非暴力に関する国家計画2009-2015」が発表される。
	「女性殺しの犠牲者登録制度」がMIMDESの機能に追加される。
2010	「妊娠による退学生徒の復学促進法」が公布される。
	2人の女性候補者の間で戦われたリマ市長選挙で，スサナ・ビリャランが僅差で勝利する。
2011	決戦投票にもつれ込んだ大統領選挙で，ウマラ候補がケイコ・フジモリ候補を破って当選する（6月）。
	ウマラ政権，9名の女性閣僚を擁立して発足する（7月）。
	「先住民に対する事前協議権利法」制定される。
	開発社会包摂省が新設される（10月）。
2012	MIMDESが女性社会包摂省（MIMP）に再編される（1月）。
	「ジェンダー平等国家計画2012-2017」が発表される（8月）。
2013	大学新法施行。
2014	アナ・ハーラ，初の女性首相となる（9月）。

南米大陸の太平洋側に面したペルー共和国は、日本の国土面積の3.4倍の129万km²を有する一方で、人口は日本の4分の1ほどの3081万人(2014年)にすぎない。国土は、コスタと呼ばれる砂漠からなる海岸地域、シエラと呼ばれるアンデス高地、およびセルバと呼ばれるアマゾン熱帯地域と、大きく異なる3つの地域から成っている。国土の約3分の1を占めるアンデス高地が中央部を縦断しており、高山と渓谷が複雑に交錯する地形が国民統合と経済開発を困難にしてきた。

ペルーの人種・民族構成は複雑である。1940年の国勢調査を最後に公式の人種別統計はとられていない。しかし先住民社会の伝統・文化の保持と生活改善に向けた政策を推進する過程で、国立統計情報院(INEI)が2000年に実施した「全国家庭アンケート調査」では、住民の自己申告に基づき民族別人口統計調査が行われた。それによれば20世紀末のペルーの人種・民族構成は、先住民系40％弱(47の言語に分かれる)、先住民と白人の混血メスティソ系40％強、欧米白人系15％で、残りが絶対少数派のアフリカ系およびアジア系であった。

現代ペルーの転換点となったのは1962年の軍部革新派によるクーデターである。軍部はいったん人民行動党(PAP)のベラウンデ文民政権(第1次)を擁立したが、諸政策の失敗から68年に軍部が再び実権を掌握し、以後80年の民政移管まで軍政が続いた。軍政時代の前半に断行された諸改革は、農地改革による伝統的な大土地所有制度の解体、外国資本の国有化、輸入代替政策など、民族主義的政策であった。この急進的な改革によって、それまで貧困の中で侮蔑の対象とされてきた先住民インディオはカンペシーノ(スペイン語で農民の意)と呼び換えられ、先住民の最大グループの母語であるケチュア語が公用語とされ、アンデス高地から海岸地域にかけての都市部周辺への先住民の移住が活発化した。しかし軍政後半では改革が行き詰まり、軍部は「名誉ある撤退」の名のもとに78年に制憲議会選挙を実施して、80年に民政移管を平和裏に実現させた。

しかし、民政移管と同時に成立したベラウンデ第2次政権、および85年に発足したガルシア第1次政権のポピュリズム的政策によって経済がハイパーインフレーションに陥り、既成政党政治への国民の不信が極度に高まるとともに、左翼ゲリラ活動が全国に広がった。農地改革により激変した農村社会で社会主義を目指す過激派「センデロ・ルミノソ」と、都市ゲリラ「トゥパック・アマル革命運動」という二大ゲリラ勢力が抬頭し、ペルーは極度の混乱状態に陥った。この混乱を強権政治で制圧したのが、1990年の大統領選挙で当選した日系人大学教授アルベルト・フジモリである。

フジモリ政権の実績には功罪相半ばするものがある。しかし21世紀に入ってトレド政権(2001〜06年)、ガルシア第2次政権(2006〜11年)、そして2011年に成立したウマラ政権まで続いてきた経済成長を通じて、継続的に民主的政権交代が行われる環境の土台を築いたのはフジモリ政権である。同政権が断行した治安政策と新自由主義経済政策をその後の政権が継承したことに加え、世界経済の回復・成長基調、資源価格の高騰などの外部要因に恵まれたことで、21世紀に入ってからのペルーの政治・経済・社会は大きく変貌した。

国連ラテンアメリカ・カリブ経済委員

会（CEPAL）の資料によると、2000～13年の間にペルーの貧困層は半減した（p.320 以下参照）。政治の安定と著しい経済成長によって中間層が拡大し、21世紀のペルーは中進国へと変わりつつある。本章ではその変遷を概観するとともに、女性を取り巻く政治・経済・社会環境の変化、女性の社会進出およびジェンダー政策の推移を紹介する。

1. 21世紀初頭のペルー社会

■フジモリ政権時代の社会変動

21世紀のペルーは民主的政権交代と経済成長によって、「新生ペルー」の誕生とさえいわれている。その原動力となったのは、1990年代の10年間を統治したフジモリ政権の施政である。1960～80年代を通じて、ペルーは政治・経済の大変動と激しいゲリラ活動による社会混乱を経験したが、フジモリ政権はこの混乱を専制的・独裁的手法で制圧した。その背景には、先に述べた軍政の失敗と、人民行動党およびアメリカ革命人民同盟（アプラ党）による民政の失敗があった。

1968年に実権を奪取した民族主義的軍事政権は、のちに「ペルー革命」として歴史に残る農地改革や外国資本の国有化など経済構造の抜本的改革に取り組んだが、それが同時に深刻な経済混乱をもたらした。その結果、軍部は制憲議会選挙を実施して新憲法のもとで民政移管を行うという手順を踏み、政治から撤退した。しかし選挙によって成立したベラウンデ第2次政権期（1980～85年）は、農村ゲリラ組織センデロ・ルミノソによる武装闘争によって経済・社会が大きな混乱に陥った。とりわけ83年以降は、ゲリラ勢力の拡大に伴って社会の不安定度が増大

した。「ペルー革命」による旧体制の崩壊、左翼ゲリラ活動の活発化、エルニーニョ現象による自然災害の多発とそれによる農業・漁業の深刻な被害などから、ペルーは経済危機に再度見舞われ、82年には対外債務の返済が不可能となった。このような事態のなか、85年の選挙で誕生したアプラ党のガルシア第1次政権（～90年）は、国際通貨基金（IMF）などの圧力に抗して、対外債務の返済額を輸出の10％以内に限定し、外国資本の国有化を進めた。1920年代に設立されたアプラ党は反米・反帝国主義を全面的に掲げる左翼政党である。この政権下で国内的には補助金や信用供与などによる貧困対策と内需刺激策がとられ、さらに輸入代替工業化による雇用創出・価格統制・賃金引上げ政策などによる経済活性化が目指された。しかし財政赤字の拡大、年率2000％（1988年）というハイパーインフレーション、マイナス経済成長によって経済は完全に破綻し、国民は窮乏生活を強いられた。

このような社会情勢の中で、センデロ・ルミノソはアンデス農村部から首都リマへと勢力を拡大させていった。テロの脅威の中で市民社会は萎縮し、国民生活は窮乏し、ガルシア政権は国際的にも孤立した。この政治・経済・社会の大混乱の中で行われた1990年の選挙で大統領に選出されたのが、「変革90」というグループを組織して立候補したアルベルト・フジモリである。

フジモリ政権成立の背景には、ゲリラ勢力に断固たる対策をとれず、政治・経済・社会の混乱に無策であった既成政党・政治家に対する無党派層の不信があった。フジモリ政権は「フジ・ショック」と呼ばれる大胆な経済安定化策を断行し、

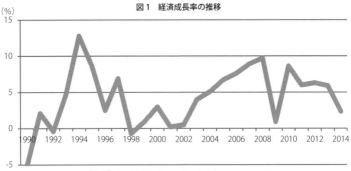

図1　経済成長率の推移

[出所] CEPAL, *Databases and Staristical Publication*, 2014.

インフレ抑制と財政赤字の解消を目指すと同時に，国際金融社会へ復帰し，グローバル化に対応した政策を推進した。

他方，少数与党政権と野党勢力との対立が高まると，フジモリ大統領は1992年4月に議会を閉鎖し，憲法を停止して国家非常事態宣言を発布し，臨時政府を樹立した。このような強権発動と軍部との連携強化によって，フジモリ政権はゲリラ組織を壊滅状態にまで追い詰めた。しかし国内外から強権発動に対する批判を浴びると，92年11月に制憲議会選挙を実施し，翌93年には大統領の権限を強化した新憲法を国民投票によって成立させた。95年の大統領選挙では，元国連事務総長のペレス＝デクエヤル候補を大差で破り，第2次政権を発足させた。2000年の選挙では，フジモリは憲法の三選禁止事項の解釈を曲げて三度目の大統領の座に就いた。しかし議会では与党議席が過半数割れとなり，三選の是非をめぐって国内外から強い批判を受けた。そこに側近の議会工作が明るみに出るという事件が追い打ちをかけ，フジモリは2000年11月の日本訪問中に政権を放棄した。フジモリ自身はその5年後に帰国したが，人権侵害など多くの容疑で訴追されており，2015年現在もペルーで収監中である。

■グローバリゼーションによる社会変化

フジモリ政権は1990～2000年の約10年間に，ゲリラ討伐，新自由主義政策による経済自由化と市場開放を実現した。図1にみるように，それによって経済が急速に回復したことは明らかである。1993～97年まで続いた経済成長は98年を境に停滞し，エルニーニョ現象による深刻な自然災害や国際通貨危機で低迷したものの，2003年には回復基調に戻っている。2001年7月に成立したトレド政権（～06年）が中道であったのに対して，その後は06年発足のガルシア第2次政権（アプラ党），11年発足の現ウマラ政権と左派政権が続いている。しかし両政権ともに，貧困対策と格差是正を掲げる一方で，フジモリ時代以来の新自由主義経済政策を継承した。その結果，リーマンショックの影響を受けた2009年を除くと，ペルー経済はラテンアメリカ地域では異例の高い経済成長率を保ち続けて現在に至っている。

2001年に大統領に就任したトレドは，フジモリ政権を踏襲した新自由主義経済政策によって外資を呼び込み，先進国の経済回復，中国の高度成長による地下資源の価格高騰と輸出ブームで，経済成長を維持した。続くガルシア第2次政権も，

第1次政権期とは異なり新自由主義経済政策を推進した。その結果，トレドとガルシアの両政権期を合わせた10年の経済成長によって，国民生活は大きく変貌した。経済成長は財政出動を容易にし，貧困削減・差別解消などの社会政策にも大きく寄与した。

ペルー経済の回復と成長の原動力となった経済のグローバル化は，米国をはじめとする諸外国との自由貿易協定によってさらに促進された。また2011年にはペルー・チリ・コロンビア・メキシコから成る太平洋同盟が結成されるなど，これまでのところペルーの左派政権は経済のグローバル化に積極的である。ガルシア大統領は2010年の年次教書で，2021年の独立200周年に向けてペルーが太平洋地域におけるラテンアメリカのハブとなり，貿易と投資で経済をさらに発展させ，貧困層を10%にまで削減するという構想を提示した。続くウマラ現大統領は，太平洋同盟を軸として域内経済連携を強化し，持続的発展を目指すことを明言し，2021年には経済開発協力機構（OECD）に加盟することを目標として掲げた。

■貧困層の大幅な縮小

21世紀に入ってからの「ペルーの奇跡」は，何よりも貧困層の劇的な縮小に現れている。表1をみると，2001年には総人口の54.8%を占めていた貧困層が，2013年には23.9%へと半減した。貧困層とは，一般的には可処分所得の中央値の半分にあたる貧困ライン以下の所得で暮らす世帯を指すが，各国政府が独自に定義する場合もある。ここでは，ペルー政府が定める貧困ライン以下の所得世帯を意味する。同表でみるように，都市部の貧困層は42.0%から16.1%へと3分の1近くに

表1　貧困層率（人口に占める%）の縮小の推移

年	全国	都市部	農村部
2001	54.8	42.0	78.4
2005	55.6	44.5	83.5
2010	30.8	20.0	61.0
2011	27.8	18.0	56.2
2012	25.8	16.6	53.0
2013	23.9	16.1	48.0

［出所］World Bank, *World Development Indicators*, 2014.

まで減少している。かつて首都リマの周辺には，「プエブロ・ホーベン」と呼ばれた貧困層の不法占拠地が広がり，極貧の人々が段ボールや筵で囲った掘っ立て小屋で暮らしていた。そのような地域も現在では一般的な市街地へと変貌している。

国民の暮らしも全般的に大幅に改善されている。居住環境に関する2012年の調査によると，電気は全戸の80%，水道は全戸の69%に普及していた。水洗トイレおよびシャワーのある住居は全体の56%であった。ただしこのような数字は，辺境農村部には当てはまらない。しかし全国規模でみれば，この間に道路や通信インフラの普及・整備が進み，農村―都市間の移動時間が短縮され，国民生活の改善は多面的に進んでいる。

このような経済成長を通じて，ペルー社会は地方・都市を問わず劇的な変化をとげた。1人当たり国内総生産（GDP）は2001年の2009ドルから13年には6541ドルへと3倍強となり，国民生活全般が様変わりした。先に挙げたような生活環境の改善のほか，保健・医療サービスの普及，乳幼児死亡率の低下，就学率と教育水準の向上など，社会全般が発展してきたといえる。とりわけ若い世代（19～24歳）の就学率は飛躍的に延び，後述するように少なくとも義務教育（初等・中等の通算11年間）に関しては農村部と都

市部の格差が著しく縮小し，男女格差もほとんどなくなっている。

また近年，国際世論の後押しを受けて，先住民が長年にわたって強いられてきた差別的な境遇と，極貧ともいえる生活環境も変化しつつある。ただし，複雑な地形のために孤立化しているアンデス高地農村部やアマゾン熱帯地域セルバでは，貧困の改善は遅れている。表1にみるように，農村部では貧困率が2001年の78.4％から2010年の61％へと縮小してはいるものの，2013年時点でいまだ半数近くが貧困状態にある。

2011年の大統領選挙では，貧困対策が重要な政治的争点となった。この選挙では最終的に，フジモリ元大統領の長女ケイコ・フジモリ候補と，2006年の選挙で敗れたオジャンタ・ウマラ候補の決選投票となった。「独裁者の長女」として中間層から強い反発を受けた前者に対して，後者は「成長の恩恵を受けていない貧困層の側に立つ」ことを公約に掲げて当選した。こうして発足したウマラ現政権は，「国民への約束」を果たすため社会政策に積極的に取り組んでいる。まず2011年，経済成長の持続と協調的な社会開発の両立を目指すための新組織として開発社会包摂省（MIDIS）を設立した。また12年には，65歳以上の人口の10％を占める極貧の高齢者を対象に「65歳以上年金制度」を発足させた。

一方，ペルーの貧困問題は先住民問題でもある。ウマラ大統領が就任早々に署名した「先住民に対する事前協議権利法」は，ペルーにとって開発・環境・先住民の権利に関わる長年の国家的課題であり難題であった。ペルーは1993年，国際労働機構のILO第169号条約（独立国における先住民および諸民族に関する条約）を批准して以来，国内法の整備にほぼ20年をかけてようやくここまでたどりついた。ペルーの高度経済成長の原動力となった天然資源は，アンデス高地とアマゾン熱帯低地に集中しており，開発と先住民の権利擁護を両立させるには慎重な調整が必要だったからである。事実，資源開発が上記の地域の環境を破壊し，先住民の生活を脅かしたことで武力紛争にまで発展するケースが起きている。ウマラ政権はこの事態に対して，既存の鉱物資源・石油・木材などの開発企業への課税制度を見直したり，貧困地域のインフラ開発に充てるための社会開発基金を設立するなど，先住民との対立緩和を目指している。

2．ペルー社会の変容と女性

■女性を取り巻く環境の変化

前節でみたように，ペルー社会は21世紀に入って大きく変容している。そのもとで，とりわけ政治・経済分野への女性の参画が著しく進んだ。

政治への参画は，ほぼ半世紀にわたって女性たち自らが取り組んできた男女差別撤廃・女性解放運動と国際社会の支援を受けつつ展開してきた公正・平等社会を目指す運動によって実現した。55年の女性参政権の成立，70年代までに起きた中間層の拡大と女性の教育水準の向上，80年代の国家経済の破綻と社会不安の中で生き延びるために女性たちが行った幅広い連帯活動などを通じて，女性たちは活動の場を広げてきた。とくに80年代の国家財政破綻とハイパーインフレーション，腐敗した政党政治への不信，テロの脅威と国際社会からの孤立などによって，国家の存続そのものが危機にさらされた

時期に，女性たちは生き延びるために連帯し，多様な協同作業を通じて組織化の手法・リーダーシップ・協調性などを学んだ。90年の大統領選挙に出馬した無名のアルベルト・フジモリを支持したのは，これらの多様な無党派層の女性たちでもあった。

一方，すでに国際的な潮流となっていた女性差別撤廃運動は，政治基盤のないフジモリ政権にとって女性政策を積極的に掲げる大きな動機となった。フジモリ大統領自身，1995年に北京で開催された第4回世界女性会議に出席し，96年には女性人間開発促進省（PROMUDEH）を設置して，女性が直面している問題の解決と女性の能力開発に取り組む体制を整えた。なかでも最も重要な女性政策が，第3節で後述するジェンダー・クオータ制である。クオータ制は97年の選挙法改正に盛り込まれ，翌98年の地方選挙で初めて適用された。国会議員選挙に適用されたのは2000年4月である。ジェンダー・クオータ制による政界進出をはじめ，女性の社会進出はペルー経済の高度成長と並行して進展した。

政治の安定と経済成長は，雇用の増大を通じて女性の労働市場への進出にも顕著な影響を与えた。**表2**でみるように，経済活動人口に占める女性の割合は，2000年の34.1%から12年には70.6%へと2倍強に増大した。他方，インフォーマル・セクターで働く女性の割合は79%から50%へと縮小している。インフォーマル・セクターの典型的な職種は，露天商，小商店の店員，中小企業の従業員，零細な農業従事者，家事労働者，歓楽街のサービス業，そして闇の性サービス業などである。

表2によると，専門職および管理職に

表2 女性に関する主な経済社会指標

項目／年	2000	2012
経済活動人口に占める女性の割合[1]	34.1%	70.6%
インフォーマル・セクターに占める女性の割合[1]	79%	50%
専門職に占める女性の割合[2]	39.4%	43%
管理職に占める女性の割合[2]	28%	30%
合計特殊出生率[2]	3.6人	2.4人
女性世帯主の割合[3]	19.5%	25.8%

[出所] 1：*World Bank Littledatabook*, 2014.
2：*UN Development Report*, 2002, 2014.
3：World Economic Forum, *The Global Gender Gap Report 2014*.

おける女性の進出度は，2000～12年の間にそれほど大きく伸長していない。しかし後述するように，1990年代以降は女性の教育水準の向上が著しく，それを反映して2000年の時点では専門職と管理職に占める女性の割合はすでに先進国に迫るレベルであった。

家族形態の多様化も，女性をめぐる大きな環境変化の一つである。合計特殊出生率（1人の女性が生涯に産む子どもの数）は2000年の3.6人から12年には2.4人と先進国並みの低さとなっている。都市と農村，先住民社会と非先住民社会の間の差は依然として大きいものの，全国的には家族計画が順調に進んできたことを示している。

他方，政治経済が安定したあとも，女性を世帯主とする母子家庭の割合は，農村部・都市部いずれにおいても増加傾向にある。2000年における女性世帯主家庭の割合は，農村で12%，都市部で19%であった。それが12年にはそれぞれ20%と26%へと増加した。この数字は，家族形態の変化を示していると同時に，女性の労働市場進出の拡大が家計を支える必要から生じたことを物語ってもいる。

女性世帯主家庭の増加には，ゲリラ討伐時代の騒乱や夫＝父親の出稼ぎなども

関わっている。とりわけ後者に関しては，男性が農村から都市へ出稼ぎに出たまま家に戻らず，それがもとで家族が離散するというケースが定型化している。海外への出稼ぎ移住も国内移住と並行して増加し，1990～2012年の間に総人口のほぼ9％にあたる約250万人が海外へ渡った。男性の主な出稼ぎ移住先は，アメリカ33％，チリ16％，アルゼンチン14％，イタリア10％，スペイン9％などで，日本へも4％が渡っている。その後，世界的な不況の影響により約10％が帰国したが，圧倒的多数は戻らず，家族の分断と離散につながっている。

■教育水準の向上と女性の社会進出

　国連ミレニアム開発目標に掲げられた「ジェンダー平等と女性のエンパワーメント促進」の目標年とされた2015年を待たずに，ペルーは教育水準における男女格差の解消を達成した。15歳以上の人口の非識字率に関しては依然として男女差が大きいものの，**表3**でみるように初等教育では都市部と農村部いずれも就学率に男女差がほとんどないだけでなく，農村部の方が都市部を上回っている（2011年）。しかも農村部では，初等教育の就学率はすでに2001年時点で開発中位国の中でも上位に位置する水準となっていた。

　そのうえ初等・中等・高等教育の3段階とも，女子の就学率が男子のそれとほぼ同等か上回っている。世界の多くの国で，中等教育以降は男子の割合が高くなるのに対して，ペルーはラテンアメリカの多くの国と同様にその逆の傾向を示している（序章・表3参照）。その結果，専門職および管理職に占める女性の割合は，他のラテンアメリカ諸国と比べるとやや低いものの，日本よりははるかに高い。

表3　教育水準の推移（％）

項目	2011年		2001年	
	男	女	男	女
15歳以上の非識字率	3.8	10.5	5.3	16.1
都市部	—	—	—	—
農村部	—	—	—	—
初等教育就学率	93.1	93.0	92.0	91.6
都市部	92.5	92.9	93.4	92.3
農村部	94.1	93.2	88.0	90.4
中等教育就学率	91.4	91.6	90.0	87.5
都市部	92.7	93.8	92.9	92.5
農村部	88.6	87.6	84.5	77.6

［出所］Peru, INEI, *Peru, Indicadores de educacion por departamentos*, 2001-2011.

表4　大学生の学部選択傾向（％）

学部	2011年		2007年	
	女子	男子	女子	男子
教育学部	27.2	14.9	28.1	14.0
会計学部	11.2	8.8	10.2	9.7
経営学部	8.0	10.6	6.2	8.7
理工学部	7.9	27.3	7.6	27.3
法律・政治学部	7.6	9.1	7.2	9.5
看護学部	7.6	0.9	8.4	0.5

［出所］INEI, *Encuesta Nacional de Hogar 2011*, 2014.

とくに議員・公務員課長以上・民間企業の部長以上のいわゆる管理職では，世界的にみても非常に高い（序章・表3参照）。

　女性の高学歴化と卒業後の職種の関連性は，大学の学部選択傾向から探ることができる。**表4**は，ペルーの大学生の人気学部上位6つを示したものである。これによると，2007年と11年の2回の調査いずれにおいても，女子学生の3割近くが教育学部を選択している（教育学部は男子も第2位と選好度が高い）。男子学生が最も多く選択するのは2回の調査ともに理工学部であったが，興味深いことに女子学生も7％が同学部を選んでいる。教育学部に続いて女子学生に人気が高いのは

会計学部と経営学部であった。ここからは，女子学生が将来的に教員，会計士，弁護士，技師，看護師などの専門職種を選好する傾向が読みとれる。

　一方，ペルーでは以上のような女性の高学歴化と並行して，近年の日本とも共通する深刻な教育問題が生じている。それは国内の地域格差と家庭間の経済格差によって生じる教育格差である。ペルー国立統計情報院の2013年の資料によると，地域によって25歳以上の人口に占める中等教育就学経験者の割合に倍以上の開きがあった。とりわけアマゾン熱帯地域やアンデス高地の州と首都リマとでは，3倍以上もの格差がある。教育水準の最も低いウアンカベリカ州では，中等教育を受けた女性の割合が22.4%と，首都圏の73.9%と比べて著しく低い。

　1990年代以降，LA諸国は教育改革に積極的に取り組んできた。グローバル化にともない国際競争の中で通用する人材が求められるようになったにもかかわらず，LA諸国の多くはその潮流に即した教育水準を達成していなかったからである。しかしペルーの場合は事情が異なっていた。ハイパーインフレによる経済混乱とゲリラ活動による社会混乱のあと，90年代後半にフジモリ政権は農村部の学校建設に力を注いだが，本格的な教育改革には着手できなかった。その後2003年にトレド政権が，①民主主義と法治国家，②公正と社会正義，③国際競争力の向上，④効率的で透明性のある，かつ地方分権化された国家建設という4つの達成目標を掲げて国家再建を図る中で，新教育法が制定された。現在の教育制度はこの03年の「教育一般法」に基づいており，ペルー独特の多様性を反映したものとなっている。

　まず，原則として就学前教育（3〜5歳），初等教育（6〜11歳），中等教育（12〜16歳）の計14年間が義務教育課程とされている。先住民言語を母語とする人口の多い地域では，その先住民言語を第1言語として教え，スペイン語は第2言語として扱われる。教材は全国一律ではなく，地域によって多様である。

　しかし現実には，この柔軟性に富んだ義務教育課程が十分に機能しているわけではない。そもそもそれ以前に，ペルーの教育はいくつもの本質的な課題を抱えている。まず第一に，先に触れた教育の地域格差の問題がある。地形が複雑で小さな集落が点在するアンデス高地の農村や，アンデス山脈東部に広がる河川の多いアマゾン熱帯地域セルバの場合，学校の立地や資格をもつ教員を一定数集めることに困難がともなう。第二に，ペルーの教育制度においては初等教育から留年が認められており，一定の学力に達しない場合進級できず，小学校ですら落第する割合が高い。先に挙げた統計では就学率の高さに注目したが，修了率はそれより低くなる。第三は他のLA諸国にも共通するもので，履修時間数が絶対的に少ないという教育制度そのものの問題である。初等教育が普及し始めた20世紀後半，学校建設が間に合わず，二部制ないし三部制を採用した習慣が現在でも残っており，履修時間数が絶対的に少ない。都市部では公立学校の多くが，午前・午後の二部制もしくは午前・午後・夜間の三部制となっている。第四が教員の雇用形態の問題である。初等教育でも教員はそれぞれの専門教科のみを教え，2ないし3つの学校をかけもちしてやっと生活が成り立つという給与体系となっている。そのため，先進諸国では当然の総合的な学校教

育を提供できる状態にない。教員が待遇改善を求めてストを打つこともあり，授業時間がますます減ることになる。無償の公立学校に通う貧困層の子どもと，教育条件の整った私立学校に通うことのできる一定の経済力のある家庭の子どもは，幼くしてすでに格差社会で生きている。このほか，教員の質の問題なども深刻である。

高等教育に関しては，長い議論の末に2013年，大学教育の近代化を目指して新大学法（法律23733号）が制定された。大学の設置基準や卒業要件の厳格化などが盛り込まれている。

■自立に向けた女性のエンパワーメント

男女平等社会の構築に向けた取り組みの点で，ペルーは世界的にみても優等生である。世界経済フォーラムによるグローバル・ジェンダー・ギャップ指数（GGI）の世界ランキングでは，初回の2006年には115カ国中60位と中位以下であった。しかし最新の2014年版では，LA諸国の多くが順位を落としたのと対照的に，142カ国中45位へと大幅にランクを上げた（序章・表4参照）。LA域内でペルーよりもGGIの改善度が高かったのは，エクアドル（61位上昇），ニカラグア（56位上昇），ボリビア（29位上昇）の3カ国である。

ペルーではまた，後述するジェンダー・クオータ制の導入と並行して，女性の能力開発（エンパワーメント）が促進され，それによって政治・経済・社会の各分野で女性の参加が著しく進んだ。その推進役を担ったのがペルーの女性たち自身であり，最大の支援者がフジモリ以降の歴代政権である。こうして各分野に進出した女性たちは，女性問題に限らず貧困から環境まで幅広い課題に取り組み，平等で公正な社会の建設に向けて20年にわたって努力を続けてきた。

フジモリ政権時代の1996年に創設された女性人間開発促進省（PROMUDEH）は，2002年に女性社会開発省（MIMDES）に再編され，12年にはさらに女性社会包摂省（MIMP）となって，女性問題だけでなく，社会的弱者を対象とする政策にも幅広く取り組んでいる。そしてこれらの政策の担い手の多くは，軍政が終焉した1980年代以降の経済混乱期に，各種の女性運動，互助組織，開発NGO，食糧調達組織などの活動の中で育った人材である。

一方，2011年時点で女性の労働市場への参入率がLA20カ国中最高位の68％に達している（序章・表2参照）。49％の日本と比べても，ペルー女性の社会進出の厚みが推察できよう。同時に問題も多い。なかでも先に述べたように，女性の就労人口のほぼ5割がインフォーマル・セクターで働いていることは深刻である（前掲表2参照）。とくにシエラ地方やセルバ地方の貧しい村から都市部に働きに出てくる女性たちは教育水準が低く，まず中間層以上の家庭で家事労働者として働き，やがてウェイトレスや清掃員などのサービス部門に移る。そのほとんどはインフォーマルな経済活動であり，社会保障もなく，低賃金で不安定な仕事である。

そのほか，次節で紹介する「学校にも行かず，仕事もしない」若い女性（13～30歳）が，同年齢層のほぼ25％に達していることも社会問題となっている（先進国の「ニート問題」に近い）。この「不就労女性人口」の割合は，都市部と農村部で大きな差がない。

3. ペルー社会とジェンダー

■女性の政界進出

　ペルーは他の LA 諸国と同様に，1979年に国連が採択した女性差別撤廃条約（CEDAW）に基づき，80年代以降は女性差別の是正に積極的に取り組んできた。80〜90年代の歴代政権は，政治・経済・社会の混乱の中で，男女差別とジェンダー格差の解消に向けて諸政策を推進した。政治の意思決定過程への女性の参加拡大はその代表的な成果である。

　1933年に制定された普通選挙法では女性は除外されていたが，55年の改正で初めて 21歳以上の女性，もしくは 18歳以上で既婚かつ識字者の女性にのみ参政権が認められた。表 5 でみるように，56年の選挙で初めて上院に 1 名，下院に 5 名の女性議員が登場した。92年に二院制から一院制へと議会制度が変わり，93年の初の一院制国会選挙で 7 名の女性議員が誕生している。フジモリ政権期の 95年の選挙では，議員定数が大幅に削減されたが，議席数の 10％を女性議員が占めた。

　女性の政治参画を劇的に拡大したのは，1997年に選挙法に盛り込まれたジェンダー・クオータ制である。これにより，国会および地方議会選挙の候補者名簿のうち 25％を女性枠とすることが各政党に義務づけられた。この 25％枠は，2000年の選挙法改正によって 30％へと拡大されて現在に至っている。さらに 02年の法律 27734号の制定によって先住民枠 15％が設けられ，03年の政党法一部改正（法律 28094号）によって党内の役職にも 30％女性枠が適用されることになった。そして 05年の憲法第 191条改正によって，地方自治体の選挙でも 30％の女性枠と 15％の先住民枠を導入することが憲法に明記された。翌 06年に制定された法律 28869号では，29歳以下の「青年枠」20％が設けられた。このように女性だけでなく先住民や青年をも対象としている点が，ペルーのジェンダー・クオータ制の特徴である。

表 5　国会議席に占める女性議員の割合

会期	議席総数	女性議員数	上院		下院		女性議員の占める割合
			議席数	女性議員数	議席数	女性議員数	
1950-56	197	0	45	0	152	0	0%
1956-62	237	6	55	1	182	5	2.5%
1963-68	229	3	45	0	184	3	1.3%
1980-85	240	15	60	2	180	13	3.8%
1985-90	240	13	60	3	180	10	5.4%
1990-93	240	15	60	4	180	11	6.3%
1993-95	180	7	—	—	180	7	5.6%
1995-2000	120	12	—	—	120	12	10.0%
2000	120	24	—	—	120	24	20.0%
2001-06	120	22	—	—	120	22	18.3%
2006-11	120	35	—	—	120	35	29.3%
2011-16	130	28	—	—	120	28	21.5%

[出所] Paula Muñoz Chirinos y Yamilé Guibert, "Mujeres y políticas en las elecciones regionales y municipales, 2002-2014," *Argumntos*, año 8, no.5, 2014.

表5にあるように、1997年に25％の女性枠導入後の初の選挙が行われた際は、女性議員数は倍増したものの20％止まりだった。女性枠を25％から30％へと拡大した後の06年の選挙では、29.3％と規定の女性枠がほぼ満たされたが、直近の2011年の選挙では21.5％に減った。しかしこの2011年の選挙で成立したウマラ政権は19の閣僚ポストのうち9つに女性を登用した。これにより、列国議会連盟(IPU)が2012年にまとめた報告で、ペルーは閣僚に占める女性の割合で128カ国中第8位となった。

ウマラ大統領（中央）を囲む女性閣僚たち
（写真提供：MIMP）

地方自治体の首長ポストに関してはまだ女性の進出が不十分だが、地方議会に占める女性議員の割合は2001年にすでに24％に達しており、12年には27.3％と30％枠に近づいている。このようにペルーでは、ジェンダー・クオータ制の導入が、政治の意思決定過程への女性の参画を後押ししたと評価できる。

■ペルー女性が直面する21世紀の社会問題

いつの時代にもあった男性の女性に対する暴力は、21世紀の現代も廃絶されていない。それどころか、いまLA諸国では「女性殺し」という異様な語が日常的にメディアを騒がせており、女性への暴力はむしろ悪化しているといえる。ペルーの場合、地理的に孤立したアンデス高地とアマゾン熱帯地域で事態はより深刻である。父親、夫、兄弟、あるいは恋人や友人など身内や身近な男性から女性が受ける暴力（DV）ばかりでなく、無差別に女性が狙われる「女性殺し」が顕著に増加している。女性社会包摂省（MIMP）によれば、ペルーでは2013年に、平均して月に7人の女性がDVで殺害されたという。人権擁護を目的とする独立国家機関

「国民保護協会」によると、2012年の9カ月間（1〜9月）だけで9万7000件のDV被害報告があったとされる。1979年に創設された「フローラ・トリスタン・ペルー女性センター」（フローラ・トリスタンはペルー人の父をもつフランス生まれの作家・社会主義者）は、女性の暴力被害者の保護組織でもある。同センターは、2009〜12年に436人の女性が殺害され、268名が殺されかけたと報告した。こうした調査報告が実態をどこまで正確に反映しているかは定かでない。しかし、複数の組織が看過しがたい報告を提示していることからみて、21世紀のペルー社会においてDVと「女性殺し」が極めて深刻化していることは確かである。

ペルー政府は、1994年に国連および米州機構（OAS）が採択した「女性に対する暴力の防止・罰則・廃絶に関する米州条約」（ベレン・ド・パラー条約）を批准しており、国内法も整備している。それによればDVは1〜6カ月の懲役刑に相当する。「女性殺し」は、2011年の刑法改正で最低15年の懲役刑、被害者が未成年あるいは妊婦・障碍者の場合には終身刑となった。しかし一部の専門家は、被害者の保護、加害者の逮捕から処罰に至る一連の警察・司法過程はほとんど無力に近いと指摘している。

2013年1月にペルー・カトリック大学

世論調査研究所が実施したアンケート調査によると，DVに関しては被害女性側にも問題があるという。アンケートに答えた女性被害者の76.6%が，加害者である夫ないしは恋人を庇った。また過半数は経済的に男性に完全に依存していた。このアンケート調査を分析したある心理学者は，「ペルーではDVが国民の生活の中に定着している。これは男性が女性を支配するのは当然とみなすペルー社会の特徴を反映した現象である」と述べている。

DVと「女性殺し」に劣らず大きな社会問題となっているのが，先に触れた不労若年人口の増加である。13〜30歳の若者のうち，「学校にも通わず，仕事もしない」人口が，統計資料のある2004年以降11年にかけて全体の20%前後を占めてきた。とくに問題視されているのが女性の場合で，上記の8年間を通じて常に25〜30%前後にのぼっている。原因は家庭の貧困や不和，学校嫌い，不良仲間との交際などさまざまである。最大の問題は，こうした若者や若い女性が犯罪に巻き込まれる，犯罪集団に取り込まれる，麻薬常習者となるといったケースが少なくないことである。国立統計情報院によれば，この「学校にも通わず，仕事もしない」若者層は，都市部に限らず地方でも相当の規模で存在するという。全国的な問題であると同時に貧困地区特有の問題でもあり，貧困の再生産に直結する点で深刻な社会問題として受け止められている。

■**男女共生社会に向けた21世紀の課題**

以上のように，1990年代以降の政治の安定化と経済成長によってペルー社会は大きく様変わりし，それにともなって女性の置かれた状況も課題も変化した。教育と政治の分野では，ジェンダー格差の解消はおおむね順調に進んでいる。しかし公正・平等を旨とする社会を実現させるには，依然として課題が山積していることも明らかである。

その根本にあるのは，ラテンアメリカ特有のマチスモ（男性優位主義とそれに根ざした伝統・習慣・文化）であり，その克服のためには男女双方の意識変革が求められる。これはペルーに限らず世界の多くの国に共通する課題であろう。女性を所有物とみなす男性の支配意識が変わる必要があるのはもちろんだが，女性自身も自立精神をより高めなければならない。これは個人だけで解決できるものではなく，社会全体で担うべき重い課題である。

ペルーでは，DVを含めた女性への暴力に対して，比較的早い時期に政府が対応に着手した。1991年に強姦罪が刑法に盛り込まれ，93年に「家庭内暴力に関する法律」が制定された。97年には女性に対する性犯罪が厳罰化されている。80〜90年代のゲリラ戦期には，多くの女性がゲリラと国軍の双方から性的暴行を受け，妊娠し，ある者は中絶を強制され，ある者はやむなく出産した。ゲリラ制圧後にその実態が政治問題としてクローズアップされ，2005年には被害女性への補償が制度化された。さらに09年には，「女性に対する非暴力に関する国家計画2009-2015」が始動した。このような一連の政策を通じて，ペルー社会は女性への暴力の廃絶とその根幹にあるマチスモの変革に取り組んでいる。

第 19 章

ウルグアイ
―― 女性の政治参加と討議民主主義の試み ――

廣田　拓

モンテビデオ市中心街のカガンチャ広場にて：朝の通勤通学風景

ウルグアイ女性史関係年表

西暦	事項
1825	ウルグアイ東方共和国，独立宣言。
1828	ウルグアイ東方共和国の独立が承認される。
1830	共和国憲法の制定。
1868	初の民法制定。
1877	普通教育法の制定。
1879	身分の登録制度（日本の戸籍制度にあたる）開始。
1882	初の教員養成機関の設立。
1885	民事婚法の制定。
1901	マリア・アベージャ，雑誌『私たち』を創刊。
1904	国家公務員のための年金法制定。
1907	離婚法制定。
1910	アベージャが国民女性同盟を設立，雑誌『新しい女性』を創刊。
1911	アベージャ，パンアメリカ女性同盟ウルグアイ支部を設立。
1915	8時間労働法制定。
1916	パウリーナ・ルイーシ，女性国民審議会を設立。
1917	制憲議会開催。
1919	ルイーシらが「女性参政権のためのウルグアイ同盟」を結成。ルイーシ，雑誌『アクション・フェメニーナ』を創刊。
1920	高齢年金法，労災法の制定。
1922	農業労働者最低賃金法の制定。
1932	女性参政権が正式に認められる。
1938	国政選挙で女性が初めて投票を行う。
1942	初の女性国会議員が4名選出される。
1946	民法改正により初めて男女平等が謳われる。
1952	大統領制が廃止され，執政評議会による複数行政制が開始。
1958	コロラド党が敗北し，93年ぶりにブランコ党が政権掌握。
1963	都市ゲリラ・トゥパマーロスが活動を開始。
1967	執政評議会が廃止され，再び大統領制となる。
1971	左派連合「拡大戦線」（FA）が躍進。
1973	軍部がクーデターにより政権を掌握。
1980	軍部，憲法改正による軍政の制度化を提案するも，国民投票で否決される。
1984	国民計画合意（CONAPRO）が組織される。
1985	民政移管。人権侵害を行った軍人・警察官に対する国家による刑事処罰の失効を法制化。
1986	恩赦法制定。
1999	選挙で拡大戦線（FA）が支持を拡大，「FA対伝統的二大政党」の対立構図が顕著となる。
2005	FAのタバレ・バスケスが大統領に就任し，初の左派政権が誕生。
2006	ボルダベリー元大統領，軍政下の人権侵害で逮捕される。
2010	FAのホセ・ムヒカが大統領に就任。
2012	人工妊娠中絶が合法化される。
2013	同性婚法制定。マリファナの栽培・流通・消費を合法化。
2014	国政選挙で初めてジェンダー・クオータ制が実施される。バスケス大統領が再選，2015年から政権2期目に就く。

第 19 章　ウルグアイ

ウルグアイ東方共和国（以下，ウルグアイ）は，世界銀行の 2013 年データによると人口 341 万，国土面積 17.6 万 km²（日本の約半分）の小国である。その首都モンテビデオには，約 140 万人が居住している。この国は，地理的にアルゼンチンとブラジルという南米二大国に挟まれているゆえに，一方では両国の緩衝国でもあり，他方では両大国の影響を受けることが不可避である。その小国としての立場は，1825 年に独立宣言した後の大戦争（1839〜51）やパラグアイとの三国同盟戦争（1864〜70）など，周辺国や欧米列強に翻弄された歴史が示す通りである。

人種構成では，88％がヨーロッパ移民（その大半がスペイン系やイタリア系）からなり，メスティーソ（白人と先住民の混血）が 8％，アフリカ系が 4％である。宗教ではカトリックが主であり，言語はスペイン語を公用語としている。

ウルグアイは建国以来，都市を基盤とするコロラド党と農村を基盤とするブランコ党（現・国民党）の二大勢力が政治・経済・社会から家庭の領域まで深く浸透して，対立状況が常態化していた。

1918 年憲法により，それまで強大だった大統領権限が弱められ（再選禁止規定など），それ以降は政治的安定を確立し，依然として伝統的二大政党の影響力が広範囲に存続しながらも，代表制民主主義が定着している。ラテンアメリカの他の国々と比較して，ウルグアイは早くから政治が安定化した。20 世紀初頭のホセ・バッジェ=イ=オルドーニェス政権から近代化政策が進められ，域内で最も早く福祉国家体制を築いた。20 世紀前半までの近代化水準から，「南米のスイス」「モデル国家」と称されるほどであった。しかし 1930 年代以降は経済改革に失敗し，政情も不安定化して，60 年代以降はゲリラ闘争や軍政を経験することになる。

経済的には，農牧業が主な産業であり，農牧畜製品の輸出が歳入の基盤である。国内市場が小さいために，南米二大国や欧米諸国との貿易が枢要であり，歴史的に依存度も大きかった。現在も南米南部共同市場（メルコスール）や欧米諸国との貿易および外資導入が振興されている。21 世紀に入り，アジア諸国との関係も視野に入れ，全方位的な貿易関係の中で活路を見出している。

1.　21 世紀のウルグアイ社会

■政界の再編成と第三の勢力

1999 年の大統領選挙で，左翼連合「拡大戦線」(FA) を中心とする「進歩派会議」は，40％近い支持を得て第一党となった。しかし過半数に達しなかったために，決着は 11 月の決選投票に持ち越された。その結果，国民党の支持を得たコロラド党のホルヘ・バッジェ=イバニェスが大統領に当選した。この時からウルグアイの政治は，拡大戦線 VS 伝統的な二大政党との対立という新しい構図となった。2000 年 3 月，コロラド党と国民党の連立によるバッジェ政権が発足した。

次の 2004 年 10 月の大統領選では，FA・進歩派会議から出馬したタバレ・バスケスが当選した。建国以来，初めての二大政党以外の勢力からの大統領選出であり，初の左派政権の誕生でもある。05 年 3 月に発足したバスケス政権は，ただちに社会開発省を創設し，全人口の約 30％を占める貧困層の支援に着手した。

2009 年秋の大統領選挙では，決選投票の結果，拡大戦線のホセ・ムヒカ（60〜70 年代は「トゥパマロス」のメンバー

ホセ・ムヒカ元大統領。右はその夫人で、FAから出馬して2009〜15年まで上院議員を務めたルシア・トポランスキー

としてゲリラ活動に従事）が勝利した。翌10年3月に発足したムヒカ政権は、国家の課題として、教育・貧困・エネルギー・環境・治安政策の推進を掲げた。このうち特に教育政策と貧困撲滅に注力し、15年までの任期中に以下の4点で主だった業績をあげた。①1973年のクーデター以降80年代前半まで続いた軍政下の人権侵害を、人道に対する犯罪と規定し、改めて訴追を可能とした（2011年）。②人工妊娠中絶を合法化した（12年10月）。③同性婚法を成立させた（13年4月）。④治安改善を目的にマリファナの栽培・流通・消費を合法化した（13年12月）。

2014年秋の大統領選では、FAのタバレ・バスケスが決選投票で再び大統領に選出され、現在に至っている。こうして05年以来、ウルグアイでは左派政権が継続し、議会でも上下両院で多数派を占めている。

■経済状況

1999年のブラジル通貨危機、2001年のアルゼンチン金融危機は、ウルグアイ経済にも大きな打撃を与えた。またこの時期、ウルグアイでは干ばつや家畜口蹄疫の問題も重なった。二大国への輸出が伸びず、2002年までマイナス成長が続いた。バッジェ＝イバニェス大統領は、2000年6月に農牧畜業の再活性化と公共部門の効率化を骨子とする緊急法を成立させた。

しかしその2ヵ月後には、バッジェ＝イバニェス政権の緊縮財政政策に反対する声が高まり、左派政党や労働組合の呼びかけで、首都で大規模なデモが相次いだ。2002年11月には、連立を組んでいた国民党もバッジェ＝イバニェスの緊縮財政に反発し、政権から離脱することとなった。

それでもバッジェ＝イバニェス政権は改革を断行し、銀行の統廃合、国際金融機関の救済策などによって打開を図り、経済は2003年には回復の途についた。この21世紀初頭の危機によって、ウルグアイ経済はメルコスールへの過度な依存から脱却する方向に政策を転換した。

2005年発足のバスケス政権では、前政権のマクロ経済政策の路線を維持しながらも、格差是正や貧困への対策も講じた。一方で対外債務の返済にも努め、国際的な信用を取り戻した。その後、08年9月の世界金融危機の影響を受けながらも、09年以降は経済成長を続けている。

2010年発足のムヒカ政権でも格差是正・貧困対策は継承され、さらには若年層の犯罪増加や治安悪化への対策にも着手した。ムヒカはまた海外投資の誘致、自国の基幹産業である牛肉や穀物の輸出振興、再生可能エネルギーの開発などを進めた。さらに南米における物資輸送のハブ化を目指し、港湾・道路などのインフラ整備を促進した。対外的には、メルコスールや欧米との伝統的な貿易関係に加え、アジア、アフリカ、中東など他地域との貿易促進を図り、多角的な経済関係強化を目指した。

2015年以降の現バスケス政権は、基本

的に従来のマクロ経済政策路線を踏襲し，好調な経済に支えられて貧困・格差対策にも取り組み続けている。

2013年の世界銀行データによると，この間の経済成長率は09年2.2％，10年8.9％，11年6.5％，12年3.9％，13年4.4％と堅調である。また国連ラテンアメリカ・カリブ経済委員会（ECLAC）によれば，同時期の失業率は6～7.6％を維持している。

■社会状況

2014年の国連『人間開発報告書』によると，ウルグアイは人間開発指数（HDI）で187カ国中50位にランクインしている。しかし，世界経済フォーラムによる2014年のグローバル・ジェンダー・ギャップ指数（GGI）では，136カ国中82位と評価は高くない。人間開発の度合いに比して男女平等度が低い要因は，女性の社会・政治進出が世界的に見て著しく遅れており，賃金の男女格差など女性の条件不利が改善されていない点にある。

他方で，世論調査NGOラティノバロメトロの2011年の報告によると，他のラテンアメリカ諸国に比べて民度は高い。とりわけ，国民が現在の民主主義体制を強く支持しており，政府に対する満足度が高いことが注目される。その他の指標でも，ウルグアイは域内では相対的に政治が安定しており，代表制民主主義が機能していることがうかがえる。しかし，拡大戦線がさまざまな社会政策を講じているにもかかわらず，格差や貧困はいまだ解決されておらず，2007年頃からは社会運動が活発化してきており，デモも頻発している。

近年の社会運動には3つの対立軸が見られる。第1は，バスケス政権の大企業・金融界寄りの政策に対する左派系の人々の反発である。第2は，国家が社会政策や福祉の領域から撤退したことに対する草の根からの異議申し立てである。第3は，外資誘致によってグローバル企業が参入し，環境汚染をもたらす可能性のある工場が設立されることに対する地域住民や環境団体の抗議である。いずれも新自由主義的グローバリゼーションに対する抗議という点で共通している。このように近年のウルグアイ社会は，既存の代表制システムでは解決しきれない問題を抱えており，そのことに対する人々の不満や要望や意思が社会運動を通じて表現されているといえる。拡大戦線は，今のところは労働組合や市民社会組織を通じて国民の支持を広く得てはいるが，政策の成否によってはその関係性が崩れる余地がある。

現在展開している多様な社会運動は，政党という回路によらずに直接異議申し立てをすることで，政府に問題の迅速な解決を迫るものであり，国民の重要な意思表示手段ともなっている。

2. 女性をとりまく状況

■女性の高学歴化と「ガラスの天井」

20世紀半ば以降，ウルグアイでは男性に比べて女性の方が高学歴である状況が続いている。例えば，近年でも大卒の64％，大学院卒の62％を女性が占めている。しかし，教育を通じてより高度な専門的知識を身につけているにもかかわらず，同じ職種でありながら賃金には男女格差が厳然と存在し，その他の条件も含めて女性は労働市場においては差別的な待遇を被っている。また，同じように高学歴であっても，富裕層や中間層出身の女性と

下層労働者の女性とでは、社会の中での立場や待遇が異なる。特に下層女性のドメスティック・バイオレンス（DV）被害は、深刻な社会問題となっている。

域内諸国および先進国と同様、ウルグアイでも女性の社会進出を妨げている主な要因は根強いジェンダー規範にある。つまり、「男性が外で仕事をして家計を支え、女性は家庭内で妻や母として家事・育児に専心すべき」というマチスモ（男性優位主義）の考え方が社会全体に浸透しており、性別役割分業意識が極めて根強い。しかもそれが男女の性に根ざした「自然」なあり方とみなされている。こうした社会規範の中では、女性の政治参加は相対的に遅れ、議会に占める女性議員の割合も低いのが現状である。総じて現代のウルグアイでは、高学歴女性は能力が高いにもかかわらず、活躍の場や評価が限定されている。また、富裕層のキャリアウーマンが家事労働者を雇って社会進出する一方、下層・低所得層の女性が家庭に閉じ込められ、あるいは劣悪な条件で家事労働に就かざるをえないという、女性間の階層格差も問題である。

以下では、このような女性をとりまく社会状況の成り立ちをウルグアイの歴史に沿って概観しよう。

■19世紀社会における女性の役割

先に述べたようにウルグアイでは、1825年の独立宣言後、コロラド党とブランコ党という二大政党間の抗争が社会や地域、家庭内にも深く浸透していた。この時代の女性の役割は、社会階層によって異なっていた。

19世紀を通じて、男性は一般的にいずれかの政党に与し、兵士として内戦を戦っていた。民衆層や貧困層の女性も、男性とともに前線で戦った。一方、地方勢力を率いるカウディーリョと呼ばれるリーダーの妻やその身内のエリート女性は、仲介者として銃後での補佐的な役割を担った。その仕事はカウディーリョの意思を部下たちに伝えたり、前線で戦っている男性たちの意思をその家族に連絡することだった。また両陣営の本拠地では、演説やビラ配りによって士気を鼓舞し、地域住民の支持を集めることに尽力した。党の勢力安定化のため、女性たちが病院や慈善団体を設立するケースもあった。

1828年の独立承認から1870年代頃までは、近代国家としての基盤が脆弱で、このように党派性の強い社会であった。この内乱期に女性が前線や銃後で一定の役割を果たしていたという意味では、女性が家庭外で一定の責任と自律性をもって活躍した時代であったともいえる。

■20世紀のウルグアイ女性

19世紀末から20世紀初頭にかけてのウルグアイの課題は、国家の近代化であった。その当時の社会の特徴は以下の3点にある。第1に、植民地期にスペインからさほど強い影響を受けなかったため、カトリック社会から世俗化社会への移行が容易であった。第2に、国家の近代化のため、ヨーロッパからの移民受け入れと外国資本の導入が国策として進められた。特に、近隣のアルゼンチンやブラジルと比べてより魅力的な移住先・投資先となるべくさまざまな誘致政策がとられた。こうして、ウルグアイも19世紀末より、世界の資本主義システムに組み込まれることとなった。

第3に、19世紀末以降の近代化政策の中でも重視されたのが、国家基盤整備の一環として、質の高い労働力を確保する

ことだった。そのためには，教育によって識字率を向上させ，国民統合を図ることが求められた。しかし当初，女性の教育は富裕層に限定され，その内容にはカトリックの価値観が色濃く反映し，科目もフランス語会話やピアノなど「上流のたしなみ」とされるものが主であった。

1870年代末には，軍部出身のロレンソ・ラトーレ政権のもと，ホセ=ペドロ・バレーラ教育大臣の指揮により教育改革が実施された。77年の普通教育法により，男女共学の世俗的かつ無償の義務教育が行われることとなった。1870年代から1915年までにヨーロッパ移民の大規模な流入によって人口が3倍へと増大すると，就学児童数も6倍に増え，数百の公立学校が新設された。その結果，1870年代に約20％程度であった国民の識字率が，1908年には60％にまで上昇した。

バレーラの教育改革は，新資本主義の時代に即応する新しいタイプの女性教育が必要との認識に基づいていた。彼の考えでは，教育を受けた女性は，新たな資本主義世界で文明化された国民国家を形成する重要な市民であった。家庭では妻・母親として，外では例えば教員として，新世代の再生産と教育に役立つことを期待されたのである。その一方で，教育を受けられない女性は，貧困の中で引き続き教会の影響下に置かれ，家族・社会・国家の発展にとって阻害要因となると考えられた。

こうして教育制度の拡充を通じて，医師，弁護士，公務員，教員などの専門職に従事する中間層女性が増えていった。特に多かったのが小学校教員である。就学者数の増加につれて教員の需要が高まり，1882年には初の教員養成機関も設立されている。中間層出身の女性教員が近代化の担い手として社会進出を果たす一方で，民衆女性は安価な労働力として活用された。

バレーラの教育改革は，近代的国民国家形成の枠組みの中では女性の地位向上に寄与したといえる。しかし女性は家庭内では，依然として家事負担者にとどまり，家計などの決定権・管理権は男性の手に握られていた。ジェンダー・ヒエラルキーとそれに基づく性別役割分業観は厳然と維持されたままだったのである。教員職にしても，女性の場合は結婚して子どもを持つまでの間の仕事とみなされ，女性は「自然」に従って母性を発揮し，家事や育児に専心するのが当然とされた。

■バッジェによる改革

1903年，ホセ・バッジェ=イ=オルドーニェス（以下バッジェと略）が大統領に就任して以降，ウルグアイは国家主導の社会改革を実践した。以下では2次にわたる政権（第1次：1903～07年，第2次：11～15年）ごとにその改革の内容をみてみよう。

第1次政権の社会政策としては，1904年に国家公務員のための年金法を制定したほか，中学校の増設を行った。産業政策では，国内産業の保護のために農産物の生産奨励や繊維産業の振興に努めた。選挙時の公約であった離婚法は07年に制定された。

第2次政権では，社会福祉や労働者保護のための立法が進んだ。バッジェ大統領は当時の労働運動の高まりを受けて，社会秩序の安定のためにも労働環境を改善する必要性を感じていた。すでに第1次政権の1906年，バッジェは8時間労働法案を議会に提出していたが，その時は不成立に終わった。これを2期目の1911

年に議会に再提出し、任期終了の15年にようやく成立させた。14年に提出した高齢者年金法案は、議会での審議を経て退任後の20年に制定された。そのほかバッジェのイニシアティブで議会に提出された法案としては、労災法案や農業労働者の最低賃金法案などがある。これらの社会福祉法案はいずれも後に法制化された。こうしてウルグアイは、バッジェの改革によりラテンアメリカで最も先進的な福祉国家となったのである。

バッジェの改革は経済領域にもおよび、主要産業が国家の管理下に置かれることとなった。1912年の電力産業国有化を皮切りに、外資経営によっていた銀行や保険業も国有化され、イギリス資本の鉄道に関しても規制を強化するなど、経済的ナショナリズムを高めた。政治面では、1911年に大統領制から複数行政制に移行することを発表し、伝統的二大政党間の抗争による政治の不安定化の解消を目指した。この場合の複数行政制とは、大統領に権限を集中させず、複数の人員に行政権を分散させる共同統治システムである。この案は1918年憲法に反映され、大統領と国家行政委員会が併存する行政制度となって実現した。

バッジェはまた産休や貧困女性へのミルク配給など、女性関連法案の成立にも尽力した。その理論的支柱となったのがカルロス・バス＝フェレイラの提唱した「補償的フェミニズム」で、その趣旨は男女は完全に平等な存在ではなく、女性は妊娠という多大な負担を補償されなければならないというものである。また当時の市民的感覚として、女性は男性に比べ肉体的にも精神的にも劣るとみなされ、あくまで男性の保護の対象であった。女性の本領は家庭内での妻・母としての役割にあり、政策的には労働環境改善と同時に母性の保護が必要とされた。

2次にわたるバッジェ政権期に、女性の地位向上や労働環境の改善は一定の進展をみたものの、母性に基づく性別役割分業観は維持され、後の世代に継承されることとなった。

■リベラル・フェミニズムの躍進

20世紀前半の女性政策の課題は、市民権の男女平等化と女性の参政権であった。この課題に主導的に取り組んだのが、リベラル・フェミニズムの活動家たちであった。

19世紀末から20世紀前半におけるウルグアイのフェミニズムは次の3つに大別できる。①上層階層のカトリック信者たちによる、保守性を残したフェミニズム。②中間層出身者を主流とするリベラル・フェミニズム。③中間層や下層の女性労働者に浸透した左派フェミニズム。まず①のカトリック系フェミニズムは、世俗的な価値を志向する②のリベラル派に対抗して、宗教が女性を窮状から救うと主張した。しかし、カトリック的家父長制に基づき、女性の社会参加を教会および男性主導の社会活動に限定していた。カトリック系フェミニズムは、慈善的活動によって下層や貧困層の女性の生活改善に一定の役割を果たしはしたが、国家の社会政策や労働者保護政策の進展につれてその活動範囲は縮小し、社会的貢献度に対する評価も下降していった。

②のリベラル派は、先に述べた19世紀末の教育改革を経て、中間層の女性の社会進出が拡大する中で台頭してきた。そして20世紀初頭のバッジェ政権の近代化政策と連携し、女性の参政権獲得運動（法制化は後述するように1932年）、教育機

会の拡大，民法上の男女平等化などに多大な貢献を果たした。リベラル派はまた，当時安価な労働力とみなされていた下層の女性労働者の利益を代弁する役割も担った。

③の左派フェミニズムはさらに，アナーキスト系，社会主義系，共産主義系の諸派に分かれるが，女性の市民権獲得と政治参加の拡大，労働市場での男女平等を目指し，その実現に向けて急進的な改革を主張する点で共通していた。このうち社会主義系のグループは，労働運動諸組織の連帯を呼びかけ，下層の女性労働者の待遇改善にも取り組んだ。そして女性の解放を参政権などの権利に限定することなく，より大きな社会的構想として女性の地位向上を目指した。

これら三派のうち，最も躍進を見せたのは②のリベラル派フェミニズムである。その先駆者マリア・アベージャ・デ・ラミーレスは，アルゼンチンで教員の職にあったが，ウルグアイの女性の権利拡大に向けて多様な活動を展開した人物である。1901年に雑誌『私たち』を創刊し，理論と実践の両面から男女平等を提唱し，女性の市民権・参政権の必要性を訴えた。10年には女性の参政権確立を目的に「国民女性同盟」を結成し，新たな雑誌『新しい女性』を創刊した。11年にモンテビデオに移住し，ラテンアメリカの女性連帯組織「パンアメリカ女性同盟」のウルグアイ支部を設立した。こうして彼女は，ラテンアメリカ規模のネットワークをウルグアイにも広げることで，ウルグアイ女性の市民権・参政権の確立に寄与した。パンアメリカ女性同盟ウルグアイ支部は，パウリーナ・ルイーシ，フランシスカ・ベレテルビデ，イサベル・ピント=デ=ビダルらウルグアイの代表的なフェミニストが活躍する足場となった。

パウリーナ・ルイーシは，ウルグアイ初の女性医師であり，終生独身を貫き，ウルグアイ女性の地位向上に尽力した。1916年には，診療所兼自宅に女性国民審議会を設立し，議論の場を提供した。この審議会はのちに「国際女性評議会」（1888年ワシントンで設立）のウルグアイ支部となった。ルイーシはまた，さまざまな国際会議にウルグアイ女性の代表として参加し，国内外にネットワークを広げていった。1919年には「女性参政権のためのウルグアイ同盟」を結成するとともに，新聞『アクション・フェメニーナ』を発刊した。ルイーシもアベージャと同様に，言論と実践の両面でいわば「女性のための対抗公共圏」を生み出すこととなった（公共圏の概念については後述）。その後，アベージャやルイーシに続くリベラル派フェミニストたちは，こうした先駆者たちの業績を基盤に議会の内外で発言力を高めていき，女性の政治参加に対する社会の支持を集めていった。

こうしたフェミニストたちの地道な活動が実を結び，1932年12月14日，コロラド党のガブリエル・テーラ政権に至り，女性の参政権がようやく正式に認められた。38年の国政選挙で，ウルグアイ女性は初めて投票を通じて政治に参加した。そして42年には，ウルグアイ史上初の女性国会議員が4名誕生した。上院ではコロラド党保守派のソフィア・アルバレス=ビグノーリ・デ・デミチェリと，同党バッジェ派（改革派）のイサベル・ピント=デ=ビダル，下院では同改革派のマグダレーナ・アントネーリ=モレーノと，共産党のフリア・アレーバロが選出された。46年には民法上の男女平等が果たされ，20世紀中盤に至ってウルグアイでも遅まき

ながら各分野での男女同権が進むことになった。

■軍政下の女性たち

1960年代になると，農牧畜産品の世界的な需要減や輸入代替工業化政策の行き詰まりによって，ウルグアイは深刻な経済危機に見舞われた。失業者数が増大し，首都では65～69年にかけて労働争議が頻発した。71年の選挙では，伝統的二大政党に対抗する拡大戦線が躍進し，全国で18％，首都では31％の得票率を示した。一方，この選挙後から，都市部ではトゥパマーロスのゲリラ活動が過激化していった。

1971年の大統領選に勝利したコロラド党のフアン＝マリア・ボルダベリーは，就任と同時にトゥパマーロスの鎮圧に着手し，都市部に軍隊を投入した。その結果，72年9月にはリーダーのラウル・センディックらが逮捕され，12月にはトゥパマーロスは壊滅状態に追い込まれた。翌73年までに逮捕者数はおよそ2000人におよび，その中にはゲリラとは無関係の市民も含まれていたという。

しかし，ゲリラ鎮圧と引き換えに，ウルグアイの民主体制は大きな代償を払うことになった。これを機に軍部が政治的発言力を高め，ついには軍政が敷かれることになったのである。まず1973年2月，国家安全保障審議会が設置され，大統領の権限がそこに移管された。議会内には反対の声もあったが，軍部の強権によってかき消された。肩書きだけの大統領となったボルダベリーは，6月には軍部の支持を背景に国会と地方議会を閉鎖し，民主体制を事実上停止させた。しかしボルダベリーはその直後，全政党の廃絶など急進的な提案をしたことで軍部に疎まれ，大統領の職を解かれた。

こうしてウルグアイでは軍事政権が樹立し，労働運動を弾圧する一方，経済政策ではテクノクラートを登用して外資依存型の工業化を進め（新自由主義的政策），いわゆる官僚主義的権威主義体制となった。1976年以降は厳しい言論統制が敷かれ，思想や表現の自由が徹底的に抑圧された。78年には国家非常事態法が制定され，極端な警察国家体制となり，人権侵害が横行した。一般に男性は，軍政に対して異議申し立てや抵抗活動を行うことに消極的だった。反体制分子とみなされた者が，仕事も社会的地位も，最悪の場合は生命すら奪われるに至り，極度に萎縮してしまったのである。こうして，私的・公的領域の両方で主導権を握る男たちが口を閉ざしてしまったことで，ウルグアイ社会は恐怖と無力感に覆われた。70代のウルグアイでは，市民が体制について自由に議論を交わせる公共圏が喪失していた。

しかし，女性たちは黙ってはいなかった。軍政を批判した廉で職場を追われた男たちに代わって，家計を支えるために外へ仕事に出かけ，家に帰れば家事や育児をこなす女性も少なくなかった。彼女らは表立った反軍政運動を起こしたわけではない。その抵抗は生活の場を基盤に密やかに続けられた。家庭や路上や職場で，軍政下での生活の不便，物価（特に食料品や生活必需品）への不満，子どもが通う学校の教育の質や校則をめぐって「おしゃべり」することで，情報・意見を活発に交換した。また，女性たちは，ことあるごとにウルグアイの民主体制が機能していた「あの自由な時代」を語り続けた。さらに，女性たちの間では，軍部と関係のある一部の者が立場を利用し

て私的利害を満たしているというゴシップもいたるところで語られた。

このように女性が語り続けたことで，失われた民主体制の価値が再発見され，その反照として軍部の権威が失墜していった。反軍政運動という「政治」の場ではなく，私的領域（家庭）と公的領域（職場）の交差する場で，日常生活を基盤とした対話が重ねられることで，公共圏が維持されていたのである。ウルグアイの軍政は，公私の領域をまたいで活動した女性たちの「日常のおしゃべり」に，正当性の根拠を奪われたのだった。

1980年，軍部は自らの政治介入を合法化するための憲法改正を試みるも，国民投票で否決された。84年には反軍政の象徴となる機関「国民計画合意」（CONAPRO）が結成され，民政移管への道筋が作られた。

3. 21世紀の政治と女性

■女性議員による両院超党派連合の結成

1985年の民政移管後，ウルグアイの政治は安定をとりもどし，前述のように2005年以降は左派政権が続いている。女性の政治参加も，民主化とほぼ軌を一にして活発化していく。現在も活動を続ける「両院女性議員超党派連合」（BBF: la Bancada Bicameral Femenina）は，その歴史の証人でもある。

BBFの原点は，民政移管を目指して1984年に組織された国民計画合意（CONAPRO）の活動にある。CONAPROが仲介役となって軍事政権と反軍政勢力との調整・交渉が進められるにつれ，政党や労働組合，市民社会組織の連携が高まっていった。その中で「女性の状況に関する作業グループ」が結成され（84年），

BBFの女性議員たち。左からロンダン，ペルコビッチ，アルヒモン（BBFウェブサイトより）

公的領域（政治・経済・社会）および私的領域（家庭）における女性の参加状況を評価する報告書を作成した。92年8月には，新たに「女性政治ネットワーク」が設立された。これは議席をもつ4つの政党（コロラド党，国民党，拡大戦線，独立党）の女性議員の集まりで，結成翌年にはさまざまな女性関連組織を巻き込んで全国規模の活動を展開するようになった。

1999年末の選挙結果を受けて，2000年2月15日には15名（上下両院全130名中11.5%）の女性議員が誕生する。彼女らの当選は，上記の「作業グループ」や「ネットワーク」の活動を礎になされたものである。そして同年3月8日，女性の下院議員が所属政党にとらわれず，一致協力して女性をめぐる問題を考えるための組織として，「女性議員による超党派連合（BF）」が結成された。コロラド党のグレンダ・ロンダン，国民党のベアトリス・アルヒモン，拡大戦線のマルガリータ・ペルコビッチの3名が協力してリーダーシップをとった。こうして議会内に，政治課題として女性問題に取り組んでいくための足場が築かれた。BFの設立と同日，3名のリーダーたちの発議で，「議会内におけるジェンダー平等のための特別委員会」をBF内に設けることが承認された。

また同年，BFと協働する議会外の市民社会組織連合「家族と女性の全国協会」（のちに「女性の全国協会」と改称）が生まれた。このように21世紀に入り，議会内で女性議員が超党派の協力関係を築き，それと連動して議会外ではジェンダー平等に取り組む市民社会組織のネットワーク化が図られていった。

　2004年末の選挙の結果，05年には14名の女性議員が生まれ，BFはBBFと改称し，上下両院にまたがる超党派連合へと発展した。

　20世紀後半以降，ウルグアイでは人口の半数以上（約52％）を女性が占め，しかも教育水準において男性を凌駕している。しかし，他の域内先進国に比べて，女性の政治および労働市場への参加は進んでいない。社会的には伝統的な性別役割分業観が根強く，外に仕事をもつ場合も男性（夫）以上の収入を得ることが道徳的に非難されるような状況である。女性は経済的自立を妨げられ，性や生殖に関する自己決定権（リプロダクティブ・ライツ）も人間としての尊厳も軽視される傾向にある。深刻化するDVが社会問題として十分に認識されていない要因も，こうした根本的なジェンダー不平等とその根幹にある根強いマチスモ，そしてその状況に対する社会の意識不足にあると思われる。これは21世紀のウルグアイ社会の最大の課題の一つといえる。

　このような状況のもと，BBFは，①女性の権利の保護，②男女平等社会の構築，③女性のみならず子ども，高齢者，ハンディキャップをもつ人々などを含む社会的弱者の権利の保護を目標に掲げている。メンバーの女性議員たちは，これらの目標の妨げとなる個々の問題の解決に向けて，議会外の諸組織やメディアの力も借りながら，両院議会内での発言力を高めようとしてきた。また，女性団体としての団結を心がけつつも，男性議員との協力・連携を常に忘れず，女性議員だけの閉じた利益団体となることを回避している。

　BBFの具体的な活動としては，まず女性をめぐる状況の把握に際して，市民社会の声を聞くことが挙げられる。議会にさまざまな女性組織の代表や専門家を招いて意見を聞き，情報・知識を蓄積した。また貧困や暴力などの問題を抱える地区や，学校，病院，スポーツクラブなど地域の諸施設を議員自ら訪れ，状況の把握に努めた。さらに，セミナー，作業部会，集会など多様な形態で，議員同士，あるいは議員と市民社会組織および一般住民が開かれた場で自由に議論する機会を多数設けた。

　次に，国家と市民社会との橋渡し役が挙げられる。BBFは市民の要望や不満を健康，社会発展，教育，経済などの各省に伝え，政策提言を行ってきた。また，さまざまな社会的不正義や不公正に関して，市民とともに問題を究明し，それを政府部門に伝達する役割を担った。そして最終的に，これらの活動をもとに，これまでに社会，労働，教育，文化，衛生関連の数百のプロジェクトを実行し，事後はその実効性評価にも携わっている。

■**女性たちが勝ち取った法律**

　以上のようなBBFの活動で得られた最も大きな成果は，2002年6月のDV法の成立である。BBFはそれまで長年DV問題に取り組み，議会の内外で実態究明と対策の必要性を訴え続けていた。当初，男性議員も司法府も，性別役割分業観の根強い社会も鈍い反応しか示さなかった

が，BBF の地道な提言・広報活動が実を結び，ついに法案可決に至った。BBF は法の施行後もその実効性を監視し続けるとともに，社会への啓発活動にも引き続き努めている。

次に，リプロダクティブ・ヘルス／ライツ（性と生殖に関する健康と権利）に関わる法案の成立が挙げられる。2008 年以降，BBF の活動によって，妊婦が出産前後に検診を受けたり，付き添い人を自由に決められる権利を保証する法律が成立した。妊産婦の自己決定権は，これまで社会でほとんど問題とされてこなかった。しかし，BBF は女性の主体性の視点から問題提起を行い，この法案の制定に大きな影響を与えた。BBF の女性議員たちは，法制化にあたり男性議員を説得する必要に迫られ，自分の妻や娘の問題として考えるよう説いたという。

さらに，2012 年には人工妊娠中絶が合法化された。これについては，BBF の中でも所属する政党の綱領や議員個人の価値観・思想・信条によって考え方がさまざまで，必ずしも最初から意見が一致していたわけではなかった。そこでまず BBF 内部で徹底的に議論を重ねたところ，意見の一致をみることはできず，議会での法案決議にあたっては各自の意思を尊重するということになった。結果的には法案可決に至ったが，この場合注目すべきは，BBF が中絶合法化に異を唱えるメンバーの声を封じてまで無理に全会一致を目指さず，合意形成を目指して熟議を重ねたことであろう。そこには BBF の討議能力の高さが示されている。

女性のリプロダクティブ・ヘルス／ライツは，すでに人権として世界的に認められて久しい。しかしウルグアイのように旧来のジェンダー規範の根強い社会に

ウルグアイの国会議事堂

おいては，BBF の根気強い活動なくしてその法案化は困難だったはずである。

■ジェンダー・クオータ制の成立

政治の意思決定過程への女性の参加拡大についても，BBF が大きな役割を果たした。BBF の提言活動によって，2009 年，国会議員議席に占める女性の割合を定めたジェンダー・クオータ制が成立したのである。具体的には，各政党の候補者リスト中，女性が 3 分の 1 を占めることが法制化された。しかし，BBF の最終目標は，単に女性議員数の増加ではない。社会全般で女性の，それも特に若い世代の女性の政治参加を促すことが目指されている。その点で現行のクオータ制は，BBF にとっては道半ばにすぎない。

2014 年 10 月の選挙で初めてクオータ制が導入され，前回選挙時（09 年）の 19 名（上院 4 名，下院 15 名）から，23 名（上院 9 名，下院 14 名）へと総数では増大が見られた。議会全体に占める割合でも，09 年の 14.6％から 14 年の 17.7％へと増えている。現時点で，制度導入後一度しか選挙が行われていないので，軽々な判断はできない。しかし，下院では女性議員数が減っていることから，クオータ制が議員数の増大に必ずしも直結しなかったことは指摘できる。また，比例代表制が採られている現状では，各政党の候補者名簿中，どの位置に名前が載るか

（当選順位）によって結果が左右されるため，今後は制度自体の見直しも必要となるだろう。

■BBFの意義：異なる政治の仕方

その他に，BBFは，社会におけるタブーであった問題にも取り組んでいる。例えば，性産業に従事する男性・女性労働者の権利の保護も提起している。長年，社会の中で光が当たらず，労働問題の周辺に置かれてきた労働者の権利保護を問題提起して，性産業の認知や偏見の除去という点で既存の社会慣習にも一石を投じている。

以上から，BBFの特徴は以下の3点である。第1の特徴は，男性の視点とは異なる問題提起である。BBFの女性議員は，まず日常的なものや生活に関わるものの中から，より一般的なテーマを発見して，生活の中から問題を提起する。次に，社会的な問題として意識化されるように，メディア・公的な場での議論を通じて，社会問題とする。その過程で，議会の内外で男性議員や市民社会と協力しながら議論していくのである。ここには，個人的な問題が，公共的な問題でもあるという，公と私とを連結する「公共」領域の再発見がある。

第2の特徴は，男性議員とは異なる政治の仕方である。ウルグアイの選挙制度は比例代表制度であるために，各政党の候補者リストの上位にリストアップされることが重要である。こうして，一般的に男性議員は資金力をもつ有力な議員を意識して行動し，人よりも少しでも政治の決定権や権限を保持したがるという傾向がある。これに対して，女性議員は，政党という枠を超えて連携して女性問題を協議して，女性のためにより良い社会環境を作り出そうという意識が強いのである。女性議員は権力や権限の保持よりも，問題意識の共有や問題提起を重視し，議論の際には協力関係を見出す。また，BBFに見られるように，議員間の見解の相違に対しても徹底的に議論した後に，各人意見や見解を尊重して，決定を容認するのである。この点でBBFには，党や個人の利害関係による離合集散は見られない利点がある。

第3の特徴は，BBFが自らを位置づけている「学習」の場である。女性議員は，BBFの活動で，問題意識の共有，問題発見，問題の提起，及び改善策の協議，解決策の提案・法制化という一連のプロセスの中で学習していくのである。BBFの目標として，ジェンダーの平等の推進は，既存の性別役割分業を見直す契機であり，女性による社会規範の変革である。BBFが学習したことは，議会による上からの法整備と議会外の市民社会組織やメディアを介した下からの啓蒙活動，政策評価，女性問題の監視という両側面からのアプローチである。

■討議民主主義の実践としてのBBF

ユルゲン・ハーバーマスが提示した「公共圏」とは，国家でも市場でもない第三の「市民社会」で，市民が共通の事柄について討議する空間であり，言説による相互作用の制度化された領域を意味する。この討議の空間は，原則として国家に対しては批判的になりうる言説の生産と流通の場である。また，市場での売買関係とも異なり，この領域は，より開かれた場で多くの人々が討議したり，協議したりする場である。

この討議し，コミュニケーションする空間は，元来18世紀の啓蒙主義時代に生

まれた，新聞，雑誌というメディアやコーヒーハウスなどの場での公論の形成にある。この歴史上の公共圏の原点では，読書し議論する公衆が一定の教養と財産を有するブルジョワに限定され，この時代の公共圏（市民的公共性）は，判断能力をもつとされたブルジョワの公共圏であった。この点で，女性や黒人などの歴史上でサバルタンとされる主体が公論形成の場に参加することが考慮されていない点に問題があった。したがって，サバルタンを主体とする，ブルジョワ・モデル以外の公共圏や異なる複数の対抗的・代替的な公共圏の可能性が問われている。

現在，政治理論では，ハーバーマスの「公共圏」論や討議倫理論を受けて，討議民主主義が議論されている。そこでは，民主主義が2つの回路から構成されている。第一に，集団が決定する公式の議論の場である。この手続きによって制度化され，拘束力のある意思決定を行う場は，議会での討議である。第二に，非公式の討議の場として市民社会による問題発見・問題提起の回路がある。具体的には，市民社会組織や社会運動を通じて，市民が下から立ち上げる討議の場である。ハーバーマスは，この非公式の討議の場を「政治的公共圏」としている。

この政治的公共圏には，公式の制度的な討議の場と異なり，原理的には討議の際に時間的な制約を受けないので，時間的にも取り上げる問題に関しても制限なく討議できる余地がある。その結果，この非公式の政治的公共圏では，公式の討議の場である議会で取り上げられなかった問題を発見し，より広く多様な観点を反映させられるという利点をもつ。

この非公式の討議の場では，市民社会の多様な感受性を反映させる場となる。例えば，DVや女性による育児や保育の問題は，従来，家族の領域として，私的な問題とみなされて社会問題として意識化され，公共的な事柄として討議されることがなかった。しかし，非公式の公共圏で，問題を抱えている人々や社会運動・市民社会組織によって問題提起されることで，広く人々の間に関心を集め始めるのである。こうして，私的な問題とされてきた事柄が，社会組織やメディアを介して社会問題として対処を迫られる「公論」が形成される。

その後，政治的公共圏から提示された問題が，公式の討議の場に置かれ，そこでの討議や決定を経て，政策や法が形成される。このように，非公式の討議の場と公式の討議の2つの回路がリンクすることで社会問題が立法化されるのである。この際，政治的公共圏は，公私の線引きを非公式の討議の場で引き直したという意義をもつ。

公私の線引きの引き直しは，新たな問題意識を発見して，社会問題に策を講じるように促す利点がある一方で，社会内にある既得権益や既存の社会規範や慣習を動揺させるものとして警戒される可能性もある。しかし，討議民主主義は，公式の討議の場である議会での討議過程を経るので，この場における集団決定が，公私の線引きの正当性を担保するものとなる。公式の公共圏における厳密かつ手続きに則った審議過程は，非公式の討議と両立するのである。したがって，既存の代表制の外にある政治的公共圏での問題発見は，議会との2つの回路の並立で意味をもつものである。

討議民主主義は，この2つの討議の回路からなる民主主義である。しかし，問題は，政治的公共圏の問題が，いつ，ど

国会議事堂前に集まった BBF のメンバーたち
（BBF ウェブサイトより）

のように，誰によって，公私の場に置くのかという点にある。いわば，非公式と公式の討議の場の連結点の問題である。

ウルグアイの BBF の一連の活動は，一方で議会での討議活動である。また他方で，BBF の女性議員は，市民社会組織やメディアという議会外の勢力とも協力関係をもっている。また，女性議員自身が，女性問題やジェンダー不平等の現場に赴き，女性や社会的弱者の声を聴くことを実行している。さらに，BBF は女性の問題に対して，議会での政策形成や法制化だけではなく，社会の中での人々の社会規範の変容を促すような啓蒙活動や女性問題のモニタリングも行っているのである。こうして考えると，BBF の存在は，公式と非公式の 2 つの討議の回路を連結させる存在である。ウルグアイの女性議員の超党派連合の活動は，討議民主主義の実践を試行している。それは，既存の代表制に対する信頼が薄らぐ中で，政治への信頼とジェンダー平等を推進する点で大きな意義を持っている。

第 20 章

ベネズエラ
―― 女性の権利拡大の歴史とボリバル革命 ――

坂口安紀
マガリ・フギンス

国内 40 以上の女性関係 NGOs が集結する「女性の人権に関するベネズエラ会議」
2010 年 8 月 4 日 カラカス市（Magally Huggins 撮影）

ベネズエラ女性史関係年表

西暦	事　項
1928	ベネズエラ愛国女性協会設立。
1936	ベネズエラ女性協会（AVM）設立。
1945	市議会議員選挙において初めて識字女性が投票権を行使。 軍事政権がクーデターで倒され、民主行動党（AD）政権成立。
1947	男女すべての成人国民に対して普通直接秘密選挙権が確立。
1948	クーデターで民主行動党政権が倒され、再び軍政支配に。
1953	全国女性連合（UNM）と女性愛国評議会設立。
1958	民政移管、2大政党制の開始。
1962	ベネズエラ女性弁護士連合会（FEVA）設立。
1968	第1回ベネズエラ女性評価会議開催。
1969	ベネズエラ女性解放運動設立。
1974	第一次ペレス政権が大統領諮問女性委員会（COFEAPRE）を設置。
1975	第1回ベネズエラ女性会議開催。
1979	「開発への女性統合省」設立。 国連、女性差別撤廃条約（CEDAW）を採択。
1982	民法改正。 CEDAWを国内法制化、翌83年から施行。
1985	女性非政府組織連絡会議（CONG）設立。
1989	第二次ペレス政権が再び大統領諮問女性委員会を設置。
1990	労働組織法改正、妊娠女性労働者の解雇禁止。
1991	第2回ベネズエラ女性会議開催。
1992	国家女性評議会（CONAMU）設立。 ベネズエラ中央大学に女性研究所（CEM-UCV）を設立、女性研究の修士課程を開講。
1993	女性機会均等法。
1994	米州機構が「女性に対する暴力の予防・処罰・撲滅のための汎米協約」を承認。
1997	普通選挙政治参加組織法により、比例選挙候補者名簿の30%を女性が占めることを定めたクオータ制導入（のちに実質上無効化）。
1999	チャベス大統領が就任、新憲法の発布。 女性拡大運動（MAM）設立。 CONAMUを国家女性機構（Inamujer）へと改組。 「女性と家族に対する暴力に関する法」を制定。
2001	女性に対してマイクロクレジットを供与する女性開発銀行（Banmujer）を設置。
2006	貧困層の母親10万人に年金支給をするプロジェクト「ミシオン・マドレス・デル・バリオ」を発表。 「女性が暴力を受けない権利のための組織法」制定。
2007	第1回全国女性に対する暴力に立ち向かう日。 家族母性父性保護組織法、母乳保護促進組織法制定。 最高裁が性的暴力に特化した裁判所92ヶ所の設立を決定。
2008	「女性問題省」創設。女性特別オンブズマンの設置。
2009	女性問題省、「女性とジェンダー平等のための大衆権力省」に格上げ再編。
2013	チャベス大統領が死去、選挙でチャベス派のマドゥロが大統領に就任。

「21世紀の社会主義」を標榜するカリスマ的リーダー，チャベス大統領のもと，21世紀初めのベネズエラ社会は大きな変革を経験した。チャベス大統領は，政治制度改革や国家介入型経済政策，強烈な反米帝国主義と新たなラテンアメリカ地域統合の枠組構築などで国内外からの注目を集めた。そして，チャベス政権のもと，それまで長年にわたる権利拡大闘争を続けてきたベネズエラ（正式国名：ベネズエラ・ボリバル共和国）の女性たちの政治社会的状況も，大きな変化を経験した。

チャベス政権が誕生した1999年以降，ベネズエラでは国会議長や大臣などの国家要職，そして国防大臣にさえ女性が就任している。また，チャベス大統領の呼びかけで作られ，政治社会変革「ボリバル革命」の大衆レベルでの担い手と位置付けられている地域住民委員会の活動にも多くの女性たちが参加している。

これらから，ベネズエラにおいては，チャベス政権による意識改革とイニシャティブによって女性たちの政治社会的地位と権利拡大が飛躍的に推進されたというのが一般的な認識である。しかしながら，チャベス大統領の政治運営や経済社会政策に対する評価が極端に二分されているのと同様，チャベス政権の女性政策についても，評価は分かれる。

本章では，まず第1節において20世紀を通したベネズエラの政治社会の動きと，チャベス政権下の政治社会状況を概観する。第2節ではベネズエラの女性たちの権利拡大運動について，歴史をさかのぼりながら概説する。そこでは次の三点が注目される。第一に，ベネズエラの女性の権利拡大運動が，軍事政権に抵抗する民主化運動の一環として生まれたこと，そして民政移管以降は，民主主義の深化を求める社会運動に連動して女性運動が高まったことである。第二に，当初は市民社会の領域で展開されたそれらの運動が，徐々に政治領域と連携しながら女性の権利拡大を少しずつ獲得していったことである。第三に1980年代以降は，国連を中心とした国際的な女性の権利拡大運動に大きく後押しされて，ベネズエラ政府が女性政策の制度化を進めることになったことである。第3節では，1990年代までの女性運動の成果を受け，チャベス政権下でどのような女性政策がとられ，女性の政治参加がどのように拡大したのかについて考察する。

1. 20世紀ベネズエラ政治社会の動き

■軍政から民主主義の確立へ

ベネズエラにおける女性の権利獲得の運動は，20世紀前半の長期軍政下における民主化闘争の中で，それと並行して始まった。20世紀初頭にはゴメス将軍が30年を超える長期独裁体制を敷き，それに対して大学生を中心に民主化闘争が高まった。とりわけ1928年にはそれら民主化勢力による軍政打破の活動が活発化し，ゴメス政権から厳しい弾圧を受け，多くの若い民主化リーダーが獄中に送られる，あるいは亡命を余儀なくされた。

1945年には民主化勢力と近い軍人によるクーデターで軍事政権が倒され，民主化闘争を主導してきた民主行動党（AD）による政権が誕生したものの，1948年に同政権もまたクーデターによって倒される結果となった。わずか3年の短い民主政権の経験であったものの，長年の目標であった民主主義の理念の実現を急ぐ民

主行動党政権下では，民主主義拡大の基盤となる普通選挙法など，重要な政策が打ち出された（第2節参照）。

1948年以降ベネズエラは再度長期軍事政権の手中におち，ベネズエラ社会は再び厳しい民主化闘争を戦わなければならなくなった。このように長期にわたる民主化闘争を通して，当初は学生運動から始まった活動が，自由や権利を求める多様な市民社会グループの活動に広がり，そしてそれが民主化闘争に集約されるというプロセスを生んだ。

1958年にはペレス゠ヒメネス率いる最後の軍事独裁政権がクーデターによって倒れ，ついに半世紀以上にわたる軍事独裁の歴史に終止符が打たれた。民主行動党の創設者ベタンクールが大統領に就任し，キリスト教社会党（COPEI）との間での二大政党制民主主義が構築されていった。民主化闘争に30年を要したベネズエラだが，1958年以降は，憲法が定める5年ごとの選挙が定期的に実施され，二大政党間で政権交代を経ながら民主体制を維持した。

20世紀初頭からチャベス政権誕生までのこの時期，経済社会面ではどのような変化があったのだろうか。最大の転機は1920年代の石油開発の開始であった。石油開発が開始されるとともに，ベネズエラはそれまでのカカオ・コーヒー輸出に依存する後進的農業経済から石油経済へと急転換した。それは輸出向け農業の衰退と，農村から都市への人口流出をもたらした。1920～50年代にかけてベネズエラでは都市部人口が10年ごとに倍増を繰り返す急激な都市化を経験し，1950年代ごろには都市化率は90％に達していた。カラカスなどの主要都市は，中間層の居住地域を含む市域を拡大し，そしてその外側には農村から流入してきた低所得者が住みついたスラム（「ランチョ」や「バリオ」と呼ばれる）が広がっていった。

■1980年代以降の経済危機と政治不信

政治面・経済面でも比較的順調に発展をつづけたベネズエラは，1980年代にはその両面で低迷期に突入する。経済面では，対外債務の累積と石油価格の下落を受けてマイナス成長とインフレに悩まされるようになった。また1989年就任のペレス大統領は，マクロ経済の建て直しをねらってネオリベラル（新自由主義的）経済改革を断行した。国民は即座にこれに反発し，同年2月末にはカラカソ大暴動が発生，数百人が犠牲となった。

経済危機にあえいだ1980～90年代には財政的制約から，教育や医療，水道などの都市インフラ整備，治安維持（警察）といった社会サービスが質・量ともに縮小され，それが市民生活の質を落とした。不足するそれらの社会サービスを補うため，コミュニティ組織や各種NGOなど市民社会組織の活動が活発化した。

社会経済的困難が増すなか，二大政党が政治を支配している状況，また中央集権的な政治体制下で国民の意見が政治に反映されない状況への閉塞感が生じていった。政治家らの汚職が相次いだこともあり，伝統的政治体制や政党，政治家らに対する不信感が高まった。その状況を打破するために，地方分権化や，市民社会組織の意見をより直接的に政治に反映する仕組みづくり，そして新たな政治リーダーを求める声が高まっていった。伝統的政党や政治家への不満と変革を求める声が，チャベスを政権に押し上げたのである。

■チャベス政権のボリバル革命

　政治的変革と市民社会の政治参加を求める声に後押しされて，チャベスは1998年12月の大統領選挙で当選した。就任直後に公約であった制憲議会を設置し，市民社会からの意見も反映させて1999年12月に新ボリバル憲法が制定された。チャベスはその後新憲法下での大統領選（2000年）を含み，3度にわたって再選され（2006年，2012年），憲法上は2019年までの長期政権を敷く道筋がつけられたが，2012年の大統領選での勝利の直後に癌の再発を発表し，2013年3月に死去した。1ヶ月後にはチャベス大統領が後継者に指名したニコラス・マドゥロが大統領選で辛勝をおさめ，「チャベスなきチャビスタ（チャベス支持派）」政権が誕生した。

　チャベス大統領は就任当初より，伝統的政治エリート，政党，企業家，そして中間層以上のひとびとを「米国と結託して私欲をむさぼる利己主義者」として強く糾弾した。そして彼らの支配によって大衆層は政治参加からも，石油レントや経済成長の果実の分配からも排除されてきたとして，大衆層の政治参加を拡大し，彼らへの政治社会的恩恵の拡大を約束した。そのため，チャベス政権下でベネズエラ社会は，大衆層を中心としたチャベス支持派と中間層以上の反チャベス派との間で二極化を深めてきた。チャベス個人の強いカリスマと，貧困層にむけたさまざまな経済・社会的恩恵の付与によって，貧困層を中心に熱狂的なチャベス支持者らが政権を支えた。

　チャベス大統領は，「ボリバル革命」の名のもと，政治経済体制の変革を行ってきた。就任当初はそれが具体的にどのようなビジョンを掲げるものであるかは明確にしなかったが，2005年以降は，それが「21世紀の社会主義」国家の建設をめざすものであることを明確に打ち出した。チャベス大統領就任後の3年ほどは，新憲法にもとづいた政治制度改革と，政党や労働組合などの伝統的政治勢力の抑え込みに費やされた。政治変革と市民社会の政治参加の拡大に期待して，当初は8割を超えたチャベス大統領への支持率も，政治対立の中で急速に下落した。2002年4月には反チャベス派市民による抗議デモが，チャベスを2日間にわたり政権から追い出す政変へと発展した。また2002～03年にかけては，国家経済の屋台骨である石油部門を中心にチャベス政権失脚をめざしたゼネストが実施されたが，事態が膠着して2ヶ月間の長期戦となり，国内経済は疲弊した。

　チャベス大統領の政治改革は，二つの要素に分けられる。一つめは新憲法に基づいた政治制度改革で，大統領権限の強化や任期の延長（5年から6年へ），二院制から一院制への立法府の縮小，軍人への参政権付与などであり，主な結果として，チャベス大統領への権力集中をもたらした。2009年の憲法改正により，1999年憲法に盛り込まれていた再選回数制限を撤廃したり，チャベス派が支配する国会において大統領への立法権限の付与（大統領授権法）をとりつけ，それを利用して多くの法律を大統領自らが作るなど，チャベス大統領の権限は拡大の一途を辿った。政府内においてもすべての政策に対する意思決定は最終的にチャベス大統領に一元化されており，絶対的な大統領を前に各大臣が独自にできることは限られていた。また国会，司法，選挙管理委員会，検察庁など国家権力のトップもすべてチャベスに忠誠をつくす人物で占められており，チャベス大統領への権

力集中は絶対的なものとなった。

　二つめの政治改革は,「国民が主人公の参加民主主義」のスローガンのもと,市民社会組織の直接的な政治参加を推進すべく,地域住民委員会を末端組織とするコミューン国家建設にむけて行われた2007年以降の制度変革である。

　先述したとおりベネズエラでは,1980～90年代にかけて,低下した社会サービスの補完や政治的閉塞感の打破をめざして市民社会領域が活性化した。各種NGOや近所組合など数多くの市民社会組織が自発的に生まれ,一定の自立性をもって活動していた。チャベス政権は,そのような自発的で自立性をもつ市民社会組織に代わり,大統領府に直結し,大統領府から直接活動資金を受け取る地域住民委員会の設立を支持者らに呼びかけた。強いカリスマをもつ大統領の呼びかけに呼応し,チャベス支持者らによって数多くの地域住民委員会が全国各地に設立された。コミュニティの住民たちが同委員会でコミュニティ内の道路整備などのプロジェクトを作成し,それを大統領府直轄の役所に提出し,そのための資金を受け取るシステムである。

　チャベス大統領はこれを参加民主主義の実践であるとしたが,実際には市民社会領域における政府のコントロールを強化し,市民社会組織を政治にとりこみ,政権支配の道具とするものであった。というのも,地域住民委員会やコミューンは「社会主義的制度」であり,「社会主義の実現」をめざすための取り組みであると法律で明記されており,社会主義を支持しない市民は地域住民委員会を設立できない状況にある。委員会が設立できなければ政府からの資金も受け取ることができない。すなわち同委員会を通して,政府を支持する市民にのみ公的資金を分配する仕組みが構築されたのである。

　チャベス政権誕生以前の1990年代には,自発的に組織化された近所組合などが,コミュニティの環境改善などのプロジェクトを地方政府に要求し,審議・実施する制度ができつつあった。しかし大統領直結かつ政治的に排除性をもつ地域住民委員会が生まれたことで,そのような自発的な参加の仕組みは排除されてしまっている。

　また同委員会が大統領府に直接つながることで資金を得ることができることから,同委員会はチャベス大統領と市民(チャベス支持者)を直接的につなぐパイプの役割を果たしている。その結果,同委員会はチャベス政権の大衆層レベルでの支持基盤組織となっている。つまり地域住民委員会は,中央政府から分配される活動資金で政権支持票を獲得する役割を果たし,また街頭演説や選挙キャンペーンでの動員ベースにもなっている。このように1980～90年代に自発的に組織化が進み活発化した市民社会領域が,チャベス政権下では政府にとりこまれている。

　チャベス大統領は,地域住民委員会は参加民主主義の基盤であり,それらが集まってコミューンを形成し,さらにそれらが集まってコミューン市,コミューン連邦を形成するというコミューン国家ビジョンを発表した。このコミューン国家において社会主義が実現されるという。そして最終的には,1999年ボリバル憲法が規定する地区(パロキア),市,州といった地方行政組織をこのコミューン国家システムによって代替するとした。

　現在の制度では,市長,州知事,または地方議会メンバーはすべて住民の直接選挙で選出されるが,コミューン国家ビ

ジョンでは、住民が直接選挙に参加するのは地域住民委員会レベルだけであり、コミューンやそれより上位の組織には、各地域住民委員会の代表のみが参加する。つまり「参加民主主義」の名とは裏腹に、この国家ビジョンでは国民の直接的な政治参加は、自らが住むコミュニティレベルでの代表選出に限定されることになる。そして現在実行されているように、地域住民委員会の登録時に反チャベス派市民を締め出せば、彼らの政治参加の機会は消滅し、チャベス派が完全に支配する国家体制ができあがるというビジョンとなっている。

チャベス政権下の経済社会状況をみてみよう。経済的には、国際石油価格の上昇によって2003〜10年までは極めて高い経済成長率が維持されたが、2011年以降は低成長からマイナス成長へと陥っている。2010年ごろまでは貧困と所得格差(ジニ係数)の大幅な改善がみられた。しかし、石油価格の高止まりがもたらした継続的高度経済成長の効果、公務員の倍増による雇用拡大効果なども重要であり、チャベス政権の社会開発政策による貧困・格差改善の効果がどれほどのものかは、明らかではない。すべての財・サービス価格の統制や、10倍近くに過大評価された公定固定為替レートなどの不適切な国家介入型経済政策が、8年連続域内最高という高いインフレ率(2014年は68％以上)をもたらし、食品や医薬品といった基礎生活財の品不足を引き起こし、国民、とりわけ低所得者層の生活に打撃を与えている。主食のトウモロコシ粉や食用油、乳児用粉ミルクなどを購入するために、ひとびとは商店前にできた行列に早朝から数時間も並ぶ生活を強いられるようになった。

チャベス政権下の社会の二極化と政治の不安定化は、チャベス大統領の死後、マドゥロ政権下でますます悪化している。社会の二極化は、家庭、友人、職場の人間関係、そして女性運動を含む市民社会組織の活動にも大きな影を落としている。

2. 女性の権利拡大に向けて

■20世紀：ベネズエラの女性運動の萌芽期

次に、ベネズエラにおいて、女性の権利拡大がどのように進んできたのかをみていこう。

スペイン植民地時代から20世紀にかけて、ベネズエラの伝統的文化と価値観のもとで、女性の政治・経済・社会的地位は、近隣ラテンアメリカ諸国と同様に、家族内の男性(父親、夫、男兄弟など)に従属したものであり、女性は男性に守られる存在であった(マチスモ：男性優位主義)。女性の活動は家庭などの私的領域に限定され、経済活動や政治活動など公的領域で女性が役割をもつことはなかった。また成人女性であっても、個人の権利と義務をもつ独立した市民として認識されていなかった。そのため、例えば彼女たちの法的文書が効力をもつには、父親や夫の署名が必要であったし、子供に対しても夫と同等の親権をもたなかった。

20世紀を通したベネズエラ女性の権利拡大の運動は、それぞれの時代での民主化運動(または民主主義の深化)や学生運動など、より広い社会運動の高まりの中で、それらの動きに呼応して展開してきた。ベネズエラにおける女性運動の萌芽は、20世紀前半の長期軍事政権に抵抗する民主化運動の中で生まれた。1928年にはゴメス軍事政権(1908〜35)に抵抗する大学生らの運動が激化し、それに呼

応して女性たちが立ち上がった。ベネズエラ初の女性団体は1928年に設立された「ベネズエラ愛国女性協会」であるが、その目的は女性の権利拡大ではなく、ゴメス独裁政権下で迫害され、投獄された政治犯の釈放であった。

1935年のゴメス死去後も2期にわたり後継軍事政権が続くものの、民主化を求める動きはさらに高まっていく。そのような政治状況下で、ベネズエラの女性たちは初めて自らの市民的政治的権利を求める声を上げ始めた。1936年には、女性と子供たちの置かれた状況を改善するため、とりわけ働く女性の子供たちを預かる託児施設の設置などを求めてベネズエラ女性協会（AVM）が設立された。AVMは42年にはカラカス学芸協会などとともに、女性の政治社会的権利の確立にむけて民法の改正を求める1万2000人の署名を集めて国会に提出した。

1944年には女性の参政権確立のための憲法改正を求める女性グループが活動を開始し、それは45年に市議会議員選挙において識字女性の参政権を確立するというかたちで結実した。これは、ベネズエラ人女性が初めて男性同様に投票権を認められた選挙となった。

同じく1945年、民主行動党政権が成立し、制憲議会が召集された際には、14人の女性議員が参画した。そして彼女らも起草に参加した1947年憲法において、ベネズエラで初めて男女すべての成人国民に対して普通直接秘密選挙権が付与されたのである。

しかしながら、女性の政治的権利の拡大を後押しした民主政権は先述のとおりわずか3年で倒れ、再び軍事政権が支配した。軍政下でAVMや共産党女性グループなどの女性組織は解散させられ、各団体のリーダーたちも男性運動家らとともに迫害を受けた。1953年にはペレス=ヒメネス軍事政権に抵抗し、新たに全国女性連合（UNM）と女性愛国評議会が設立されたが、軍政の抑圧下でいずれも地下活動を余儀なくされた。

1958年に最後の軍事独裁政権が倒れ、民政移管が成立したのち、女性の権利拡大運動はさらに活発化した。1962年にはベネズエラ女性弁護士連合会（FEVA）が設立され、68年には第1回ベネズエラ女性評価会議が開催された。また60年代を通じて欧米でフェミニズムが高まり、それがベネズエラにも伝播し、国内にもフェミニズム組織が設立された。69年に設立されたベネズエラ女性解放運動は、同国で初めてフェミニストを自称した組織であった。

また、この時期には「解放の神学」の影響を受けたイエズス会教会が、バリオ（貧困層居住地域）を中心とした社会活動を開始し、大衆女性サークルを組織した。同サークルは1980年代には全国で100以上を数え、バリオの女性たちに民芸品作りとその販売方法を伝授することで、女性たちの経済的自立を助ける活動を行った。

このようにベネズエラの女性運動は、20世紀前半を覆いつくした軍事独裁政権に抵抗する民主化運動のなかで生まれ、二つの目的をもって展開した。一つは軍事政権の圧政への抵抗と民主化要求であり、もう一つは女性自らの政治社会的地位や権利の確立、子供に対する父親と同等の親権の確立、経済的自立など、女性自身の権利獲得であった。

萌芽期から1960年代までのベネズエラの女性運動は、主に市民社会領域で展開された。その理由は、一つには、まだ政

治領域で活動し，影響力をもつほどの女性政治家が当時存在しなかったことである。もう一つには，民主化運動の原動力となった民主行動党や，伝統的政党の一つであるキリスト教社会党（COPEI）などの男性政党リーダーの間では，女性の権利拡大やジェンダー間の不平等の是正について関心が低く，諸政党が女性の利益を代表していなかったことが挙げられる。つまり女性という新たな政治アクターが政治領域に参加することを受け入れる用意がなかったため，女性たちは主として市民社会領域で組織化を進め，活動していたのである。民政移管達成直後の政党はいずれも，民主主義の定着や左翼ゲリラ闘争の解決など山積する重要課題を抱えており，女性の権利拡大やジェンダー間の平等などを政治アジェンダの中に盛り込むことはなかった。

■1970年代後半以降：
　政治領域での運動の広がり

　しかし，このような状況は1970年代後半以降に変わり始める。それまで主に市民社会領域に限られていた女性たちの運動が，政治領域にも広がり始めた。換言すれば，女性の権利拡大やジェンダー間の平等を求める動きが，市民社会領域と政治領域の両方において，手を取り合って展開し始めたのである。運動が政治領域に広がったことで，女性の権利拡大のための制度構築や法整備が進み，民法改正（1982年）や労働法改正（1985年）などの成果が生まれた。

　1985年には市民社会組織の女性たちと政党などの政治領域の女性たちが協働する場として，女性非政府組織連絡会議（CONG）が設立された。CONGはフェミニストグループなどの市民社会組織と，政党内の女性政治家らとを結ぶ連絡会議であるとともに，医師，弁護士，ジャーナリスト，大衆層の女性たちなど，さまざまなセクターの女性や女性組織を結びつける場ともなった。CONGは即座に女性の権利拡大にかかわる法改正・整備のもっとも重要な促進母体となった。市民社会組織を動員して政府に圧力をかけ，設立と同年に妊婦労働者の保護を盛り込んだ労働法改正を実現した。

　ベネズエラの女性に関する初めての国家機関は，第一次ペレス政権下の1974年に設置された大統領諮問女性委員会（COFEAPRE）である。続いて79年には「開発への女性統合省」が設置され，メルセデス・プリドが初代大臣に任命された。89年には第二次ペレス政権が女性の権利拡大を推進するために再び大統領諮問女性員会を設置し，91年には第2回ベネズエラ女性会議が開催された。92年には大統領令によって国家女性評議会（CONAMU）が設立された。国会においても女性の権利拡大のための上下院委員会が設立され，性差別をなくすための法整備への取り組みが始まった。90年には妊娠女性の保護などを含む労働組織法改正が成立している。

　1997年には普通選挙政治参加組織法によって，国会議員選挙の比例代表制拘束名簿の最低30％を女性が占めることを定めるクオータ（割り当て）制が導入された（拘束名簿とは，政党が事前に用意する候補者の優先順リスト。有権者は投票に際して政党名のみを記し，党が獲得した票をどの候補者が得るかは拘束名簿によって決まる）。クオータ制は政治領域における女性の参加拡大を後押しするとして期待されたが，後述するように，国会においては女性の参加に対する抵抗がき

わめて強く，事実上この制度は消滅した。
　この時期で特記すべきこととして，女性大統領候補の躍進が挙げられる。イレーネ・サエスは1990年代に，チャカオ市（首都カラカスを形成する5市のうちの一つ）市長を2期連続で務めた女性政治家である。その後，市長としての業績を背景に全国的に知名度を上げ，98年の大統領選挙に出馬した。選挙戦前半は他候補に圧倒的な差をつけて最有力候補であったが，自党候補者の苦戦に危機感を抱いたキリスト教社会党（COPEI）が一転，独立系候補者であるサエスの支持に回ることを決めたとたんに彼女は有権者の支持を失い，選挙戦から離脱することになった（その結果チャベス候補が台頭することになる）。しかし，大統領選で女性候補が善戦したことは，ベネズエラ社会が女性を国家元首として受け入れるほど，女性の政治リーダーへの偏見が減じていたことを示す事例であったといえよう。
　この時期に女性の権利拡大運動が政治領域でも展開されるようになったのには，国内的要因と対外的要因の二つが作用していたと考えられる。
　国内的には，第一に先述のとおり，それまで主に市民社会領域で組織化し活動していた女性たちが，政党内（とくに民主行動党とベネズエラ共産党）で活動する女性党員たちと連携を取り始めたことである。その結果，女性の権利拡大やジェンダー間の平等といったテーマが政治アジェンダに上がるようになり，その推進に寄与しうる公的制度が徐々に設立されるようになったのである。
　国内要因の第二は，1970年代末から80年代にかけての国際石油価格の暴落とそれがもたらした財政困難である。ベネズエラの財政は石油輸出収入に依存してい

るため，価格低下は減収を招き，それが教育や医療などの公的サービスを質・量ともに低下させた。社会サービスを提供できないばかりか汚職と縁故主義が蔓延する政界に対して，国民の不信と不満が高まり，「アンチ政治」とも言える世論が広がっていった。
　このような状況下で，当初は主として社会サービスの補完を目的に多様な社会運動が活発化し，市民社会の組織化が進んだ。そして1980年代以降には，政治（意思決定）や行政（社会サービス）の領域において，伝統的政党の独占的支配・影響力が弱まり，市民社会組織が参画する余地が徐々に生まれていった。女性の市民社会組織もその流れの中で，政治・行政に足場を築き始めたのである。

■国際的な動きとの連動
　1970年代以降には，国際的にも女性運動の高まりがみられるようになる。そして女性の権利拡大やジェンダー間の平等，女性保護などに関する国際的取り決めの遵守が，ベネズエラ国内における女性の権利拡大のための法律・制度の整備を力強く後押ししたのである。
　1975年，メキシコで国連第1回国際女性会議が開催され，「国連女性の10年」が採択された。これに合わせてベネズエラでは，第1回ベネズエラ女性会議が開催された。さらに79年には国連において「女子に対するあらゆる形態の差別の撤廃に関する条約（女性差別撤廃条約）」（CEDAW）が採択された。ベネズエラは同年これを批准し，それにもとづき83年に議会で法律として成立させた。85年には，「国連女性の10年」を締めくくるナイロビ世界会議（第3回世界女性会議）が開催され，「2000年に向けての女性の地

位向上のためのナイロビ将来戦略」が採択された。これがベネズエラ女性の意識を変え、上述の女性非政府組織連絡会議（CONG）の設立の契機となった。

またこの時期には、ジェンダー間の平等達成に加えて、暴力から女性を守るための動きも国際機関を中心に展開された。1994 年には、米州機構（OAS）が「女性に対する暴力の防止・罰則・廃絶に関する米州条約」を批准した。この協約は加盟各国政府に対して、女性に対する暴力や虐待を予防するためのプログラムの実施と、被害が生じた場合の補償の法制化を義務付けるものであった。これを反映して、ベネズエラ国内でも女性に対する暴力の予防や女性の保護に関する法整備をめぐり、議論が進められた。

1995 年には第 4 回世界女性会議が北京で開催された。そこで採択された北京宣言には、国政レベルにおける女性の参加を拡大するためのジェンダー・クオータ制の導入が盛り込まれており、それがベネズエラにおけるクオータ制をめぐる議論の契機となった。

このように 1970～90 年代のベネズエラにおける女性の権利拡大に対する取り組みは、国内要因とともに、国連など国際機関における取り組みと連動して推進されたといえる。

3. チャベス政権下の女性

■ 新憲法制定

チャベスは 1999 年の大統領就任直後に、公約であった制憲議会を招集した。90 年代の市民社会による政治参加を求める動きを引き継ぎ、制憲議会には幅広い市民社会組織から要望や意見が提出された。女性たちも、国内の多様な女性組織を結集し、新たな組織として女性拡大運動（MAM）を結成し、それまでの女性の権利拡大や保護、ジェンダー間の平等を求める声を制憲議会に届け、その多くが新憲法に反映された。

1999 年憲法は、女性が権利と義務をもつ市民であり、男性に従属するのではなく個人として自立・自律し、かつ社会の発展のために不可欠な存在であると規定した。また同憲法では、大臣（ministro / ministra）、市民（ciudadano / ciudadana）など、人に関わるすべての名詞について、男性名詞と女性名詞を初めて併記した。これも女性運動組織からの提案を反映したものである。この点について女性たちは、従来男性性の影で見えないものにされていた女性性を可視化するための象徴的かつ重要な点であると評価する。

さらに新憲法には、1990 年代までにベネズエラ政府が批准した国際協定の内容が、憲法上の規定として明記されている。そこには CEDAW なども含まれており、その後の女性の権利拡大・保護に関する法整備のベースとなった。新憲法はほかにも、女性の性や生殖に関する自己決定権も保証している。

■ 女性政策の拡大

チャベス政権は、女性を支援するさまざまな国家組織を新設した。1999 年には性差別撤廃を目的に、国家女性評議会（CONAMU）を再編して国家女性機構を設立した。またその内部に、女性の権利保護および政府の女性政策の監督のための組織として国家女性の権利オンブズマンを置いた（2008 年には、それとは別に大衆オンブズマンの下に女性特別オンブズマンを設置した）。2008 年には女性の政治参加を促進するための政策を実施す

女性問題省が創設された（09年には「女性とジェンダー平等のための大衆権力省」へと格上げ再編）。

また経済面では、2001年に女性開発銀行（Banmujer）を設立した。これは大衆層女性に対して低金利でマイクロクレジット（小額融資）を供与する金融機関である。Banmujerは融資以外にも、人権や保健衛生、家庭内暴力、コミュニティ活動におけるリーダーシップなどのテーマで、女性のエンパワメントをめざしたさまざまなプログラムを実施してきた。

チャベス政権下では、1980〜90年代に積み残されていたいくつかのテーマが進展をみた。一つめは、家庭内暴力（DV）などからの女性の保護の法制化である。1999年には「女性と家族に対する暴力に関する法」が制定された。この法にはDV、セクシュアル・ハラスメント、性的虐待などの被害者に対する支援や、児童や女性に対する暴力事件に関する情報のデータベース化などが含まれている。この法制化により、DV被害女性を保護するシェルターの設置や、被害者に自らの権利を教える教育プログラムなどが実施されるようになった。

二つめは、家庭内で従来女性たちが担ってきた家事労働の価値を法的に認めることである。主婦保護法は、家事労働が価値を生み出す活動であることを認め、専業主婦への社会保障の拡大を謳っている。

三つめは、女性の育児と就業の両立や母乳育児の推進である。2007年には、育児休業制度を義務付ける家族母性父性保護組織法や、母乳育児促進のための場所と時間を提供することを事業所に義務付ける母乳保護促進組織法が成立した。

■**政治領域での女性の躍進**

チャベス政権下で注目されるのは、政治領域での女性の躍進、とりわけ国家機関の長に多くの女性が就任していることである。ベネズエラでは1999年憲法で、立法、行政、司法の三権に市民権力、選挙権力をあわせた五権の国家権力が規定された。2010年時点では、この五つの国家権力のうち行政府（チャベス大統領）をのぞく四つの権力機関のトップ（国会議長、最高裁裁判長、選挙管理委員長、検察庁長官）が女性であった。これほど国家権力機関のトップを女性が占めるというのは、先進国も含めて世界でもきわめてめずらしいといえるだろう。

行政分野への女性の参画も著しく、大臣、副大臣の数は従前の政権と比べてはるかに多い。2008年時点では大臣の29％が女性であった。チャベス政権下の10年間（1999〜2008年）の女性大臣数は23人で、それ以前の35年間（1964〜98年）の総数26人と匹敵する。期間を10年で揃えて計算すると、チャベス政権下ではそれ以前と比べて女性閣僚の数が3倍となっている。なかでも特筆すべきは、チャベス大統領を引き継いだマドゥロ政権下で、ベネズエラ史上初めて防衛大臣に女性軍人カルメン・テレサ・メレンデス・リバスが就任したことである（任期2013年7月〜14年10月）。これによりマドゥロ政権は、閣僚登用に性差別がないことを示した。

次に国会内の女性議員数をみてみよう。ベネズエラでは伝統的に国会に占める女性の割合は低く、1998年は上院53人中7人（13％）、下院207人中28人（14％）だった。

1999年に成立した新憲法で、国会は二院制から一院制に変更された。2000〜06

年任期の国会における女性議員数は 165
人中 22 人（13%），2006〜10 年任期では
167 人中 29 人（17%）にとどまり，チャ
ベス政権以前と比べて増加は限定的であ
る。一方注目されるのは，州議会や市議
会レベルで女性議員のプレゼンスが高ま
っていることである。例えば全国の州議
会議員に占める女性の割合は，1988〜
2004 年には 1 年をのぞき毎年 10%台で
あったものが，08 年には 36.4%にまで拡大
している。

　前節で述べた，1997 年に法制化された
クオータ制（国会議員選挙の比例代表制
拘束名簿の最低 30%を女性が占めること
を定める）については，国家選挙管理委
員会および最高裁が違憲であるとして，
2000 年の選挙には適用されなかった。し
かし 2005 年には女性組織の要望を受け，
新任の女性の選挙管理委員長が一歩踏み
込んだ特別決議を出した。彼女は，政治
領域における男女平等を規定する憲法第
21 条にもとづき，各党が比例代表制拘束
名簿に載せる候補者は男女同数とし，か
つ名簿には候補者名を男女交互に記載す
ることを義務付けたのである。だがこれ
に対して各政党は，正規議員とともにそ
の不在時に代理を務める代理議員も立候
補できる制度につけこみ，男性正規議員
候補と女性代理議員候補を立てるという
かたちで，この特別決議を実質上無効化
した。その後も実効性のあるクオータ制
は実現しておらず，2009 年に成立した選
挙プロセス法にもクオータ制は盛り込ま
れなかった。

　この結果，女性国会議員の割合は，閣
僚数と比べて小さく，ほとんど増加して
いない。とはいえ個人レベルでは，チャ
ベス派，反チャベス派ともに，強いリー
ダーシップをもつ女性政治家が国会内で

反チャベス派のリーダー，マリア＝コリナ・マチャド国会
議員。2011 年 4 月 29 日，ブラジル・リオデジャネイロで
開催された世界経済フォーラム・ラテンアメリカ地域会議
にて（©World Economic Forum / Bel Pedrosa 撮影）

も重要な役割を担うまでになっている。
チャベス大統領とも個人的に親しく，チ
ャベス派のリーダーの 1 人であるシリ
ア・フローレス（後継者マドゥロ大統領
の夫人でもある）は，2006〜11 年に国会
議長を務めている。反チャベス派では，
市民運動家でもある独立系女性候補マ
リア＝コリナ・マチャド議員が，2010 年
の国会議員選挙で，与野党含め全議員の
なかで最大得票数を獲得し，国会内の反
チャベス派勢力のリーダーとなった（マ
チャド議員はその後，2014 年にチャベス
派の策謀により，国会議員ポストを剥奪
された）。

　次に司法府をみてみよう。チャベス政
権下では，裁判所においても女性のプレ
ゼンスが大きく高まった。2009 年時点で
は，最高裁裁判官 31 人中女性は 10 人，
最高裁裁判長を女性が務め，また最高裁
内に設置されている 6 つの小法廷のうち
4 つにおいて女性が裁判長を務めている。

　1999 年憲法で従来の三つに加えて新た
に国家権力として認められた国家選挙管
理委員会と市民権力においても，女性の
割合は高い。国家選挙管理委員会では，
2003〜06 年には，委員 5 人のうち女性は
1 人だけであったが，06 年以降は 3 人と
過半数を占め，しかも委員長と副委員長

の両方を女性が務めている。また市民権力を構成する三つの機関のうち，大衆オンブズマンと会計検査院のトップも女性が務めている。

■**市民社会領域における女性組織の活動**

チャベス政権下での女性の参加拡大は政治領域にとどまらず，コミュニティ組織やNGOなど市民社会領域においてもみられた。とりわけ地域住民委員会をはじめ，チャベス政権が貧困層の組織化に力を入れたことから，それらローカルな大衆組織において女性の参加が顕著になった。それらには主に以下のような形態がある。

第一に，1999年に再編設立された国家女性機構（Inamujer）が中心となって，バリオやランチョと呼ばれる貧困層居住地域で新しい女性組織が形成されていった。例えば，政府と大衆コミュニティの女性の関係構築を目的に作られた「出会いの場」は全国で約18000ヶ所にのぼる。そのほか，女性向けマイクロクレジットの利用者ネットワーク，州ごとに設立された主婦組合，先住民女性ネットワーク，アフロベネズエラ女性ネットワーク，女性障害者ネットワークなどが挙げられる。

第二に，コミュニティベースで設立された新しい大衆組織への女性の参加の拡大である。例えば，水道敷設ワーキングテーブル，都市部土地委員会，そしてチャベス政権がもっとも重視する地域住民委員会である。これらの大半は女性の問題に焦点を絞るものではなく，コミュニティにおける日常生活全般の問題解決を目的とする。しかし，こうしたコミュニティ活動への参加者は女性が多く，とりわけ地域住民委員会においては活動メンバーの多くが女性である。

第三に，女性の草の根政治運動組織がある。その多くは与党およびそれと連立を組む左派政党と密接な関係にある。例えば，ボリバル女性勢力（FBM）は与党第五次共和国運動党（MVR，のちにベネズエラ統合社会主義党［PSUV］に再編）内の組織であったし，マヌエリタ・サエンス女性運動（Momumas）は「皆の祖国党」（PPT，のちに与党から離反），クララ・セツキン女性運動は共産党系の組織である。

このようにチャベス政権の呼びかけや支援策によって，市民社会領域においても女性の組織化や活動が活発化した。しかし上述したようにチャベス政権は，女性組織に限らずあらゆる市民社会組織に対して恩顧主義的な姿勢を取った。政権支持派の組織には制度・資金面で強力な支援を与える一方，反チャベス派組織の活動を徹底的に排除した。これはチャベス大統領の死後も変わっていない。政権にとって，チャベス派の市民社会組織を支援することは，集票や政治的動員のチャンネルともなっている。当然ながらチャベス派の傘下にある女性組織も，この恩顧主義のくびきに囚われている。

チャベス政権の恩顧主義的施策は，女性の活動に大きく二つの影をおとしている。一つは，ひんぱんに行われる選挙や政治対立の激化などにより，チャベス派，反チャベス派を問わず，女性組織においてしばしば選挙での勝利など政治目的が重視され，女性自身の利益やニーズを追求する活動が二の次になってしまうことである。二つめは，女性組織を含めた市民社会組織全般がチャベス政権下で活性化しているとしても，それは主に上からの指導や保護，資金に依存したものであり，イデオロギーの強要や政治動員など

によって組織の自立性が損なわれる状況にあるということである。

■ジェンダー格差の国際比較

最後に，ベネズエラのジェンダー格差がどのていど改善されてきたのかを，世界各国との比較を通じて確認してみよう。

世界経済フォーラムは2006年以降，「経済活動への参加と機会」，「教育」，「政治的エンパワメント」，「健康と生存」の4分野における各国の男女格差を総合的に計算し，「世界男女格差（ジェンダー・ギャップ）指数」を発表している。それによるとベネズエラの総合指数は，2006年には調査対象115ヶ国中ほぼ中位であったが，13年には上位37％に位置しており，相対的に男女格差の改善が進んだといえる。ここでは，なかでも女性の政治的・経済的活動への参加の度合いに注目し，サブカテゴリごとの指数を詳しくみてみよう（表1）。

2006年と13年を比較してみると，経済参加における男女格差指数には若干の改善がみられる。これは賃金水準の男女差の縮小によるところが大きい（男性の賃金水準を1としたときの女性の賃金水準が0.42から0.67へ上昇）。一方労働参加率は，男性は06年と13年の2時点で変化がないが，女性の参加率は若干低下している。06年はベネズエラ経済が年率9.9％もの高成長を遂げた時期であったが，13年には成長率が1.1％にまで落ち込んだ。これが女性の労働参加に影響を与えたのではないかと推測される。

また，比較的高水準の収入を得ていると考えられる政治的リーダーや専門職・技術労働者に占める女性の割合についても，06年から13年にかけて上昇していない。しかし一方で注目されるのは，専門職・技術労働者に占める女性の割合が，両時点とも6割を超えている点である。これは他の指数に比して抜きん出ており，しかも06年は115ヶ国中1位，13年は113ヶ国中15位と，調査対象国のなかでも最高水準にある。

政治的エンパワメントについては，こ

表1 世界男女格差指数（サブカテゴリ別）におけるベネズエラの指数推移

	2006					2013				
	女	男	女/男比率	ランキング	上位	女	男	女/男比率	ランキング	上位
経済参加指数			0.600	66/115	57%			0.626	89/136	65%
労働参加率	57%	83%	0.69	66*	―	55%	83%	0.66	96/136	71%
賃金水準比率			0.42	84*	―			0.67	59/130	45%
国会議員・閣僚に占める割合	27%	73%	0.37	50*	―	27%	73%	0.37	70/114	61%
専門職・技術労働者に占める割合	61%	39%	1.56	1*	―	61%	39%	1.56	15/113	13%
政治的エンパワメント指数			0.107	57/115	50%			0.220	37/136	27%
国会議員数	18%	82%	0.22	44*	―	17%	83%	0.20	80/132	61%
閣僚に占める割合	14%	86%	0.16	58*	―	39%	61%	0.63	14/125	11%

注：2006年のランキングの「*」については，各サブカテゴリの調査対象国数が不明なため，上位（％）は算出できない。
［出所］World Economic Forum 2006 および 2013 より筆者作成

の二時点の間に改善がみられた。すでに述べたとおり，女性の国会議員数は増えていないが，閣僚に占める女性の割合が3倍近く伸びていることが，政治的エンパワメント指数の改善に寄与している。13年では閣僚の男女比が6対4と，女性が半数に近づいており，この分野に関してベネズエラは世界でも男女格差が極めて少ない国の一つ（上位11%）となっている。

■チャベス政権の女性政策の評価

チャベス政権下では，女性の権利拡大・保護やジェンダー格差の解消を明確に規定した新憲法が制定され，国会や閣僚のポストに就く女性が増えるなど，公的領域における女性のプレゼンスが大きく拡大した。目に見えるかたちで女性問題・ジェンダー問題における進展があったといえる。また女性の経済参加の権利，暴力を受けずに自由に生活する権利，生殖に関わる自己決定の権利など，20世紀の女性運動において積み残されてきた問題が，チャベス政権下では次々と法制化された。したがってチャベス政権下のベネズエラでは，20世紀を通して続けられてきた女性の権利闘争の歴史において，大きな進展があったことは確かである。

一方で，チャベス政権の政策によって生じた負の側面も指摘せざるをえない。女性閣僚が数の上で増えたとしても，実際の意思決定はすべてチャベス大統領に一元化されていたため，彼女たちは上から与えられた決定済み事項の実行者にすぎないという批判もある。事実，絶対的権力を握る大統領を前に，女性に限らずすべての閣僚たちの決定権は限定的なものであった。とはいえ，国政レベルで女性閣僚が4割を占めるまでに至ったこと自体，政治領域における女性の参加が「ふつうのこと」として受け入れられる政治文化の醸成につながるとして評価する声もある。

また，地域住民委員会などコミュニティを中心とした市民社会領域での女性の組織化や活動が拡大したことについても，政府が恩顧主義をもって市民社会領域をとりこんだにすぎないという批判も根強い。そこでの女性たち（あるいは市民社会組織全般）の自発的かつ自由な活動が，政府のコントロールによって制限されてしまっているというのである。チャベス政権以前にも，市民社会領域と政治領域の女性組織は協働しあっていたが，それは市民社会組織が政治家や政治団体あるいは政府に依存していたことを意味しない。各領域の女性組織は互いに自立性を維持し，自らの活動目的を明確にもっていた。それに比べてチャベス政権下では，女性の権利拡大にかかわる組織数や活動の範囲と規模は，とりわけ大衆層において大きく広がったものの，個々の女性および組織の活動の自立性という観点からは，後退したといわざるをえないのである。

このように，チャベス政権の女性政策については賛否両論がある。チャベス政権下における女性の権利拡大・保護の進展やジェンダー格差の改善を正しく評価するためには，それぞれの現場での実態をより詳細に分析することが不可欠であり，それは今後の課題といえるだろう。

参考文献
(邦文：50音順，欧文：アルファベット順)

ラテンアメリカ全般・各章共通

1. 文献資料

牛田千鶴編著『ラテンアメリカの教育改革』(行路社　2007年)。
国本伊代編著『ラテンアメリカ　新しい社会と女性』(新評論　2000年)。
国本伊代・乗浩子共編著『ラテンアメリカ　社会と女性』(新評論　1985年)。
後藤政子「ネオリベラリズム時代の女性たち―ラテンアメリカのケース」(神奈川大学人文学研究所編『ジェンダー・ポリティクスのゆくえ』勁草書房　2001年)。
Murray, Pamela S., ed. *Women and Gender in Modern Latin America: Historical Sources and Interpretations*. N.Y.: Rocitledge, 2014.
Piatti Croker, Adriana, ed. *Diffusion of Gender Quota in Latin America and Beyond: Advances and Setbacks in the Last Two Decades*. N.Y.: Peter Lang, 2011.
Saint-Germain, Michelle A. & Cynthia Chavez Montoyer. *Women Legislators in Central America: Politics, Democracy, and Policy*. Austin, Texas: University of Texas Press, 2008.

2. インターネットによる統計・文献資料

- 経済平和研究所（Institute for Economics & Peace）［www.economicsandpeace.org］
  "Global Peace Index 2013: Measuring Peace and Assessing Country Risk."
- 国際労働機構（ILO）［http://laborsta.ilo.org/informal_economy_E.html］
  "Statistical Update on Employment in the Informal Economy."
- 国連人間開発計画（UNDP）［http://www.undp.org/］"Human Development Reports."
- 国連ラテンアメリカ・カリブ経済委員会（CEPAL）［http://www.cepal.org/］
  "Anuario Estadístico de América Latina y Caribe."
  "CEPALSAT/Database and Statistical Publications."
  "Observatorio de Igualdad de Género de América Latina y el Caribe."
- 世界銀行（World Bank）［http://www.worldbank.org］
  "Financial Inclusion Data/Global Findex."
  "GINI Index."
  "Little Data Book on Gender."
  "Poverty and Inequality Statistics."
  "World Development Indicators."
- 世界経済フォーラム（World Economic Forum）［http://www.weforum.org/］
  "The Global Gender Gap Report"
- トランスペアレンシー・インターナショナル（Transparency International）［http://www.transparency-org/］
  "Corruption Perceptions Index."
- 列国議会同盟（Inter-Parliament Union: IPU）［http://www.quotaproject.org/］
  "Global Database of Quotas for Women."

国別

■アルゼンチン

今井圭子「アルゼンチンの新しい社会と女性―男女共同参画社会の実現をめざして」（国本伊代編著『ラテンアメリカ 新しい社会と女性』新評論，2000 年）。

菊池啓一「アルゼンチンにおける法律型クオータの導入とその効果」（三浦まり・衛藤幹子編著『ジェンダー・クオータ―世界の女性議員はなぜ増えたのか』明石書店，2014 年）。

Instituto Nacional de Estadística y Censos (INDEC). *Censo Nacional de Población, Hogares y Viviendas 2010*. Buenos Aires: INDEC, 2012.

Equipo Latinoamericano de Justicia y Género. *Informe sobre Género y Derechos Humanos: Vigencia y respeto de los derechos de las mujeres en Argentina, 2005-2008*. Buenos Aires: Editorial Biblios, 2009.

Archenti, Nélida y María Inés Tula, eds. *Mujeres y Política en América Latina: Sistemas electorales y cuotas de género*. Buenos Aires: Editorial Heliasta, 2008.

Observatorio de Salud Sexual y Reproductiva (OSSyR). "La situación de la mortalidad materna en Argentina y el objetivo de desarrollo del milenio." *Hoja Informativa*, núm. 8 (2013).

―――. "El embarazo en la adolescencia." *Hoja Informativa*, núm. 10 (2014).

Observatorio del Poder Legislativo en América Latina (website). [http://americo.usal.es/oir/legislatina/argentina.html]

■ボリビア

重冨惠子「ボリビアの新しい社会と女性―女性政策の進展を中心に」（国本伊代編著『ラテンアメリカ 新しい社会と女性』新評論，2000 年）。

Asociación de Concejalas de Bolivia (ACOBOL). *Concejalas Revista de la Asociación de Concejalas de Bolivia*, núm.4 (2010).

Conexión Fondo de Emancipación. *Indicadores Nacionales 2010* (Serie Boliviana en Cifras 1, Actualización 2012). La Paz: 2012.

Coordinadora de la Mujer. "Celebran el porcentaje más alto en la historia de Bolivia." *Nota de Prensa*, 21 de Octubre de 2014.

Flores, Jesús, Herbas Ibilin y Francisca Huanca. *Mujeres y movimientos sociales en El Alto*. La Paz: PIEB, 2007.

Guaygua, Germán, ed. *La Familia Transnacional: Cambios en las relaciones sociales y familiares de migrantes de El Alto y La Paz a España*. La Paz: PIEB, 2010.

Ministerio de Justicia. *Plan Nacional para la Igualdad de Oportunidades : Mujeres construyendo la Nueva Bolivia para Vivir Bien*. La Paz: 2008.

Silverblatt, Irene. （染田秀藤訳『月と太陽と魔女 ジェンダーによるアンデス世界の統合と支配』岩波書店，2001 年）。

Suárez Colonel, Elsa. *Mujeres en el municipio: Participación política de concejalas en Cochabamba*. Cochabamba, Bolivia: Universidad Mayor de San Simón, 2008.

■ブラジル

小池洋一・西沢利栄・三田千代子他編『現代ブラジル事典』（新評論，2005 年）。

三田千代子「ブラジルの新しい社会と女性：「新生ブラジル」の誕生と伝統的価値観の狭間で」（国本伊代編著『ラテンアメリカ 新しい社会と女性』新評論，2000 年）。

Almanaque Abril. São Paulo: Editora Abril, 2000-2014.

"Machisma." *National Geographic*, Sept. 2011. （日本語版「少子化とメロドラマ」,『ナショナルジオグラフィック』2011 年 9 月号）。

Priore, Mary Del. *História das mulheres no Brasil*. 2.ed. São Paulo: Contexto, 1997.

Revista família brasileira. São Paulo: Folha de São Paulo, 7 de outubro de 2007.

Santos, Gevanilda e Maria Palmira da Silva (orgas.), *A mulher brasileira nos espaços público e privado*. São Paulo: Editora Fundação Perseu Abramo, 2004.

Waiselfisz, Julio Jacobo. "Mapa da violência 2012 - atualização: Homicídio de Mulheres no Brasil." CEBELA e FLACSO Brasil, 2012.［http://www.mapadaviolencia.org.br/pdf2012…2014 年 9 月 21 日閲覧］

■チリ

安井伸・舟橋恵美「チリの女性運動—反軍政抵抗運動からの脱却を求めて」（国本伊代編著『ラテンアメリカ 新しい社会と女性』新評論、2000 年）。

浦部浩之「2005/06 年チリ大統領・議会選挙——選挙制度がもたらす政治構造とコンセルタシオン持続の意味」（『地域研究』第 8 巻第 1 号，2008 年）。

Baldez, Lisa. *Why Women Protest: Women's Movement in Chile*. Cambridge: Cambridge University Press, 2002.

Borzutzky, Silvia and Gregory B. Weeks, eds. *The Bachelet Government: Conflict and Consensus in Post-Pinochet Chile*. Gainesville: University Press of Florida, 2010.

Centro de Estudios Públicos. "Estudio Nacional de Opinión Pública No.66."［http://www.cepchile.cl/dms/archivo_5007_3141/encuestaCEP_abril2012.pdf…2015 年 4 月 28 日閲覧］

Haas, Liesl. *Feminist Policymaking in Chile*. University Park: Pennsylvania State University Press, 2010.

Programa de las Naciones Unidas para el Desarrollo (PNUD). *Desarrollo Humano en Chile 2010 Género: los desafíos de la igualidad*. Santiago, Chile, 2010.

Sehnbruch, Kirsten and Peter M. Siavelis, eds. *Democratic Chile: The Politics and Policies of a Historic Coalition, 1990-2010*. Boulder: Lynne Rienner Publishers, 2014.

Silva, Patricio. *In the Name of Reason: Technocrats and Politics in Chile*. University Park: Pennsylvania State University Press, 2009.

United Nations Development Programme Evaluation Officce. *Assessment of Development Results: Chile*, 2009.

■コロンビア

Alta Consejería Presidencial para la Equidad de la Mujer. *Lineamiento de la política nacional de equidad de género para las mujeres*. Bogotá: ACPEM, 2012.

Asociación Probienestar de la Familia Colombiana (Profamilia). *La encuesta nacional de demografía y salud (ENDS) 2010*. Bogotá: Profamilia, 2011.

De la Hoz Bohórquez, Germán Alberto. "Comportamiento del homicidio, Colombia 2013." *Forensis 2013*. Bogotá: Instituto Nacional de Medicina Legal y Ciencias Forenses, 2014.

Deere, Carmen Diana and Magdalena León de Leal. *Empowering Women: Land and Property Rights in Latin America*. Pittsburgh: University of Pittsburgh Press, 2009.

Londoño López, Martha Cecilia. "Breve análisis de las brechas de género en Colombia desde los objetivos de desarrollo del milenio." *Revista La Manzana de la discordia*, núm.5, 2008.

Medrano, Diana y Cristina Escobar. "Pasado y presente de las organizaciones femeninas en Colombia." Elssy Bonilla C. comp., *Mujer y familia en Colombia*. Bogotá: Asociación Colombiana de Sociología, Departamento Nacional de Planeación, UNICEF y Plaza & Janés Editores, 1985.

Ruta Pacífica de las Mujeres. *La verdad de las mujeres: Víctimas del conflicto armado en Colombia*. 2 tomos. Bogotá: Ruta Pacífica de las Mujeres, 2013.

Villarreal Méndez, Norma. "El camino de la utopía feminista en Colombia, 1975-1991." Magdalena León, comp., *Mujeres y participación política : Avances y desafíos en América Latina*, Bogotá: Tercer Mundo Editores, 1994.

■コスタリカ

奥山恭子「コスタリカの新しい社会と女性—民主化の土台を支える女性たち」（国本伊代編著『ラテン

アメリカ 新しい社会と女性』新評論, 2000 年)。
Alatorre, Javier. *Paternidad Responsable en el Istmo Centroamericano* (CEPAL, 2001).
Comisión Económica para América Latina y el Caribe (CEPAL). *La Política de Paridad y Alternancia en la Ley Electoral de Costa Rica* (Santiago de Chile : CEPAL, 2012).
Hernández Pérez, Haydeé. "Aprobación del nuevo Código Electoral: Por una real participación política de las mujeres en Costa Rica." [http://hcentroamerica.fcs.ucr.ac.cr/Contenidos/hca/cong/mesas/x_congreso/genero/celectoral-costarica.pdf…2015 年 1 月 3 日閲覧]
Picado León, Hugo, Brenes Villalobos y Luis Diego. "Evaluando la paridad y la alternancia." *Revista de Derecho Electoral*, núm. 18, julio-dicienbre de 2014.
Vega Quesada, Orlando. "Características Sociodemográficas de las mujeres y su incidencia en la solicitud de la Ley de Paternidad Responsible en Costa Rica 2002-04." (Trabajo final de Maestría, Universidad de Costa Rica [http://ccp.ucr.ac.cr/personal/pdf/ovega.pdf] 2006).
Zamora Chavarria, Eugenia María. "Derechos políticos de la mujer en Costa Rica: 1986-2006." *Revista de Derecho Electoral*, núm.7, primer semestre de 2009.

■キューバ

後藤政子『キューバは今』(神奈川大学評論ブックレット 17, お茶の水書房, 2001 年)。
畑惠子「キューバの新しい社会と女性―フェミニズムなき社会の女性たち」(国本伊代編著『ラテンアメリカ 新しい社会と女性』新評論, 2000 年)。
森口舞「『平和時の非常時』におけるキューバ革命政権のイデオロギー」(『ラテンアメリカ・レポート』vol. 29, no. 1, 2012 年)。
山岡加奈子「キューバにおける性別分業」(『ラテンアメリカ・レポート』vol. 22, no.1, 2005 年)。
────編『岐路に立つキューバ』(岩波書店, 2012 年)。
American Association of University Women (AAUW). "Gender Equality and the Role of Women in Cuban Society." [http://www.aauw.org/files/2013/01/cuba_whitepaper.pdf…2013 年 11 月 28 日閲覧]
Center for Democracy in the Americas. "Women's Work: Gender Equality in Cuba and the Role of Women Building Cuba's Future." (Washington: Center for Democracy in the Americas) [http://thefloridavoter.org/files/download/615 …2014 年 4 月 11 日閲覧]
Espina Prieto, Rodrigo and Pablo Rodríguez Ruiz. "Race and Inequality in Cuba Today." *Socialism and Democracy*, vol.24, no.1, 2010.
Núñez Sarmiento, Marta. "Cuban Development Strategies and Gender Relations." Socialism and Democracy, vol.24, no.1, 2010.
Oficina Nacional de Estadística (ONE), "Anuario estadístico de Cuba" (統計局のウェブサイトで閲覧できる統計年鑑 [http://www.one.cu])
Zabala Argüelles, María del Carmen. "Poverty and Vulnerability in Cuba Today." *Socialism and Democracy*, vol.24, no.1, 2010.

■ドミニカ共和国

山田望未「マチスモ社会の変容」(国本伊代編著『ドミニカ共和国を知るための 60 章』明石書店, 2013 年)。
Aquino R., José Ángel. "Cuota Femenina y Representación Política en República Dominicana: Elecciones del 2010." (Trabajo preparado para la presentación en el Quinto Congreso Latinoamericano de Ciencia Política, Buenos Aires, 28 a 30 de julio, 2010.) [http://www.jce.gob.do/Portals/0/miembros/JAAR/PonenciaMagAquinoCongresoLatinoamericanoCienciasPoliticas2010.pdf…2015 年 5 月 19 日閲覧]
Banco Central de la República Dominicana (BCRD). "Encuesta de fuerza de trabajo." [http://www.bancentral.gov.do/estadisticas_economicas/mercado_trabajo/…2015 年 5 月 19 日閲覧]

Centro de Estudios Sociales y Demográficos (CESDEM) y Macro International Inc. *Encuesta Demográfica y de Salud 2007*. Santo Domingo: CESDEM y Macro International Inc., 2008.
Comisión Económica para América Latina y el Caribe (CEPAL). *La República Dominicana en 2030: Hacia una nación cohesionada*. México: Naciones Unidos, 2009.
Ministerio de la Mujer. *Mujer dominicana en cifras 2000-2012*. Santo Domingo: Ministerio de la Mujer, 2012.
Secretaría de Estado de la Mujer. *Mujer y política en la República Dominicana: Consensos y disensos entre las líderes y la ciudadanía*. Santo Domingo: Secretaría de Estado de la Mujer, 2009.

■エクアドル

江原裕美「エクアドルの女性と新たなる開発―貧困・暴力からの参画を求めて」(国本伊代編著『ラテンアメリカ 新しい社会と女性』新評論, 2000 年)。
FLACSO and UNFPA. "Ecuador: La migración internacional en cifras." Quito: FACSO-Ecuador and UNFPA-Ecuador, 2008. [http://www.flacsoandes.edu.ec/libros/digital/43598.pdf…2015 年 4 月 12 日閲覧]
Gallardo, Lourdes and Hugo Ñopo. *Ethnic and Gender Wage Gaps in Ecuador*. New York: Inter-Development Bank, 2009.
Goicolea, Isabel, et al. "Women's Reproductive Rights in the Amazon Basin of Ecuador: Challenges for Transforming Policy into Practice." *Health and Human Rights*, vol.10, no.2, 2008.
Instituto Nacional de Estadística y Censos (INEC). "El censo informa: Mujeres." [http://www.ecuadorencifras.gob.ec/wpcontent/descargas/Presentaciones/110922+CapituloMujeresCenso…2015 年 4 月 12 日閲覧]
Picq, Manuela Lavinas. "Between the Dock and a Hard Place: Hazards and opportunities of Legal Pluralism for Indigenous Women in Ecuador." *Latin American Politics and Society*, vol.54, no.2, 2012.
United Nations, The Secretariat Permanent Forum on Indigenous Issues, Division for Social Policy and Development United Nations Department of Economic and Social Affairs. *Gender and Indigenous Peoples' Human Rights*. New York: UN, 2010.

■エルサルバドル

Asociación Demográfica Salvadoreña. *Encuesta Nacional de Salud Familiar*. San Salvador: FESAL, 2008.
Center for Reproductive Rights. *Marginalized, Persecuted and Imprisoned: The Effects of El Salvador's Total Criminalization of Abortion*. New York: Center for Reproductive Rights, 2014.
Instituto Salvadoreño para el Desarrollo de la Mujer (ISDEMU). *Encuestas al custionario enviado a los gobiernos sobre la aplicación de la plataforma de acción de Beijin (1995) y los resultados del vigésimo tercer periodo extraordinario de sesiones de la Asamblea General, 2000*. San Salvador: ISDEMU, 2004.
———. *Primer informe nacional sobre la situación de violencia contra las mujeres en El Salvador*. San Salvador: ISDEMU, 2009.
United Nations, Programa de las Naciones Unidas para el Desarrollo (PNUD) en El Salvador. *La igualdad y la equidad de género en El Salvador: Cuadernos sobre Desarrollo Humano*. San Salvador: UNPNUD, 2011.
Viterna, Jocelyn. "The Left and 'Life' in El Salvador." *Politics and Gender*, vol.8, no.2, 2012.

■グアテマラ

桜井三枝子「マヤ系先住民社会の女性」(国本伊代編著『ラテンアメリカ 新しい社会と女性』新評論, 2000 年)。
─────「21 世紀, 先住民マヤ女性リーダーの台頭」(『大阪経大論集』第 58 巻第 2 号, 2007 年)。
───── 編著『グアテマラを知るための 65 章』(明石書店, 2006 年)。
高橋早代「グアテマラの新しい社会と女性―戦禍を越えて」(国本伊代編著『ラテンアメリカ 新しい社会と女性』新評論, 2000 年)。
藤井嘉祥「アパレル輸出加工業の再編成と労働者の技能形成」(『イベロアメリカ研究』第 XXVII 巻第 1

号，2005 年）。

――――「グアテマラのマキラドーラ産業の衰退期における労働問題と地域社会の変化」（『イベロアメリカ研究』第 XXXVI 巻第 1 号，2014 年）。
Armbruster Sandoval, Ralph. *Globalization and Cross-border Labor Solidarity in the Americas*. London & New York: Routledge, 2005.
Berger, Susan A. *Guatemaltecas: the Women's Movement 1986-2003*. Austin: University of Texas Press, 2006.
Gellert, Gisela y Silvia Irene Palma C. *Precariedad Urbana, Desarrollo Comunitario y Mujeres en el Area Metropolitana de Guatemala*. Guatemala: FLASCO, 1999.
Monzón, Ana Silvia. "Entre mujeres: la identidad étnica, factor de tensión en el movimiento de mujeres en Guatemala, 1990-2000." Tesis de Maestría en Ciencias Sociales, Guatemala: FLACSO, 2004.
Montenegro, Nineth. "El desafío de la participación política de la mujer en Guatemala." Mujeres en el Parlamento, Más allá de los números, Stockholm: International IDEA.［http://www.idea.int…2014 年 8 月 11 日閲覧］

■ホンジュラス

石井章「ホンジュラスの農地改革と農民運動」（石井章『ラテンアメリカ農地改革論』学術出版社，2008 年）。
桜井三枝子・中原篤史共編著『ホンジュラスを知るための 60 章』（明石書店，2014 年）。
Becerra, Longino. *Evolución Histórica de Honduras*. Tegucigalpa: Litografía Lopez, 2012.
Benjamin, Medea. *Don't be Afraid Gringo: The Story of Elvia Alvarado*. Harper Perennial,1987.
Dole Duron, Blanca, "Un movimiento de mujeres naciente." Sofia Montenegro, coor. *Movimiento de mujeres en Centroamérica*. Managua: Programa Regional La Corriente, 1997.
Milla, Karl. "Movimiento de Mujeres en Honduras en las décadas de 1950-1960." *MESOAMERICA*, vol. 42, 2001.
Villars, Rina. *Para la casa más que para el mundo: sufragismo y feminismo en la historia de Honduras*. Tegucigalpa: Editorial Guaymuras, 2001.

■ジャマイカ

柴田佳子「ジャマイカ女性の社会的平等への戦い――抵抗，組織化，諸問題」（国本伊代編著『ラテンアメリカ 新しい社会と女性』新評論，2000 年）。
Association of Women's Organizations in Jamaica and the CEDAW 2012 Working Group. *CEDAW 2012 NGO Alternative Report Jamaica*. UN, 2012.
Bourne, Paul A., et.al. "The 21st Century Voters in Jamaica." *Current Research Journal of Social Sciences*, vol. 2, no.2, 2010.
Bureau of Women's Affairs (BWA). *Jamaica's Combined Sixth & Seventh Periodic Report under the Convention on the Elimination of All Forms of Discrimination against Women: January 2003- September 2009*. BWA, 2010.
Bureau of Women's Affairs & Gender Advisory Committee. *National Policy for Gender Equality (NPGE)*. Jamaica: BWA/BGA, 2011.
Macaulay, Margarette. "A Common-law Spouse's Entitlement." *Jamaica Observer*, June 23, 2014.
Ministry of Foreign Affairs and Foreign Trade, Jamaica, & IOM. "Mapping Jamaica's Diaspora." [https://www.mapjadiaspora.iom.int/]
Planning Institute of Jamaica. *Vision 2030 Jamaica: National Development Plan*. PIOJ, 2009.
――――. *Economic & Social Survey Jamaica 2013*. PIOJ, 2014.
Reddock, Rhoda. "Forever Indebted to Women: The Contribution of Women in the Development of the Caribbean Labour Movement." UWI Open Campus lecture, Oct. 22, 2008.
Reynolds, Jerome. "Census: Migration Rate Remains High." Gleaner, Oct. 19, 2012.
Statistical Institute of Jamaica. *Economic & Social Survey Jamaica 2009*. STATIN, 2009.

■メキシコ

国本伊代「メキシコの新しい社会と女性―社会の民主化と平等をめざして」（国本伊代編著『ラテンアメリカ 新しい社会と女性』新評論，2000 年）。

松久玲子『メキシコ近代公教育におけるジェンダー・ポリティクス』（行路社，2012 年）。

─── 編『メキシコの女たちの声―メキシコ・フェミニズム運動資料集』（行路社，2002 年）。

山本昭代『メキシコ・ワステカ先住民農村のジェンダーと社会変化―フェミニスト人類学の視座』（明石書店，2007 年）。

ロビラ，G.（柴田修子訳）『メキシコ―先住民女性の夜明け』（日本経済評論社，2005 年）。

Cabrera, Enriqueta. *Las gobernadoras: Un retrato del poder femenino, a 30 años de su incorporación a la política.* México, D.F.: Planeta, 2008.

Cejas, Mónica y Ana Lau Jaiven, coordinadoras. *Mujeres y ciudadanía en México: Estudios de caso.* México, D. F.: Universidad Autónoma Metropolitana, 2011.

Espinosa Damián, Gisela y Ana Lau Jaiven, coordinadoras. *Un fantasma recorre el siglo: Luchas feministas en México 1910-2010.* México, D. F.: Universidad Autónoma Metropolitana , 2011.

Instituto Nacional de Estadística y Geografía (INEGI). *Mujeres y hombres en México 2013.* México, D.F.: INEGI y INMUJER, 2014.

■ニカラグア

松久玲子「ニカラグアの女性解放運動―サンディニスタ革命を越えて」（国本伊代編著『ラテンアメリカ 新しい社会と女性』新評論，2000 年）。

Acuña González, Guillermo, ed. *Flujos migratorios laborales intraregionales: situación actual, retos y oportunidades en Centroamérica y República Dominicana. Informe de Nicaragua.* San José, C.R.: OIM, OIT, CECC SICA, 2013.

Bickham Mendez, Jennifer. *From the Revolution to the Maquiladoras: Gender, Labor, and Globalization in Nicaragua.* Durham and London: Duke University Press, 2005.

Fruttero, Anna & Wennerholm Carolina. *Migración Nicaragüense: un análisis con perspectiva de género* (Serie Cuaderno de Género para Nicaragua, no.6). Nicaragua: Banco Mundial. Printex, 2008.

Fundación Internacional para el Desafío Económico Global (FIDEG). *Informe de resultados de la encuesta de hogares para medir la pobreza en Nicaragua 2012.* Managua: FIDEG, 2013.

Organión Internacional para las Migraciones (OIM) . "Perfil Migratorio de Nicaragua 2012." [http://www.migracion-ue-alc.eu/index.php/es-ES/datos-migratorios/perfiles-miratorios…2014 年 7 月 28 日閲覧］

Perla Jr., Héctor and Cruz Feliciano Héctor. "The Twenty-first Century Left in El Salvador and Nicaragua: Understanding Apparent Contradictions and Criticisms." *Latin American Perspectives*, vol.40, no.3, 2013.

■パナマ

『ラテンアメリカ時報』No. 1407（特集：パナマ），ラテンアメリカ協会，2014 年。

Atencio, Isabel. *Panama: Country Gender Profile. Soluciones Integrales.* Asunción: Soluciones Integrales, S. A., 2006.

De León, Aracelly. "Education and Labor in Panama: the Feminist View. " [https://editorialexpress.com/cgi-bin/conference/download.cgi?db_name=IAFFE2013&paper_id=171…2014 年 11 月 14 日閲覧]

Ministry of Youth, Women, Childhood and the Family. *Panama: Major Achievements and Obstacles in the Implementation of the Beijin Platform for Action. Ninth Regional Conference on Wowen in Latin America and the Caribbean.* Mexico City 2004.

Muños, Alexis. "Trafficking in Persons: Situation in the Republic of Panama." 152nd International Training Course Participant's Papers, Resource Material Series No. 89. Fuchu: FUNAI, 2013.

Young, Gloria. "El proceso electoral en el espacio de las mujeres: los duros tiempos del financiamiento de las campañas. " [http://icd.ulatina.ac.pa/wp-content/uploads/2014/01/Ponencia-de-Gloria-Young-2008-Santo-Domingo.pdf…2014 年 11 月 14 日閲覧]

■パラグアイ

田島久歳・武田和久編著『パラグアイを知るための50章』明石書店，2011年。
Banco Interamericano de Desarrollo (BID). *Parlamento Mujer: Nuevas ciudadanas en construcción 2011-2013*. Asunción:BID, 2014.
Centeno Ubera, Isolina y Centeno, Marcella Z. *Presentes casi ausentes: La participación política de las mujeres, una mirada al departamento de Itapúa*. Encarnación: Kuña Roga, 2013.
Centro de Documentación y Estudios (CDE). *50+50=PARIDAD: elementos para el debate por la igualdad sustantiva en la representación política en el Paraguay*. Asunción: CDE, 2014.
―――. *Anuario Mujer*.
―――. *Informativo Mujer*.
CEPAL. *Anuario Estadístico de América Latina y el Caribe 2013*. Santiago : CEPAL, 2014.
―――. *Anuario Estadístico de América Latina y el Caribe 2000*. Santiago : CEPAL, 2001.
Corvalán, Graziella. *Movimiento feminista paraguayo: Su construcción social*. Asunción: Servi Libro, 2013.
Justicia Electoral. *Normativa política y electoral paraguaya*. Asunción: Justicia Electoral, 2009.
Ministerio de la Mujer. *Dejando huellas camino a la igualdad: Período 2008/2013*. Asunción: Ministerio de la Mujer, 2013.
Monte de Lopez Moreira, Mary, Lone Bareiro y Clyde Soto. *Al fin ciudanas 1961-2011: 50 años de derechos políticos de las mujeres en Paraguay*. Asunción: CDE, 2011.
Pangrazio Ciancio, Miguel A., compl. *Las constituciones del Paraguay*. Asunción: Intercontinental Editora, 2014.
Pangrazio, Miguel A. y Horacio A. Pettit. *Código civil paraguayo y leyes complementarias*. Asunción: Intercontinental Editora, 2014.
Silvera Alvarez, Cecilia. *Telémaco Silvera: feminista demócrata republicano*. Asunción: Arco Ilis, 2012.
Vásquez, Andrés. *Violencia doméstica, intrafamiliar, y delitos conexos*. Asunción: Intercontinental Editora, 2012.

■ペルー

浅香幸枝「ペルーの新しい社会と女性―グローバル化と参加の噴出の社会に生きる女性たち」（国本伊代編著『ラテンアメリカ 新しい社会と女性』新評論，2000年）。
田中麻里・前田亜紀子「ペルーの教育事情―リマ市内外の3校の事例より」（『群馬大学教育実践研究』第30号，2013年）。
Centro de la Mujer Peruana Flora Tristán. "25 años de feminismo en el Perú: Historia, confluencias y perspectivas." *Seminario Nacional*, 16-17 de septiembre, 2004.
Instituto Nacional de Estadísticas e Informaciones (INEI). *Perú: Indicadores de educación por departamentos, 2001-2011*. Lima: INEI, 2013.
Ministerio de la Mujer y Poblaciones Vulnerables (MIMP). *Perú: Indicadores del índice de desigualdad de género referidos a participación política, empleo y educación según departamentos 2013*. Lima: MIMP, 2014.
―――. *Plan Nacional de Igualdad de Género 2012-2017*. Lima : MIMP, 2012.
Muñoz, Paula y Yamilé Guibert. "Mujeres y política en las elecciones regionales y municipales, 2002-2014." *Argumentos*, no.5, Ano 8, 2014.

■ウルグアイ

内田みどり「ウルグアイの新しい社会と女性―先進国の憂鬱」（国本伊代編著『ラテンアメリカ 新しい社会と女性』新評論，2000年）。
Ehrick, Christine. *The Shield of the Weak: Feminism and the State in Uruguay, 1903-1933*. Albuquerque: University of New Mexico Press, 2005.
Giordano, Verónica. *Ciudadanas incapaces: La construcción de los derechos civiles de las mujeres en Argentina, Brasil, Chile y

Uruguay en el siglo XX. Buenos Aires: Editorial Teseo, 2012.

Jaquette, Jane S. ed. *The Women's Movement in Latin America: Participation and Democracy*. Boulder: Westview Press, 1994.

Lavrin, Asunción. *Women, Feminism, and Social Change in Argentina, Chile, and Uruguay 1890-1940*. Nebraska: University of Nebraska Press, 1995.

Nahum, Ana. *Mujeres y política: La bancada bicameral femenina*. Montevideo: Ediciones de la Banda Oriental, 2014.

Rissotto, Rodolfo González. *Mujeres y política en el Uruguay*. Montevideo: Ediciones de la Plaza, 2004.

■ベネズエラ

Centro de Estudios de la Mujer de la Universidad Central de Venezuela. *Informe de la situación de género en Venezuela*. Caracas: CEM-UCV., 2011.

García, Carmen Teresa y Magdalena Valdivieso. "Las mujeres venezolanas y el proceso bolivariano avances y contradicciones." *Revsita Venezolana de Economía y Ciencias Sociales*, vol.15, no.11, enero-abril, 2009.

Fernandes, Sujatha. "Barrio Women and Popular Politics in Chavez's Venezuela." *Latin American Politics and Society*, vol. 49, no.3, 2007.

Huggins, Magally. "Venezuela: Veinte años de ciudadanía en femenino." *Venezuela Visión Plural: Una mirada desde el Cendes*, Tomo I, Caracas: CENDES, 2005.

―――. "Las mujeres en el proyecto político bolivariano." (Mimeo, 2010).

―――. "Las mujeres y su lucha por los derechos política en Venezuela: Primera mitad del siglo XX." (Tesis doctorado entregado a Centro de Estudios del Desarrollo, Universidad Central de Venezuela, 2012).

Madriz Sotillo, Jhannett M. "Visibilización de la mujer en la República Bolivariana de Venezuela." *Revista Derecho Electoral*, no.13, enero-junio, 2012.

Rakowski, Cathy A. and Gioconda Espina. "Advancing Women's Rights from Inside and Outside the Bolivarian Revolution, 1998-2010." Ponniah, Thomas and Jonathan Eastwood, eds., *The Revolution in Venezuela: Social and Political Change under Chavez*. Cambridge: Harvard University Press, 2011.

国別 女性関係省庁，主要女性団体，女性・ジェンダー研究教育機関

■アルゼンチン

国家女性庁（Consejo Nacional de las Mujeres）　大統領直属機関で，国内外の女性関連図書資料が充実している資料室をもち，一般に公開している。[www.cnm.gov.ar/]

ブエノスアイレス市女性センター（Centro de Información y Documentación, Dirección General de la Mujer, Secretaría de Promoción Social）　ブエノスアイレス市庁内の組織で女性問題に関する実践運動・調査・研究活動について情報を収集し，そのネットワーク作りを進めている。女性問題に関する広報活動に加えて，調査・研究部門では女性問題の実態調査も行っている。[www.buenosaires.gob.ar/desarrollosocial/mujer]

ブエノスアイレス大学哲学文学部学際的ジェンダー研究所（Universidad de Buenos Aires, Facultad de Filosofía y Letras, Instituto Interdisciplinario de Estudios de Género）　この分野におけるアルゼンチンの代表的な教育研究機関。女性問題に関する学際的な研究を組織し，学術出版物も刊行している。また蔵書も豊富で，図書館としても重要な存在である。[http://iiege.institutos.filo.uba.ar/]

女性研究調査財団（Fundación para el Estudio e Investigación de la Mujer）　女性の生活向上のための調査・研究・啓蒙活動を行う民間組織。政府機関・大学・労働組合・女性組織との協力関係を保ち，多様な活動をしている。調査，研究成果の公表や情報提供のための出版も行っている。[www.feim.org.ar/]

■ボリビア

法務省機会均等次官室（Viceministerio de Igualdad de Oportunidades）　両性の平等な権利実現のための法的枠組みを整備強化している。特に暴力根絶を重視し，対ジェンダー・世代暴力防止根絶局（Dirección General de Prevención y Eliminación de Toda Forma de Violencia en Razón de Género y Generacional）が室内に設置されている。[www.justicia.gob.bo/]

女性連携協議会（Coordinadora de la Mujer）　1984年設立。26のNGO団体により構成されたネットワーク組織である。女性の権利擁護と地位向上に向けた法的枠組みと公共政策促進および市民運動支援のために，相互交流，研究調査，情報伝達などの活動を行っている。ボリビアにおける女性運動の中核的存在である。[www.coordinadoradelamujer.org.bo/]

女性解放基金コネクション（Fondo de Emancipación Conexión）　オランダ政府と在ボリビア・カナダ大使館の資金提供を受け，国際NGOのOXFAM（イギリス本拠）とHIVOS（オランダ本拠）の共同運営により2009年に設立された。社会的・政治的・経済的に両性が同等の権利を享受できる社会構築をめざし，ジェンダーにおける権力関係からの解放を目的として活動している。[www.conexion.org.bo/]

社会経済政策調査分析局（Unidad de Anárisis de Políticas Sociales y Económicas：UDAPE）　1983年に設立された。現在は開発企画省管轄の独立公共調査機関として，ボリビア国家の経済および社会発展に貢献するために調査研究を行っている。貧困や格差，差別の状況など全般的な把握ができる。[www.udape.gob.bo/]

■ブラジル

大統領府女性政策局（Secretaría de Política para as Mulheres: SPM-PR）　2003年大統領府内に創設された，女性の社会的・政治的参加を総合的に促進し，女性の権利を守るための代表的な政府機関。2013年には虐待を受けている女性を保護自立させる施設を開設。[www.spm.gov.br/]

女性電話180番（Central de Atendimento à Mulher em Situação de Violência-Ligue 180）　2005年に

創設された男性の暴力から女性が身を守るための無料電話相談室。大統領府内の女性ための政策局の活動のひとつで，海外数か国からもアクセス可能。[www.spm.gov.br/ligue-180]

女性の権利に関する国家審議会（Conselho Nacional do Direito da Mulher: CNDM）　軍政時代の1985年に法務省内に創設された機関。女性に対する差別撤廃を目的に旧民法の改正案を数度にわたって議会に提出。2003年にSPMに統合されるが，固有の活動は継続している。[www.spm.gov.br/assuntos/conselho]

オズン女性協会（Associação Mulheres de Odun）　2007年創設されたNPO法人。サンパウロの諸大学の協力を得て，若い女性，とりわけ黒人女性の社会文化的啓発とアフリカ文化およびブラジルのアフリカ系文化の普及を行っている。[https://comunicaamo.wordpress.com/about/]

ブラジル地理統計院（Instituto Brasilero de Geografia e Estatística: IBGE）　ブラジル政府の統計機関。全国世帯調査（Pesquisa Nacional por Amostra de Domicílios）を毎年実施しており，性別による社会・経済・教育などの指数を知ることができる。[www.ibge.gov.br/home/estatistica]

■チリ

国家女性庁（Servicio Nacional de la Mujer: SERNAM）　1991年に創設されたジェンダー関連の行政機関。ジェンダーについての長期計画策定，各省と連携し，ジェンダー関連事業の実施・評価を行う。[http://portal.sernam.cl/]

国家統計局（Instituto Nacional de Estadísticas : INE）　チリ政府の統計機関。ジェンダー関連の資料も出版しており，チリの女性に関する動向や変化について知ることができる。[www.ine.cl/]

公共研究センター（Centro Estudios Públicos: CEP）　チリの政治・社会・公共政策に関する研究所。世論調査や世論動向などの分析も行っている。ジェンダー関連の政策や世論動向を知ることができる。[www.cep.cl/dms/lang_1/home.html]

■コロンビア

女性の平等のための大統領府上級顧問局（Alta Consejería Presidencial para la Equidad de Mujer: ACEPM）　2010年に設置された大統領府直属機関。前身は1990年以降大統領府に設置された女性政策担当顧問局。女性の人権，ジェンダー平等，政府・民間すべての組織における女性の進出促進に関する公共政策の諮問調整機関であるほか，女性問題を担うNGOや市民団体との連携を保っている。[www.equidadmujer.gov.co/]

コロンビア女性市民連合（Unión de Ciudadanas de Colombia : UCC）　1957年に女性参政権運動組織として発足。女性の市民権および政治・経済参加の向上をめざす全国的な女性の市民団体。1957年にメデジン市に創設された「市民権と民主的リーダーシップ養成学校」はUCCの活動を代表するプログラムであり，ジェンダー平等に重点を置いた市民のリーダー養成を行っている。このほか，女性に関する政策提言活動なども行う。現在全国9市に拠点をもつ。[www.uniondeciudadanas.org.co/ucc/]

民衆女性組織（Organización Femenina Popular: OFP）　民衆女性の人権擁護と尊厳ある生活をめざした草の根組織。現在では全国各地に拠点が形成されているが，起源は1972年にサンタンデール県バランカベルメッハ市で発祥した民衆女性の自立化運動である。[http://organizacionfemeninapopular.blogspot.jp/p/inicio.html]

女性たちの平和への道筋（Ruta Pacífica de las Mujeres）　紛争被害者女性による真実究明活動をめざして1996年に結成されたNGOコンソーシアム。300の女性組織が加盟し，全国8箇所に拠点をもつ。『女性たちの真実』を初め，実態調査に基づく活動報告書はウェブページから入手可能。[www.rutapacifica.org.co/]

ジェンダー研究所（Escuela de Estudios de Género : EEG）　コロンビア国立大学ボゴタ校の人間科学学部に1994年，「女性と社会」研究プロジェクトに属する教授陣のイニシアティブで発足した「ジェンダー，女性と開発プログラム」が前身。2001年に現在のEEGとして同学部内の学術ユニットとして設置された。コロンビアのジェンダー研究のパイオニア的学術拠点である。大学院1年コースとして

「ジェンダー視点からのプロジェクト開発専門プログラム」が開講されている。[www.humanas.unal.edu.co/genero/laescuela/laescuela/]

■コスタリカ
国家女性庁（Instituto Nacional de la Mujer: INAMU）　女性の人権促進と指導を行う政府機関。暴力，女性殺害，性的搾取，セクシャル・ハラスメント，市民参加，経済的自立，健康と教育など幅広い問題を扱い，問題を抱える女性に対する支援を行う。[www.inamu.go.cr/web/inamu/inicio]
選挙最高裁判所（Tribunal Supremo de Elecciones: TSE）　選挙の法律解釈の権威であり，立法・行政・司法に続く第4権と呼ばれる。同時に，市民登録局（Registro Civil）への姓名登録により「責任ある父親の法律」に関わる。[www.tse.go.cr/]
男性支援機構財団（Fundación Instituto de Apoyo al Hombre: Fundiapho）　「責任ある父親の法律」等に関する法律・心理の相談，法改正への運動を行う非政府・非営利組織。父親の役割，家庭内暴力，食費年金における男性の公平な扱いなどに対応するために2011年に設立された。[www.facebook.com/pages/Fundaci%C3%B3n-Instituto-de-Apoyo-al-Hombre/195499087165902]
フェイスブック「食費年金尋ね人」（Buscados por Pensión Alimentaria）　2012年6月13日開設。サイト上のコミュニティの情報として，「これは，食費年金債務不履行者の全員を探すための営利目的ではない方法である」とある。[www.facebook.com/BuscadosPorPensionAlimenticia?fref=ts]

■キューバ
キューバ女性連盟（Federación de Mujeres Cubanas: FMC）　1960年に女性の社会経済的変革への統合を目的として創設され，14歳以上の女性の85％が加盟している。教育・保健衛生の改善，女性の労働参加などの政策を推進し，法改正や関連機関の創設等を提言してきた。[www.ecured.cu/index.php/Federacion_de_Mujeres_Cubanas] [www.cubadebate.cu/etiqueta/federacion-de-mujeres-cubanas]
国家性教育センター（El Centro Nacional de Educación Sexual: CENESEX）　1989年設立のセクシュアリティに関する教育研究機関。前身は1972年に発足。性教育プログラムの理論的開発を行い，性の多様性を尊重・重視している。[www.cenesex.org]
ハバナ大学女性学専攻学科（Cátedra de la Mujer de la Universidad de la Havana）　1991年にハバナ大学に設置された女性学教育研究機関。2005年には修士課程が開講され，キューバ唯一のジェンダー研究専攻大学院として専門教育を提供している。

■ドミニカ共和国
女性省（Ministerio de la Mujer）　女性の権利・地位向上とジェンダー平等を目指して2010年に創設された大統領直轄の機関。女性問題に関する雑誌や書籍の刊行のほか，暴力被害者の相談窓口を運営している。[www.mujer.gob.do/]
フェミニズム活動に関する調査センター（Centro de Investigación para la Acción Feminina）　ジェンダーと公共政策，教育と能力開発，女性への暴力などを主要な対象とする民間調査機関。国連機関や女性省などと共同で調査レポートを刊行している。[www.cipaf.org.do/]
サントドミンゴ工科大学ジェンダー研究センター（Instituto Tecnológico de Santo Domingo, Centro de Estudio del Género）　学術機関としてジェンダー問題に関する調査・研究成果の公表や情報提供を行うほか，一般向けの講義プログラムを実施している。[www.intec.edu.do/]

■エクアドル
コミサリーア（女性と家族専門警察署 Comisarías de la Mujer y la Familia）　内務省内に設置された，家庭内暴力などを受けた際に救済を求めることができる公的機関（エクアドルには専門省庁はない）。[www.ministeriointerior.gob.ec/comisarias-de-la-mujer-y-la-familia/]
エクアドル女性育成活動センター（Centro Ecuatoriano para la Promoción y Acción de la Mujer:

CEPAM）。1983 年に設立された民間非営利団体。女性に対する暴力や女性の権利の保護と女性のエンパワーメントに取り組んできた組織。エクアドル社会における女性の人権保護の発展に大きく寄与してきた。[www.cepamecuador.org]

■エルサルバドル
女性の能力開発のためのエルサルバドル協会（Instituto Salvadoreño para el Desarrollo de la Mujer: ISDEMU） ウェブサイト内に国の女性施策に関する電子図書館を設置している。[www.isdemu.gob.sv/]
エルサルバドル国立大学ジェンダー研究所（el Centro de Estudios de Género de la Universidad de El Salvador : CEG-UES） 2004 年設立。女性学およびジェンダー的視点に立つ大学教育改革を提唱している。[http://genero.ues.edu.sv/]

■グアテマラ
大統領府女性庁（Secretaría Presidencial de la Mujer : SEPREM） 1994 年に女性を公的に支援するために設置され、「グアテマラ女性開発推進国家政策機会均等計画 2001-2006」が発表された。女性庁は各市独自の女性委員会を設置し法律と権利の普及に努めている。ウェブで年報 Informe Anual de Avances del Gabinete Específico de la Mujer GEM により地方における女性政策の成果を知ることが可能。[www.seprem.gob.gt/]
大地に生きる女性組織（Tierra Viva Guatemala） 1988 年にメキシコに亡命していたラディーナとグアテマラ首都圏の女性フェミニストが設立した。情報収集と広報を中心に活動し記録資料センターとして、同時に女性の健康・教育・暴力被害に関する出版活動をしている。[www.tierra-viva.org/]
グアテマラ女性組織（Grupo Guatemalteco de Mujeres: GGM） 1988 年に設立され、女性の社会福祉、精神的・法的支援センターとして機能し、1994 年以降は家庭内暴力に特化し首都に女性用シェルターを運営している。[www.ggm.org.gt/]
連れ合いを奪われた女性たちの会（Coordinadora Nacional de Viudas de Guatemala : CONAVIGUA） 1988 年にカトリック教会と国際的 NGO の支援のもとに発足し、幅広い活動を展開している。強制的自警団の廃止、秘密墓地の発掘、地方先住民女性へ識字教育の普及と保健衛生、内戦中の女性に対する人権弾圧への再調査請求など。指導者ロサリーナ・トゥユクは国会議員を務めた。[http://conavigua.tripod.com/]

■ホンジュラス
国立女性学研究所（Instituto Nacional de la Mujer : INAM） 1998 年に設立され、国家の計画策定に関わる諮問を担った。99 年に政府女性「室」から独立して「局」となり「国家女性政策」の策定に向けて市民団体との会合を持っている。ウェブ上で"記録センター（centro de documentación）を検索すれば、各項目の PDF ファイルをダウンロードできる。[www.inam.gob.hn/]
ビシタシオン・パディジャ平和女性団体（Movimiento de Mujeres por la Paz Visitación Padilla） 別名「チョナス」(Las Chonas)。1984 年に女性運動先駆者の名に因み、女性の人権を求めて設立された代表的 NGO。アメリカ軍の国内駐留に対するホンジュラス政府の卑屈な対応を非難。現在では家庭内暴力から女性への残虐な組織暴力に対して精力的な抗議運動を行っている。[www.laschonas.com/]
ホンジュラス女性学研究所（Centro de Estudios de la Mujer : CEM-H） 1987 年にジェンダー平等のもとに女性の政治的参加の推進を目的に設立された。91 年にコルテス県チョロマ地区マキラの女性労働の調査をして成果をあげた。政党や教会から独立している姿勢が特徴である。[www.cemh.org.hn/]
女性人権センター（Centro de Derechos de Mujeres : CDM） 1991 年に、家庭内暴力・葛藤に特化した対策をとるヒルダ・リベラの指導力のもとに、組織・非組織職員、都市部・周辺部の女性、女子学生、男女の政治家、男女の官僚役人、メディア関係者など幅広い人材を擁している点が注目される。[www.derechosdelamujer.org/]

■ジャマイカ

ジェンダー局（Bureau of Gender Affairs: BGA）　総理大臣の権限下に置かれているジェンダー問題担当局。1974年に設置された女性局（Bureau of Women's Affairs, BWA）が2014年に現在の名称に改称され，2009年より男性デスク（Male Desk）も配置している。[http://opm.gov.jm/agencies/bureau-of-gender-affairs/]

西インド大学モナ校ジェンダー開発研究所（Institute for Gender and Development Studies: IGDS, Univ. of the West Indies: UWI, Mona）。中心的な調査研究教育機関でアウトリーチも使命とする。バルバドス，トリニダード・トバゴのUWIキャンパス内のIGDS，1993年モナ校に設置されたUWI総長直結の（カリブ海）地域連携部局 Regional Coordinating Unit とも協働する。1991年創設の父親業修得実施促進組織ファーザーズ（Fathers Inc.）の事務所もキャンパス内外に設けている。[www.mona.uwi.edu/igds/]

ウーマン（Woman Inc.）　NGO/NPO。1984年設立の慈善組織。強姦，近親相姦，DV，性的嫌がらせなどの犠牲者と近親者を主な対象に，24時間対応ホットライン，危機センターや危機シェルター運営で貢献している。[www.ngocaribbean.org/index.php/womans-inc-kingston/]

女性メディアウォッチ（Women's Media Watch Jamaica）　NPO団体。国連諸機関，UWI（特にカリブメディア・コミュニケーション研究所），各国同類機関とも連携し，問題改善，専門職訓練，指導者（特に男性）育成に成果をあげている。[http://www.wmwja.org/]

女性リソース・アウトリーチ・センター（Women's Resource and Outreach Centre: WROC）　通称「ロック」。NGO団体。1983年以来，調査・育成・支援活動を拡充し，貧困地区の住民（特に女性，若者）に一大貢献している。[www.wrocjamaica.org/]

51%連合（51% Coalition: Women in Partnership in Development and Empowerment through Equity）　2011年発足した男女平等参画，女性のエンパワーメントを推進する女性パートナーシップ。調査，公衆教育，要職女性の訓練などで実績があり，公私部門から支持を得ている。[www.facebook.com/51CoalitionJa]

■メキシコ

国家女性庁（Instituto Nacional de las Mujeres : INMUJERES）　2001年の国家女性庁法によって設立された女性の人権と権利平等にかかわる国の政策を提案・推進・監視する独立行政機関。すべての関係資料がウェブ上に公開されている。[www.inmujeres.gob.mx/]

メキシコ大学院大学学際的女性研究プログラム（Programa Interdisciplinario de Estudios de la Mujer, El Colegio de México: PIEM）　1985年に設立された研究教育組織。2015年1月から無料のデジタル専門研究雑誌 Estudios de Género de El Colegio de México を発行。[estudiosdegenero@colmex.mx]

メキシコ国立自治大学女性研究センター（Centro de Estudios de la Mujer, Universidad Nacional Autónoma de México）。1984年に心理学部に設置された，修士課程まである研究教育センター。専門資料室を有する。[www.trabajosocial.unam.mx/]

ジェンダー研究大学プログラム（Programa Universitario de Estudios de Género: PUEG）　メキシコ国立自治大学の学部横断型の女性学センター。女性学プログラム全国ネットワークの統括組織を兼ねる。女性学修士課程を備えている。[www.pueg.unam.mx]

女性コミュニケーション情報センター（Comunicación e Información de la Mujer : CIMAC）　1988年に設立された民間組織。資料センターと全国ジャーナリスト連絡網を有し，多様な情報を発信している。[http://www.cimac.org.mx]

■ニカラグア

女性省（Ministerio de la Mujer : MINIM）　1990年に設立されたニカラグア女性機構（INIM）が2013年に改編され女性省となったが，現在は政府の広報機関の役割に始終している。[www.minim.gob.ni/]

出会いの場（Puntos de Encuentro）　フェミニズム組織，NGO，セントロアメリカ大学と連携した女

性学・ジェンダー研究の実績をもつ。[www.puntos.org.ni/index.php/es/]
ニカラグア女性自立運動（Movimiento Autónoma de Mujeres de Nicaragua: MAM）　女性の権利や人工中絶の無罰化，女性に対する暴力などに関して他のフェミニズムグループと協力し組織横断的な活動を取りまとめているフェミニズム運動組織。[www.movimientoautonomodemujeres.org/]
ラマリンチェ図書館（Biblioteca La Malinche de Programa Feminista La Corriente）　1980年代に設立されたフェミニズム運動資料を収集する図書館。現在はフェミニストプログラム・ラコリエンテに付属している。[http://bd.cdmujeres.net/centros/ni01/biblioteca-malinche-programa-feminista-corriente-nicaragua]
ニカラグア国家統計局（Instituto Nacional de Información de Desarrollo: INIDE）　家族，女性に関する統計資料を出版。[www.inide.gob.ni/]

■パナマ

国家女性庁（Instituto Nacional de la Mujer: INAMU）　2005年に旧青少年・女性・子ども・家族省（MINJUMNFA）を改組して設立された社会開発省（MIDES）のもと，国家女性評議会（CONAMU）の施策担当機関として2008年に設立された。[www.inamu.gob.pa/]
パナマ大学女性学研究所（Instituto de la Mujer de la Universidad de Panamá）　第4回世界女性会議（北京会議）が開催された1995年に設立された。パナマの女性研究や女性運動の歴史に関する主要文献を電子化して公開している。[www.up.ac.pa/PortalUp/InstdelaMujer.aspx?submenu=320]

■パラグアイ

女性省（Ministerio de la Mujer）　1992年に設立された女性庁から2012年省に昇格，女性に関する政策立案，調査，研究を所管する。ジェンダー関連の図書資料室も備え，一般に公開している。[www.mujer.gov.py]
国家統計・世論調査・センサス局（Dirección General de Estadística, Encuestas y Censos: DGEEC）　大統領府の下にある統計・センサス集計・世論調査機関。女性に関する統計資料，調査報告も数多く出版しており，一般に公開された図書室を備えている。[www.dgeec.gov.py]
資料調査センター（Centro de Documentación y Estudios : CDE）　長い歴史を持つ民間の調査研究機関。ジェンダーに関する調査，研究成果も数多く出版している。国内外のジェンダーに関する充実した図書室を持ち，一般に公開している。[www.cde.org.py]

■ペルー

女性社会包摂省（Ministerio de la Mujer y Poblaciones Vulnerables : MIMP）　1996年に設立された女性人間開発省が2002年に再編されて女性社会開発省となり，さらに対象を拡大して2012年に名称が現在のものに変更された。[www.mimp.gob.pe/]
フローラ・トリスタン・ペルー女性センター（Centro de la Mujer Peruano Flora Tristán）　1979年に設立された民間のフェミニズム活動組織。多面的に女性の地位向上問題に取り組んできたペルーを代表する組織。[www.flora.org.pe]
ペルー問題研究所（Instituto de Estudios Peruanos）　1964年に設立されたペルーを代表する人文社会科学系シンクタンク。専属の研究者を擁し，ペルーおよびラテンアメリカに関する研究・出版・啓蒙活動を展開。刊行物の多くが電子ファイルで公開されている。[www.iep.org.pe]

■ウルグアイ

国家女性庁（Instituto Nacional de las Mujeres : INMUJERES）　2005年に経済社会開発省に設置された女性政策担当庁。前身は国家女性局（1987-92）が改編された国家家族女性庁（1992-2005）。[www.inmujeres.gub.uy/]
日常の女性（Cotidiano Mujer）　フェミニストの組織で，女性問題（移民，政治参加，家事労働，中絶など）の社会への啓発活動と女性の人権擁護を図る組織。国連の支持を受けている。[www.cotidiano

mujer.org.uy/sitio]

民主主義・公正・市民権を求める女性の全国監視委員会（Comisión Nacional de Seguimiento Mujeres por Democracia, Equidad y Ciudadanía）　女性問題の提起や問題意識の共有および女性組織のネットワーク化を図るウルグアイ全土の女性組織を束ねる母体である。[www.cnsmujeres.org.uy/]

■ベネズエラ

女性とジェンダー平等のための大衆権力省　（Ministerio del Poder Popular para la Mujer y la Igualdad de Género）　2009年設置。女性の権利の社会的保護，ジェンダー平等，女性差別撤廃などに取り組む。女性に対するマイクロクレジットを融資する女性開発銀行（Banco de Desarrollo de la Mujer）を管轄。[www.minmujer.gob.ve]

ベネズエラ中央大学女性研究所（Centro de Estudios de la Mujer, Universidad Central de Venezuela）　1992年設立。年2回，女性研究に関する学術雑誌 Revista Venezolana de Estudios de la Mujer を発行。[http://cem-ucv.org.ve]

ベネズエラ女性の人権モニター（Observatorio Venezolano de los Derechos Humanos de las Mujeres）　国連の女性差別撤廃（CEDAW）委員会にベネズエラ政府が提出した報告書を作成する過程で，全国から40以上の組織や個人が集まって2006年に設立。目的は，憲法や国際条約が規定する女性の人権保護に関して政府が取り組んでいることを監視。[http://observatorioddhhmujeres.org]

首都圏女性機構（Instituto Metropolitano de la Mujer: INMEMUJER）　2005年設立。カラカス首都圏で女性に対する暴力の予防や被害女性に対する法的・心理的支援を実施。[https://inmemujer.wordpress.com]

人名索引
（50音順）

ア行

アジェンデ, イサベル（Isabel ALLENDE）96, 97, 110
アジェンデ, サルバドル（Salvador ALLENDE）96, 97, 98, 99, 104, 110
アベージャ, マリア（María ABELLA）330, 337
アマレジェ＝ボウエ, テレサ（Teresa AMARELLE BOUÉ）148
アヤラ, プルデンシア（Prudencia AYALA 筆名エスペランサ・デラエスピーガ Esperanza DE LA ESPIGA）202
アラヤ, ジョニー（Johnny ARAYA）118
アリアス, アルヌルフォ（Arnulfo ARIAS）286, 291, 292
アリアス, オスカル（Óscar ARIAS）112, 114, 115, 116, 118, 120
アルスー, アルバロ（Álvaro ARZÚ）209, 211
アルバラード, エルビア（Elvia ALVARADO）222, 228
アルバレス, カルロス（Carlos ÁLVAREZ）42, 43
アルバレス, グリセルダ（Guriseruda ÁLVAREZ）252
アルバレス＝ビグノーリ, ソフィア（Sofía ÁLVAREZ VIGNOLI）337
アルヒバイ, カルメン（Carmen ARGIBAY）50, 51, 57
アルヒモン, ベアトリス（Beatriz ARGIMÓN）339
アルフォンシン, ラウル（Raúl ALFONSÍN）40, 42, 45
アレジャノ, ロペス（López ARELLANO）222, 227, 228
アレーバロ, フリア（Julia ARÉVALO）337
アレマン, アーノルド（Arnoldo ALEMÁN）270, 272, 273, 275, 280, 282
アントネーリ＝モレーノ, マグダレーナ（Magdalena ANTONELLI MORENO）337

イリイチ, イヴァン（Ivan ILLICHI）244

ウマラ, オジャンタ（Ollanta HUMALA）316, 317, 319, 320, 321, 327

ウリベ, アルバロ（Álvaro URIBE）128, 130, 131, 132, 133, 134, 142, 143
ウレニャ, サロメ（Salomé UREÑA）164, 173

エイルウィン, パトリシオ（Patricio AYLWIN）30, 96, 99, 100, 102, 104, 106
エストラーダ, マヌエル（Manuel J. ESTRADA）202
エスピノサ, ベッツァベ（Betsabé ESPINOSA）135
エスピン, ビルマ（Vilma ESPÍN）148, 160
エルナンデス, アデラ（Adela HERNÁNDEZ）162
エルナンデス＝マルティネス, マキシミリアノ（Maximiliano HERNÁNDEZ MARTINES）202
エレーラ, エルネスティーナ（Ernestina HERRERA）51

オベラル, ブランカ（Blanca OVERLAR）300, 304
オルギン, マリア＝アンヘラ（María Ángela HOLGUÍN）134
オルテガ, ダニエル（Daniel ORTEGA）270, 271, 272, 273, 274, 275, 278, 279, 280, 282, 283

カ行

カスタニェーダ, マリア（María CASTAÑEDA）266
カストロ, フィデル（Fidel CASTRO）148, 149, 153, 161, 162, 294
カストロ, マリエラ（Mariela CASTRO）160, 162
カストロ, ラウル（Raúl CASTRO）148, 149, 153, 160
カナルダ, メルセデス（Mercedes CANALDA）164, 177
カノ, マリア（María CANO）135
カバロ, ドミンゴ（Dominngo CAVALLO）
カプーティ, ジェーン（Jane CAPUTI）201
カブレラ, エンリケータ（Enriqueta CABLERA）267
カラバンテス, リリ（Lili CARAVANTES）212
カリオー, エリサ（Elisa CARRIÓ）44, 46, 49, 51
カリーリョ＝プエルト, エルビラ（Elvia CARRILLO PUERUTO）252
カルテス, オラシオ（Horacio CARTES）300, 305
カルデナス, クアウテモック（Cuautémoc

CÁRDENAS) 267
ガルシア、アラン（Alan GARCÍA） 316, 317, 318, 319, 320
ガルシア、グラシエラ（Graciela GARCÍA） 224
ガルベス、フアン・マヌエル（Juan Manuel GÁLVEZ） 225

キハノ、ノルマン（Norman QUIJANO） 197
キルチネル、アリシア（Alicia KIRCHNER） 44, 48, 51
キルチネル、ネストル（Néstor KIRCHNER） 29, 40, 44, 45, 46, 50
グティエレス、ルシオ（Lucio GUTIÉRREZ） 180, 183
クーバス＝グラウ、ラウル（Raúl CUBAS GRAU） 304

ケイロス、カルロタ・デ（Carlota de QUEIRÓS） 91
ゲバラ、オットー（Otto GUEVARA） 116

コボ、フリオ（Julio COBO） 46
ゴメス、フアン＝ビセンテ（Juan Vicente GÓMEZ） 347, 351, 352
コリンドレス、ファビオ（Fabio COLINDRES） 198
コルティネス、ルイス（Luis CORTÍNEZ） 252
コルパッシ＝サーディ、ルシア（Lucia CORPACCI SAARDÍ） 49, 50, 51
コンデ、アラセリ（Aracely CONDE） 212
ゴンサレス、クララ（Clara GONZÁLEZ） 286, 291, 292

サ行

サエス、イレーネ（Irene SÁEZ） 354
サエンス、フェルナンド（Fernando SAENZ） 204
サカ、アントニオ（Antonio SACA） 196
サニン、ノエミ（Noemi SANÍN） 134
サリナス、カルロス（Carlos SALÍNAZ） 252, 266
サンチェス、マリア（María L. SÁNCHEZ） 119
サンチェス＝セレン、サルバドル（Salvador SÁNCHEZ CEREN） 196, 197
サンチェス＝デ＝ロサダ、ゴンサロ（Gonzalo SÁNCHEZ DE LOZADA） 62, 63
サンディーノ、アウグスト＝セサル（Augusto Cesar SANDINO） 271
サントス、フアン＝マヌエル（Juan Manuel SANTOS）

133, 134, 139

シェヴァンズ、バリー（A. Barry CHEVANNES） 238, 248
ジェラス＝カマルゴ、アルベルト（Alberto LLERAS CAMARGO） 136
シャキーラ（Shakira Isabel MEBARAK RIPOLL） 134
シルベーラ、テレマコ（Telémaco SILVERA） 300, 307
シンプソン＝ミラー、ポーシャ（Portia L. SIMPSON-MILLER） 21, 240, 243

ストチェロ、スサーナ（Susana STOCHERO） 40, 52
ストロエスネル、アルフレード（Alfredo STROESSNER） 300, 302, 303, 306, 308, 309

セディリョ、エルネスト（Ernesto ZEDILLO） 252, 266
セデーニョ、マルガリータ（Margarita CEDEÑO） 163, 164, 172, 173, 176
ゼムレー、サムエル（Samuel ZEMURRAY） 223
センディック、ラウル（Raúl SENDIC） 338

ソート、アウレリオ（Aurelio SOTO） 224
ソモサ＝ガルシア、アナスタシオ（Anastasio SOMOZA GARCÍA） 271
ソリス、オトン（Ottón SOLÍS） 115, 116
ソリス、ルイス（Luis G. SOLÍS） 112, 118
ソレギエタ、マキシマ（オランダ王妃 Máxima ZORREGUIETA） 45

タ行

ダバロス、セラフィーナ（Serafina DÁVALOS） 300, 307

チャベス、ウゴ（Hugo CHÁVEZ） 16, 45, 153, 196, 275, 346, 347, 348, 349-350, 351, 354, 355, 356, 357, 358, 360
チャベス、フェデリコ（Federico CHAVES） 302, 303
チャモロ、ビオレタ（Violeta CHAMORRO） 270, 271, 272, 275, 278, 282
チャールズ、ユージニア（M.Eugenia CHARLES） 240
チンチージャ、ラウラ（Laura CHINCHILLA） 111, 114, 115, 116, 117, 118

テーラ、ガブリエル（Gabriel TERRA） 337

デラルーア, フェルナンド（Fernando DE LA RÚA）40, 42, 43

デラロサ, カイラ（Kyra D. DE LA ROSA）120

ドゥアルデ, エドゥアルド（Eduardo DUALDE）42, 43, 44, 45

ドゥアルデ, チーチェ（Chiche DUALDE）45, 47, 49, 51

ドゥアルテ＝フルートス, ニカノル（Nicanor DUARTE FRUTOS）304

トゥユク, ロサリーナ（Rosarina TUYUC）208, 209, 211, 212, 213, 220

トリスタン, フローラ（Flora TRISTAN）327

トルヒーヨ, ラファエル（Rafael TRUJILLO）164, 165, 166, 172

トーレス, サンドラ（Sandra TORRES）220

トーレス, マルガリータ（Margarita TORRES）41, 49

トーレス, ローサ（Rosa TORRES）252,

トレド, アレハンドロ（Alejandro TOLEDO）317, 319, 320, 324

ナ行

ナニー（Nanny）240

ナランホ, カルメン（Carmen NARANJO）118

ノノ, マリア（María L. NONO）180, 189

ノリエガ, マヌエル（Manuel A. NORIEGA）286, 288, 289

ハ行

ハイグトン, エレーナ（Elena HIGHTON）40, 50

パカリ, ニナ（Nina PACARI）180, 183, 186, 192

パサード＝ビセッサー, カムラ（Kamla PERSAD BISSESSAR）240

バジェ, セシリオ＝デル（Cecilio del VALLE）224

バジェホ, カミラ（Camila VALLEJO）109-110

バス＝フェレイラ, カルロス（Carlos VAZ FERREIRA）336

バスケス, タバレ（Tabaré VÁZQUEZ）330, 331, 332, 333,

バスケス, ドミンガ（Dominga VÁSQUEZ）213, 220

パターソン, P. J.（P.J. PATERSON）235, 240

バチェレ, ミシェル（Michelle BACHELET）14, 21, 30, 34, 95, 96, 97, 99, 104, 105-110

バッジェ＝イ＝オルドーニェス, ホセ（José BATLLE Y ORDÓÑEZ）331, 335-336,

バッジェ＝イバニェス, ホルヘ（Jorge BATLLE IBÁÑEZ）331, 332

パディジャ, ビシタシオン（Vicitación PADILLA）222, 224, 229, 232

ハーバーマス, ユルゲン（Jürgen HABERMAS）342, 343

ハーラ, アナ（Ana JARA）316

バラゲール, ホアキン（Joaquín BALAGUER）166

バリオス, ドミティラ（Domitira BARRIOS）61

バリオス, ヤスミン（Jazmin BARRIOS）220

バルコ, カロリーナ（Carolina BARCO）134

バルコ, ビルヒリオ（Virgilio BARCO）138, 139

バルデッティ, ロクサーナ（Roxana BALDETTI）220

パレデス, ベアトリス（Beatriz PAREDES）252

バレーラ, フアン＝カルロス（Juan Carlos BARRERA）289, 290

バレーラ, ホセ＝ペドロ（José Pedro VARELA）335

バレリン, グロリア　Gloria VALERÍN）112, 120

パロディ, テレサ（Teresa PARODI）48

ヒオルヒ, デボラ（Débora GIORGI）48, 51, 52

ビジェダ, アレハンドリーナ（Alejandrina B. de VILLEDA）225, 226

ビジェダ＝モラレス, ラモン（Ramón VILLEDA MORALES）222, 225, 227

ピスク, サンドラ（Sandra PISZK）119

ピノチェト, アウグスト（August PINOCHET）96, 97, 99-100, 101, 102

ビリャラン, スサナ（Susana VILLARÁN）316

ビルマ＝デ＝エスコバル, アナ（Ana VIRMA DE ESCOBAL）194, 199

ピント＝デ＝ビダル, イサベル（Isabel PINTO DE VIDAL）337

フェルナンデス, クリスティーナ（Cristina FERNÁNDEZ）21, 29, 39, 40, 46, 47, 48, 51, 55, 57, 110

フェルナンデス, レオネル（Leonel FERNÁNDEZ）166, 167, 168, 172

フェレール, マリア＝ヨランダ（Maríia Yolanda FERRER）148

フジモリ, アルベルト（Alberto FUJIMORI）316, 317, 318-319, 321, 322, 324, 325, 326
フジモリ, ケイコ（Keiko FUJIMORI）321
フネス, マウリシオ（Mauricio FUNES）196
フランシスコ1世（Papa FRANCISCO）57
プリド, メルセデス（Mercedes PULIDO）353
フローレス, シリア（Cilia FLORES）357
フローレス, ロウルデス（Lourdes FLORES）316

ベタンクール, イングリッド（Ingrid BETANCOURT）134
ベタンクール, ロムロ（Rómulo BETANCOURT）348
ベドヤ, ドローレス（Dolores BEDOYA）208, 210
ベドワード, アレクサンダー（Alexander BEDWARD）238
ペニャ, マリア・ダ（Maria da PENYA）89-90
ペーニャ=ニエト, エンリケ（Enrique PEÑA NIETO）252
ペノン, マルガリータ（Margarita PENÓN）118, 120
ベラウンデ, フェルナンド（Fernando BELAÚNDE）317, 318
ベラスケス, アリシア（Alicia VELÁSQUEZ）220
ペルコビッチ, マルガリータ（Margarita PERCOVICH）339
ヘルマン, アレハンドリーナ（Alejandrina GERMÁN）164, 169
ペレス=バジャダレス, エルネスト（Ernesto PÉREZ BALLADARES）289, 290
ペレス=ヒメネス, マルコス（Marcos PÉREZ JIMÉNEZ）348, 352
ベレテルビデ, フランシスカ（Francisca BERETERVIDE）337
ペロン, イサベル（Isabel PERÓN）40, 47
ペロン, エバ（Eva PERÓN）41, 47, 49
ペロン, フアン=ドミンゴ（Juan Domingo PERÓN）47

ボウドウ, アマド（Amado BOUDOU）46
ボッシュ, フアン（Juan BOSCH）172
ボッシュ, ミラグロス（Milagros BOSCH）164, 172
ボラーニョス, エンリケ（Enrique BOLAÑOS）270, 272, 273, 275, 282
ボルダベリー, フアン=マリア（Juan María BORDABERRY）338

マ行
マカス, ルイス（Luis MACAS）180, 183
マクリ, マウリシオ（Mauricio MACRI）46
マチャド, マリア=コリナ（María Corina MACHADO）357
マドゥロ, ニコラス（Nicolás MADURO）346, 349, 351, 356, 357
マルティ, A. ファラブンド（A. Farabundo MARTI）202
マルティネリ, リカルド（Ricardo MARTINELLI）289, 290
ミハンゴ, ラウル（Raul MIJANGO）198
ミラー, エロル（Errol MIRAR）248
ミラバル三姉妹（Las hermanas MIRABAL, Patria, Minerva, María）164, 165-166, 170, 173
ミラバル, ミノウ（Minou T. MIRABAL）173
ムヒカ, ホセ（José MUJICA）330, 331-332
ムリリョ, ロサリオ（Rosario MURILLO）274
メディーナ, ダニーロ（Danilo MEDINA）166, 167, 169
メネム, カルロス（Carlos MENEM）40, 42, 43, 44, 45, 47
メンチュウ, リゴベルタ（Rigoberta MENCHÚ）208, 209, 219, 220
メンヒバル, ビオレタ（Violeta MENJIVAR）194, 199
モスコソ, ミレヤ（Mireya MOSCOSO）286, 289, 290, 292-294
モラレス, エボ（Evo MORALES）16, 60, 64, 72, 73, 74
モリーナ, ペドロ（Pdero MORINA）210
モリーナ, ペレス（Pérez MOLINA）220
モリニゴ, イヒニオ（Higinio MORÍNIGO）302
モロウ, アリシア（Alicia MOREAU DE JUSTO）41
モンテネグロ, ニネット（Nineth MONTENEGRO）210, 212, 218, 219

ヤ行
ヨハネ・パウロ2世（JUAN PABLO II）161

ラ行

ラクローセ，アマリア（Amalia LACROZE DE FORTABAT）　51
ラゴス，リカルド（Ricardo LAGOS）　96, 99, 100, 104, 105, 106, 107, 108, 109
ラトーレ，ロレンソ（Lorenzo LATORRE）　335
ラバーニャ，ロベルト（Roberto LAVAGNA）　44, 45

リオス，ファビアナ（Fabiana RÍOS）　40, 49, 50, 51

ルイーシ，パウリーナ（Paulina LUISI）　330, 337
ルゴ，フェルナンド（Fernando LUGO）　300, 304, 305
ルス，オティリア（Otilia LUX）　208, 213, 220
ルセフ，ジルマ（Dilma ROUSSEFF）　21, 29, 30, 76, 110
ルーラ・ダ・シルバ，ルイス・イナシオ（Luis Inácio LULA DA SILVA）　30, 76, 196

レデスマ，クラウディア（Claudia LEDESMA Abdala de Zamora）　49-50, 51
レマチェ，エストゥアルド（Estuardo REMACHE）　180, 189

ロサノ，フリオ（Julio LOZANO）　225
ロッシ，テレシナ（Teresina ROSSI）　225
ロドリゲス，アンドレス（Andrés RODRÍGUEZ）　300, 303
ロドリゲス，マリア＝セシリア（María Cecilia RODRÍGUEZ）　48, 51
ロドリゲス，ミゲル＝アンヘル（Miguel Ángel RODRÍGUEZ）　112, 122
ロペス，マヒア（Magia LÓPEZ）　162
ロンダン，グレンダ（Glenda RONDÁN）　339

ワ行

ワスモシ，フアン＝カルロス（Juan Carlos WASMOSY）　300, 303

事項索引

【略号】
CEDAW：国連女性差別撤廃条約
CEPAL：国連ラテンアメリカ・カリブ経済委員会
DV：家庭内暴力（ドメスティック・バイオレンス）
GGI：グローバル・ジェンダー・ギャップ指数（世界経済フォーラムによる）
GII：ジェンダー不平等指数（国連開発計画による）
HDI：人間開発指数
ILO：国際労働機関
OECD：経済開発協力機構
USAID：米国国際開発庁

ア行

アファーマティブ・アクション（積極的格差是正措置）　41, 155, 308
アメリカ革命人民同盟（アプラ党：ペルー）　316, 318
アルヌルフィスタ党（PA：パナマ）　286, 289, 292, 293, 294

移民　44, 62, 71, 216, 236, 239, 245, 263, 301
　——の女性化　280-281
インフォーマル・セクター（部門）　20, 24, 26, 28, 53, 54, 66, 71, 137, 140, 168, 214, 217, 230, 231, 242, 256-257, 258, 260-261, 263, 273, 277, 311, 322, 325

ウィーン宣言及び行動計画　28
ウェイ・アウト・プロジェクト（Way Out Project：ジャマイカ）　246

エクアドル先住民族連合（CONAIE）　180, 183
エルサルバドル現職・元女性議員協会（ASPARLEXSAL）　194, 199
LGBT（レズビアン, ゲイ, バイセクシャル, トランスジェンダー：性的少数者）　162
エンパワーメント　30, 41, 52, 55, 57, 104, 169, 170, 171, 175-178, 182, 187-188, 191, 219, 238, 276, 284, 295, 325

汚職／腐敗　18, 19, 34, 42, 114, 116, 168-169, 183, 218, 219, 220, 230, 236, 241, 253, 256, 273, 280, 293, 296, 304, 321, 348, 354
腐敗認識指数（CPI）　19, 169

カ行

解放の神学　161, 204, 226, 352
拡大家族／大家族　22, 55, 81, 152, 210, 313
拡大戦線（FA：ウルグアイ）　330, 331, 332
家事労働者　20, 24, 26, 28, 55, 174, 217, 242, 243, 244, 257, 259, 260-261, 264, 270, 276, 281, 283, 311, 322, 325, 334
　ILO 家事労働者条約→国際労働機関・第189号条約
家族計画　22, 23, 108, 137, 141, 187, 189, 190, 214-215, 223, 228-229, 246, 281, 313, 322
家族法
　キューバ　155
　コスタリカ　116
　ホンジュラス　226, 229
家庭内暴力→ドメスティック・バイオレンス
家父長制／家父長主義／家父長的　27, 33, 50, 71, 78, 101, 102, 103, 134, 159, 188, 218, 224, 226, 231, 241, 242, 256, 264, 265, 308, 336
ガラスの天井　30, 51, 52, 58, 240, 266, 333

キューバ女性連盟（FMC）　148, 154, 155, 158, 159-160
キリスト教民主党（PDC：チリ）　98, 99, 102, 103, 104, 106, 108
キリスト教民主党（PDC：エルサルバドル）　196

グアテマラ国民革命連合（URNG）　209, 211, 212, 219
グアテマラ女性組織（GGM）　208, 210, 218
グアラニー族　301
クララ・セツキン女性運動（ベネズエラ）　358
グローバリゼーション（グローバル化）　16, 17, 18,

382

20, 26, 29, 33, 58, 71, 83, 135, 167, 168, 209, 249, 253, 254, 255, 258, 271, 280, 283, 284, 298, 319-320, 324
グローバル・ジェンダー・ギャップ指数（GGI） 24-26, 41, 52-53, 56, 58, 149, 217, 260, 275, 325, 333
経済開発協力機構（OECD） 97, 100, 129, 253, 259, 260, 291, 320
権利と機会に関する平等法（ニカラグア） 276, 279
交互制（コスタリカ） 120, 121, 122
合計特殊出生率 22, 55, 67, 81, 141, 155, 174, 187, 214, 223, 228, 229, 243, 278, 281, 313, 322
コスタリカ市民登録局 124
コスタリカ社会保険公庫 124
構造調整（政策） 42, 62, 113, 114, 182, 209, 215, 235, 271, 272, 273, 278, 280, 284
国際移住機関（IOM） 239, 280
国際食糧農業機関（FAO） 261, 263
国際女性デー 118
国際女性年 268
国際労働機関（ILO） 26, 231, 242, 261
　第26号（最低賃金決定制度の創設に関する条約） 242
　第189号（家事労働者のための適切な仕事に関する条約） 26, 28, 65, 243, 261, 279, 283
　第100号（同一価値の労働についての男女労働者に対する同一報酬に関する条約） 242
　第169号条約（独立国における先住民および諸民族に関する条約） 321
国民解放党（PLN：コスタリカ） 113, 114, 115, 116, 117, 118, 120, 121
国民共和同盟（ARENA：エルサルバドル） 195, 196, 197, 199, 200, 205
国民計画合意（CONAPRO：ウルグアイ） 339
国民行動党（PAN：メキシコ） 254, 268
国民大同盟（GANA：エルサルバドル） 196
国民融和党（PCN：エルサルバドル） 196
国立女性家族開発センター（コスタリカ） 113, 118, 119
国連児童基金（UNICEF ユニセフ） 77, 212, 218, 253
国連女性開発基金（UNIFEM） 21, 230

国連女性差別撤廃条約（CEDAW） 21, 30, 41, 53, 54, 102, 113, 229, 250, 309, 326, 354, 355
国連女性に対する暴力の撤廃に関する宣言 28, 309
国連女性の10年 15, 21, 134, 136, 139, 229, 354
国連ミレニアム開発目標（MDGs） 19, 104, 206, 323
国連教育科学文化機関（UNESCO ユネスコ） 262, 301
国連ラテンアメリカ・カリブ経済委員会（CEPAL） 166, 255, 294, 317
国家開発戦略 2010-2013 法（ドミニカ共和国） 166-167
国家女性機構（Inamujer：ベネズエラ） 358
国家女性庁（SERNAM：チリ） 96, 102-103, 104, 105, 107, 108, 109, 110
国家女性庁（INAMU：コスタリカ） 113
国家女性庁（INMUJERES：メキシコ） 265
国家女性評議会（CONAMU：ベネズエラ） 353, 355
国家性教育センター（CENESEX：キューバ） 160, 162
子どもと家族ニカラグア基金（FONIF） 278
コミサリーア（エクアドル） 183, 190
コロラド党（ウルグアイ） 331, 334, 337, 338, 339
コロラド党（パラグアイ） 300, 302, 303, 304, 305, 307, 310
コロンビア家族社会福祉庁（ICBF） 138
コンセルタシオン政権（チリ） 99, 100, 102, 103, 104, 107, 108
五月広場の母（と祖母）たち（アルゼンチン） 41, 45

サ行

サンディニスタ革命(政権)（ニカラグア） 227, 271, 272, 273, 276, 278
サンディニスタ民族解放戦線（FSLN：ニカラグア） 271, 272, 274, 275, 276, 278, 279, 283
ジェンダー・アイデンティティ 137, 145-146
　―法（アルゼンチン） 41
ジェンダー局（BGA：ジャマイカ） 240, 245, 249
ジェンダー次官（SAG：ボリビア） 65, 66
ジェンダー・クオータ制／法（女性議員候補者割当て制，ジェンダー割当て制） 15-16, 29, 30-34
　アルゼンチン 41, 47-50, 52, 57, 58
　　労働組合ジェンダー・クオータ法 52

ウルグアイ　341
エクアドル　183, 186, 192
エルサルバドル　199, 200, 203, 205
グアテマラ　219
コスタリカ　118-120, 122, 126
コロンビア　141
ドミニカ共和国　172
ニカラグア　275-276, 279
パナマ　292, 296
パラグアイ　307-308, 311
ブラジル　90-92, 93
ベネズエラ　353, 355, 357
ペルー　322, 325, 326-327
ボリビア　67-68, 70
ホンジュラス　232
メキシコ　254, 266-268
ジェンダー平等と女性の権限強化のための国家政策（NPGE：ジャマイカ）　246
ジェンダー平等のための国家計画（ドミニカ共和国）　170
ジェンダー不平等指数（GII）　41, 51, 55-56, 58
識字率　15, 17, 18, 22, 23, 25, 67, 68, 70, 83, 113, 139, 158, 169, 173, 214, 217, 247, 294, 301, 335
　非識字率　139, 186, 187, 188, 190, 271, 277, 306, 323
（行方不明者の家族の）相互支援組織（GAM：グアテマラ）　210, 212
ジニ係数　17, 18, 19, 64, 68, 86, 101, 129, 152, 168, 214, 223, 239, 287, 305, 351
社会主義運動党（MAS：ボリビア）　64, 73
社会包摂庁（SIS：エルサルバドル）　202
若年妊娠（10代の妊娠）　23, 26, 56, 57, 67, 103, 140, 189, 215, 228, 245, 246, 259, 264, 278, 279
ジャマイカ女性協会（AWOJA）　243
ジャマイカ女性政治幹部会（JWPC）　241
ジャマイカ女性センター（WCJF）　246
ジャマイカ労働党（JLP）　235, 241
自由結合（コスタリカ）　116, 122-123
自由党（パラグアイ）　302, 304
自由貿易区　272, 276, 281, 282, 283
就学率　22, 23-24, 25, 51, 54, 67, 83, 173, 200, 214, 247, 277, 278, 306, 314, 320, 323
食費年金（コスタリカ）　123-126
女性開発銀行（Banmujer：ベネズエラ）　356

女性解放運動／フェミニスト運動／フェミニズム　20, 27-28, 33, 41, 61, 65, 91, 97, 101, 103, 134, 135-137, 139, 146, 182, 191, 205, 224, 226, 229, 244, 276, 278, 279, 283, 284, 321, 336-337, 352
補償的フェミニズム　336
女性拡大運動（MAM：ベネズエラ）　355
女性学研究所（CEM-H：ホンジュラス）　229
女性局（BWA：ジャマイカ）　245-247
女性殺し／殺害（フェミサイド）　29, 34, 90, 170, 201-202, 209, 217-218, 229, 255, 265, 286, 327
女性参政権（運動）　20, 41, 49, 62, 91, 114, 135, 136, 165, 172, 202, 203, 210, 225-226, 265, 266, 268, 291, 292, 308, 321, 326, 336, 337, 352
女性社会包摂省（MIMP：ペルー）　315, 325
女性省（ドミニカ共和国）　169, 171
女性省（ニカラグア）　279
女性省（パラグアイ）　309
女性自立運動（MAM：ニカラグア）　279, 280
女性人権センター（CDM：ホンジュラス）　229
女性政策特別局（SPM-PR：ブラジル）　89
女性政党フォーラム（エルサルバドル）　199, 203
女性世帯主　22, 23, 26, 53, 87, 123, 142, 144-145, 175, 200, 201, 209, 210, 231, 244, 260, 264, 277, 281, 307, 313, 314, 322
女性たちの平和への道筋（コロンビア）　145
女性電話相談局180番（CAM：ブラジル）　89
女性に対する暴力の防止・罰則・廃絶に関する米州条約（ベレン・ド・パラー条約）　14, 28, 112, 164, 194, 208, 230, 234, 286, 300, 309, 327, 355
女性に対する暴力廃絶のための国際デー　165, 211, 249
女性による真実と記憶の委員会（コロンビア）　145
女性人間開発促進省（PROMUDEH：ペルー）　322, 325
女性の権利と保護のラテンアメリカ・カリブ委員会（CLADEM）　89
女性の権利に関する国家審議会（CMDM：ブラジル）　78
女性の能力開発のためのエルサルバドル協会（ISDEMU）　199
女性非政府組織連絡会議（CONG：ベネズエラ）　353, 355
女性文化協会（ホンジュラス）　224, 225
女性への暴力に対する総合法（ニカラグア）　279,

283
女性ペロン党（アルゼンチン）　41, 49
シングルマザー　71, 80, 81, 82, 122, 123, 125, 143
新自由主義（ネオリベラリズム）　15, 16, 17, 42, 45, 62, 63, 64, 72, 97, 100, 106, 114, 122, 129, 153, 181-182, 183, 188, 200, 235, 255, 256, 257, 271-274, 278, 279, 280, 284, 317, 319, 320, 338, 348
　　一的グローバリゼーション　54, 190, 333
新自由主義連合体制（コスタリカ）　113
人種・民族・ジェンダー平等法（ブラジル）　76
人身売買　29, 34, 89, 249, 265, 288, 291, 295-298
人民行動党（PAP：ペルー）　317, 318
人民国家党（PNP：ジャマイカ）　235, 236

スマク・カウサイ（善き暮らし）　181

政治的公共圏　343
制度的革命党（PRI：メキシコ）　253, 254,
世界女性会議　14, 15, 21
　　第1回メキシコ会議　15, 20, 61, 78, 91, 113, 155, 182, 229, 268
　　第2回コペンハーゲン会議　21
　　第3回ナイロビ会議　41, 65, 91, 188, 229, 354
　　第4回北京会議　21, 30, 65, 92, 103, 154, 169, 245, 295, 322, 355
責任ある父親の法律（コスタリカ）　26, 113, 122-126
責任ある父親の法律（エルサルバドル）　26, 199, 200, 204-205
セクシャル・ハラスメント（セクハラ）　41, 105, 126, 160, 216, 243, 246, 247, 273, 283, 356
1945年憲法（グアテマラ）　210, 217
1986年憲法（グアテマラ）　210
1988年憲法（ブラジル）　78-79, 87, 89, 91, 92, 94
1989年クーデター（パラグアイ）　303, 305, 306, 308, 314
1992年憲法（パラグアイ）　303, 306-307, 309
選挙最高裁判所（TSE：コスタリカ）　119, 120
全国女性運動（MNM：メキシコ）　252
全国女性フォーラム（グアテマラ）　211-212
全国女性連合（UNM：ベネズエラ）　352
全国メキシコ女性同盟（UNMM）　252
先住民族の権利に関する国連宣言　23, 180, 263
センデロ・ルミノソ（ペルー）　317, 318

ソリダリダ（社会連帯）・プログラム（ドミニカ共和国）　175-176

タ行
大地に生きる女性組織（Tierra Viva：グアテマラ）　210
大統領夫人社会事業庁（SOSEP：グアテマラ）　218
大統領府女性庁（SEPREM：グアテマラ）　212
男女雇用機会均等法　230
男女同数制（パリティ）　30, 31-32, 33, 120-122, 126, 254, 267, 268, 276, 292, 308, 357
男性学　34
男性優位（主義）→マチスモ，マチズモ

父親と母親の責任法（ニカラグア）　279
中米・ドミニカ共和国・米国自由貿易協定（CAFTA-DR）　168, 197, 215-216, 275, 282

継ぎ接ぎ家族（ブラジル）　80
連れ合いを奪われた女性たちの会（CONAVIGUA：グアテマラ）　209, 210-211, 213

デスキッチ（ブラジル）　79

同一労働同一賃金　53-54, 156, 210, 217, 242, 263
同棲婚（アルゼンチン）　54
同性婚　22, 41, 54, 57, 80, 117, 162, 204, 278, 332
トゥパマーロス（ウルグアイ）　331, 338
ドメスティック・バイオレンス（DV：家庭内暴力）　22, 28-29, 34
　　アルゼンチン　41
　　ウルグアイ　334, 340, 343
　　エクアドル　183, 190
　　エルサルバドル　199, 200
　　キューバ　160-161
　　グアテマラ　209, 210, 213, 218
　　コスタリカ　126
　　コロンビア　137, 143
　　ジャマイカ　246
　　チリ　97, 103-104, 105
　　ドミニカ共和国　170-171
　　ニカラグア　281
　　パラグアイ　307, 308, 309-310
　　ブラジル　88-90, 94
　　ベネズエラ　356

ペルー　327-328
ボリビア　67
ホンジュラス　230, 232
メキシコ　264, 265

ナ行

西インド大学（UWI）　238, 239
　―モナ校ジェンダー開発研究所（UWI IGDS）246, 249
2002年民法（ブラジル）　87
乳幼児死亡率　15, 23, 320
人間開発指数（HDI）　15, 18, 24, 25, 41, 56, 101, 149, 214, 223, 271, 275, 301, 333
人間開発報告書　17, 105, 109, 149, 271, 333
妊産婦死亡率　15, 55-56, 57, 58, 67, 140, 141, 157, 206, 215
妊娠中絶　22-23, 34, 56-57, 58, 102, 108, 116, 122, 141, 155, 158, 175, 203-206, 274, 275, 279, 283, 313, 328, 332, 341

ネオリベラリズム→新自由主義

農民女性会議（CODIMCA：ホンジュラス）　228

ハ行

パチャママ　181
バナナ労働者ストライキ（ホンジュラス）　225
パナマ女性党（PAF）　291, 292
母親中心家族（ジャマイカ）　244
パリティ→男女同数制

ビシタシオン・パディジャ平和女性団体（ホンジュラス）　229
貧困の女性化　209

ファラブンド・マルティ民族解放戦線（FMLN：エルサルバドル）　195, 196, 199, 203, 205
フェミサイド→女性殺し
フェミニズム，フェミニスト運動→女性解放運動
ブラジル女性党（PMB）　93
労働者党（PT：ブラジル）　30, 76
プラン・コロンビア　131
ブランコ党（ウルグアイ）　331, 334
フローラ・トリスタン・ペルー女性センター　327

米国国際開発庁（USAID）　115, 229, 250, 272
米州機構（OAS）　41, 166, 268, 308, 309, 327, 355
　―女性委員会　28, 226
　―人権委員会（CEJIL）　89
米州ボリバル同盟（ALBA）　153, 275,
ベネズエラ女性協会（AVM）　352

北米自由貿易協定（NAFTA）　253, 254
母子家庭　26, 123, 124, 175, 176, 209, 214, 248, 263, 264, 265, 322
母性保護　65, 210, 307
ボルサ・ファミリア（ブラジル）　82
ボリバル革命（ベネズエラ）　347, 349-351
ホンジュラス女性会議（CODEMUH）　229
ホンジュラス農民女性連合（FEHMUC）　228

マ行

マイクロクレジット　144, 166, 176-178
マキラドーラ（保税加工制度・地区）　16, 195, 199, 200-201, 215-217, 229, 230-231, 272, 282, 283
マキラ労働者と連帯する中米女性ネットワーク（NETWORK）　283
マグダレーナ川中流域　開発と和平プログラム（PDPMM：コロンビア）　144
マチスモ／マチズモ（男性優位主義）　23, 26-29, 34
　アルゼンチン　54-55, 57, 58
　ウルグアイ　334, 340
　エクアドル　183, 189
　エルサルバドル　205
　キューバ　159, 162
　グアテマラ　209, 210, 218
　コスタリカ　118, 122
　コロンビア　134
　ジャマイカ　242, 248
　チリ　97
　ドミニカ共和国　170, 171, 172, 173, 174, 178
　パナマ　298
　パラグアイ　302
　ブラジル　78, 88, 89, 94
　ベネズエラ　351
　ペルー　328
　ボリビア　61-62, 70, 72, 74
　ホンジュラス　224, 228
　メキシコ　254, 265-266
マヌエリタ・サエンス女性運動（Momumas：ベネ

ズエラ） 358
マリア=エレナ・クアドラ女性労働者・失業者運動（MEC：ニカラグア） 282, 283
マリアニスモ 170, 302
マリア・ダ・ペニャ法（DV 予防法：ブラジル） 89-90

民主革命党（PRD：パナマ） 289, 290
民主革命党（PRD：メキシコ） 254, 268
民主行動党（AD：ベネズエラ） 347, 348, 352, 353, 354

ムヘーレス 94（エルサルバドル） 203

ヤ行

UN ウィメン（UN Women：ジェンダー平等と女性のエンパワーメントのための国連機関） 30, 109, 245, 246
ユナイテッド・フルーツ社 223, 225
ユニセフ→国連児童基金
ユネスコ→国連教育科学文化機関

ラ行

ラスタファーライ（ラスタファリ運動） 236
ラディーナ／ラディーノ 209, 210, 211, 212, 213, 214, 215, 218
ラテンアメリカ・カリブ・フェミニスタ会議 14, 21

ラテンアメリカ経済社会開発女性参画地域協定（CRIMDES） 14, 21
ラテンアメリカ社会科学大学院（FLACSO） 184, 185, 195, 212, 214
ラ・ビオレンシア（コロンビア） 129, 134, 135, 136, 144
離婚（離婚法, 離婚の合法化） 23, 26, 53, 54, 71, 78, 79, 80, 87, 88, 102, 104, 105, 110, 116, 122, 226, 244, 245, 263, 264, 308-309, 335
両院女性議員超党派連合（BBF：ウルグアイ） 339-344
リプロダクティブ・ヘルス／ライツ 22-23, 57, 67, 137, 140-141, 183, 187, 189-190, 191, 202, 203-206, 215, 226, 230, 278, 283, 307, 313, 340, 341

ルイサ=アマンダ・エスピノサ女性連合（AMNLAE：ニカラグア） 278, 283, 284

労働社会保障省女性室（ONAM：グアテマラ） 210, 212

ワ行

和平合意協定（グアテマラ） 209, 211, 212, 213, 217

執筆者紹介 (50音順)

今井圭子（いまい　けいこ）　上智大学名誉教授。博士（経済学・東京大学）。開発経済学・ラテンアメリカ経済論専攻。主要著作：『EUと東アジアの地域共同体―理論・歴史・展望』（共著　上智大学出版会　2012年）、『アルゼンチン主要紙に見る日本認識』（イベロアメリカ研究所　2006年）、『ラテンアメリカ―開発の思想』（編著　日本経済評論　2006年）、「アルゼンチンの新しい社会と女性―男女共同参画社会の実現をめざして」（国本伊代編『ラテンアメリカ　新しい社会と女性』新評論　2000年）、『アルゼンチン鉄道史研究―鉄道と農牧産品輸出経済』（アジア経済研究所　1985年）。

河内久実子（かわち　くみこ）　横浜国立大学特任職員。Ph.D.（テキサス大学オースティン校）。ラテンアメリカ地域研究専攻。「ドミニカ共和国に先住民はいないのか―'先住民絶滅説'の再考」ほか（国本伊代編『ドミニカ共和国を知るための60章』明石書店 2013年）。"Comparative Studies of the 'Japanese Peace Corps' and U.S. Peace Corps: Program Terminations in El Salvador and Colombia" (*Portal*, no. 8, 2013). "Representation of Indigenous Peoples on Japanese Media Coverage: An Analysis of AERA Weekly Magazine from 1988 to 2010" (*Journal of the Southwest Conference on Asian Studies*, vol. 8, 2015).

国本伊代（くにもと　いよ）　編者紹介参照。

坂口安紀（さかぐち　あき）　アジア経済研究所地域研究センター・ラテンアメリカ研究グループ長。MA（ラテンアメリカ地域研究・カリフォルニア大学ロスアンゼルス校）。ベネズエラ政治経済専攻。主要著作：『2012年ベネズエラ大統領選挙と地方選挙：今後の展望』（編著　アジア経済研究所　2013年）、『途上国石油産業の政治経済分析』（編著　岩波書店　2010年）、「ベネズエラのチャベス政権：誕生の背景と"ボリバル革命"の実態」（遅野井茂雄・宇佐見耕一編『21世紀ラテンアメリカの左派政権：虚像と実像』アジア経済研究所　2008年）。

桜井三枝子（さくらい　みえこ）　元大阪経済大学人間科学部教授、南山大学ラテンアメリカ研究センター客員研究員。博士（地域研究・上智大学）。文化人類学・ラテンアメリカ地域研究専攻。主要著作：『ホンジュラスを知るための60章』（共編著　明石書店　2014年）、『グローバル時代を生きるマヤの人々』（明石書店　2010年）、「民族衣装のメッセージ性を読み解く」（加藤隆浩編『ラテンアメリカの民衆文化』行路社　2007年）、『グアテマラを知るための65章』（編著　明石書店　2006年）、「マヤ系先住民社会の女性」（国本伊代編『ラテンアメリカ　新しい社会と女性』新評論 2000年）、『祝祭の民族誌』（全国日本学士会　1998年）。

重冨惠子（しげとみ　けいこ）　都留文科大学非常勤講師。修士（地域研究・筑波大学）。ラテンアメリカ地域研究専攻。主要著作：「中央アンデス高地農村の変容」（都留文科大学比較文化学会編『せめぎあう記憶―歴史の再構築をめぐる比較文化論』柏書房　2013年）、「生活改善・ジェンダー」（国際協力機構農村開発部『アンデス高地における持続的農村開発アプローチ』国際協力機構　2012年）、「多文化社会に向けたボリビアの教育改革」（牛田千鶴編『ラテンアメリカの教育改革』行路社　2007年）、「ボリビアの新しい社会と女性―女性政策の進展を中心に」（国本伊代編『ラテンアメリカ　新しい社会と女性』新評論　2000年）。

柴田佳子（しばた　よしこ）　神戸大学国際文化学研究科教授。修士（国際学・筑波大学,東京大学大学院社会学研究科博士課程単位取得満期退学）。文化人類学・ラテンアメリカ地域研究専攻。主要著作：「アナンシ（物語）再考」（真島一郎・川村伸秀編『山口昌男　人類学的思考の沃野』東京外国語大学出版会　2014年）, "Changing Identities of the Chinese in the Anglophone Caribbean," in Tan Chee-Beng (ed.), Routledge Handbook of the Chinese Diaspora (2012); "Linda's Agonies: Intermarriage, 'Racial Politics' and Gender in Cotemporary Guyana," in Takashi Maeyama (ed.), Asian Latin American Ethnicity: Guyana, Surinam, Brazil and

Argentina (Association for Latin American Studies, 2008).

杉浦　篤（すぎうら　あつし）　一般社団法人日本ボリビア協会専務理事。経済学士（神戸大学）。「日本のODA政策とドミニカ共和国―日本と世界を結ぶ有効の絆」、「顔の見えるODA―プロジェクトを支援する日本人プロ集団の活動」、「新しい支援政策の現場を見る―地方自治地の計画策定能力強化プロジェクト」（国本伊代編著『ドミニカ共和国を知るための60章』明石書店　2013年）。

杉山知子（すぎやま　ともこ）　愛知学院大学総合政策学部准教授。Ph. D.（政治学・コロンビア大学）。国際関係論専攻。主要著作：「移行期正義の発展と多様なアプローチ」（『国際政治』172号　2013年）、『移行期の正義とラテンアメリカの教訓：真実と正義の政治学』（北樹出版　2011年）、『国家テロリズムと市民：アルゼンチンの汚い戦争の起源』（北樹出版　2007年）。

畑　惠子（はた　けいこ）　早稲田大学社会科学総合学術院教授。修士（国際学・上智大学）。ラテンアメリカ地域研究専攻。主要著作：『ラテンアメリカ・オセアニア』（共編著　ミネルヴァ書房　2012年）、「メキシコの高齢者福祉政策における照準化と普遍主義」（宇佐見耕一編『新興諸国における高齢者生活保障制度』アジア経済研究所　2011年）、『ラテンアメリカ世界のことばと文化』（共編著　成文堂　2009年）、「メキシコの労働・社会保障改革―国家・労働関係の視点から」（宇佐見耕一編『新興工業国における雇用と社会保障』アジア経済研究所　2007年）、「キューバの新しい社会と女性―フェミニズムなき社会の女性たち」（国本伊代編『ラテンアメリカ　新しい社会と女性』新評論　2000年）。

幡谷則子（はたや　のりこ）　上智大学外国語学部教授。Ph. D.（地理学・ユニバーシティ・カレッジ・ロンドン）。社会学・ラテンアメリカ地域研究専攻。主要著作：「コロンビアの紛争地域における農民の抵抗運動―農民保留地（ZRC）の一事例」（『イベロアメリカ研究』36巻1号　2012年）、La ilusión de la participación comunitaria: lucha y negociación en los barrios irregulares de Bogotá 1992-2003 (Bogotá: Universidad Externado de Colombia, 2010)、『貧困・開発・紛争―グルーバル／ローカルの相互作用』（共編著　上智大学出版　2008年）、『ラテンアメリカの都市化と住民組織』（古今書院　1999年）。

廣田　拓（ひろた　たく）　昭和女子大学人間文化学部国際学科准教授。修士（政策・メディア研究・慶應義塾大学。博士課程単位取得満期退学）。政治学・ラテンアメリカ地域研究専攻。主要著作：「ラテンアメリカにおける民主化以後の市民参加」（市川顕・稲垣文昭・奥田敦編『体制転換とガバナンス』ミネルヴァ書房　2013年）、「グローバリゼーション下のアルゼンチンにおける市民社会の政治化：ピケテーロス運動に焦点を当てて」（山本純一・田島英一編『グローバル・ナショナル・ローカルの現在』慶應義塾大学出版会　2006年）、「民主主義の深化の過程における新しい"公共空間"の創出：1990年代のアルゼンチンの経験から」（『ラテンアメリカ研究年報』25号　2005年）。

笛田千容（ふえた　ちひろ）　慶應義塾大学ほか非常勤講師。修士（地域研究・上智大学。東京大学大学院総合文化研究科博士課程単位取得満期退学）。主要業績：『MBAたちの中米変革―国際学術協力を通じた地域経済統合』（風響社　2014年）、「中米の企業社会と政治変動―エルサルバドルとグアテマラの経済頂上団体を中心に」（『ODYSSEUS』18号　2014年）、「企業家の挑戦―改革と国際化への対応」（細野昭雄・田中高編『エルサルバドルを知るための55章』明石書店　2010年）、「エルサルバドル財界の家族と変容」（『イベロアメリカ研究』27巻1号　2005年）。

フギンス，マガリ（Magally Josefina Huggins Castañeda）　ベネズエラ中央大学開発研究所教授・研究員。博士（開発学。ベネズエラ中央大学開発研究所）。"Re-escribiendo la historia: Las venezolanos y sus luchas por los derechos políticos" (Revista Venezolana de Estudios de la Mujer. vol.14, no.34, 2010); Informe sobre ciudadanía y derechos políticos de las mujeres (共著 Observatorio Venezolano de los Derechos Humanos de las Mujeres, 2007); Género, políticas públicas y promoción de la calidad de vida (Caracas: Edt. Ildis: Instituto Latinoamericano de Investigaciones Sociales, 2005).

松久玲子（まつひさ　れいこ）　同志社大学グローバル地域文化学部，グローバル・スタディーズ研究科教授。博士（学術・東京外国語大学）。比較教育学・ラテンアメリカ地域研究。主要著作：『メキシコ近

代公教育におけるジェンダー・ポリティクス』(行路社　2012 年)、「メキシコ革命期の女子教育とジェンダー規範の形成」(牛田千鶴編『ラテンアメリカの教育改革』行路社　2007 年)、『メキシコの女たちの声―フェミニズム運動資料集』(編著　行路社　2002 年)、「ニカラグアの女性解放運動―サンディニスタ革命を超えて」(国本伊代編『ラテンアメリカ　新しい社会と女性』新評論　2000 年)。

丸岡　泰（まるおか　やすし）　石巻専修大学経営学部教授。博士（国際関係論・上智大学）。国際関係論専攻。主要著作：「コスタリカへの医療ツーリズムとその背景」(『アジ研ワールド・トレンド』2013 年 11 月号)、「コスタリカ第 2 次アリアス政権の社会・経済政策」(遅野井茂雄・宇佐見耕一編『21 世紀ラテンアメリカの左派政権：虚像と実像』アジ研選書　2008 年)、『コスタリカの保健医療政策形成―公共部門における人的資源管理の市場主義的改革』(専修大学出版局　2008 年)。

三田千代子（みた　ちよこ）　上智大学外国語学部非常勤講師。博士（社会人類学・サンパウロ大学）。社会人類学・ブラジル研究専攻。主要著作：「多人種多民族社会の形成と課題」(丸山浩明編『ブラジル』朝倉書店　2013 年)、『グローバル化の中で生きるとは―日系ブラジル人のトランスナショナルな暮らし』(編著　上智大学　2011 年)、「ブラジル社会の多様性とその承認」(畑恵子・山崎眞次編『ラテンアメリカ世界のことばと文化』成文堂　2009 年)、『「出稼ぎ」から「デカセギ」へ―ブラジル移民 100 年にみる人と文化のダイナミズム』(不二出版　2009 年)。「ブラジルの新しい社会と女性―"新生ブラジル"の誕生と伝統的価値観の狭間で」(国本伊代編『ラテンアメリカ　新しい社会と女性』新評論　2000 年)。Bastos: Uma comunidade étnica japonesa no Brasil (São Paulo: FFLCH/USP, 1999)。

睦月規子（むつき　のりこ）　拓殖大学ほか非常勤講師。博士（ブエノスアイレス大学・歴史学）。歴史学・ラテンアメリカ近現代史専攻。主要著作：「昭和初期在亜日本人社会―『週刊ブエノスアイレス』の世界」(『ラテンアメリカ研究年報』29 号　2009 年)、「アルゼンチン：「コマンダボー」の世界」(畑恵子・山﨑眞次編著『ラテンアメリカ世界のことばと文化』成文堂　2009 年)、「エバ・ペロン」(石井貫太郎編『現代世界の女性リーダーたち―世界を駆け抜けた 11 人』ミネルヴァ書房　2008 年), Julio Irazusta: treinta años de nacionalismo argentino (Buenos Aires: Editorial Biblos, 2004)。

山田望未（やまだ　のぞみ）　ビザ・ワールドワイド・ジャパン株式会社、プロダクトマネージャー。修士（平和と紛争学・英国アルスター大学）。「マチスモ社会の変容―ドミニカ人女性の社会進出」、「郷里送金と送金ビジネス―母国への送金は国の発展を助けるか」、「決済システムの改革―ドミニカ共和国中央銀行の取り組み」ほか（国本伊代編『ドミニカ共和国を知るための 60 章』明石書店　2013 年）。一般社団法人日本・ドミニカ共和国友好親善協会理事。日本・ラテンアメリカ婦人協会会員。

編者紹介

国本伊代（くにもと　いよ）

中央大学名誉教授。Ph.D.（歴史学・テキサス大学）。博士（学術・東京大学）。歴史学・ラテンアメリカ近現代史専攻。主要著作：『ビリャとサパタ』（世界史リブレット人・75　山川出版社　2014年）、『ドミニカ共和国を知るための60章』（編著　明石書店　2013年）、『現代メキシコを知るための60章』（編著　明石書店　2011年）、『メキシコ革命とカトリック教会─近代国家形成過程における国家と宗教の対立と宥和』（中央大学出版部　2009年）、『メキシコ革命』（世界史リブレット122　山川出版社　2008年）、『メキシコの歴史』（新評論　2002年）、『概説ラテンアメリカ史』（改定新版　新評論　2001年）、『ラテンアメリカ　新しい社会と女性』（編著　新評論　2000年）、『ラテンアメリカ　社会と女性』（共編著　新評論　1985年）。

ラテンアメリカ　21世紀の社会と女性

2015年12月5日　初版第1刷発行

編　者　国本伊代
発行者　武市一幸
発行所　株式会社　新評論

〒169-0051　東京都新宿区西早稲田3-16-28
http://www.shinhyoron.co.jp

電話　03（3202）7391
FAX　03（3202）5832
振替　00160-1-113487

定価はカバーに表示してあります
落丁・乱丁本はお取り替えします

装丁　山田英春
印刷　神谷印刷
製本　中永製本所

Ⓒ 国本伊代 他　2015
ISBN978-4-7948-1024-3
Printed in Japan

JCOPY〈(社)出版者著作権管理機構　委託出版物〉

本書の無断複写は著作権法上での例外を除き禁じられています。複写される場合は、そのつど事前に、(社)出版者著作権管理機構（電話 03-3513-6969、FAX 03-3513-6979、E-mail: info@jcopy.or.jp）の許諾を得てください。

好評既刊

国本伊代 編
ラテンアメリカ 新しい社会と女性
「ジェンダーと開発」をテーマに，1975〜2000年の域内13カ国とプエルトリコ，マヤ系文化圏の社会と女性たちの姿を照射する，画期的地域女性研究。
A5 上製　392 頁　3500 円　ISBN4-7948-0479-2

ラテン・アメリカ政経学会 編
ラテン・アメリカ社会科学ハンドブック
第一線の研究者26名が，経済・政治・社会の重要なトピックを平易に解説。研究のみならず国際交流やビジネスの分野でも役立つ最良の手引き。
A5 並製　296 頁　2700 円　ISBN978-4-7948-0985-8

国本伊代
［改訂新版］概説ラテンアメリカ史
新大陸「発見」からグローバル化の現代までの歴史を，図版資料を交えながらわかりやすく解説。〈初学者向け500年史〉の決定版。
A5 並製　296 頁　3000 円　ISBN4-7948-0511-X

国本伊代・中川文雄 編
［改訂新版］ラテンアメリカ研究への招待
1990年代末以降の劇的な変化と最新の研究動向をふまえ情報を刷新。第一線の研究者10名が力を結集した地域研究入門のロングセラー，待望の新版。
A5 並製　388 頁　3200 円　ISBN4-7948-0679-5

国本伊代・乗 浩子 編
ラテンアメリカ 都市と社会
植民地時代の面影を残しつつ巨大化を続ける中南米の都市の歴史的・社会的変遷をたどる。各国別都市論の決定版。【オンデマンド復刻版】
A5 並製　388 頁　4900 円　ISBN4-7948-9960-2

松下 洋・乗谷浩子 編
［全面改訂版］ラテンアメリカ 政治と社会
日本初の総合的テキストを大幅な改訂により刷新。1990年代以降の各国の激動をふまえ，ラテンアメリカの政治社会を多角的に分析。
A5 並製　320 頁　3200 円　ISBN4-7948-0631-0

＊表示価格はすべて税抜本体価格です